中國古代史學叢書

[清]顧炎武 撰

譚其驤 王文楚 朱惠榮 等 校點

肇域志

壹

上海古籍出版社

圖書在版編目（CIP）數據

肇域志 /（清）顧炎武撰；譚其驤等校點．— 上海：上海古籍出版社，2022.11
（中國古代史學叢書）
ISBN 978-7-5732-0490-5

Ⅰ．①肇…　Ⅱ．①顧…　②譚…　Ⅲ．①地理志—中國—明代　Ⅳ．①K928.648

中國版本圖書館 CIP 數據核字（2022）第 201267 號

中國古代史學叢書
肇域志
（全六册）
［清］顧炎武 撰
譚其驤　王文楚　朱惠榮等 校點
上海古籍出版社出版發行
（上海市閔行區號景路 159 弄 1-5 號 A 座 5F　郵政編碼 201101）
（1）網址：www.guji.com.cn
（2）E-mail：guji1@guji.com.cn
（3）易文網網址：www.ewen.co
上海展强印刷有限公司印刷
開本 850×1168　1/32　印張 140.25　插頁 31　字數 2,931,000
2022 年 11 月第 1 版　2022 年 11 月第 1 次印刷
ISBN 978-7-5732-0490-5
K・3284　定价：980.00 元
如有質量問題，請與承印公司聯繫
電話：021-66366565

肇域志（一）

譚其驤　王文楚　朱惠榮等校點

校點主編　譚其驤　王文楚

校點副主編　朱惠榮

校點者

（按姓氏筆畫爲序）

王天良　王文楚　王　頲　朱惠榮

李自强　李孝龍　李東平　周振鶴

胡菊興　葛劍雄　楊正泰　鄭寶恒

校點説明

顧炎武是明末清初著名的傑出學者，是繼往開來的學壇大師。明末政治黑暗腐朽，社會經濟趨於崩潰，文化學術領域彌漫着疏闊浮虛的風氣。顧炎武力矯空疏學風流弊，講究經世實用之學，爲開啓健實學風，作出了不懈的努力和重大的貢獻。他一生廣泛涉足於經學、史學、音韻學和地理學，著述宏富，成就卓著。其治學嚴謹，論斷精湛，目的是崇尚實學，經世致用，對國家、民族和社會能有所作爲。他凝聚一生心血寫成的音學五書、日知録，是兩部求實而致用的學術精品，他積二十餘年精力編纂的天下郡國利病書、肇域志，亦是「感四國之多虞，恥經生之寡術」的有所爲的兩部地理巨作〔一〕。凡此種種，都是建立在踏實而廣博的基礎上的豐碩成果，爲清初健實學風的開啓，作出了重要功績，不但著稱於世，而且對清代及後世産生了積極而深遠的影響。

顧炎武在世時，音學五書和日知録即已刊行，天下郡國利病書在其逝世後有了整理本，惟有肇域志自初稿完成以來，從未刊行，僅見少數抄本流傳於世。

肇域志是一部明代全國地理總志，始輯於明崇禎十二年（一六三九），輯成於清康熙元年

（一六六二）。有三點可證：（一），肇域志自序：「此書自崇禎己卯（十二）起」，經過「二十餘年之苦心，輯成初稿。」（二），天下郡國利病書序：「崇禎己卯，秋闈被擯，退而讀書……於是歷覽二十一史以及天下郡縣志書、一代名公文集，間及章奏文册之類，有得即録，共成四十餘帙。一爲輿地之記，一爲利病之書。」其落款時間爲「壬寅七月」，即康熙元年七月。（三），顧炎武書楊彝萬壽祺爲顧寧人徵天下書籍啓後云：「右十年前友人所贈。自此絶江逾淮，東躡勞山、不其，上岱嶽，瞻孔林，停車淄右，入京師，自漁、遼西出山海關……往來曲折二三萬里，所覽書又得萬餘卷，爰成肇域記（按即肇域志）。」並署明「玄黓攝提格（即康熙元年）之陽月識」。據此可以斷定，肇域志成書於清康熙元年〔二〕。

肇域志和天下郡國利病書都是規模宏大的著作，二者有着密切的關係。肇域志自序云：「此書自崇禎己卯起，先取一統志，後取各省府州縣志，後取二十一史，參互書之，凡閲志書一千餘部。本行不盡，則注之旁，旁又不盡，則别爲一集，曰『備録』。」在影印本天下郡國利病書每分册上，都有顧炎武親筆所寫「備録」二字，可見天下郡國利病書是肇域志的「備録」。顧炎武開始編纂肇域志時，只有「備録」，並未有「利病書」之名，至後爲天下郡國利病書作序時才明説：「一爲輿地之記，一爲利病之書。」肇域志一書名，大概是引用尚書舜典「肇十有二州」之意，以示包括明代整個疆域政區〔三〕。

肇域志引證宏博，兼收並蓄。顧炎武懸的甚高，力求完備，故徵引史料浩瀚，數量之多，超過寰宇通志、明一統志，南直隸、陝西、山東等省部分地區更多於讀史方輿紀要，因而保存了大量明代及清初方志資料，具有較高的學術價值。顧炎武編纂此書，凡閲志書一千餘部，所摘録的明代及清初方志至今有不少已失傳，由於肇域志的轉引，賴以保存下來。如：溧水縣引用正德志、嘉靖志，而現在僅存萬曆志；金壇縣引用明志，現已失傳；泰州引用嘉靖志、萬曆志，而現在僅存崇禎志；蕪湖縣、泰寧縣引用明志，而現在僅存清志；嵩縣引用明志，而今僅存清康熙志；商州引用嘉靖商略，而今已失傳；陝西行都司引用嘉靖陝西行都司志，今已散佚；鞏昌府、岷州衛及靖虜衛引用鞏郡記，爲今存殘卷所無；蘭州、靖虜衛及清水、西和、成三縣所引明方志，今皆失傳；引録明洪武二十九年雲南志、萬曆四年雲南通志，未見傳本；引録明萬曆雲南志草，是書迄未刊印；引録明臨安府志、建水州志、永昌府志、騰越州志，今皆失傳；引録明大理府志，今僅見其殘本。有的引書僅存孤本或罕見本，如：順昌縣引用正德志，現僅存天一閣孤本；杞縣引用杞乘，而今罕見；萬曆肇慶府志極少，而本書則有較詳細輯録；本書引用的萬曆臨洮府志，目前僅日本國會圖書館收藏，國内爲複製膠卷；引用的順治泰州志，原刻藏於日本内閣文庫，國内僅甘肅省圖書館存十至十三四卷；引用隆慶淳化縣志、萬曆雍勝略、萬曆富平縣志、萬曆重修通渭縣志、萬曆階州志、天啓同州志、崇禎同官志等，都是國内罕見本；

引録明天啓滇志，未見傳世刻本，僅見清抄罕見本。本書引用嘉靖維揚志劉健高郵州新開康濟河記全文，今本嘉靖維揚志已佚。本書輯録泗州志的泗州祖陵及其祀典、祀祭署全文，皆不見載於今康熙三十七年、乾隆五十三年本泗州志。不僅方志，是書還引用不少專志，如泉河史記載山東運河附近各派泉眼分布，吕梁洪志記録徐州地區黄河和航道，傳本極少，等等。凡此種種，可見本書彙集了明代及清初方志之大成。由於顧炎武見解高超，輯録的資料大多爲各志的精華，輾轉數百年後，更顯得十分珍貴。

顧炎武一生爲學貫之以求實精神，他的地理學思想和崇實致用密切相連，故肇域志中輯録的資料，着重於地區特點和地方利弊，廣泛涉及各地自然資源、物産、農業、水利、民風、習俗、商業、貿易、兵防、賦役、交通、漕運等方面。蘇、松、杭、嘉、湖是明代重賦所在，本書詳録這些地區的農田、水利及賦税。明代中期後，北方邊患及東南倭寇嚴重，書中詳録九邊都司衛所及關鎮堡寨，以及浙、閩沿海島嶼、水寨哨所。又如摘録山東運河附近各派泉眼分布，密切注重地下水系。再如摘録某些地區若徽州的興衰變遷及其自然、社會原因，朝邑縣黄河與洛水、渭水交匯處三河口的自然變遷和患害，以及該縣於嘉靖三十四年十二月大地震情況等資料，此外，還輯録了明實録及其他文集中有關國計民生的資料，以備綜合研究。這些，都體現了顧氏的崇實致用，反映了他的人文關懷。

肇域志引用某些書籍的版本比較現存本爲佳，可以利用之校勘今本。如記載秦、漢都城和離宫的專著三輔黄圖，今本有脱誤，本書引録：神明臺，「武帝造，祭仙人處，高五丈，上有承露盤。」「高五丈」爲今本所缺，此外列有「白虎殿」、「玉堂殿」、「龍樓門」等條，今本皆無。又如明王士性專述各省文化地理的著作廣志繹，今本部分有脱漏，本書湖廣附録引方輿崖略（應作廣志繹）：「九江，沅、資、湘最大，皆自南而入。荆江自北而過，洞庭瀦其間，名五瀦。戰國策云：秦與荆戰，大破之，取洞庭五瀦。是也。每年六、七月間，岷、峨雪消，江水暴漲，自荆江逆入洞庭，清流爲之改色。」校之今存嘉慶宋世犖刻本，可以補正嘉慶本因版刻漫漶而不可辨識的「皆」、「瀦其間」、「五瀦」、「瀦是也每年六」、「清流」等十四字。再如雲南附録引方輿崖略：「其毒藥又甚惡，勘其事者，如大理、鶴慶二太守，咸毒殺之。鶴慶縉紳亦往往中其毒，一侍御則毒而死，一中丞爲令時，毒而幸不死。」嘉慶本缺脱「一侍御則毒而死，一中丞爲令時，毒而幸不死」十八字。可據本書所引以校勘其他古籍者頗多，此處不贅。

肇域志是顧炎武隨手札記之初稿，是一部輯録史料的文稿，是未經釐正體例、删定統一的一部地理總志。原稿本共有十五部分，分爲兩京十三布政使司，流傳到乾隆末年，已佚京師（北直隸）和江西、四川、廣西四部分，所以又是一部殘缺的不完整的志書。現存十一部分，按雲南、四川省圖書館藏本共爲四十册，分劃爲：南京（南直隸）七册，山東五册，山西四册，河南四册，陝西九册，湖廣二册，浙江二册，福建二册，廣東二册，雲南二册，貴州一册。可見志書各個部分的分量很不平衡。同一布政司内，各府州縣内容的多寡相差極大，所以又是一部内容詳略懸殊的志書。書中引用資料，作過一定編排，但因未定體例，大多各篇自爲起訖，編排零亂，次序顛倒；有些未經考核、審訂，尚多紕漏；資料重複，内容錯見，比比皆是；顧氏的眉批、夾注、旁注，也頗不少，尚未釐定。這些，都是本書的缺陷。

肇域志文稿於康熙元年輯成後，顧炎武年已花甲，「年來餬口四方，未遑删訂，以成一家之書。嘆精力之已衰，懼韋編之莫就」〔四〕，感慨難以在有生之年删定全書文稿。康熙十二年，顧氏寓居濟南，受聘於山東通志局，以方志之書頗備，因爲山東「唐、宋地志久亡，近時之書，大半多齊東野語，且不能盡得。余老矣，日不暇給，先成此數卷爲例，以待後之人云。」〔五〕對肇域志文稿中的山東部分首先加以删訂釐正，撰修成山東肇域記，又名有明肇域記，或肇域記，並寄希望於後世有志者倣此繼續肇域志文稿的全部整理成書。

山東肇域記是顧炎武對肇域志山東部分進行綜合、删訂、編纂、釐定，以至成爲明代山東省志的一部完整著作。志與記是初稿與修訂稿的關係，記較志體裁有改革，只列郡邑、藩封、官守、山川、古迹等門類，不收食貨、風俗、職官、藝文、災異；敍沿革，以明一代爲斷；考古迹，重在注釋今地和闡述現狀。引用資料，皆經過嚴格鑑別、篩選，改正志之錯誤，皆有考證。體例統一，編列有序，條理清晰，立論嚴謹，考辨精詳，取捨得當。全書共六卷，這是顧炎武修訂肇域志文稿的範本，爲後人續纂肇域記的準則。黄丕烈以山東肇域記與明一統志相比較，「稍檢數條，已知此善於彼」[六]，其學術價值則可見之一斑。

顧炎武崇實致用的學風和卓有成就的著述，對清代學術發展産生了積極而深遠的影響，而他終生爲之努力的未定稿肇域志和已定稿山東肇域記，是他遺留至今絶無僅有的巨作，是今天我們研究顧炎武學術思想難得的實物珍品，對於科學研究、繁榮學術，保存和利用古籍，都具有重大意義。

肇域志手稿本於清乾隆五十八年（一七九三），由許慶宗得「於粤東李氏，蓋李之先自吴門購歸者」，攜至杭州，所存凡二十册，「册或四十餘翻，或三十餘翻，無卷帙之分」，「蠅頭細字，無一誤筆」[七]，傳凡四世。咸豐十年（一八六〇）太平天国攻陷杭州後傳爲左宗棠所得。後由朱衍緒交與曾國藩，曾國藩交於幕僚汪士鐸整理。此後，這部原稿本二十册不知去向。同治八年（一八六九），汪士鐸和成蓉鏡據原稿本整理分析成五十册，擬作爲付刻的清本，以後流至臺灣省，今藏臺北市「國家圖書館」善本書室。另有抄清本，現藏於上海圖書館。此外，汪士鐸曾將肇域志南畿部分抄成十册，現藏於中國國家圖書館。又有陳作霖抄本三册，乃從汪氏抄本抄出，僅應天府部分，現藏於上海師範大學圖書館。阮元在浙江巡撫任内（嘉慶四年至十年，一七九九年至一八〇五年），曾從許家抄出二十厚册，黄彭年又從阮元抄本借抄一部，並曾委托王仁後將顧炎武所有地理著作輯成輿地全書。黃氏於光緒十六年（一八九〇）死於武昌，這部書的編纂工作並未完成，黃抄本也下落不明。阮元抄本，王仁俊於宣統二年（一九一〇）在武昌見於嚴啓豐家，此後也未見記載。

咸豐四年（一八五四），蔣寅昉曾委托楊象濟根據許家所藏稿本抄録，「集鈔胥十餘人，即高氏之靜拙軒分帙部録」〔八〕，這部抄本共四十册。咸豐十一年，蔣寅昉攜至武昌，同治元年（一八六二），周壽昌在武昌見此抄本，以後失載。後來出現的肇域志四十册抄本，大多是從蔣氏抄本轉抄而成，雲南省圖書館、四川省圖書館所藏抄本皆屬此系統。楊象濟在爲蔣寅昉主持抄録時，自己也抄録了浙江部分，後來也有從這個抄本再轉抄者。

咸豐年間，繆梓監司浙西，曾請周白山、胡培系從許氏後人處抄録一部，咸豐十年，繆死，抄本失佚。胡培系也曾抄録了浙江部分，後歸丁丙所有。

滇本爲賓川人李培天自南京購得，藏於昆明，土改期間交於雲南省圖書館。川本每册第一頁有「渭南嚴氏雁峯藏記書百家語」的藏書章，其他偶有「渭南嚴氏」印記，是否從陝西傳入，尚不可考，現藏四川省圖書館〔九〕。滇本和川本都是蔣寅昉、楊象濟據許家稿本轉抄，同爲四十册，抄工精細，字迹工整，比較完整地保留了顧炎武手稿本的原貌，只是四川省圖書館藏本漫漶殘缺過甚，而雲南省圖書館藏本基本完好。上海圖書館所藏汪士鐸本爲汪氏據己意重又整理者，所作分類改編，並不完全恰當，所加門目，有些不合乎内容，而且汪氏的整理前後懸殊，南直隸用力甚多，其他則用力較少，有些則根本没有整理，其將原稿的眉批、夾注、旁注插入正文，也不完全得當，失去顧氏手稿原貌。故此次整理以雲南省圖書館藏本爲底本，校以四川省圖書館藏本、上海圖書館藏汪士鐸本，參校南京圖書館所藏盋山精舍本南直隸十册、竹書堂本浙江二册，中國國家圖書館藏汪士鐸南畿部分抄本十册，上海師範大學圖書館藏陳作霖抄本應天府三册。

山東肇域記僅韓應陞讀有用書齋抄本及陳揆稽瑞樓抄本見存，韓氏抄本乃請王雪舫從蘇州黄丕烈藏本抄出，現藏中國國家圖書館、上海圖書館，影抄於清咸豐九年（一八五九）。陳氏抄本也出自黄丕烈藏本，今歸常熟瞿氏〔一〇〕。黄丕烈藏本，稱爲「亭林先生所撰原本」，「蕘圃主人（即黄丕烈）以善價得之。」〔一一〕這次整理將山東肇域記附於本書之後，因中國國家圖書館藏本爲殘缺本，卷首、卷六缺少較多，故以上海圖書館藏本爲底本，校以中國國家圖書館藏本。

以上數語，兹略述肇域志撰述緣起、傳世大概以及本次整理依據等。另定點校凡例若干則如下：

一　標　點

（一）基本參照中華書局點校本二十四史體例。

（二）不用圓括號、破折號、刪節號等符號。

（三）雙行小注並列的方位里數，一律改成單行，右前左後，中間頓號。

（四）並列名詞用頓號。

（五）凡方志皆加書名號。

（六）凡謚號尊稱皆加專名號。

二　底本和校勘

（一）以雲南省圖書館藏抄本爲底本。

（二）以四川省圖書館藏抄本、上海圖書館藏汪士鐸本爲主要校本，參校南京圖書館藏盋山精舍本、竹書堂本，中國國家圖書館藏汪士鐸南畿部分抄本，上海師範大學藏陳作霖抄本。

（三）山東肇域記以上海圖書館藏抄本爲底本，校以中國國家圖書館藏抄本。

（四）校勘記簡稱雲南省圖書館藏抄本爲「底本」，四川省圖書館藏抄本爲「川本」，上海圖書館藏汪士鐸本爲「滬本」，南京圖書館藏盋山精舍本爲「盋本」，竹書堂本爲「竹本」，中國國家圖書館藏汪士鐸南畿部分抄本爲「京本」，上海師範大學藏陳作霖抄本爲

「陳本」。山東肇域記稱上海圖書館藏抄本爲「底本」，中國國家圖書館藏抄本爲「京本」。

（五）本書取材廣泛，所引方志原著，或已佚，或爲孤本、罕見本，難以一一查核，一般只出本校，各本明顯訛誤衍脱，參校他志，酌予校訂。

（六）凡底本不誤，他本誤者，一般不出校勘記。

（七）凡顯係誤字或倒文，一般逕改，不出校勘記。

（八）凡避明、清諱，一律回改。

（九）校勘記凡引用二十一史、水經注，皆注明篇名，不注卷數。引用下列諸書，注明卷數。書名則用如下簡稱：

元和郡縣圖志	元和志
太平御覽	御覽
太平寰宇記	寰宇記
元豐九域志	九域志
輿地廣記	廣記
方輿勝覽	勝覽

文獻通考　　通考
資治通鑑　　通鑑
續資治通鑑　　續通鑑
大明一統志　　明統志
天下郡國利病書　　利病書
讀史方輿紀要　　紀要
古今圖書集成　　圖書集成
嘉慶重修一統志　　清統志

(一〇)校勘記引用明及明以前方志，年號和書名連標書名號，引用清方志，年號用專名號，書名用書名號。

(一一)校勘記統編列於各縣之後。個別省份政區隸屬系統不完整或内容簡略，編列於府、州、衛之後。山東肇域記編列於各卷末。

三　目　録

(一)今本肇域志缺京師(北直隸)及江西、四川、廣西三布政司，因明統志所載爲較早的天順時期政區建置，而明史地理志記載嘉靖、萬曆以後直至明末的政區建置，與本書所記大要相稱，故所缺部分，今按明史地理志次序補目，列於本書目録之後，以供參閲。

（二）南京（南直隸）及山東、山西、河南、陝西、湖廣、浙江、福建、廣東、雲南、貴州十布政司所轄各府州縣，不論其重出或錯入，皆按原書所載列入。

（三）目録按原書編排，原稿政區府、直隸州與縣隸屬系統完整與非完整者之間以及無隸屬關係者之間皆空一行，以示區别。

四　編排

（一）南直隸及各布政司所轄府、州、縣編排次序，皆據底本，凡底本次序錯誤者，參校川本、滬本等予以調整，並於校勘記中注明。

（二）底本正文中雙行夾注或小字注文，一般改同正文。

（三）眉批、旁注插入正文適當地位，與正文無關者，列於正文段落之末，以六角括號注明〔眉批〕、〔旁注〕，用小一號字體排印。

（四）後人所加眉批、旁注，一般删除，可補充内容者，於校勘記中注明。

王文楚

注：

〔一〕天下郡國利病書序。

〔二〕並見陳秉仁肇域志修訂稿考述，載古籍整理出版情況簡報第一〇五期。

〔三〕吳杰顧炎武肇域志的内容及其抄本的流傳，載古籍整理出版情況簡報第九四期。以下同者，不再出注。

〔四〕肇域志自序。

〔五〕山東肇域記序。

〔六〕山東肇域記黄丕烈跋。

〔七〕肇域志許慶宗跋。

〔八〕肇域志楊象濟記。

〔九〕朱惠榮評肇域志，載史學史研究二〇〇一年第一期。

〔一〇〕同〔二〕。

〔一一〕山東肇域記黄丕烈跋、夏文燾跋。

目録

校點説明……一
肇域志原目……一
題識……三
序……一二
序……一四
鈔肇域志記……一七
竹本序……一九
肇域志自序……二二
南直隸（原第一册）……一
南京應天府……四
上元縣……六
江寧縣……七
句容縣……七
溧陽縣……八
溧水縣……一〇
江浦縣……一一
六合縣……一二
高淳縣……一三

鳳陽府……一四
鳳陽縣……一八
臨淮縣……一九
懷遠縣……二一
定遠縣……二二
五河縣……二三
虹縣……二五
壽州……二六
霍丘縣……二九
蒙城縣……三〇
泗州……三一
盱眙縣……三二
天長縣……三五
宿州……三六
靈璧縣……三八
潁州……三八
潁上縣……四一
太和縣……四二
亳州……四三
蘇州府……四四
吳縣……四七
長洲縣……四七
崑山縣……四八
常熟縣……四九
吳江縣……五〇
嘉定縣……五一
太倉州……五一
崇明縣……五二
松江府……五四
華亭縣……五六

上海縣……五七
青浦縣……五八
常州府……五九
武進縣……六〇
無錫縣……六二
江陰縣……六三
宜興縣……六三
靖江縣……六四
鎮江府……六五
丹徒縣……六七
丹陽縣……六八
金壇縣……七〇
揚州府……七二
江都縣……七五
儀真縣……七六
泰興縣……七七
高郵州……七八
興化縣……七九
寶應縣……八一
泰州……八二
如皋縣……八三
通州……八三
海門縣……八四
淮安府……八六
山陽縣……八八
鹽城縣……八九
清河縣……九〇
安東縣……九二
桃源縣……九三
沭陽縣……九四

海州……九五
贛榆縣……九七
邳州……九八
宿遷縣……一〇一
睢寧縣……一〇三
廬州府……一〇三
合肥縣……一〇五
廬江縣……一〇五
舒城縣……一〇七
無爲州……一〇七
巢縣……一〇九
六安州……一一〇
霍山縣……一一一
英山縣……一一二
安慶府……一一三
懷寧縣……一一四
桐城縣……一一四
潛山縣……一一五
太湖縣……一一六
宿松縣……一一七
望江縣……一一八
太平府……一一八
當塗縣……一二〇
蕪湖縣……一二一
繁昌縣……一二三
寧國府……一二三
宣城縣……一二五
寧國縣……一二七
涇縣……一二八
太平縣……一二九

旌德縣……一三〇
南陵縣……一三〇
池州府……一三二
貴池縣……一三三
青陽縣……一三四
銅陵縣……一三五
石埭縣……一三六
建德縣……一三八
東流縣……一三九
徽州府……一四〇
歙縣……一四一
休寧縣……一四二
婺源縣……一四二
祁門縣……一四三
黟縣……一四四
績溪縣……一四五
廣德州……一四五
建平縣……一四六
和州……一四七
含山縣……一五〇
滁州……一五一
全椒縣……一五三
來安縣……一五四
徐州……一五五
蕭縣……一五八
碭山縣……一六〇
豐縣……一六一
沛縣……一六一
懷遠縣……一六二
五河縣……一六四

貴池縣……一六五
銅陵縣……一六七
溧陽縣（原第二册）……二五八
句容縣……二五九
溧水縣……二六二
高淳縣……二六三
江浦縣……二六四
六合縣……二六八
和州……二七一
含山縣……二七五
合肥縣……二七八
廬江縣……二七九
舒城縣……二八〇
無爲州……二八〇
巢縣……二八一
六安州……二八二
英山縣……二八四
霍山縣……二八五
安慶府……二八六
懷寧縣……二八七
桐城縣……二八八
灊山縣……二九〇
太湖縣……二九二
宿松縣……二九三
應天府（原第三册）……二九四
蘇州府（原第四册）……三九二
吴縣……三九四
長洲縣……三九五
崑山縣……三九五

常熟縣……三九五
吳江縣……三九六
嘉定縣……三九七
太倉州……三九七
崇明縣……三九七
吳縣……四一七
崑山縣……四一八
常熟縣……四一八
吳江縣……四一九
嘉定縣……四一九
太倉州……四二〇
華亭縣……四二二
上海縣……四二三
蘇州衛……四八八
太倉衛……四八九
鎮海衛……四九〇
武進縣（原第五册）……五五六
江陰縣……五五八
無錫縣……五六〇
靖江縣……五六二
宜興縣……五六三
靖江縣……五六八
鎮江府……五七三
揚州府……六〇〇
江都縣……六〇二
儀真縣……六〇二
泰興縣……六〇三
高郵州……六〇三
興化縣……六〇四

寶應縣……六〇四
泰州……六〇五
如皋縣……六〇五
通州……六〇五
海門縣……六〇六
江都縣……六〇七
儀真縣……六〇八
高郵州……六〇九
泰州……六一一
江都縣……六一三
儀真縣……六一四
泰州（原第六册）……六二五
如皋縣……六二九
通州……六三一
海門縣……六三三
寶應縣……六三三
太平府……六三九
當塗縣……六四二
蕪湖縣……六四四
繁昌縣……六四六
貴池縣……六四七
青陽縣……六四八
銅陵縣……六四九
石埭縣……六五〇
建德縣……六五二
東流縣……六五二
歙縣……六五二
宣城縣……六五五
南陵縣……六五七

涇縣……六五七
寧國縣……六五九
旌德縣……六六〇
太平縣……六六一
蕪湖縣……六六二
東流縣……六六三
婺源縣……六六四
繁昌縣……六六五
廣德州……六六七
全椒縣……六六八
來安縣……六七〇
含山縣……六七一
全椒縣……六七五
來安縣……六七五
豐縣……六七七
寧國府……六七八
徐州……六七九
沭陽縣……六八〇
海州……六八二
贛榆縣……六八三
宿遷縣……六八三
沭陽縣……六八五
山陽縣……六八五
安東縣……六八七
山陽縣……六八七
邳州……六八九
徐州……六八九

海州……六八九
桃源縣……六八九
海州……六九〇
碭山縣……六九一
睢寧縣……六九一
徐州……六九二
廬州府……六九三
懷寧縣……六九六
沛縣……六九七
望江縣（原第七册）……七〇一
潁州……七〇二
亳州……七〇四
鳳陽縣……七〇四
懷遠縣……七〇五
定遠縣……七〇六
虹縣……七〇七
泗州……七〇九
盱眙縣……七一〇
宿州……七一一
靈璧縣……七一二
壽州……七一四
蒙城縣……七一八
潁州……七一八
潁上縣……七二〇
太和縣……七二一
亳州……七二一
天長縣……七二四
泗州……七二八
鳳陽府……七二八

鳳陽縣……七三六
壽州……七三九
宿州……七四一
潁上縣……七四三
太和縣……七四三
潁州……七四六
泗州……七四六
盱眙縣……七五六
天長縣……七五八
山東（原第八册）……七七五
濟南府……七七五
歷城縣……七七六
章丘縣……七八〇
鄒平縣……七八二
淄川縣……七八五
長山縣……七八六
新城縣……七八八
齊河縣……七八九
齊東縣……七九〇
濟陽縣……七九一
禹城縣……七九一
臨邑縣……七九二
長清縣……七九三
肥城縣……七九五
青城縣……七九六
陵縣……七九七
泰安州……七九八
新泰縣……八〇二
萊蕪縣……八〇三

德州……八〇五
德平縣……八〇七
平原縣……八〇八
武定州……八〇九
陽信縣……八一一
海豐縣……八一二
樂陵縣……八一三
商河縣……八一五
濱州……八一六
利津縣……八一七
霑化縣……八一七
蒲臺縣……八一八
兖州府……八一九
嵫陽縣……八二二
曲阜縣……八二三
鄒縣……八二五
寧陽縣……八二五
鄒縣……八二七
泗水縣……八二九
滕縣……八三〇
嶧縣……八三四
金鄉縣……八三六
魚臺縣……八三七
單縣……八四〇
城武縣……八四一
曹州……八四二
曹縣……八四三
定陶縣……八四五
濟寧州……八四六
嘉祥縣……八五一

鉅野縣……八五二
鄆城縣……八五四
東平州……八五四
汶上縣……八五六
東阿縣……八五八
平陰縣……八六一
陽穀縣……八六三
壽張縣……八六四
沂州……八六四
郯城縣……八六八
費縣……八六九
東昌府……八七一
聊城縣……八七四
堂邑縣……八七六
博平縣……八七七
茌平縣……八七八
清平縣……八八〇
莘縣……八八〇
冠縣……八八一
臨清州……八八二
丘縣……八八四
館陶縣……八八五
高唐州……八八六
恩縣……八八八
夏津縣……八八九
武城縣……八九〇
濮州……八九二
范縣……八九四
觀城縣……八九五
朝城縣……八九六

青州府……八九七
益都縣……八九九
臨淄縣……九〇一
博興縣……九〇四
高苑縣……九〇五
樂安縣……九〇六
壽光縣……九〇七
昌樂縣……九〇九
臨朐縣（原第九册）……九一〇
安丘縣……九一三
諸城縣……九一五
蒙陰縣……九一七
莒州……九一七
沂水縣……九一九
日照縣……九二一
萊州府……九二一
掖縣……九二三
平度州……九二五
濰縣……九二七
昌邑縣……九二九
膠州……九三〇
高密縣……九三二
即墨縣……九三四
登州府……九三六
蓬萊縣……九三七
黄縣……九三九
福山縣……九四二
棲霞縣……九四三
招遠縣……九四四
萊陽縣……九四五

寧海州……九四六
文登縣……九四七
福山縣……九五〇
棲霞縣……九五一
濟南府……九五四
章丘縣……九五八
泰安州……九五九
德州……九六一
嶧陽縣……九六一
曲阜縣……九六三
寧陽縣……九六四
滕縣……九六五
曹縣……九七三
東平州……九七五
汶上縣……九七七
沂州……九八〇
費縣……九八一
博平縣……九八二
臨清州……九八三
濮州……九八五
臨朐縣……九八五
莒州……九八六
沂水縣……九八七
萊州府……九八八
即墨縣……九八八
登州府……九八九
蓬萊縣……九八九
萊蕪縣……九八九

濱州……九九二
東平州……九九三
曹州……九九五
定陶縣……九九九
歷城縣……一〇〇〇
樂安縣（原第一〇册）……一〇〇八
昌樂縣……一〇一一
臨朐縣……一〇一二
安丘縣……一〇一六
諸城縣……一〇二一
蒙陰縣……一〇四一
莒州……一〇四五
沂水縣……一〇五〇
日照縣……一〇五七
臨朐縣……一〇五八
樂安縣……一〇五九
掖縣……一〇七二
平度州……一〇七三
濰縣……一〇七五
昌邑縣……一〇七五
膠州……一〇七六
高密縣……一〇七八
即墨縣……一〇七九
濰縣……一〇八八
登州府……一〇九六
蓬萊縣……一〇九六
黄縣……一一〇〇
福山縣……一一〇二
棲霞縣……一一〇三
招遠縣……一一〇四

萊陽縣……一一〇四
寧海州……一一〇六
文登縣……一一〇七
鄒縣（原第一一册）……一一二二
長清縣……一一二三
費縣……一一二四
鄒縣……一一二六
嶧縣……一一二九
泗水縣……一一三四
濟寧州……一一四一
曲阜縣……一一四二
壽張縣……一一四二
東阿縣……一一四三
曹縣……一一九六
鉅野縣……一二〇九
鄆城縣……一二一一
嶧縣……一二一二
泗水縣……一二一三
恩縣……一二一七
莘縣……一二一八
濮州……一二一八
館陶縣……一二三四
夏津縣……一二三五
聊城縣……一二三七
清平縣……一二三八
益都縣……一二三八
臨淄縣……一二三八
博興縣……一二四六
高苑縣……一二四七

壽光縣……一二四九
章丘縣（原第一二册）……一二五四
禹城縣……一二八一
長清縣……一二八二
淄川縣……一二八四
新城縣……一二八五
臨邑縣……一二八六
陵縣……一二八七
新泰縣……一二八八
武定州……一二八九
商河縣……一二九四
嘉祥縣……一三〇〇
濟寧州……一三〇〇
曲阜縣……一三〇三
寧陽縣……一三〇四
曲阜縣……一三〇七
沂州……一三一四
鄒縣……一三一四
遼東都指揮使司……一三一六
蓋州衛……一三一六
復州衛……一三一七
金州衛……一三一八
廣寧衛……一三二〇
廣寧中衛……一三二〇
廣寧左衛……一三二〇
廣寧右衛……一三二〇
義州衛……一三二二
廣寧後屯衛……一三二二
廣寧中屯衛……一三二二

廣寧左屯衛……一三三三
廣寧右屯衛……一三三三
廣寧前屯衛……一三三三
寧遠衛……一三三四
瀋陽中衛……一三三五
鐵嶺衛……一三三五
三萬衛……一三三六
遼海衛……一三三六
大寧都指揮使司……一三三九
北平行都指揮使司……一三三九
山西（原第一三册）……一三六〇
太原府……一三六三
陽曲縣……一三六七
太原縣……一三六九
榆次縣……一三七一
太谷縣……一三七二
祁縣……一三七四
徐溝縣……一三七五
清源縣……一三七六
交城縣……一三七七
文水縣……一三七八
壽陽縣……一三八〇
盂縣……一三八一
靜樂縣……一三八二
河曲縣……一三八四
平定州……一三八五
樂平縣……一三八七

忻州……一三八九
定襄縣……一三九〇
代州……一三九〇
五臺縣……一三九三
繁峙縣……一三九五
崞縣……一三九七
岢嵐州……一三九八
嵐縣……一三九九
興縣……一四〇〇
保德州……一四〇二
平陽府……一四〇三
臨汾縣……一四〇六
襄陵縣……一四〇七
洪洞縣……一四〇八
浮山縣……一四〇九
趙城縣……一四一一
太平縣……一四一二
岳陽縣……一四一二
曲沃縣……一四一四
翼城縣……一四一五
汾西縣……一四一六
蒲縣……一四一七
蒲州……一四一八
臨晉縣……一四二〇
榮河縣……一四二二
猗氏縣……一四二三
萬泉縣……一四二四
河津縣……一四二四
解州……一四二五
安邑縣……一四二七

夏縣……一四二八
聞喜縣……一四二九
平陸縣……一四三〇
芮城縣……一四三一
絳州……一四三三
稷山縣……一四三四
絳縣……一四三四
垣曲縣……一四三六
霍州……一四三七
吉州……一四三八
鄉寧縣……一四四〇
隰州……一四四一
大寧縣……一四四二
石樓縣……一四四三
永和縣……一四四三
大同府……一四四五
大同縣……一四五〇
懷仁縣……一四五二
渾源州……一四五三
應州……一四五六
山陰縣……一四五八
朔州……一四五八
馬邑縣……一四六一
蔚州……一四六二
廣靈縣……一四六四
廣昌縣……一四六六
靈丘縣……一四六八
潞安府……一四六九
長治縣……一四七〇
長子縣……一四七一

屯留縣……一四七二
襄垣縣……一四七三
潞城縣……一四七四
壺關縣……一四七六
平順縣……一四七七
黎城縣……一四七八
汾州府……一四七九
汾陽縣……一四八一
孝義縣……一四八二
平遥縣……一四八三
介休縣……一四八五
靈石縣……一四八八
臨縣……一四八九
永寧州……一四九〇
寧鄉縣……一四九一
遼州……一四九二
榆社縣……一四九四
和順縣……一四九四
沁州……一四九六
沁源縣……一四九八
武鄉縣……一四九九
澤州……一五〇〇
高平縣……一五〇二
陽城縣……一五〇三
陵川縣……一五〇四
沁水縣……一五〇五
太原縣……一五二〇
榆次縣……一五二二
太谷縣（原第一四册）……一五二三

祁縣……一五二四
清源縣……一五二五
交城縣……一五二六
盂縣……一五二八
靜樂縣……一五二八
平定州……一五三〇
樂平縣……一五三二
忻州……一五三三
代州……一五三七
五臺縣……一五三九
繁峙縣……一五四五
岢嵐州……一五四七
興縣……一五四八
保德州……一五四八
寧武守禦千户所……一五四八
偏頭守禦千户所……一五四九
八角守禦千户所……一五四九
老營守禦千户所……一五四九
陽曲縣……一五五一
榆次縣……一五五三
壽陽縣……一五五五
太谷縣……一五五五
清源縣……一五五六
壽陽縣……一五五七
交城縣……一五五七
盂縣……一五五八
祁縣……一五六一
徐溝縣……一五六一
保德州……一五六一
太原縣……一五六二

文水縣……一五六六
太原縣……一五六八
河曲縣……一五六九
五臺縣……一五七一
靜樂縣……一五七三
平定州……一五七五
崞縣……一五八〇
嵐縣……一五八四
定襄縣……一五八五
靜樂縣……一五八六
趙城縣……一五八六
太平縣……一五八六
曲沃縣……一五八七
蒲州……一五八八
臨晉縣……一五九一
滎河縣……一五九二
河津縣……一五九二
解州……一五九四
安邑縣……一五九五
平陸縣……一五九五
芮城縣……一五九六
絳州……一五九七
稷山縣……一五九九
絳縣……一六〇〇
垣曲縣……一六〇〇
隰州……一六〇一
洪洞縣……一六〇二
聞喜縣……一六〇四
襄陵縣……一六〇五
浮山縣……一六〇七

曲沃縣……一六〇七
夏縣……一六〇九
絳縣……一六一〇
趙城縣……一六一〇
太平縣……一六一一
岳陽縣……一六一二
翼城縣……一六一二
蒲縣（原第一五册）……一六一七
蒲州……一六一八
臨晉縣……一六二五
榮河縣……一六二八
猗氏縣……一六三〇
萬泉縣……一六三〇
解州……一六三一
安邑縣……一六三四
夏縣……一六三五
聞喜縣……一六三七
芮城縣……一六三九
平陸縣……一六四〇
稷山縣……一六四二
垣曲縣……一六四四
霍州……一六四五
鄉寧縣……一六四六
永和縣……一六四七
河津縣……一六四九
大同府……一六五一
渾源州……一六五三
朔州……一六五六
馬邑縣……一六五七
蔚州……一六五九

大同府……一六五九
渾源州……一六六〇
應州……一六六〇
山陰縣……一六六一
朔州……一六六一
蔚州……一六六一
靈丘縣……一六六二
平虜衛……一六六二
蔚州……一六七四
廣昌縣……一六七七
渾源州……一六七九
應州……一六八〇
山陰縣……一六八一
懷仁縣……一六八一
馬邑縣……一六八二
山西行都指揮使司（原第一六册）……一六八四
大同前衛……一六八四
大同後衛……一六八四
大同左衛……一六八四
雲川衛……一六八四
大同右衛……一六八四
玉林衛……一六八四
陽和衛……一六八四
高山衛……一六八五
天城衛……一六八五
鎮虜衛……一六八五
威遠衛……一六八五
平虜衛……一六八五
井坪守禦千户所……一六八五

長治縣……一七〇六
長子縣……一七〇七
屯留縣……一七〇八
襄垣縣……一七〇九
黎城縣……一七一一
長子縣……一七一二
屯留縣……一七一四
襄垣縣……一七一四
壺關縣……一七一六
長治縣……一七一七
襄垣縣……一七一七
潞城縣……一七一八
黎城縣……一七一九
平順縣……一七一九
長治縣……一七二一
壺關縣……一七二一
汾陽縣……一七二三
孝義縣……一七二五
介休縣……一七二六
永寧州……一七二六
孝義縣……一七三〇
臨縣……一七三一
介休縣……一七三二
靈石縣……一七三四
汾陽縣……一七三七
平遥縣……一七三八
石樓縣……一七三九
永寧州……一七四〇
寧鄉縣……一七四二
澤州……一七四三

高平縣……一七四三
高平縣……一七四九
陽城縣……一七五〇
陵川縣……一七五二
沁水縣……一七五二
武鄉縣……一七五四
陽城縣……一七五七
和順縣……一七五九
沁水縣……一七六一
澤州……一七六三
絳州……一七六四
沁州……一七六四

河南（原第一七册）……一七七三

開封府……一七七三
祥符縣……一七七五
陳留縣……一七七六
杞縣……一七七七
通許縣……一七七九
太康縣……一七七九
尉氏縣……一七八〇
洧川縣……一七八一
鄢陵縣……一七八一
中牟縣……一七八二
扶溝縣……一七八二
陽武縣……一七八三
原武縣……一七八四

封丘縣……一七八四
延津縣……一七八五
蘭陽縣……一七八六
新鄭縣……一七八七
儀封縣……一七八八
陳州……一七八九
商水縣……一七八九
西華縣……一七九〇
項城縣……一七九〇
沈丘縣……一七九一
許州……一七九二
臨潁縣……一七九三
襄城縣……一七九四
郾城縣……一七九五
長葛縣……一七九七
禹州……一七九八
密縣……一七九九
鄭州……一八〇〇
滎陽縣……一八〇一
滎澤縣……一八〇二
河陰縣……一八〇四
汜水縣……一八〇五
杞縣……一八〇七
陳留縣……一八一〇
儀封縣……一八一三
陳留縣……一八一三
尉氏縣……一八一八
鄢陵縣……一八二三
扶溝縣……一八二四
封丘縣……一八二七

蘭陽縣……一八二八
儀封縣……一八二九
陳州……一八三〇
西華縣……一八三三
項城縣……一八三三
沈丘縣……一八三四
許州……一八三五
臨潁縣……一八三六
襄城縣……一八三七
郾城縣……一八三九
長葛縣……一八四〇
禹州……一八四一
密縣……一八四一
鄭州……一八四二
滎陽縣……一八四二
滎澤縣……一八四三
新鄭縣……一八四五
滎陽縣……一八四六
通許縣……一八四八
太康縣……一八五〇
扶溝縣……一八五一
中牟縣……一八五一
封丘縣……一八五二
西華縣……一八五三
項城縣……一八五四
商水縣……一八五四
洧川縣……一八五五
河南府（原第一八册）……一八六四
洛陽縣……一八六六
偃師縣……一八六九

鞏縣……一八七一
孟津縣……一八七二
宜陽縣……一八七四
登封縣……一八七五
永寧縣……一八七七
新安縣……一八七九
澠池縣……一八八〇
嵩縣……一八八一
盧氏縣……一八八二
陝州……一八八三
靈寶縣……一八八五
閿鄉縣……一八八六
南陽府……一八八八
南陽縣……一八八九
泌陽縣……一八九一
唐縣……一八九二
桐柏縣……一八九四
鎮平縣……一八九四
南召縣……一八九五
鄧州……一八九六
新野縣……一八九七
淅川縣……一八九八
内鄉縣……一八九九
裕州……一九〇一
舞陽縣……一九〇二
葉縣……一九〇二
汝寧府……一九〇三
汝陽縣……一九〇五
新蔡縣……一九〇六
真陽縣……一九〇七

確山縣……一九〇七
遂平縣……一九〇八
西平縣……一九〇九
上蔡縣……一九〇九
光州……一九〇九
固始縣……一九一一
商城縣……一九一二
光山縣……一九一三
息縣……一九一四
信陽州……一九一五
羅山縣……一九一六
歸德府……一九一七
商丘縣……一九一八
夏邑縣……一九二〇
永城縣……一九二〇
鹿邑縣……一九二一
寧陵縣……一九二二
虞城縣……一九二三
睢州……一九二三
柘城縣……一九二五
考城縣……一九二五
汝州……一九二六
郟縣……一九二九
寶豐縣……一九二九
魯山縣……一九三〇
伊陽縣……一九三〇
彰德府……一九三一
安陽縣……一九三三
湯陰縣……一九三四
林縣……一九三四

臨漳縣……一九三五
磁州……一九三六
武安縣……一九三七
涉縣……一九三九
衛輝府……一九四〇
汲縣……一九四一
胙城縣……一九四三
新鄉縣……一九四四
獲嘉縣……一九四四
輝縣……一九四五
淇縣……一九四七
懷慶府……一九四八
河内縣……一九五〇
修武縣……一九五一
武陟縣……一九五二
温縣……一九五三
孟縣……一九五三
濟源縣……一九五四
尉氏縣（原第一九册）……一九五七
固始縣……一九五八
彰德府……一九五九
永寧縣……一九七三
洛陽縣……一九七八
鞏縣……一九八七
登封縣……一九八九
盧氏縣……一九九一
汝州……一九九三
魯山縣……一九九四
河南府……一九九四

偃師縣……一九九六
鞏縣……一九九六
孟津縣……一九九七
宜陽縣……一九九八
登封縣……一九九九
永寧縣……二〇〇一
新安縣……二〇〇三
嵩縣……二〇〇四
陝州……二〇〇五
靈寶縣……二〇〇六
閿鄉縣……二〇〇九
陝州……二〇一一
閿鄉縣……二〇一三
偃師縣……二〇一五
澠池縣……二〇一八
新安縣……二〇一九
洛陽縣……二〇二三
鞏縣……二〇二四
登封縣……二〇二四
澠池縣……二〇二六
嵩縣……二〇二六

南陽縣……二〇二九
鎮平縣……二〇三〇
唐縣……二〇三一
泌陽縣……二〇三三
南召縣……二〇三四
桐柏縣……二〇三五
鄧州……二〇三六
內鄉縣……二〇三七

新野縣……二〇三八
淅川縣……二〇三八
裕州……二〇四〇
舞陽縣……二〇四一
葉縣……二〇四二
汝州……二〇四七
魯山縣……二〇四八
郟縣……二〇四八
寶豐縣……二〇四九
伊陽縣……二〇四九
汝寧府……二〇五〇
汝陽縣……二〇五一
上蔡縣……二〇五三
西平縣……二〇五四
遂平縣……二〇五五
確山縣……二〇五五
真陽縣……二〇五五
光州……二〇五六
光山縣……二〇五六
固始縣……二〇五八
息縣……二〇五九
商城縣……二〇五九
信陽州……二〇六一
羅山縣（原第二〇册）……二〇六三
商丘縣……二〇六四
寧陵縣……二〇六五
鹿邑縣……二〇六五
永城縣……二〇六六
虞城縣……二〇六七

雒南縣……二一七九
山陽縣……二一八〇
商南縣……二一八一
同州……二一八二
朝邑縣……二一八四
郃陽縣……二一八五
澄城縣……二一八八
白水縣……二一八九
韓城縣……二一九〇
華州……二一九二
華陰縣……二一九四
蒲城縣……二一九六
耀州……二一九七
同官縣……二一九八
乾州……二二〇〇
武功縣……二二〇一
永壽縣……二二〇三
邠州……二二〇四
三水縣……二二〇五
淳化縣……二二〇七
長武縣……二二〇九
咸寧縣……二二一〇
長安縣……二二一八
咸陽縣……二二三〇
興平縣……二二三六
西安府（原第二二冊）……二二三九
咸陽縣……二二四八
臨潼縣……二二四九
興平縣……二二四九
涇陽縣……二二五〇

三原縣……一二五一
商州……一二五五
朝邑縣……一二五六
華陰縣……一二五七
永壽縣……一二五九
武功縣……一二六〇
邠州……一二六一
富平縣……一二六二
同官縣……一二六三
潼關衛……一二六三
咸陽縣……一二六四
寶雞縣……一二六五
郿縣……一二六五
咸陽縣……一二六六
三水縣……一二六七
臨潼縣……一二八〇
鄠縣……一二八七
臨潼縣……一二九三
華州……一二九四
華陰縣……一三〇一
潼關衛……一三〇三
武功縣（原第二三册）……一三一五
臨潼縣……一三一八
鄠縣……一三二四
藍田縣……一三二八
醴泉縣……一三三二
涇陽縣……一三三四
高陵縣……一三三五
渭南縣……一三三六

蒲城縣……一二三八
盩厔縣……一二四〇
富平縣……一二四八
三原縣……一二五一
同官縣……一二五三
華陰縣（原第二四册）……一二〇八
同州……一二一五
朝邑縣……一二一八
郃陽縣……一二二〇
澄城縣……一二二三
白水縣……一二二四
朝邑縣……一二二七
韓城縣……一二三一
澄城縣……一二三八
韓城縣……一二四〇
三水縣……一二四三
同官縣……一二四五
白水縣……一二四五
耀州……一二四七
同官縣……一二五一
富平縣……一二五二
耀州……一二五四
富平縣……一二五九
涇陽縣……一二六一
醴泉縣……一二六五
興平縣……一二六九
盩厔縣……一二七一
邠州……一二七三
淳化縣……一二七四
鄠縣……一二八二

商州……二四八七
雒南縣……二四九九
商南縣……二五〇〇
山陽縣……二五〇一
鎮安縣……二五〇二
寧遠縣（原第二五册）……二五一三
伏羌縣……二五一四
漳縣……二五一六
西和縣……二五一六
成縣……二五一七
清水縣……二五二〇
禮縣……二五二一
文縣……二五二三
洮州衛……二五二四
靖虜衛……二五二五
平涼府……二五四一
鎮原縣……二五四三
鞏昌府……二五四四
隴西縣……二五四五
安定縣……二五四六
會寧縣……二五四七
通渭縣……二五四八
寧遠縣……二五四九
伏羌縣……二五四九
西和縣……二五四九
秦州……二五五一
秦安縣……二五五五
清水縣……二五五六
禮縣……二五五八
階州……二五五八

文縣……二五六一
徽州……二五六二
兩當縣……二五六三
徽州……二五六五
兩當縣……二五六八
清水縣……二五六九
伏羌縣……二五七〇
通渭縣……二五七四
秦安縣……二五七五
靖虜衛（原第二六册）……二五九七
陝西行都指揮使司……二六〇一
甘州左衛右衛中衛前衛後衛……二六〇三
肅州衛……二六〇六
沙州衛……二六〇九
山丹衛……二六一一
永昌衛……二六一二
涼州衛……二六一三
鎮蕃衛……二六一五
莊浪衛……二六一六
西寧衛……二六一七
鎮夷守禦千户所……二六二〇
古浪守禦千户所……二六二一
高臺守禦千户所……二六二一
延綏鎮……二六二七
榆林衛……二六二三
臨洮府……二六三七
狄道縣……二六三七
渭源縣……二六三八

蘭州……二六三八
金縣……二六四〇
河州……二六四〇
蘭州……二六四二
河州……二六四八
寧夏衛……二六五二
寧夏中衛……二六五四
岷州衛……二六五八
山丹衛……二六五九
永昌衛……二六六〇
涼州衛……二六六一
莊浪衛……二六六二
西寧衛……二六六三
鎮夷守禦千户所……二六六六
陝西行都司……二六六九
甘州衛……二六七〇
肅州衛……二六七一
山丹衛……二六七一
永昌衛……二六七二
涼州衛……二六七二
鎮蕃衛……二六七二
莊浪衛……二六七二
西寧衛……二六七三
高臺守禦千户所……二六七三
延安府（原第二七册）……二六八五
膚施縣……二六八七
安塞縣……二六八八

甘泉縣……二六八九
保安縣……二六九〇
安定縣……二六九三
宜川縣……二六九四
延長縣……二六九六
清澗縣……二六九七
延川縣……二六九九
鄜州……二七〇一
洛川縣……二七〇二
中部縣……二七〇三
宜君縣……二七〇五
綏德州……二七〇六
米脂縣……二七〇九
葭州……二七一〇
吳堡縣……二七一一
神木縣……二七一二
府谷縣……二七一四
慶陽府……二七一五
安化縣……二七二二
合水縣……二七二三
環縣……二七二六
寧州……二七二九
真寧縣……二七三二
清澗縣……二七三四
鄜州……二七三六
洛川縣……二七三七
米脂縣……二七三八
葭州……二七三八
宜君縣……二七四〇

清澗縣……二七四一
臨洮府……二七四四
狄道縣……二七四六
渭源縣……二七四九
蘭州……二七五三
金縣……二七六〇
河州……二七六三
寧夏衛……二七六七
寧夏前衛……二七六八
寧夏左屯衛……二七六八
寧夏右屯衛……二七六八
寧夏後衛……二七六九
寧夏中屯衛……二七六九
寧夏中衛……二七七三
洮州衛軍民指揮使司……二七七五
岷州衛……二七八〇
漢中府（原第二八册）……二七八四
漢中衛……二七八八
南鄭縣……二七八八
褒城縣……二七九〇
城固縣……二七九四
洋縣……二七九六
西鄉縣……二八〇〇
鳳縣……二八〇二
寧羌州……二八〇六
沔縣……二八〇八
略陽縣……二八一五
興安州……二八一七

平利縣……二八一八
石泉縣……二八一九
洵陽縣……二八二一
漢陰縣……二八二二
白河縣……二八二三
紫陽縣……二八二四
鳳翔府……二八二五
鳳翔縣……二八二七
寶雞縣……二八二九
岐山縣……二八三三
扶風縣……二八三七
郿縣……二八三八
麟遊縣……二八四一
汧陽縣……二八四三
隴州……二八四四
平涼府……二八五〇
平涼縣……二八五三
崇信縣……二八五五
華亭縣……二八五六
鎮原縣……二八五七
固原州……二八六〇
涇州……二八六三
靈臺縣……二八六六
靜寧州……二八六七
莊浪縣……二八六九
隆德縣……二八七〇
鞏昌府……二八七二
隴西縣……二八七四
安定縣……二八七六
會寧縣……二八七八

通渭縣……二八八〇
漳縣……二八八一
寧遠縣……二八八三
伏羌縣……二八八四
西和縣……二八八五
成縣……二八八八
秦州……二八九三
秦安縣……二八九七
階州（原第二九册）……二八九九
文縣……二九〇二
徽州……二九〇三
兩當縣……二九〇五
岷州衛……二九〇六
文縣……二九〇七
鳳翔府……二九〇八
岐山縣……二九〇九
寶雞縣……二九一一
扶風縣……二九一三
郿縣……二九一四
麟遊縣……二九一五
汧陽縣……二九一六
隴州……二九一六
平涼縣……二九三一
涇州……二九三二
靈臺縣……二九三四
靜寧州……二九三五
莊浪縣……二九三六
固原州……二九三七
鎮原縣……二九四一

華亭縣……二九四二
崇信縣……二九四六
隆德縣……二九四七
慶陽府……二九四八
環縣……二九五〇
寧州……二九五一
安化縣……二九五二
合水縣……二九五三
環縣……二九五三
寧州……二九五四
真寧縣……二九五五
寧州……二九五五
崇信縣……二九五七
漢中府……二九五九
南鄭縣……二九五九
褒城縣……二九六〇
城固縣……二九六三
洋縣……二九六三
西鄉縣……二九六四
鳳縣……二九六四
沔縣……二九六五
寧羌州……二九六六
略陽縣……二九六六
寧羌州……二九六七
漢中府……二九六九
洵陽縣……二九八二
褒城縣……二九八三
城固縣……二九八六
洋縣……二九八六

西鄉縣……二九八七
鳳縣……二九八八
寧羌州……二九八九
略陽縣……二九九〇
興安州……二九九一
洵陽縣……二九九二
華亭縣……二九九二
鎮原縣……二九九四
固原州……二九九四
靜寧州……二九九五
安定縣……二九九六
會寧縣……二九九八
寧遠縣……三〇〇〇
秦州……三〇〇二
秦安縣……三〇〇三
清水縣……三〇〇五
禮縣……三〇〇六
文縣……三〇〇六
徽州……三〇〇七
秦州……三〇〇八
徽州……三〇〇九
階州……三〇一〇
隴西縣……三〇一〇
安定縣……三〇一〇
會寧縣……三〇一一
寧遠縣……三〇一一
通渭縣……三〇一二
伏羌縣……三〇一二
西和縣……三〇一二

成縣……三〇一三
清水縣……三〇一三
秦安縣……三〇一四
禮縣……三〇一四
兩當縣……三〇一五
文縣……三〇一五
階州……三〇一六
隴西縣……三〇一七
秦州……三〇一九
階州……三〇二四
岷州……三〇二六
會寧縣……三〇二七

湖廣（原第三〇册）……三〇二九

武昌府……三〇二九
江夏縣……三〇三一
武昌縣……三〇三三
嘉魚縣……三〇三四
蒲圻縣……三〇三六
咸寧縣……三〇三七
崇陽縣……三〇三七
通城縣……三〇三八
興國州……三〇三八
大冶縣……三〇四〇
通山縣……三〇四〇
漢陽府……三〇四〇
漢陽縣……三〇四三
漢川縣……三〇四四
黄州府……三〇四六
黄岡縣……三〇四七

黄安縣……三〇四九
蘄水縣……三〇五〇
羅田縣……三〇五一
麻城縣……三〇五二
黄陂縣……三〇五四
蘄州……三〇五五
廣濟縣……三〇五六
黄梅縣……三〇五七
德安府……三〇五七
安陸縣……三〇五九
雲夢縣……三〇五九
應城縣……三〇五九
孝感縣……三〇六一
隨州……三〇六一
應山縣……三〇六三
承天府……三〇六三
鍾祥縣……三〇六五
京山縣……三〇六五
潛江縣……三〇六六
沔陽州……三〇六七
景陵縣……三〇六九
荆門州……三〇七一
當陽縣……三〇七二
襄陽府……三〇七三
襄陽縣……三〇七五
宜城縣……三〇七八
南漳縣……三〇七九
棗陽縣……三〇八一
穀城縣……三〇八二
光化縣……三〇八三

均州……三〇八四
鄖陽府……三〇八五
鄖縣……三〇八六
房縣……三〇八七
竹山縣……三〇八八
上津縣……三〇九〇
竹谿縣……三〇九一
鄖西縣……三〇九二
保康縣……三〇九三
荆州府……三〇九四
江陵縣……三〇九五
公安縣……三〇九七
石首縣……三〇九八
監利縣……三〇九八
松滋縣……三〇九九
枝江縣……三一〇〇
夷陵州……三一〇一
長陽縣……三一〇三
宜都縣……三一〇四
遠安縣……三一〇五
歸州……三一〇五
興山縣……三一〇八
巴東縣……三一〇九
岳州府……三一一〇
巴陵縣……三一一二
臨湘縣……三一一四
華容縣……三一一五
平江縣……三一一六
澧州……三一一七
石門縣……三一一九

慈利縣……三一一九
安鄉縣……三一二一
長沙府……三一二二
長沙縣……三一二四
善化縣……三一二四
湘潭縣……三一二五
湘陰縣……三一二六
寧鄉縣……三一二七
瀏陽縣……三一二八
醴陵縣……三一二九
益陽縣……三一三〇
湘鄉縣……三一三〇
攸縣……三一三一
安化縣……三一三二
茶陵州……三一三三
寶慶府……三一三五
邵陽縣……三一三五
城步縣……三一三六
新化縣……三一三七
武岡州……三一三八
新寧縣……三一三九
常德府……三一四〇
武陵縣……三一四一
桃源縣……三一四二
龍陽縣……三一四三
沅江縣……三一四四
辰州府……三一四五
沅陵縣……三一四六
盧溪縣……三一四八
辰溪縣……三一四九

漵浦縣……三一四九
沅州……三一五〇
黔陽縣……三一五一
麻陽縣……三一五一
衡州府……三一五二
衡陽縣……三一五三
衡山縣……三一五四
耒陽縣……三一五六
常寧縣……三一五七
安仁縣……三一五八
酃縣……三一五九
桂陽州……三一六〇
臨武縣……三一六二
藍山縣……三一六三
嘉禾縣……三一六四
永州府……三一六四
零陵縣……三一六五
祁陽縣……三一六六
東安縣……三一六七
道州……三一六八
寧遠縣……三一七〇
永明縣……三一七二
江華縣……三一七三
新田縣……三一七四
郴州……三一七五
永興縣……三一七六
宜章縣……三一七七
興寧縣……三一七九
桂陽縣……三一七九
桂東縣……三一八一

靖州……三一八二
通道縣……三一八三
會同縣……三一八五
綏寧縣……三一八六
天柱縣……三一八六
施州衛軍民指揮使司（原第三一册）……三一八七
大田軍民千户所……三一八八
施南宣撫司……三一八八
東鄉五路安撫司……三一八九
摇把峒長官司……三一八九
上愛茶峒長官司……三一八九
下愛茶峒長官司……三一八九
鎮遠蠻夷官司……三一八九
隆奉蠻夷官司……三一八九
忠路安撫司……三一八九
劍南長官司……三一八九
忠孝安撫司……三一八九
金峒安撫司……三一九〇
西泙蠻夷官司……三一九〇
中峒安撫司……三一九〇
散毛宣撫司……三一九〇
大旺安撫司……三一九〇
東流蠻夷官司……三一九〇
臘壁峒蠻夷官司……三一九〇
龍潭安撫司……三一九一
忠建宣撫司……三一九一
忠峒安撫司……三一九一
高羅安撫司……三一九一
木册長官司……三一九一

思南長官司……三一九一
鎮南長官司……三一九二
唐崖長官司……三一九二
容美宣撫司……三一九二
盤順安撫司……三一九二
椒山瑪瑙長官司……三一九二
五峯石寶長官司……三一九二
石梁下峒長官司……三一九二
水盡源通塔平長官司……三一九二
九溪衛……三一九四
安福守禦千户所……三一九五
添平守禦千户所……三一九六
麻寮守禦千户所……三一九六
桑植安撫司……三一九六
永定衛……三一九八
大庸守禦千户所……三一九八
永順軍民宣慰使司……三一九九
南渭州……三一九九
施溶州……三一九九
上溪州……三一九九
臘惹洞長官司……三二〇〇
麥著黄洞長官司……三二〇〇
驢遲洞長官司……三二〇〇
施溶溪長官司……三二〇〇
白崖洞長官司……三二〇〇
田家洞長官司……三二〇〇
保靖州軍民宣慰使司……三二〇〇
五寨長官司……三二〇〇
筸子坪長官司……三二〇〇
茅岡隘冠帶長官司……三二〇〇

兩江口長官司……三二〇一
鎮遠臻剖六峒横波等處長官司……三二〇一
羅田縣……三二〇八
麻城縣……三二〇九
黄陂縣……三二〇九
京山縣……三二一〇
沔陽州……三二一〇
孝感縣……三二一三
監利縣……三二一四
巴東縣……三二一四
興寧縣……三二一五
石首縣……三二一六
荆門州……三二一六
歸州……三二一七
安仁縣……三二二〇
酃縣……三二二〇
桂陽州……三二二〇
臨武縣……三二二一
耒陽縣……三二二一
常寧縣……三二二二
東安縣……三二二二
郴州……三二二三
永興縣……三二二四
桂陽縣……三二二四
桂東縣……三二二五
宜章縣……三二二六
興寧縣……三二二六
黄岡縣……三二二七

於潛縣……三三一一
新城縣……三三一一
昌化縣……三三一一
嘉興府……三三一二
嘉興縣……三三一三
秀水縣……三三一三
嘉善縣……三三一三
海鹽縣……三三一四
崇德縣……三三一六
平湖縣……三三一七
桐鄉縣……三三一八
湖州府……三三一九
烏程縣……三三二〇
歸安縣……三三二一
長興縣……三三二二
德清縣……三三二三
武康縣……三三二四
安吉州……三三二五
孝豐縣……三三二七
嚴州府……三三二八
建德縣……三三二九
淳安縣……三三三〇
桐廬縣……三三三一
遂安縣……三三三二
壽昌縣……三三三二
分水縣……三三三三
金華府……三三三三
金華縣……三三三五
蘭溪縣……三三三六
東陽縣……三三三七

義烏縣……三三八
永康縣……三三九
武義縣……三四一
浦江縣……三四二
湯溪縣……三四三
衢州府……三四四
西安縣……三四七
龍游縣……三四七
常山縣……三四八
江山縣……三四九
開化縣……三五一
處州府……三五二
麗水縣……三五三
青田縣……三五四
縉雲縣……三五五
松陽縣……三五七
遂昌縣……三五七
龍泉縣……三五八
慶元縣……三五八
雲和縣……三五九
宣平縣……三五九
景寧縣……三五九
紹興府……三六〇
山陰縣……三六二
會稽縣……三六四
蕭山縣……三七一
諸暨縣……三七二
餘姚縣……三七四
上虞縣……三七七
嵊縣……三八一

新昌縣……三三八二
寧波府……三三八四
鄞縣……三三八七
慈溪縣……三三八七
奉化縣……三三八九
定海縣……三三九〇
象山縣……三三九四
台州府……三三九八
臨海縣……三四〇〇
黄巖縣……三四〇〇
天台縣……三四〇二
仙居縣……三四〇四
寧海縣……三四〇五
太平縣……三四〇六
温州府……三四〇六
永嘉縣……三四〇八
樂清縣……三四〇九
瑞安縣……三四一二
平陽縣……三四一三
泰順縣……三四一五
温州府……三四一六
象山縣……三四一六
東陽縣……三四一八
義烏縣……三四一八
浦江縣……三四一九
武義縣……三四二〇
海鹽縣……三四二四
仁和縣……三四二九
錢塘縣……三四三〇
海寧縣（原第三三册）……三四四二

富陽縣……三四四四
餘杭縣……三四四四
臨安縣……三四四五
於潛縣……三四四六
新城縣……三四四六
昌化縣……三四四七
嘉興縣……三四四八
海鹽縣……三四四九
平湖縣……三四五一
崇德縣……三四五一
烏程縣……三四五一
歸安縣……三四五二
長興縣……三四五二
德清縣……三四五三
武康縣……三四五三
安吉州……三四五四
嚴州府……三四五四
淳安縣……三四五五
桐廬縣……三四五六
遂安縣……三四五七
壽昌縣……三四五七
分水縣……三四五七
金華縣……三四五八
蘭溪縣……三四五八
東陽縣……三四五九
浦江縣……三四五九
麗水縣……三四五九
龍泉縣……三四六〇
慶元縣……三四六〇

宣平縣……三四六一
景寧縣……三四六一
上虞縣……三四六二
定海縣……三四六三
黃巖縣……三四六三
寧海縣……三四六四
太平縣……三四六四
永嘉縣……三四六五
樂清縣……三四六七
平陽縣……三四六八
縉雲縣……三四六九
嚴州府……三四七〇
餘姚縣……三四八三
上虞縣……三四八五
衢州府……三四九九
西安縣……三五〇〇
龍游縣……三五〇一
江山縣……三五〇二
常山縣……三五〇四
開化縣……三五〇六
遂安縣……三五〇七
壽昌縣……三五〇七
永康縣……三五〇八
寧波府……三五〇九
鄞縣……三五一一
慈溪縣……三五一三
奉化縣……三五一四
定海縣……三五一五
象山縣……三五一九

慈溪縣……三五二〇
福建（原第三四册）……三五三五
福州府……三五三五
閩縣……三五三八
侯官縣……三五三九
古田縣……三五四〇
閩清縣……三五四〇
長樂縣……三五四一
永福縣……三五四二
福清縣……三五四三
泉州府……三五四四
晉江縣……三五四五
南安縣……三五四七
惠安縣……三五四八
安溪縣……三五五〇
同安縣……三五五〇
永春縣……三五五二
德化縣……三五五三
建寧府……三五五四
建安縣……三五五五
甌寧縣……三五五六
建陽縣……三五五六
崇安縣……三五五七
浦城縣……三五五九
政和縣……三五六〇
松溪縣……三五六一
壽寧縣……三五六三
延平府……三五六三
南平縣……三五六四

泰寧縣……三六四四
上杭縣……三六四五
歸化縣……三六四五
興化府……三六四六
漳州府……三六四七
漳浦縣……三六四八
龍巖縣……三六四九
南靖縣……三六五〇
詔安縣……三六五一
海澄縣……三六五二
龍溪縣……三六五三
寧洋縣……三六五四
福寧州……三六五六
寧德縣……三六五九
平和縣……三六五九
崇安縣……三六六一
廣東（原第三六册）……三六六九
廣州府……三六六九
南海縣……三六七三
番禺縣……三六七四
增城縣……三六七六
東莞縣……三六七七
香山縣……三六七九
順德縣……三六八〇
新會縣……三六八一
三水縣……三六八三
從化縣……三六八三
龍門縣……三六八四

清遠縣……三六八四
新寧縣……三六八五
連州……三六八六
陽山縣……三六八七
連山縣……三六八八
新安縣……三六九〇
韶州府……三六九一
曲江縣……三六九三
仁化縣……三六九四
乳源縣……三六九五
樂昌縣……三六九七
英德縣……三六九八
翁源縣……三七〇二
南雄府……三七〇五
保昌縣……三七〇八
始興縣……三七〇八
惠州府……三七一一
歸善縣……三七一四
博羅縣……三七一四
河源縣……三七一六
海豐縣……三七一七
龍川縣……三七一九
興寧縣……三七二〇
長樂縣……三七二一
和平縣……三七二三
長寧縣……三七二三
永安縣……三七二四
連平州……三七二四
潮州府……三七二五
海陽縣……三七二七

潮陽縣……三七二七
揭陽縣……三七二九
程鄉縣……三七三〇
惠來縣……三七三二
饒平縣……三七三三
大埔縣……三七三四
澄海縣……三七三五
普寧縣……三七三五
平遠縣……三七三六
鎮平縣……三七三七
肇慶府……三七三七
高要縣……三七四二
四會縣……三七四三
新興縣……三七四三
高明縣……三七四六
陽春縣……三七四七
陽江縣……三七四九
恩平縣……三七五三
廣寧縣……三七五四
德慶州……三七五五
封川縣……三七五七
開建縣……三七五八
高州府……三七五九
茂名縣……三七六二
電白縣……三七六三
信宜縣……三七六四
化州……三七六五
吳川縣……三七六七
石城縣……三七六九
廉州府……三七七〇

合浦縣……三七七三
欽州……三七七五
靈山縣……三七七八
雷州府……三七八〇
海康縣……三七八二
遂溪縣……三七八三
徐聞縣……三七八四
瓊州府……三七八六
瓊山縣……三七八九
澄邁縣……三七八九
臨高縣……三七九〇
定安縣……三七九一
文昌縣……三七九二
樂會縣……三七九三
會同縣……三七九四
儋州……三七九五
昌化縣……三七九七
萬州……三七九八
陵水縣……三八〇〇
崖州……三八〇一
感恩縣……三八〇三
羅定州……三八〇四
東安縣……三八〇七
西寧縣……三八〇八
廣寧縣……三八一六
南海縣……三八二六
番禺縣……三八二九
三水縣……三八三〇
東莞縣……三八三一

龍門縣……三八三四
香山縣……三八三四
新會縣……三八三五
新寧縣……三八三七
清遠縣……三八三七
連州……三八三九
陽山縣……三八四〇
曲江縣……三八四一
樂昌縣（原第三七册）……三八四四
翁源縣……三八四五
英德縣……三八四六
保昌縣……三八四七
歸善縣……三八四八
博羅縣……三八四八
長樂縣……三八四九
興寧縣……三八五〇
河源縣……三八五〇
海陽縣……三八五一
惠來縣……三八五一
和平縣……三八五二
長寧縣……三八五三
永安縣……三八五三
饒平縣……三八五四
大埔縣……三八五五
澄海縣……三八五六
南海縣……三八五八
增城縣……三八六〇
從化縣……三八六一
新寧縣……三八六二
陽山縣……三八六三

翁源縣……三八六三
博羅縣……三八六四
永安縣……三八六五
程鄉縣……三八六五
潮陽縣……三八六六
海陽縣……三八六六
潮陽縣……三八六八
惠來縣……三八六八
大埔縣……三八六九
潮陽縣……三八六九
惠來縣……三八七〇
普寧縣……三八七〇
澄海縣……三八七一
信宜縣……三八七二
儋州……三八七二
連平州……三八七三
高要縣……三八七五
新興縣……三八七六
陽春縣……三八七六
陽江縣……三八七八
四會縣……三八七八
高明縣……三八七九
恩平縣……三八八〇
廣寧縣……三八八一
德慶州……三八八二
封川縣……三八八三
肇慶府……三八八三
羅定州……三八九三
高要縣……三八九四
陽江縣……三八九四

合浦縣……三八九五
欽州……三八九八
靈山縣……三八九九
瓊州府……三九〇二
瓊山縣……三九〇三
定安縣……三九〇四
文昌縣……三九〇四
樂會縣……三九〇五
儋州……三九〇五
昌化縣……三九〇六
崖州……三九〇六
欽州……三九〇七
合浦縣……三九〇九
萬州……三九一〇
崖州……三九一〇
羅定州……三九一一
廣州府……三九一七
南雄府……三九二〇
肇慶府……三九二一
雲南（原第三八册）……三九三六
雲南府……三九三九
昆明縣……三九四一
富民縣……三九四四
宜良縣……三九四四
嵩明州……三九四六
晉寧州……三九四七
歸化縣……三九四八
呈貢縣……三九四八

安寧州……三九四九
羅次縣……三九五〇
禄豐縣……三九五一
昆陽州……三九五一
三泊縣……三九五二
易門縣……三九五三
大理府……三九五四
太和縣……三九五七
趙州……三九五九
雲南縣……三九六一
鄧川州……三九六二
浪穹縣……三九六三
賓川州……三九六五
雲龍州……三九六六
十二關長官司……三九六七
臨安府……三九六八
建水州……三九七〇
石屏州……三九七一
阿迷州……三九七二
寧州……三九七三
通海縣……三九七四
河西縣……三九七五
嶍峨縣……三九七六
蒙自縣……三九七八
納樓茶甸長官司……三九七八
寧遠州……三九七九
教化三部長官司……三九七九
王弄山長官司……三九七九
虧容甸長官司……三九七九
溪處甸長官司……三九七九

思陀甸長官司……三九七九
左能寨長官司……三九七九
落恐甸長官司……三九七九
安南長官司……三九七九
楚雄府……三九八〇
楚雄縣……三九八二
廣通縣……三九八二
定遠縣……三九八四
定邊縣……三九八五
碍嘉縣……三九八六
南安州……三九八六
鎮南州……三九八七
澂江府……三九八八
河陽縣……三九九〇
江川縣……三九九〇
陽宗縣……三九九一
新興州……三九九二
路南州……三九九三
蒙化府……三九九四
景東府……三九九六
廣南府……三九九八
富州……三九九九
廣西府……四〇〇〇
師宗州……四〇〇二
彌勒州……四〇〇二
維摩州……四〇〇三
鎮沅府……四〇〇四
禄谷寨長官司……四〇〇五
永寧府……四〇〇五
順寧府……四〇〇七

孟定府……四〇〇九
耿馬安撫司……四〇〇九
孟艮府……四〇〇九
曲靖軍民府……四〇一〇
南寧縣……四〇一二
亦佐縣……四〇一三
霑益州……四〇一三
陸涼州……四〇一六
馬龍州……四〇一八
羅平州……四〇一九
姚安軍民府……四〇二〇
大姚縣……四〇二三
鶴慶軍民府……四〇二三
劍川州……四〇二四
順州……四〇二六
武定府（原第三九册）……四〇二六
和曲州……四〇二八
元謀縣……四〇二九
禄勸州……四〇三〇
尋甸軍民府……四〇三三
麗江軍民府……四〇三四
通安州……四〇三六
寶山州……四〇三六
蘭州……四〇三七
巨津州……四〇三八
元江軍民府……四〇三九
因遠羅必甸長官司……四〇四〇
鎮姚守禦千户所……四〇四一
鎮安守禦千户所……四〇四一

永昌軍民府……四〇四一
保山縣……四〇四五
永平縣……四〇四六
騰越州……四〇四八
鳳溪長官司……四〇五〇
施甸長官司……四〇五一
潞江安撫司……四〇五二
鎮道安撫司……四〇五三
楊塘安撫司……四〇五三
茶山長官司……四〇五三
新化州……四〇五三
新平縣……四〇五四
北勝州……四〇五五
威遠州……四〇五六
灣甸州……四〇五七
鎮康州……四〇五八
　雲州……四〇五八
瀾滄衛軍民指揮使司……四〇五九
　浪蕖州……四〇五九
車里軍民宣慰使司……四〇六〇
木邦軍民宣慰使司……四〇六〇
孟養軍民宣慰使司……四〇六一
緬甸軍民宣慰使司……四〇六一
八百大甸軍民宣慰使司……四〇六一
老撾軍民宣慰使司……四〇六一
南甸宣撫司……四〇六一
干崖宣撫司……四〇六二
隴川宣撫司……四〇六三
蠻莫安撫司……四〇六四

猛密宣撫司……四〇六四
者樂甸長官司……四〇六四
鈕兀長官司……四〇六四
芒市長官司……四〇六五
猛臉長官司……四〇六五
永昌軍民府……四〇九〇
保山縣……四〇九三
騰越州……四〇九四
永平縣……四〇九四
保山縣……四〇九五
騰越州……四〇九八
永平縣……四〇九八

貴州（原第四〇册）

貴州（原第四〇册）……四一一一
貴陽府……四一一二
新貴縣……四一一三
貴定縣……四一一三
定番州……四一一三
程番長官司……四一一四
小程番長官司……四一一四
盧番長官司……四一一四
上馬橋長官司……四一一四
方番長官司……四一一四
韋番長官司……四一一四
洪番長官司……四一一四
卧龍番長官司……四一一四
小龍番長官司……四一一四

大龍番長官司……四一二四
金石番長官司……四一二五
羅番長官司……四一二五
盧山長官司……四一二五
木瓜長官司……四一二五
麻嚮長官司……四一二五
大華長官司……四一二五
廣順州……四一二五
開州……四一二五
金筑安撫司……四一二六
貴州衛……四一二九
貴州前衛……四一二九
貴州宣慰使司……四一三〇
水東長官司……四一三〇
劄佐長官司……四一三一
底寨長官司……四一三一
乖西蠻夷長官司……四一三一
龍里長官司……四一三一
中曹蠻夷長官司……四一三一
白納長官司……四一三一
青山長官司……四一三一
養龍坑長官司……四一三一
思州府……四一三三
都坪峩異溪蠻夷長官司……四一三三
都素蠻夷長官司……四一三四
黃道溪長官司……四一三四
施溪長官司……四一三四
思南府……四一三五
安化縣……四一三六
水德江長官司……四一三六

蠻夷長官司……四一三七
婺川縣……四一三七
印江縣……四一三七
沿河祐溪長官司……四一三七
朗溪蠻夷長官司……四一三八
石阡府……四一三九
石阡長官司……四一四〇
龍泉縣……四一四〇
苗民長官司……四一四〇
葛彰葛商長官司……四一四〇
銅仁府……四一四〇
銅仁縣……四一四一
銅仁長官司……四一四一
省溪長官司……四一四一
提溪長官司……四一四一
烏羅長官司……四一四一
大萬山長官司……四一四一
平頭著可長官司……四一四一
鎮遠府……四一四二
鎮遠縣……四一四三
鎮遠金容金達蠻夷長官司……四一四三
施秉縣……四一四三
偏橋長官司……四一四三
邛水十五洞蠻夷長官司……四一四三
鎮遠衛……四一四四
偏橋衛……四一四四
清浪衛……四一四四
臻剖六洞横坡等處長官司……四一四四
黎平府……四一四四
永從縣……四一四五

潭溪蠻夷長官司……四一四五
八舟蠻夷長官司……四一四五
洪州泊里蠻夷長官司……四一四五
曹滴洞蠻夷長官司……四一四五
古州蠻夷長官司……四一四五
西山陽洞蠻夷長官司……四一四五
湖耳蠻夷長官司……四一四五
亮寨蠻夷長官司……四一四五
歐陽蠻夷長官司……四一四六
新化蠻夷長官司……四一四六
中林驗洞蠻夷長官司……四一四六
赤溪南洞蠻夷長官司……四一四六
龍里蠻夷長官司……四一四六
五開衛……四一四六
銅鼓衛……四一四六
黎平守禦千户所……四一四六
中潮守禦千户所……四一四七
新化亮寨守禦千户所……四一四七
龍里守禦千户所……四一四七
新化屯千户所……四一四七
都匀府……四一四七
都匀長官司……四一四八
清平縣……四一四八
平浪長官司……四一四八
邦水長官司……四一四八
平州陸洞長官司……四一四八
九名九姓獨山州長官司……四一四八
麻哈州……四一四九
樂平長官司……四一四九
平定長官司……四一四九

獨山州……四一四九
豐寧長官司……四一四九
都匀衛……四一五〇
平越衛……四一五〇
清平衛……四一五一
平越府……四一五一
湄潭縣……四一五一
餘慶縣……四一五一
甕安縣……四一五一
黄平州……四一五二
安順府……四一五二
寧谷長官司……四一五二
西堡長官司……四一五二
普定衛……四一五三
普安州……四一五四
普安衛……四一五五
樂民守禦千户所……四一五五
平夷守禦千户所……四一五五
安南守禦千户所……四一五五
安籠守禦千户所……四一五五
永寧州……四一五六
慕役長官司……四一五六
頂營長官司……四一五六
鎮寧州……四一五六
十二營長官司……四一五七
康佐長官司……四一五七
安莊衛……四一五七
關索嶺守禦千户所……四一五七

威清衛……四一五七
平壩衛……四一五八
龍里衛軍民指揮使司……四一五八
大平伐長官司……四一五八
新添衛軍民指揮使司……四一五八
新添長官司……四一五九
小平伐長官司……四一五九
把平寨長官司……四一五九
丹平長官司……四一五九
丹行長官司……四一五九
平越衛軍民指揮使司……四一五九
楊義長官司……四一六〇
畢節衛……四一六〇
安南衛……四一六〇
興隆衛……四一六一
烏撒衛……四一六一
永寧衛……四一六一
赤水衛……四一六一
摩泥千户所……四一六一
阿落密千户所……四一六一
白撒千户所……四一六一
普市守禦千户所……四一六二
守禦七星關後千户所……四一六二
凱里安撫使司……四一六二
山東肇域記……四一八五
後記(王文楚)……四二三七

補目

京師

順天府

大興縣
宛平縣
良鄉縣
固安縣
永清縣
東安縣
香河縣
通州
三河縣
武清縣
漷縣
寶坻縣
霸州
文安縣
大城縣
保定縣
涿州
房山縣
昌平州
順義縣
懷柔縣
密雲縣
薊州
玉田縣
豐潤縣
遵化縣
平谷縣

保定府

清苑縣
滿城縣
安肅縣
定興縣
新城縣
雄縣
容城縣
唐縣
慶都縣
博野縣
蠡縣
完縣
祁州

深澤縣
束鹿縣
安州
高陽縣
新安縣
易州
淶水縣
河間府
河間縣
獻縣
阜城縣
肅寧縣
任丘縣
交河縣
青縣

興濟縣
靜海縣
寧津縣
景州
吴橋縣
東光縣
故城縣
滄州
南皮縣
鹽山縣
慶雲縣
真定府
真定縣
井陘縣
獲鹿縣

元氏縣
靈壽縣
藁城縣
欒城縣
無極縣
平山縣
阜平縣
行唐縣
定州
新樂縣
曲陽縣
冀州
南宫縣
新河縣
棗強縣

武邑縣
晉州
安平縣
饒陽縣
武強縣
趙州
柏鄉縣
隆平縣
高邑縣
臨城縣
贊皇縣
寧晉縣
深州
衡水縣
順德府

邢臺縣
沙河縣
南和縣
任　縣
内丘縣
唐山縣
平鄉縣
鉅鹿縣
廣宗縣
廣平府
永年縣
曲周縣
肥鄉縣
雞澤縣
廣平縣

成安縣
威　縣
邯鄲縣
清河縣
大名府
元城縣
大名縣
魏　縣
南樂縣
清豐縣
内黄縣
濬　縣
滑　縣
開　州
長垣縣

東明縣
永平府
盧龍縣
遷安縣
撫寧縣
昌黎縣
灤　州
樂亭縣
延慶州
永寧縣
保安州
萬全都指揮使司
宣府左衛
宣府右衛
宣府前衛

萬全左衛
萬全右衛
懷安衛
保安右衛
懷來衛
延慶右衛
開平衛
龍門衛
興和守禦千户所
龍門守禦千户所

四　川

成都府
成都縣
華陽縣

雙流縣
郫縣
温江縣
新繁縣
新都縣
彭縣
崇寧縣
灌縣
金堂縣
仁壽縣
井研縣
資縣
内江縣
安縣
簡州

資陽縣
崇慶州
新津縣
漢州
什邡縣
綿竹縣
德陽縣
綿州
羅江縣
彰明縣
茂州
汶川縣
威州
保縣
保寧府

閬中縣
蒼溪縣
南部縣
廣元縣
昭化縣
劍州
梓潼縣
巴州
通江縣
南江縣
順慶府
南充縣
西充縣
蓬州
營山縣

儀隴縣
廣安州
岳池縣
渠縣
鄰水縣
大竹縣
夔州府
奉節縣
巫山縣
大昌縣
大寧縣
雲陽縣
萬縣
開縣
梁山縣

新寧縣
建始縣
達　州
東鄉縣
太平縣
重慶府
巴　縣
江津縣
壁山縣
永川縣
榮昌縣
大足縣
安居縣
綦江縣
南川縣
長壽縣
黔江縣
合　州
銅梁縣
定遠縣
忠　州
酆都縣
墊江縣
涪　州
武隆縣
彭水縣
遵義軍民府
遵義縣
桐梓縣
真安州
綏陽縣
仁懷縣
敘州府
宜賓縣
南溪縣
慶符縣
富順縣
長寧縣
興文縣
隆昌縣
高　州
筠連縣
珙　縣
龍安府
平武縣
江油縣
石泉縣
馬湖府
屏山縣
平夷長官司
蠻夷長官司
沐川長官司
雷坡長官司
鎮雄府
白水江簸酬長官司
懷德長官司
威信長官司
歸化長官司
安靜長官司
烏蒙軍民府

烏撒軍民府
東川軍民府
潼川州
射洪縣
中江縣
鹽亭縣
遂寧縣
蓬溪縣
安岳縣
樂至縣
眉州
彭山縣
丹稜縣
青神縣
邛州

大邑縣
蒲江縣
嘉定州
峨眉縣
夾江縣
洪雅縣
犍爲縣
榮縣
威遠縣
瀘州
納溪縣
江安縣
合江縣
雅州
名山縣

榮經縣
蘆山縣
永寧宣撫司
九姓長官司
太平長官司
天全六番招討司
松潘衛
小河守禦千户所
占藏先結簇長官司
蠟匝簇長官司
白馬路簇長官司
山洞簇長官司
阿昔洞簇長官司
北定簇長官司
麥匝簇長官司

者多簇長官司
牟力結簇長官司
班班簇長官司
祈命簇長官司
勒都簇長官司
包藏先結簇長官司
阿用簇長官司
潘斡寨長官司
别思寨長官司
八郎安撫司
麻兒匝安撫司
阿角寨安撫司
芒兒者安撫司
思曩日安撫司
疊溪守禦軍民千户所

疊溪長官司
鬱即長官司
黎州守禦軍民千户所
平茶洞長官司
溶溪芝蔴子坪長官司
安寧宣撫司
懷遠長官司
宣化長官司
酉陽宣慰司
石耶洞長官司
邑梅洞長官司
麻兔洞長官司
石砫宣慰司
四川行都指揮使司
建昌衛軍民指揮使司
守禦禮州後千户所
守禦禮州中中千户所
守禦打沖河中前千户所
守禦德昌千户所
昌州長官司
威龍長官司
普濟長官司
寧番衛軍民指揮使司
守禦冕山橋後千户所
越巂衛軍民指揮使司
鎮西後千户所
邛部長官司
鹽井衛軍民指揮使司
打沖河守禦中左千户所
馬剌長官司
會川衛軍民指揮使司
守禦迷易千户所

江西

南昌府
南昌縣
新建縣
豐城縣
進賢縣
奉新縣
靖安縣
武寧縣
寧州
瑞州府
高安縣
上高縣
新昌縣
九江府
德化縣
德安縣
瑞昌縣
湖口縣
彭澤縣
南康府
星子縣

都昌縣
建昌縣
安義縣
饒州府
鄱陽縣
餘干縣
樂平縣
浮梁縣
德興縣
安仁縣
萬年縣
廣信府
上饒縣
玉山縣
弋陽縣

貴溪縣
鉛山縣
永豐縣
興安縣
建昌府
南城縣
南豐縣
新城縣
廣昌縣
瀘溪縣
撫州府
臨川縣
崇仁縣
金谿縣
宜黃縣

樂安縣
東鄉縣
吉安府
廬陵縣
泰和縣
吉水縣
永豐縣
安福縣
龍泉縣
萬安縣
永新縣
永寧縣
臨江府
清江縣
新淦縣

新喻縣
峽江縣
袁州府
宜春縣
分宜縣
萍鄉縣
萬載縣
贛州府
贛縣
雩都縣
信豐縣
興國縣
會昌縣
安遠縣
寧都縣

瑞金縣
龍南縣
石城縣
定南縣
長寧縣
南安府
大庾縣
南康縣
上猶縣
崇義縣

廣西

桂林府
臨桂縣
興安縣

靈川縣
陽朔縣
全州
灌陽縣
永寧州
永福縣
義寧縣
平樂府
平樂縣
恭城縣
富川縣
賀縣
荔浦縣
修仁縣
昭平縣

永安州
梧州府
蒼梧縣
藤縣
容縣
岑溪縣
懷集縣
鬱林州
博白縣
北流縣
陸川縣
興業縣
潯州府
桂平縣
平南縣

貴縣
柳州府
馬平縣
洛容縣
柳城縣
羅城縣
懷遠縣
融縣
來賓縣
象州
武宣縣
賓州
遷江縣
上林縣
慶遠府

宜山縣
天河縣
忻城縣
河池州
思恩縣
荔波縣
南丹州
東蘭州
那地州
永順長官司
永定長官司
永安長官司
南寧府
宣化縣
隆安縣
橫州

永淳縣
新寧州
上思州
歸德州
果化州
忠　州
下雷州
思恩軍民府
奉議州
上映州
上林縣
武緣縣
太平府
崇善縣
陀陵縣
羅陽縣

左　州
養利州
永康州
上石西州
太平州
思城州
安平州
萬承州
全茗州
鎮遠州
茗盈州
龍英州
結安州
結倫州
都結州
上下凍州

思明州
思明府
下石西州
西平州
祿　州
鎮安府
田　州
歸順州
泗城州
向武州
都康州
龍　州
江　州
思陵州
憑祥州
安隆長官司

肇域志原目

南直隸第一至七册
山東第八至十二册
山西第十三至十六册
河南第十七至二十册
陝西第二十一至二十九册
湖廣第三十至三十一册
浙江第三十二至三十三册
福建第三十四至三十五册
廣東第三十六至三十七册
雲南第三十八至三十九册
貴州第四十册

案此書不以卷，分製四十册，書前無目録例言。兹依據明史地理志分省次序排列，首列南直隸，以次爲各布政使司，並補編此目録。缺北直隸與江西、四川、廣西三司。

題識

按先生郡國利病書序，同時尚有輿地記一編，此志疑即初名輿地記者也。其薈萃諸史，首尾蠶頭數十餘萬言，細行密注，非他人所能傳寫，宜此志不甚傳於世，今爲許君周生得之，可寶也。昔王晉卿藏蓮花經七卷，如箸䕮，東坡題云：「卷之盈握，沙界已周，讀未終篇，目力可廢。」彼或疑鬼工幻客所爲，而是書二十册，出自大儒手迹，豈不尤奇絶哉！嘉慶五年庚申冬十一月，錢塘後學梁同書觀，並補録先生自序，而識其後，時年七十有九。

明末諸儒，多留心經世之務。顧君亭林所著，有天下郡國利病書及肇域志，故世之推亭林者，以爲經濟勝於經史。然天下政治，隨時制宜，史志、縣志，可參核而不可拘泥，觀日知録所論，已間有矯枉過中之處，若其見於設施，果百利無一弊歟？四庫書提要論亭林之學，經史爲長。此至論，未可爲淺人道也。此肇域志稿本，未成之書，其志願所規畫者正大〔一〕，而方輿紀要實能成其志。亭林生長亂離之後，奔走戎馬間，閲書數萬卷，手不輟録。此帙密行細書，無一筆率略，始嘆古人學力過人，志趣遠大，世之習科條而無學術，及守章句而無經世之具者，皆未足與於此也。德清許積卿同年持此相示，因識數語歸之。嘉慶三年正月十日，儀徵阮元書於揅經室。

此書爲許周生駕部所藏。駕部與曼雲先兄，同嘉慶己未進士，余因得晤教，嗣讀鑑止水齋集，益深欽仰。己未榜中人，多碩學名流〔二〕，以駕部爲最。惜此稿當時駕部不及編校而行，此後恐無人能問津者，但屬其家珍守而已。道光丙午暮春，小住武林題記。福州梁章鉅。

亭林先生之學，有體有用，觀其集中論生員、郡縣諸篇，洞悉時務，蓋通經足用之才也。惜乎以勝國諸生、皤皤遺老，隱居没世已耳。使其大用，佐王者以致太平，綽乎其有餘裕；即出而旬宣四國，以經術號吏事〔三〕，安知今之必異於古所云也。著書甚多，詳載蘇州府志中。卷帙多者有天下郡國利病書，然藏書家間有鈔本肇域志若干卷，外間流傳轉寫者，止山東布政司一屬，往在都門〔四〕，曾鈔一册，餘書遍訪無之。今許君積卿得其手録稿本二十册，蠅頭細書，闕者北直隸及江西、四川兩布政司耳。此書未經脱稿，世間當無第二本。積卿好學深思，不爲俗儒記誦之學，宜此書爲積卿得之。余觀顧祖禹方輿紀要，每方必有專序，大致言其形勝阸塞〔五〕，論宜都、宜據、宜守及用兵制敵得失之故；而是書之言疆域建制，殆與方輿紀要相表裏，至於體國經野、理財治安之道，至纖至悉，溯其沿革〔六〕，陳其利害，亦經世之寶書也。積卿得之，豈偶然耶？余因念物之聚散離合，離散之久，必聚而合之一人。吾鄉程自邑在明中葉遜華山〔七〕，作古詩四十首，王弇洲稱之，謂元人王安道有華山圖四十幅，詩如其數，今圖失，而詩存刻本，然子詩勝安道遠矣，於是爲長歌贈之。同時有朱子价作序，詳其事。越二百餘年，余偶收得朱序，已又得弇洲所贈詩，今年復得自邑詩長卷，三事皆所自書墨迹，其尤異者，安道之圖與詩，弇洲時所久失者，今尚存二十幅，余得及見之，此豈非離者之必合耶？余疑亭林此書所闕三屬，或尚在人間，寶物終當合幷，異日仍爲積卿所得，亦事之未可知者耳。嘉慶三年六月二十四日，歙程瑶田書後，時年七十有四。

吾鄉耆碩顧亭林先生著述最富，於地理之學，尤所究心。此志迺未完稿本，大約與郡國利病書等，而世所罕見，德清許氏得之，歷三世矣。夫前朝遺志〔八〕，若金孝章、徐俟齋手迹，雖片楮殘縑，人知珍貴，矧此之粲然者歟！道光丙午，後學吳鍾駿識。

余與周生訂忘年交，博學好古，購善書不惜價〔九〕，收藏甚富。此肇域志世所希有，癸未菊秋望後，余至武林，寓陔華堂，嗣君君修出此乞跋，因得重觀。不見周生已三年矣，走筆之次，爲之慨然。之定識〔一〇〕，時年七十又六。道光二十九年己酉十月二十日，昆明趙光觀。

此書專記地輿形勢沿革，每篇之末，間及時事，如論漕耗、備倭寇之類，與郡國利病書同義。郡國利病書傳鈔頗衆，此則先生手録初稿，采取尤富，安得好學深思者校類而傳刻之〔一一〕，以竟先生用世之志也。道光癸未春二月，南海吴榮光借觀於浙江按察使署之懷清堂，並識卷端。

福山鹿澤長觀。

後學南海羅文俊敬觀。

道光丁未嘉平望日，東武劉喜海觀於藩署之蓬巒軒。

道光癸未二月花朝後二日，順德張青選觀於柏署之懷清堂。

金匱孫爾準觀。

桐城李家傳觀。

甲申冬月，歸安姚樟觀。

丙戌秋八月，沈益觀於五三精舍。高塏同觀。

丁亥八月，婁張允垂觀。

乙未冬十月，烏程鄭祖琛觀。

右亭林先生肇域志手稿二十本，吾友德清許君周生所藏也。「此書自崇禎己卯起，先取一統志，後取各省府州縣志，後取二十一史，參互書之，凡閱志書一千餘部。本行不盡，則注之旁，旁又不盡，則别爲一集，曰『備録』。」先生之自序如是。蓋先生己卯秋闈放後，慨然負經世之志，作天下郡國利病書，凡古今治亂得失之原，民生疾苦樂利之故，釐然畢具。而是書則專記輿地，與利病書殊義，然所詳者郡縣沿革、山川阨塞、兵事成敗，以及賦稅户口之多寡、官職、驛鋪之省置，而名勝人物不與焉。是當與利病書相輔以行，非元和志以下之僅爲地志者可擬也。虔生平篤嗜先生書，嘗作顧氏遺書録叙，復采其事迹，作年譜一卷。先生書無刻本者，必訪求之。若宅京記、求古録、營平地名記，見之於文瀾閣；菰中隨筆，見於歸安丁氏；杭州書肆則得見利病書；至肇域志，竹垞嘆其繁富而惜其散佚矣。乾隆癸丑正月，周生公車過桐城，告虔曰：「予得肇域志於廣南。」予聞之，欣喜忘寢食。閱四年，乃得借其書讀之。其格式與序所言正合，知此本爲手稿無疑，惟缺北直隸與江西、四川兩布政司。「備録」一集，當在此部内，而無從區擇之〔一二〕。又前無序目，蓋亦不全之稿，然其宏博浩衍，拾其餘剩，足以自雄，況部帙之豐若是乎！是書每本四十餘葉〔一三〕，葉三十行，行五十餘字，小如蠅頭，雄健無一率筆。每行夾縫旁注之字尤精妙。昔人見王荆公周禮義，筆迹如斜風細雨。嗟乎，觀是書者，可以知先生之人與學矣。先生著書至富，其最盛者曰日知録、下學指南。今日知録既家有其書矣，獨下學指南僅著録於傳是樓，求之十餘年不可得。又聞有北平古今記八卷，仿三輔黄圖之例而作者。吳、越爲藏書淵藪，以周生博聞好古，倘求而得之，其不遠千里而告我也。周生以虔習於顧氏，故屬爲之跋。希世之寶，非其人不能蓄，乃率書數語以歸之。嘉慶丁巳三月，桐城胡虔識於浙江藩署之四照樓。

此跋當時别書於紙，道光丁亥四月，君修屬補録卷首。海陽孫承勳記〔一四〕。

德清許周生駕部所藏顧亭林先生肇域志手稿凡二十册，駕部子延敬出以示椿。其本末詳妥，具載梁學士同書、阮督部元、程教諭瑶田、胡徵士虔，及駕部自作諸跋中。椿嘗收得吴江吴兆宜所輯本朝一統志案説，爲出亭林稿本。兆宜鄉人顧我錡作序，謂徐尚書乾學奉敕著書時，多采用其説。今按案説雖間引用此志中語，然甚希略，語意又不類其書，蓋不盡本亭林，吴氏題爲亭林原本者，誤也。予向以案説示張鹺使青選，未及改正，而鹺使以活字板印行於邗上，今當據此以證前誤。或謂亭林經濟之學不如經史，其説發自紀河間。經濟誠不可以空言議，然天下容有能言而行之未盡善者，未有不能言而所行乃與古合，且謂經濟不出於經史，則正昔人所謂歧而二之者也。鄉者之言，得無有可思者乎！胡君謂「備録」一集，當在此部内，而無從區擇。今按首册後所列，自山水以下諸子目，疑即所謂「備録」者矣。道光丁亥八月，婁姚椿跋。

此書目力精審，尚可細晰，若得通博勤敏者數人，當不難排纂成書，惜乎阮公官浙撫時，不以屬詁經精舍諸人士一編校也。椿又識。

道光丁亥中秋日，桂林吕璜觀。

道光丁亥九月，南豐譚祖同、錫洪觀，並識於錢塘清平山麓之江鴻閣。

己酉仲春朔越三日，陽湖趙樸庭敬觀於寶研齋。

亭林先生講求經世之學，纂天下郡國利病書，又爲帝王宅京記及肇域志；宅京記、利病書有傳本，惟肇域志不多見。乾隆五十八年，歲在癸丑，慶宗得先生手書稿本於粤東李氏，蓋李之先自吴門購歸者。中闕北直隸、江西、四川三省，存者凡二十册；册或四十餘翻，或三十餘翻，無卷帙之分。每郡縣記沿革形勢，先後錯見，蓋先生流覽諸書，隨手劄記之初稿也。後來或有所增損，别爲定本與否，不可得知。所引書自史傳、地志外，文集、説部則百餘種，蠅頭細字〔一五〕，無一誤筆，深謹之氣，溢於行間，使觀者神爲之斂。書雖未成，體例略具，大要主於謹嚴，不務考據，不泛援引，所詳者皆利弊得失之事。先生蓋有慨於志輿地者之華而鮮實，故作此以爲將來之法則。慶宗學識不足輔翼先生書，當以視四方君子共表揚之，庶先生苦心不致歸於泯没耳。後學德清許慶宗跋。

嘗論古今輿地之書，或繁或簡，各示其體裁之宜，以傳爲不朽之作。簡至澉水、武功、朝邑三書，當矣。然只一邑一區，未足以綜輯方輿之大也。至如太平寰宇記，采掇詳備，至一百九十三卷之多，允足資釐訂而溯源流，倘令常、康、韓三君執筆爲之，能終安於罣漏乎？顧簡則一於精審之法，而繁則務爲淹博之觀，自非薈萃羣書，殫數十年之心力爲之，未易出一編以證今垂後。故或書成未半，而天不假年；即裒然成書矣，或且兵燹風霜，輒多散佚。昔賢所謂傳不傳未可知者，良可興慨。雖然，孤詣獨造，積久彌彰。如亭林先生肇域志手稿二十册，世無副本，原稿亦疑其闕如，乃自吳中流入於粤，復自粤還藏於淛，高陽世守，墨迹如新，讀之覺先生自序所云二十年苦心不終泯没，於兹愈信。惟念躬遘亂離，著書終老，而耄年細楷，結體緊嚴（一六），亦可見學養既粹，神明不衰，其詣力之堅定，心志之優閒，較之邠卿複壁注孟，尤爲敻卓，又豈得於繁簡之間，沾沾論其文字云爾哉！時道光癸卯閏七月既望，汶上劉韻珂謹識於浙江撫署之静舫。

序

亭林先生此書始末，見梁學士同書、阮太傅元、程教授瑶田、胡徵士虔及先師春木先生諸跋中。亭林之學，講求實是，不持門户，其所欲爲者，思破去涯岸，爲一王之法。而阮氏跋中因及日知録，謂所論不能無弊，不知先生立論救時，使生於今時，任大枋，其所設施者，亦必别有變通之術。阮氏晰於文義，恃其考訂之長，蓋亦拘於章句之見，用相訾謷，乃欲掩而上之，侈矣。獨先師謂此書非顧氏原本，疑不盡然。今細按手迹，與先生他書無稍異，即稿首學士補録原序，覈以書中體例，亦無不合。昔山谷見温公通鑑手稿數百卷，皆蠅頭細楷，顛倒塗抹，而無一筆作草，此稿亦與相等。人皆苦其難閲，故先師惜阮氏官浙撫日，未及編校爲恨。先生書之大者爲郡國利病書，而此稿實與爲表裏。利病書近時有以活字板擺行者，象濟嘗於元和韓氏借讀之。此書人憚其難辨，向無副本，適吾友蔣寅昉評事君屬代爲訪求，乃得介高中翰丈學沅，請於其主許季仁明經，集鈔胥十餘人，即高氏之静拙軒分帙部録。會天大暑，窮日夜力，揮汗手校，凡兩閲月畢功，而象濟實總其事。其前後參错塗抹之處，皆區而秩之，於是先生之書始可卒讀。

評事之篤好古籍，中翰之力任表章，明經之不私所寶，其事皆可風者。書凡二十册，其後半多有「玉峯」小印，而一統志中采用其説甚稀，疑前半諸帙徐氏所未見也。先是先師閲是稿時，嘗録其山水子目，而張鹺使雲巢嘗爲印行，是道光丁亥。乃閲二十八年之久，而象濟以兵戈戎馬之餘，得録此清本，以遂先師未竟之志，而顧以限於日力，欲僅取吾浙一帙先爲纂録，謀刊行之。先生有靈，其亦引爲知己也歟！咸豐甲寅孟秋，秀水楊象濟記。仁和吳恒書。

按春翁疑非顧氏原本者，係指一統志按説而言，非謂此書也。原跋具在，利叔特未細讀耳。燕識。

甲寅伏日，繕此本，炎歊爲厲，同人筆不停綴，若忘其汗之浹背也。利叔朱墨在手，窮數十晝夜之力，反復勘之；余以目眵不能辨細字，命兒子碩麐從利叔斠對，匝月訖工。此後討論修飾潤色，不知更屬何人。余謂非亭林復生不辦。閏秋中元，高學沅跋〔一七〕。

序

亭林先生肇域志，德清許積卿駕部所藏，余少遊北地，浙中僅一至，未得見也。亡友劉廉方曾見之，爲余言。咸豐辛酉，秀水楊利叔又言，海寧蔣寅昉評事抄録一本。是年臘月，寅昉避寇亂，由滬上來鄂，賃宅武昌城中，與寓館望楹，乃得識寅昉，出是書讀之。書凡百餘萬言，其體例、目録未及編載〔一八〕，又闕北直隸及山東、四川兩布政司〔一九〕，則自序所云：「未遑删訂成一家之書，嘆精力之已衰，懼韋編之莫就，冀後之同志續而傳之者也。」又云：「取各省府州縣志，後取廿一史，參互書之，凡閲志千餘部。本行不盡，則注之旁，旁又不盡，則別爲一集，曰『備録』。」今按書中旁行夾注，細密繁衍，據梁學士、阮相國、胡徵士諸跋，咸以爲先生手書，工整疋健，無一率筆，而所謂「備録」者，不知已并録此書内耶，抑尚另爲卷帙耶？若已并録書内，則自序所云，當在未經并録之先，否則「備録」當另爲一集也。梁學士曰：按先生郡國利病書序，同時尚有輿地記一編，此志疑即初名輿地記，據此，則與郡國利病書同時纂集。一究生民之利病，治亂之得失；一考建置沿革之規，山川形勢、兵事成敗之要，意各有所主也。昔先大夫嘗以顧氏方輿紀要不能無訛誤，思有以正之，乃爲直省建置議，並爲分合諸圖。李先生兆洛嘆爲精確，留讀久不歸，李先生殁，遂失之。余嘗欲繼先志，取方輿紀要校其訛誤，少苦衣食奔走，長復浮沉下吏，寇亂頻蹙，鋒鏑倉皇，所志迄未能遂，忽忽老將至矣。今獲讀此書，益嘆古人於流離戎馬之間著書不輟，其志趣之遠大，精力之過人，斷非薄劣下學所能仰企者也。寅昉篤志勤學，多交海内讀書好古之士，請合同志數人，取方輿紀要、郡國利病書，與此書相勘，擷其菁華，去其繁衍，彌其缺佚，校其訛誤，勒爲一書，以終亭林先生之志，爲撥亂致治者取法。余雖日即衰邁，亦欲挾鉛槧以從事其間。寅昉倘以爲然，願奮力以成之。夫亦海内學者所禱祀而樂觀其成，先生必將默相於九京也。同治元年春正月，陽湖張曜孫識。

亭林先生遭時亂離，傳食四方，會萃羣書，以便行篋觀覽。此與郡國利病書同屬稿本，惟賢而有力者，合二書采之芟之，以成先生一家之學，不必繩以吉甫、王存之體，亦不必繩以樂史之體，猶近日未谷説文，不容以二徐本相繩，亦不必以嚴、段之説相繩也。同治元年，寅昉主政出以相眎，較諸跋又闕廣西布政司一省，然葉已千三百八十八翻，爲字約二百六十餘萬，與駕部原跋不差池，何以獨缺耶？道光丁未，平定張石洲方爲山西楊墨林刊未刊書，是時顧祠落成，先生年譜亦印就，如見是書，必爲校刊，惜乎其不之見也。豈物之顯晦有時耶？余耆好與先生同，而遭亂無子亦同，行將泝沔，由少習道藍田入秦中，又與先生同。寅昉亦罹兵戈，恐無刊此書力矣。借觀數日，而識其向慕之意如此。江寧汪士鐸。

桂氏書，今日照許印林刊之，別有許雲虬方輿紀要考證，楊至堂侍郎謀刊之未果，今存濟寧李氏，與此同寶書也。士鐸又記。

士鐸又案：此先生未成稿本，必條理使各秩如，方可授梓，亦不必補所闕四省也。原鈔本字如蟻足，行至數十字，目眊不能諦視。然惜其爲輿地類苑，且無統志廣載人物之繁，所引書今多未之見，兹幸鈔成清本，故欲理之，使各歸其郡縣，免前後錯出雜沓之弊，然後以聚珍板印行，以惠後之修志者。先生當亦首肯也。同治八年九月，識於無不悔齋。

顧氏原書二十册，據歙程易疇先生跋，已闕北直隸及四川、江西兩布政司。此册爲餘姚朱久香閣學所藏，即□□蔣寅昉評事所鈔之本，江寧汪梅村先生跋所言又闕廣西者也。湘鄉相國欲以活字板行之，爰依其式，凡上下方及旁注均攙入，而略以意分爲卷，凡江南十一，浙江一，山東八，山西五，河南四，湖廣三，陝西十，雲南二，貴州一，廣東二，福建二，共五十卷。同治己巳秋八月，寶應成蓉鏡謹識。

鈔肇域志記

肇域志者，崑山顧亭林先生未成書也。先生生玄黄之際，流離播遷，足迹幾遍天下，所過郡縣里巷，輒呼殘兵退卒、老民野客，求險隘，詧習尚，與夫時政之得失，風俗之淳漓，以其梗概，筆之於書。故先生之書，非徒博稽載籍而已。閱歷既久，貫弗於胸〔二〇〕，以求其言之不可易，洵可貴已。先生所箸，如日知録、郡國利病書、音學五書、歷代宅京記及遺書十種，並刊以行世，而此書爲手稿，實無第二本。曩者德清許周生駕部得之於粤東李氏，而已缺北直隸暨江西、四川兩布政司，携歸藏之，歷三世矣。余幼時熟聞是書，屢思録而讀之，苦不能致。今年春，家大人監司浙西，浙有曹君葛民、胡君次瑶者，皆積學好古士，爲大人請於駕部之文孫季仁，因簡書手，始事於四月廿有四日，三閱月告蕆，計得百三十餘萬言，任校讎者，則餘姚周雙庚白山、績溪胡子繼培系之力爲多。余既感季仁之諾，而益嘆諸君之樂趣其事，以成斯舉爲難能也。溧陽後學繆星遹。

勝國遺老之學之大且精，至崑山顧氏、吾姚黃氏而極。觀兩公生平出處大節，與夫斟酌王紀，審斷時事，迹雖不齊，而大指多合。今讀此書及郡國利病書自序，知先生經世之業，積銖贏石，至老不倦，然猶不能無望後君子之贊成，夫豈尋常載記與！咸豐乙卯夏，南卿繆師擇書者十人，即所藏許氏鈔之，命白山同績溪胡培系職校讎之役，恨白等學有未逮，不克仰體前賢至意，姑守愚誠，斤斤於一字之出入，至如墨色新故、芒穎後先之差，尤留意焉，非敢謂必如是始無訛，殫吾力，畢吾智，乃始即安。若迺金簡破碎，罔或能全，行與胡君約俟秋闈放斥，各逡巡求數畝之田，歸誅茆於四望日月之陰，奉親課子、養蠶種竹，蔓菁饘飦日，二抱先生此册，並訪求黃氏諸遺書，幽搜深討，以共恣肆於縣瀧積翠間，或庶幾補苴，萬一徼幸，得纘前人未竟之緒，然後徐徐出而問世，猶未逾晚。夫榮華不常，聞道有限，干進乏術，山水滋曠，前訂曩喆，後質來賢，未知此境得果如所願不？餘姚後學周白山跋於仁和心太平室，並書。

顧亭林先生肇域志未有刊本，曾文正秉節金陵時，欲付諸棗氏，以集議欠合而止，而鈔册尚存書局。同治丁卯歲，余從劉恭甫假得摘鈔江寧府一屬形勝、風土，備録無遺，釐爲三册，命曰「肇域分志」，而冠以金陵名，從朔稱，從主人也。暇日登臨，籍爲考證，猶有宮室禾黍之思焉。陳作霖識。

竹本序

前有崑山顧炎武自序云：「此書自崇禎己卯起，先取一統志，後取各省府州縣志，後取二十一史，參互書之，凡閲志書一千餘部。本行不盡，則注之旁，旁又不盡，則别爲一集，曰『備録』。年來餬口，未遑删訂，以成一家之書。嘆精力之已衰，懼韋編之莫就，庶後之人有同志者，續而傳之，俾區區二十餘年之苦心，不終泯没爾。」後嘉慶五年，錢唐梁同書識云：此志不甚傳於世，今爲許君周生得之，可寶也。儀徵阮元又識云：此肇域志稿，未成之書，其志願所規畫者甚大，而方輿紀要實能成其志。程瑶田識云：肇域志外間流傳轉寫者，止山東布政司一屬，餘遍訪無之。許君得其手稿二十册，蠅頭細書，闕者北直隸及江西、四川兩布政司耳。此書未經脱稿，世間當無第二本矣。桐城胡虔又識云：是書每本四十餘葉，葉三十行，行五十餘字，小如蠅頭，無一率筆。每行夾縫旁注之字尤精妙。姚椿識云：惜乎阮公撫浙時，不以屬詁經精舍諸人士一編校也。許慶宗自記云：乾隆五十八年，得先生手稿於粤東李氏，蓋李之先自吳門購歸者。咸豐間，溧陽繆武烈公官浙西，從許氏後人季仁優貢，借録一部，閲三月始成，凡百三十餘言〔一一〕，任校讎者周白山、胡培系也。未幾，遭庚申之亂，繆則殉難，許氏書先質柴垛假許辛泉家，書益不可問矣。同治甲子，左文襄公克復浙省，即就辛泉屋爲行臺，余謁見時述及所遺書多不全，當惜未之詳檢也，此胡培系校讎時專録浙江布政司一屬，偶逃劫火，特借而録之，以存什一，亦敬恭桑梓之意也。

【校勘記】

〔一〕其志願所規畫者正大　「正」，川本同，滬本、盋本、京本、竹本並作「甚」，與阮元揅經室三集卷四顧亭林先生肇域志跋同，作「甚」是。

〔二〕碩學名流　「學」，底本作「古」，據川本、滬本、盋本、京本改。

〔三〕以經術號吏事　「號」，川本同，滬本、京本、竹本並作「飾」，疑「號」爲「飾」字之誤。

〔四〕往在都門　「往」，底本作「注」，川本同，據滬本、京本、竹本改。

〔五〕大致言其形勝阨塞　「阨」，川本作「扺」，誤；滬本、京本、竹本作「扼」，蓋是。

〔六〕溯其沿革　「溯」，川本、京本、竹本同，滬本作「詳」，蓋是。

〔七〕吾鄉程自邑在明中葉遜華山　「遜」，川本、京本同，竹本作「遊」，滬本眉批：「遜，疑遊字之訛。」

〔八〕前朝遺志　「志」，川本同，滬本、盋本、京本作「老」，此「志」疑爲「老」字之誤。

〔九〕購善書不惜價　「購」，底本作「搆」，川本同，據滬本、盋本、京本改。

〔一〇〕之定識　「之」，川本同，滬本、盋本、京本並缺。

〔一一〕安得好學深思者校類而傳刻之　「校」，川本、盍本、京本同，滬本作「排」。

〔一二〕而無從區擇之　「擇」，底本作「別」，川本、盍本、京本同，據滬本及後文姚椿跋改。

〔一三〕是書每本四十餘葉　「葉」，底本脱，據川本、滬本、盍本、京本補。

〔一四〕孫承勳　「孫」，底本作「縣」，據川本、滬本、盍本改。

〔一五〕蠅頭細字　「字」，川本、盍本同，滬本作「楷」，當是。

〔一六〕結體緊嚴　「緊」，川本同，滬本、盍本、京本作「謹」。

〔一七〕按春翁疑非顧氏原本者至高學沅跋　此文底本缺，川本、盍本、京本同。按此記甲寅即咸豐四年伏日繕抄於高學沅家，與前文楊象濟記甲寅得介高中翰文學沅「集鈔胥十餘人，即高氏之靜拙軒分帙部録」，正前後相應，據滬本補正。

〔一八〕其體例目録未及編載　「載」，川本同，滬本、盍本、京本作「定」，當是。

〔一九〕又闕北直隸及山東四川兩布政司　按山東布政司不缺，所缺爲四川、江西、廣西三布政司。此誤。

〔二〇〕貫弗於胸　「弗」，疑爲「串」字之誤。

〔二一〕凡百三十餘言　按「餘」下當脱「萬」字，應作「凡百三十餘萬言」。

肇域志自序

此書自崇禎己卯起，先取一統志，後取各省府州縣志，後取二十一史，參互書之，凡閲志書一千餘部。本行不盡，則注之旁，旁又不盡，則别爲一集，曰「備録」。年來餬口四方，未遑删訂，以成一家之書。嘆精力之已衰，懼韋編之莫就，庶後之人有同志者，爲續而傳之，俾區區二十餘年之苦心，不終泯没爾。崑山顧炎武。

南直隸

古揚州之域，東連三吳，西引荆、汝，大江環繞，湖海吐納，實四方之根本。直隸府十四，州十七，縣九十六。

夏秋二税，共五百九十九萬五千三百四十石，絲一千萬九千九百一十兩，絹三萬八千四百五十二疋，麻布二千七十七疋，馬草五百十三萬三千八百五十包零，鈔八千七百七十錠。

南太僕寺所屬備用馬七千五百餘匹。

兩淮鹽運司，領泰州分司十，通州分司十一，淮安分司十，儀真、淮安二批驗所。計行鹽應天、池州、寧國、廬州、安慶、鳳陽、淮安、揚州、滁州、和州、南昌、九江、南康、建昌、臨江、撫州、袁州、瑞州、饒州、武昌、漢陽、黄州、岳州、荆州、常德、長沙、德安、衡州、辰州、承天、襄陽、鄖陽、寶慶、靖州、南陽、汝寧、陳州。歲額辦小引鹽七十萬五千一百八十引〔二〕，歲解太倉正雜課銀六十八萬二千四十兩一分零，增新餉二十一萬兩。

親軍衛一十六，守禦千户所一；在京屬府衛三十二，守禦千户所一；在外直隸衛二十八，守禦千户所十五；中都留守司領衛八，直隸衛共二十一。

屯田，錦衣等四十二衛，見額二萬二千六百九十六頃；直隸衛所，共四萬八千八百餘頃。

蘇、常、鎮、徽、廣德五府州，共茶課鈔六十八萬二千四百九十六貫四百八十文。龍江等三關及瓜埠船料鈔六十二萬五千一百三十二貫。京城門攤商税及五城房鈔一千四百六十二萬四千一百七十貫六百文。各府州税課鈔七百八萬四千三百三十四貫五百九十餘文、銅錢五十三萬九千六百九十七文。蘆課銀二萬四千五百餘兩。每歲解户部，以充邊用。

京府、各府魚課鈔二百八萬九千二百五十六貫四百八十文、銅錢六萬九千九百六十四文、銀六百七十四兩七錢零，内有解户部，有解南户部，有存留。

湖廣、江西上江漕者，由揚州府儀真縣儀徵驛，七十五里至廣陵驛。浙江下江漕者，由本府瓜州鎮，至廣陵則四十里[二]。自此五十五里至邵伯驛，邵伯六十五里至高郵州盂城驛，盂城六十里至界首驛，界首六十里至寶應縣安平驛，安平八十里至淮安府淮陰驛，淮陰六十里至清河縣清口驛，清口六十里至桃源縣桃園驛，桃園六十里至古城鎮，又六十里至宿遷縣鍾吾驛，鍾吾六十里至邳州直河口，又六十里至下邳驛，下邳六十里至新安鎮，又六十里至徐州房村驛，房村六十里至彭城驛，彭城九十里至夾溝驛，夾溝九十里至沛縣夏村泗亭驛，夏村九十里至濟寧州魯橋驛，魯橋九十里至南城驛，南城一百一十里至汶上縣開河驛，開河七十里至東平州安山驛，安山六十里至陽穀縣荆門驛，荆門八十五里至東昌府崇武驛，崇武七十里至清平縣清陽驛，清陽六十里至臨清州清源驛，清源七十里至渡口驛，渡口七十里至武城縣甲馬營驛，甲馬營一百一十五里至德州梁家莊驛，梁家莊七十里至安德驛，安德七十里至良店驛，良店七十里至吳橋縣連窩驛，連窩七十里至交河縣新橋驛，新橋七十里至滄州甎河驛，甎河七十里至興濟縣乾寧驛，乾寧七十里至青縣流河驛，流河七十里至静海縣奉新驛，奉新一百里至武清縣楊青驛，楊青八十里至楊村驛，楊村九十里至河西驛，河西九十里至通州和合驛，和合一百里至潞河驛。

繁簡考：南都根本重地。應天役重賦繁，頗爲難治。蘇、松、常均稱繁劇，蘇爲最，松次之，常又次之。至於歲遭水患，時增軍餉，則諸郡之通患也。鎮江、太平、寧國、池州、安慶民業差瘠，吏事殊簡，不甚難治。徽俗鄙吝健訟，棄本逐末，頃者且有礦寇，守令非廉而有威者，不能安於其職。江以北，廬爲善地，揚衝而俗侈，淮安南北轉漕，衝繁特甚。鳳陽地廣大荒，與淮北一帶，不賦而困役。徐、邳俗悍業鹽，水陸孔道，川陸疲弊〔三〕，一望蕭條，不當以江北簡易例也。

【校勘記】

〔一〕歲額辦小引鹽七十萬五千一百八十引　「歲」，底本無，川本同，據滬本、盋本、京本及明會典卷三二鹽法補。

〔二〕至廣陵則四十里　「則」，川本同，滬本、盋本、京本作「驛」，蓋是。

〔三〕川陸疲弊　「陸」，川本同，滬本、盋本、京本作「邑」，蓋是。

南京應天府

古名金陵、秣陵、建業、建康、蔣州、江寧、昇州、集慶。　領縣八。　田土六萬九千四百五頃一十四畝零，糧二十二萬六千八百零，絹一千三百五十七疋，四司額派銀一萬七千八百十七兩零，入太倉庫銀三萬四千四百九兩九錢。　城周圍五十七里五分，垛口一萬三千六百一十六個，窩鋪二百座。　提督劉良佐疏。

本漢揚州刺史治。吳大帝都之。晉元帝都之。宋、齊、梁、陳因之。南唐都之。宋南渡建行宮。我太祖定鼎於此。永樂中建北京，以此爲南京。〔眉批〕天文分野書：舊爲集慶路，屬江東道，領二州三縣。今二州皆爲縣，又新置江浦一縣。元至元十四年，爲建康路，移府治於西錦繡坊。元貞元年，以舊府治爲江南諸道行御史臺。天曆二年，改建康爲集慶路。本朝丙申年改應天府。洪武元年升南京。　其地有三吳爲東門，有荆、蜀爲西户，有七閩、二廣爲南府，下環長江〔一〕，號爲天塹。孔明所云：鍾山龍蟠，石城虎踞，真帝王之宅。而六代之主，大抵短命不永，易世相尋〔二〕，又往往有彊臣逆命之禍，豈地勢然與？其所以馭之失其統與？古城甚小。自上元縣治東北五里，東環平岡，北帶玄武湖爲臺城。青溪橋東，南臨淮水爲東府城〔三〕。石城門以内爲石頭城。今之聚寶門内大橋，古朱雀航也。故西方有變，石頭爲衝，事急則開朱雀航，阻水而守〔四〕。此固一隅之國，不得不然。及我太祖以爲天子有道，守在四夷，獨啓昭曠之觀，大廓京城之制，周迴九十六里。至建文時，燕兵南下，而不守之形，固不待金川之開也。然以匹長安而儷東都，其規模宏遠矣。

大江，源出四川岷山，合湘、漢、豫章諸水，來自都城之西南，轉西北，歷儀真、鎮江東入海。在本府界者二百餘里，名揚子江。鍾山，在府東北，孝陵在山之陽。覆舟山，在府北七里，陳高祖與北齊兵戰此。四望山，在府西北二十里〔五〕，温嶠築壘於此，以逼蘇峻。牛首山，在府西南三十里。三山，在府西南五十七里，下臨大江，三峯排列，故名。白土岡，在府東十里，隋賀若弼屯兵於此。落星墩，在府西北九里，梁王僧辯連營處。秦淮水，在上元縣治東南三里，通大江。玄武湖，在太平門外，周迴四十里。中爲册庫，築太平堤以捍之〔六〕。下蜀港，在上元縣東北一百里。白鷺洲，在府西南。蔡洲，在府西二十五里，宋高祖擒盧循處。

龍江水馬驛，在通江橋西，金川門外十五里。江東馬驛，在新江關内。〔眉批〕南京會同館。龍江遞運所，在儀鳳門外東南。江淮巡檢司，在江浦縣江淮關。江東巡檢司，在新江關外。秣陵鎮巡檢司，在上元縣東南四十里，通溧水、高淳。

【校勘記】

〔一〕下環長江　「環」，底本作「邳」，川本同，據滬本、陳本、盋本、京本改。

〔二〕短命不永易世相尋　「不永」、「易世」，底本作「不易」、「永世」，據川本、滬本、陳本、盋本、京本改。

〔三〕南臨淮水爲東府城　底本「南」下「臨」上有「北」字，川本、滬本、陳本、盋本、京本同。景定建康志卷二〇：東府城，「在青溪橋東，南臨淮水」。明統志卷六同。此「北」乃衍文，據删。

〔四〕事急則開朱雀航阻水而守　「開」，川本、陳本同，滬本、盋本、京本作「閉」。梁書武帝紀上：東昏遣王珍國等列陣於航南大路，「開航背水，以絶歸路」。同書侯景傳：景至朱雀航，建康令庾信率兵屯航北，「見景至航，命徹航，始除一舶，遂棄軍走南塘，遊軍復閉航渡景」。景定建康志卷一六同。蓋滬本、盋本、京本誤。

〔五〕四望山在府西北二十里　「二十」，川本、陳本同，滬本作「十二」。本書後文載：四望山「在城西北一十四里」。明統志卷六記載同此。

〔六〕築太平堤以捍之　底本無「平」字，據川本、滬本、陳本及明統志卷六補。

上元縣　畿縣。分城東北境。　本朝丙申年，遷縣治於淳化鎮，次年，復還舊治。洪武元年，以爲京府赤縣。　編户一百九十四里。全設。　淳化鎮巡檢司，在縣東四十五里，東連句容，至丹陽、常州。　湖熟鎮，在丹陽鄉。　縣治，在府治東北昇平橋西。　石步鎮，在長寧鄉，即古羅落橋鎮。　劉裕斬皇甫敷，陳霸先會徐度等，即在此。　土橋鎮，在縣東六十里，與句容接界。　靖安鎮，在金陵鄉龍灣，宋岳飛敗金人於此。　下蜀港，在縣東北一百里，俗呼爲官港。宋史虞允文傳：苗定駐下蜀爲援〔一〕。

【校勘記】

〔一〕苗定　「苗」，底本作「留」，川本、滬本、陳本、盋本、京本同，據宋史虞允文傳改。

江寧縣　畿縣。分城西南境。洪武元年，以爲京府赤縣。編户一百三十四里。全設。有大勝水驛、江寧馬驛。龍江，縣西南三十里大城港口。大勝，縣西南六十里。古江寧縣地，路達采石，至太平府。俱有關，爲沿江要衝。二縣並濱江，衝雜，煩疲，難治。縣治，在府治南銀作坊，即宋東南佳麗樓故址。金陵鎮，在縣南六十里。本陶吳鋪，宋改爲鎮，元設税務於此。大城港鎮，在縣西南七十里沙洲鄉。鎮通大江，爲要地，有大勝關及水馬驛。江寧鎮，在縣西南六十里，今爲水馬驛。秣陵鎮，在縣東南五十里。

句容縣　城周七里。府東九十里。縣去大江七十里。古名茅州。編户二百十三里。全設。有龍潭水馬驛，縣北七十里龍潭鎮。治西雲亭驛。龍潭巡檢司，在龍潭鎮〔一〕，臨大江。地衝，事煩，頗饒，競訟，必勝乃止。下蜀渡港，在縣北七十五、六十里〔二〕，俗呼官港。下蜀鎮，在縣北六十里。唐劉展襲下蜀，即此。白埠公館，在白土鎮西，丹陽、句容中路。東陽鎮，在西北六十里。宋葉適創瓜步堡，屏蔽東陽、下蜀。茅山，在縣東南四十五里，一名句曲。竹里山，在縣北六十里，宋武帝破桓玄兵於此。赤山湖，在縣西南三十里，下通秦淮。

【校勘記】

〔一〕在龍潭鎮 「在」，底本無，川本、滬本、盋本、京本同，據陳本及弘治句容縣志卷二補。

〔二〕六十里 川本同，滬本、陳本、盋本、京本「六」上有「一作」二字。

溧陽縣 畿志：四里有奇。城周九百丈有奇。元爲溧陽州。洪武二年改爲縣。〔眉批〕兩江夾注，五堰連瀦，西山横障，南北分峙，江走兩山之間，而東山之闕者迴環其流。本志。府東南二百四十里。編户二百七里。全設。頗僻，好訟。舊有上興埠巡檢司，革，在縣西北六十里。舊縣城，在縣西北四十五里，在永陽江北〔一〕，今名舊縣村。唐武德三年於此置縣，天復三年移今治。陶莊公館，在縣北丫髻山，地名陶莊，東乃溧陽、句容二縣之通道。昆山，在縣東北二十五里洮湖之上。按廣韻：昷，烏后切。小坏山〔二〕，在縣東北二十五里洮湖中。輿地志云：延陵、永世二縣界中有小坏山，山下有石堂，内有虎迹，水涸即見。大坏山，一名浮山，在縣東北四十五里洮湖中，與宜興、金壇二縣界。山形孤秀，顓居水中，望之若浮。周處風土記云：洮湖中有坏山。唐地理志云：溧陽有湖山。皆指此。護牙山，在縣西南六十里。元阿剌罕攻破銀樹東壩〔三〕，至護牙山，敗宋兵。長蕩湖，在縣北五十三里，接金壇、宜興界。中有浮山，東連震澤。千里湖，在縣東十五里。晉書陸機云：千里蓴羹，末下鹽豉〔四〕。按千里即此，至今產美蓴，俗呼千里湓〔五〕，末下即秣陵也。昇平湖，在縣西七十里，水自高淳縣五堰東流入湖。又有溪水，南自建平縣梅渚村來會〔六〕。

【校勘記】

〔一〕在永陽江北　「永」，底本作「東」，川本、滬本、陳本、盋本、京本同。清統志卷九二溧陽故城：「其縣元在溧水縣東南九十里，唐天復三年移治永陽江之南，燕山之北。舊志，故城在今縣西北四十五里，宋置舊縣巡司，今猶謂之舊縣村。」則溧陽故城在今縣西北永陽江北舊縣村，唐天復時移治江南，即今縣治。又本書後文及明史地理志溧陽縣亦載永陽江。此「東」乃「永」字之誤，據改。又滬本無「在」字。

〔二〕小坏山　「坏」，底本作「環」，川本同；滬本作「坏」，陳本、盋本、京本同。本書南直隸第五册宜興縣作「坯」。按圖書集成職方典卷六五四作「坏」，清統志卷九〇作「坯」。嘉慶溧陽縣志卷一大岯山：「玉篇，坏，普梅切，又作坯，引爾雅，山一成坯。是坏坯字同也。坯，符悲切，山再成是坏。坯字亦作岯，而亦或省作屳字也，土人音浮，古韻正合符悲切。」則此「環」字誤，據改爲「坏」，下文「環」字改同。

〔三〕銀樹東壩　「樹」，底本作「樹」，川本同，滬本、陳本、京本作「澍」，據盋本及元史阿剌罕傳改。

〔四〕末下鹽豉　「末」，底本作「米」，川本、滬本、陳本、盋本、京本均作「末」。景定建康志卷一八千里湖：「晉書陸機云：千里蓴羹，末下鹽豉。」此「米」乃「末」字之誤，據改，下文「米」字改同。

〔五〕俗呼千里⿰氵弃　「⿰氵弃」，底本作「⿰扌弃」，川本、滬本、陳本、盋本、京本均作「⿰氵弃」。景定建康志卷一八千里湖：「今產美蓴，俗呼千里⿰氵弃。」此「⿰扌弃」乃「⿰氵弃」字之誤，據改。

〔六〕南自建平縣梅渚村來會　川本、陳本同，滬本、盋本、京本此句下有「即古中江所逕之地」八字。

溧水縣　城周七百五十八丈。府東南八十五里。圖考：九十〔一〕。　編户二百四里。全設。元溧水州。洪武二年改爲縣。前帶溪水，後臨秦淮。秦淮逶迤，自東南而入江；石臼汪洋，自西南而入淮。本志。　地僻民淳，頗饒，漕糧永折。溧陽縣西北四十里，水名瀨水，古瀨渚，縣得名疑此。吴音訛瀨水爲溧水，秦置溧陽，以其在此水之北，故名。而溧水又溧陽析置，故亦以名云。中山，在縣東一十里。圖經云：宣州中山，又名獨山，不與羣山相接。古老相傳云：中有白兔，爲筆最精。山前有水源，號曰濁水〔二〕。分界山，在縣東五十里，山脊與溧陽分界。臙脂岡，在縣西一十里。秦淮河，在縣東北二十五里。天生橋二座，在縣西一十里。洪武二十五年，命崇山侯開運河，焚石而鑿之，其河亦因名臙脂河〔三〕。溧水，在縣西北四十里。石臼湖，在南三十里〔四〕，西連丹陽湖，水注大江。中江，在縣西北。今名永陽江，下流入宜興縣地〔五〕。

【校勘記】

〔一〕九十　川本、陳本同，滬本、盋本、京本此上有「一作」二字。

〔二〕濁水　川本同，滬本、陳本作「獨水」。光緒江寧府志卷六：「中山在溧水縣東十里，一名濁山，一名獨山，其下有濁水。」則諸本皆是。

〔三〕其河亦因名臙脂河　「其河」，底本作「其名」，據滬本、陳本、盋本、京本改。

〔四〕在南三十里　川本、滬本、盋本、京本同，陳本「在」下有「縣」字，是。

〔五〕下流入宜興縣地　川本、滬本、陳本、盋本、京本均無「地」字。

江浦縣　城周七百八十丈。在大江北。府西四十里。洪武九年，以六合縣孝義鄉、和州白馬仁豐鄉、滁州豐城鄉置〔一〕。縣西南二里〔二〕。編户三十七里。無丞。東據大江，西通滁、鳳，南控湖、襄，北跨淮、泗〔三〕，實爲水陸要會。有江淮驛。濱江，衝，疲，難治。舊有西江口巡檢司，革。東葛城驛，隆慶元年革，在縣西北四十、北三十五里〔四〕。萬曆二十三年奏復。户部分司，在浦子口城内。秦、漢間嘗渡烏江，今則不復渡，而浦爲孔道矣。

【校勘記】

〔一〕滁州豐城鄉置　「豐」，底本作「學」，川本、滬本、陳本、盋本、京本同。圖書集成職方典卷六五五、光緒江寧府志卷一二建置作「豐城鄉」，此「學」爲「豐」字之誤，據改。又，底本無「置」字，川本同，滬本、盋本、京本有，陳本作「置縣」，據滬本、盋本、京本補。

〔二〕縣西南二里　川本同，滬本、陳本、盋本、京本均無此五字，蓋衍。

〔三〕北跨淮泗　「淮泗」，底本作「滙淮」，據滬本、陳本、盋本、京本及圖書集成職方典卷六五三改。

〔四〕北三十五里　川本同，滬本、陳本、盋本、京本「北」上有「一作」二字。

六合縣　治在滁江北岸，在大江北。府西北一百三十里。初屬揚州，洪武二十二年改今屬。磚城周一千三百二十三丈六尺。古名堂邑。大江奔流其南，滁河縈出其西，地當南北之交，舟車輻輳。晉謝石屯涂中，毛安之等帥衆四萬屯堂邑，禦秦。後漢書質帝紀：廣陵賊張嬰等攻殺堂邑、江都長。編户十九里。裁減。有堂邑驛，治東。瓜埠巡檢司，縣東南二十五里瓜步山下。軍民雜處，煩疲，訟簡，糧完。瓜步城，在瓜步山側。齊建元初〔一〕，太守劉懷慰築。梁失江北。齊武平四年，並胡墅降於陳。胡墅城，臨大江。梁襄齊運輸，陳與隋請平，俱此。瓦梁城，在瓦梁堰上。陳大建中，伐齊取之。小帆山，在縣東南四十里大江中，又名石帆堆。宋鮑照有石帆銘。烽火山，在縣西北六十里。宣化山，在縣南六十里。元屬真州。洪武三年，改屬揚州府〔二〕。滁河，自滁、和二州界三汊口流至境，由瓜步入大江。宋時城跨滁河南北。隆興初，城北又築一城，元末廢。瓜步山，在縣東三十五里瓜步口。桃葉山，在縣南七十五里。隋晉王廣屯兵於此。

【校勘記】

〔一〕齊建元初　「初」，底本作「和」，川本同，據滬本、陳本、盋本、京本及紀要卷二〇改。

〔二〕改屬揚州府　「屬」，底本作「爲」，川本、陳本同，據滬本、盋本、京本及明統志卷六改。

高淳縣　地控三湖。無城。府東南二百四十里。編户七十六里。無簿。有廣通鎮巡檢司，縣東南六十里。僻簡，民刁，糧欠，漕糧永折。弘治四年，析溧水西南境置。廣通鎮，在縣東南五十里。洪武三十年，建設石閘。永樂初，去閘，改築土壩，設官吏，溧陽、溧水各僉夫四十名守之。欽降板榜〔一〕，禁走泄水利，淹没蘇、松田禾。今壩官及溧陽夫俱革。丹陽湖，在縣西北。周二百里，中流與當塗分界。縣南三里爲固城湖，與寧國府接界，東經宜興入太湖。有壩，障水注江。

【校勘記】

〔一〕欽降板榜　底本「降」下缺一字，川本同，滬本、陳本、盋本、京本作「板」，據補。

鳳陽府

連三吳，引荆、汝〔二〕，枕淮帶山。古名鍾離、南兗州、北徐州、濠州。領州五，縣十三。田土六萬一百九十一頃九十六畝零，糧三十一萬二千八百六十石零，四司額派料銀一萬一千六百四十五兩，絹二千四百一十五疋，太倉餉銀一萬三千三百三十兩三錢。

禹貢揚、徐、豫三州地。鳳陽、臨淮、定遠、壽州、盱眙、霍丘、天長屬揚，懷遠、五河、虹、泗州、宿州、靈璧、蒙城屬徐，潁州、潁上、太和、亳州屬豫。

守備太監一員，宣德年始設。嘉靖十年，奉旨革去守備名色，止着奉侍皇陵，兼管皇城，安插庶人，門禁鎖鑰，其一切軍民事務，不許干預。

古禹會諸侯於塗山之地。春秋時，鍾離子之國。成公十五年，叔孫僑如會吳於鍾離。昭公四年，吳伐楚，楚箴尹宜咎城鍾離〔二〕；二十三年，吳伐州來，楚師救之，吳人禦諸鍾離；二十四年，楚子爲舟師以略吳疆。吳人踵楚，而邊人不備，遂滅巢及鍾離。自是吳日强，楚日駭，而入郢之師興矣。此則吳、楚之爭，爲邊要戍者也。齊明帝時，魏屢攻，徐州刺史蕭惠休、蕭坦之守〔三〕，不下而返〔四〕。梁武帝時，魏遣元英等南侵，圍鍾離，魏人尸積與城平，而攻不止，梁將昌義之固守不下，會曹景宗、韋叡救至，元英不敗乃還〔五〕。此則南北之爭，又以爲重鎮。其地東連三吳，南控江、漢，西通梁、宋，北至山東，而外有江、湖之阻，内有淮、淝之固，蓋亦一都會焉。本朝建爲中都，比於豐、沛，爲千萬年根本之地云。

宋張魏公云：淮東宜於盱眙屯駐，以扼清河上流；淮西宜於濠、壽屯駐，以扼渦、潁之運。真氏曰：淮東要害，在清河之口；淮西要害，在渦、潁之口。後魏高閭云：壽陽、盱眙、淮陽三鎮，淮南之本原。今則黄河合桐柏之流而中注，當塗領泉山之秀而周旋，東連大海，南抵長江，清、泗繞其北，汝、潁會於西，控兩淮之要，據三口之險，真形勝之地，帝鄉萬世之根本也。

中都志：有十二門〔六〕：洪武、朝陽、玄武、塗山、父道、子順、長春、長秋，並四甲第。元爲濠州，屬安豐路，領三縣。聖朝啓運，爲帝鄉興王之地。吳元年，改臨濠府。洪武三年，改中立府，定爲中都；九月〔七〕，改中立府爲鳳陽府，自舊城移治入皇城〔八〕，今鳳陽府是也。淮河北岸分司，在府東北二十里。長淮關，在府西北三十里。廣濟關，在舊城移鳳門外。舊城，即臨淮縣〔九〕。成化七年，南京户部主事一員駐劄。

中都新城，國朝啓運建都，築於舊城之西，周五十里四百四十三步。洪武七年，遷府治於此。實録：八年十月丙申，遷鳳陽門内，治於臨濠新城。皇城，在新城内萬歲山南。有四門：曰午門、玄武〔一〇〕、東華、西華。爲門九：正南曰洪武，南之左曰南左甲第，右曰前右甲第，北之東曰北左甲第〔一一〕，西曰後右甲第，正東曰獨山，東之左曰長春，右曰朝陽，正西曰塗山。本朝洪武三年，於臨淮縣南二十里鳳陽山之陽，建中都，營皇城，七年，徙鳳陽府治於此，又析臨淮縣之太平、清洛、廣德、永豐四鄉，置鳳陽縣。

中都留守司。皇陵衛，在府西南十里。留守左衛、留守中衛、鳳陽中衛、鳳陽右衛、懷遠衛，並在新城。鳳陽衛，在舊城宣化坊。長淮衛，在鳳陽縣粉團州。俱轄五千户所。洪塘湖屯田千户所，在府東北四十里。衛所屯田，共七千九百五十三頃七十八畝。

淮水自來入潁上界〔一二〕，至壽州西北，合淝水，至懷遠縣，合渦水，東流歷經鳳陽臨淮城北，至五河鐵橋浦，東北入泗州，至清河口，會泗水，東入於海。渦水，自黄河東流，經蒙城縣，沿懷遠縣東北，與淮水合流，至臨淮縣蚌阜，東入於海。本志：在東縣界碁盤石上，屬府〔一三〕。濠梁水馬驛，在舊城塗山門外。舊有鳳陽遞運所，在府治北十五里淮河北岸，萬曆元年革。

【校勘記】

〔一〕引荆汝　「汝」，底本作「沙」，川本、滬本、盋本、京本同，據本書上文南直隸及明統志卷七鳳陽府所載改。

〔二〕箴尹　「箴」，底本作「鍼」，川本、滬本、盋本、京本同，據四部叢刊影宋本春秋經傳集解改。中華書局影印阮元校刻十三經注疏本作「咸」。

〔三〕蕭坦之　底本作「蕭坦」，川本、滬本、盋本、京本同，據南齊書蕭坦之傳補「之」字。

〔四〕不下而返　「返」，川本、京本同，滬本、盋本作「還」。

〔五〕元英不敗乃還　「敗」，川本同，滬本、盋本、京本作「攻」。魏書中山王英傳：「圍攻鍾離，英及諸將狼狽奔走，士衆没者十有五六」。則此「不敗」當爲「大敗」之誤，滬本、盋本、京本亦誤。

〔六〕有十二門　川本、滬本、盋本、京本俱作「十有二門」。

〔七〕九月　川本、滬本、盋本、京本同。本書下文及明統志卷七俱作「七年」，明史地理志作「七年八月」，此處當誤。

〔八〕自舊城移治入皇城　底本缺「自舊城移治」五字，川本同，據滬本、盋本、京本補。

〔九〕即臨淮縣　底本缺「縣」字，川本同，據滬本、盋本、京本、本書下文及明統志卷七鳳陽府臨淮縣下所載補。

〔一〇〕玄武　「武」，底本作「門」，據川本、滬本、盋本、京本改。

〔一一〕北之東曰北左甲第　底本脱此句，川本同，據滬本、盋本、京本及明史地理志鳳陽府補。

〔一二〕淮水自來入潁上界　川本、滬本、盋本、京本同。按「自」下疑脱「西」字。

〔一三〕本志在東縣界碁盤石上屬府　川本同，滬本、盋本、京本無此文。寰宇通志卷九、明統志卷七鳳陽府記載渦水逕流全同本書，唯無此文，蓋衍。

鳳陽縣〔一〕　編戶三十九里。全設。　王莊馬驛，在東北七十里。本志：北六十里〔二〕。巡倉駐劄。　陵寢高牆，供億繕葺，財力冗費，差重糧少，民疲訟煩，軍衛雜處。　萬歲山，去府治一里。形勢壯麗，岡巒環向，在皇城北，中都城繞其上〔三〕。國朝啓運，築皇城於是山〔四〕。山有二峯：東曰日精，西曰月華。　濠水，流經縣東境，至臨淮城西入淮。　皇陵，在中都城西南十二里太平鄉。洪武元年正月乙亥，追尊皇考爲仁祖淳皇帝，皇妣爲淳皇后。洪武二年，薦陵號。內皇城一座，周七十五丈五尺。磚城一座，周六里一百一十八步。外土城一座，周二十八里。　皇城，在中都城中萬歲山南。　鳳凰山，在治北，與萬歲山相連。　白塔，在府西北二十五里，十王四妃墳在焉，壽春王、壽春王妃劉氏、霍丘王、霍丘王妃瞿氏、安豐王、安豐王妃趙氏、蒙城王、蒙城王妃田氏、下蔡王、六安王、寶應王、來安王、都梁王、英山王。

【校勘記】

〔一〕鳳陽縣　川本同，滬本、盋本、京本「縣」下有「治」字，蓋是。

〔二〕北六十里　「里」，底本無，川本同，據滬本、盋本、京本及寰宇通志卷九鳳陽府補。

〔三〕中都城繞其上　「都」，底本作「朝」，川本同，據滬本、盋本、京本改。

〔四〕築皇城於是山　川本同，滬本、盋本、京本無「是」字。

臨淮縣　府東北二十里。　舊鍾離縣，爲濠州倚郭。　古塗山國。春秋鍾離國。東漢鍾離侯國。　編户四十九里。全設。　紅心馬驛，在縣南六十里。　在東、西紅村之中，故名。〔眉批〕鳳陽衛。國朝丙午，建於金鎗坊，後遷於舊府治。　煩，劇，衝，疲。　鍾乳山，一名濠塘山，在縣南六十里，濠水之源出焉。　長淮引桐柏之源横其北，石梁會衆山之流環其西。〔眉批〕阻淮帶山，爲淮南之險。元史。　荆山在西，濠水合流。南北朝爲重鎮。玉海。　真氏曰：有濠梁之遮蔽，則敵場不得以走歷陽〔一〕。　本朝洪武三年，以其地置中立縣，十二月改爲臨淮縣；七年，移府治於皇城，遂以舊守城爲縣治。　縣城周九里三十步。　淮水逕縣城北，東北流入海。　濠水有二源，東源出鍾乳山，西源出鏌鋣山，二水至昇高橋合流，歷鳳陽縣東境，至本縣西南，有石絶水，謂之濠梁，入於淮。　即莊子、惠子觀魚處，即今之九虹橋也。　又東北流經廣運橋，至城西北縣西塗山門外〔二〕。　鍾乳山，縣南六十里〔三〕。　鏌鋣山，在鳳陽縣南八十里。　昇高橋，縣西南四十五里。　邵陽洲，在城東十八里淮水中。　南史：齊建武二年，魏人圍鍾離，軍退邵陽洲上，餘兵萬人，求輸馬五百匹假道。梁天監五年，魏元英圍鍾離，韋叡救之，夜至邵陽洲，掘長塹〔四〕，樹鹿角，截洲爲城。　周世宗顯德四年〔五〕，征淮南，濠洲東北十八里有灘，唐人柵其上，環水自固，帝自攻之。　即今之十八里洲是也。　縣城逼近淮河，水恒爲患，築東西二壩捍之，然時有衝決之患。　古鍾離城，在縣東四里。　左傳昭公四年：楚箴尹宜咎城鍾離。　是也。　宋大明中，遷今治。　梁天監五年，築東西二城，濠水界其間〔六〕。魏中山王英圍鍾離，曹景宗募軍士言文達、洪駢驎等〔七〕，齊詔潛行水底〔八〕，得達東城。宋建炎間，連南夫作守，謂濠水界於西城，不合一，乃決濠水自西逕達於淮，而城始爲一矣。洪武元年，因舊基修築。俞家鎮。黄泥疃鎮，在東南四十里。

【校勘記】

〔一〕則敵場不得以走歷陽　「場」，川本同，滬本、盇本、京本作「騎」，光緒鳳陽府志卷八引宋真西山集作「始」，此「場」字疑誤。

〔二〕至本縣西南有石絶水至至城西北縣西塗山門外　底本「西南有石絶水」至「至城西北縣西塗山門外」，錯列於下文「昇高橋，縣西南四十五里」之下，川本、滬本、盇本、京本同，據寰宇通志卷九、明統志卷七鳳陽府濠水下所載乙正。

〔三〕鍾乳山縣南六十里　川本同，滬本、盇本、京本無，本書上文已列，此係重出。

〔四〕掘長塹　「掘」，底本作「握」，川本同，據滬本、盇本、京本及梁書韋叡傳改。

〔五〕周世宗顯德四年　「周世宗顯德」五字，底本錯列於上文「截洲爲城」之前，川本同，據滬本、盇本、京本及梁書韋叡傳、舊五代史周世宗紀乙正。

〔六〕濠水界其間　「界其間」，底本作「界西」，川本同，據滬本、盇本、京本改。紀要卷二一濠水下作「介其中」。

〔七〕曹景宗　「宗」，底本作「公」，川本同，據滬本、盇本、京本及南史韋叡傳、通鑑卷一四六改。

〔八〕齊詔潛行水底　「詔」，底本作「納」，川本同，據滬本、盇本、京本改。南史韋叡傳作「敕」。

懷遠縣　治在淮北。　無城。　府西七十里。　古名蘄城。〔眉批〕阻洪頭之峽，帶渦口之流，當濠、壽之中，故周世宗扼此，以斷西州應援之路。　編户四十七里。　無丞。　稍衝，差重，近被水災。　新店集，在洛河鎮南。　考城集，在南五十里。　馬頭城鎮，在南二十里。　渦河鎮，在縣北。　新河口集，在縣東北。　馬頭集，在渦河北。　古城集，在縣北。　龍亢集，在縣西。　禹會集〔一〕，在縣南。　舊有洛河鎮巡檢司並柳灘驛，在縣西南七十里洛河鎮，今革。　塗山水驛，在治南小東門外，今革。　自梁、魏戰爭始築城，因山阻水，謂之荆山城。　周世宗置鎮淮軍〔二〕，城始大。　宋寶祐間，復築之。　夏貴與元對壘，倚爲重鎮。　國初因舊重修。　成化間，没於淮。　正德間，乃壘磚石爲垣，然不可以守。　漢當塗侯國。　荆山，在縣西南，城經其上。　塗山，在縣東南八里，與荆山兩岸對峙，淮水經其中。　禹會諸侯於塗山，即此。　西南有禹墟及禹會村。　淝水，出宿州龍山湖，東流至縣入淮。　渦口城，在東北一十五里。　唐李正己拒命，濠州刺史張萬福馳至渦口，悉發江、淮進奉船，淄青將士倚岸睥睨不敢動。　郡縣志云：自貞元後，於渦口對岸築兩城，刺史常帶兩城使。　通鑑：周世宗顯德三年，以渦口爲鎮淮軍〔三〕。　漢考城縣，在東南四十五里。　漢龍亢縣，在西北八十五里。

【校勘記】

〔一〕禹會集　「集」，川本同，滬本、盋本、京本作「村」，與下文塗山所載相符。清統志卷一二六禹墟下引懷遠縣志亦作「禹會村」，當是。

〔二〕鎮淮軍　「淮」，底本作「汨」，川本同，據滬本、盋本、京本及紀要卷二一改。

〔三〕周世宗顯德三年以渦口爲鎮淮軍　底本作「周世宗云云」，川本同，據滬本、盋本、京本及通鑑卷二九三改補。

定遠縣　漢東城侯國。　府南九十里。　古名東城、曲陽。　編户三十三里。　無丞。　縣東北四十五里有英武、飛熊二衛〔一〕，在縣東六十里，池河驛。　赤砂下，在東六十里〔二〕。　池河馬驛。　張橋驛，在南四十里。　稍衝，煩疲。　土城周五里二百三十六步。　韭山，在縣西北四十五里，上有石城。　繫年録曰：鍾離人王惟忠，據山壘石爲城，民之依者九萬餘人。　金人以孫興知濠州，惟忠不從，率衆歸節制劉位，爲左軍統領。　城壘遺址尚存。　大横山，在縣東北七十里，山横界東南，故名。　山頂有石壘城舊址。　古曲陽城，在縣西北九十五里。　秦縣。地界壽州。　東城，在縣東南五十里。　漢縣。　項羽至陰陵迷失道，漢追及之，羽復引而東，至東城，即此。　茭蒲城〔三〕，在縣西南八十里。　相傳梁、魏交兵之日，魏築爲壘，在茭蒲塘下，流水出夾城西注，蓋緣塘立名。　按梁典，普通七年，胡隆在茭蒲城生擒五千人〔四〕，即此地。　陰陵城，在縣西北六十里鏌鋣山南，周迴二里，故址猶存。　漢縣。　項羽至此迷失道。　横澗山，在縣西北七十四里，上壘石爲城，有澗泉可飲。　昔時常爲屯禦之地。　池河，在縣東南七十里，自廬州巢縣界流入縣境，東北流入淮。府志：南六十里。洛水，在縣西九十里。自定遠西北白望堆流入壽州境，屈曲北流八里，至新城村南十五里入淮。藕塘，在縣東六十里。宋紹興六年，楊沂中大敗劉猊於此。今爲藕塘鎮。

【校勘記】

〔一〕縣東北四十五里有英武飛熊二衛　川本、滬本、盋本、京本同。明統志卷七、紀要卷二一並載：英武衛在定遠縣北四十五里，飛熊衛在縣東北五十里。清統志卷一二六載，前者在定遠縣東北四十五里，後者在縣東北六十里。則此當爲「縣東北四十五里有英武衛，飛熊衛在縣東北五十里」，後文或爲「飛熊衛在縣東北六十里」之誤。

〔二〕赤砂下在東六十里　底本「赤」上有「東」字，川本同，滬本、盋本、京本作「赤砂口下在口東六十里」，此「東」乃衍，據删。又滬本、盋本、京本有二「口」字，疑誤。

〔三〕茭蒲城　「茭」，川本、滬本、盋本、京本同，寰宇記卷一二八濠州定遠縣作「艾」，清統志卷一二六作「芰」，未知孰是。下同。

〔四〕胡隆在茭蒲城生擒五千人　「在」，川本同，滬本、盋本、京本作「至」。寰宇記卷一二八濠州定遠縣引梁典，「胡隆」作「胡龍牙」，「在」作「虜」。

五河縣　無城。府東北一百十里。〔眉批〕五水交會，皆通舟楫，爲南北往來要衝之地。中都志。東届淮、潼，西環澮水，南抱漴流，北連沱派。又有南湖、天井湖、香澗湖、三衡湖、蔡家湖，爲之外護。周迴重複，可據以守。縣志。編户二十五里。裁減。煩衝，民疲，近多水災。舊城在今縣東南澮河南岸，永樂元年，以淮患，遷治於西北。嘉靖二十五年，復遷今治。上店巡檢司，在西五十里。今革〔一〕。舊有安淮驛，今革。浮山，在東三十里，介五河、盱眙之間，襟淮帶潼，捍塞水門，爲一邑之屏障。元屬泗州。本朝改屬。梁天監中，曾築堰於此，以灌壽陽。堰成旋決〔二〕，溺者數萬人。鐵鎖嶺，在東三十里，介五河、泗州之間，與浮山對峙，横跨淮口。南浮，北鐵，鎮淮中流〔三〕。沱河，在縣北二里。源出宿州紫蘆湖，經靈璧縣東南，至縣西北，合澮水，東入於淮。澮河，在南門外。源出河南永城縣馬長河，東流經宿州，過靈璧縣固鎮橋，至縣南，東入於淮。漴河，在縣南二里。源出南湖，東流入淮。潼河，在縣東三十里。源出虹縣羊城湖，通沱河，經天井湖，南至鐵鎖嶺入淮，北至虹縣石磯子，亦入淮。縣磚城，周四里，嘉靖三十六年，知縣高珍築。五河口，在縣東二里，乃五水會處。宋於此置隘口屯田。鐵橋浦，在東二里。今爲淮流所并，水涸，橋仍見。

【校勘記】

〔一〕上店巡檢司在西五十里今革　「巡檢司在西五十里今革」十字，底本錯簡於下文「舊有安淮驛，今革」之後，川本同，據滬本、盋本、京本及明史地理志、紀要卷二一乙正。

〔二〕堰成旋決　底本作「土城旋洪」，川本同，據滬本、盋本、京本及梁書康絢傳改。

〔三〕鎮淮中流　底本無「鎮」字，川本同，據滬本、盋本、京本補。

虹縣　東漢僮侯國。　城周五里十三步。　府東北二百五十里。　古名夏丘。　編户一十九里。裁減。　僻疲，多訟。　方言郭璞解云：徐，今下邳僮縣東南大徐城是也。　元屬泗州。本朝改屬。　汴河，來自宿州，經縣界，至泗州東西兩城間，入淮。小韓〔一〕。　洨縣，在縣西南五十里。後漢書：洨有垓下聚。注：洨故城，在虹縣西南。　垓下，在縣西五十里靈璧縣界。漢王圍項羽處。　漢相縣在西北，沛郡治此。中都志入宿州。　僮城〔二〕，在縣東北七十里。後齊置潼州。後周改宋州。隋廢。漢縣。隋書作「潼」〔三〕。又有僮府城，在縣北一百二十里。今地屬靈璧。　取慮縣，在北一百二十里。

【校勘記】

〔一〕小韓　川本同，未解，滬本、盋本、京本無，當是。

〔二〕僮城　明統志卷七載同，川本、滬本、盋本、京本作「僮縣城」，與紀要卷二一同。

〔三〕隋書作潼　「潼」，底本作「僮」，川本同，據滬本、盋本、京本及隋書地理志改。

壽州　楚都。漢淮南王國。東漢安豐侯國。　府西一百八十里。　古名壽春、九江。〔眉批〕晉周馥書曰：淮揚之地〔一〕，北阻塗山，南抗靈嶽，名川四帶，有重險之固。是以楚人東遷，遂宅壽春〔二〕。且漕運四通，無患空乏。山堂考索論兩淮形勢〔三〕。　編户五十四里。無判。　有壽州衛，五千户所。　北爐橋巡檢司，州東九十里。　僻煩，好訟，近多水災。　城周十三里九十步。　領縣二。　糧一萬二千石。　舊有壽春驛，在淝河口，去城十里〔四〕。　新坫驛〔五〕，在西九十里，革。　正陽巡檢司，在西南六十里，革。　遞運所，在北三十里，革。　元爲安豐路，屬河南行省，領縣五。　本朝改爲壽州，屬鳳陽府，壽春縣倚郭，并入壽州。　安豐縣并入壽州。　下蔡縣，本朝未立。

楚考烈王自陳徙都壽春，命曰郢。　秦爲九江郡。　項羽封英布爲九江王，都六。　漢更爲淮南，武帝復爲九江郡。　東漢因之，爲揚州刺史治〔六〕，而袁術僭帝於此。　魏曰淮南郡，兼置揚州。毌丘儉、諸葛誕爲刺史，皆鎮焉。　東晉初，爲重鎮。　尋以蘇峻、祖約之亂，人多南渡，乃於江南僑立淮南郡及當塗、逡遒等縣，後或治江北，或治江南，無定所。　孝武改曰壽陽。　義熙十二年，劉義慶復鎮此，以撫邊荒。　齊高帝初，遣垣崇祖鎮壽陽，謂之曰：我新有天下，魏人必送劉昶爲辭。　壽春，賊之所衝，深爲之備。　已而魏王肅送昶〔七〕，二十萬兵奄至，敗還。　東昏初，守將裴叔業以城降魏，梁武普通七年克之。　晉伏滔正淮論言：　壽春南引汝、潁之利，東連三吳之富，北接梁、宋，平途不過七日，西接陳、許，水陸不出千里，外有江、湖之阻，內有淮、淝之固，龍泉之陂，良田萬頃。

蔡國故址，在州北三十里。春秋哀公二年：蔡遷于州來。高氏曰：武王封叔度於汝南上蔡，蔡叔以叛誅。成王復以封其子。及平侯卒，徙於新蔡，昭侯乃徙九江下蔡，即州來是也。通志略云：蔡仲始封於汝南，故以汝南爲蔡。及昭侯遷州來，始以州來爲下蔡，汝南爲上蔡。漢書注云：下蔡，故州來國，爲楚所滅，後吴取之，夫差遷昭侯於此〔八〕。〔眉批〕爾雅：淮南有州黎丘。

注：今在壽春縣。

正陽鎮，在州西六十里。周顯德二年，淮南道行軍都部署李穀等爲浮梁，自正陽濟淮。三年，李重進等大敗唐兵於州西二十五里。淮水，發源唐縣，歷正陽，合沙河，經本州西北，至懷遠縣，合渦水。青岡。方輿勝覽云：青岡去壽春三十里〔九〕。謝玄乘勝追擊，至於青岡，即此〔一〇〕。西曲陽城，在州東北八十三里。漢縣。方輿勝覽載：八公山凡四，巢縣、來安、和州、壽春〔一一〕。按八公之名，起於淮南王，淮南都壽春〔一二〕，宜以此爲正。紫金山，在州東北十里。周顯德四年，征淮南，唐之援兵營於紫金山，與壽州城中烽火相應。宋太祖率殿前諸軍擊紫金山、連珠寨，拔之，遂下壽州。漢淮南王安與其賓客八公，俱登此山，故名。今山有安故臺，石上有人馬迹。舊壽春城，在州西四十里。漢爲九江郡治。晉、隋爲淮南郡治。文獻通考云：羅城，楚考烈王所築〔一三〕；子城，宋武帝所築。八公山，在州北五里。一名淝陵山，在淝水之北，淮水之南。苻堅望八公山上草木，皆以爲晉兵。硤石山，在西北二十五里，兩岸相對，淮水經其中，山上常立二城，以防津要。連珠寨，在州北五里。周世宗屯兵處。淮水，合淝河經城北，滙爲荆山湖。東淝河，在州城東北，西流十里，入淮。西淝河，在下蔡故城西南，東流十里，入淮。漢安豐縣，在州南六十里。今爲安豐鄉。有芍陂，今名安豐塘。楚孫叔敖所築。東漢廬江太守王景、魏鄧艾、宋豫州刺史長沙王義欣，皆重修之，與陽泉陂、大業陂並灌田，可萬頃。下蔡縣，在北三十里。蓼縣，在州南安豐鄉。

【校勘記】

〔一〕淮揚之地　「揚」，底本作「陽」，川本、滬本、盋本、京本同，據晉書周馥傳改。

〔二〕遂宅壽春　川本同，滬本、盋本、京本此句下有「徐、邳、東海，亦足戍禦」，與晉書周馥傳同。

〔三〕山堂考索論兩淮形勢　川本、滬本、盋本、京本同。按山堂考索前集卷五八專論江淮形勢，此「兩淮」蓋爲「江淮」之誤。

〔四〕舊有壽春驛在淝河口去城十里　川本同，滬本、盋本、京本無「舊有」二字，「十里」下有「革」字。

〔五〕新坫驛　「坫」，川本、滬本、盋本、京本同，寰宇通志卷九、紀要卷二一俱作「站」，此「坫」蓋爲「站」字之誤。

〔六〕爲揚州刺史治　「治」，底本脱，川本同，據滬本、盋本、京本及紀要卷二一補。

〔七〕魏王肅送昶　川本、滬本、盋本、京本同。通鑑卷一三五齊高帝建元元年：「魏遣假梁郡王嘉督二將出淮陰，隴西公琛督三將出廣陵，河東公薛虎子督三將出壽陽，奉丹楊王劉昶入寇。」則魏攻壽陽乃元嘉，非王肅，此誤。

〔八〕夫差遷昭侯於此　「遷」，底本作「遣」，川本同，據滬本、盋本、京本及漢書地理志改。

〔九〕青岡去壽春三十里　「青岡去」，底本脱，川本同，據滬本、盋本、京本及宋本方輿勝覽卷四八補。

〔一〇〕謝玄乘勝追擊至於青岡即此　川本同，滬本、盋本、京本作「晉書：謝玄敗苻堅於青岡，死者如麻，即此地也」。

〔一一〕八公山凡四巢縣來安和州壽春　本書云「八公山凡四」，此僅列巢縣、來安、和州，爲三。川本、滬本、盋本、京本同。按宋本方輿勝覽卷四七滁州：「八公山在來安縣西南十三里。」卷四八無爲軍：「八公山在巢縣西北。」同卷安豐軍：「八公山在壽春北四里。」卷四九和州：「八公山在郡城北耒山之左。」則此脱「壽春」二字，據補。

〔一二〕淮南都壽春　「都」，底本作「郡」，川本同，據滬本、盋本、京本改。

〔一三〕楚考烈王所築　「所」，底本無，川本同，據滬本、盋本、京本及通考卷三一八補。

霍丘縣　無城。　州西南一百二十里。　春秋蓼國。漢蓼侯國。畿志：正德間，乃有磚城，周二百七十五丈。　編户三十七里。無簿。　有開順鎮，在南一百六十里。高唐店巡檢司，在高唐集，西南五十里。　僻頌，民饒。　舊有丁塔店巡檢司，革。　元屬安豐路。本朝屬壽州。　淮河，在縣北四十五里。　灃河，在縣西十里。發源自縣西南棗木河，東北流入淮。　決水，在縣界。通志略云：淮水東過安豐，決水自南來入焉。　史河，源出固始縣界，經縣北境入淮。蓼城，文獻通考：在安豐縣。通志略云：蓼，壽州霍丘縣。杜預曰：安豐桐邑有蓼城。大業陂，在縣東北十五里。隋時修以灌田，因名，人稱爲水門塘。大別山，在縣西南八十里，接河南固始縣界。一名安陽山。豐水，在縣西南十里，源出窮谷。舊名窮水，後改今名。入淮。漢雩婁縣，在縣西南八十里。左傳：楚人侵吳，及雩婁。漢縣。義成縣，在縣北四十里。漢縣。

蒙城縣　州北一百八十里。東漢山桑侯國。城周九里三十步。嘉靖二十三年，黄河水衝塌，因縮其北。今城僅六里許。古名山桑、渦陽。編户三十八里。無簿。僻煩，民淳。漢山桑縣，在北三十七里。駝澗，在縣西北、西四十里〔一〕。梁大通元年，領軍將軍曹仲宗伐渦陽，魏遣常山王元昭等來東援〔二〕，前軍至駝澗，去渦陽四十里，即此。後漢光武封王常爲山桑侯。檀城〔三〕，在縣北三十五里。有山阜高峻，外羅城埂，即山桑城也。

【校勘記】

〔一〕在縣西北西四十里　「在縣西北西」，川本同，滬本、盋本、京本作「在縣西，一作西北」。

〔二〕魏遣常山王元昭等來東援　「東」，川本同，滬本、盋本、京本無。通鑑卷一五一：梁領軍曹仲宗攻魏渦陽，「魏又遣將軍元昭等衆五萬救渦陽」。則此「東」爲衍字。

〔三〕檀城　川本同，滬本、盋本、京本作「檀公城」。紀要卷二一檀城：「俗呼檀公城。」則諸本均是。

泗州　府東二百十里。州城依淮河北岸。古有東西二土城。國初始以磚石修砌爲一，汴河經其中。城周九里三十步。古名下邳、東楚州。〔眉批〕其地平廣，無高山茂林，南瞰淮水，北有汴、泗。中都志。當泗水口，爲南北衝要之地。翰墨大全。編户五十里。無判。元屬淮安路。本朝改屬。有泗州衛，九千户所。泗水驛，在南門外。領縣二。糧三萬五千七石零。水陸衝煩〔一〕，差重，民頑，多盜。巉石山，在州西一百二十里，淮水北岸，與南岸浮山相對。梁天監時，築堰處也。南史：南起浮山，北抵巉石。古臨淮縣。舊有龍窩驛，在西七十五里。革。魏臨淮侯國〔二〕。元臨淮縣，本朝幷入泗州。春秋徐國都，在州北六十里〔三〕。淮陽城，在故徐城在東北一百五十里〔四〕。晉義熙中置郡。角城云云〔五〕。祖陵，在東北十三里。洪武元年正月乙丑，追尊皇祖考爲熙祖裕皇帝，皇祖妣爲裕皇后，陵曰祖陵；十九年修建，設祠祭饗官，奉祭祀，並望祭德祖、懿祖二陵。直河，在州東北二十里。宋崇寧三年開，由汴河達於淮。徐城，在州北五十里。相傳云：偃王所都。有遺址存。山堂考索云：楚人伐徐，近於今之徐州而非也。注云：古徐州，今在泗州臨淮縣之徐城鎮，去今徐州垂五百里〔六〕。

舊有遞運所，萬曆元年革。

【校勘記】

〔一〕水陸衝煩　「煩」，川本同，滬本、盋本、京本作「繁」。

〔二〕魏臨淮侯國　「淮」，底本作「浮」，川本、滬本、盋本、京本作「淮」，與晉書荀顗傳載「咸熙初，封臨淮侯」合，據改。又，底本錯簡於下文「祖陵，在東北十三里」之後，川本同，據滬本、盋本、京本改。

〔三〕在州北六十里　「北」，底本無，川本同，滬本、盋本、京本爲缺字，據本書下文及寰宇通志卷九、明統志卷七補。

〔四〕淮陽城在故徐城在東北一百五十里　川本、滬本、盋本、京本同。紀要卷二一泗州：「淮陽城，州東北百里。」又引郡國志：「淮陽城，在徐城東北五十里。」此有誤。

〔五〕角城云云　川本同，滬本、盋本、京本並作「宋齊因之。高閭云：角城去淮陽十八里」。同紀要卷二一所載。

〔六〕去今徐州垂五百里　川本、滬本、盋本、京本同。按山堂考索續集卷五二地名：「注云：古徐州，今在泗州臨淮縣之徐城鎮，去徐州垂五百里。」此「今」屬衍字。

盱眙縣　州南七里。　周淮陵侯國〔一〕。　楚懷王都。　漢盱眙侯國〔二〕。　縣治舊在慈氏山麓〔三〕，元泰定四年，移於臨淮府舊基，即今治。　古名善道〔四〕、北兗州。　編户三十七里。　全設。　舊有縣鎮巡檢司，在西北六十里。　本宋之招信縣。　衝煩，民頑，多盜。　龜山鎮，在縣東北三十里，革。　東、西、南三面緣山，北阻淮水。古稱城小而堅。洪武未嘗修，永樂中，復以祖陵照山〔五〕，不敢修築。　北渡，在縣北五里。舊作浮橋，跨淮，與泗水驛相對。相傳是魏太武所造，今廢。　軍山，在縣東北六里。魏鄧艾嘗於此屯軍溉田〔六〕。　清平山，在西南八十五里。宋紹興中，劉澤保聚於此，虜不敢進。嘉定末，武統制亦敗虜於此山上。　第一山，即縣治坐山。邑人陳道以爲自京師至汴口，並無山，惟隔淮有此，故名。　慈氏山，在縣東。　上龜山，在縣治西南一里。　下龜山，在縣東北三十里，其麓臨淮。相傳禹治水鎖淮、渦水神巫支祁於此山之足。　都梁山，在東南五十里。方輿勝覽云：隋於此置都梁宫。按史，隋煬帝幸江都，自長安至江都，置離宫四十餘所，此其一也。　新河，在彭城鄉。宋發運使蔣之奇開浚，以避淮流之險。　三臺山，在縣西南一百五十里。山有三峯鼎立，上可屯千萬衆。宋建炎中，劉綱保聚於此。　嘉山，在縣西南一百五十里。相傳宋楊六使將孟梁亦作「良」。於此築寨〔七〕。　秦東陽縣，在東北八十里。　漢淮陵縣，在西南八十里。　浮山，在縣西北一百四十里五河界。　龜山運河，一名新河，在龜山鎮東北二十里。宋熙寧四年，發運副使皮公弼奏開，自龜山蛇浦，下屬洪澤，鑿爲複河，亘五十七里，以避淮流之險。元豐六年，發運副使蔣之奇復請開治。蘇子瞻詩：新河巧出龜山背。謂此〔八〕。　唐濟陰縣，在西五十里。　唐睢陽縣〔九〕，在縣界，背淮腋湖，面大江，而履平楚。元熙以寧學記。　池河，在縣西九十里，自合肥界流入，經定遠縣南境，至本縣界，北流入於淮。

【校勘記】

〔一〕周淮陵侯國　川本、滬本、盋本、京本同。漢書王子侯表：漢武帝封江都易王子定國爲淮陵侯，此「周」蓋爲「漢」字之誤。

〔二〕漢盱眙侯國　「國」，底本無，川本同，據滬本、盋本、京本及漢書王子侯表補。

〔三〕縣治舊在慈氏山麓　「治」，底本作「志」，川本同；「在」，底本作「有」，川本同，並據滬本、盋本、京本及同治盱眙縣志卷一引元曹元用縣治碑改。

〔四〕古名善道　「名」，底本作「州」，川本同，據滬本、盋本、京本改。

〔五〕復以祖陵照山　「復」，底本作「後」，川本同，據滬本改。

〔六〕嘗於此屯軍溉田　川本同，滬本、盋本、京本作「嘗於此屯軍，築堰溉田」。

〔七〕相傳宋楊六使將孟梁於此築寨　乾隆盱眙縣志卷四作「相傳宋將孟梁於此山作寨」，無「楊六使」三字，宋史不載其人，此疑有誤。

〔八〕發運副使皮公弼奏開至謂此　自「副使皮公弼奏開」至「謂此」，底本錯列於下文唐睢陽縣「元熙以寧學記」之下，川本同，據滬本、盋本、京本及宋史河渠志改。又「皮」，底本作「史」，川本、滬本、盋本、京本同，據續資治通鑑長編卷二二九、宋史河渠志改。

〔九〕唐睢陽縣　川本、滬本、盋本、京本同。新唐書地理志濠州招義縣：武德二年析置睢陵縣，四年省。寰宇通志卷九、明統志卷七俱載：睢陵城，唐武德間置縣。均非「唐睢陽縣」，此有誤。

天長縣 州東南一百五十七里。 古名石梁。〔眉批〕真氏曰：天長西門趨盱眙，南門趨六合，東門趨揚州。自揚州至盱眙，凡數百里，平疇沃壤，極目無際，重湖陂澤，渺漭相連，形勝之地也。 編户一十三里。 裁減。 有城門鄉巡檢司，在東北四十五里。 頗煩，民饒，多訟。 城周六里二百一十步。 嘉靖中，改建磚城，周三里。 北七里有得勝河。 西北四十五里有銅城，吳王濞所築，於此鑄錢。 橫山，在縣東南五十里。 宋建炎間，劉綱保聚之處。 梁置橫山縣，以此名。 石梁河，在縣西北三十里。 石梁城，在縣北二十五里。 後周置石梁郡〔一〕。 晉孝武太元四年，秦王苻堅遣將句難、彭超攻盱眙〔二〕，執高密内史毛璪之，遂圍田洛於三阿〔三〕，去廣陵百里。 謝玄自廣陵救之，句難、彭超戰敗，退保盱眙，即此地也。 西北七十里盱眙之界，有東陽城，古東陽縣，後周幷入石梁郡者也。 按東陽，秦縣。 史記〔四〕：陳嬰爲東陽令史。

【校勘記】

〔一〕後周置石梁郡　底本此句下有「南三十里名梁河」七字，川本同，滬本、盋本、京本均無。按嘉靖天長縣志卷一不載「名梁河」，有石梁河，在縣東北三十里，已載於本書上文，且石梁河在縣北，不在「縣南」。又同書卷三：「縣之西三十里有石梁城，城在河南，後周所築置石梁郡者。」其下亦無此文，此處當誤，據刪。

〔二〕句難彭超攻盱眙　「攻」，底本作「以」，川本同，據滬本、盋本、京本及晉書苻堅載記、通鑑卷一〇四改。又「句難」，晉書、通鑑均作「俱難」。

〔三〕田洛　「洛」，底本作「洺」，川本、滬本、盋本、京本同，據晉書謝玄傳、苻堅載記改。

〔四〕史記　底本無，據川本、滬本、盋本、京本及史記項羽本紀補。

宿州　府西北二百三十三里。　春秋宿國。漢符離侯國。文獻通考：古宿國，在東平州故須城縣東。春秋莊公十年：宋人遷宿。移入封内，以爲附庸，始國於此。古名苻離。〔眉批〕憑邳控徐，跨汴阻淮。本志。　編户七十里。無判。有宿州衛，五千户所。　睢陽、在東關。百善道、在西七十里。大店、在東五十里。夾溝在北六十里。四驛〔一〕。　衝疲，地瘠，民頑，訟多，糧欠。　領縣一。糧三萬八千二百九十石零。　界接永城。　磚城周六里三十步。　相山，在州西北九十里〔二〕。下有相城遺址。　淝河，在州南九十里。源出本州龍山湖，東流經蒙城，至懷遠縣雙墩村入淮。　泡河，在州南九十里。源出亳州舒安湖，經本州臨涣城，合澮水，東流至五河縣入淮。　睢水，在州北二十里。源出河南夏邑縣白河，東流，中經州之苻離，通宿遷，至清河縣會泗，入於淮。　元屬歸德府〔三〕。本朝改屬。　汴河，自州流入虹縣，至泗州東西兩城之間入於淮。中都志、州志無。　秦苻離縣城，在州北二十里。後齊置睢陽郡。〔眉批〕相縣城，在西北九十里相山下。宋共公嘗從徙都於此〔四〕。秦泗水郡〔五〕。漢高帝改沛郡，東漢爲沛國，治相。今爲相城鄉。東漢志注云：相城，在苻離縣西北。蘄縣城，在州南四十里。至今尚名大澤鄉。秦置。陳勝、吴廣起兵於蘄，即此。梁置蘄郡。陽城，在州南。秦縣。陳勝生於此。廣記云：在亳州。今地屬宿。漢書顔師古注云：屬汝南郡。按勝起兵於蘄大澤鄉，皆宿州地。是時發閭左戍漁陽，漁陽在汝南西北，不應復東行至蘄，決非汝南之陽城也。銍縣城，在西南九十里。漢縣。後魏置臨涣郡。隋爲臨涣縣。宋南渡廢。〔眉批〕徐王墳，在州北七十里閔子鄉，龜山之左，豐山之右。王姓馬氏，孝慈高皇后之父。洪武二年〔六〕，追封徐王，配鄭氏封徐王夫人，設宿州祠祭。

【校勘記】

〔一〕睢陽至四驛　底本、川本作「在東關及睢陽在西七十里百善道在東五六十里大店夾溝四驛在北六十里」，滬本、盋本、京本作「在東關有睢陽在西七十里百善道在東五十里一作六十里夾溝四驛在北六十里」，據寰宇通志卷九、紀要卷二一改。

〔二〕在州西北九十里　「里」，底本作「步」，川本同，據滬本、盋本、京本及紀要卷二一改。

〔三〕元屬歸德府　「元」，底本、川本作「又」，據滬本、盋本、京本及明統志卷七、紀要卷二一改。

〔四〕宋共公嘗從徙都於此　「共公」，底本無，川本有「共」字，滬本、盋本、京本作「共公」。史記曹相國世家正義引輿地志云：「宋共公自睢陽徙相子城。」此脱「共公」二字，據補，「從」疑爲衍字。

〔五〕秦泗水郡　「泗」，底本作「淮」，川本、滬本、盋本、京本同，據水經睢水注改。

〔六〕洪武二年「二」，底本缺，川本同。滬本、盇本、京本作「洪武年」。嘉靖宿州志卷五：徐王，「孝慈高皇后父也。洪武初，追封爲徐王」。明史外戚恩澤侯表：「徐王馬公，逸其名，高皇后父。洪武二年追贈。」則此缺字爲「二」，據補。

靈璧縣　無城。　州東一百二十里。　編户四十一里。全設。　漢洨侯國。　有固鎮驛，在西南七十里固鎮保。固鎮巡檢司。　稍衝，煩疲。　洨城，在縣南五十里。東漢書：洨有垓下聚。注云：洨故城在虹縣西南。即此城也。　潼郡城，在縣東北七十五里。東魏置臨潼郡。北齊改潼郡。　有樂安鄉，漢匡衡封國。　齊眉山，在縣西南三十里。成祖文皇帝率駕渡淮〔一〕，嘗駐蹕於此。　畿志：弘治乙卯，始爲土城。正德中，築以石，周七里。　楚人敗漢靈璧東睢水上，即此。　垓下，在縣東虹縣界。

【校勘記】

〔一〕成祖文皇帝率駕渡淮　「率」，川本、滬本、盇本、京本同，嘉靖宿州志山川作「車」，此「率」蓋爲「車」字之誤。

潁州　春秋胡國、沈國。　元屬汝寧府。本朝改屬。　府西四百四十里。　古名汝陰、順昌。〔眉批〕川原平曠，土壤饒沃，舟車四達之區。地理志。　襟帶長淮，控抱陳、蔡。風土記。　淮、海內屏，東南樞轄。

唐李岵德政碑。編户八十里。無判。杜預曰：汝陰縣西北有胡城。今按：南城，即汝陰城；北城，古胡城也。領縣二。糧九千七百六十石零。有潁川衛，五千户所，隸河南都指揮使司。沈丘鄉巡檢司。本志：在西九十里沈丘縣東。潁州兵備道，按察司僉事一駐劄。衝煩，頗饒[二]，軍民雜處，多盜。舊有南北二城，南爲土城，周五里四十四步；北爲磚城，周四百二步。二城相連，各三門。潁川水驛，在東關外潁水之濱。漢汝陰侯國。東漢鮦陽侯國、細陽侯國。舊有劉龍驛。柳河口驛，革。遞運所，革。正德間，合爲一城，塞北城東西二門。

司馬宣王使鄧艾行陳、項以東至壽春，北臨淮水，自鍾離西南，横石以西，盡沘旁脂水四百餘里，置一營六十人，且佃且守；兼循廣淮陽、百尺二渠，上引河流，下通淮、潁，大理諸陂，於潁南北穿渠三百餘里，溉田二萬頃，自壽春到京師，阡陌相屬。每東南有事，泛舟而下，達於江、淮，資食有儲而無水害，艾之建也。劉錡大破金兀术於此。潁水，舊由河南項城縣界，流入太和、潁上等縣。洪武八年，黄河分決合流，經潁州北門外，東合舊黄河，至正陽入淮。宣德五年，西北淤塞，俗稱小河，上通古汴，下達淮、泗。黄河，舊自太和縣界流入，經州北門，東至壽州正陽鎮注淮。正統十二年，上流淤塞，惟西華境一支入潁合流，下達淮、泗。汝水，在州南一百二十里，出汝州，經新蔡朱皋東流入淮。西湖，在州西二里。古胡國，在州二里[三]。

志云：即今城。沈國，在州西一百二十里。漢細陽縣，在西二十里。新鄀縣，在州東八里。魏安釐王時，秦拔鄀丘。朝陽縣城〔三〕，在西二百一十里。唐陳留郡，在東南二百里。梁置。漢慎縣，在州東南七十里。任城，在州北潁水之陽三里。陳將任蠻奴於潁水北岸築城，以圍汝陰。今爲河水蕩夷。隋青丘縣，在州東五十六里潁水北岸。漢平輿縣，在南一百里。唐永安縣，在州南一百四十里汝水北岸。黃河，金之季年，河決太康，自州西北陳州界入州境，東南流經州城北。元末，又自通許分派，一支入渦河，一支自陳州商水入南頓，混潁水東流項城趙家渡入州境〔四〕。正統二年，復徙於鹿邑舊河，黃流遂絕〔五〕。成化末年，黃河一支復通於潁矣。潁河，在州西鄉。自南頓東來，至趙家渡入州境，至乳香臺，東過沈丘〔六〕，繞州北門外，過留陵，出江口驛，經甘城驛，至正陽入淮。又曰：黃河自秦、漢以來，遷徙不常。宋時嘗通於潁。至元始通於渦。國朝又徙於潁州城北，至壽州正陽鎮入淮。正統二年，復徙於鹿邑舊河，入於渦，達於淮。辰陵，在州東六十里。春秋宣公十一年：楚子、陳侯、鄭伯盟于辰陵。杜氏曰：辰陵，陳地，潁川長平縣東南有辰亭〔七〕。留陵，在州東六十里；又東三里，曰下留陵，俱潁水之南。沈丘，在州西一百二十里沈丘縣城西南。州來城，在州東二百里。潁尾，在下蔡西，去州東二百里。

【校勘記】

〔一〕頗饒　「頗」，底本作「疲」，川本同，據滬本、盋本、京本改。

〔二〕在州二里　川本同，滬本、盋本、京本「州」下爲缺字。明統志卷七、紀要卷二一並載，胡城在潁州西北二里。此當脱「西北」二字。

〔三〕朝陽縣城　川本同，滬本、盋本、京本作「朝陽城」。正德潁州志卷一：「鮦陽廢郡，在州西二百一十里。」正與本書記載方位里數相符，此「朝陽」蓋爲「鮦陽」之誤。

〔四〕混潁水東流項城趙家渡入州境　「流」，底本作「後」，川本同，滬本、盋本、京本作「復由」。正德潁州志卷一潁河：洪武初，黄河「混潁東流項城趙家渡入潁州境」。此「後」乃「流」字之誤，據改。滬本、盋本、京本亦誤。

〔五〕黄流遂絶　「流」，川本同，滬本、盋本、京本作「河」。

〔六〕東過沈丘　「過」，底本作「流」，據川本、滬本、盋本、京本及正德潁州志卷一改。

〔七〕潁川長平縣東南有辰亭　「有辰亭」，底本脱，川本同，據滬本、盋本、京本及春秋宣公十一年杜預注補。

潁上縣　州東一百二十里。　編户十九里。　裁減。　城枕沙河，地連淮、潁，有平原沃野之饒。　有守禦千户所，隸河南都指揮使司。　僻簡，淳饒。　東漢慎國。　淮河，在南二十五里。　磚城周三里九、六十二步〔二〕。　舊有甘城驛，在北關。　江口驛，在西北五十里江子口東岸，革。　遞運所，在北關，臨沙河，革。　正陽鎮，在縣東南七十里，淮水西，潁水東，即潁口是。留陵集〔二〕，在縣西北五十里沙河東北岸。舊縣，在縣北十二里。漢慎縣，在西北，今呼爲古城。左傳：吳人伐慎，白公敗之。漢屬汝南郡〔三〕。東漢劉賜、何進封慎侯〔四〕。又見合肥。

【校勘記】

〔一〕九六十　川本同，滬本、盋本、京本作「九十，一作六十」。

〔二〕留陵集　「集」，底本作「縣」，川本同，據滬本、盋本、京本及同治潁上縣志卷二改。

〔三〕漢屬汝南郡　底本、川本「漢」下「屬」上衍「陽」字，據滬本、盋本、京本及漢書地理志删。

〔四〕東漢劉賜何進封慎侯　「封」，底本作「討」，川本同，據滬本、盋本、京本及後漢書安成孝侯賜傳、何進傳改。

太和縣　州西北八十里。編户三十五里。裁減。南拒沙河，北達淝水，地勢坦平，東西曠達。中都志不載〔一〕。畿志：正德中，築磚城，周七里有奇。本志：一千七百八十九步。有洪山巡檢司。僻饒，事煩，多訟。舊有和陽驛，在西南五里。界溝驛、界溝遞運所，在西七十里，革。北原和巡檢司〔二〕，在北八十里，革。春秋胡子國地。柳河，在縣東南七十里，上通項城縣〔三〕，下達潁州，入沙河。茨河，在縣東北三十里，上通鹿邑縣，下達潁州，入沙河。潁陽城，在縣西北四十五里。

【校勘記】

〔一〕中都志不載　川本同，滬本、盔本、京本列於下文「一千七百八十九步」之下。

〔二〕北原和巡檢司　「和」，底本作「河」，川本同，據滬本、盔本、京本及明史地理志改。

〔三〕上通項城縣　「項」，底本作「陽」，川本、滬本、盔本、京本同，據紀要卷二一、圖書集成職方典卷八二八改。

亳州　古名譙、亳郡。　編户四十九里。　無判。　北接歸德，南拒潁州，襟帶渦河，此一邑之形勝也。　舊爲亳縣，弘治九年升。　府西北四百五十里。　城周九里，崇禎八年築。　糧五十五石零。　有武平衛五千户所。　初屬河南都司，永樂七年改直隸。　僻淳，多盜。　磚城周九里三十步。　舊有義門巡檢司，在東六十里，革。　黄河至州西北三十里，入渦河，至懷遠縣東北入淮。　淝河，在南一百六十里潁州界。　馬尚河，由歸德府北來，至北門外，入渦河。　元亳州，屬歸德府。　本朝改爲縣，隸開封府歸德州。　洪武六年，改隸潁州〔一〕，屬鳳陽府。　周焦國。　魏譙州。　乾谿。　左傳昭公十二年：楚子次于乾谿。　杜氏云：在譙國城父縣南。　桐宫。　仁山金氏曰：在亳縣東三里。　皇覽曰：湯冢在亳縣東北一里。　漢城父縣，在東南八、七十里〔二〕。　春秋陳之夷邑。　左傳：楚取焦、夷，又大城城父而寘太子焉。　今爲城父村。　左傳僖公二十三年：楚成得臣率師伐陳〔三〕，遂取焦、夷。　注云：焦，譙縣。　夷，城父也。　昭公九年：楚公子棄疾遷許于夷，實城父，取州來、淮北之田以益之。　杜氏曰：譙國，城父縣。　汪氏曰：夷，一名城父，本陳地，楚城陳，遷許於此。漢爲城父縣。畿志：廢梅城縣，在州西南四十里，今爲梅城集。廢苦縣〔四〕，在州東十里。廢武平縣，在州西。譙縣，本朝并入亳縣。

【校勘記】

〔一〕改隸潁州　「隸」，底本、川本脱，滬本、盋本、京本有，與明史地理志、紀要卷二一所載合，據補。

〔二〕八七十里　川本同，滬本、盋本、京本作「八十里，一作七十」。

〔三〕楚成得臣率師伐陳　「率」，川本、滬本、盋本、京本同，左傳僖公二十三年作「帥」。

〔四〕廢苦縣　「苦縣」，底本作「苦平縣」，據川本、滬本、盋本、京本及漢書地理志改。

蘇州府

古名會稽、吳郡、平江。巡撫駐劄。元爲平江路，屬江浙行省。吳元年，改爲蘇州府，直隸部。領州一，縣七。田土九萬二千九百五十九頃五十畝零，糧三百五十萬三千九百八十石零，實徵秋糧二百三萬八千八百九十四石七斗四升，織造紵絲一千五百三十四疋，絹八百六十五疋，四司額派銀二萬九千二百四十五兩，入太倉庫餉銀十萬五千五百五十四兩零。

泰伯始居吳，今之無錫是也，至闔廬始遷於此。夫自楚人剽悍，而平王以後，日挫於吳，柏舉之師，五戰入郢。齊霸國之餘業，而艾陵之戰，兵敗將殲，於是師臨上國，歃血黄池，天子致勞，盟主歛手。當是時，吴之威强於五霸。項梁及羽，以江東子弟八千人，鼓行而西，遂以滅秦，宰割天下，亡秦者楚。其實自吴迄於王濞之封，猶以爲吴悍而難制也。蓋自先吴，上有闔廬好劍之風，下有要離燔妻子之烈，而其國之人，無不輕生慕俠。迨孝武以後，嚴助、朱買臣以文進，而文學日興，益以柔耎。三國以後，文苑之士，多出於吴。於是言今之吴者，不言武事，而言文事。古之吴界，北至淮南，西至宣、歙，今之節鉞，止制江東。迨於弘光，僅統四府，要害之地，咸在上游。昔者張士誠之有吴也〔一〕，非不北跨淮、海，南包浙西，耿炳文一守長興，而東吴不敢窺桐汭；吴良一扼江陰〔二〕，而東吴不敢泝焦山。於是不能并人，而并於人之勢成矣。矧於蘇州一府七郡之中，兵從北下，一破京口，便無可守之地；若自南來，一度錢塘，亦無可憑之險者乎！惟是田居天下百分之一，而賦當天下百分之九，國家常倚辦焉。於是言今之吴者，不言地險，而言水利。自三江微〔三〕，而田事艱，不惟患水，而兼苦旱。於是方岳貢之守松，奏言：上海有天絶、地絶、人絶。未幾，婁江竭，而國亦以亡。自嘉靖十七年，巡撫歐陽鐸奏均官田税糧於民田，而尺土無非二斗三斗以上之額。浸且正賦之外，坐派日繁，而民力盡，不有明君良牧以拯之，即繭絲其未可保矣。今注：三江解，震澤解，歸太僕水利策，盧經材議〔四〕。

太湖，在府西南四十里。虞翻云：水通五道，謂之五湖。跨蘇、常、嘉、湖四府界。禹貢曰震澤，周禮曰具區，左氏曰笠澤。〔眉批〕太湖，詳名山記王鏊，郟亶水利書，崑山志十五卷。　虎丘，在府西北閶門外七里〔五〕。　天平山，在西二十里。　靈巖山，在西南二十五里。有吳王館娃宮。　姑蘇臺，在西四十里。史記正義曰：在吳縣西南三十里，横山西北麓姑蘇山上。　洞庭山，一名包山，在府西一百三十里太湖中。　楓橋，在西七里。　三江，自太湖東經吳江、崑山、松江入海者爲吳淞江，分流東北經崑山、太倉入海者爲婁江，東南流者爲東江。　運河，自京口來，過滸墅，由府城西南至嘉興。　滸墅鈔關，在西北三十里。景泰元年，置户部主事一員。　陽城湖，在東北一十里。東接崑山，北跨常熟界。　至和塘，在東七十里。北納陽城湖，南吐吳淞江。　姑蘇驛、胥門遞運所，萬曆九年革，並在胥門外。　望亭鎮，在西北五十里。本名御亭，唐李襲譽爲守〔六〕，以梁庾肩吾詩改之。　射瀆，在楓橋北十里。世傳秦始皇嘗射於此，故名〔七〕。　城周三十四里五十三步九分。古有八門，今止六門：閶、胥、盤、葑、婁、齊。

【校勘記】

〔一〕昔者張士誠之有吳也　川本同，滬本、盇本、京本無「者」字。

〔二〕江陰　「陰」，底本作「東」，川本同，據滬本、盇本、京本及明史吳良傳改。

〔三〕自三江微　「微」，川本、滬本、盇本同，京本作「淤」。

〔四〕今注至盧經材議　川本同，滬本、盇本、京本改列於下文三江条末句「東南流者爲東江」之下。

〔五〕閶門　「閶」，底本作「闔」，川本同，據滬本、盋本、京本及紀要卷二四改。

〔六〕唐李襲譽爲守　「李襲譽」，底本作「李襲」，川本、滬本、盋本、京本同，據寰宇記卷九二、紀勝卷六補「譽」字。

〔七〕世傳秦始皇嘗射於此故名　「皇」，底本作「王」，「嘗射於此故名」，底本錯簡於下文城六門「閶胥盤葑婁齊」之後，川本同，據滬本、盋本、京本及紀要卷二四乙正。光緒蘇州府志卷八引姑蘇志作「相傳吳王嘗射於此，故名」。

吳縣〔一〕　編户五百一十里。全設。　有用頭、縣西南八十五里洞庭西山。木瀆、縣西二十七里木瀆鎮。東山縣西南八十里洞庭東山。三巡司。　舊有横金巡檢司〔二〕，在西南四十二里横金村，萬曆三年革。

【校勘記】

〔一〕吳縣　川本同，滬本、盋本、京本「縣」下有「治」字，當是。

〔二〕舊有横金巡檢司　「金」，底本作「涇」，據川本、滬本、盋本、京本及明史地理志、紀要卷二四改。

長洲縣〔一〕　編户七百四十一里。全設。　有吳塔、在彝口，南去齊門十五里。陳墓本鎮，離陳湖東十里。二巡司。　撫臺駐劄。　有蘇州衛、五千户所、織造府、工部磚廠。二縣並衝煩，糧多，差重，刁訟。　滸墅關堤，萬曆二十四年築，自楓橋抵關二十里。　黄天蕩，在縣東南。　唐乾寧二年，淮南兵與鎮海兵戰於黃天蕩。

【校勘記】

〔一〕長洲縣　川本同，滬本、盋本、京本「縣」下有「治」字，當是。

崑山縣　府東七十里。　元爲崑山州。洪武二年，改爲縣。　古名婁。　編户三百四十四里。全設。　有石浦、巴城二巡司。　事煩，差重，糧欠。　元史：皇慶二年十月辛未，徙崑山州治於太倉。　成宗紀：至元三十一年八月，令軍士復浚浙西太湖、澱山湖溝港。大德三年十一月丁酉，浚太湖及澱山湖。　寧海驛，舊在縣之太倉，宣德六年移置治後半山橋西，弘治六年革。　城周一十二里二百七十八步二千三百八十七丈，嘉靖十七年築。　吳淞江，在縣南九里。本志三卷五葉。　丘輿權記曰：初治河至唯亭，得古閘，用柏合抱以爲楹，蓋古築比今深數尺，設閘者以限潮勢。　縣東北三里有村名婁縣，蓋古縣治所也。　新洋江，在東南六里。南承吳淞江，北入至和塘，以達於海。　澱山湖，在縣東南八十里。北岸屬崑山，南屬華亭。　陽城湖，在縣西北三十五里〔一〕。　東屬崑山，西屬長洲。　巴城湖，在縣西北二十五里。　至和塘。本志三卷七葉。〔眉批〕至和塘，西自府城婁門，經縣城中，東達太倉，至劉家河入海。蓋古婁江之遺迹。宋至和二年修築，故名。詳見記文。小虞浦。夏駕浦。千墩浦。澱山湖，在縣東南八十里〔二〕。東西三十六里，南北十八里，滙蘇、湖、秀三州之水，由西南趨東北入吳淞江，以達於海。新洋江，中有橫塘，通小虞浦。其餘支派皆通運河。

【校勘記】

〔一〕在縣西北三十五里　底本缺「北三十五」四字，川本、滬本、盋本、京本同，據紀要卷二四補。

〔二〕在縣東南八十里　底本作「又在縣」，川本同，據滬本、盋本、京本、本書上文改補。

常熟縣　府北八十里。古名海虞、南沙。〔眉批〕濱江控海，吳之北門。編户四百八十三里。全設。二丞。有許浦、白茆、黃泗浦三巡司。僻煩，差重，糧欠。濱江多盜。元爲常熟州。洪武二年改爲縣。吳郡志〔一〕：一百五里。城周九里三十步，元至正十六年張士誠築。泰伯城，周三里二百步，名曰故吳，在今梅里平墟，人民皆田其中。福山城、歸家城，並嘉靖三十四年築。大江，在北四十里。江口福山，遥對通州，北連大海。縣北十五里〔二〕。虞山，在治西北。顧山，在西五十里。東南屬常熟，西屬江陰，西南爲無錫，俗稱三界山。苑山，在西南五十里。

吴江縣 府南四十里。古名松陵。編户五百六十七里。全設。二丞。有平望驛，震澤、汾湖、平望、同里、簡村五巡司。地衝，民疲，糧多，差重。元爲吴江州。洪武二年改爲縣。舊有松陵驛，在儒學之左，革。平望水驛，在縣南四十五里。會典無「水」字。城周五里二十七步。元至正十六年張士誠築之。宋高宗建炎二年，駐蹕長橋，命張俊率兵八千戍之。太湖，去縣西二里許。鮎魚口，在縣北十八里。建炎四年，金人自南來，巨師古控扼吴江。長蕩湖，在縣西南。上承湖州諸溪水，下流入太湖。爛溪，在縣西南四十四里至七十六里。南受嘉興、崇德、桐鄉、石門斗門諸水，東北入鶯脰湖。鶯脰湖，在縣南四十里。枕平望鎮，分納荻塘，全納爛、車、黄、穆、急五溪之水，漲而爲湖。汾湖，在縣東南六十里。與嘉興分半爲界。松江，一名吴淞江。禹貢三江之一也。枕縣東門，東行二百六十里入海，此其首也。其南接太湖，長橋當其交，横跨於上，凡一百三十丈，爲竇六十四，湖水北流〔二〕，與龐山湖合，東北入海。

【校勘記】

〔一〕吴郡志 川本、滬本同，盋本、京本作「府郡志」。

〔二〕縣北十五里 川本、滬本、盋本、京本同。明統志卷八、紀要卷二四並載：福山在常熟縣北四十里。此當誤。

【校勘記】

〔一〕湖水北流　「湖」，底本作「淮」，川本、滬本、盋本、京本同。乾隆吳江縣志卷二松江：西南受太湖之水，長橋當其交，水從橋下東北流，與龐山湖合而東北流。則此「淮」爲「湖」字之誤，據改。

嘉定縣　府東一百四十里。編户六百六十八里。全設。二簿。有顧逕、縣東三十里。江灣縣東南六十里。二巡司。把總駐劄。僻煩，差重，濱海多盜，漕糧永折。元爲嘉定州。洪武二年改爲縣。城周一千六百九十四丈一尺八寸，元至正十六年張士誠築。本志：城周二千二百六十丈。中槎巡司，在縣南十三都，革。吳塘巡司，在縣西南三十六里，革。白鶴江，在西南三十六里。南接青龍江，北出吳淞江。

太倉州〔一〕　府東一百十里。編户二百七十五里。全設。有太倉衛、鎮海衛，甘草巡司舊屬常熟縣。兵備駐劄。舊有劉家港、茜涇〔二〕、港口三巡司，革。濱海，民刁，糧重。城周一十四里五十步，元至正十七年張士誠築。州之東有所謂岡身，曰太倉岡身，曰上岡身，曰下岡身，曰歸吳岡身。其下皆沙磧螺蚌，地宜豆麥，種木棉。續圖經曰：濱海之地，岡阜相屬，謂之岡身。劉家河，自州東北出海〔三〕，即古之婁江。元時海運船皆駐泊於此，今已湮塞，蓋海小日漸壅沙爲土，歲久地氣凝結。趙用賢以爲天地之氣，至邊而結者也。有岡門二十六，古人以蓄泄水者〔四〕。詳水利中。横截海口，劉家大河經其南，七丫繞其北。州人周嘉序。太倉衛，領五千户所。嘉靖二十六年，移中千户於寶山，名協守吳淞中千户所。萬曆五年，改名寶山所。領吳淞江守禦千户所。鎮海衛，領五千户所。嘉靖四十四年，移中千户所戍劉河堡。領崇明守禦千户所。領縣一。糧二十二萬七千石零。穿山，在東北五十里。

【校勘記】

〔一〕太倉州　川本同，滬本、盇本、京本「州」下有「弘治十年開設」六字。

〔二〕茜涇　「涇」，底本作「溪」，川本、滬本、盇本、京本同，據明史地理志、紀要卷二四改。

〔三〕自州東北出海　川本、滬本、盇本、京本「州」下並有「治」字。

〔四〕有岡門二十六古人以蓄泄水者　川本、滬本、盇本、京本同。紀要卷二四太倉州岡身：「其岡門亦多堙塞，州境得名者，猶二十有六。」此文當列於上文岡身之下。

崇明縣　府東三百十里。編户一百十里。裁減。有千户所。〔眉批〕崇明守禦千户所。

三沙、西沙二巡司。舊有平洋沙巡檢司，革。游擊駐劄。孤懸海中，民頑多盜。

元爲崇明州，屬揚州路。洪武八年，改屬蘇州府。元史：至元十四年五月丁亥，升崇明沙爲崇明州。　磚城周九里三十步，永樂十九年，知縣高居正、王瑛相繼築〔一〕。　天賜鹽場，在縣東南。先爲宋韓侂胄之莊。嘉定十五年，移浙西、江灣、青浦亭户過此煎鹽〔二〕，近竈處有天賜港，故名。寶慶初，隸淮東總領。元至元間，屬兩淮運司。本朝改隸兩浙運司。唐順之蓼角嘴〔三〕，二百六十卷末葉。　胡宗憲蘇松水陸守禦〔四〕，二百六十七卷十二。　鄭若曾江防論，二百七十卷十二〔五〕。洋山記，十九。　吳淞江守禦千户所城，在嘉定縣東南四十里，周五里一十四步，洪武十九年，滎陽侯鄭春等築。

【校勘記】

〔一〕王瑛　「瑛」，底本作「漢」，川本同，滬本、盇本、京本作「漢」，據乾隆崇明縣志卷一輿地志、卷二建置志改。

〔二〕移浙西江灣青浦亭户過此煎鹽　「煎」，底本作「燕」，川本同，據滬本、盇本、京本改。

〔三〕蓼角嘴　川本同，滬本、盇本、京本「嘴」下缺一字。明經世文編卷二六〇唐順之江防記：「海賊入江，由江南岸，登陸之路，廖角嘴營前沙，南北相對。」蓋此處有脱誤。

〔四〕胡宗憲　「憲」，底本作「寧」，川本、滬本、盇本、京本同，據明經世文編卷二六七改。

〔五〕江防論二百七十卷十二　「論」，底本脱，「十二」，底本作「十三」，川本、滬本、盇本、京本同，據明經世文編卷二七〇補改。

松江府

城周九里一百七十三步。城之南有吳王獵場，場有五茸〔一〕，俗因呼爲五茸城云。〔眉批〕後殿九峯，前襟黃浦，大海環其東南，三江繞乎西北。金山衛城，在府南七十二里。青村城，在府東南一百七十二里。柘林城。崑山，在縣西北二十三里，長谷之東。陸氏之先葬此。後機、雲兄弟有辭學，人以爲玉出崑山，因名。梁大同初，分婁縣爲崑山，取此之地〔二〕，改崑山縣境也。千山，在縣西北。以形如天馬，一名天馬山。佘山，在縣東北。有東西二峯，延亘數里。領縣三。田土四萬四千四百七十七頃三畝零〔三〕，糧一百三萬一千四百六十石，入太倉庫銀二萬一千六百二十六兩四錢，織造紵絲一千一百六十七疋，絹八百六十五疋，四司額派銀二萬四千一百二十一兩。金山，在縣東南九十里海水中。舊志云：其北即古之海鹽縣，後淪於水。今山去海一潮之涉，山有平陂，可二十人坐，北有寒穴泉〔四〕。國朝洪武中，設金山衛，以此爲名。每歲武臣帥兵入山巡邏海寇，謂之「捘山」〔五〕。松江守禦千户所，在府城内。洪武三十年，始分金山衛中千户所官軍守禦府城。秀州金山，爲江、浙海門之要衝〔六〕。山堂考索。雲間遞運所。

地於吳中爲僻，邊海數有警。人性柔慧，習俗奢靡。蘇、松、常三府，大率市浮於農，文勝於質。淞江，在府北七十二里，一名吳淞江。來自吳江，會趙屯等五大浦，至宋家橋，與黄浦合流入海〔七〕。元爲松江府，屬浙西道。本朝直隸部。青龍江，在府北七十里。接淞江，下通滬瀆。滬瀆江，在東北六十里，自吳淞江出海。瀆上有壘，晉虞潭、袁崧防海處。黄浦，在東南十八里〔八〕。自杭州、嘉興經府西南入浦，東北至上海縣入海。三泖，在西南三十六里。澱湖，在西七十二里。受三泖及西南諸港水，自大盈、趙屯二浦以瀉於松江。古岡身，曰沙岡、竹岡、紫岡，在縣東七十里。南屬於海〔九〕，北抵松江，長百里。入土數尺，皆螺蚌殼，其地高阜，宜菽麥。

【校勘記】

〔一〕塲有五茸　「茸」，底本作「革」，川本同，據滬本、盋本、京本及明統志卷九改。

〔二〕取此之地　川本同，滬本、盋本、京本無「之」字。

〔三〕田土四萬四千四百七十七頃三畝零　底本脱「土」字，據川本、滬本、盋本、京本及本書各府所載田土事例補。又「四千」，川本、滬本、盋本、京本俱作「二千」。

〔四〕寒穴泉　底本脱「泉」字，川本同，據滬本、盋本、京本及嘉慶松江府志卷七補。

〔五〕拨山　「拨」，底本作「拶」，川本、滬本、盋本、京本同，據圖書集成職方典卷六八九改。

〔六〕爲江浙海門之要衝　底本「要」、「衝」間有「治」字，川本同，據滬本、盋本、京本删。

〔七〕來自吳江至與黄浦合流入海　底本錯簡於下文「元爲松江府，屬浙西道。本朝直隸部」之後，據滬本、盋本、京本及利病書蘇松乙正。

〔八〕在東南十八里　「十八」，底本作「八十」，川本、滬本、盋本、京本同，據寰宇通志卷一四、紀要卷二四改。

〔九〕南屬於海　「海」，底本作「江」，據川本、滬本、盋本、京本及紹熙雲間志卷上改。

華亭縣　編户八百十一里。全設。二丞。　有金山衛；松江所〔一〕；青村所；小真所，本志作小蒸，在縣三十六里小蒸鎮。　金山、在縣東南六十六里胡家港口。泖橋、在縣西南三十六里朱涇鎮。南橋鎮舊係戚本涇，在縣東南七十里，萬曆九年改。三巡檢司。　參將駐劄。　濱海，事煩，民刁，糧多，差重。　舊有陶宅鎮巡司，革，在縣東南九十里陶宅鎮。　前京縣，在縣東八十五里。梁太清三年，析海鹽東北境置。〔眉批〕舊唐書韓滉傳：以舟師五千人，由海門揚威武，至申浦而還〔二〕。

【校勘記】

〔一〕松江所　「江」，底本作「門」，川本同，據滬本、盋本、京本及寰宇通志卷一四改。

〔二〕舊唐書韓滉傳至至申浦而還　「申」，底本作「中」，川本同，據滬本、盋本、京本及舊唐書韓滉傳改。又，此文盋本、京本並改列於下文上海縣唐開元元年築捍海塘叙事之後。

上海縣　府東北九十里。編户六百四十里。全設。二丞。有南滙所。三林莊、縣東南十七保〔一〕。吳淞江、縣西北三十七里。黄浦縣南二十一保。三巡檢司。濱海，役煩，刁訟。守禦南滙嘴金山衛中後千户所〔二〕，在十九保。城周九里有奇，洪武十九年設。舊有南蹌巡檢司，革。川沙堡城，在八團鎮〔三〕。嘉靖三十六年設。下沙三場、二場鹽課司。三林莊巡檢司，在城内〔四〕。初，沿海並有塘，歲久頽圮。成化七年秋，大風海溢，漂人畜，没禾稼；八年，巡撫都御史畢亨行委知府白行中興築，兩月塘成。華亭自海鹽抵上海界，築三萬四千七百六十九丈。又爲外堤，起戚、漴，至平湖界，五十有三里。上海自華亭抵嘉定界，築一萬七千七百四十八丈。兩浙都轉運鹽使司分司，在縣東南新場鎮。鹽課司三：下沙場附近分司，二場在下沙場東北，三場在二場北。海塘，起嘉定老鸛嘴，循吳淞江，南抵海鹽縣界，長三百三十里。舊有華亭縣〔五〕，在華亭縣西北六十里安莊。唐開元元年，築捍海塘，起杭州鹽官，抵吳淞江，長一百五十里。

【校勘記】

〔一〕縣東南十七保　「十七」，底本作「七十」，據川本、滬本、盋本、京本及弘治上海縣志卷五、嘉靖上海縣志卷三改。

又「保」，底本作「堡」，川本同，據滬本、盋本、京本及上引弘治志、嘉靖志改，下同。

〔二〕守禦南滙嘴金山衛中後千户所　川本、滬本、盋本、京本同。正德金山衛志卷二：「金山衛，洪武十九年創立，設所七，「守禦南滙觜中後千户所」。正德松江府志卷一四亦載：「金山衛領千户所七，「守禦南滙觜中後千户所，在上海十九保。」此有誤，或「金山衛」三字衍。

〔三〕在八團鎮　「八團」，底本作「人圍」，川本同，據滬本、盋本、京本及嘉靖上海縣志卷三改。

〔四〕三林莊巡檢司在城内　川本、滬本、盋本、京本同。按本書上文已列，在縣東南十七保，弘治志與嘉靖志同，不云「在城内」。又，此文下，底本、川本並有「城周九里」四字，滬本、盋本、京本並無。按弘治志、嘉靖志三林莊下均不載「城周九里」，當指上海縣城而言，圖書集成職方典卷六九〇上海縣城池：「周圍凡九里。」本書上文已載，此乃衍文，據删。

〔五〕舊有華亭縣　川本同，滬本、盋本、京本「縣」下有「治」字。

青浦縣　會典作清。　城周六里。　府西北五十四里。　編户一百九十五里。全設。　澱山、新涇二巡檢司，新涇司載上海志，在上海縣西二十九保。　嘉靖二十一年添設，治青龍鎮〔一〕，旋革。　隆慶六年復設，治上海之唐行鎮〔二〕。

【校勘記】

〔一〕嘉靖二十一年添設治青龍鎮　「添設治」，底本作「添治設」，川本同，據滬本、盋本、京本及紀要卷二四改。

〔二〕治上海之唐行鎮　底本「治」上有「志」字，據川本、滬本、盋本、京本删。又上引四本「治」下「上海」上並有「在」字。

常州府

古名毗陵、晉陵。　元爲常州路，屬浙西道。本朝改爲府，直隸部。　領五縣。　田土六萬四千二百六十五頃九十五畝零〔一〕，糧七十六萬一千三百四十石零，絹一千八百九十疋，四司額派銀二萬四千六百六十四兩零，解紵絲二百疋，入太倉庫銀二萬二千四百七十八兩零。　舊有奔牛壩遞運所，萬曆九年革。　帶長江，襟太湖。　土沃而川平，三吳之善地。　孟河城，在府西北九十里。　馬跡山，在府東南六十里太湖中，山麓周一百二十里。宋建炎中，劉晏保此〔二〕。　夫椒山，馬跡之從山也。東曰夫，南曰椒，有大椒、小椒，皆馬跡之脈，故總謂之夫椒。左傳：吳王敗越于夫椒〔三〕。　黄山，在西北八十里，俯瞰大江。　大江，在府北五十里。西接丹陽，東抵江陰，西北入泰州界。　夫椒山西，地名西青，石壁屹立，下有四穴，迹圓各盈尺，深五六寸，水落則見。　舊經謂秦皇巡幸，馬所踐。　運河，自吳縣入無錫界，繞府南，西抵丹陽吕城壩。　孟瀆，在府西四十里。　南通運河，北達大江。〔旁注〕涉江東北爲三沙，江岸繞府境百八十八里。　陽湖，在府東五十里。　接無錫界。　太湖，在東南一百里，連武進、無錫、宜興三縣界。自湖州府長興縣入宜興，又八十里入武進，又八十里入無錫〔四〕，四十八里百二十步南入蘇州府吳縣。橫山，在縣東三十五里。岡阜相屬，延袤二十餘里。芙蓉湖，在縣東五十五里，南北八十里。南入無錫，北入江陰。大雷小雷二山，在馬跡山西。安陽山，在縣東南六十餘里。麓周十八里，中分無錫縣界。

【校勘記】

〔一〕田土「土」，底本脱，據川本、滬本、盋本、京本及本書各府所載田土事例補。

〔二〕劉晏「晏」，底本作「景」，據川本、滬本、盋本、京本及宋史劉晏傳、紀要卷二五改。

〔三〕吳王敗越于夫椒　川本同，滬本、盋本、京本此句前有「哀公元年」四字，與左傳記載合。

〔四〕又八十里入無錫　川本、滬本、盋本、京本同。圖書集成職方典卷七〇七太湖：「八十里入武進，又十八里入無錫。」光緒武進陽湖合志卷二同。此「八十」蓋爲「十八」之誤。

武進縣　治。編户四百五十七里。全設。二丞。錫山驛。南門外〔一〕。望亭、高橋二巡檢司〔二〕。衝煩，刁訟，糧多，差重。新設魏村防禦百户所，在縣西北五十里。橫林，在縣東南三十里。元有晉陵縣，并入武進。舊有子城、羅城，並圮。國朝洪武二年，守禦官中山侯湯和築新城，周十里二百八十四步。成化中，甃以石〔三〕。西門外〔四〕。西北九十里〔五〕。縣西三十里〔六〕。〔眉批〕網頭河，分派至石堰鎮，合三山港，至山塘橋，東南流入陳采橋〔七〕，入無錫曰雙廟河；東北流，出南閘，入江陰曰夏港。網頭河自居涇橋東分派，西北入江陰曰利港。得勝河，在縣西北。自連江橋北行四十餘里，入大江。江口有魏村閘。澡港，在縣東。長四十里，北入大江。戚墅堰，在縣東三十里。舊武進縣，在縣西北八十里。同光中，徙入郡城。晉太興元年，僑置南蘭陵郡於武進。

【校勘記】

〔一〕錫山驛南門外　川本同，滬本、盋本、京本「南」上有「在」字。寰宇通志卷一五常州府錫山驛：「在無錫縣南門外。」本書下文無錫縣已列，此誤入。

〔二〕望亭高橋二巡檢司　川本、滬本、盋本、京本同。本書下文無錫縣亦列，據明史地理志、圖書集成職方典卷七一三記載，應屬無錫縣，此誤入。

〔三〕成化中甃以石　底本錯簡於下文「縣西三十里」之後，川本同，據滬本、盋本、京本及圖書集成職方典卷七一〇乙正。

〔四〕西門外　川本同，滬本、盋本、京本改列於上文「湯和築新城」下。

〔五〕西北九十里　川本、滬本、盋本、京本同。圖書集成職方典卷七一三武進縣：「小河巡檢司，在縣西北九十里。」此前蓋脱「小河巡檢司」五字。

〔六〕縣西三十里　川本同，滬本、盋本、京本作「一作縣西三十里」，爲上記「西北九十里」注文。圖書集成職方典卷七一三武進縣：「奔牛巡檢司，在縣西三十里。」此前蓋脱「奔牛巡檢司」五字，滬本、盋本、京本誤。

〔七〕流入陳采橋 「入」，川本同，滬本、盇本、京本作「出」，蓋是。

無錫縣 府東九十里。 編户四百十里。 全設。 二丞。 錫山驛。 南門外。 望亭、高橋二巡檢司。 衝煩，刁訟，糧多，差重。 元爲無錫州。 本朝改爲縣。 城在運河之西，梁溪之東，周一十八里。 高橋巡檢司，在縣西北十里五瀉河口。 望亭巡檢司，在縣南五十里望亭鎮。 通鑑：梁乾化三年，吴越王鏐遣其子傳瓘，攻吴常州，營於潘葑。 吴徐温禦越師於潘葑〔一〕。 錫山，在西七里。 夫椒山，在西，太湖濱。 軍將山，在南四十里。 視湖上諸山爲最高。 南唐屯兵於此，以備吴越，故名。 泰伯城，在東南四十里梅里平墟，至闔廬始徙姑蘇。 閭江，在縣西南五十里，即太湖之别浦也。 蠡湖，在縣東南五十五里，其西屬無錫，而其浸皆屬長洲。 太湖，在縣西南一十八里。 其流由横浦、獨山、吴塘諸門，凡一邑之水西注者悉納焉。 梁溪，在縣西門外。 北接運河，南通震澤。 本志缺此一葉。 新安。 潘葑。 洛社〔二〕。 五牧。

【校勘記】

〔一〕吴徐温禦越師於潘葑 底本錯簡於下文「五牧」之後，川本、滬本、盇本、京本同，據通鑑卷二六八乙正。

〔二〕洛社 「社」，底本作「杜」，川本、滬本同，據盇本、京本及紀要卷二五、清統志卷八七改。

江陰縣　府東北九十里。〔眉批〕東連海道，西接鎮江。向子豐奏劄。　編户三百七十四里。全設。　有石頭港、利港二巡檢司。　兵備駐劄。　濱江，多盜，僻煩，民刁，賦重。　舊有范港巡檢司，革。　縣東六十里范港口。　城周九里有奇。　利港巡檢司，在縣西一十五里夏港西。舊在利港東，天順五年，以利港廢塞，徙今地。　石頭港巡檢司，在縣東三十里石頭港口。　元爲江陰路〔一〕，又降爲州。　本朝改爲縣，屬常州府。　君山，在北門外二里，下臨大江。　縣東有横河以通漕，長六十餘里。　申浦，在西三十里。　東抵無錫，西入武進戚墅，俱達於運河。　國朝丁酉，取江陰州，即置江陰衛；甲辰，更州衛名曰連陽〔二〕。　洪武二年，改爲江陰縣，廢衛，立守禦百户所；十一年升千户所，十三年改調官軍於西安衛，遂廢。

【校勘記】

〔一〕元爲江陰路　「江陰」，底本作「元陰」，川本同，據滬本、盋本、京本及元史地理志改。

〔二〕連陽　「陽」，川本同，滬本、盋本、京本作「洋」。　圖書集成職方典卷七一三江陰縣治：「明初丁酉建連陽州。」明史地理志江陰：「太祖甲辰年曰連洋州。」則諸本均是。

宜興縣　府南一百二十里。　古名陽羨、義興。　編户三百五十七里。全設。　張渚、西南九十里。　下邾〔一〕、東北三十五里。　湖汊、東南四十五里。　鍾溪北五十里。　四巡檢司。　僻煩，民頑。　城周九里三十步。元爲宜興州。本朝改爲縣。批驗茶引所，在張渚鎮。國初仍元茶園提領所置。洪武間裁革，尋復設，嘉靖初，省入本鎮巡司。警樓，在縣東太湖濱。南自黃瀆，北止百瀆，凡二十座，弘治癸亥，本府推官伍文定、知縣王鏉立。荆溪，在縣西南。漢志：中江出蕪湖之西南，東至陽羨入海。即此。百瀆，環布縣境，西南七十五里爲上瀆，北六十里屬下瀆。昔人以荆溪居數郡下流，於太湖口疏百派以分其勢，又開横塘貫之，道荆溪〔二〕，下入太湖，東至海。滆湖，在西北三十五里。東接太湖，西通蕪浦港，南北一百里，與武進中分爲界。長蕩湖，在西一百里，與溧陽、金壇接境。

【校勘記】

〔一〕下邾　「邾」，底本作「郑」，川本同，據滬本、盔本、京本及明史地理志改。

〔二〕道荆溪　「道」，底本作「通」，川本同，據滬本、盔本、京本及明統志卷一〇、紀要卷二五宜興縣百瀆改。

靖江縣　府東北一百三十里。編户五十八里。全設。成化七年，割江陰縣之馬馱沙置。靖江志同。有馬馱沙、新港巡檢司，舊在衙前港，即大沙之新港〔一〕，嘉靖四十四年，遷於西小沙縣周段下〔二〕。僻簡，民淳，濱江，有盜。東與江陰，西與泰興分界。城周七里。孤山，在縣北十里。舊在江中，日久遂與邑連。今則山北已拓爲膏壤六七里矣。段山，峙邑境東，盡之江中水面，約三十里。山麓有沙，舊曰段山沙，近改名曰崇讓沙。浮山，浮東南江中，狀如覆盂，與段山相近，對江陰橫江諸山，稱巫子門。渡江者以其門之開閤〔三〕，定道里之强半，約水面距邑境三十里。

【校勘記】

〔一〕即大沙之新港　底本「舊在衙前港」旁注「大沙之新」四字，川本同，據滬本、盋本、京本改補。

〔二〕遷於西小沙縣周段下　「縣」，川本同，滬本、盋本、京本作「孫」。咸豐靖江縣志卷八營建志：嘉靖乙丑，「遷建馬馱沙巡檢司公署於西小沙之上工」，與此異。

〔三〕渡江者以其門之開閤　「閤」，川本、滬本、盋本、京本並作「闔」。

鎮江府

古名京口、南徐州、潤州。〔眉批〕天限南北。魏志。　因山爲壘，緣江爲境。齊志。　控扼大江，爲浙西門户。宋知府劉寧奏。　衿帶江、山，表裏華甸，經塗四達，利盡淮、海。宋文帝詔。　府城周二十六里十七步。子城並東西夾城共長十二里七十步，吴大帝所築，東西夾城則唐時所築也。今磚城周九里十三步，國初元帥耿再成重立。　鐵甕城，吳大帝所築，周圍六百三十步。唐乾符中，周寶爲潤帥，又築羅城二十餘里〔一〕。領縣三。　田土三萬三千八百一十七頃一十三畝零，糧一十八萬九千八百三十石，絹二百一十九疋，四司額派銀一萬二千六百七十七兩零，入太倉庫銀三千二百三十一兩一錢，織造紵絲一千四百四十疋。

上接淮南，左控大海，前護神京，爲下流第一要害。六朝謂之北府，而宋人以爲浙西門户。昔桓宣武言：京口酒可飲，兵可用。而劉裕用之，遂以克建康，成大事，豈非近畿重鎮，士馬素强之效乎！至於中唐，猶有潤州弩手之目，而韓世忠扼之，以敗兀术。形勝士風，今猶在也。弘光初，分立四鎮，而人以爲朝廷將棄河北，及築城金、圌二山，而人以爲將棄江北矣，然則不幸而爲南朝也，豈其畫江而守耶！古之以北取南者，多濟自横江、采石。隋之伐陳，兩道並渡，未有一軍專下京口者。建文四年，靖難之師，與今日之事，兩見之矣。然則地險其可恃也哉！鑿水圍山，江潮往來，山田多荒白，圩田多坍江。　鎮江爲府，距江瀕海，地險且固。自國初用武，多所資給。當時恩詔下頒，惓惓焉優恤之，故其府賦税薄，而田里不困。吳寬重修府學記。　舊爲鎮江路〔二〕，屬浙西道。本朝以爲府，直隸部。

炭渚驛，在城西六十里炭渚鎮。　京口驛，城西。　舊有通津遞運所，萬曆九年革。　元史仁宗紀〔三〕：皇慶二年九月，敕鎮江路建銀山寺，勿徙寺旁塋冢。　秦皇馳道，始皇三十六年，東遊至金陵，斷山疏淮，由江東丹徒往會稽。古志相傳，自江東至鎮江大路，是也。大江，在西北六里，北對瓜州。北固山，在府治北江上。金山，在西北七里江中。焦山，在東北九里江中。圌山，在東北六十里。宋張世傑與元兵戰敗奔此。運河，自京口閘起〔四〕，至杭州北郭務，計六百四十餘里。

【校勘記】

〔一〕鐵甕城至又築羅城二十餘里　底本、川本錯簡於上文靖江縣浮山之後，滬本、盋本、京本改於鎮江府運河「計六百四十餘里」之後，今據至順鎮江志卷二、紀要卷二五乙正。

〔二〕舊爲鎮江路　「舊」，川本同，滬本、盋本、京本作「元」，與明統志卷一、明史地理志合。

〔三〕仁宗紀　「宗紀」，底本作「宋記」，川本同，據滬本、盋本、京本及元史仁宗紀改。

〔四〕自京口閘起　川本同，滬本、盋本、京本無「起」字。

丹徒縣　治。編户二百四十里。全設。鎮江衛，左、右、前、後、中、右六千户所〔一〕。丹徒鎮、東十五里。安港、東九十里。高資鎮、西五十里。姜家嘴在藤料沙〔二〕。四巡檢司。秦始皇三十七年，以望氣者言，使赭衣徒三千鑿京峴東南壟，故名。副總兵駐劄。衡江帶河。煩劇，民疲，多盜。藤料沙，在縣東北五十里江中。左傳：齊慶封奔吳，吳句餘予之朱方〔三〕。即今丹徒。新豐鎮〔四〕，在縣南四十五里。〔眉批〕丹徒洲田記，荆川文集〔五〕。

【校勘記】

〔一〕左右前後中右六千户所　川本、滬本、盇本、京本同。按有二「右」字，當有誤。

〔二〕在藤料沙　底本、川本錯簡於「四巡檢司」之後，據滬本、盇本、京本及圖書集成職方典卷七二八乙正。又「藤」，底本作「滕」，川本作「籐」，滬本、盇本、京本同，據圖書集成、紀要卷二五、清統志卷九一改，下「籐」字改同。

〔三〕吴句餘予之朱方　「句餘予」，底本作「子與」，川本、滬本、盇本、京本同，據左傳襄公二十八年改。

〔四〕新豐鎮　「新」，底本作「沂」，川本、滬本、盇本、京本同，據紀要卷二五、清統志卷九一改。

〔五〕丹徒洲田記荆川文集　川本、滬本、盇本、京本同。按荆川先生文集卷一二作「鎮江丹徒縣洲田碑記」。

丹陽縣　府東七十里。古名雲陽、曲阿。編户一百四十四里。全設。雲陽驛。縣東。包港、東北、東七十里〔一〕。吕城鎮東五十里、南四十五里〔二〕。二巡檢司。衝煩，民刁，多盜。舊有吕城驛，革。吕城，在縣東五十四里。吴將吕蒙所築。遺址尚存，今爲鎮。廢延陵縣，在縣南三十里。晉置。宋熙寧中，省爲鎮，入丹陽〔三〕。雲陽東、西城，在延陵鎮，鎮即故延陵縣，瀆南，二城相去七里，當丹陽、句容分界之所。神亭。輿地志云：在延陵縣西三十里。吴志：孫策擊劉繇於曲阿，繇同郡太史慈出偵視，獨與一騎卒遇策於神亭，即此。〔眉批〕延陵季子廟，在草堰，南門外，水陸並五十里，有沸井。内城周九百九十七丈，在漕河之西。嘉靖二十五年，知縣史永壽復作外城，接内城，跨漕河，共周九里。練湖，在縣北。水經云：晉陳敏引水爲湖，周一百二十里。納長山諸水，凡七十二流。唐劉晏領江南轉運〔四〕，分官吏主丹陽湖，禁引溉，自是漕河不涸。晉咸和元年，徐州刺史郗鑒築三壘，以拒蘇峻。一大業；二曲阿；三庱亭〔五〕，在縣東四十五里。府志止云縣境。齊永泰初，王敬則反，前鋒奄至曲阿，詔左興盛、劉山陽、胡松築壘於曲阿長岡，沈文季爲持節都督〔六〕，屯湖頭，備京口路。敬則急攻，興盛、山陽二壘軍各死戰，敬則大敗。賀若弼克京口，分兵斷曲阿之衝而入。〔眉批〕晉書顧衆傳：遣督護朱祈等九軍〔七〕，守庱亭。斬其僕射蔣元超〔八〕。

【校勘記】

〔一〕東北東七十里　川本同，滬本、盋本、京本作「東北七十里」。圖書集成職方典卷七二八、清統志卷九一俱載：包港巡檢司在丹陽縣東七十里。按其地在縣東偏北，故底本、川本是。

〔二〕南四十五里　川本同，滬本、盋本、京本此上有「一作」二字。

〔三〕入丹陽　「陽」，底本作「徒」，川本、滬本、盋本、京本同，據元豐九域志卷三、宋史地理志改。

〔四〕劉晏　「晏」，底本作「妟」，川本同，據滬本、盋本、京本及舊唐書劉晏傳改。

〔五〕庱亭　川本「庱」旁注及滬本、盋本、京本「庱」下注「音逞」。

〔六〕沈文季 「文」，底本作「父」，川本同，據滬本、盋本、京本及南齊書王敬則傳、通鑑卷一四一改。

〔七〕遣督護朱祈等九軍 「九」，底本脱，川本同，據滬本、盋本及晉書顧衆傳補。

〔八〕斬其僕射蔣元超 川本同。舊唐書李子通傳：「更進擊法興於庱亭，斬其僕射蔣元超。」則此有脱文，滬本、盋本、京本刪，誤。

金壇縣 城周一千二百三十四丈四尺。 府東南一百六、三十里〔一〕。〔眉批〕湖山映帶，土壤闓曠。縣志。 金壇地勢，西北高，東南下，東向衍阜，而運河介其中，山水暴漲，則難泄易澇，旱則渠淺易乾。講求水利者，能常使上流疏通，湖口浚治，低窪障水有圩，高阜蓄水有塘，則旱澇無憂矣。 編户一百四十里。全設。 湖溪巡檢司，長蕩湖口。僻煩，民饒。 顧龍山，在縣南五里。前望白龍蕩，故名。平湖澄碧，遠山環秀，左右有茅山書院舊基。歲丁酉十一月，我太祖東征，駐蹕於此。 茅山，在西六十五里。山之西，屬句容縣。初名句曲山，又名巳山。漢景帝時，茅濛曾孫盈，與其仲弟武威太守固〔二〕、季弟西河太守衷棄官修煉於此，遂名茅山。周迴一百五十里，自山嶺以西屬句容，以東屬金壇。 方山，在西四十五里、一百里〔三〕，山頂平衍，四望皆方，故名。 長蕩湖，在東南三十里，中有大峚山〔四〕，孤立若浮。 思湖，在縣南十、六里〔五〕，即白龍蕩，受荆溪、丁角諸水。 荆溪，在縣北十八里。東連白鶴溪，北通丹陽。 大茅峯，在元符宫南〔六〕，即大茅君所居。舊有石壇、石屋，今爲三茅君祠，祠左有龍池。 中茅峯，在大茅峯北，即二茅君所居。 小茅峯，在中茅峯北，即三茅君所居。良常山，在小茅峯北，舊名北垂。秦望山，在良常山東〔七〕。小竹山，在小茅峯東。龍尾山，在大茅峯東。三角山，在縣西六十里，華蓋峯北。金菌山，在積金峯東。抱朴峯，即大茅峯北相連。五雲峯，在小茅峯側華陽洞上。積金峯，在大茅、中茅峯之間，其長阿中有連石，古稱積金山，陶隱居所住，東有横壟，壟上有石，形甚瓌奇，多穴。華蓋峯，在崇禧觀東南。飈輪峯，在大茅峯東。華陽洞，在大茅峯，即第八洞天，洞口以盤石掩塞，愈入愈寬，謂之陰宫。洞有二：西洞，在崇壽觀後；南洞，在元符宫東。

【校勘記】

〔一〕府東南一百六三十里　「六三十里」，川本同，滬本、盋本、京本作「六十里，一作三十里」。

〔二〕武威太守固　「固」，底本作「四」，川本同，滬本、盋本、京本作「回」，據輿地紀勝卷七、景定建康志卷一七改。

〔三〕在西四十五里一百里　川本同，滬本、盋本、京本作「一百里，一作四十五里」。

〔四〕大岯山　「岯」，底本作「環」，川本同，據滬本、盋本、京本及明統志卷一一改。

〔五〕在縣南十六里　「十、六里」，川本同，滬本、盋本、京本作「十里，一作六里」。

〔六〕元符宫　「符」，底本作「苻」，川本同，據滬本、盋本、京本及圖書集成職方典卷七二五改。下同。

〔七〕秦望山在良常山東　「秦」，底本作「奉」，川本同，據滬本、盋本、京本及圖書集成職方典卷七二五改。「在」，底本作「即」，據川本、滬本、盋本、京本及圖書集成改。

揚州府

古名廣陵。元爲揚州路，屬淮東道宣慰司。本朝庚子年，立淮海府，壬寅年，改維揚府，丙午年〔一〕，復名揚州府，直隸部。富甲天下，而姦人、豪客伏匿其中，天下富貴，揚一益二。〔眉批〕號爲天下繁侈。元和志。淮南之西，大江之東，南至五嶺、蜀漢，十一路百州遷徙貿易之人，往還皆出其下，舟車南北日夜灌輸京師者，居天下之七。沈括平山堂記。禹貢：揚州，沿于江、海，達于淮、泗。是時江、淮未通，故其貢道沿江入海，沿海入淮，自淮入泗，而因以達河。左傳哀公九年：吳城邗，溝通江、淮。畿志：自廣陵東南築邗城，下掘河溝〔二〕，謂之邗溝，一名邗江。宋築廣陵大城，周二千一百八十丈。國初，僉院張德林鎮守揚州，以兵後人稀，即宋大城西南隅改築，僅周九里二百八十六步四尺。門五：南曰安江，北曰鎮淮，西曰通泗，東曰寧海，又曰大東，東南曰小東。南北水門二，引官河貫其中。嘉靖三十五年〔三〕，以倭變築新城，起舊城東南角樓，至東北角樓止，周十里，計千五百四十一丈九尺。門七：南曰挹江，鈔關在焉，又南爲便門，東南曰通濟，東曰利津，東北爲便門，北曰廣儲，又北曰拱辰。南北即舊城濠口爲二水門，東南即運河爲濠，北濠引水注之。大銅山，在縣西北七十二里。相傳漢吳王濞鑄錢之所。伊婁河，即揚子鎮以南運河也。隋以前，揚子鎮尚臨江，未有此河，至唐〔四〕，江濱積沙，與瓜洲連，故穿此。沙河，在縣東十里。潮自揚子江來，西接官河。茱萸灣，在縣東北二十里。漢吳王濞開茱萸灣，通海陵倉，是也。皂角林，在瓜洲鎮北。原有皂角樹三株，相距數里。宋紹興三十一年，劉錡大破金人於此。領州三，縣七。田土六萬一千八百四頃九十九畝零，糧二十四萬六千五百石零，織造紵絲二百三十疋，生絹七百疋，絹八百四十一疋，四司派銀一萬四千七百四十三兩，入太倉庫銀一萬八千六百七十六兩二錢〔五〕。枕江臂海〔六〕，綰轂三吳、兩浙、七閩之口，故天下之美麗皆歸焉。鹺商走集，俗尚奢靡。瀕湖農田，塗墊爲害。大江，自儀真縣南，經泰、通二州，入於海。大江自黃天蕩，接六合界，下小帆山，入儀真境，東至鐵丁港，漫延東北流入江都境，歷泰興、如皋、通州、海門，上下五百餘里，至蓼角嘴，入於海。其南與丹徒、靖江、江陰、常熟、太倉境相對。邗溝，自江東北通射陽湖，又西北入淮，即今之官河。白塔河，在東北六十里宜陵鎮側，南通大江，北抵運河。其水冬涸春汪，民得灌溉之利。宣德間，侍郎周忱開挑。正統中，築塞河口。至成化間，平江伯陳鋭仍挑去河口淤泥，置閘啓開，舟楫復便焉。召伯埭，在東北四十五里。與高郵、寶應諸湖，上下相接通運。雷塘，在西北十五里、北十里。漢時謂之雷陂。唐李襲譽爲揚州大都督府長史〔七〕，嘗引雷陂水灌田。瓜洲鎮，在南四十五里。本大江之沙磧，南對京口，爲運道襟喉。隆慶初，自時家洲開渠，達花園港，長六里，免車盤之苦。萬曆初，又於閘外開港，以泊運船。有城，東西跨壩，周一千五百四十三丈九尺有奇，城門四，便門一〔八〕。瓜洲故無城，宋紹興末，翰林學士史浩議城之。張浚謂〔九〕：棄淮而守江，是示虜以弱。議遂阻。至乾道四年，鎮江都統軍王友直始奉詔築瓜洲南北城。後廢。嘉靖三十五年，以倭變復築。江防同知駐劄。廣陵驛，南門外。舊有邵伯、界首二遞運所，萬曆元年革。兩淮都轉運鹽使司〔一〇〕，在大東門外。户部分司，在挹江門内。

【校勘記】

〔一〕丙午年　「午」，底本作「子」，川本、滬本、盇本、京本同，據明統志卷一二、明史地理志改。

〔二〕下掘河溝　「河」，川本同，滬本、盇本、京本作「深」，與明統志卷一二合，此「河」蓋爲「深」字之誤。

〔三〕嘉靖三十五年　「三」，底本作「二」，川本、滬本、盇本、京本同，據圖書集成職方典卷七五六、嘉慶重修揚州府志卷一五改。

〔四〕至唐　川本同，滬本、盇本、京本「唐」下有「時」字。

〔五〕三錢　「三」，川本同，滬本、盇本、京本作「一」。

〔六〕枕江臂海　「海」，川本、滬本、盇本、京本同，寰宇通志卷二九、明統志卷一二作「淮」，此「海」蓋爲「淮」字之誤。

〔七〕李襲譽　「襲」，底本作「礱」，川本同，據滬本、盇本、京本及舊唐書李襲譽傳改。

〔八〕城門四便門一　「四」，底本作「曰」；「便」，底本作「使」，川本同，滬本、盋本、京本作「城門曰便門」。圖書集成職方典卷七五六、民國瓜洲續志卷一：「城門四，便門一。」則此「曰」乃「四」字、「使」乃「便」字之誤，並據改。

〔九〕張浚　「浚」，底本作「俊」，川本同，據滬本、盋本、京本及宋史張浚傳、民國瓜洲續志卷一改。

〔一〇〕兩淮都轉運鹽使司　「都」，底本作「部」，川本同，據滬本、盋本、京本及嘉慶重修揚州府志卷一八改。

江都縣　編户一百十九里。全設。　揚州衛，五千户所。　邵伯驛，縣北四十五里。萬壽〔一〕、東四十里。邵伯鎮、北四十五里。瓜洲鎮、南四十五里。上官橋、西北八十、西六十里。歸仁東一百二十五里。五巡檢司。　參將、漕運道、榷關、户部巡鹽運司駐劄。　水陸要衝，供應稱累，防倭兵餉煩費。　廣陵城，即府東之舊城。魏黄初間，文帝如廣陵故城，臨江觀兵。　廣陵廢縣，在北十八里。劉宋置，後省入江都。　寶祐城〔二〕，在西北七里。遺址見存。宋賈似道因隋故宮築。

【校勘記】

〔一〕萬壽　「萬」，底本作「茉」，據川本、滬本、盋本、京本及紀要卷二三、圖書集成職方典卷七五七改。

〔二〕寶祐城　「祐」，底本脱，川本同，據滬本、盋本、京本及紀要卷二三補。

儀真縣　府西七十里。府志：西南七十五里。　古名揚子、真州。　編户七十四里。全設。　儀真衛，四千户所。　儀真水驛，縣東南二、三里。　舊江口巡檢司，縣南三里汊河北岸〔一〕。府志：縣東南十里。　守備駐劄。　地衝事煩，民疲多盜。　元爲真州。洪武二年，改爲儀真縣。　南京工部分司，在縣東南三里。萬曆十一年〔二〕，分司差革，以南河郎中兼領關務，今爲督税内使駐劄矣。　批驗茶引所，南門外。　舊有近鑾驛〔三〕，革。　遞運所，萬曆元年革，府志仍在水驛東〔四〕。　城周九里二百四十六步。　揚子縣，真州附郭，本朝幷入儀真縣。大銅山，府志：在儀真西北二十五里。小銅，即其東麓。南畿志：在江都西北七十二里。天寧洲〔五〕，在縣西南十里江中。　朴樹灣，在縣東三十五里。　小銅山，在縣西四里。亦吴王濞鑄錢之所。　靖安河，在縣西南，即沙河也。宋盧傳請開此河，以避大江李家港、黄天蕩之險。　黄天蕩，在縣西南揚子江中流湍漫處〔六〕。　胥浦，在縣西十里。其源自銅山西南流入於江。　瓜步山，在西四十七里。府志：西七十里瓜步鎮南。狀如瓜，臨江峭絶。魏太武南伐，起行宫於此。　運河，一自瓜洲，一自儀真，俱至揚子橋東，折北行，歷邵伯諸湖，至黄浦，接山陽界，自清江浦入淮〔七〕。　自真州以北，並無山險，惟憑多港，可以設伏制奇。　胡墅城〔八〕。　瓜步城〔九〕，陳太建中築。

【校勘記】

〔一〕縣南三里汊河北岸　「里」，底本脱，川本、滬本、盋本、京本同，據隆慶儀真縣志卷三補。

〔二〕萬曆十一年　「十一」，川本同，滬本、盋本、京本作「十二」。

〔三〕近鑾驛　「近」，底本作「迥」，川本同，據滬本、盋本、京本及隆慶儀真縣志卷三改。

〔四〕府志仍在水驛東　「仍在水驛東」，川本同，滬本、盋本、京本作「仍有水驛」，蓋是。

〔五〕天寧洲　「洲」，底本作「州」，據川本、滬本、盋本、京本及隆慶儀真縣志卷二改。

〔六〕在縣西南揚子江中流湍漫處　「處」，底本無，川本同，滬本、盋本、京本有。隆慶儀真縣志卷二：「黄天蕩在小帆山北，揚子江至大之處。」依例應有「處」字，滬諸本是，據補。

〔七〕自清江浦入淮　「淮」，底本作「浦」，川本同，滬本、盋本、京本作「海」，據紀要卷一二九、嘉慶重修揚州府志卷八改。

〔八〕胡墅城　川本、滬本、盋本、京本同，本書上文南京應天府六合縣已列，此誤入。

〔九〕瓜步城　川本、滬本、盋本、京本同，本書上文南京應天府六合縣已列，此誤入。

泰興縣　府東南一百四十里。〔眉批〕前枕江湄，後負海陵。舊志。　編户一百十二里。無簿。　城周七里，嘉靖三十四年築。　口岸、西四十五里。黄橋、東四十五里。印莊東四十五里。府志：舊在保全鄉〔一〕，今移建曹童橋鎮。　三巡檢司。　地僻煩，民刁，防倭。　孤山，在東南七十里。南枕大江，巍然一峯，約高百仞，本縣之鎮山。舊在北岸，今徙入江中數十里，已非興有矣。　江堰，在縣西南，自保全鄉起，至順德鄉止，長一萬六千九百餘丈，廣三丈餘，高一丈，歷代修築，以捍江水。

【校勘記】

〔一〕保全鄉　「全」，底本作「令」，川本、滬本、盋本、京本同，據本書下文江堰條及光緒泰興縣志卷四、卷七改。

高郵州　府北一百二十里。　領縣二。　糧三萬六千五百石零。　編户八十六里。　全設。　高郵衛，五千户所。　界首、北六十里。　盂城南門外。　二驛。　張家溝巡檢司，北三十里。　時堡巡檢司。東北一百二十里。　府志有遞運所，在北六十里。　管河工部分司駐劄。　舊在徐州蕭縣，正德中，始遷於此，在州治中市橋西。　衙煩〔一〕，頗饒，多鹽盜。　城周十里三百一十六步，即漕河爲池。州有新舊二城，今之城，即宋舊城也，周一十里三百一十六步，其新城在北門外，基址尚存。　三阿，即今北阿鎮。在晉爲三阿，謝安破苻堅將彭超之地。唐爲下阿，即徐敬業屯兵處。〔眉批〕元爲高郵府，領三縣。本朝丙子年，改爲州，屬揚州府。　高郵縣倚郭，本朝幷入州。　適當江、海、淮、泗之中〔二〕，水深而岸峻，形便而勢利。舊志。　有湖隷旁將三十所，大或萬頃，小亦千畝，迤邐聯絡，參錯駢布。崔伯易賦。　負重湖之險〔三〕，地皆沮洳。元史石普傳〔四〕。　西北水波縈迴，東南平原極目，自古稱爲魚稻之國。新志。　南北水道之要衝。趙侯修水門記。　新開湖，長三十五里，係運道。甓社湖，在州西三十里。〔眉批〕元史李齊傳：行省以左丞偰哲篤偕宗王鎮高郵〔五〕，使齊出守甓社湖。新開湖，在州西北三里，通樊良湖。天長以東諸水盡匯此河。遇風浪輒有覆舟之患，故鑿康濟河以避之。石梁溪，在州西北。自天長縣發源，入新開湖。平津堰，唐節度使李吉甫築，即今官河岸。

【校勘記】

〔一〕衡煩　「煩」，川本同，滬本、盋本、京本作「繁」。

〔二〕適當江海淮泗之中　「當」，底本作「發」，川本同，據滬本、盋本、京本改。

〔三〕負重湖之險　「負」，底本作「爲」，川本、滬本、盋本、京本同，據元史石普傳改。

〔四〕元史石普傳　「普」，底本作「晉」，川本、滬本、盋本、京本同，據元史石普傳改。

〔五〕行省以左丞偰哲篤偕宗王鎮高郵　「宗」，底本作「宋」，川本、滬本、盋本、京本同，據元史李齊傳改。

興化縣　州東一百二十里。府志：東北〔一〕。〔眉批〕東連滄海，西挹珠湖，大江枕其南，長淮肘其北。舊志。編户六十二里。全設。守禦千户所。安豐巡檢司。縣東北七、六十里〔二〕。地僻，事煩，糧多，有水災。城周六里一百五十七步。運河，運鹽河也，南去縣四十五里。接高郵州河口鎮之豐樂橋，北去縣六十里，接鄒莊，至鹽城界首鋪。車路河，在縣東三十里。由丁溪場入得勝湖，下運鹽河。鹽河，在縣東一百二十里。南循捍海堰，入運鹽河。白塗河，在東北十里。自小海場入運鹽河。海溝河，在縣東北四十里。自白駒場下灌溝河，入運鹽河。灌溝河，在北十八里。入運鹽河，穿北河塘土橋，入平望湖。精陽溪，在縣東北四十五里。自白駒場入運鹽河。得勝湖，在縣東十里。古名縮頭湖。宋張榮、賈虎敗金撻懶於此，因改今名。平望湖，在縣北二十里，周二十里。南通新溝，北接丁溝。大蹤湖，在縣北四十五里。湖心與鹽城分界，西入射陽湖。捍海堰，在縣東一百二十里〔三〕。唐大曆中，李承所創，宋張綸、范仲淹修之。吴公湖，在縣北三十五里。西入海陵溪，通寶應。海陵溪，高郵、寶應、興化皆有之，其實一也。在高郵境内者，東北通興化縣，西抵新開湖堤；在興化境者，南自泰州來，合高郵州河，西入射陽湖；在寶應縣界首者，俗名琵琶頭，去縣東九十里，西北通射陽湖，東接馬長汀。

【校勘記】

〔一〕府志東北　川本同，滬本、盋本、京本作「府志作東北」。

〔二〕縣東北七六十里　「七、六十里」，川本同，滬本、盋本、京本作「七十里，一作六十里」。

〔三〕在縣東一百二十里　「東」，底本脱，川本同，據滬本、盋本、京本及清統志卷九七補。

寶應縣　州北一百二十里。府志同。畿志：一百。　古名安宜。　編户三十四里。全設。　安平驛，北門外。　槐樓、南二十里槐樓鎮。衡陽鎮西南一百二十里，府志同，一作一百。　二巡檢司。　衝煩，民貧，俗刁，有盜。　城周一千四十餘丈，嘉靖三十七年築。　石鼈城，在縣西八十里。隋時爲石鼈縣。魏鄧艾築以營田。晉荀羨鎮淮陰，屯田於東陽之石鼈。北齊蘇珍之又議修石鼈等屯〔一〕。通典載：山陽重鎮守險，有陽平石鼈，田稻豐饒〔二〕。蓋歷代屯田之地。黄浦鎮，在縣北二十里。　氾水鎮，在縣西南四十里〔三〕。　射陽鎮，在縣東四十里。　盧村鎮，在縣南四十里。　瓦店鎮，縣南三十里〔四〕。　黎城鎮，在縣西九十里。　縣北白馬湖，長三里。　氾光湖，長三十里。　界首湖，長三里。　俱治堤通運。

【校勘記】

〔一〕蘇珍之　「之」，川本、滬本、盋本、京本及北齊書蘇瓊傳同，通鑑卷一六八作「芝」。

〔二〕通典載山陽重鎮守險有陽平石鼈田稻豐饒　「典」，底本作「興」，川本、滬本、盋本、京本同，據通典卷一八一州郡一一楚州改。「載」，底本作「大」，川本、滬本、盋本、京本同，據嘉靖寶應縣志卷一改。「陽平」，原倒作「平陽」，川本、滬本、盋本、京本同，據南齊書州郡志乙正。錢大昕廿二史考異云：「當爲陽平郡，轉寫顛倒耳。周山圖傳亦云於石鼈立陽平郡。」「稻」，底本作「穀」，川本、滬本、盋本、京本同，據通典卷一八一改。

〔三〕在縣西南四十里　「西南」，川本、滬本、盋本、京本及道光重修寶應縣志卷七俱作「南」。

〔四〕縣南三十里　川本同，滬本、盋本、京本「縣」上有「在」字。

泰州　府東一百二十里。府志同。　古名海陵。〔眉批〕東瀕滄海，北負重湖，雖城犄角〔一〕，以海安爲咽喉，鹺司布列，以溱潼爲要膂。新志。　有屯田煮海之饒。廳壁記。　鹽課與解池等。宋史。　以丁堰爲喉舌，摩訶爲屏蔽，黄橋其出入之衝，海安其控扼之所。舊志〔二〕。　編户二百八十七里。全設。　城周十一里二千三丈二尺。本志：十里一十六步。　海陵縣倚郭，本朝并入州。　領縣一。　糧一萬一千五百四十三石零。　守禦千户所。　西溪、東北一百二十里。　海安、南一百里。　寧鄉鎮北六十里。　三巡檢司。　分巡通、泰等處海防道副使駐劄。　僻煩，多鹽徒、海寇。　海，在州東二百四十里。　大江，在州南四十里。　運鹽河，在州北門外，東北行一百里，至西溪鎮，分爲二：一從東去，至梁垜場止；一從東北去，至東臺、伍佑等場。　捍海堰，在州東北一百五十三里，即范公堤。　堡城，在州北五里。本許堪所築，元末張士誠竊據，修此城以拒守。　海安鎮城，在州東一百二十里。周六里許。　嘉靖三十九年，都御史唐順之築。

【校勘記】

〔一〕雖城犄角　川本同，滬本、盋本、京本「雖」爲缺字。

〔二〕以丁堰爲喉舌至舊志　「舊志」，川本同，滬本、盋本、京本無此二字。按嘉慶如皋縣志卷二引嘉靖庚申縣志：「以丁堰爲喉舌，摩訶爲屏蔽，黄橋其出入之衝，海安爲其控扼之所。」正是本書所引，則此文應屬如皋縣。

如皋縣　州東一百四十五里。府志：東南一百六十。舊志：一百四十。州志同。　城周七里。　編户四十二里。　無丞。　掘港、東一百三十，今移馬塘。西場、縣北三十里。石莊縣南六十里。三巡檢司。　簡淳，賦輕，近江。　摩訶山，舊在縣南一百二十里，邊江。山舊近岸，今田多坍，山去岸四五十里矣。　運河。　九十九灣河，在縣東南六十里。北接運鹽河，南通揚子江。　天生港，舊在縣南九十里，今江漱齧〔一〕，止六十里。通揚子江，係江海寇盗要地。　掘港，在縣東一百三十里。西通運河，東抵壩〔二〕，嘉靖三十三年，海道副使劉景韶等破倭於此。　石莊港，在石莊西，通揚子江。　亦江海寇盗要害。

【校勘記】

〔一〕今江漱齧　川本同，滬本、盋本、京本「江」下有「水」字。

〔二〕東抵壩　「壩」，川本同，滬本、盋本、京本作「海」，紀要卷二三作「海」，圖書集成職方典卷七五五作「壩」。

通州　城周六里七十步。　領縣一。　糧二萬五千四百石零。　府東南四百二十里。府志：東。〔眉批〕東北當海口，南接大江，最爲要害。繫年録。　狼山，當海之衝，江之委。王鏊山門記。　靜海縣倚郭，本朝幷入州。編户一百五里。無同。守禦千户所。石港、北七十里石浦場。狼山南十八里，府志：移署白蒲鎮。二巡檢司。提督狼山等處副總兵駐劄〔一〕。僻饒，防倭。江之南，對福山，相去約廣一百二十餘里，東去二百里爲蓼角嘴，即江、海水分鹹淡處。江三在軍山下者，曰軍山洪。在軍山與刀刃山之間，相對如峽，水勢甚急。瀕江有壩，壩以内爲狼山河。江中舊有沙，名楮家沙〔二〕，延袤三十餘里。把總舊設此。相傳有白米莊，今没於江。萬曆乙卯，復漲有新沙半里矣。水營署，在狼山東，當孔道。海，在州東北九十里。江，在州南十八里。狼山，在州南十八里。府志：十二里。前臨大江。東爲刀刃山，西爲塔山，又西爲馬鞍山，東南江水中爲軍山，故曰「狼五山」。正德七年，殲劉賊於此。大學士王鏊有江淮平亂碑。嘉靖三十三年，始設狼山副總兵一、把總一，總兵得兼督淮南、北水陸諸營寨，把總則專統狼山水營。

【校勘記】

〔一〕提督狼山等處副總兵駐劄　底本缺「副」字，川本、滬本、盇本、京本同，據明會典卷一二七鎮戍二、明史職官志五補。

〔二〕楮家沙　「楮」，川本同，滬本、盇本、京本作「褚」。

海門縣　城周五里三分。州東四十里。府志同。編户二十一里。裁減。吳陵巡檢司，東七十里。府志：東盧家堡〔一〕。　僻煩，近海，防倭。　舊有張港巡檢司，萬曆十年革。　初縣時編里百有二十。　元至正中，江水爲患〔二〕，乃徙縣北禮安鄉。　國初編里僅三十有七。　其後江日内蝕，正德九年，遷餘西場三十里餘中場北〔三〕，實通州境。　嘉靖二十三年，知縣汪有執請損里爲十有四，又西徙三十里曰金沙治焉，通州金沙場。　其故地初名東布州，又曰東洲鎮。〔眉批〕康熙壬子五月，裁海門縣。　運鹽河，自江都灣頭東行七十里至斗門外，泰州界〔四〕；又東行一百六十里至海安鎮，入如皋界；又東南行一百一十里至白蒲，入通州界；又東行七十里至新寨，入海門界；又東行八十里達呂四場。　捍海堤，在縣西北，即范公堤。　蓼角嘴，在縣東江海交會處。　海鹹江淡，二水不相混，江水視海高數尺，自古爲形勝控扼之所，其沙脈坍漲不常，非習於往來者不辨，與崇明之營前沙相對。　纖志：半置兵船防守。

【校勘記】

〔一〕府志東盧家堡　川本同，滬本、盔本、京本「府志」下有「云在」二字，無「東」字。

〔二〕江水爲患　底本作「江遂」，川本同，據滬本、盔本、京本改。

〔三〕遷餘西場三十里餘中場北　川本、滬本、盔本、京本同。嘉靖海門縣志卷一疆域：正德九年，「遷於西三十里餘中場之北」。此「餘西場」蓋爲「於西」之誤。

〔四〕自江都灣頭東行七十里至斗門外泰州界　「泰」，底本作「春」，川本同，滬本、盔本、京本作「泰」。嘉慶揚州府志卷八運鹽河：「自灣頭起，東北七十里至斗門，入泰州界。」此「春」乃「泰」字之誤，據改。又「外」，諸本同，據上引揚州府志載，此「外」蓋爲「入」字之誤，應讀成「至斗門，入泰州界」。

淮安府

古名淮陰、北兗州、楚州。〔眉批〕楚州，淮南控扼之地。繫年録吴表臣言。元爲淮安路，領四縣，屬河南行省。本朝丙子年〔一〕，改爲淮安府，直隸部。兩淮運鹽分司〔二〕。白塔河巡檢司。壩上巡檢司，在安東縣治東南。舊有淮安遞運所，萬曆元年革。總漕巡撫都御史一。户部監鈔主事一。漕運鎮守總兵官一。漕運參將一。整理鹽法都御史一。户部監倉主事一。刑部理漕主事一。工部監廠主事一。舊城，晉時所築，累代增修，周一十一里。新城，在舊城北一里許，舊山陽縣北辰鎮也。元末，僞吴將史文炳守此，築土城，臨淮。洪武十年，指揮時禹砌以磚石。周七里二十丈。西北二面臨淮，東南二面設弔橋。跨濠與舊城相連，有輔車之勢。〔眉批〕三城雄峙，輔車相依，跨淮南北，沃野千里，水陸交通，舟車輻輳，昔之獻策乘吴者，屯於此以鑄兵。三城鼎峙，千里環封。新志。淮陰驛，在西門外，夾河東西爲二館：有河東水館〔三〕、河西陸館。舊有崇河驛，去府治一百一十里，在桃源縣崇河鋪官路西。洪武二十二年設，弘治十一年裁革。　滿浦驛，革。　領州二，縣九。　田土一十三萬八百二十六頃三十畝零，糧三十九萬五千二百九十石零，絹一千四百六十一疋，四司額派銀一萬一千八百八十六兩零，入太倉庫銀一萬八千五百七十一兩零。　前臨吳會，後控山東，跨淮負海，當南北之中。　晉荀羨言：淮陰舊鎮，地形都要，水陸交通，沃野有開殖之利，方舟運漕，亦無他阻。　本朝以文武重臣開府作鎮。謝安、蕭道成嘗鎮此。　雖職司轉運，亦示控扼之勢焉。　淮水，在治西南五里〔四〕。　自泗州龜山東北流，繞府城北入海。　畿志：東北流，與汴河合，東北入於海。　管家湖，在西門外，中築長堤，以便運舟。　築高家堰，捍淮水，由清河會黃河入海。　開清江浦，引府北一帶湖水，衝刷清口，通運入淮。　射陽湖，在東南七十里。　跨鹽城、寶應界。　秦淮陰縣，在府西四十里。　晉劉隗、謝安皆屯兵於此，爲重鎮。　馬邏鎮，在東北九十里。　北沙鎮，在東北一百六十里。　廟灣鎮，在東北一百八十里。　秦淮陰故城，在治西北四十里。　秦置。　水經注：淮水東北經淮陰故城。　新城廢縣，在治西三十五里。　宋咸淳中置，爲控扼之所。　元廢。　今屬山陽。　故倉城，在治東南六十里。　隋文帝將伐陳，因故城修築，貯糧於此。　南昌亭，在西三十里。　史記：韓信布衣時，從南昌亭長寄食。　老鸛河，在治西七十里。　五代史：周世宗顯德五年，伐唐至北辰堰〔五〕，齊雲艦大，不能過，遂開此河。　今塞，有舊迹。　淮安衛，左、右、前、後、中左、中右六千户所。　大河衛，左、右、中、前、後、中左、中右、中前八千户所。

【校勘記】

〔一〕本朝丙子年 川本、滬本、盋本、京本同。明史地理志作「丙午年」，此「子」蓋爲「午」字之誤。

〔二〕兩淮運鹽分司 「分」，底本作「使」，川本同，據滬本、盋本、京本及明會典卷三二鹽法改。

〔三〕有河東水館 川本同，滬本、盋本、京本無「有」字。

〔四〕在治西南五里 川本、滬本、盋本、京本同。明統志卷一三、紀要卷二二淮安府俱載：淮水在府城北五里。此當誤。

〔五〕伐唐至北辰堰 「辰」，川本、滬本、盋本、京本同，通鑑卷二九四作「神」。

山陽縣 治。 編户一百十五里。 全設。 二簿。〔眉批〕屏蔽淮東。繫年録。 有淮安、治北二里新城。大河二衛。 馬邏鄉、治東北一百里。廟灣、東北一百八十里。羊寨鄉東北二百二十、二百里〔一〕。三巡檢司。 漕運總督、理刑分司，與糧儲、海防二道駐劄。 衝煩，賦重，民疲，多水患。 清江浦少年豪惡尤多。 抽分廠，地名南鎖壩，在治西南一里。 監鈔户部分司，在板閘，去府治西北十一里。宣德間，鈔法不行，廷臣奏徵天下官民客商船料鈔，歲遣御史一員徵收，後易一户部主事。 舊有淮北、下關遞運所，革。 板閘，在西北一十里。 移風閘，在西北三十里。今廢。 清江閘，在西北三十里。 福興閘，在西北四十里。

【校勘記】

〔一〕二百二十二百里　川本同，滬本、盋本、京本作「二百二十里，一作二百里」。

鹽城縣　府東南二百六、三十里〔一〕。　古名鹽瀆。〔眉批〕東控海道，北距射陽，南蔽通、泰，西帶安宜〔二〕，土地肥饒，半爲湖浸。　編户八十九里。全設。　鹽城守禦千户所。　喻口鎮、北一百二十里。清溝西北四十里。二巡司。　濱海，防倭，鹽盜，民疲，賦重。　土城周七里一百三十四步。宋時，山東寇皇甫炳及海寇三次攻城，不能入。　沙岡，南抵岡門，北抵海，延亘起伏五六十里。　岡門鎮，在西十八里。　伍佑鎮，在東南三十里。　新興鎮，在北十八里。　清溝鎮，在西一百四十里。　喻口鎮，在西北、北一百二十里〔三〕。　捍海堰，自縣南接泰州。　沙溝鎮，在西南一百、西一百四十里〔四〕。　大岡鎮，在南七十里。　唐橋鎮，在西八十里。　朦朧鎮，在北一百八十里。　射陽湖，在縣西一百四十里。西南接寶應縣界，西抵山陽縣，中流爲界，縈迴三百里，其源自楊家溝入，東注於海。　山陽淮安壩批驗鹽引所〔五〕，南四十里。　廟灣場鹽課司，在縣東北一百八十里。　鹽城五祐場鹽課司，在縣西南三十里。新志：有白駒、劉莊二場。　新興場鹽課司，在縣北一十八里。　海州臨洪場鹽課司，在州北一十里。　板浦場鹽課司，在州東南四十里。　徐瀆浦場鹽課司，在東海城北。　莞瀆場鹽課司，在州南一百七十里。俱隸兩淮都轉運鹽使司〔六〕。新志：贛榆有興莊場〔七〕。

【校勘記】

〔一〕二百六三十里　川本同，滬本、盇本、京本作「二百六十里，一作二百三十里」。

〔二〕西帶安宜　「宜」，底本作「直」，川本同，滬本、盇本、京本作「宜」。新唐書地理志楚州寶應：本安宜，上元三年更名。按寶應位於鹽城之西，與志文所記安宜形勢合，安宜乃寶應之古名，則此「直」爲「宜」字之誤，據改。

〔三〕西北北一百二十里　「北北」，川本同，滬本、盇本、京本下「北」字上有「一作」二字。

〔四〕西南一百西一百四十里　川本同，滬本、盇本、京本作「西南一百里，一作西一百四十里」。

〔五〕山陽淮安壩批驗鹽引所　川本、滬本、盇本、京本同。圖書集成職方典卷七四五記於淮安府公署，此當列入上文淮安府或山陽縣下。

〔六〕海州至俱隸兩淮都轉運鹽使司　川本同，滬本、盇本、京本改入於海州，與隆慶海州志卷四記載合，滬諸本是。

〔七〕新志贛榆有興莊場　川本同，滬本、盇本、京本改入於贛榆縣，是。

清河縣　府西六十里。〔眉批〕雄據大河之口，下臨淮浦，遠控維揚，實下邳、彭城之門户。府志。下俯長淮，前瞰清口，自昔駐重兵之地。舊縣志。編户四十六里。裁減。洪澤、馬頭有二巡檢司〔一〕。衝煩，民疲，糧欠，多水患。〔眉批〕宋爲泗州清河口，紹興初，屯重兵於此。咸淳末，始置清河軍及縣。元至元中，廢軍，以縣屬淮安路。縣治，宋建於大清河口。元泰定元年，初以河決，遷甘羅城。天曆元年，再遷小清河西，即今治。地瘠鹵而民鮮薄，每秋水至，一望輒成巨浸。《縣志序》。

土城周二里，南枕小清河。今廢。吴城，在治西二十里，在大河之涯。有二城，東西相連，遥隔五里。宋紹興三年，罷楚州吴城縣爲鎮，自此經兵城廢。甘羅城，在淮陰治北，或云即淮陰故城。今屬清河界。去馬頭巡檢司一里許。相傳秦甘羅築。雨後常於土中得小錢，篆文不可識。或云：寶應有甘羅廟，此其葬處。新莊閘，在清河南口，治東北五里淮河東岸。按本縣舊有洪澤磚閘三座，八里莊磚閘三座，在運河内，新壩二座，在八里莊南。運河崩摧入淮，歲久淤塞。平江伯陳瑄即八里莊故道疏浚，以通舟楫。清河，在縣西，即泗水之下流也。源自泰安州，經徐州，流至邳州東境曰直河，西境曰沙河，又南下至縣西北三汊河口，分爲大小二清河，南達於淮。杜村、萬家二湖，俱長十里，濟運。大河口鎮，在東北五、一里〔二〕。馬頭鎮，在東五、七里〔三〕。浪石鎮，在北二十里。漁溝鎮，在北四十里。洪澤鎮，在東南六十里。老鸛亭集，在縣北九十里。清口水驛，在縣東五里。歷年爲淮水衝齧。弘治十五年，徙縣西二里。舊有洪澤驛，在東南六十里。隆慶元年革。金城驛，在北六十里。今革。馬頭巡檢司，在縣東七里馬頭鎮，小清河口西。邑小地衝，困於供億。舊有清河、小村坊二遞運所，革。

【校勘記】

〔一〕洪澤馬頭有二巡檢司　川本、滬本、盇本、京本無「有」字。

〔二〕五一里　川本同，滬本、盇本、京本作「五里，一作一里」。

〔三〕五七里　川本同，滬本、盇本、京本作「五里，一作七里」。

安東縣　城周一千五百五十四丈，天啓五年築。　元爲安東州。洪武二年改爲縣。府東北九十里。　古名襄賁、海安、漣水。〔眉批〕東瀕大海，西帶沭河，三漣繞其北，長淮經其前，爲淮陰之屏蔽，齊、魯之門户。宋王瓚備邊，請留屯漣水〔一〕，以衛山陽。　編户六十一里。　裁減。　長樂巡檢司，在縣北一百里。　五港口巡檢司，東北七十里。　萬曆二十四年革，添設修防河務。　漣水三城，宋置。有大城、東城，二座相連，止隔一濠，又有西城，頗遠百餘步，各有城濠。　元初廢爲民居，僅存故址。　金剛嘴，在治西南三里。　當淮水衝激之要，因築之，突出淮岸，以殺水勢〔二〕，爲西城之護捍，不知築於何時。　或云，殘碑上有「尉遲公」字。　廢基見存。　金城鎮，在北三十里。　長樂鎮，在東北一百里。　魚場口鎮，在東北一百三里。　石濩湖，在縣西北。　一名灌湖。　與海州、贛榆、沭陽接境。　碩項湖，在西北一百二十里。　一名大湖。　西連沭陽桑墟湖，東南各有小河〔三〕，達於淮。　袤廣四十里〔四〕。　漣水，自沭水分流，南入縣境。　在沭陽者，曰南漣水。　入安東者，曰北漣水。　八十里〔五〕。　海州、沭陽、安東，各得三分之一。　兩淮鹽運淮安分司，駐劄安東。

【校勘記】

〔一〕宋王瓚備邊請留屯漣水　「瓚」，川本、滬本、京本同，盇本作「贊」。「留」，川本同，滬本、盇本、京本無。

〔二〕以殺水勢　「水」，底本作「小」，川本同，滬本、盇本、京本作「其」，據紀要卷二二、圖書集成職方典卷七五〇改。

〔三〕東南各有小河　底本「河」上衍「湖」字，據川本、滬本、盇本、京本及明統志卷一三刪。

〔四〕袤廣四十里　川本、滬本、盇本、京本同。圖書集成職方典卷七四二：碩項湖，「袤四十里，廣八十里」。光緒重修安東縣志卷二水利同，此誤。

〔五〕八十里　川本同，滬本、盇本、京本作「長八十里」。紀要卷二二安東縣漣水：「在縣境者曰北漣，又有西漣、中漣、東漣之名，中漣闊八十丈。」此疑有脫誤。

桃源縣　府西北一百二十里。〔眉批〕平原曠野，水陸交通，北控徐、邳，南窺淮、海。　編户四十八里。全設。　桃源水驛，在治北半里。　古城、三汊鎮二巡檢司。　古城驛，在西北六十里。嘉靖四十五年革，改巡檢司。　桃源遞運所，在河南岸新興集。萬曆元年革。　三汊鎮巡司，在縣東三十里。　衝疲，差重，糧欠，雜軍營，多鹽盜。　土城周八里。正德六年重築。今亦廢。　舊有白洋巡檢司，革。　崔鎮，在西北三十里。　赤鯉湖鎮，在北八十里。　白洋河鎮，在西六十里。　張泗冲鎮，在東十里。　三汊鎮，在東三十里。　河北鎮，在北一里許。　大莊湖，長十里。　崔鎮湖，長三十里。俱濟運。

沭陽縣　府北一百八、七十里〔一〕。〔眉批〕東鄰漣、海，西接徐、邳，北控齊、魯，南襟淮、泗。境内寬平，號稱沃野〔二〕。元季宿兵營壘，遍於四境，以其可以控制淮南、山東故也。　編户八十一里。無丞。　僻簡，賦重，有鹽盜。　城周八百四十丈，正德七年築。　治即潼陽郡故址〔三〕。　元屬海州。本朝改屬。　舊城，在治南二里，宋元嘉四年築。或云即下城廢縣，魏置，尋省。　碩項湖，在東九十里。　王家莊鎮，在西七、二十里〔四〕。　渠頭鎮，在北十五里。　漢坊鎮，在北二十、十五里〔五〕。　十字橋鎮，在東南十三里。　沙湖鎮，在北二十里。　新河鎮，在西二十五里。　桑墟鎮，在北四十里。　厚丘鎮〔六〕，在西北四十里。　柳莊鎮，在東四十里。　洪溝鎮，在西六十里。　下埠集，在治西九十里。近湖孔道，人稠貨聚。　沭河，在縣東南。源自青州西北馬脊固諸澗〔七〕，會流至縣界，東入桑墟湖。　漢厚丘縣，在北六十里。宋省。唐復置，又省。　漢陰平縣，在西北六十里。後省。

【校勘記】

〔一〕一百八七十里　川本同，滬本、盍本、京本作「一百八十里，一作一百七十里」。

〔二〕號稱沃野　「沃」，底本作「治」，川本同，滬本、盍本、京本作「沃」。圖書集成職方典卷七四一沭陽縣：「境土衍平，墳壤膏沃。」此「治」乃「沃」字之誤，據改。

〔三〕治即潼陽郡故址　「潼」，底本作「漁」，川本、滬本、盍本、京本同，據隋書地理志、嘉慶海州直隸州志卷一四改。

〔四〕七一十里　川本同，滬本、盋本、京本作「七里，一作十里」。

〔五〕二十十五里　川本同，滬本、盋本、京本作「二十里，一作十五里」。

〔六〕厚丘鎮　「丘」，底本脱，川本、滬本、盋本、京本同，據嘉慶海州直隸州志卷一四補。

〔七〕馬脊固　「脊」，底本作「春」，川本同，據滬本、盋本、京本及明統志卷一三改。

海州　府北三百二、七十里〔一〕。古名郯、朐縣、東海。〔眉批〕東濱海道，西接徐、邳，北控齊、魯，南蔽江、淮，滄海渺茫，絶島環峙。東西二城，官軍四所，足以控制。　編户一百十六里。無判。　海州守禦中、前千户所。　東海守禦中千户所，在東海城内。　舊有駝峰、盧家莊二遞運所，革。　興周莊驛，在西七十里，革。　高橋巡檢司，在西九十里，博望都北〔二〕。沿海烽堠四處。　惠澤巡檢司，在縣南一百二十里張家店鎮。　沿海烽堠十二處。　元爲海寧州，本朝改今名。　沿海，地僻，民疲，糧欠，多鹽盜。　連山阻海，北控齊、魯，南蔽江、淮。　舊有東西二城，並廢。　建文二年，千户魏玉因西城故址築土城，周九里一百三十步。　永樂十六年，砌以磚石。　高橋巡檢司，舊屬安東縣。　惠澤巡檢司，舊屬安東縣。　領縣一。　糧一萬五千九百九十石。　東海巡檢司，在東海城南，沿海烽堠十二處。　嘉靖十六年，改置新壩鎮，在州南四十里。　元朐山縣倚郭〔三〕，本朝省入州。　古州城，在今郡城東。　前接高山，後枕積水，其山半壘石爲城，東南面海〔四〕。　其山之巔爲孔望山。　曲陽城，在曲陽村。　魯蘭城，在治七十里〔五〕。舊朐山縣，在孔望山之西。宋建。朐山，在州南四里。二峯如削，俗呼爲馬耳峯。秦始皇東巡至此，立石其上，以爲秦東門。鬱洲山，在東海城北海中。〔眉批〕蒼梧山，在東海城北海中。有九嶺，如九疑之勢，故名。一名鬱洲，一名郁洲。山海經：都山在海中〔六〕，一曰郁洲。注：今在東海朐縣界。世傳此山自蒼梧從南徙來〔七〕。南東瀕海洋，北接齊、魯，西枕沂、沭，南連淮、楚，實山東之門户。碩項湖，在西南一百四十五里。桑墟湖，在西南九十里。上接沭河，下流入海。昔因銀山壩廢，通海，夏則瀦水，冬爲陸地。漢東安縣，在西八十三里。東海城，有大小二城，宋寶祐中，賈似道築。西南二面控海，東北二面抵山〔八〕，大城連接小城，東南二面，通爲一城，周一十三里，皆砌以石。

【校勘記】

〔一〕三百二七十里　川本同，滬本、盋本、京本作「三百二十里，一作三百七十里」。

〔二〕博望都北　「望」，底本作「墅」，據川本、滬本、盋本、京本及隆慶海州志卷四、嘉慶海州直隸州志卷一四改。

〔三〕元朐山縣倚郭　「朐」，底本缺，川本同，據滬本、盋本、京本及隆慶海州志卷一補。

〔四〕東南面海　「面」，底本作「西」，川本同，據滬本、盋本、京本及嘉慶海州直隸州志卷一三改。

〔五〕魯蘭城在治七十里　「蘭」，底本缺，川本同，滬本、盋本、京本作「闌」。隆慶海州志卷八：「魯闌城在治西北七十里。」圖書集成職方典卷七五〇、嘉慶海州直隸州志卷一三俱作「魯蘭城」，據補「蘭」字，滬本、盋本、京本誤。「在治」，諸本同，「治」下蓋脱「西北」二字。

〔六〕都山在海中　「都山」，底本作「洲」，川本同，滬本作「郁山」，盋本、京本同，據山海經海內東經改。

〔七〕世傳此山自蒼梧從南徙來　「從」，底本脫，川本、滬本、盋本、京本同，據山海經海內東經郭璞注補。

〔八〕東海城至東北二面抵山　「東海城，有大小二城，宋寶祐中，賈似道築。西南二面控海東」，底本、川本錯簡於下文「皆砌以石」之後，據滬本、盋本、京本及隆慶海州志卷一乙正。

贛榆縣　州北。縣志：七十、一百十里〔一〕。　舊城，在治北五十里，青山之陰。　古名東海。　編户五十六里。　無簿。　有臨洪鎮、在南六十里。荻水鎮在北七十里。二巡檢司。　僻疲，糧欠，有鹽盜。　城周六百七十一丈。　莒城，在治西一十五里。春秋時莒國。　舊有東海驛，在城西。上莊驛，在南七十里。王坊驛，在北八十里。俱弘治中革。　中岡遞運所，在北二十里。下分水嶺遞運所，在北七十里。俱景泰中革。　洛要鎮，在東南五十里。　荻水鎮，在北七十里。　海道，自縣界歷安東衛、石舊所、夏河、靈山衛、膠州、膝頭營，至麻灣入口，共海二百八十里，入膠萊新河。　漢祝其縣，在西五十里。宋省。春秋定公十年〔二〕：公會齊侯于夾谷。即此。〔眉批〕左傳：公會齊侯于祝其，實夾谷。杜注：夾谷，即祝其也。史記孔子世家注：司馬彪云，夾谷今在祝其縣。後漢書：祝其有羽山。春秋時夾谷地〔三〕。　紀鄣城，在西七十五里。左傳：齊師伐莒，莒子奔紀鄣〔四〕。　利城〔五〕，在西六十里。後漢於此立郡。劉宋省。唐初置縣，尋省。　宋泰始中，僑置沂州城，在治東五十里。　後魏武陵郡城，在南五十九里。隋廢。　元屬歸德府〔六〕。本朝改屬。

【校勘記】

〔一〕七十一百十里　川本同，滬本、盋本、京本作「一百十里，一作七十里」。

〔二〕春秋　底本作「左傳」，川本同，據滬本、盋本、京本及春秋左傳集解改。

〔三〕春秋時夾谷地　川本、滬本、盋本、京本同。續漢書郡國志東海郡祝其：「春秋時曰祝其，夾谷地。」與此引文異。

〔四〕左傳齊師伐莒莒子奔紀鄣　「左傳」之下滬本、盋本、京本有「昭公十九年」五字，與春秋左傳集解記載合。又「紀鄣」下底本、川本衍「山」字，據滬本、盋本、京本及春秋左傳集解刪。

〔五〕利城　「利」，底本作「和」，川本同，據滬本、盋本、京本及明統志卷一三改。

〔六〕元屬歸德府　川本、滬本、盋本、京本同。元史地理志：海寧州贛榆縣。明統志卷一三：贛榆縣，元屬海寧州。此誤。

邳州　府西北三百六十里。　領縣二。　糧三千三百七十五石。　古名下邳、東徐州。

〔眉批〕東連淮、海，西接彭城，南濱泗水，北距琅邪，爲徐之左臂，漢、晉以來英雄必爭之地。

元下邳縣倚郭，本朝并入州。　編户四十七里。無同。　下邳驛，在治西南，泗水之北。　直河口，州東南六十里。　辛安州西六十里。二巡檢司。 歸義縣，在北二十里〔一〕。 懷仁縣〔二〕，去治三十里，隋開皇初徙此。以上俱後魏置，隋廢。 守備駐劄。〔眉批〕邳州衛，左、右、前、後、中五千户所。 衝煩，民疲，俗悍，軍營雜處，多鹽盜。 下邳城，在治東二里。曹操引沂水灌吕布於下邳。 磚城周五里三十步，洪武十三年築。 趙村驛，在新泇河下，萬曆四十四年添設。南通直河口，北接韓莊閘，即此。 城有三：大城、中城，吕布築〔三〕；小城，石崇築。 葛嶧山，在西北六里〔四〕。禹貢：嶧陽孤桐。謂出此山之南者，今名岠山，以其與沂水相距也。 磬石山，在西南八十里，與泗水相近〔五〕。禹貢：泗濱浮磬。或以爲此山所産石也〔六〕。 艾山，在西北一百一十里。接山東沂水縣界。春秋：公會齊侯〔七〕，盟于艾。 黄石山，在西北百二十里。上有黄石公廟〔八〕。 黄河，在城南。上連徐境，下入淮水。 沂河，在州西一里。自山東沂州南流，至州西南，入泗河，達於淮。 泇河，在西北九十里。南流入舊蘭陵縣界。 泗水，在州南二里。出山東泗水縣，西南過徐州，又東南過邳州，入淮。 周、柳、蛤蟃、連汪諸湖，俱在州東北，濟泇河之運。 漢下相縣，在州西南一里。一名項城。相傳項王生此。曹操攻徐州，屠男女四十萬，泗水爲之不流，即此。 良城，在州北九十里泇口社。左傳：晉侯會吴子于良〔九〕。 東漢置良城縣。梁置武原郡〔一〇〕。隋廢郡，改縣曰良城。唐省。 取慮城，在西南〔一一〕。 郯城，在治北五十里，沂、武二河之側。即古郯子國。 圯橋，在治東南。 直河鎮，在州東南三十五里。 余行鎮，在北七十里。〔眉批〕余行城，在北八十里。元季，平章王信建爲余行省城。洳口鎮，在西北九十里。舊有直河驛，在東南六十里。直河巡檢司，在東南六十里。辛安驛，俱嘉靖四十五年革，改巡司。邳州遞運所，在東南九十里。萬曆元年革。

【校勘記】

〔一〕歸義縣在北二十里　川本、滬本、盋本、京本同。明統志卷一三、圖書集成職方典卷七五〇並載：歸義廢縣，在贛榆縣北二十里。此列於邳州，誤。

〔二〕懷仁縣　「懷」，底本作「陳」，川本、滬本、盋本、京本同；「仁」，滬本、盋本作「紅」。圖書集成職方典卷七五〇贛榆縣：「懷仁廢縣，去治三十里。」此「陳」乃「懷」字之誤，據改。滬本、盋本誤。此列於邳州，亦誤。

〔三〕吕布築　「吕」，底本脱，川本同，據滬本、盋本、京本及紀要卷二二補。

〔四〕葛嶧山在西北六里　底本錯簡於下文艾山叙事之後，川本同，據滬本、盋本、京本及明統志卷一三乙正。

〔五〕磬石山在西南八十里與泗水相近　底本錯簡於上文葛嶧山之後，川本同，據滬本、盋本、京本及明統志卷一三乙正。

〔六〕或以爲此山所産石也　底本作「或以此山爲」，川本同，據滬本、盋本、京本及紀要卷二二改補。

〔七〕公會齊侯　川本同，滬本、盋本此上有「隱公六年」，與春秋左傳集解合。

〔八〕上有黄石公廟　底本作「上古有亘古公廟」，川本作「古上有亘古公廟」，竄入上文「禹貢：泗濱浮磬。或以此山爲」之後，據滬本、盋本、京本及寰宇通志卷二〇、明統志卷一三改正。

〔九〕晉侯會吳子于良　川本同，滬本、盔本、京本此上有「昭公十三年」，與春秋左傳集解合。

〔一〇〕梁置武原郡　「原」，底本作「初」，川本同，據滬本、盔本、京本及廣記卷六改。又，隋書地理志下邳郡良城：「梁置武安郡。」則異。

〔一一〕取慮城在西南　「慮」，底本作「盧」，川本同，據滬本、盔本、京本及圖書集成職方典卷七五〇改。又「西南」，川本及圖書集成同，滬本、盔本、京本無「南」字。

宿遷縣　州東南一百二十里。　古名⿱九口猶〔一〕、宿豫。〔眉批〕北倚馬陵，西瞰泗水，東鄰漣、沭，南控清口，蓋淮、楚之上游，邳州之左翼也。風氣勁悍。本志。　編户五十九里。全設。　鍾吾驛，新城南。　劉家莊巡檢司，縣北一百二十里。　衝疲，俗悍，糧欠，多盜。　萬曆四年，河岸傾圮，改遷治馬陵山，去舊縣北二里，築土城，延袤四里。　通典：東晉置宿遷郡。明帝太寧中，兖州刺史劉遐自彭城退屯泗口，即此。安帝義熙中，置城，在今縣東南，臨泗水，南近淮水。自後常爲重鎮。　馬陵山，在北二里。高一十五丈，周迴二里，岡阜如馬，脈自山東迤邐八百餘里〔二〕，至新治基而止。其山高聳，爲一邑雄觀。　落馬、草茨、黄墪、侍丘〔三〕、倉基、埠子六湖，並在縣境，濟運。今改落馬湖爲運道。　漢泗陽縣，在東南。後漢省。　南征紀略：山迢迢〔四〕，雙湖遠映，左曰落馬，右曰張⿱山於。縣城北山岡上，望見洪波浩浩，自西北來者，黄河也。　晉角城縣，又見泗州，在東南百餘里。隋省。　戲馬臺，在泗水西三里。世傳項王戲馬處。　劉馬莊鎮，在西北一百二十里。堰頭鎮，在西北七十里。邵店鎮，在東五十里。淩城縣〔五〕，在東南五十里。晉省。司吾鎮，在北六十里。小河口鎮，在西南十里。白洋河鎮，在西南四十里桃源界。歸仁集，在孝義鄉劉武溝。仰化集，在南仁鄉劉老澗。南征紀略：司吾村，吳子執鍾吾子〔六〕，以爲司吾縣。注稱：沭水東南流逕司吾山東；又左右横溝水，逕司吾縣故城西。又沭水故瀆，自下堰東南逕司吾城東。今是水東西並無向城，獨村西里許有司吾山，單椒隆起，上帶宫觀。峰北有一溪，隔溪復有五峯並峙，曰五華峯。東抵宿遷，北枕睢、泗，西南與鍾離爲鄰，蓋沂東之上流，淮西之北境。

【校勘記】

〔二〕㕣猶 「㕣」，底本作「㕣」，川本、滬本、盋本、京本同，據説文解字口部、漢書地理志王先謙補注改。

〔三〕脈自山東迤邐八百餘里 「百」，底本脱，「餘里」，底本作「里餘」，川本同，據滬本、盋本、京本及圖書集成職方典卷七四三補改。

〔三〕侍丘 「侍」，底本作「待」，川本、滬本、盋本、京本同，據紀要卷二二、圖書集成職方典卷七四三改。

〔四〕山迢迢 川本同，滬本、盋本、京本「山」上空缺一字。

〔五〕淩城縣 「淩」，底本作「陵」，川本同，滬本、盋本、京本作「淩」，據漢書地理志、寰宇記卷一七改。

〔六〕吳子執鍾吾子 「吳子」，底本作「登」，川本同，滬本、盋本、京本作「楚」，據春秋左傳集解昭公三十年改。

睢寧縣　城周四里。　州南六十里。　古名睢陵。　編户三十四里。無丞。僻簡，糧欠。　城周五百七十六丈五尺。　舊有辛安遞運所，在西六十里。萬曆元年革。　新城，去泗河南岸五十里。韓平章守禦邳州時築，有遺址。　高作鎮，在東十五里。　子偎鎮，在西三十里。　本社鎮，在北六十里。　辛安鎮，在西北六十里。　九項山，在西五十里。延袤盤結，時爲盜藪。中有爺爺窩，可伏萬人。四面小山，不下數百。界睢寧、靈璧之間。每遇荒歲，輒哨聚於此。議設巡司防緝，未行。　睢水，在縣西南。源自靈璧縣界，東流環縣後，又東北至宿遷界，入泗水。

廬州府

元爲廬州路，領三州三縣，屬河南行省。洪武初，改爲廬州府，直隸部。　古名廬江、南豫州、保信軍。〔眉批〕廬爲淮西根本。崔琳田侯廟記。　淮右襟喉之地，江北視爲唇齒。曹明之新城記。　城周四千七百有六尺。　畿志：十里。　領州二，縣六。　田土六萬八千三百八十九頃一十一畝，糧七萬六千七百九石零，絹六百八十七疋，四司額派銀一萬一千一十七兩零，生銅六百六十九斤，入太倉銀三千三百二十二兩三錢。

春秋：徐人取舒，楚人滅六，圍巢，齊人、徐人伐英氏。皆其地也。吴孫權將十萬衆圍合肥，魏張遼以八百人破之。青龍初，以滿寵都督揚州諸軍，鎮於此。寵上言：合肥西北三十里，有奇險可依。更立城，名新城。吴軍頻攻不拔。故明帝云：先帝東置合肥，南守襄陽，西固祁山，賊來輒破於三城之下者，地有所必爭也。晉元帝時，戴淵鎮於此。梁武帝時，韋叡鎮於此，魏人不敢南下。南臨江湖，北達壽春，爲淮西重鎮。腹巢湖，控渦、潁，膺濡須，枕潛、皖，有險可守。民淳土沃，比來人習游惰，率女子耕耰，地不盡利。

金斗驛，府東門外。舊有合肥西山口驛、坡岡驛，革。記言：藕塘在北。未考。雞鳴山，在西北四十里。浮槎山，在東八十里。黄山，在東一百二十里。接巢縣界。肥水，在南七十五里。出雞鳴山，北流二十里分爲二：其一，東南流入巢湖；其一，西北流入淮水。晉謝玄破苻堅，梁韋叡堰水以灌合肥，皆此。畿志：出紫蓬山，東經雞鳴山，入金斗河，一支西北流，復東轉南下，至東門外，即今余公廟前，二水相合，故曰合肥。今上源塞。金斗河，出雞鳴山，東流貫府城，出東關，入巢湖。漢逡遒縣〔一〕，在東北四十里。新城，在西三十里，雞鳴山北。魏太和六年，都督揚州諸軍事滿寵以城近水，吴往來得便，表請退移西北三十里，名曰新城。石梁河，在城東九十里。河通巢縣。宋劉錡與兀朮夾河而陳。一名石臯。府志無。自郡以南至東，水皆入於巢湖，以西至南，凡一州二縣，則水分兩支，一支六安州及霍山縣水入淮，一支英山水入蘄。　梁縣，本朝未立。

【校勘記】

〔一〕漢逡遒縣　「逡」，川本、滬本、盋本、京本同，漢書地理志、續漢書郡國志、南齊書州郡志並作「浚」，晉書地理志作「逡」。

合肥縣　治。　南臨江湖，北達壽春。　編户六十四里。全設。　有廬州衛，五千户所。　派河驛，縣南四十里。　護城驛，縣東北八十里。　石梁鎮巡檢司，縣東一百二十里。舊爲廬鎮關，嘉靖二十四年改。　衝煩，民淳。本志。

廬江縣　城周九里。本志：五百丈。畿志：五里。　府南一百八十里。　西南多山，東北多水。　編户二十里。裁減。　關山，在縣西一十五里。曹魏守隘之所，石門猶存。　冷水關巡檢司，在西二十里許〔二〕。　馬槽山，在縣西四十里。　三公山，在縣東七十里。山有三峯，故名。　礬山，在縣東南四十五里。出礬，唐置礬場。　白茅嶺，在縣西四十里。唐志所謂白茅山者，路達舒城，往來避冷水巡司盤詰者，率由此路。　西塘，在西三十五里。　冷水關，在縣西二十里。兩山夾道如門。三國魏設隘於此。潛城，在南二里。左傳：吳公子掩餘、燭庸帥師圍潛〔二〕。作枋河，在縣東北三里。水出冶父等山〔三〕，入東河，會南河之水，注湖而通於江。巢湖，在縣北七十餘里。水出巢縣河，由裕溪入江。沙湖，在縣東南十里。經七里許，與黄陂相連。龍舒城，在縣西。疑金牛城是。按龍舒，漢縣名〔四〕，隋遷郡治之後，并潛與其地而置，今縣或其遺址也。曹操行軍，意者據其舊險，故舊志云云。大城，在縣西南三十里。漢以前亦疑在此，但不敢必其的爲何城。後曹操兵與吳距，豈亦因其舊址歟？潛城，一統志：在縣南二里。左傳杜注則云：在廬江六縣西南。而六城在舒城東南六十里，豈亦大城之類歟？

【校勘記】

〔一〕在西二十里許　「二十」，底本作「一」，川本同，滬本、盋本、京本作「二十」。紀要卷二六、圖書集成職方典卷八二一並載：冷水關巡檢司在廬江縣西三十里。今據滬諸本改。

〔二〕吳公子掩餘燭庸帥師圍潛　川本同，滬本、盋本、京本此句前有「昭公二十七年」，與春秋左傳集解合。

〔三〕冶父等山　「冶」，底本作「治」，川本同，據滬本、盋本、京本及圖書集成職方典卷八一七改。

〔四〕漢縣名　「縣名」，底本脱，川本、滬本、盋本、京本同，據漢書地理志、圖書集成職方典卷八二四補。

舒城縣　城周五里。　府西南一百二十里。　編户四十五里。全設。　有梅心、〔旁注〕縣南三十里。　三溝二驛。　稍衝，事煩，民刁。　龍眠山，在縣南八十里。與桐城接界。宋李公麟所居。　七門、〔旁注〕縣西。　牗牘、〔旁注〕縣南。　烏羊〔旁注〕縣南十五里。　三堰，在縣西南。　漢羹頡侯信築，魏揚州刺史劉馥修之〔一〕，共溉田二萬餘畝。　七門山，在縣南三十五里。　北峽關，在縣南四十里。南屬安慶桐城縣，爲入蘄、黄之路。　六城，在東南〔旁注〕府志：南。六十里。皐陶之後所封。春秋：楚人滅六。項羽時〔二〕，封英布爲九江王，都六。　鵲尾渚，在西北。左傳：楚伐吳，吳人敗諸鵲岸。

【校勘記】

〔一〕魏揚州刺史劉馥修之　「劉馥修之」，底本錯簡於下文「共溉田二萬餘畝」之後，川本同，據滬本、盋本、京本及三國志魏書劉馥傳乙正。

〔二〕項羽時　底本脱「羽」字，川本同，據滬本、盋本、京本及史記項羽本紀補。

無爲州　城周九里。　府東南二百八十里。〔眉批〕陸有東關、濡須、硤石之阨，重以陂水之限，最爲險要。薛氏論。　北連和、廬，南接舒、蘄，在淮甸實爲要衝。無爲志。　領縣一。　糧三萬三千七百石零。　編户四十九里。　無判。〔眉批〕宋史楊允恭傳：允恭爲江淮發運使。巢、廬江二縣，舊隸廬州，道遠多寇，民輸勞費，允恭請以二縣建軍。詔許之。以無爲爲額。　無爲縣，本朝并入州。　有奧龍河，〔旁注〕州東三十五里。　黃落河，〔旁注〕州東南三十五里。　泥汊河鎮、土橋河鎮，〔旁注〕州南一百里〔一〕。　焦湖〔旁注〕西北五十里。舊爲焦湖河泊所〔二〕，萬曆十一年改。　五巡檢司。　饒簡，民刁，濱江，有盜。　引花林大河爲壩。　纖志：五里。　東興〔三〕，在州東北五十里。　巢湖東南有石渠〔四〕。　一名東關口，即濡須塢處。　浮濃嶺，在州北五十里。正統間，知州王仕錫鑿之成道〔五〕。　元史薛塔剌海傳：與宋將夏貴戰於峪溪口。　裕溪河，在東一百二十里。源出巢湖，東流過雍家城驛〔六〕，南入大江。　濡須山，在東北五十里，接巢湖。湖東南有石渠，鑿山通水，名東關口，又名濡須塢。　其地高峻險狹，實守扼之所。　吳諸葛恪於東關作大堤，遏巢湖，左右依山峽築兩城，使全端守之〔七〕，　魏人圍東關，圖壞其堤，不克。　府志：一名偃月城，世傳夏禹所鑿。　東西二關，其地峻險可守。　孫權用呂蒙策，築濡須塢。

【校勘記】

〔一〕州南一百里　底本注於泥汊河鎮，川本、滬本、盋本、京本同。　紀要卷二六無爲州：「泥汊河鎮，在州東四十里。志云，泥汊河巡司置於州南三十里。」又云：「土橋鎮，在州南百十里，其巡司置於州南七十里云。」則此「州南一百里」，當指土橋河鎮，據改。

〔二〕西北五十里舊爲焦湖河泊所　底本、川本「西」上有「湖」字，滬本、盋本、京本作「舊湖爲焦湖河泊所，西北五十里」。　按此「湖」當屬衍字，據紀要卷二六、乾隆無爲州志卷八刪。　滬本、盋本、京本誤。

〔三〕東興　「興」，底本作「輿」，川本同，滬本、盋本、京本作「關」。通鑑地理通釋卷一二東關：「一號東興。」則「輿」乃「輿」字之誤，據改。

〔四〕巢湖東南有石渠　「渠」，川本、滬本、盋本、京本同。寰宇記卷一二六、紀要卷一九俱作「梁」。下同。

〔五〕知州王仕錫鑿之成道　「王」，底本作「伍」，川本作「五」，據滬本、盋本、京本及紀要卷二六、乾隆無爲州志卷三改。

〔六〕雍家城驛　「家」，川本同，滬本、盋本、京本作「宗」。

〔七〕全端　「端」，底本作「瑞」，川本、滬本、盋本、京本同，據三國志吴書諸葛恪傳改。

巢縣　城周一十二里。　州北九十里。　古名居巢。　編户三十里。裁減。　有鎮巢驛，治北。高井馬驛，舊在縣北四十里高井鋪，今徙柘臯鎮。　僻饒，事簡，民刁。　本志有焦湖巡檢司，在縣西。嘉靖十三年革，末年復。萬曆十四年，更建。柘臯鎮，在縣西北六十里。春秋哀公十二年：公會吴于橐臯。宋紹興十一年，兀朮入寇，劉錡敗於柘臯。即其地也。　西南臨大河，東北據山〔一〕。　巢湖，在西十五里。周圍四百餘里。跨合肥、舒城、廬江、巢四邑界。後漢書明帝紀：永平十一年，漅湖出黄金。元史高鬧兒傳：敗夏貴於焦湖。　柘臯河，在縣西二十里。出合肥縣浮槎山，流入巢湖。　濡須水，出巢湖，東流經縣治南，又東北入於江。〔旁注〕即天河之派。　東關，在東南四十里〔二〕。晉毛寶攻祖約軍於東關〔三〕。梁周迪出東興，誘殺陳南豫州刺史周敷。宋劉錡據東關，引兵出清溪。　西關，在東南三十里。吴、魏相持之地。浮濃嶺，在縣南三十里。崎嶇阸陜，四面皆山，接壤濡須，爲往來孔道。州守查志文立屋三楹，曰「守望軒」〔四〕，以居邏卒。

【校勘記】

〔一〕西南臨大河東北據山　底本、川本錯簡於下文「巢湖，在西十五里」之後，據滬本、盋本、京本乙正。又「據」，滬本、盋本、京本作「距」。

〔二〕東關在東南四十里　底本、川本繫於下文「引兵出清溪」之後，據滬本、盋本、京本乙正。

〔三〕晉毛寶攻祖約軍於東關　「攻」，底本作「次」；「軍於」，底本作「東以」，川本同，並據滬本、盋本、京本及通鑑卷九四改。

〔四〕曰守望軒　「曰」，川本同，滬本、盋本、京本作「爲」。

六安州　城周一千零一丈。府西一百八十里。古名盛唐、霍州。編户七十里。無判。　領縣二。　糧一萬四百二十石。　元屬廬州路，領縣二，洪武四年，改屬鳳陽府〔一〕。

六安縣附郭，本朝幷入州。　府志：七里。　畿志：七里有奇。　有六安衛，五千户所。　和尚灘，舊屬霍山縣〔二〕。　僻刁，多盜。　舊有故埠巡檢司，革。　和尚灘巡檢司，在州西北七十里。　淠河，在州西。本沘水，出霍山北，迤邐從安豐界，入於淮。

【校勘記】

〔一〕元屬廬州路領縣二洪武四年改屬鳳陽府　底本、川本錯簡於上文巢縣浮濃嶺條叙事之末，滬本、盔本、京本改叙於六安州下，今改列於此。又「四」，底本作「二」，川本同，據滬本、盔本、京本及明史地理志改。

〔二〕和尚灘舊屬霍山縣　川本同，滬本、盔本、京本霍山縣下有「巡檢司」三字。明史地理志六安州：「西北有和尚灘巡檢司，弘治間屬霍山縣，後移於新店，仍來屬。」則「巡檢司」宜繫於和尚灘下。

霍山縣　城周一千一百丈。畿志：二里。　府西二百七十里，　州西南九十里。〔眉批〕介河南、湖廣之間，環三四百里，皆崇崖邃峪。林應基廟碑。　編户十二里。裁減。　有千羅、縣西北一百五十里千羅畈鎮〔一〕。　上土市〔二〕縣西南一百十里〔三〕。　二巡檢司。　山僻，多盜。　舊有麻埠巡檢司，革。　弘治七年，分六安州開化、興賢二鄉，以故步鎮巡檢司地置〔四〕。　初志〔五〕：千羅後畈，在縣西北八十里。畿志：西一百八十里。　上土市，在縣西南一百四十里。邑多礦山。萬曆三年，題設把總一員，駐劄麻埠鎮防守。

【校勘記】

〔一〕縣西北一百五十里千羅畈鎮　底本、川本錯簡於「二巡檢司」下，滬本、盔本、京本改於「千羅」下。按此乃指千羅巡司所在，滬諸本是，據改。

〔二〕上土市 「土」,底本脱,川本、滬本、盋本、京本同,滬本眉批:「『上市』,明史作『上土市』,下文不誤,此有奪字。」圖書集成職方典卷八二一、光緒霍山縣志卷三並作「上土市」,據補「土」字。

〔三〕縣西南一百十里 底本、川本錯簡於「縣西北一百五十里千羅畈鎮」下,滬本、盋本、京本改於「上市」下。清統志卷一三三:「上土市巡司,在霍山縣西南一百四十里。」里數稍差,方向正合,則此乃上土市巡司所在,滬諸本是,據以乙正。

〔四〕故步鎮 「步」,川本同,滬本、盋本、京本及明統志卷一三、明史地理志作「埠」。

〔五〕初志 「初」,川本同,滬本、盋本、京本作「府」。按「初」蓋爲「府」字之誤。

英山縣 西北負山,東南帶河。 城周三里〔一〕。 州西南四百里。〔眉批〕東距隘口,西阻界河。南扼石險〔二〕,北跨兩硔〔三〕。本志。水程東入太湖〔四〕。達安慶大江,西南入蘄水,達蘭溪大江。 編戶二十七里。裁減。 有石門關〔五〕、七引店縣北七十里。 二巡檢司。 地界萬山,三省錯雜,山險民刁。 英山,在縣東五十里。 樓子山,在縣東北七十里。有寨。 天人山,在縣西七十里。險峻有寨。畿志:北三十里。

【校勘記】

〔一〕城周三里 底本脱「城」字,川本同,據滬本、盋本、京本及圖書集成職方典卷八一九補。

〔二〕南扼石險　「石」，底本作「不」，川本同，據滬本、盋本、京本及同治六安州志卷二改。

〔三〕北跨兩硔　「兩」，底本作「而」，川本同，滬本、盋本、京本作「西」，據同治六安州志卷二改。

〔四〕水程東入太湖　「水程」，川本同，滬本、盋本、京本作「水經口」。疑此有脱誤。

〔五〕石門關　川本同，滬本、京本此下有「會典無。府志：今廢」。

安慶府

元爲安慶路，領五縣，屬河南行省。本朝辛丑年，改爲寧江府，後復以爲安慶府，直隸部。　古名皖、晉熙、同安。　屬九江兵備道。　城，漢、唐建於皖山之陽。宋景定初，遷於盛唐灣宜城渡之陰。北負大龍山，東阻湖，西限河，南瞰大江。周九里一十三步。　領縣六。　田土二萬一千九百五頃三十畝零，糧一十三萬一千八百石零，絹三百五十三疋，四司額派銀一萬一千四百四十一兩，生絹六百八疋，入太倉庫銀五千三百七兩五錢。　南控九江，西連三楚，中國得之，可以利江表；江表得之，亦以患中國。吳孫權克皖，而魏人不寧，周世宗平淮，而李氏窮蹙。　同安驛，西門外。　舊有安慶遞運所，萬曆九年革。　守備安慶、九江、建陽等處都指揮一員〔一〕，舊駐劄九江府。正德六年，以賊劉七寇江上下，改置於此，而添江西兵備道於九江。　大江，環府城之東、西、南三面，西合九江彭蠡之水，東下無爲州。　長風沙，在東一百九十里。畿志：東六十里。府志：東北四十里。　皖口，在府西。府志：皖口鎮，在西一十五里，又作十里，一名山口鎮。

【校勘記】

〔一〕建陽　「陽」，底本作「階」，川本同，滬本、盋本、京本缺。嘉靖九江府志卷九：兵備按察使司，成化十三年，「開設武臣一員，守備茲土，以控制安慶、建陽等處」。此「階」蓋爲「陽」字之誤，據改。

懷寧縣　治。　編户四十六里。全設。　有安慶衛，五千户所。　長楓夾鎮巡檢司，縣東北四十里。舊有觀音港巡檢司，革。　巡江駐劄。　濱江帶湖，衝疲，事煩，糧欠。

桐城縣　無城。　府東北一百五十里。　古名樅陽。　編户五十九里。全設。　有陶冲、縣西南四十里。呂亭縣北十五里。　二驛。　六百丈、縣東一百里老洲〔一〕。　馬踏石樅陽下鎮〔二〕、縣東南百三十里。北峽關縣北四十五里北峽鎮。　三巡檢司。　衝，煩，淳，饒。　舊有源子港鎮巡檢司，革。　盛唐山，在縣南五里。　龍眠山，在縣北五十里。其山如龍如伏〔三〕。　有李公麟書屋。　浮山，在東九十里。　桐陂水，出龍眠山，穿繞縣市，下溉營田，經三十里，流出湖，紆迴至大江。

【校勘記】

〔一〕縣東一百里老洲　「東」，底本作「北」，川本、滬本、盋本、京本同；「洲」，底本作「州」，川本、滬本、京本同，盋本作「志」，並據圖書集成職方典卷七七六改。

〔二〕樅陽下鎮　底本、川本錯簡於下文「北峽關」後，滬本、盋本、京本改列於下文「縣北四十五里北峽鎮」後。紀要卷二六桐城縣：馬踏石巡司，在樅陽下鎮。康熙安慶府志卷一三桐城縣：「馬踏石巡檢司，在樅陽下鎮，縣東南百二十里。」據以乙正。

〔三〕其山如龍如伏　川本同，滬本、盋本、京本無後之「如」字。

潛山縣　無城。本懷寧縣地，元置野人原寨，本朝立縣。　府西北一百四十里。　編戶五十八里。　有青口驛、縣北十二里。畿志：二十。本志：十五。天堂寨縣西北百里天堂山。巡檢司。　頗衝，事煩，民刁。　土廣山深，水泉流衍，多陂塘，一稻易秋〔一〕，米薪饒便。本志。　皖城，在皖水之北。本春秋時皖國。漢爲縣。吳孫權克皖城，即此。縣志〔二〕。　潛水，亦曰皖水。有二派：一曰後河，自天堂龍潭〔三〕，〔旁注〕東北百二十里。經烏石陂，至縣東〔旁注〕二里。崩河下，與前河合；一曰前河，自五河大口經吳塘陂，分支流至縣西，橫轉縣南，名黑河，正流繞縣北，轉縣東達石牌、皖口，入江。　潛山，在西北二十里。與皖公、天柱山相連〔四〕。〔眉批〕袁術奔其部曲雷薄、陳蘭於潛山〔五〕。注：潛縣之山。　潛水，出縣西北城下，與皖水合，經府城西，達大江。

【校勘記】

〔一〕二稻易秋　「二」，底本作「塘」，川本同，據滬本、盋本、京本及圖書集成職方典卷七七八改。又「易」，圖書集成作「有」。

〔二〕縣志　「縣」，川本、滬本同，盋本、京本作「畿」。

〔三〕龍潭　「潭」，底本作「山」，川本、滬本、盋本、京本同，據紀要卷二六、清統志卷一〇九改。

〔四〕與皖公天柱山相連　「公」，底本作「江」，川本、滬本、盋本、京本同，據明統志卷一四、紀要卷二六改。

〔五〕袁術奔其部曲雷薄陳蘭於灊山　「雷薄陳蘭」，底本作「陳簡雷薄」，川本、滬本、盋本、京本同，據三國志魏書袁術傳改。

太湖縣　北負山，南帶河。　土城周七里。　府西二百三十里〔一〕。〔旁注〕本志：達府百六十里。〔眉批〕據皖上游，介於淮、楚，控蘄、黄，負英、六。本志。　編户六十五里。　全設。　有小池驛。縣東四十里。　後部、縣北百二十里。白沙縣北百三十里。二巡檢司。　衝煩，民淳。　馬路河，源出西北二百里英山山麓。南流爲麻灘河，又流爲三合灘，可舟。南折而東，循司空而下〔二〕，納銀河、白鹿、羊角諸水，漸大。又折而東南，與前部、北山、南陽三水合，東南流，由龍灣、青石而會舊太湖及小湖，又溢而南折，受洪渚、羅溪之水，繞龍山崖而出邑西南，東流入江。　司空山，在西北一百六十里。　太湖。本志：縣西北三十里。畿志：太湖在縣西南。今爲陸，所存者其名耳。

【校勘記】

〔一〕府西二百三十里　川本同，滬本、盋本、京本此句下有「少北」二字。

〔二〕循司空而下　川本同，滬本、盋本、京本「司空」下有「山」字。

宿松縣　無城。　府西二百七十里。　古名松滋。　編户四十六里。　無簿。　有楓香驛。縣北五十里棠梨坂。小孤山〔一〕、縣東百二十里。涇江口鎮〔二〕、縣南百二十里〔三〕。歸林灘鎮縣西南百二十里。三巡檢司。　衝疲，糧欠。　南至江百二十里。　烽火山，在縣北六十里。北齊及陳割以爲界，齊置烽火於此。　小孤山，在南一百二十里。今在江中，江北岸孤峯峭拔，與南岸山對峙如門，大江之水至此隘東而出。　桑落洲，在縣南一百三十里九江口，其洲倚江。晉桓玄使何澹之等守湓口，何無忌、劉道規至桑落洲，澹之引舟師逆戰，無忌等大破之，遂克湓口。劉毅與盧循戰於桑落洲，毅兵大敗。

【校勘記】

〔一〕小孤山　底本作「小山涇」，川本同，據滬本、盋本、京本及圖書集成職方典卷七七六改。

〔二〕涇江口鎮　底本脱「涇」字，川本同，據滬本、盋本、京本及紀要卷二六補。

〔三〕縣南百二十里　「南」，底本作「西」，川本同，據滬本、盋本、京本及清統志卷一一〇改。

望江縣　城周六百二十六丈。府西南一百二十里。晉大雷戍，陳置大雷郡。隋廢爲望江縣。古名大雷。編户二十二里。裁減。有雷港驛。舊在縣東三十里，今移東十五里華陽鎮。雷港口、縣東三十里。楊灣口縣西南三十里，今移縣南三里急水鎮。二巡檢司。守備駐劄。濱江，衝疲，糧欠。漳湖，在縣東北六十里。會上流武昌、青草諸湖水，東北入於埭溝，至山口鎮入江。縣東七十里。泊湖，在縣西四十里。漳湖，四面受水，最爲田患，近有洲生湖中，土名漳腹洲。蘆課既歲增，而魚課則大妨焉〔一〕。

【校勘記】

〔一〕而魚課則大妨焉「妨」，底本作「姑」，川本同，據滬本、盋本、京本及圖書集成職方典卷七七四改。

太平府

城周六里。古名姑孰。〔眉批〕姑孰衝要，密邇京畿。南齊詔。姑孰在大江之南，左天門，右牛渚，鐵甕直其東，石頭枕其北。六朝以爲巨屏。宋洪遵壁記。領縣三。田土一萬二千八百七十頃五十三畝零，糧四萬九千九百一十石零，絹一百二疋，四司額派銀五千五百五十一兩零，生絹五百疋，入太倉庫銀八千五百六十一兩四錢。　國初，太平城西南俯瞰姑溪，陳友諒以巨舟乘漲薄城，舟尾高與城平，遂緣之上。及復太平，常遇春命移築，去姑溪二十餘步。　元爲太平路，屬江東道。本朝以府直隸部。　左天門，右牛渚，憑大江之險，控三吳之脊。自孫晧時，以何植爲牛渚督，迄於梁、陳，常爲重鎮。北兵南下，大率濟自采石，上游來者，亦爲必經之道。自北來者，往往既渡而先取太平，蘇峻、侯景〔一〕、韓擒虎、兀朮是也。自上游來者，亦往往先據太平，王敦、梁武帝是也。故太祖渡江，先下采石。及陳友諒敗我太平，奄至石城。連兵累年，豈非密邇京甸，控制上游，爲金陵之外户乎！〔眉批〕舊有采石遞運所，萬曆九年革。　大江，在府西北五里。　采石山，在北二十五里。下有磯，曰牛渚。　天門山，在西南三十里。二山夾大江，對峙如門。　褐山，在西南三十五里，臨大江。楊行密、田頵皆戰於此〔二〕。　望夫山，在城西北四十里。九域志：昔人適楚不還，妻登此山望之，乃化爲石。　丹陽湖，在東南七十里，周三百餘里〔三〕。當塗與溧水，以湖中爲界。　新河，在牛渚磯後，南接夾河，北達大江。　大信河，在西南二十五里。江自天門山南釃爲夾河〔四〕，曰大信，下達采石，入大江。　黄池河，在南六十里。東接固城河，西接蕪湖縣河，入大江，南至黄池鎮，北至宣城縣界〔五〕。　慈湖水，在北六十三里。吳將笮融於此屯兵。晉陶侃與蘇峻戰於此〔六〕。又侯景之亂，兵至慈湖，梁人大恐。皆此。　蕪湖水，在西南八十里。源丹陽湖，入大江。漢末嘗於湖側置蕪湖縣。吳陸遜，晉謝尚、王敦亦嘗鎮此。　青堆沙，在南二十里。周文育克徐嗣徽於此。　黃池公館，在府南八十里黃池鎮。

【校勘記】

〔一〕侯景「景」，底本脱，川本同，據滬本、盋本、京本及梁書侯景傳補。

〔二〕田頵「田」，底本作「曰」，川本同，據滬本、盋本、京本及通鑑卷二六三改。

〔三〕周三百餘里「三」，底本作「二」，川本同，據滬本、盋本、京本及明統志卷一五改。

〔四〕江自天門山南釃爲夾河「江」，底本作「源」，川本同；「釃」，底本脱，川本同，並據滬本、盋本、京本及明統志卷一五改補。

〔五〕北至宣城縣界　川本、滬本、盋本、京本同。紀要卷二七當塗縣：黃池河，「南至黃池鎮，與宣城縣分中流爲界」。此「北」蓋衍字。

〔六〕晉陶侃與蘇峻戰於此「此」，川本同，滬本、盋本、京本作「湖」。明統志卷一五慈湖水：「晉陶侃與蘇峻戰於慈湖。」則滬諸本應作「慈湖」。

當塗縣　編户一百三十九里。全設。　有建陽衛，五千户所。　采石驛，采石鎮〔一〕。　大信、延福鄉。采石采石鎮。二巡檢司。　次衝，濱江，有水患，民淳。　丹陽鎮。　大信鎮。　采石鎮。　蕪湖鎮。　黃池鎮。

【校勘記】

〔一〕采石鎮　川本同，滬本、盋本、京本此句前有「在」字。

蕪湖縣　無城〔一〕。府西南六十五里。古名鳩茲。〔眉批〕江津之要。寰宇記。長江西南來趨東北，縣治瀕東北而控西南〔二〕，東繞宣、徽諸水，西匯大江。本志。編户三十八里。全設。櫓港驛。縣西。河口鎮縣西五里，濱大江。巡檢司。有南工部分司。邊江，衝煩，民狡，商民雜處，難治。櫓港市，在縣西南一十五里。石硊河，在縣南三十五里。源出石硊山，過石硊市，合櫓港河，入大江。魯港，一曰魯明江，在西南三十餘里，與繁昌分界。〔旁注〕縣志魯港、魯明江並見，府志同。十國紀年：孫儒與楊行密戰〔三〕，行密將臺濛於魯江作五堰，以輕舟給軍食。〔旁注〕即此〔四〕。磧磯，在縣西北十五里。一名七磯。陳周文育襲湓城〔五〕，徐嗣徽引齊人渡江，據蕪湖，列艦於青墩，至七磯，以斷文育歸路。南豫州城，在縣東北一里。晉成帝時僑立。上黨郡城，在縣西南五里。晉孝武時僑立。

【校勘記】

〔一〕無城　底本作「城」，川本同，滬本、盋本、京本作「無城」。紀要卷二七蕪湖縣：「縣無城。」此脱「無」字，據補。

〔二〕縣治瀕東北而控西南　「瀕」，川本、滬本、盋本、京本同，圖書集成職方典卷八一一、康熙太平府志卷四並作

「憑」，當是。

〔三〕孫儒與楊行密戰　「儒」，川本、滬本、盔本、京本同，明統志卷一五魯明江下引十國紀年作「孺」。按新唐書孫儒傳：大順年，孫儒與楊行密諸將戰，「行密遣臺濛屯西溪，自行軍逆戰。」十國紀年恐誤。又「行」，底本、川本作「紅」，據滬本、盔本、京本及明統志引十國紀年改。

〔四〕即此　底本、川本注於上文「楊行密」旁，據滬本、盔本、京本改移。

〔五〕湓城　「湓」，底本作「盆」，川本及明統志卷一五同，據滬本、盔本、京本及通鑑卷一六六改。

繁昌縣　城周三里有奇。　府西一百三十里。〔旁注〕縣志。　縣治，舊濱大江，天順元年徙此，在大信山之麓。　古名春穀〔一〕。　編户十二里。　裁減。　有荻港驛。縣西五十里。　三山、金峩下鄉。　荻港荻港鎮。二巡檢司。　僻簡，民淳。　新林鎮，在縣東南三十里。　縣市鎮，在縣西四十里舊縣市。　荻港鎮，在縣西北四十里。　東三十里，西五十里〔二〕。　大陽山，在縣西，與小陽山相接。有龍池，四時不竭。　山盡於江中者，爲板子磯，弘光時築城於此，以防江。　荻港，在西南二十里。與赭圻城相屬，西對無爲州，乃江流險要處。今有把總駐守。　赭圻城，在縣西三十里。　晉哀帝召桓温入朝，至赭圻，有詔止温，温遂築居此。　梁南陵縣嘗治赭圻。隋、唐爲鎮戍。至今猶稱故縣城。　虎檻洲，在東三十五里。宋建安王休仁屯此，破西軍於赭圻，陳侯瑱進軍虎檻洲，與王琳合戰。

【校勘記】

〔一〕古名春穀　川本同、瀘本、盆本、京本此句下有「踞三邑上游」五字。

〔二〕東三十里西五十里　川本、瀘本、盆本、京本同。圖書集成職方典卷八一三「繁昌縣」：「三山公館，在縣東三十里。」道光繁昌縣志卷一輿地志：「三山鎮，在縣東北三十里。」疑此「東三十里」上脱「三山公館」或「三山鎮」之文。又，康熙太平府志卷四市鎮繁昌縣：「荻港鎮，在縣西五十里春穀鄉。」蓋此「西五十里」或指荻港鎮又一里距，宜列於上文「在縣西北四十里」之下。

寧　國　府

據山為城，周九里一十三步。　古名丹陽、宛陵、宣州。〔旁注〕嘉靖中，以東南倭寇，置整飭徽、寧五郡兵備按察司副使一員，治廣德，尋省。隆慶壬申，以浙盜鈔掠，復置，治池州。〔眉批〕元為寧國路，屬江東道。本朝改為府，郡境介在吳、越之西，西北鄰蕪湖，直北通姑孰，以黃池為重鎮。間道由高淳〔一〕越東壩，通吳會，則以水陽為屯塞；由繁昌、青陽、銅陵而入吾西境，則以石埭、黟、歙而入吾西南之境，則以宏潭為屏蔽；績溪與吾南境接，昌化、於潛與吾東南接，則以叢山關、千秋嶺為鎖鑰；杭、湖經廣德三日而入吾東境，則以麻姑山為要害。宣之險扼，備於此矣。

敬亭山，在城北十里。由文脊、華陽北來，百餘里橫亘於此，若屏障然。高數百丈，東臨宛、句，南俯城闉。　陵陽山。　宛溪。　句溪。　並南志。　大崑山、小崑山，並在南湖之北。　曷山，在府城三十里。有昔人屯兵寨址。唐史：文德元年，楊行密次宣州，客袁襲勸行密速趨曷山，堅壁以須。又天復三年，楊行密遣兵擊宣州刺史田頵，破之曷山。柏梘山〔二〕，在城東南七十里，爲文脊之陰。又按舊志寧國縣文脊山注云〔三〕：舊名曷山，非此也。古宣城，北至牛渚，界大江，故以爲重鎮。今則有太平以爲外扞，而寧國居三郡一州之中，號爲内地矣。敬亭山，在府北十里〔四〕。領縣六。田土三萬三百三十頃七十八畝零，糧一十萬三千三百十石零，絹三十疋，絲三百四十三斤，四司額派銀九千二百五十七兩零，紵絲六百九十六疋，解生銅七百三十三斤，入太倉庫銀一萬九千八百六十七兩三錢。雙羊山〔五〕，在南五里。青弋江，在西五十里。源出涇縣及池州石埭，合衆流，出蕪湖，入於江。唐咸通中，引此水置永豐陂。麻姑山，在城東三十里。東十餘里，入建平界。華陽山，在城南一百里。高數百仞，跨宣、涇、寧、旌之境。其南爲密壠嶺、盤嶺，稍西爲金牌嶺。二嶺之間，僅通一徑，爲涇、旌間道，郡南一扼塞也〔六〕。青弋江，在城西六十里。源出石埭，涇、太及宣之西南諸水皆入焉。北至西北四十里行廊山，受白洋諸水，出楊青，合黃池，下流入境〔七〕。郡介山水〔八〕，三面皆山，惟北爲水鄉，民生其間，性質不齊，習俗辭異。

【校勘記】

〔一〕間道由高淳　「間」，底本作「門」，川本同，據滬本、盋本、京本及嘉慶寧國府志卷二〇引乾隆府志改。

〔二〕柏梘山　「梘」，底本作「視」，川本同，據滬本、盋本、京本及紀要卷二八改。下同。

〔三〕寧國縣　「寧」，底本脱，川本同，據滬本、盋本、京本及紀要卷二八補。

〔四〕敬亭山在府北十里　川本同，按上文已列，此乃重出，故滬本、盋本、京本删。

〔五〕雙羊山　「羊」，底本脱，川本、滬本同，據盋本、京本及寰宇通志卷一一、明統志卷一五補。

〔六〕僅通一徑爲涇旌間道郡南一扼塞也　底本、川本錯簡於上文麻姑山「東十餘里，入建平界」下，據滬本、盋本、京本及紀要卷二八乙正。

〔七〕下流入境　川本、滬本、盋本、京本同。紀要卷二八宣城縣青弋江：「會黄池河，「又北入蕪湖縣界」。清統志卷一一五青弋江：「下流入蕪湖縣界。」疑此有誤。

〔八〕郡介山水　「郡」，底本無，川本同，據滬本、盋本、京本補。

宣城縣　編户二百十六里。全設。　有宣州衛，中、前二千户。水陽、黄池鎮巡檢司。　寧、太兵備駐劄。　衝煩，民淳。　蕪湖〔二〕，舊會典有水陽驛，今無。　舊有宛陵驛，北門，嘉靖四十三年革，俱府。　南崎湖，在城東北四十里。其北曰北崎湖，總曰南湖。周廣四十餘里，東受廣德、建平諸水，宣之東境水並入焉。　舊云宣州有五湖，今蕪湖、丹陽屬太平，固城屬應天，惟北崎、青土尚屬宣城耳。南湖，瀦廣德、建平及宣、寧東境水，廣袤百餘里。郡東北方巨險也，溧陽、高淳間道阻焉。迯遒城〔二〕，在北六十里。東晉僑置。隋省入宣城。水陽東鎮〔三〕。黄池東鎮，宋建炎元年，盜張遇寇江上，州守吕好問檄諸邑兵禦之〔四〕，解去。籠叢山，縣西南百五十里。山南屬績溪，峻壁崇關，爲宣、歙阸塞，有叢山關。正德間，姚源盜起，官兵於此防之〔五〕。塵嶺，在縣西南八十里。險扼大概同籠叢〔六〕。天目山，在縣東南一百五十里。面杭背宣，雖非屬境，而縣東諸山，並其支脈。

【校勘記】

〔一〕蕪湖　川本同，滬本、盋本、京本無，當是。

〔二〕迯遒城　「遒」，底本作「道」，川本同，據滬本、盋本、京本及明統志卷一五改。

〔三〕水陽東鎮　底本、川本注於上文南崎湖「周廣四十餘里」旁，據滬本、盋本、京本並參紀要卷二八改移。

〔四〕黄池東鎮至檄諸邑兵禦之　「黄池東鎮」，底本、川本注於上文南崎湖「東受廣德、建平諸水」旁，又底本、川本缺「上州守吕好問」六字，並據滬本、盋本、京本及紀要卷二八改補。

〔五〕籠叢山縣西南百五十里至官兵於此防之　「籠叢山」、「百五十里」，底本缺，川本同，據滬本、盋本、京本補。按紀要卷二八、嘉慶寧國府志卷一〇均載：籠叢山在寧國縣西南一百五十里。則此應列於下文寧國縣。

〔六〕塵嶺在縣西南八十里險扼大概同籠叢　川本、滬本、盋本、京本同。紀要卷二八寧國縣：「塵嶺，縣西南八十里。嶺高險，與籠叢相埒。」嘉慶寧國府志卷一〇同，則應列於寧國縣。

寧國縣　府東南九十里。南志：一百。　編户五十六里。無丞。　岳山〔一〕、府口市東南六十里〔二〕。南志：南五十里。　胡樂西南九十里，又名胡樂市〔三〕。二巡檢司。　稍衝，民淳。　城周五百一十九丈。　千秋嶺，在縣東一百五十里。岡巒纚屬，溪谷幽深，多通浙道。僞吴招討使李濤攻吴越，取道於此。宋人嘗於此置關防戍，有千秋云云。　關口山〔四〕，在縣東南六十里。兩峯錯峙，狀若門扃〔五〕，其中徑隘溪深，崖坪相望，坪有茅舍、泉田，又多油漆紙皮之利，往往浮户依焉。　西溪，在縣西五里。源出籠叢山云云。南志。　東溪，在縣東五里。源自天目云云。北至石口，又北逕汪村渡，與昌化界嶺來諸水合，名曰杭水。　又北至河瀝溪，受妙灘水〔六〕，至五河渡，與西溪合，北受胡村諸水，至西塌，入宣城爲句溪上流。　文脊山，在縣西北三十里。高數十丈，周三百餘里，西接涇、旌諸山，北爲宣之柏梘，爲郡南雄鎮。　縣東南有千秋關、唐舍關、豪阡關，並距城一百里。　白河關、孔夫關，並距城一百十里，俱入杭間道。　哨臺，一在縣西南六十里楓樹嶺。

【校勘記】

〔一〕岳山　「岳」，底本作「兵」，川本同，據滬本、盋本、京本及紀要卷二八改。

〔二〕府口市　川本、滬本、盋本、京本同，紀要卷二八作「河口市」。

〔三〕又名胡樂市　「名」，底本脱，川本同，據滬本、盋本、京本及紀要卷二八補。又「胡」，盋本、京本作「湖」。

〔四〕關口山　「山」，底本脱，川本同，據滬本、盋本、京本及紀要卷二八補。

〔五〕狀若門扃　「扃」，底本作「扁」，川本同，據滬本、盋本、京本及紀要卷二八改。

〔六〕妙灘水　「妙」，底本誤作「州」，川本同，據滬本、盋本、京本及圖書集成職方典卷七九六改。

涇縣　城周九百三十二丈。　府西南一百里。　編户六十四里。全設。　茹麻嶺，縣東南六十里。其北曰桓公嶺者，桓彝嘗拒韓晃於此。有桓公城，壘塹依然，道通旌、太，此稱險阨。頗煩，事煩，民刁，多盜。　黄峴山，在縣東南八十里。　麻嶺，在縣南一百里。跨旌德、太平之間，爲往來交道〔一〕。自此至縣南四十里曰承流山，峯岫盤旋百有餘里，如城壘然。　石柱山，在縣西南九十里，接青陽境。　縣西三里曰水西山，其北爲響山、格山。　賞溪，在縣西。西南接太平之麻川，出麻口，下濯灘，至九里潭。川隨山繞，旋折數重，至桃花潭、落星潭，逕後山，至巖潭，與藤溪合，至縣西北，流經赤灘鎮、蘆塘下，爲青弋江。　哨臺有三：一在縣北十里偃石，一在縣東四十里淘金坑，一在縣東三十里曰壽考〔二〕。

【校勘記】

〔一〕爲往來交道　「道」，底本作「通」，川本、盋本同，據滬本、京本及圖書集成職方典卷七九六改。

〔二〕壽考　川本、滬本、盋本、京本同，紀要卷二八作「考壽」。

太平縣　城周九百丈有奇。府西南二百四十里。〔旁注〕南志：三百一十里。〔眉批〕治地阻隘，四境皆山。

編户十九里。無簿。宏潭縣西二百里。巡檢司。僻簡，民淳。麻川，在縣南二里。源出黄山之麓，北流至麻陂潭，縣東南七里。受旌德諸水，西北經縣治東門，受富溪、海溪水。西北至麻口，與舒溪、赤溪諸水合，而北經麻口，入於涇。黄山，〔旁注〕舊名黟山。在南三十里。高一千一百餘丈，盤亘三百里，當徽、寧二郡界。有三十六峯，其八屬太平。陵陽山，在縣西北六十里。〔旁注〕南志。三峯矗之，二屬石埭，一屬太平，其下有三門、六刺灘〔一〕。箬嶺，在縣東南五十里。山頂爲歙縣境。密崖山，在陵陽東。三門嶺。

【校勘記】

〔一〕三門六刺灘　「門」，底本作「州」，川本同，滬本、盋本、京本並作「洲」，據紀要卷二八、圖書集成職方典卷七九七、嘉慶寧國府志卷一〇改。

旌德縣　城周八百九十一丈。府南二百二十里。〔旁注〕本志：二百。〔眉批〕境内諸山，大率從徽、箬二嶺蜿蜒而北，至石壁，與二嶺相望，屏蔽縣治。溪山窮峻，舟楫阻限。　編户四十里。無丞。　三溪縣北三十里，地名三溪，石壁一帶，徑通天井，山路幽僻，杳然人煙。巡檢司。　次衝，民健訟，多盜。　府志：舊有烏嶺巡檢司，在縣東烏澗嶺。　箬嶺，在縣西南八十里。高五百仞，接太平縣界，爲入徽間道。隋末，越國公汪華開鑿。　蛟山，在縣西南五十里。有洞，徑險難入，中平曠可居。　永泰中，太平民王萬敵嘯聚此中，江淮招討袁修討平之〔一〕。　石壁山〔二〕，在縣北二十里。高數百丈，連亘數里，一水中流，兩崖對峙，緣麓開爲馳道，足爲扼塞。　宋方臘自寧國轉寇旌德，統制王可誠帥師戰於石壁，却之。　其北曰三溪鎮。　徽水，在南十里。南志。　源出徽嶺，入縣市北，會於三溪。　桓公城，在縣北十里，地名蘭石。　晉桓彝討蘇峻，進屯涇縣，使俞縱守蘭石死節之所。

【校勘記】

〔一〕太平民王萬敵至袁修討平之　「王」，底本作「五」，川本同，據滬本、盋本、京本及紀要卷二八改。「修」，滬本作「脩」，紀要作「傪」。

〔二〕石壁山　「山」，底本脱，川本同，據滬本、盋本及明統志卷一一補。

南陵縣　城周六里九百三十六丈有奇。　府西九十里。南志：一百。〔眉批〕水十之六，山得十四〔一〕。北通長江，西阻崇阜，姦宄蘖窟其間，時時竊發，頗爲化梗。編户八十五里。無丞。峩嶺縣南二十五里。巡檢司〔二〕。衝煩，糧欠，多盜。工山，在縣西三十里。周廣七十里。朗陵山，在縣西南二十里。晉朗陵侯何琦嘗隱於此。峩嶺，在縣南二十五里。下有巡檢司故址。青弋江，在縣東三十里。其東爲宣城界。本涇之賞溪下流，北逕大園，至長池塘分爲二支：一入茅家嘴，逕金家關，出沿河口；一入轂池港，逕漳陵港，復合；西瀉馬家灘，遂匯於石硊河，由魯港入於江。漳水，出縣西南六十里水龍洞；淮水，出南六十里吕山。合流繞縣東，則爲東溪，受諸水，合中、西二港入小淮河，西北匯於石硊河，與青弋江下流合，出魯港，達大江。今謂之漳淮。春穀城，在縣西一百五十里。漢縣。晉改陽穀。南陵地舊皆所統。赭圻城，在縣北一百三十里。吳置赭圻屯，晉桓溫入朝，築此鎮焉。

【校勘記】

〔一〕山得十四　「十」，底本作「其」，川本同，滬本、盋本、京本作「十」。嘉慶寧國府志卷九引萬曆志：「南陵水十之六，山得十四。」此「其」乃「十」字之誤，據改。

〔二〕峩嶺　「峩」，川本同，滬本、盋本、京本作「鵞」，與紀要卷二八載同。清統志卷一一五：「鵝嶺，在南陵縣南二十里，今名峩嶺。」則諸本均是。

池州府

古名秋浦。〔眉批〕池控上游，北連皖城，西控潯陽之口，東輔留京。新都汪道昆堤記。元爲池州路，屬江東道。本朝改爲府，直隸部。領縣六。田土九千八十九頃二十二畝零，織造生絹二百十三疋，四司額派銀七千五百七十八兩，入太倉餉銀五千二百八十八兩二錢零。北臨大江，上距尋陽，下控采石，故楊行密自銅官渡江，遂襲宣州。元人敗賈似道於丁家洲，遂陷太平。亦上流要領也。在山麓江滸，民以漁獵爲業，多竄亡盜。府城周一千四百二十八丈五尺。〔旁注〕畿志：七里有奇。東南二面有巨河通江。正德九年，知府何紹正重築。舊有大通遞運所，萬曆九年革。齊山，在府南三里。大樓山，在府南四十里。百牙山，在東北半里。秀山，在西南九十里。大江，在府北境上。自東流縣雁汊入界，北流又折而東，歷李陽河梅根口，下至銅陵縣大通河口，凡二百餘里，府境諸水皆入焉。江之洲曰古夾，曰烏落〔一〕，曰官，曰新，曰上荷葉，曰武梁；磯曰攔江，曰羅汊，曰黃龍，曰劉婆。貴池，出石埭西之櫟山。流爲管公明溪，歷龍鬚河，會於秀山倉埠潭〔二〕，過白面渡，匯爲秋浦，又北流入於江。石城，在西七十里。漢置縣，以東西兩石山夾河如城，故名。吴孫策以程普爲丹陽都尉，居石城。孫權封韓當爲石城侯。

今鐵店倉埠潭，即其故地。隋秋浦縣亦在此。虎林城，在石城東一十五里。孫權封子休爲琅邪王，鎮虎林城。南太原郡城，即石城，梁大同間廢〔三〕。

【校勘記】

〔一〕烏落　川本、滬本、盋本、京本同，嘉靖池州府志卷一、紀要卷二七、圖書集成職方典卷八〇五俱作「烏落」。

〔二〕倉埠潭　「埠」，川本、滬本、盋本、京本同。紀要卷二七、清統志卷一二八皆作「隼」。下「倉埠潭」同。

〔三〕梁大同間廢　川本同。滬本、盋本、京本作「梁大同間置，隋廢」。寰宇通志卷一二、明統志卷一六同，紀要卷二七所載同底本、川本。

貴池縣〔一〕　編户三十九里。全設。　有池口、李陽河二驛。　李陽河巡檢司。　徽、安兵備駐劄。　沿江，衝煩，民饒。　池口鎮巡檢司，在縣西北池口鎮黄龍磯上，革。〔眉批〕烏石山寨，在西南一百里。唐永泰元年，劇賊方清、陳莊聚兵於上，絶江爲患。觀察使李勉之置池州於秋浦之地，以扼要害，而池郡始此。　城山，在西南一百三十里。山勢周遭如城。　元末，建德土豪羅友賢聚兵立寨於此。　至正二十年，我太祖遣將劉謙取建德，以友賢歸；二十二年春，友賢叛，據城寨，大將徐達、常遇春討平之〔二〕。　西巖山，在西南一百五十里。　高萬仞，周數十里。　古源山，在西南一百八十里。池源所自。

【校勘記】

〔一〕貴池縣 底本、川本貴池縣上注有「下」字，滬本、盔本、京本均無。明統志卷一六、紀要卷二七並載池州府「貴池縣，附郭」。嘉靖池州府志卷一列貴池縣爲首縣，並無「下」字，此「下」乃衍字，據刪。

〔二〕元末至徐達常遇春討平之 底本、川本錯簡於下文古源山「池源所自」之後，據滬本、盔本、京本及紀要卷二七乙正。

青陽縣 城周八百餘丈〔一〕。 編户十七里。 裁減。 僻，刁。 城周八百三十二丈。 峽山，在縣北五里。兩山夾河對峙，邑之水口山也，通大江。 黄蘗山，在縣東南五十里，與涇縣界。 青山，在縣北五里。縣以此山得名。 金山，在縣東六十里，爲南陵界。 陵陽廢縣，在縣南六十里。今爲鎮。 臨城廢縣，在縣南五里。 吴赤烏置。 隋廢。 劉公寨，在縣南九子峯之半，左右石壁峭立，中甚縈紆。 宋建炎初〔二〕，張遇寇境，劉光世立寨於此。 九華寨，在九華山。 元季，土豪趙普勝與陳友諒合兵攻安慶置〔三〕。 六泉口寨，在都〔四〕，險固四塞。 國初，常遇春攻陳友諒，伏兵於此。 黄石溪中寨、北寨，在縣南六十里。 元季，居民避亂之處。 九華山，在縣西南四十里。 舊名九子山〔五〕，唐李白以山有九峯如蓮花，易今名。 高數千丈，延袤百八十里，合諸峯九十有九，其峯之名者四十八。〔眉批〕九華自秋浦七井而來〔六〕，屈折三十六盤，過白沙嶺入邑之南界〔七〕。

【校勘記】

〔一〕城周八百餘丈　川本同，滬本、盔本、京本作「城周八百三十二丈」，與下文重。

〔二〕在縣南九子峯之半至宋建炎初　「九子峯」至「宋建炎初」，底本錯簡於下文「劉光世立寨於此」之後，「建炎初」下，底本有「置」字，川本同，並據滬本、盔本、京本改刪。

〔三〕土豪趙普勝與陳友諒合兵攻安慶置　底本無「置」字，川本同，據滬本、盔本、京本及紀要卷二七補。

〔四〕在都　川本同，滬本、盔本、京本均作「在□□都」。

〔五〕舊名九子山　「九子山」，底本脱，川本同，據滬本、盔本、京本及明統志卷一六補。

〔六〕七井　「井」，底本作「并」，川本同，據滬本、盔本、京本及明統志卷一六改。

〔七〕白沙嶺　「沙」，底本作「河」，川本同，據滬本、盔本、京本及清統志卷一一八改。

銅陵縣

城周七里。府東北一百二十里。有大通驛舊名大通鎮，嘉靖二年，移縣南。及大通在縣西南大通鎮。巡檢司。編户十五里。裁減。舊有城洑巡檢司〔一〕，革。沿江，地瘠，事煩。江在縣西里許，中流諸洲相間分派，以外爲大江，内爲夾江。丁家洲，在東北二十里〔二〕。宋孫虎臣與元兵戰敗於此。杏山，在縣東三十里。城山，與杏山鄰，平坦約數十畝，名寨城〔三〕。有井，雖旱不竭。四壁峭立，西南僅通一徑，昔人恃以避寇。五松山，在縣南四里。鵲頭山，在縣北十里。高聳臨江，與廬江西岸鵲尾渚相對。南北爭戰之際，此爲重鎮。義安廢縣，在東三十里。今爲順安鎮〔四〕。唐置，尋廢爲銅官治。南唐保大九年，改義安爲銅陵縣，徙今治。銅官山，在南十里。南唐銅官場舊址〔五〕。銅陵河，在西北七里，入江。大通河，在縣南四十里。荻港河，在北八十里，合天門水，入江。

【校勘記】

〔一〕城洑巡檢司　「洑」，底本作「猷」，川本同，據滬本、盇本、京本及圖書集成職方典卷八〇七改。

〔二〕在東北二十里　川本同，滬本、盇本、京本此下有「一作十五里」。

〔三〕寨城　川本、滬本、盇本、京本同，嘉靖池州府志卷一、圖書集成職方典卷八〇五作「賽城」。

〔四〕今爲順安鎮　「安」，底本作「母」，川本同，據滬本、盇本、京本及紀要卷二七改。

〔五〕南唐銅官場舊址　「場」，底本作「址」，川本同；滬本作「縣」，盇本、京本同，據嘉靖池州府志卷一、圖書集成職方典卷八〇五改。

石埭縣　陸城四百五十二丈二尺九寸，水城一百二十四丈二尺五寸。府東南一百六十里。編户十一里。裁減。僻饒，民樸，民多尚儉，稼穡之外，尤力植杉〔一〕。萬春山，在縣西五里。魚龍山，在縣西三十里。有魚龍洞，凡二，東西相望，僅里許，連青陽界。杉山，在縣西一百六十里。七井山，在縣西七十里。其山延袤數十里，中有七井。西北爲貴池界。大洪嶺，在縣西九十里。通徽州。陵陽山，在縣北五里。高三百五十丈，廣二十五里。東一峯屬寧國府太平縣，西二峯隸本縣。山自西北迤邐而來，三峯連亘，東接宣州。櫟山，在西一百六十里。高五百丈，周九十里。賞溪、蘇溪，俱出縣境，下注涇縣。舒溪，在縣後，源出湘源〔二〕，由太平縣弦歌鄉達縣之舒泉鄉，與蓋山佘溪、清溪、七井、龍泉、魚龍洞、雍溪諸水合流而東，派衢四注，東沿涇縣，至蕪湖之魯港，以入於江。石埭廢縣，在縣西一百四十里。今名七里街。白象山，在縣後數十步，有邑治，其形如象〔三〕。石印山，在縣北七里。與青山對峙，爲邑捍門〔四〕。良禾嶺，在縣東四十五里。徑入祁門，下五里有龍池洞〔五〕。

【校勘記】

〔一〕尤力植杉　「杉」，底本作「朽」，川本同；滬本作「樹」，盇本、京本同，據嘉靖池州府志卷二改。

〔二〕湘源　「湘」，底本作「相」，川本、滬本、盇本、京本同，據嘉靖池州府志卷一、圖書集成職方典卷八〇五改。

〔三〕白象山至其形如象　「步」，底本作「里」，川本、滬本、盇本、京本同，據嘉靖池州府志卷一改。「如象」，底本、川本作「如來」，據滬本、盇本、京本及嘉靖池州府志卷一改。又，白象山，屬建德縣，見明統志卷一六、嘉靖池州府志，此條應列於下文建德縣下。

〔四〕石印山在縣北七里與青山對峙爲邑捍門　川本、滬本、盇本、京本同，據嘉靖池州府志卷一、紀要卷二七載，應列於下文建德縣下。

〔五〕良禾嶺在縣東四十五里徑入祁門下五里有龍池洞　川本、滬本、盋本、京本同，據嘉靖池州府志卷一、紀要卷二七載，應列於下文建德縣下。

建德縣　城周五里。　府西南一百八十里。　編户九里。裁減。　有永豐鎮在縣南九十里。巡檢司。　僻淳，人性機敏，軍民隸於二省，健訟由興。　龍口河，在縣南九十里。其源三：一出鄱陽南坑，達白石溪；一出桃樹嶺，達黎痕溪；一出東西澗〔一〕，過鬬龍溪，匯爲昭潭，合於茲河〔二〕，迤入饒州之獨山湖，西達彭口〔三〕，入於江。　歷山，在縣東三十里。西枕歷池，故名。　白雲山，在縣東北七十里，抵貴池界〔四〕。

【校勘記】

〔一〕一出東西澗　「澗」，底本作「湖」，川本、滬本、盋本、京本同，據嘉靖池州府志卷一、紀要卷二七改。

〔二〕合於茲河　「茲」，底本缺，川本同，滬本、盋本、京本俱作「蘇」，據嘉靖池州府志卷一、圖書集成職方典卷八〇六補。

〔三〕彭口　「口」，底本脱，川本同；滬本缺，盋本、京本同，據嘉靖池州府志卷一、圖書集成職方典卷八〇六補。

〔四〕白雲山在縣東北七十里抵貴池界　「貴」，底本作「黄」，川本、滬本、盋本、京本同，據嘉靖池州府志卷一、紀要卷二七東流縣改。又，據二書載，白雲山屬東流縣，此應列於下文東流縣。

東流縣　城周四里。　府西一百八十里。〔眉批〕前瀕大江，後塞峻嶺。知縣陳春建城議。　編户七里。裁減。　吉陽鎮在縣北三十里。巡檢司。　舊有雁汊巡檢司，在縣西北九十里。今革。〔旁注〕香口鎮巡司，在縣南四十里。革。　僻瘠，民淳。　縣以大江自溢城而下，迤邐東注，故名。　大江，在縣西一里。上接彭澤，下抵貴池。　洲曰蓮花，曰閣簰，曰白沙〔一〕，曰雁落，曰七團，曰雀料，曰大新。磯曰獅子，曰麓貫，曰祝家〔二〕，曰黄石。　江口河，在縣西一里。其源四：一出鄱陽北坑；一出九鳳山；一出馬坑，交於清潭，播於百步灘，納西參港，瀦於官池，歷堯城渡；一出茹蘭溪，合蘇家溝，會梘田灣，經栅頭匯〔三〕、石印洞，下引道由士查册溝，逕蒼埠小石潭，繞過路灘，落於青泥灣，溢於仙人湖、團湖，至蘇河，以入於江。　香口河，在縣南六十里。其源二：一出彭澤山林港，一出陳倉源，交於三汊〔四〕，激於蔴姑，繞於查池，至蘇河，以入於江。

【校勘記】

〔一〕白沙　「沙」，底本作「河」，川本同，據滬本、盋本、京本及嘉靖池州府志卷一改。

〔二〕祝家　「家」，底本作「宗」，川本同，據滬本、盋本、京本及嘉靖池州府志卷一改。

〔三〕栅頭匯　「栅」，底本作「枬」，川本同，據滬本、盋本、京本及嘉靖池州府志卷一改。

〔四〕三汊　「汊」，底本作「泌」，川本同，據滬本、盋本、京本及嘉靖池州府志卷一改。

徽州府

古名新安。城據烏聊山，周九里七十步，南北亘斗麓，東據斗山之巔，而西阻練溪之上，盡斗麓平地。徽城東倚山，西、南、北三面距新安江，江合歙縣、休寧、祁門、績溪五邑之水〔一〕，匯於歙浦，以入於浙，爲灘三百六十。東界杭，南界衢，西界饒，以其在萬山之中，故不爲孔道。新安爲郡，在萬山間，其地險陿而不夷，其土騂剛而不化。郡志。多山少田，民吝嗇，健訟，逐末利，以重山疊險，踞江東最高之處。金聲文集。領縣六。田土二萬五千四百七十八頃二十七畝零，糧一十三萬一千六百三十石零，織造紵絲七百二十一疋，絹九千七百九十四疋，四司額派銀一萬九千五百二十九兩零，入太倉庫銀二千一百二十七兩五錢。黄山。南畿志：府西北一百二十里。靈山，在西北二十里。徽溪，自績溪縣下，與黄山水合，西流經府城西爲新安江，有三百六十灘，又合南港浦水，達休寧港，入於錢塘。

【校勘記】

〔一〕江合歙縣休寧祁門績溪五邑之水　川本、滬本、盋本、京本同。所云「五邑」，實列四邑。明史地理志：婺源縣，

「北有浙嶺，浙溪水出焉，一名漸溪，新安江別源也。」紀要卷二八歙縣：新安江，其源有四，其一「出婺源縣浙嶺山，亦合流而達於歙浦。」則所脱者爲「婺源」二字。

歙縣　治。　編户二百六十里。全設。　有新安衛，左、右、中、前四千户所。〔眉批〕舊無城，附郭爲治。嘉靖中倭警，鄉人避寇入城，不能容，知縣史桂芳乃更築城於府城之北，周七里，後枕問政山〔一〕。黄山〔二〕、西北一百二十里。街口、南一百里。王干東一百里。三巡檢司〔三〕。箬嶺巡司，在縣北百里。天啓中置。　衝煩，民饒，好訟，多礦賊。　深渡寨，在縣南四十五里。宋、元設巡司，洪武中革。　箬嶺，在縣北十八里。路通太平縣，唐汪華所開。　烏聊山，在城東南。後漢末，邑人毛甘屯此。隋末，汪華起兵，徙郡治此山。洪武四年，太祖駐師於此。　昱嶺〔四〕，在縣東南一百二十里，界於杭之昌化縣。元嘗置關於此〔五〕。　漁梁，在縣南三里。　豐樂水、富資水、布射水、揚之水會流於此，瀉而不瀦，故積石以緩之。

【校勘記】

〔一〕問政山　「問」，底本作「門」，據川本、滬本、盔本、京本及圖書集成職方典卷七八七改。

〔二〕黄山　底本、川本錯簡於下文「西北一百二十里」之後，據滬本、盔本、京本及圖書集成職方典卷七九一乙正。

〔三〕王干　「王」，底本作「五」，川本同，據滬本、盔本、京本及明史地理志改。

〔四〕昱嶺 「嶺」，底本作「縣」，川本同，據滬本、盋本、京本及紀要卷二八改。

〔五〕元當置關於此 「當」，川本同，滬本、盋本、京本作「嘗」，蓋是。

休寧縣 城周九里有奇。府北六十五里。畿志：西六十。府志並同。古名海陽。編户二百八里。全設。有坎厦巡檢司。煩饒，好訟，出礦賊。齊雲山，在縣西四十里。休陽縣，吴置，在靈烏山。海陽縣，吴置，在萬安山下，兩村有上舊市、下舊市〔一〕。唐天寶中，徙治西北十里。舊有黄竹嶺巡檢司〔二〕，革。黎陽縣，晉置。在黎陽鄉。五城鎮，去縣八十里，去府九十，去婺一百五十，去中平五十，府城、中平適均處。南當山，在西三十六里，南當水出焉。白嶽山，在西四十里。松蘿山，在東北二十三里。浙溪水，出浙嶺，東流至縣。率山，在東南四十里，率水出焉。

【校勘記】

〔一〕兩村有上舊市下舊市 川本同，滬本、盋本、京本作「有上舊市、下舊市兩村」。

〔二〕舊有黄竹嶺巡檢司 「竹」，底本作「行」，川本同，據滬本、盋本、京本及明史地理志改。

婺源縣 城周五百三十一丈。府西南二百里。畿志：二百四十。編户一百五十三里。全設。有太白、縣西七十里。項村、舊係巖田，萬曆九年改。大鱅嶺三巡檢司。本志：項村巡檢司，舊設四十七都澆嶺，後改四十三都巖田〔一〕。萬曆九年，因樂、婺之界，居民相鬭至死，改設於此。太白巡檢司，在縣南。大鱅嶺巡檢司，在縣東八都。中平鎮，萬曆七年，奉旨設把總一員，在縣東八十里〔二〕，一作一百里，去府一百四十里。浙嶺，在北七十里。婺水，出縣西北大廣山，南流經縣境，與斜水合，入江西樂平縣界。澧溪，在縣西北山谷，流數百里，會衆流入鄱陽湖。國初設守禦百户所，宣德中革。今賊屢犯歙州，合無請復。清化鎮，一名清華，在十八都，唐爲縣治。南唐制置朱瓌改爲鎮。

【校勘記】

〔一〕巖田 「巖」，川本、滬本、盋本、京本及紀要卷二八同，明史地理志、清統志卷一一三皆作「嚴」。

〔二〕在縣東八十里 「東」，底本脱，川本同，據滬本、盋本、京本及紀要卷二八補。

祁門縣 城周一千六十丈。府西一百八十里。編户四十六里。無丞。有良禾嶺巡檢司。府志：舊在二十二都良禾都，後徙二十一都苦竹港，嘉靖四十三年革。梅鋗城，在西十五里。畿志。府志：十。

黟縣　漢廣德王國。　城周六百十丈。　府西一百五十里。畿志：西北一百四十。編户二十四里。無丞。〔眉批〕新安貢柿心黑木，黟之名縣，職此之由。圖經。　頗饒，事簡，民悍。　林歷山。　復山。　石門山。　墨嶺〔一〕。　武亭山，在縣西南十八里，接祁門界。　南横江水出焉，東流入縣界。　章山，在縣西北二十里，章水出焉。　牛泉山，在縣北五十七里，東接太平縣界。輿地志云：牛泉嶠自麓至頂〔二〕，每九里一頓，凡九頓，並山爲路，陋處纔七八寸，臨不測之深。上常多風，故木雖合抱而長不及丈，惟南向有之，雖盛夏亦衣襦。　頂有水，方廣丈許，冬夏不增減，名牛泉。　往往有累石爲路處，蓋皆往丹陽之道也。　魚亭山，在縣南三十五里，有水東流入休寧縣界。　方輿記云：每歲江西魚船至祁門縣，以次泊山之東，故名。　横江水，出武亭山，東南流二十八里，合章水，入魚亭山口。　魚亭水，由魚亭山東流二十里，至魚亭口，合吉陽横江水，東流入休寧界。　吉陽水，在縣東北，東流與横江水合，注休寧。

【校勘記】

〔一〕墨嶺　「墨」，底本作「黑」，川本同，據滬本、盋本、京本及紀要卷二八改。

〔二〕牛泉嶠　「泉」，底本作「衆」，川本同，據滬本、盋本、京本及紀要卷二八改。

績溪縣　城周八百五十餘丈。　府東北八十里。　讖志：東六十里。　編户二十五里。　無丞。　有濠寨巡檢司，在縣西北二十里楊山鄉馬村。　僻簡，民稍疲。　大鄣山，在東六十里。　舊名三天子鄣山。　徽嶺，在西北十里，北界旌德。

廣德州

城周八里。　古名桐汭、故鄣。　春秋哀公十五年：楚子西、子期伐吳，至於桐汭〔一〕。　編户一百二十七里。　全設。　有杭村、州北七十里。陳陽、州西南六十五里。廣安州南八十里。巡檢司。　衝煩，民疲，糧欠。　領縣一。　田土一萬一千七百七十二頃四十四畝零，糧一萬七千六百九十石零，絹十九疋，絲一百十六斤，四司額派銀一千七百七十四兩，紵絲二百四十疋。　元爲廣德路，屬江東道。　本朝改爲州，直隸部。　廣德縣附郭〔二〕，本朝并入州。　北接溧陽，南界吳興，故自金陵入浙西者，水出則於平江，陸出則於廣德。〔旁注〕舊唐書王雄誕傳：李子通以精兵守獨松嶺〔三〕。兀朮過獨松關而嘆曰：使南朝有兵一人守此，吾豈能過哉！　故兀朮之至浙東，伯顏之至臨安，皆由廣德，騎兵陸行便也。　其去則並自平江水道而歸，輜重多也。　故金人之去也，岳飛扼廣德，而後韓世忠得以困兀朮於金山。　設險者不可不知也。　漢故鄣縣城，在州治東北。　元史世祖紀：伯顏分軍爲三〔四〕，阿刺罕率步騎自建康、四安、廣德以出獨松嶺。伯顏傳：參政阿剌罕等爲右軍，以步騎自建康出四安，趨獨松嶺。高興傳：由間道奪獨松關，進至武康。又見浙江。丹井山，在州南十里。桐川水〔五〕，在西北。源出白石山，西北流入丹陽湖。左傳哀十五年〔六〕：楚子西、子期伐吳，至桐汭。

【校勘記】

〔一〕春秋哀公十五年楚子西子期伐吳至於桐汭　川本同。按此載於左傳，「春秋」應作「左傳」。又，此文並見下條桐川水，此係重出，故滬本、盋本、京本刪。

〔二〕廣德縣附郭　「附」，底本脱，川本同，據滬本、盋本、京本補。

〔三〕李子通　「李」，底本作「查」，川本、滬本、盋本、京本同，據舊唐書王雄誕傳改。

〔四〕伯顏分軍爲三　「三」，底本作「之」，川本同，據滬本、盋本、京本及元史世祖紀改。

〔五〕桐川水　「川」，底本作「心」，川本同，據滬本、盋本、京本及明統志卷一七改。

〔六〕哀十五年　「五」，底本作「四」，川本同，據滬本、盋本、京本及春秋左傳集解改。

建平縣　縣南襟帶一溪，澄碧數百里，上接廣德之支流，下通蕪湖之要津。州西北九十里。本廣德之郎埠鎮，宋端拱元年置。編户一百十四里。無丞。有梅渚鎮巡檢司，縣西二十里。本志：北三十里。州志有陳村巡檢司，在縣南四十里，革。煩刁，糧欠。鴉山，在縣南九十里。周迴三十餘里，其山産茶。大溪山，在縣東三十里，桐水出焉。按太平寰宇記：源出白石山〔一〕，北流入宣城縣白沙川〔二〕，入丹陽湖。郎溪，在縣治前。源出桐汭諸山之水，合流，匯於南碕湖，以達大江。伍牙山，在縣東北四十里，界溧陽。上有子胥廟〔三〕。南碕湖，在西四十里。本志：縣西南四十里。廣德、建平之水，皆匯於此，流入丹陽湖，俗呼爲南湖。

【校勘記】

〔一〕源出白石山　「山」，底本脱，川本、滬本、盋本、京本同，據寰宇記卷一〇三補。

〔二〕北流入宣城縣白沙川　「北」，底本脱，川本、滬本、盋本、京本同，據寰宇記卷一〇三補。又「川」，底本作「心」，川本同，據滬本、盋本、京本及寰宇記改。

〔三〕子胥廟　「胥」，底本作「晉」，川本同，據明統志卷一七改。滬本、盋本、京本作「伍子胥廟」。

和州

至南京一百二十里。元屬廬州路。本朝直隸部。古名歷陽。〔眉批〕面江背滁，左導巢湖，右引瓦梁。宋陳仲撰喜雨亭記。西控合肥，北接滁、濠，東南瞰大江，直於姑孰、建業之郊[一]。新城記。城東南濱江，西南繞溪，西北環山，周十一里。編户四十一里。無判。有和州衛及當利馬驛，南門外。牛屯河、州南四十五里。裕溪河鎮、州南九十里。浮沙口州東北二十五里。三巡檢司。並濱江。事煩，地饒，民疲，近多水災。舊有祁門馬驛、在含山縣。雍家城驛，在烏江鎮。革。烏江鎮，在州東北四十里。梁山鎮，在州西六十里梁山[二]。石跋河鎮，在州東北三十里。裕溪鎮，在州南九十里[三]。瀋陽右衛，領五千户所，舊爲和州衛，洪武二十四年，全衛官軍改調寧夏，以瀋陽右衛守禦[四]。

北達淮、肥，南扞姑孰，直水陸之衝。自晉以來，王渾之出自横江，侯景之濟自横江，韓擒虎之濟自横江，輔公祏之濟自横江，曹彬之濟自横江，兀朮之濟自横江，我太祖自和陽渡牛渚，拔采石，和州去而采石危，其勢然也。州志。余又考之，宋元嘉二十七年，魏人欲渡江，宋人大具水軍，使左將軍户弘守横江，卒恃無患。又宋紹興三十一年，金主亮親統細軍，駐和州之雞籠山，臨江築壇，刑白馬祭天，必欲渡采石，張振、王琪以海鰌船擊敗之。是知南北用兵，由壽陽、歷陽來者十之七，由横江、采石渡者三之二，其要害誠非輕也。

烏江廢縣，在州北。本秦烏江亭，漢爲東城縣地，晉始置烏江縣。梁於此置江都郡。北齊改齊江郡。陳改臨江郡。後周改爲同江[五]。隋復爲縣。宋紹興中，廢爲鎮，尋置。梁山，在州南七十五里。與南岸博望山相對如門，亦曰天門山。宋南渡後，於此置寨。領縣一。田土六千二百一十五頃七十九畝零，糧一萬一千三百七十一石零，絹九十九疋，四司額派銀一千六百四十二兩，生鐵一千九百五十九斤。　歷陽山，在西北四十里。　陰陵山，在北八十里，界定遠、全椒。　横江，在東南二十五里，與采石對。　柵江，在州西南一百五十里。與無爲州分中流爲界，即古濡須口。吴、魏相持於此。宋南渡於此置寨。　麻湖，在西三十里。周迴七十里。　裕溪河，在南九十里。　烏江亭，在北。　浮沙口江面四十里〔六〕，上至新河口，下至芝蔴河。　牛屯河江面五十里，上至張家溝，下至新河口。　裕溪河鎮江面三十里〔七〕，上至新溝口，下至張家溝。

【校勘記】

〔一〕直於姑孰建業之郊　「於」，川本同，滬本、盋本、京本無。

〔二〕在州西六十里梁山　川本、滬本、盋本、京本同。本書下文梁山：「在州南七十五里。」寰宇通志卷一一、明統志卷一七載同。清統志卷一三一和州：「梁山鎮，在州南梁山下。」此「西」蓋爲「南」字之誤。

〔三〕在州南九十里　「十」，底本脱，川本、滬本、盋本、京本同，據本書上文裕溪河鎮巡檢司、紀要卷二九補。

〔四〕洪武二十四年全衛官軍改調寧夏以瀋陽右衛守禦　川本、滬本、盋本、京本同。紀要卷二九瀋陽右衛：洪武二十四年和州衛軍調寧夏，「三十五年改置今衛。」則洪武三十五年改置瀋陽右衛，此以瀋陽右衛設置與和州衛改調同在洪武二十四年，誤。或「以」上脱「洪武三十五年」六字。

〔五〕後周改爲同江 「同」，底本作「烏」，川本同，據滬本、盋本、京本及隋書地理志改。

〔六〕浮沙口 「沙」，底本作「河」，據滬本、盋本、京本及紀要卷二九改。

〔七〕裕溪河鎮 川本同，滬本、盋本、京本無「鎮」字。

含山縣　城周三里。　州西五十里。〔眉批〕郭祥正記〔一〕：舊當江、淮水陸之衝，鋭師宿將嘗屯營於此。含山爲内險之地，當江、淮水陸之衝。縣記。　編户十八里。　裁減。　僻瘠，民淳，糧輕，事簡。　舊有界首馬驛，在縣西四十里，革。　石門山，在縣西二十里。二山並峙，石壁峭立如門，有谷道十里許，商旅來往其間。　大峴山，在縣東北十三里。齊裴叔業據壽陽叛，蕭懿據大峴山拒之〔二〕。　小峴山，在縣北二十里。又名昭關。兩山峙立，爲廬、濠往來之衝，其口險隘可守。宋張浚因山築城〔三〕，置水櫃，遏金人。　黄山，在西北四十五里，界合肥。　濡須山，在縣西南七十五里。與無爲州七寶山對峙，中有石梁，鑿石通流，山水險阻。吳據其北，築塢以拒魏。魏據其南，爲闗以備吳。　州志：縣西七十里。　即東闗河南之山。　漢建安十七年，吳築濡須塢，曹公頻來攻，不克。東闗下有濡須水，會清溪水，至栅江，入於江。　濡須水〔四〕，在縣西南七十里。即濡須山東闗之水，會清溪，過新裕口，至栅江，同入於大江。　三國時，諸葛恪於此築大堤，遏巢湖。魏兵至，將壞其堤，恪率四萬衆破之。　新裕港，在縣南八十里。　龍亢城，在縣南四十里。東晉僑立，後周省。

【校勘記】

〔一〕郭祥正記　「記」，底本脱，川本同，滬本、盋本、京本字缺，據圖書集成職方典卷八三九補。

〔二〕蕭懿　「蕭」，底本脱，川本字缺，據滬本、盋本、京本及梁書長沙嗣王業傳補。

〔三〕張浚　「浚」，底本作「俊」，據川本、滬本、盋本、京本及清統志卷一三一昭關下引州志改。

〔四〕濡須水　「水」，底本脱，據滬本、盋本、京本及明統志卷一七補。

滁州

城周九里一十八步。元屬揚州路，領縣三。本朝改屬，領縣二。田土二千八百九頃九十六畝零，糧八千四百七十石零，四司額派銀一千六百零七兩。古名南譙、永陽。〔眉批〕環滁皆山。宋歐陽修醉翁亭記。晉平吳〔一〕，琅邪王伷出滁中，即此。宋史張浚傳：修滁州關山，以扼敵衝。編户十二里。無同。滁州衛，領五千户所。滁陽驛，南門外〔二〕。大柳樹驛、在州西五十里。大鎗嶺在州西六十里。巡檢司。南太僕寺駐劄。衝煩，地饒，多訟，軍民雜處，有盜。清流縣倚郭，本朝并入州。北臨泗上，南下烏江，西界濠梁，非必爭之地。然周伐南唐，擒其將皇甫暉、姚鳳於滁東門之外，兀朮亦自滁趨和，以犯江東，亦爲要鎮焉。故臨滁郡，在州東南五十五里，地名西葛城。按魏書：梁置臨滁郡，治葛城，疑即此。又有東葛城，相距五六里。建陽城，在州東四十里。秦縣，漢省入全椒〔三〕。琅邪山，在州西南十里。宋建炎三年，郡守向子伋因山築城，周十餘里，尋爲李成所陷。城基尚存。豐山，在西南五里。滁河，出廬州，過全椒，與襄水合流，至州東南三汊河，會清溪水，經六合縣，入江。清流河，出州西，繞治而南入滁。清流關，在州西二十二里。山嶺横絶，地勢甚峻。南唐時，嘗設關以禦北師。其旁有蘆子岤〔四〕，周師渡淮，李重進破劉彦貞於正陽〔五〕，唐人大恐，皇甫暉、姚鳳退保清流關，宋太祖倍道襲之，即此地。今爲南北驛路。紹興二十一年，李顯忠與兀朮戰於清流關下〔六〕，大捷。漢建陽縣，在東四十里〔七〕。

【校勘記】

〔一〕晉平吳　「晉」，底本作「吳」，川本同，據滬本、盋本、京本及晉書武帝紀改。

〔二〕南門外　「南」，底本作「大」，川本同，據滬本、盋本、京本及清統志卷一三〇改。

〔三〕漢省入全椒　「漢省」，底本脱，據川本、滬本、盋本、京本補。明統志卷一八、紀要卷二九並載：後漢省入全椒。是。

〔四〕蘆子岤　「岤」，底本作「山孔」，川本、滬本、盋本、京本同，據紀要卷二九改。

〔五〕劉彦貞　「貞」，底本作「桓」，川本、滬本、盇本、京本同，據舊五代史周書世宗紀、新五代史南唐世家改。

〔六〕李顯忠與兀朮戰於清流關下　「下」，川本同，滬本、盇本、京本無。

〔七〕漢建陽縣在東四十里　川本同。按上文已列，此係重出，滬本、盇本、京本删。

全椒縣　治在覆釜山。　城周二里。　州南五十里。　編户十二里。　裁減。　淳簡，軍民雜處。　吴大帝遣軍作堂邑涂塘，以浸北道〔一〕，限魏兵，築城守備。今在縣西南百里。　桑根山，在縣西北四十里。　梁南譙州故城在其西。　宋紹興初，劉光世遣統制王德擊金人於滁州桑根山〔二〕，敗之。　南岡山，在南二里。　山勢自西而南，連亘數十里，至此益高峻，環繞縣治，爲一邑形勝。　漢阜陵縣，在東十五里。　南譙城，在縣北二里尹村。　其名自晉始，宋及南齊、後魏，皆置是郡，不載其所〔三〕。　梁置南譙州。　劉昫唐志及樂史太平寰宇記云在桑根山，與今地不同。　北譙城，在縣西北二十五里新高村。　南齊置北譙郡，廢置不一。　今城基尚存。　高塘，在縣北六十里。　按魏書地形志有高塘郡〔四〕，隸譙州。　隋志云：廢高塘入頓丘，疑即此。

【校勘記】

〔一〕以浸北道　「道」，底本作「通」，川本、滬本、盇本、京本同，據三國志吴書吴主傳改。又「浸」，三國志作「淹」。

〔二〕王德　底本脱，川本同，據滬本、盇本、京本及宋史劉光世傳補。

〔三〕不載其所　川本同，滬本、盋本、京本「所」下有「治」字。

〔四〕高塘郡　「高」，底本作「烏」，川本同，據滬本、盋本、京本及魏書地形志改。

來安縣　城周九百三十二丈。　州北三十五里。〔眉批〕驛道南北，界於江、淮。元人修學記。　南接六合，通大江，北枕盱眙，界長淮。四山起伏，實形勝地。呂尚忠修縣廳記〔一〕。　編户七里。裁減。　地僻，民貧。　來安水，源出盱眙廬山，入水口河〔二〕。　嘉山，在縣西四十里。山之西北，即盱眙縣境。　頓丘城，在縣東。劉宋割秦郡之頓丘置新昌郡及縣，即此。　八石山，在西南十三里。　五湖山，在東北十八里。廣袤二十里，下故有五湖，因名。今半湮，爲入泗要路。　一名白樿山〔三〕。　石固山，在北三十五里。羣山連亘，惟此獨高，上有池，冬夏不竭。　宋紹興中，居民避兵，築壘於此。

【校勘記】

〔一〕呂尚忠　「忠」，川本同，滬本、盋本、京本作「心」。

〔二〕入水口河　「口」，底本作「上」，川本同，滬本、盋本、京本作「口」；「河」，底本脱，川本、滬本、盋本、京本同，據本書後文及清統志卷一三〇改補。

〔三〕白樿山　「樿」，底本作「榫」，川本同，據滬本、盋本、京本及紀要卷二九改。

徐州

楚懷王都。項羽都。漢楚國〔一〕。東漢彭城國。元屬歸德府。本朝改屬鳳陽府。　古名彭城、武寧。　編户一百三十里。全設。二判。　徐州衛，左、右、前、後、中、中左〔二〕、中右七千户所。　徐州左衛，五千户所。　吕梁洪巡檢司，在南。　管倉分司。　淮、徐兵備駐劄。　設中河工部公署。　金史完顔仲德傳：授同簽樞密院事，行院徐州。徐州城東、西、北三面皆黄河，南獨平陸〔三〕；仲德壘石爲基，增城之半，復浚隍引水爲固，民賴以安。　城周九里有奇，三面阻水，即汴、泗爲池，獨南可通車馬。　領縣四。　田土九萬八千五百二頃五畝零，糧一十四萬七千一十六石零，絹五千五百六十三疋，四司額派銀一千七百九十四兩零。軍民雜處，衝，疲，劇，民悍，糧逋，多水患。　絶吕梁之險，阻四山之固，其西平川數百里〔四〕，直達中原。　故宋王玄謨表文帝云〔五〕：彭城南界大淮，左右清、汴，表裏京甸，捍衛邊境。　而魏尉元亦言：彭城，宋之要藩，南師要侵〔六〕。莫不因之以陵諸夏，郡城由來非攻所能拔。　其後周人大破陳軍於吕梁，擒吴明徹，悉降其衆。　於是陳失淮甸，以江爲界，而國日蹙。　故徐州之地，右可以建瓴梁、宋，左可以規制山東，前可以控馭江北。　沛公起之，項羽都之，曹公、吕布爭之，南、北朝守之。其人鷙武，有霸國之遺風，龐勛一呼，而淮南震動，其明效也。本朝直隸京師，蓋爲神孫長慮，而輕於一棄，誰秉國成，而今至是哉〔七〕！ 黄樓，在城東門之上，宋蘇軾守徐時建。〔眉批〕州之南門，即古白門。唐張玄稔攻徐州〔八〕，徐吏路審中率死士應官軍，開白門，入破龐勛〔九〕。 留城，在州北九十里。 漢爲縣，高帝封張良於此。 武原城，在武原山下，東漢置縣。 齧桑，按史記周勃世家，攻齧桑，先登。索隱注云〔一〇〕：齧桑在梁、彭城間。 呂梁山，在洪東，連亘委蛇，周數十里。 呂梁洪上閘〔一一〕，在洪北，下閘，在洪南，俱永樂十六年建。 上洪石堤長三十五丈，下洪石堤長三十六丈。 成化十六年，主事費瑄因洪北土壩易壞，改爲石壩，長一百六十五丈，復於壩西築堤二十餘丈，於洪東砌石路四百二十丈。 呂梁洪，在東南五十里。 洪有二，有上、下〔一二〕，相距可七里，蓋河之下流於濟，會於徐，以達於淮者。 洪石森立如巨齒，而水爲所束，則驚湍迅波，一瞬數里，舟逆流而上者，則以尺寸計，古稱懸水三十仞，流沫四十里者是已〔一三〕。洪中有諸溜，乃激石而成者：曰盧家溜，曰門限石，曰貓兒窩，曰黄石溜，曰侯家溜，曰蝦蟆石，曰邀繹石，曰夜叉石，曰飲牛石，曰牛角哨，曰轂輪石，舟行經此，必以羣力挽之而後濟。 徐州洪，在州東南二里。 一名百步洪。 勢極險峻，舟行難於上下。 外洪大石如獸蹲狀，人呼爲翻船石。 裏洪壩下數灣曲，如「之」「玄」字。 每歲損官民船以百數。 利國監，在州北九十里。 漢制，鐵官四十郡，彭城已有鐵官。 宋興，差鐵有四監，徐州之利國，其一也。 元豐初，蘇軾在郡，上皇帝書亦曰：利國監自古爲鐵官，商賈所聚。南畿志：呂梁洪分司公署，在洪之東滸。正德丁丑，主事陳憲築垣，周六里。呂梁山，在東南六十里。下有呂梁上下二洪。淮南子注：呂梁，在彭城呂縣，石生水中，禹決而通之。泗水，出山東泗水縣，南流過沛縣，至州東北，合汴水〔一四〕，循城東南，以達於淮。汴水，自開封府界東流過蕭縣，至州東北，與泗水通。睢水，在南六十里。寒山堰，在東南十八里。梁武帝命蕭淵明伐東魏，堰泗水以灌彭城。淵明軍於寒山，去彭城十八里，斷流立堰，再旬而成。戲馬臺，在城南。漢秺城，在北三十里，面臨泗水。本志作「垞」，兗州人謂實中城曰「垞」。呂布城，在東南八十五里，呂梁南二十五里。布與曹公相拒，築城於此。一名戰臺。利國監驛，在州東北九十里。夾溝驛，在州北九十里。黄河東岸馬驛，在城外河東岸。桃山馬驛〔一五〕，在州南五十里。彭城馬驛，在城外河東岸。畿志：城南二里。房村驛，在州東南五十里，呂梁洪南。舊有石山驛，嘉靖四十五年革。徐州遞運所，萬曆元年革。

【校勘記】

〔一〕漢楚國　底本作「楚漢國」，川本同，據滬本、盋本、京本及漢書地理志、紀要卷二九乙正。

〔二〕中左　「中」，底本脱，川本、滬本、盋本、京本同，據乾隆徐州府志卷七補。

〔三〕南獨平陸 「南」，底本作「西」，川本同，據滬本、盋本、京本及金史完顏仲德傳改。

〔四〕其西平川數百里 「川」，底本作「以」，川本同，據滬本、盋本、京本及紀要卷二九改。

〔五〕王玄謨 「玄」，底本作「立」，川本同，據滬本、盋本、京本及宋書王玄謨傳改。

〔六〕南師要侵 「要」，川本、滬本、盋本、京本同，乾隆徐州府志卷一引尉元説作「來」，疑此「要」爲「來」字之誤。

〔七〕而今至是哉 川本同，滬本、盋本、京本此句下有「蘇軾書」三字。

〔八〕徐州 「州」，底本脱，據川本、滬本、盋本、京本及嘉靖徐州志卷八、一二補。

〔九〕開白門入破龐勛 「白」，底本脱，據川本、滬本、盋本、京本及嘉靖徐州志卷八、一二補。「龐勛」，底本作「勛」，川本同，據滬本、盋本、京本及嘉靖徐州志補「龐」字。

〔一〇〕索隱 「索」，底本缺，川本同，據滬本、盋本、京本及史記周勃世家索隱補。

〔一一〕吕梁洪 「吕」，底本作「吴」，川本同，據滬本、盋本、京本及嘉靖徐州志卷七改。下同。

〔一二〕洪有二有上下 川本同，滬本、盋本、京本作「有上下二洪」，與紀要卷二九同。

〔一三〕流沫四十里者是已 「沫」，底本作「滚」，川本同，據滬本、盋本、京本及列子黄帝、嘉靖徐州志卷四改。

〔一四〕汴水 「汴」，底本作「沛」，川本、滬本、盋本、京本同。明統志卷一八：泗水「至州城東北，合汴水」。嘉靖徐州志卷四：泗水「至城東，受汴水合流」。則此「沛」乃「汴」字之誤，據改。

〔一五〕桃山馬驛 「山」，底本作「花」，據川本、滬本、盋本、京本及嘉靖徐州志卷七改。

蕭縣 周蕭國。漢扶陽侯國。 州西五十里。 編户十七里。無丞。 趙家園巡檢司，舊縣西北五十里。　簡僻，民疲，近漕多河患。　舊治鸜哥、香山二山之間，本古蕭國城。宋時以水患，乃築南城，與舊城相連。萬曆五年，大水城崩，遷於三臺山之南麓，在舊縣南十里，即今治。　縣城，萬曆五年，上發帑金築。　阻山控湖於東南，帶汴襟淇於西北〔一〕。　土沃人勁，比遭河患，蕩析離居，俗亦囂敝。　蕭之名三見於經。蕭叔來朝，猶附庸也。楚人圍蕭，蕭潰，則蕭爲楚矣。入於蕭以叛，則蕭爲宋矣。黄歇上秦王書曰：魏氏將出而攻銍、湖陵〔二〕、碭、蕭、相，則蕭又爲楚矣。左傳莊公十二年：宋萬之亂，羣公子奔蕭。宋桓公立，封蕭叔大心于此。春秋昭公八年：蒐于紅。即今紅亭鄉。　漢杼秋縣〔三〕，在舊縣西七十里。　扶陽縣，在舊縣西南六十五里。一作四十，恐係新阿〔四〕。　隋龍城縣，在舊縣東三十里。　永堌鎮〔五〕，在新縣東南三十里永堌山下。元至大間立永固縣，尋罷爲巡檢司。國朝洪武初因之，十三年亦罷。〔眉批〕汴河上接河南永城，自碭山縣界新挑溝，入本縣境，經城北，至兩河口，與山西湖之委流合，而入州界。嘉靖三十二年，河決秦溝，自新挑溝至縣西一帶俱淤平。淇河〔六〕，在舊縣南，新縣西五十里，經楊家集，由舊縣西南以趨東北，會兩河口〔七〕，入州界。西流河，在縣南三十里。南境九湖皆由此而出瓦子口，折而北入山西湖，注縣南，會於東北兩河口，入汴。

【校勘記】

〔一〕帶汴襟淇於西北　「襟」，底本作「營」，川本同，滬本、盍本、京本作「縈」，據嘉靖徐州志卷四、圖書集成職方典卷七六九改。

〔二〕銍湖陵　「銍」，底本作「鏗」，川本同，滬本作「鍾」，盔本、京本同；「湖」，底本作「胡」，川本、滬本、盔本、京本同，並據史記春申君列傳改。

〔三〕漢杼秋縣　「杼」，底本作「抒」，川本、滬本、盔本、京本同，據漢書地理志、嘉靖徐州志卷八改。

〔四〕新阿　「阿」，川本同，滬本、盔本、京本作「河」。

〔五〕永堌鎮　「堌」，川本同，滬本、盔本、京本作「固」，與嘉靖徐州志卷六、紀要卷二九所載合，下「永堌山」同。

〔六〕淇河　「淇」，底本作「其」，川本同，據滬本、盔本、京本及嘉靖徐州志卷四改。

〔七〕兩河口　「兩」，底本作「西」，川本同，據滬本、盔本、京本及嘉靖徐州志卷四改。

碭山縣　州西一百七十里。　編户二十五里。無丞。　僻簡，民稀，近有河患。　元屬濟寧路。本朝改屬徐州。　金興定間，以水患遷魚山保安鎮，在今永城縣境內。　至元還舊治。土城周一百六十八丈。　狐父，按史記曹參世家：擊秦司馬𡰱軍碭東〔一〕，破之，取碭、狐父。索隱注：碭屬梁國。狐父，地名，在梁、碭之間。　碭山，在東南七十里。漢高帝微時嘗隱於此。

【校勘記】

〔一〕𡰱　底本作「尼」，川本、滬本、盔本、京本同，據史記曹相國世家改。

豐縣　州西北一百八十里。　編户十九里。無丞。　僻簡，民饒，近有河患。　萬曆三十二年八月，河決朱旺口及太行堤十七鋪。又云，三十年，河決朱旺口。嘉靖五年河決，水溢城陷，遷治華山之陽，三十年復舊。　城周一千九百八十四步。　元屬濟寧路。　本朝改屬徐州。華山，在縣東南三十里。一名東華山。　元設巡檢司於此。　泡河，在縣北百步。上源接單縣，下循沛泗亭驛前，東入於泗。今淤，河迹尚存。　枌榆社，在縣東北十五里。按史記正義以爲漢高祖里社〔一〕。　漢書顔師古注曰：以此樹爲社神，因立名。　漢高祖初起，禱於枌榆社，後四年天下悉定，詔御史令豐治枌榆社，以時祀之。　章帝紀：章和元年八月，遣使祀豐枌榆社。　張晏曰〔二〕：枌〔三〕，白榆也。　郡國志云：豐有枌榆亭。　有秦皇厭氣之臺及枌榆社。

【校勘記】

〔一〕史記正義　「正義」，川本、滬本、盋本、京本同。按史記封禪書集解：枌榆，「高祖里社也」。則當作「集解」。

〔二〕張晏　「晏」，底本作「婁」，川本同，據滬本、盋本、京本及史記封禪書集解改。

〔三〕枌　底本「枌」下有「榆」字，川本、滬本、盋本、京本同，據史記封禪書集解引張晏曰删。

沛縣　漢沛侯國、廣戚侯國。　城周五里。　州西北一百二十里。　編户三十八里。無丞。　河道工部駐劄。　夏鎮，距縣四十里。　有泗亭驛及夫廠，隆慶元年移夏鎮。　衝疲，近漕有河患，糧欠。舊有沛縣遞運所，萬曆元年革。沙河鎮，在縣北六十里。河南岸屬沛縣，河北岸屬魚臺縣。沽頭城，在縣東十五里，周三里。嘉靖二十一年，工部員外侯寧築。元屬濟州。本朝改屬徐州。豐水，在縣西，循泗亭驛前入於泗。漷水，在縣東北。源出山東滕縣界，流入昭陽湖〔一〕，達於薛水。薛水，在縣東。出滕、薛之境，西流會漷水，自金溝上閘入於泗。歌風臺，在治東南，泗水西岸。留城，在東南二十里。張良所封。括地志：東南五十里。廣戚城，在縣東北三十里。即今廣戚鄉。唐省。昭陽湖，在縣東八里。仲虺城，在縣南四十里。偪陽國城，在邑與山東嶧縣界。泗水郡城，在縣東。秦置郡治此。胡陵城，在縣北五十里。秦縣。漢曹參以中涓、樊噲以舍人，從沛公擊胡陵，項王以精兵三萬人南從魯出胡陵。微子墓，在微山上。

【校勘記】

〔一〕流入昭陽湖　底本「昭」下「陽」上衍「潮」字，川本同，據滬本、盋本、京本及嘉靖徐州志卷四删。

懷遠縣　塗山，在縣東南六里〔一〕。古塗山氏之國。禹會諸侯於此。舊志云：荆塗二山，本一脈，自神禹以桐柏之水泛溢爲害，鑿山爲二以束之。兩崖間，鑿痕猶存。淮水，在縣東南二里。水經云：淮水出荆山之左，迂迴以入於渦，麓高水匯爲患，故禹鑿荆塗二山之峽，使淮出於其間，淮乃安流。其所鑿處，今名洪頭〔二〕，有巨石横梗若門限，每冬月水淺則見，乃其遺迹也。渦河，在縣北一里。源發豫州之葛河口，由鹿邑至亳州界，黄河支流從西北來注之，至亳城北，與馬尚河合，經蒙城，流至本縣，東入淮，謂之渦口。漢建安十四年，曹操引水軍自渦入淮，出淝水，軍於合肥，開芍陂屯田〔三〕，即此。淝河，在縣北一十五里。源發蒙城縣，至荆山東北入淮。一作宿州界，經蒙城。荆山堰，在縣南，荆塗二山對峙，淮水經中。梁武帝天監十三年，魏降人王足請堰水以灌壽陽，引北方童謡曰：荆山爲上格，浮山爲下格，潼、沱爲激溝，并灌鉅野澤。帝以爲然，遂發徐、揚丁夫及戰士合二十萬以築之，令太子左衛率康絢都督護作，十四年堰成。

古當塗城，在縣東南三里，塗山北麓。漢縣。今其址爲淮河。馬頭城，在縣南二十里。晉永和中，謝尚鎮馬頭城。義熙中置郡，以山形爲名。新城，在縣東南四十里。梁置馬頭郡，刺史劉公茂所築。北齊改爲馬頭縣。隋廢。考城，在縣東南四十五里。漢縣。龍亢城，在縣西北八十五里，渦水之陽〔四〕。漢縣。齊置龍亢郡。即此城也。周世宗顯德三年，親征淮南。唐兵萬餘人維舟於淮，營於塗山之下。世宗命宋太祖擊之，太祖遣百餘騎薄其營而僞遁，伏兵邀擊之，大敗唐兵於渦口。是年五月，以渦口爲鎮淮軍。四年，發近縣丁夫數千築二城，夾淮水，徙下蔡浮橋於其間，以斷濠、壽應援之路。會淮水漲，唐濠州監郭廷謂以水軍泝淮，焚浮橋，周右龍武統軍趙匡贊伏兵邀擊，破之。　洛河，在南七十里。源出定遠縣界青河澗，至洛河鎮入淮〔五〕。

【校勘記】

〔一〕東南六里　川本同，滬本、盋本、京本此下有「一作八里」。

〔二〕今名洪頭　「名」，底本作「各」，川本同，據滬本、盋本、京本及紀要卷二一改。

〔三〕開芍陂屯田　「屯」，底本作「池」，川本同，據滬本、盋本、京本及三國志魏書武帝紀改。

〔四〕渦水之陽　「之」，底本作「水」，川本同，據滬本、盋本、京本及紀要卷二一改。

〔五〕洛河鎮　「洛」，底本作「路」，川本同，據滬本、盋本、京本及紀要卷二一改。

五河縣　梁武帝天監十三年，用魏降人王足計築堰，南起浮山，北抵巉石，依岸築土，合脊於中流。淮水漂疾，將合復決。或謂蛟龍能乘風雨破岸，其性惡鐵。於是取東西冶鐵器數千萬斤〔一〕，沉於堰所，猶不能合。乃伐樹爲幹，填以巨石，加土其上。緣淮百里内，岡阜木石皆盡。堰成，壽陽戍移頓八公山。既而淮水暴漲，堰決，奔流於海，殺數萬人，其聲若雷，聞三十里。　李制使栅，在東二里。宋咸淳五年，兩淮制置使李庭芝所立〔二〕，石基尚存，橫跨河口。

【校勘記】

〔一〕於是取東西冶鐵器數千萬斤　「冶」、「千」，底本作「治」、「十」，川本同，據滬本、盋本、京本及梁書康絢傳改。

〔二〕兩淮制置使李庭芝　「制置」，底本脱「制」字，川本同，滬本、盋本、京本作「置制」；「庭」，底本作「廷」，川本同，滬本、盋本、京本作「庭」。宋史李庭芝傳：「賈似道鎮京湖，起爲制置司參議。」「朝廷擇守揚者，帝曰：『無如李庭芝。』乃奪情主管兩淮制置司事。」「大元兵圍揚州，制置印應雷暴死，即起庭芝制置兩淮。」圖書集成職方典卷八三六李制使栅：「兩淮制置使李廷芝所立。」據以補改。

貴池縣　黄湓河，在城西北九十里〔一〕。其源三：一出貴池西溪；一出建德良禾、烏沙〔二〕，合於雙河，播於東流之張家灘，沿於田埠；一出貴池魯祖山，繞於唐田，注於石龍潭，會於沙山〔三〕，達蘇河〔四〕，以入於江。　新河，在城西六十里。江之中流，有石槎杈横突，據爲攔江、羅汊二磯，奔流激蕩，運餉危之〔五〕。晉發運使周湛役三十萬夫，作支流以避其險，自是往來無覆溺之患。其後江面日開，磯勢頗安，而支流所引，民田苦於巨浸。正德十一年，知府何紹正復塞之。　李陽河，在城西六十里。舊名李王河，源引大江，襟帶驛治，以江流之消長爲盈涸。　池口河，在城西五里，一名杜塢河。其源五：一出石埭之櫟山，至於七里；一出古源山，會杏溪、大溪，交於櫟流；一出涔溪；一出石嶺，折於龍舒河；一出東源，經上溪。衆流會於秋浦，匯於玉鏡潭，府西南七十里。又迤邐數十里，鍾爲谷潭，決爲炭埠港，注於杜塢，過鎮山，入池口河，以達於江。清溪河，在城南門外。其源二：西南之源，一出涍溪，一出石嶺，與棠溪、峽川交於白洋，匯於府西南二十五里江祖潭，注於府西二十里上清溪，沿流與上洛嶺水會〔六〕，繞於平天湖，湧於黄沙灘〔七〕，過齊山湖，瀉於濟川橋，南門外。激於響水灘；東南之源，出府南二十里太婆山，注於白沙河，折於蝦湖，繞於東塘湖，合三水之下流，至於清溪，以達於江。梅根河，在城東四十五里。其源二：一出九華山，瀉於五溪橋，過黄屯，至鬬龍〔八〕，沿於陷溝，折流於五埠河；一出太婆山，瀉於馬衙橋，繞於龍潭，與九華流交於雙河，達蘇河以入於江。陳慶立寨梅根，見宋書。大通河，在城東北八十里，爲貴池、銅陵界。其源自青陽者四：一出九華山；一出分流嶺，達臨城河，經峽山；一出黄蘗嶺，經木竹潭；一出水龍山，經雙河，會於管埠。自銅陵者三：一出梅衡山；一出伏牛山；一出天門山，會於車橋河〔九〕；與諸水交於將軍灘，達蘇河，以入於江。

【校勘記】

〔一〕在城西北九十里　川本、滬本、盇本、京本同，嘉靖池州府志卷一、圖書集成職方典卷八〇五均作「在城西九十里」，無「北」字。

〔二〕烏沙　「沙」，底本作「河」，川本同，據滬本、盇本、京本及嘉靖池州府志卷一改。又，滬本、盇本、京本「烏沙」下有「嶺」字，與紀要卷二七載同。

〔三〕沙山　「沙」，底本作「河」，川本、滬本、盇本、京本同，據嘉靖池州府志卷一、紀要卷二七改。

〔四〕蘇河　「蘇」，川本、滬本、盇本、京本同，嘉靖池州府志卷一作「茲」。下同。

〔五〕運餉危之　「危」，底本作「厄」，據川本、滬本、盇本、京本及嘉靖池州府志卷一改。

〔六〕上洛嶺水　底本作「上洛水」，據川本、滬本、盇本、京本及嘉靖池州府志卷一、紀要卷二七補「嶺」字。

〔七〕黄沙灘　「沙」，底本作「河」，川本、滬本、盇本、京本同，據嘉靖池州府志卷一、圖書集成職方典卷八〇五改。

〔八〕至鬬龍　川本及嘉靖池州府志卷一同，滬本、盇本、京本「鬬龍」下有「山」字，與紀要卷二七載同。

〔九〕車橋河　「車」，底本作「東」，川本、滬本、盇本、京本同，據嘉靖池州府志卷一、嘉靖銅陵縣志卷一改。

銅陵縣　大江，在縣西一里。上接貴池，下抵繁昌。江之洲：曰下荷葉，曰橫港，曰曹韓，曰白沙，曰千斤，曰新湧，曰小蕪，曰錢家，曰丁家磯，曰羊山，曰石龍。　河口河〔一〕，在縣南百餘步。其源三：一出天井湖，一出劉家港，一出周家橋；會蘇河〔二〕，以達於江。源微水淺，舟泊不便，每兑運艤江滸，值風或有漂失，恒責償於民，民甚病之。天順間，邑人陳綱奏開，歲久淤塞。嘉靖初，又改大通驛於其濱，二十一年，邑民潘孟倫等浚復之，於是江流内注，利輳泊矣。　夾河，在縣西十里。居曹韓、白沙二洲中，引大江。　荻港河，在縣北八十里，界抵繁昌。其源三：一出邵家澗龍洞泉，一出永城埭沸泉，一出寶山泉；會於三港口，西接鳳心閘，北接黄火河，匯蘇河，以入於江。　池境，自馬當順流而下，以界繁昌，橫江五百里，約二十里一堠。曰牛磯，曰上磯〔三〕，曰稠林磯，曰吉陽磯，曰黄石磯，曰雁汊，以上東流；曰牛頭山，曰大腐溝，曰黄公山，曰城羅墩，曰軍督灣，曰黄龍磯，曰芭芒嘴，曰劉婆磯，曰仙姑廟，曰赤山磯，曰五埠溝，曰大通南岸，以上貴池；曰半山磯，曰天王山，曰丁家洲，曰錢家灣，曰江家溝，曰胭脂夾，以上銅陵。斥堠各一〔四〕。江上舊無哨艦，嘉、隆間，盜賊句書張幟鳴角於江中〔五〕，殺安慶守備，焚大通屯船〔六〕，越劫庫〔七〕，莫敢誰何。萬曆初，兵備副使馮叔吉始立荻港把總營，募水兵六百，分布哨船於信地〔八〕，江警遂絶。

【校勘記】

〔二〕河口河　上「河」字，底本作「沙」，川本同，據滬本、盋本、京本及嘉靖池州府志卷一、紀要卷二七改。

〔三〕會蘇河　「會」，川本同，滬本、盋本、京本作「合」；「蘇」，川本、滬本、盋本、京本同，嘉靖池州府志卷一、圖書集成職方典卷八〇五作「茲」。下荻港河條記載「蘇河」，上引志書亦作「茲河」。

〔三〕上磯　「上」，底本作「土」，川本、滬本、盋本、京本同，據嘉靖池州府志卷三、圖書集成職方典卷八〇六改。

〔四〕斥堠各一　「各」，底本作「名」，川本同，據嘉靖池州府志卷三改。滬本、盋本、京本删除此文，誤。

〔五〕盜賊句書張幟鳴角於江中　川本、滬本、盋本、京本同，滬本眉批：「句書，疑白晝之訛。」

〔六〕焚大通屯船　「屯」，底本作「也」，川本同，據滬本、盋本、京本改。

〔七〕越劫庫　川本同，滬本、盋本、京本「越」與「劫」間有「城」字，蓋是。

〔八〕分布哨船於信地　「信」，底本作「倍」，川本同，據滬本、盋本、京本改。

金陵志：古揚州之域。在周爲吴。春秋末屬越。楚滅越，置金陵邑，治石頭。秦改爲秣陵縣，屬鄣郡。漢元封二年〔一〕，改鄣郡爲丹陽郡，屬揚州，統縣十七，秣陵、湖熟、永平、江乘、句容、溧陽隸焉。東漢移郡治宛陵。建安十三年，孫權自京口徙治秣陵；十七年，城楚金陵邑，城號石頭〔二〕，改秣陵爲建業；二十六年，置丹陽郡，治建業。吴大帝元年，置揚州牧。黄武二年，丹陽郡徙治蕪湖。黄龍元年，自武昌徙都建業。永安中，分溧陽以北六縣爲丹陽郡，治建業。後主甘露元年，徙都武昌。寶鼎元年，還建業。晉武帝太康元年，平吴，改建業復爲秣陵縣。二年，分丹陽之十一縣爲宣城郡，治宛陵，又分丹陽立毗陵郡，而丹陽移治建業。統縣十一，建業、江寧、永世、溧陽、江乘、句容、秣陵、湖熟隸焉。江寧縣，在今縣南七十里，南臨浦水。元帝即位前一年，神璽出於江寧，江寧之名，是年始見。或云：永嘉中所置。王導傳：石勒侵阜陵，加導大司馬、假黄鉞，出討之。軍次江寧，帝親餞於郊。

揚州先分南北：南治建業，屬吴；北治壽春，屬晉。晉既平吴，移壽春之揚州並治建業，由是揚州之南北合爲一。統郡十八。分秦淮北爲建業，南爲秣陵。秣陵縣仍在秦故治，而建業縣治，在故都城宣陽門内右御街東。懷帝永嘉元年，以琅邪王睿爲安東將軍，都督揚州、江南諸軍事，假節，鎮建業。愍帝建興初，改建業爲建康。元帝始都建業，以宰相領揚州牧，丹陽太守爲尹。太興三年〔三〕，詔琅邪國人隨在此者，立爲懷德縣，屬丹陽郡〔四〕。成帝咸和四年，僑置魏郡、〔旁注〕圖考又有淮南郡。廣川、高陽、堂邑諸郡，並所統縣，並居京邑，以處流寓。先是，以江乘置南東海、南琅邪、南東平、南蘭陵等郡，屬南徐州；六年，分江乘縣西界置臨沂縣，與懷德、陽都〔五〕、費、即丘同隸南琅邪郡。宋丹陽尹領縣八：建康、秣陵、丹陽、江寧、永世、溧陽、湖熟、句容。其陽都、費、即丘三縣，並割臨沂及建康爲土，費縣治宫城之北，即懷德縣，隸南琅邪郡。文帝元嘉初，省僑立廣川等四郡，以其民幷建康；八年，省即丘入陽都；十五年，省費縣入建康、臨沂。孝武帝孝建元年，分浙江以東會稽、東陽、新安、永嘉、臨海五郡爲東揚州，而揚州仍領丹陽等十五郡。大明三年，以揚州所統六郡立王畿，以東揚州爲揚州；四年，以南琅邪郡隸王畿；五年，省陽都入臨沂、江乘；七年，以王畿之内郡屬南徐州；八年，復以王畿諸郡爲揚州。廢帝景和元年，罷東揚州。順帝昇明三年，改刺史曰牧，領丹陽、會稽、吴郡、吴興、淮南、宣城、東陽、臨海、永嘉、新安十郡。圖考：宋省永平縣入溧陽。梁武帝生於秣陵同夏里，因以其地置同夏縣。陳宣帝太建十年，改秦郡爲義州，尋罷義州及南琅邪、彭城二郡，立建興郡，領建安、同夏、烏山、江乘、臨沂、湖熟六縣，屬揚州。後主禎明元年，割揚州吴郡，置吴州。

隋文帝開皇九年，平陳，建康城邑宫闕，並蕩耕墾，六朝之迹，不復有存者。廢丹陽郡，平其城以爲田，乃於石頭置蔣州，依漢置太守，以司隸、刺史相統，析溧陽、丹陽之地置溧水縣。十八年，廢溧陽，并入溧水，與江寧、當塗三縣屬蔣州。大業初，改蔣州復名丹陽郡，省建康、秣陵、同夏三縣入江寧，又廢臨沂、丹陽、湖熟三縣亦入江寧，與溧水二縣仍爲丹陽郡所統。初，揚州治徙蔣州城內，末年，以江都爲揚州，置總管府，句容屬焉。自是揚州之名專於江都矣。唐高祖武德二年，置揚州東南道行臺尚書省。三年，以江寧、溧水二縣置揚州，析置丹陽、溧陽、安業三縣，更江寧曰歸化，以句容、延陵二縣置茅州。六年，復爲揚州，又以延陵、句容隸之，省安業入歸化，更歸化曰金陵。七年，平輔公祏，更名蔣州，置金陵縣，廢東南道行臺爲揚州大都督府。九年，廢都督，徙治江都，更金陵曰白下，延陵、句容隸潤州，丹陽、溧水、溧陽隸宣州。太宗貞觀七年，更白下曰江寧縣。圖考：七年，復改爲歸化，九年，仍爲江寧。肅宗至德二載，以潤州江寧縣置江寧郡。乾元元年，改爲昇州，置浙江西道節度，兼江寧軍使，領昇、潤、宣、歙、饒、江、蘇、常、杭、湖十州，治昇州，後徙治蘇州。寶應元年，廢昇州。〔旁注〕圖考：上元二年，廢州爲上元縣，隸潤州。僖宗光啓三年，〔旁注〕大順元年。復以上元、句容、溧水、溧陽四縣置昇州。天祐二年，楊吳大城昇州，建大都督府。武義二年，改爲金陵府。天祚三年，〔旁注〕晉天福元年。封徐知誥齊王，以金陵府爲西都，改金陵爲江寧府；是年，徐知誥即位，稱南唐。

宋太祖開寶八年，平南唐，以江寧府爲昇州。真宗天禧二年，以昇州爲江寧府、建康軍節度，治上元、江寧二縣，封壽春郡王爲昇王。後即位，是爲仁宗。唐書：上元元年，劉展陷昇州；二年，廢江寧，置上元縣。南唐保大二年，割潤之上元南十九鄉、宣之當塗北二鄉置江寧縣。輿地廣記云：唐既改江寧爲上元，南唐復析上元爲江寧，分治郭下〔六〕。高宗建炎三年，改江寧爲建康府。紹興三年，駐蹕。明年，置行宫留守。

元世祖至元十四年，置行御史臺於揚州，統治浙江、江西、湖廣、河南四省十三道提刑按察司〔七〕，改溧陽縣爲溧州，立建康路總管府，管録事司、江寧、上元、句容、溧陽四縣。十五年，改溧州爲溧陽府；十六年，改爲溧陽路，管溧陽縣並在城録事司；二十八年，罷溧陽路，復爲縣。成宗元貞元年，升溧陽、溧水二縣爲中州。文宗天曆二年，改建康路爲集慶路。

金陵志地爲都：孫吴建都四世，凡六十年。東晉建都十一世〔八〕，凡一百三年。南宋建都八世，凡五十八年。南齊建都七世，凡二十三年。梁建都四世，凡五十五年。陳建都五世，凡三十三年。南唐建都三世，凡三十九年。宋南渡，爲行都七世，凡一百三十九年。六朝事迹云：南朝建都之地，不過建康、京口、豫章、江陵〔九〕、武昌數處，其强弱利害，前世論之詳矣。吴孫策以會稽爲根本，大帝嗣立，稍遷京口，其後又嘗住公安，又嘗都武昌，蓋往來其間，因時制宜，不得不爾。及江南已定，遂還建業，保有荆、揚，而與魏、蜀抗衡，其宏規遠略，晉、宋而下，不能易也。故蕭繹捨建業而守江陵〔一〇〕，梁遂以亡。李嗣主捨建業而遷洪都〔一一〕，南唐遂不能以立。王導斷然折會稽、豫章之論，而以建業爲根本，自晉而下三百年之基業，導之力也。

【校勘記】

〔一〕漢元封二年　「封」，底本缺，川本同，據滬本、陳本、盔本、京本及漢書地理志補。

〔二〕城號石頭　「城」，川本同，滬本、陳本、盔本、京本作「地」，與至正金陵新志卷二合，當是。

〔三〕太興三年　「太興」，底本作「建武」，川本、滬本、陳本、盔本、京本同，據晉書元帝紀、宋書州郡志改。

〔四〕丹陽郡　底本作「楊州郡」，據川本、滬本、陳本、盔本、京本及晉書元帝紀、至正金陵新志卷四改。

〔五〕陽都　「都」，底本作「郡」，川本同，據滬本、陳本、盔本、京本及宋書州郡志改。

〔六〕唐書至分治郭下　川本同，滬本、陳本、盔本、京本改列於上文「徐知誥即位，稱南唐」之後。

〔七〕統治浙江江西湖廣河南四省十三道提刑按察司　「浙江」，底本脱，川本、滬本、陳本、盔本、京本同，據至正金陵新志卷二補。

〔八〕東晉建都十一世　「一」，底本脱，川本、滬本、陳本、盔本、京本同，據至正金陵新志卷四補。

〔九〕江陵　「陵」，底本作「寧」，據川本、滬本、陳本、盔本、京本及六朝事迹編類卷上改。

〔一〇〕故蕭繹捨建業而守江陵　川本同，與至正金陵新志卷四引六朝事迹合。滬本、陳本、盔本、京本「故」下「蕭繹」上有「孫皓捨建業而之武昌，吳因以衰」。乃據六朝事迹編類卷上所補。

〔一一〕洪都　川本同，滬本、陳本、盔本、京本作「洪府」，與六朝事迹編類卷上、至正金陵新志卷四同。

山水。　前志叙之曰：鍾山來自建業之東北，而向乎西南。大江來自建業之西南，而朝於東北。由鍾山而左，自攝山、臨沂、雉亭、衡陽諸山，以達於東；又東爲白山〔一〕、大城、雲穴、武岡諸山，以達於東南；又南爲土山、張山、青龍、石硊、天印、彭城、雁門、竹堂諸山〔二〕，以達於南；又南爲聚寶山、戚家山、梓桐山、紫巖、夏侯、天闕諸山，以達於西南；又西南綿亘至三山〔三〕，而止於大江，此諸葛亮所謂龍盤之勢也〔四〕。今按：自土山、石硊而下，臨沂、攝山諸山，皆隨蔣山之脈，沿江逆流而上，非自蔣山分而向左。其聚寶山自天闕、牛頭山降勢，自東南而西、而北、而東北，其石脈渡城濠止於周處墩〔五〕，後謂之朱雀，固宜。此謂自竹堂而南，亦非，姑以明山之周遭環合可耳。　由鍾山而右，近之爲覆舟山，爲雞籠山，皆在宮城之後〔六〕。東南利便書曰：吳太初宮、晉太初宮及歷朝宮闕〔七〕，皆北接覆舟山之麓，牛首在其前，即王導所謂天闕是矣。又北爲直瀆山、大壯觀山〔八〕、四望山，以達於西北。又西北爲幕府、盧龍、馬鞍諸山，以達於西，是爲石頭城〔九〕，亦止於江，此亮所謂虎踞之形也。其左右羣山，若散而實聚，若斷而實續，世傳秦所鑿斷之處，雖山形不聯，而骨脈在地，隱然相屬，猶可見也。左則方山、石硊之間，右則盧龍山、馬鞍山之間，耆老相傳，皆以爲秦始皇鑿斷長隴之所。秦淮經流三百餘里，地勢高下，屈曲自然，必非人工所爲。或云〔一〇〕：始皇埋金玉雜寶於鍾山，以厭王氣。又云：楚威王亦嘗埋金於此。前志已力辯其非，蓋古者帝王以金璧之屬，禮祀山川，於山則埋，於川瀆則沉。始皇嘗埋璧茅山，沉璧於江。漢光武亦埋金玉於茅山。故謂秦、楚嘗埋金玉於此，則或然，謂以銷厭王氣，非也。〔眉批〕晉書元帝紀：始皇時，望氣者云：五百年後，金陵有天子氣。故始皇東遊以厭之，改其地曰秣陵，塹北山以絶其勢。及孫權稱號，自謂當之。孫盛以爲始皇逮於孫氏，四百三十七載〔一一〕，考其曆數，猶爲未及。元帝之渡江也，乃五百二十六年，真人之應，在於此矣。

石頭，在其西，三山在其西南，兩山可望而挹，大江之水橫其前，秦淮自東而來，出兩山之端，而注於江，此蓋建業之門户也。覆舟山之南，聚寶山之北，中爲寬平宏衍之區，包藏王氣，以容衆大，以宅壯麗，此建業之堂奥也。自臨沂山以至三山，圍繞於其左，自直瀆山以至石頭，泝江而上，屏蔽於其右，此建業之城郭也。玄武湖注其北，秦淮水繞其南，青溪縈其東，大江環其西，此又建業天然之池也。龍川陳亮論建業形勢：東環平岡以爲安，西城石頭以爲重，後帶玄武以爲險，前擁秦淮、青溪以爲阻，是以王氣可乘，而運動如意。昔人詩咏石頭城，有「山圍故國，潮打空城」之句，則石城實臨大江。今大江遠石頭，玄武湖涸爲平田，青溪九曲，僅存其一，皆非昔矣〔一二〕。圖考：古之江水，自三山東入，沿陰山、石子岡北流，以至於石頭，又自石頭沿馬鞍、四望、盧龍、幕府東折〔一三〕，至於觀音，又由臨沂、攝山，直抵京口，二百餘里，山勢不絶。浮江而觀之，三山據於西南，石頭據於西北，秦淮中出，乃天限之門户也。今江水西流，沙州曠邈，馬鞍、鳳臺爲居民日削，而陰山則陶冶爲澤，漸不可尋矣。

【校勘記】

〔一〕白山　「山」，底本作「下」，川本、滬本、陳本同，據至正金陵新志卷五、紀要卷二〇改。盋本、京本並無此山，誤。

〔二〕竹堂　「竹」，底本缺，川本同，據滬本、陳本、盋本、京本及至正金陵新志卷五補。

〔三〕又西南綿亘至三山　「至」，底本脱，據川本、滬本、陳本、盋本、京本及至正金陵新志卷五補。

〔四〕此諸葛亮所謂龍盤之勢也　「盤」，底本缺，川本同，據滬本、陳本、盋本、京本補。

〔五〕其石脈渡城濠止於周處墩　「渡」，川本、滬本、陳本、盋本、京本同，至正金陵新志卷五作「沿」。

〔六〕皆在宫城之後　川本同，滬本、陳本、盋本、京本「宫城」上有「六朝」二字。按至正金陵新志卷五不載「六朝」，底本、川本是。

〔七〕歷朝宫闕　「歷」，底本作「利」，川本同，據滬本、陳本、盋本、京本及至正金陵新志卷五改。

〔八〕大壯觀山　「壯」，底本作「北」，據川本、滬本、陳本、盋本、京本及至正金陵新志卷五、紀要卷二〇改。

〔九〕石頭城　「城」，底本脱，川本同，據滬本、陳本、盋本、京本及至正金陵新志卷五補。

〔一〇〕或云　川本同，滬本、陳本、盋本、京本此前有「而」字。

〔一一〕四百三十七載　「載」，底本作「年」，據川本、滬本、陳本、盋本、京本及晉書元帝紀改。

〔一二〕石頭在其西至皆非昔矣　川本同，滬本、陳本、盋本、京本改叙於上文鍾山諸山下記「皆以爲秦始皇鑿斷長隴之所」後，與至正金陵新志卷五記載合，則底本、川本屬錯簡，滬諸本所改是。

〔一三〕又自石頭沿馬鞍四望盧龍幕府東折　「折」，底本作「北」，川本同，據滬本、陳本、盋本、京本及金陵古今圖考境内諸山圖考改。

鍾山，〔旁注〕上元。在城東北一十五里。周迴六十里，東連青龍山，西接青溪，南有鍾浦，下入秦淮，北接雉亭山。漢末，有秣陵尉蔣子文逐盗死事於此。吴大帝爲立廟，封曰蔣侯。又名金陵山，又名紫金山。大帝祖諱鍾，因改曰蔣山。庾闡揚都賦注〔一〕：元帝渡江，望氣者云：蔣山上紫氣〔二〕，時時晨見。又名北山，即南齊周顒隱處〔三〕，孔稚圭作北山移文者。南齊崔慧景遣千餘人，魚貫緣山西巖夜下，鼓譟，臺軍震恐。梁侯景反，邵陵王綸率西豐公大春等馬步三萬，發自京口，直據鍾山，景黨大駭，具舟欲逃。陳大寶元年，齊軍潛至鍾山，逾龍尾，進至幕府山。國朝孝陵在焉。嘉靖中，詔改名神烈山。上元志〔四〕：紫氣時時晨見，又名紫金山。西巖有雷次宗招隱館。又名北山。兩峯秀起，北一峯最高，其巔有一人泉，循泉西有黑龍潭，相傳曾有龍見，今深廣不數尺。其上爲太子巖，又名昭明讀書臺。西有峴〔五〕，曰栽松，曰楊梅巖，曰頭陀峯。緣蔣祠有玉澗。其崇岡曰孫陵，宋九日臺在焉。峯之秀者，曰屏風嶺，後曰桂嶺，碧石青林，幽阻深靚。其東有道士塢、道卿巖〔六〕，八功德水在其下。西折，爲桃花塢、道光泉、宋熙泉，陟左，有東澗、茱萸塢。山之南有岡，曰獨龍阜，峯曰玩珠，梁釋寶誌墓在焉，起浮圖五級。今移至東麓。塔之西，有洗鉢池、落叉池〔七〕。東山巔有定心石，山之半有井，與江潮盈縮，曰應潮井。南麓有霹靂溝，有鍾山仙洞，即道書朱湖洞天。有曲水，晉海西公疏以宴百僚。宋時，以三月三日祓除於此。山之支迤邐而南，隱然隆起者爲龍廣山。石頭山〔八〕，在城西二里。按輿地記：環七里一百步，緣大江，南抵秦淮口，去臺城九里〔九〕。宮苑記：周顯王三十六年，楚威王滅越，置金陵邑，即石頭城。江乘地記云：石頭城山，嶺嶂千里，相重若一，遊歷者以爲吴之石城，猶楚之九疑也。山上有城，因以爲名。漢建安十六年，吴孫權修理，改名石頭城，用貯軍糧器械。今清涼寺西是也。丹陽記：石頭城，吴時悉土塢，義熙初，始加磚累甓，因山以爲城，因江以爲池〔一〇〕。六朝記：吴孫權沿淮立栅，又於江岸必争之地築城，名曰石頭，常以腹心大臣鎮守之。今石城故基，乃楊行密稍遷近南，夾淮帶江，以盡地利，其形勢與長干山連接。晉伐吴，王濬以舟師沿江而下，自三山抵石城。自晉室中興，常爲險要必争之地。王氏舉兵，明帝以温嶠守石頭。石城之東有巨石桁〔一一〕，因呼爲塘岡，乃王敦害周顗、戴淵處。又蘇峻攻大業壘，陶侃將救之。殷羡曰：若救大業，步兵不如峻，但當急攻石頭，峻必救之，大業自解。侃從之。峻果棄大業而救石頭。孫恩至京口，元顯守石頭。安帝時，宋高祖討盧循，曰：賊衆我寡，分兵則人測虚實，若聚衆石頭，則力不分，遂移鎮石頭。魏主南侵，文帝登石頭城望魏兵。石頭倉城，在石頭城内。元嘉二十七年，魏人至瓜步，丹陽尹徐湛之守石頭倉城。沈攸之事起，齊高帝遣戴僧静將腹心至石頭，經略袁粲，時蘇烈守倉城門，僧静射書與烈，夜縋入城。大明中，以其地爲離宮。景和元年，修爲長樂宮。齊武帝爲世子，即以爲世子宮。後多以諸王鎮之。陳武帝與諸軍討侯景，景登石頭城，望官軍之盛，不悦，乃以舟艓貯石，沉塞淮口，緣淮作城，自石頭城迄青溪十餘里，樓雉相接。帝於石頭城西，橫壟築柵，直出東北，悉力乘之，景遂大潰。徐嗣徽招北齊兵至闕下，柳達摩等保石頭，陳霸先於石頭南北岸，絶其汲路，又堙塞東門城中諸井，達摩請和，許之。霸先陳兵石頭南門，送齊人北歸，及至皆誅死。陳宣帝大建二年，其城復加修築，以貯軍食。隋平陳，置爲蔣州城。輔公祏據江東，用爲揚州。公祏平，又於城置揚州大都督府，移揚州於廣陵，此城遂廢。唐武后光宅中，徐敬業舉兵，使其徒崔洪渡江，守石頭〔一二〕。敬業平，分軍三百人守之；尋置爲鎮，仍徙縣倉實之〔一三〕。韓滉觀察江東西，德宗狩梁州，乃築石頭五城，自京口至土山，修塢壁，起建業，抵京口，樓雉相望，於石頭城穿井，皆百尺。今五城遺址尚存。李錡據潤州，屬別將庾伯良兵三千，築石頭城〔一四〕。南徐州記：江乘縣西二里有大浦，發於石城山〔一五〕，東入大江。此山與盧龍、幕府諸山相連，迤邐達於京口。府志：吳、晉時，江在石頭下，爲險要必爭之地。又云：自江北而來，山皆無石，至此山始有石，因名石頭山云。下有龍洞，又名桃源洞。東麓有虎踞關，旁有巨石，曰塘岡。山後有駐馬坡，諸葛亮嘗駐馬於此，以觀形勢。南有烽火臺。中有齊世子宮。石頭塢五城，皆廢。張舜明曰：石頭城〔一六〕，天生城壁，有如城然，在清涼寺北覆舟山上。江行自北來者，循石頭，轉入秦淮。陸游曰：龍灣望石頭山，不甚高，然峭立江中，繚繞如垣牆。清涼寺距石頭里餘，西望宣化渡及歷陽諸山。六朝時，倉在石頭，故梁何遜登石頭城詩云〔一七〕：百雉極襟帶，億庾兼量出。覆舟山，〔旁注〕上元。一名龍舟山。府志：在太平門内。在城北七里。東際青溪，南連鍾山，西接雞籠山，北連玄武湖〔一八〕，狀如覆舟，故名。輿地志：山在樂遊苑。此山與鍾山形若斷而脈相連，兩山之間，土中皆石，山之骨也。宋武帝舉兵討桓玄〔一九〕，玄將卞範之屯覆舟山西，宋武帝疑有伏兵〔二〇〕，遣劉鍾往，果有伏兵數百。元嘉改名玄武山，以其在城之北也。陳高祖時，齊兵逾鍾山，高祖衆兵分頓樂遊苑東及覆舟山北，斷其衝要。齊軍至玄武湖西北幕府山南，將據北郊壇，衆軍自覆舟東，移頓郊壇北，與齊人相對，縱兵大戰，即此地。雞籠山，〔旁注〕上元。府志：雞鳴山，在覆舟山西南，北臨玄武湖。在城西北六七里。寰宇記云：西接落星澗，北連栖玄塘〔二一〕。宋改名龍山，以黑龍常見玄武湖，山正臨湖上〔二二〕，故名。元嘉十五年，立儒館於北郊，命雷次宗居之，次宗因開館於雞籠山。竟陵王子良嘗移居雞籠山下〔二三〕，集四學士，抄五經百家，爲四部要略千卷。國朝於山頂築臺，置儀表以測天象，名觀象臺，左右列十廟，繚以朱垣。其東麓爲雞鳴寺。幕府山，〔旁注〕上元。在城西北二十里，畿志：十五。晉元帝自廣陵渡江，丞相王導建幕府此山，因名。府志：今名石灰山，山巃多石，居人煅以取灰，故名。北濱大江，東與直瀆諸山接，爲建業門户。寰宇記：東北臨直瀆浦，西接寶林山，南接蟹浦〔二四〕。山有五峯，南曰北固，峽中有石洞，幽邃；中峯上有仙人臺、虎跑泉；西北峯曰夾蘿，亦曰翠蘿，上有達摩洞。宋明帝高寧陵在山西。王導、温嶠之墓亦在焉。南接盧龍、石頭、鳳臺。宋元嘉二十七年，魏人入寇，至瓜步，帝登幕府山觀望形勢。三國典略：齊師伐梁，至於鍾山龍尾。周文育請戰，陳霸先曰：兵不逆風。文育曰：事急矣，何用古法！抽槊上馬，殺傷數百人，齊軍乃退屯幕府山。霸先衆軍自覆舟東，移頓郊壇，與齊人相對。霸先自率麾下出幕府山南，與吳明徹、沈泰等首尾擊之，齊人大潰。畿志：其巔平曠，坐瞰長江，極觀覽之勝，絶處有外城雉壘。盧龍山，〔旁注〕上元。今在城內西北隅。在城西北二十五里。東有水，下注平陸，西臨大江，今張陣湖北岡隴，北接靖安，皆此山也。張陣湖在石頭城後。晉元帝初渡江，見此山嶺綿延，遠接石頭，爲江上之關塞，以比北地盧龍，因名。此山與馬鞍山相接，氣勢雄包。自秦鑿爲二〔二五〕，後置都船場、聖妃廟其間，至今溝內石骨連焉。國朝改名獅子山，山首突出城堞，於西巖建閱江樓。聖祖嘗伏兵於此，大破陳友諒於此山下。馬鞍山，〔旁注〕上元。府志：與獅子山接。在城西北十里。西臨大江，東與石頭接，以形似得名。四望山，〔旁注〕上元。今在定淮門內。畿志：定淮門外之北。在城西北一十里。東至龍安，西臨大江，南連石城，北接盧龍山。晉蘇峻反，温嶠於四望磯築壘，以逼賊。大壯觀山，〔旁注〕上元。府志：與直瀆山接。在城北一十八里。東連蔣山，西有水，下注平陸，南臨玄武湖，北臨蠡湖。陳宣帝起大壯觀於此山，因名。太建十一年八月，幸大壯觀〔二六〕，因大閱武，命都督任忠領步騎十萬〔二七〕，陣於玄武湖上，登玄武門觀，宴羣臣，因幸樂遊苑，設絲竹之會〔二八〕，重幸大壯觀，振旅而還。觀音山，〔旁注〕上元。在觀音門外。〔旁注〕府志。北濱大江，西引幕府諸山，東連臨沂、衡陽諸山。畿志〔二九〕：自幕府山峯巒連屬，至此則突出大江，水勢湍急〔三〇〕。上元志〔三一〕：有觀音閣，嵌絕壁上，右有石，臨瞰江水，形如飛燕，名曰燕子磯。上有漢壽亭侯廟，又有大觀亭、俯江亭，下有水雲亭，丹巖翠壁，遠望如畫。直瀆山，〔旁注〕上元。在城北三十五里。旁有直瀆洞，東西有水，流入大江〔三二〕。以上諸山皆在鍾山之右，自城北綿亘達於城西。臨沂山，〔旁注〕上元。在城東北四十里。東北接落星山，西臨大江，西南有臨沂縣城。雉亭山，〔旁注〕上元。在城東北四十五里。與舊臨沂縣相望。齊武帝遊鍾山，射雉於此，因名。俗又呼騎亭山。衡陽山，〔旁注〕上元。在城東北四十五里。東臨清塘，西北有水下湖，南接雉亭山。攝山，〔旁注〕上元。一名繖山。府志：與衡陽接。在城東北四十五里。東連畫石山，南接落星山。江乘記云：攝山形方，四面重嶺，西北有水，注江乘浦，入攝湖。湖去城五十里，周二十五里。府志：即秦始皇所從渡江者，江乘在東北明矣。梁紹泰中，陳霸先與齊師戰，大敗之，追奔至攝山，虜蕭軌。南史：明僧紹居此山後，捨宅爲棲霞寺。齊時，隨石勢大小，鑿佛像千餘，名千佛嶺。右爲天開巖，沈傳師〔三三〕、徐鉉、張稚圭、祖無擇諸題名尚存。有白乳泉、白鹿泉、試茶亭、中峯、紗帽峯、紫溢峯，峯下有般若堂、明月臺、宴坐臺〔三四〕，高下相望。白山，〔旁注〕上元。在城東三十里。東接竹堂山〔三五〕，南接蔣山，北連攝山，西有水，下注平陸，產白石，可爲碑礎。梁散騎常侍韋載有田十餘頃，在江乘之白山，築室屏居〔三六〕，不入籬門者十載。苻堅山，〔旁注〕上元。府志：東南。在城東六十里。北連大城山。

相傳謝玄破秦歸，謝安在墅，問其方略，玄於原野陳其營壘次序〔三七〕，指此山曰：此若苻堅駐軍之山也。因名。　大城山，〔旁注〕上元。在城東七十里。南連苻堅山，西連雁門山，北連竹堂山〔三八〕。　雲穴山，〔旁注〕上元。在城東八十五里。南有水，流入石驢溪。有洞穴，甚幽邃，天欲雨，則穴中雲出，因名。　武岡山，〔旁注〕上元。在城東二十五里長寧鄉，俗呼爲石佛子廟。土山，〔旁注〕上元。在城東南二十里。一名東山，無巖石。輿地志云：山下有湖，自方山至京師，此爲半道。今謂此山下道爲半邏。實録：吳景帝自會稽至曲阿，孫綝迎於土山之半野。晉太元八年，苻堅入寇，謝安命駕出土山墅張宴，並此。李太白東山詩，亦指此。然安所居之東山，實在會稽也。　張山，〔旁注〕上元。在城東南三十里淳化鎮北。南史：齊欽明皇后葬江乘張山，旁有虎洞，下有玉泉。　青龍山，〔旁注〕上元。在城東南三十五里。南有蘼蕪澗。山趾石堅而色青，可爲碑礎。西趾有泉，大旱不涸。　祈澤山，〔旁注〕上元。在城東南三十五里，周十里。東連彭城山，北連青龍山。有祈澤泉。　石硊山〔三九〕，在城東南四十里。一名竹山。臨秦淮。祥符圖經：有大龜，悉是石，故名石硊。「硊」，一作「櫃」。每春夏水溢，衆流匯北山〔四〇〕，横據秦淮之上，以櫃遏水勢。輿地志：秦始皇時，望氣者云江東有天子氣，乃東遊厭之，又鑿金陵以斷其勢。今方山、石硊，是其所斷之處。孫盛云：東至方山，有直瀆，白瀆至此山，或云是秦所掘山。今山西九里，有大龜枕淮，京師構塘累石，悉鑿此取之。　方山，〔旁注〕上元。一名天印山，在城東南四十五里。四面方如城。東南有水，下注長塘，流溉平陸。徐嗣徽兵至秣陵故治，齊人跨淮立柵，度兵，夜至方山，周文育等各引還。齊兵自方山進及倪塘，嗣徽等夜列艦於青堆，至於七磯，以斷周文育歸路。文育鼓譟而發，嗣徽等不能制。今方山南有青堆埠，即舊地。上有石龍池，下有葛仙公井，一名洗葯池。東南有水，下注長塘，流溉平陸〔四一〕。吴大帝爲仙者葛玄立觀於此山。彭城山，〔旁注〕上元。在城東南四十五里。北接青龍山，在祈澤山東，有水注麓成渠，渠上有橋，舊有彭城館。雁門山，〔旁注〕上元。在城東南六十里。山勢連綿，類北地雁門，故名。西連彭城山，山東北有温泉〔四二〕。輿地志云：白山、雁門山、竹堂山，並連帶建康，東北綿亘三四十里，一名陽山。孝陵碑材取之此。竹堂山，〔旁注〕上元。在城東南七十五里。東連雲穴山，西連白山，南連大城山，北有水，下注平陸。

横山，江寧。在城東南一百二十里。山有十五峯〔四三〕。丹陽記：丹陽縣東有横山，連亘數十里，或云：楚子重至於横山是也。又曰横望山，四面望之皆横，故名。接連太平府界。戚家山，江寧。在城南天禧寺東。在今大報恩寺後。紫巖山，在縣南，與梓桐山相近。夏侯山，在縣南二十二里。梁儀同夏侯亶居此。韓府山，在縣南十五里安德鄉，舊名鳳凰山。本朝韓憲王葬於此，因名。梓桐山，在城南一十五里。山下有謝氏詩樓及緡經臺〔四四〕，基尚存。聚寶山，江寧。在城南雨花臺側，〔旁注〕在聚寶門外。上多細石如瑪瑙，故名〔四五〕。其東巔爲雨花臺，山麓爲梅岡。陳豫章太守梅鋗家於岡下，又曰梅鋗營〔四六〕。牛頭山〔四七〕，江寧。一名天闕，又名仙窟山。山有東西二峯，王導指爲天闕。在城南三十里。山之南峯，宋大明中嘗立南郊壇其上。宋建炎四年，岳飛敗金人於清水亭，兀术復趨建康，飛設伏牛頭山上，又以騎三百、步卒二千人，馳至南門、新城爲營，大破兀术之衆〔四八〕。周四十七里，以其兩峯並峙，如雙角然，故名。晉王導以其遠對宣陽門，指爲「天闕」，故又名天闕山。梁司徒徐度建寺於雙峯，名曰佛窟寺。歷代崇飾甚盛。由山麓起，石級數百層，杉、檜行列而上，曰白雲梯。有白龜池、虎跑泉。南爲捨身臺，臺之側，懸巖突出，曰兜率巖，其下爲文殊洞。又南有峯，曰芙蓉嶺，曰雪梅。山椒有昭明太子飲馬池，僅丈許，冬夏不涸。大峯之北有石如卧鼓，中虛，可坐數十人，其高九尺，上下有小石，吴時呼爲「石鼓」。折而西，有石窟，不測淺深，名曰辟支洞。相傳云：辟支佛出此。梁武帝於此建寺，更山名曰仙窟者，以此。野豬洞，在辟支洞右，又名安初。前對三山，大江旁繞，是山之佳勝處。舊有中峯庵，在西風嶺半。近庵有地湧泉，又名感應泉，俗呼龍王泉，自石坎中出，深二尺許，纖淫縷浸，色味俱絶，其地最幽。其東南爲劉宋郊壇處。建炎中，岳飛敗兀术，設兵於此。山陰支脈，蜿蜒起伏，至城南而止，有斷壁巖、翠雲山，皆幽勝處。巖山，江寧。在城南四十里。有吴石刻。實録：後主天璽元年，立石刻於巖山，紀吴功德。宋孝武改曰龍山。吴寧陵在焉。泰始中，建平王休佑於巖山射雉〔四九〕，日欲暮，明帝遣左右壽寂之等，逼休佑墜馬，因共毆殺之。陰山，在江寧西南一十二里，臨大江。在大勝港西南，山舊有廟，王導建，祠陰山神者。三山，江寧。在城西南五十七里。吳志：晉琅邪王伷濟自三山。丹陽記：江寧縣北十二里，有三山相接〔五〇〕，吳時濟津道也。戚氏云：江寧古城去今城七十里，故不同也。元和郡國志：王濬伐吳，宿於牛渚，部分明日前至三山。王渾遣使要濬暫過論事〔五一〕，濬舉帆直指建業，報曰：風利，不得泊也。是日，濬戎卒八萬，方舟百里，鼓譟入於石頭。輿地志〔五二〕：其山積石森鬱，濱於大江，三峯行列，南北相連，號三山。府志：上三山在江寧鎮西，下三山在江寧鎮東。大江從西來，勢如建瓴，而此山突出，當其衝。自臨沂而下，諸山皆在鍾山之左，繞府城東北隅，達於城東，轉東南隅，以達於南，又轉西南隅，及西而止於江。其自牛頭山降勢者，北爲聚寶山，以北止朱雀航，與秦淮水北石頭城、馬鞍諸山相望，其地脈山勢似斷而續，似散而聚，似遠而近，環抱拱挹，真如龍之盤也。祖堂山，江寧。在牛首山南十里，周四十里。宋大明中，於山建幽棲寺，因名幽棲山。唐高僧法融得道於此，爲南宗第一，乃改爲祖堂山。山南有巖，石窟奇麗，中虚，深可十步，儼若堂宇。融師居中，有百鳥獻花之異，因名獻花巖。其頂爲芙蓉峯。山極爲幽勝，回望牛頭，雙峯聳翠，林巒樓殿，宛如圖畫。銅山，江寧。在縣東南七十里。昔人采銅於此山，故名。宋鮑照有過銅山掘黄精詩。白都山，江寧。在縣西南七十里。西臨大江。白仲都嘗居此山修道，白日升天，因名。山下有白都湖。吳志：諸葛恪誅，子竦載其母走，孫峻遣劉承追斬於白都〔五三〕，即此。鼓吹山，江寧。在縣南八十里。東北有水，四望孤絶。宋孝武大明七年，自江寧南登此山，奏鼓吹，因名。龍山，江寧。在縣西南九十五里。北有水，其山似龍形，故名。與當塗界。戰國策：楚南察瀨湖而野江東〔五四〕。烈山，江寧。在城西南七十里。乾道志：吴舊津所也〔五五〕。伏滔北征賦謂之溧洲，上有小山，形似栗，因名。晉書：桓沖爲荆州刺史，謝安送至溧洲。又云：山近烈洲〔五六〕，故曰烈山。其山四面峭絶，下瞰大江，風濤汹湧，商旅嘗泊舟依山，以避風。陳史：永定初，王琳聚兵窺臺城，造黄龍舟千艘，泊於荻港。西南風急，琳謂得天助，張帆直下。陳將侯瑱泊舟蕪湖，逐後而發，戰於烈山之下，用拍竿撞琳船，琳擲火焚之，風逆自焚，遂大敗奔齊。按厲、賴、栗、烈，字音相近，古有賴國、瀨渚，今爲溧水、烈山、烈洲，疑皆厲之轉音云。慈姥山，江寧。在西南一百一十里。與太平府境接。輿地志：山積石臨江岸，壁峭絶，出竹，堪爲簫管。天竺山，江寧。在慈姥山西十里。東有水，下注慈姥浦。

茅山，在句容縣東南四十五里，迴環一百五十里〔五七〕。初名句曲山，象其形也。茅君得道，更名曰茅山。吴越春秋：禹巡天下，登茅山以朝羣臣。有大茅、中茅、小茅等峯，陶隱居云：自大茅山南後，韭山、竹山、吴山、方山，從此連峯疊嶂，達乎吴興天目諸山，至乎羅浮，而窮乎南海。朱文公謂岷山之脈，由衡山南出，而東渡大庾嶺者，包彭蠡之源，而北盡乎建康。然則茅山形勢，實與岷、峨相爲首尾，蔣山、金陵，特其脈之盡者。梁書：陶弘景止於句容之句曲山〔五八〕，恒曰：此山下是第八洞宫，名金壇華陽之天，周回一百五十里。昔漢有咸陽三茅君得道來掌此山，故謂之茅山。絳巖山，一名赭山，在縣西南三十里，周迴二十四里。寰宇記：本名赤山。唐天寶中，改爲絳山。一名丹山。丹陽之義出此。山極險峻，臨平湖，山之巔頗坦夷，惟一路可通。舊傳五季之亂，居民避難於上，往往獲免。後斸山者，常於其地獲銅錠、劍器之屬。建炎兵火，鄉民又依之以免禍。竹里山，在縣北六十里。方輿地記云：行者以其途傾險〔五九〕，號曰翻車峴。山間有長澗，高下深阻。晉王恭舉兵京口，使劉牢之爲爪牙〔六〇〕，使帳下督顔延爲前鋒。牢之至竹里，斬延以降，還襲恭。宋武帝起義，自京口至江乘，破桓玄將吴甫之於竹里。華山，在縣北六十里。戚氏志云：秦淮出此。秦淮有二源，一自此山出，經句容縣西南流也。東廬山，在溧水州東南一十五里。縣志：二十。有水源三：一自山西流自秦淮，一自山東北流入馬沈港，一自山東南吴漕流入丹陽湖。山謙之丹陽記云〔六一〕：東有廬山，與丹陽分界。杜城山，在州南一十二里，周迴五十五里。隋大業末，杜伏威嘗屯軍於此，故名。舊有廟及戰場。芝山，在州東南七十里，周迴四十里。有李、蔦二洞，相去三百步，可容數千人。唐末，田頵舉兵宣州，邑人攜老幼於此避難。濁山，在州東南一十里。山北，濁水出焉。輿地志：溧水縣有濁山，即秦淮源。府志不載其爲秦淮源，而云中山一名濁山。元和郡國志云：山出兔毫，爲筆精妙。畿志：中山，在縣東南十五里。其水曰濁水，或曰獨訛爲濁耳，未詳。縣志：十一里〔六二〕，爲邑之鎮。輿地志曰：溧水縣有濁山，即此。又云：中山者，一培塿耳〔六三〕。

伍牙山，在溧陽州西南六十里，周四十里。輿地廣記：子胥伐楚還吴，經此，故名。一作護牙山。元阿剌罕攻破銀樹東壩〔六四〕，至護牙山，敗宋兵，即此。平陵山，在縣西三十五里。春秋時，吴移瀨渚於山下。晉王允之執蘇逸於此〔六五〕。通鑑：郗鑒遣參軍李閎追張健等，及於平陵山，皆斬之。縣志：西一里有平陵城。舊經云：晉成帝咸和四年，李閎執蘇逸於此。元和郡縣志謂李閎圍韓晃於此山斬之者，非也。

岡嶺。白土岡〔六六〕，〔旁注〕上元。北連蔣山，南至秦淮，周十里，高十丈。其土色白。賀若弼進軍鍾山，魯廣達於白土岡與弼旗鼓相對，隋軍退走。燕子磯，在觀音門外，北俯大江。落星岡，江寧。一名落星墩。府志：在板橋市，西臨大江。在城西北九里。周二十六里，高十二丈。梁王僧辯於石頭城西步上連營立柵，至於落星墩，以拒侯景。又江寧縣西三十里臨江〔六七〕，亦有落星岡，周十里。上有小阜，高數丈。南史：陳顯達舉兵，以數千人登落星，新亭諸軍聞之奔還，宫城大駭。即此洲也。江寧縣志云：按金陵志，落星山有二，岡亦有二。山在上元者，北接棲霞岡，在城西北九里，一名落星墩。梁王僧辯云云。抱朴子云：落星岡，吴時星落，因名。李白嘗於落星石换酒爲歡。皆此地。山在江寧者，去城西南五十里，西臨大江。岡在縣西三十里落星洲上，周十里。上有小阜，高數丈，南史陳顯達云云，即此。據志，似指洲二小阜而言也，舊志皆未詳考。石子岡，江寧。在城南一十五里梓桐山北，長二十里。吴志：諸葛恪爲孫峻所害，投之石子岡。輿地志：宋大明中，起迎風觀於上。武帳岡，上元。在幕府山東南，岡側有武帳堂。又見宣武場下。金陵岡，在城西龍灣路上。赤石磯，在聚寶門外，城濠相傳爲古烏衣巷處。宋武帝嘗宴於此，敕諸子且勿食，至會所賜饌。日旰，食不至，有饑色，乃戒之曰：汝曹少長豐佚，不見百姓艱難，今使爾識饑苦，知務節儉。

【校勘記】

〔一〕庾闡揚都賦注　「注」，底本脱，川本同，據滬本、陳本、盋本、京本及藝文類聚卷七鍾山引庾闡揚都賦注補。

〔二〕元帝渡江望氣者云蔣山上紫氣　川本、滬本、陳本、盋本、京本同。藝文類聚卷七鍾山引庾闡揚都賦注作「元皇帝未渡之年，望氣者云：蔣山上紫雲」。與此有異。

〔三〕周顒　「顒」，底本作「顯」，川本同，據滬本、陳本、盋本、京本及明統志卷六改。

〔四〕上元志　川本、陳本同，滬本、盋本、京本作「考上元志」。

〔五〕西有峴　底本「峴」下衍「山」字，據川本、滬本、陳本、盋本、京本及萬曆上元縣志卷三删。

〔六〕道卿巖　「道」，底本脱，據川本、滬本、陳本、盋本、京本及萬曆上元縣志卷三補。「卿」，底本作「鄉」，川本、滬本、陳本、盋本、京本同，據萬曆上元縣志卷三、光緒江寧府志卷六改。

〔七〕落叉池　「叉」，底本作「汊」，據川本、滬本、陳本、盋本、京本及萬曆上元縣志卷三改。

〔八〕石頭山　「山」，底本作「城」，據川本、滬本、陳本、盋本、京本及至正金陵新志卷五改。

〔九〕去臺城九里　「去」，底本作「在」，據川本、滬本、陳本、京本及至正金陵新志卷五改。

〔一〇〕因江以爲池　「江」，底本作「山」，川本同，據滬本、陳本、盋本、京本及至正金陵新志卷五改。

〔一一〕石城之東有巨石桁　「桁」，底本作「衍」，川本同，據滬本、陳本、盋本、京本改。

〔一二〕守石頭　「頭」，底本作「城」，據川本、滬本、陳本、盋本、京本及至正金陵新志卷五改。

〔一三〕仍徙縣倉實之　「縣倉」，底本缺，川本同，據滬本、陳本、盋本、京本及至正金陵新志卷五、紀要卷二〇補。

〔一四〕築石頭城　「築」，底本缺，川本、滬本、陳本、盋本、京本同。至正金陵新志卷五：「李錡據潤州，屬別將庾伯良兵三千人，築石頭城。」紀要卷二〇：李錡遣兵「修築石頭」。此缺爲「築」字，據補。

〔一五〕發於石城山　「發」，底本缺，川本同，據滬本、陳本、盋本、京本及至正金陵新志卷五補。又，底本「石」下衍「頭」字，據川本、滬本、陳本、盋本、京本及至正金陵新志刪。

〔一六〕石頭城　川本同，滬本、陳本、盋本、京本「城」下有「者」字，與紀要卷二〇同。

〔一七〕梁何遜　「梁」上底本有「樂」字，川本同，據滬本、陳本、盋本、京本刪。

〔一八〕南連鍾山至北連玄武湖　「南」，底本作「東」，川本同，據滬本、陳本、盋本、京本改。下「連」字，川本、京本同，滬本、盋本、陳本作「達」。

〔一九〕宋武帝舉兵討桓玄　「舉兵」，底本缺，川本、滬本、陳本、盋本、京本同。至正金陵新志卷五：覆舟山，「宋武帝舉兵討桓玄」。據補。

〔二〇〕宋武帝　底本、川本作「宋武」，據滬本、陳本、盋本、京本補「帝」字。

〔二一〕北連栖玄塘　「連」，川本、滬本、陳本、盋本、京本同，寰宇記卷九〇、至正金陵新志卷五並作「臨」，當是。

〔二二〕山正臨湖上　「正」，底本作「在」，川本同，據滬本、陳本、盋本、京本及至正金陵新志卷五改。

〔二三〕竟陵王子良嘗移居雞籠山下　「嘗」，底本作「常」，川本作「當」，據滬本、陳本、盋本、京本及至正金陵新志卷五改。

〔二四〕寰宇記至南接蟹浦　川本、陳本同，滬本、盋本、京本「南接蟹浦」下有「又南接盧龍山」六字。按今本寰宇記卷九〇無此文，景定建康志卷一七、至正金陵新志卷五引寰宇記有此記載，亦無「又南接盧龍山」，疑爲汪士鐸等誤加。

〔二五〕自秦鑿爲二　「二」，底本作「之」，川本同，據滬本、陳本、盋本、京本及至正金陵新志卷五改。

〔二六〕幸大壯觀　「幸」，底本作「章」，川本同，據滬本、陳本、盋本、京本及至正金陵新志卷五改。

〔二七〕命都督任忠領步騎十萬　「都」，底本脱，川本、滬本、陳本、盋本、京本同，據景定建康志卷一七、至正金陵新志卷五補。又「任」，底本作「伍」，川本同，據滬本、陳本、盋本、京本及陳書任忠傳、景定建康志卷一七改。

〔二八〕設絲竹之會　「絲竹」，底本脱，川本有「絲」無「竹」字，滬本、陳本、盋本、京本並缺，據景定建康志卷一七、至正金陵新志卷五補。

〔二九〕畿志　川本、陳本同，滬本、盋本、京本作「南畿志」。

〔三〇〕水勢湍急　川本、陳本同，滬本、盋本、京本此文下有「爲宏濟寺」四字。

〔三一〕上元志　川本、陳本同，滬本、盋本、京本作「按上元志」。

〔三二〕流入大江　川本、陳本同，滬本、盋本、京本此句下有「伏滔北征記：吳將甘寧墓有王氣，吳晧惡之，乃鑿，其後爲直瀆。今直瀆與蟹浦皆湮矣」。按「伏滔北征記」至「其後爲直瀆」，乃引自景定建康志卷一九、至正金陵新志卷五直瀆條，「今直瀆與蟹浦皆湮矣」，蓋滬本、盇本、京本所加。

〔三三〕沈傳師　「傳」，底本作「傅」，川本同，據滬本、陳本、盇本、京本及至正金陵新志卷五、萬曆上元縣志卷三改。

〔三四〕宴坐臺　「坐」，底本作「生」，川本、滬本、陳本、盇本、京本同，據萬曆上元縣志卷三改。

〔三五〕竹堂山　「竹」、「山」，底本缺，川本同，據滬本、陳本、盇本、京本及至正金陵新志卷五、萬曆上元縣志卷三補。

〔三六〕築室屏居　「室」，底本作「寶」，川本同，據滬本、陳本、盇本、京本及萬曆上元縣志卷三改。

〔三七〕玄於原野陳其營壘次序　「玄」，底本作「立」，川本同，據滬本、陳本、盇本、京本及至正金陵新志卷五改。

〔三八〕竹堂山　「竹」，底本缺，川本同，據滬本、陳本、盇本、京本及萬曆上元縣志卷三補。

〔三九〕石碕山　川本同，滬本、陳本、盇本、京本此下有注文「上元」二字。

〔四〇〕北山　川本、滬本、陳本、盇本、京本及至正金陵新志卷五同。滬本眉批：「北，疑當作此。」

〔四一〕東南有水下注長塘流溉平陸　川本同，滬本、陳本、盇本、京本以上文已載，故存此文而删上文。考上文引自至正金陵新志卷五，而此文乃引自萬曆上元縣志卷三，因此重出，滬諸本未詳考，所删未當。

〔四二〕山東北有温泉　底本「山」上衍「南」字，川本同，據滬本、陳本、盇本、京本及至正金陵新志卷五删。

〔四三〕山有十五峯　底本叙列於「丹陽記」下，川本同，據滬本、陳本、盇本、京本及正德江寧縣志上改移。

〔四四〕山下有謝氏詩樓及繙經臺　「下」，底本脱，據川本、滬本、陳本、盇本、京本及至正金陵新志卷五補。

〔四五〕故名　「名」，底本脱，川本同，據滬本、陳本、盇本、京本及正德江寧縣志上補。

〔四六〕陳豫章太守梅鋗家於岡下又曰梅鋗營　「陳」，川本、滬本、陳本、盇本、京本同，正德江寧縣志上作「東晉」，圖書集成職方典卷六五三作「晉」。「銷」，川本、滬本、陳本、盋本、京本同，景定建康志一七、正德江寧縣志、圖書集成並作「頤」。蓋此有誤。

〔四七〕牛頭山 「頭」，川本、滬本、陳本同，盋本、京本作「首」。正德江寧縣志上：「牛首山，一名牛頭山」。則各本並是。

〔四八〕大破兀朮之衆 「兀」，底本脱，據川本、滬本、陳本及宋史岳飛傳補。盋本、京本此文作「大破之」。

〔四九〕建平王休佑於巖山射雉 「建平王」，川本、滬本、陳本、盋本、京本及至正金陵新志卷五同，宋書晉平剌王休祐傳作「晉平王」，記休祐於巖山射雉事，正與本書合。又「休佑」，底本脱「佑」字，川本同，據滬本、陳本、盋本、京本及本條下文、上引諸書補。

〔五〇〕有三山相接 川本、陳本同，滬本、盋本、京本此句下有「下臨大江」四字，至正金陵新志卷五引丹陽記亦無此四字。

〔五一〕王渾遣使要濬暫過論事 「遣」，底本作「遺」，據川本、滬本、陳本、盋本、京本改。

〔五二〕輿地志 「志」，底本作「記」，據川本、滬本、陳本、盋本、京本及至正金陵新志卷五、正德江寧縣志上改。

〔五三〕劉承 底本作「張承」，川本、滬本、陳本、盋本、京本同，據三國志吳書諸葛恪傳改。

〔五四〕戰國策楚南察瀨湖而野江東 川本同，滬本、陳本、盋本、京本並不載，至正金陵新志卷五、正德江寧縣志上龍山下均無此文，蓋爲衍文。

〔五五〕吴舊津所也 「舊」，底本缺，川本、滬本、陳本同，據盋本、京本及至正金陵新志卷五補。

〔五六〕烈洲 「烈」，底本作「溧」，據川本、滬本、陳本、盋本、京本及景定建康志卷一七、至正金陵新志卷五改。

〔五七〕迴環一百五十里　「迴環」，川本、滬本、陳本、盔本、京本均作「周迴」，與景定建康志卷一七、至正金陵新志卷五合。

〔五八〕陶弘景止於句容之句曲山　「於」，底本脱，川本同，據滬本、陳本、盔本、京本及梁書陶弘景傳補。

〔五九〕行者以其途傾險　「途」，底本作「逢」，據川本、滬本、陳本、盔本、京本及景定建康志卷一七、至正金陵新志卷五改。

〔六〇〕使劉牢之爲爪牙　「使」，川本、滬本、陳本、盔本、京本同，景定建康志卷一七、至正金陵新志卷五作「仗」，當是。

〔六一〕山謙之　「山」，底本作「丘」，川本同，據滬本、陳本、盔本、京本及至正金陵新志卷五改。

〔六二〕十一里　川本同，滬本、陳本、盔本、京本「十」前空缺一字。至正金陵新志卷五中山：「一名濁山，在州東一十里。」光緒溧水縣志卷二亦載中山「縣東一十一里」。則「十」前缺「東」字。

〔六三〕一培婁耳　「培」，底本作「倍」，據川本、滬本、陳本、盔本、京本改。

〔六四〕阿剌罕　「罕」，底本作「軍」，川本、滬本、陳本、盔本、京本同，據元史阿剌罕傳改。

〔六五〕王允之　「允」，底本作「見」，川本同，據滬本、陳本、盔本、京本及晉書成帝紀改。

〔六六〕白土岡　「土」，底本作「山」，川本同，據滬本、陳本、盔本、京本及至正金陵新志卷五改。

〔六七〕又江寧縣西三十里臨江　「西」，底本脱，川本、滬本、陳本、盔本、京本同。至正金陵新志卷五：「又江寧縣西三十里臨江，亦有落星岡、落星洲。」正德江寧縣志上：「落星岡，近落星洲，去縣西三十里。」據補。

江湖。大江隸集慶路界者一百二十里。西至和州烏江縣四十里，以鰻鱺洲中流爲界；東北至真州揚子縣七十里，以下蜀鎮中流爲界；北至真州六合縣界四十里，以瓜步中流爲界。自和州界，北流至三山，經盧龍、幕府、觀音諸山，相對瓜步山、石帆山，抵儀真界，東流一百二十里。畿志〔一〕：繞都城之西南，經西北，過鎮江，東流入海。史記、地理志云：三江〔二〕，北江從會稽毗陵縣北，東入海；中江從丹陽蕪湖縣東北，至會稽陽羨縣東入海；南江從會稽吳縣南，東入海。水經及荆州記云：江出岷山，至潯陽，分爲九道，東會於彭澤，經蕪湖，名中江；東北至南徐州，名爲北江，而入海。中江，舊逕溧陽州界，古三江之一也。今永陽江，一名九陽江，又名潁陽江，在州西北三十五里，即其遺迹。按禹貢：揚州，三江既入，震澤底定。岷山導江，東迆北會于匯，東爲中江，入于海。前漢地理志、桑欽水經皆云：中江出蕪湖縣西南，東北至陽羨入海。蓋自蕪湖逕溧陽，至宜興〔三〕，入震澤，以下海也。唐開元十七年，蔣日用作本縣城隍記云：此縣南壓中江，風波不借，舟楫無施。縣宰喬翔創浮梁，以便行旅。中江橋梁之設，昉於此。景福三年，楊行密將臺濛作五堰，拖輕舸饋糧。五堰遺迹，在今溧水州界，銀林、雙河、東壩之地。是時，中江置堰，江流亦既狹矣。蘇東坡奏議云：溧陽縣之西有五堰者，古所以節宣、歙、金陵、九陽江之水，直趨太平州、蕪湖。後之商人販賣簰木，東入二浙，以五堰爲阻，因紿官中廢去。五堰既廢，則宣、歙、金陵、九陽江之水〔四〕，或遇暴漲，皆入宜興之荆溪，由荆溪而下震澤。時元祐六年也。是時，中江尚通。其後東壩既成，中江遂不復東，惟永陽江水入荆溪。因禹貢中江之文，並載於此。秦淮，在府治南〔五〕。舊傳秦始皇時，望氣者言五百年後，金陵有天子氣，於是東遊以厭當之，乃鑿方山，斷長壟爲瀆，入於江，故曰秦淮。按實録注：本名龍藏浦。其上有二源：一發自華山，經句容西南流；一發自東廬山，經溧水西北流，入江寧界。二源合自方山埭，西注大江，分派屈曲，不類人功，疑非秦皇所開。或曰：方山西瀆直屬土山三十里許，是秦開。又鑿石硊山西，而疏決此浦，因名秦淮。蓋未詳也。輿地志：淮水發源華山，在丹陽、姑熟之界西北流，經建康、秣陵二縣，縈紆京邑之内，至石頭入江，懸流三百里許。徐爰釋問云：淮水西北貫都。吳時夾淮立柵。宋元嘉中，浚淮〔六〕，起湖熟廢田千餘頃。梁作緣淮塘，北岸起石頭，迄東治〔七〕，南岸起後渚籬門，迄三橋，以防淮水泛溢。大抵六朝都邑，以秦淮爲固，有事則沿淮拒守。今淮水貫城中東西，由水門以達於江，蓋水之故道也。府志：合流入方山埭，自通濟水門入於都城，北經大中橋〔八〕，與城濠合，西接淮青橋，與青溪合，南經武定橋而西，又歷鎮淮、飲虹、上下浮橋，自三山水門出，沿石城西北流，以達於江。江寧縣志：合流入方山埭，歷上方橋，入上水門，西經桐樹灣、鎮淮、飲虹、上下二浮橋，北通斗門橋，合運瀆，出下水門。上元志：歷上方門，支分，東折入新河，西流經中和橋、汝南灣，入上水門，北通大中橋河，即舊栅塘，西通淮青橋，南接渡船口，即舊舟子洲，經龍藏浦、桐林灣，入江寧界。合流於方山埭〔九〕，西入城，至城内淮青橋〔一〇〕，乃與青溪合，緣南城而出西水關。水上兩岸人家，懸楯拓架，爲河房水閣，雕梁畫檻，南北掩映。吳柵塘、横塘，梁緣淮塘，俱秦淮上。桃葉渡，秦淮上，今武定橋北。長樂渡，秦淮上，古朱雀橋處，今武定橋西。桐樹灣、汝南灣、舟子灣，並在秦淮上。

玄武湖，一名後湖。府志：在太平門外。在城北二里，周迴四十里。東西有溝，流入秦淮。建康實録：吳寶鼎二年，開城北渠，引後湖水流入新宫，巡繞殿堂。徐爰釋問云：本桑泊〔一一〕，晉元帝創爲北湖，以肄舟師。大興三年，始創北湖，築長堤，以壅北山之水。東自覆舟山，西至宣武城，六里餘。宋元嘉中，有黑龍見，因改玄武湖，立三神山於湖中，春秋祠之。石邁古迹編云：元嘉二十三年，築北堤，立習武湖於樂遊苑之北。湖中亭臺四所。宋書何尚之傳：元嘉二十三年，造玄武湖，上欲於湖中立方丈、蓬萊、瀛洲三神山，尚之固諫，乃止。孝武大明中，大閲水軍於湖，因號昆明池，而俗亦呼爲飲馬塘。又於湖側作大竇，通水入華林園、天淵池，引殿内諸溝，經太極殿，由東西掖門下注城南塹，故臺中諸溝水，常縈迴不息。建平王景素舉兵，蕭道成出屯玄武湖。梁徐嗣徽等引齊兵至玄武湖。侯景舉兵，引玄武湖水以灌臺城，闕前皆爲洪流。宋天禧四年，改曰放生池。其後少廢爲田〔一二〕。上元志：熙寧中，廢爲田。事起王安石。開十字河，立四斗門，以泄湖水，跨河爲橋，以通往來，歲久湮塞。今城北十三里，惟有一池，餘皆廢爲田。元大德中，僅一池。國朝復爲湖，以貯天下圖籍。中有舊洲、新洲、龍引洲、蓮華洲、郭璞墓、天語亭。上元志：洲凡五：西北曰舊洲，西南曰新洲，上有郭璞墓，前抱一洲，東有荒洲二，近西小洲曰別島，西南水獨深而澄，號黑龍潭。太子湖，上元。一名西池。府志：在雞籠山北。在城北六里，周迴十里。吴宣明太子所創，謂之西苑。世説：晉明帝爲太子時，欲作池臺，元帝不許，太子好養武士，一夕中作池，比曉便成。今太子西池，是也。晉書五行志：義熙五年六月〔一三〕，雷震太子西池。晉元帝即位，明帝爲太子修西池，多養武士於内，築土爲臺，時人呼爲太子西池。

【校勘記】

〔一〕畿志　川本、陳本同，滬本、盋本、京本作「南畿志」。

〔二〕三江　「三」，底本脱，川本同，據滬本、陳本、盋本、京本及史記夏本紀索隱、至正金陵新志卷五補。

〔三〕宜興　「宜」，底本作「宣」，川本同，據滬本、陳本、盋本、京本及至正金陵新志卷五改。

〔四〕宣歙金陵九陽江之水　「之」，底本脱，據川本、滬本、盋本、京本及至正金陵新志卷五補。

〔五〕在府治南　「治」，底本作「志」，據川本、滬本、盋本、京本改。

〔六〕浚淮　「浚」，底本作「後」，川本同，據滬本、陳本、盋本、京本及至正金陵新志卷五改。

〔七〕東冶　「冶」，底本作「治」，川本同，據滬本、陳本、盋本、京本及至正金陵新志卷五、紀要卷二〇改。

〔八〕大中橋　「大」，底本作「土」，川本同，據滬本、陳本、盋本、京本及紀要卷二〇改。

〔九〕合流於方山埭　川本、陳本同，滬本、盋本、京本「合」上有「自」字。

〔一〇〕至城内淮青橋　「内」，底本作「至」，「青」，底本作「十二月」，川本同，並據滬本、盋本、京本改，陳本無「城内」二字。萬曆上元縣志卷三作「西通淮青橋」。

〔一一〕本桑泊　「泊」，底本缺，川本同，據滬本、陳本、盋本、京本及至正金陵新志卷五、萬曆上元縣志卷三補。

〔一二〕其後少廢爲田　「少」，川本同，滬本、陳本、盋本、京本作「稍」，與至正金陵新志卷五合，當以「稍」爲是。

〔一三〕義熙五年六月　「五」，底本作「四」，川本、滬本、陳本、盋本、京本同，據中華書局點校本晋書五行志下校勘記〔一一〕改。

應天府志：丙午八月，拓金陵城，命劉基卜新宫於鍾山陽，在舊城東白下門外二里許，增築新城。東北盡山址，延亘五十餘里，據山川之勝。

大江發源岷山，合湘、漢、豫章諸水，繞都城之西南，經西北，過鎮江，東流入海。隸府境者，江之南，上自慈姥浦，下至下蜀港；江北，上自浮沙口，下至東溝。南二百里而遥，北不及二百里。即禹貢所謂中江〔一〕，亦名揚子江，又名宣化江。江之支流旁出，其大者曰河，小者曰港，曰溝，曰渡，石激水曰磯，水中可居處曰洲，兩水之間曰夾，縈迴者曰套，水所注曰浦。異時江泊石頭，後漸徙而北，今又漸南。長老相傳，南岸民居，今當在北岸，然尚去石頭十餘里也。以此知

按舊志，宣陽門内有晉建鄴縣城，城西二里即唐縣城，縣城西即吳冶城。齊何點所居東籬門，乃東府之西，西州之東。故圖經云，西州城，未有籬門，立烏榜與建康分界，後名烏榜村。在天慶觀西南，今朝天宮是也。

西州城

唐江寧縣治

冶城

陵谷變遷，典籍難據，兹特志其可知者。

慈姥浦〔二〕，在城西南慈姥山下，與太平當塗縣接。舊志云：慈姥港，泄慈湖以東水入於江。近港又有慈姥磯，今曰和尚港。東下爲鐮刀灣。又東爲烈山。乾道志云：吴舊津所也。四面峭絶，下瞰大江，商旅泊舟於此，以避風。山之下，洲爲烈山洲，港曰烈山港。伏滔北征賦謂之栗洲，以山形似栗，故名。又謂之溧洲。有磯突出於湍間，名曰亂石磯。洲之東北，是爲白鷺洲。丹陽記云：白鷺洲，在縣西三里大江中，多聚白鷺，因名。據今西關中街水環繞處，當爲白鷺洲，此特蒙其名耳，非李白所咏也。犢兒磯，在南岸，上接江寧浦口〔三〕，下爲大勝河，内合板橋浦、新林浦，吐納大江。自大勝河以東，有水數曲，達於秣陵，曰響水溝、燈盞溝、上新河，次曰中新河，次曰下新河。國朝所開，皆瀕江要地。江北一帶稱險要者：曰芝蔴河，曰穴子河，曰王家套，曰八字溝，皆列墩瞭望。又有長洲、白沙洲、梅子洲、句容洲、秀才洲、火藥洲，皆境江浦。自下新河而東，分爲三股：一引石城橋，一引江東橋，一自草鞋夾，以達於江〔四〕，名曰三汊河。夾之外爲道士洲，上有屯駐處，曰江心營。近南爲護國洲、中口洲。自道士洲直抵北岸爲浦子口，左右二水環抱縈迴，名東西溝，自東溝而下以達於瓜埠。濱江之地以洲名者，曰：攔江洲、工部洲、官洲、老洲、柳洲、趙家洲、匾擔洲。洲之東曰匾擔河，其北曰滁河，沿瓜埠鎮東南流，以達於江。江之名曰宣化漾。有洲，亦名新洲。自是而下爲礬山。山屹立中流，石色白，類礬，故名。又數里爲西溝，近黄天蕩者爲東溝，二水自江出，皆折而西，與儀真縣接。六合江境盡於此焉。自中口洲而下，有山踞江而出者，曰焦家嘴。又其下爲觀音山，水曰觀音港。有石，臨瞰江水，形如飛燕，名曰燕子磯。丹巖翠壁，遠望如畫，江山勝處也。磯上有漢壽亭廟、觀音閣、江亭、大觀亭、水雲亭，曰弘濟寺、歷濤山、唐家渡、袁家河、東陽港，遂接黄天蕩。中有洲，屬上元，其上爲草場。自龍潭而東，洲渚限隔，有斜䧟洲、太子洲。洲之外，有老鴉夾，又東爲天寧洲，皆句容界。其諸水分流，有曰白家溝、楊家港〔五〕、雙溝港、羅四港，而邪溝尤爲津要。自此而下，遂與鎮江接。江之中可紀者若此。稽諸舊志，多有不合。其今昔殊稱，名存實亡者，據舊志亦附入焉。

硐砂夾，在西南七十里。馬家渡、合興洲，西南九十五里。龍潭洲，西南九十五里。馬昂洲，見舊志。穊洲〔六〕，東北七十五里。茄子洲，見舊志。蔡洲，見舊志。鷄距洲〔七〕，西南三十五里。烏沙洲，西南三十五里。楊林洲，西南二十五里。木瓜洲，西南二十八里。浮洲，西南八十里。鰻鯬洲，見舊志。董雲洲〔八〕，西南十五里。西有小江，名澧江。丁翁洲，西南二十五里。簰槍洲，西南三十五里。南唐保大中，治宫室，取材於上江，成巨筏至此，會潮退爲浮沙所没，漲成洲渚。宋景德三年，南岸潰出大杉木二十餘條。落星洲，見落星山。魚袋洲，西南八十里。形如佩魚，因名。烏江洲，西南六十里，與烏江縣接。張公洲，見舊志。長命洲，石頭城前。梁武帝放生之所。查浦，見舊志。蚵蚾磯，石頭城下。南唐書：汪台符上書陳民間利病十餘條〔九〕。顯祖愛其才，宋齊丘疾之，使所親誘之痛飲，沉蚵蚾磯下。蟹浦，見舊志。新洲，見舊志。迷子洲，西南四十里。王介甫詩：洲迴藏迷子，溪深礙若邪。投書浦，石頭北。晉殷羨爲豫章守，赴都，人多附書。至石頭渚，以書擲水，祝曰：沉者自沉，浮者自浮，殷洪喬不能作致書郵。〔旁注〕江寧志：大江隸金陵界者，二百里而遥，縣僅得其三之二焉。上游自天門山而下，有慈姥港，泄慈湖以東水入於江。上有慈姥磯，舊有石刻「界牌」二字。注云：北潤州上元界，南宣州當塗界。乃唐刻也，今屬江寧。次碙砂夾，次馬家洲，次合興洲，次浮洲，次魚袋洲。次烈山洲，吳舊津所也，內有小河，可泊船，商客多停此以避烈風，故名。一名栗洲，以上有小山似栗也。次落星洲，上有小阜，高數丈。次三山磯，磯與鰻鱺洲、烏江洲、迷子洲上下相對。次大城港，今爲大勝關港，與北岸浦子口渡相對。渡上下有鷄距洲、烏沙洲〔一〇〕、楊林洲、篺槍洲、木瓜洲、丁翁洲、董雲洲、茄子洲。蔡洲，一名新蔡家洲。近南岸有白鷺洲，少下爲上新河，次新河，至古新河，與上元接界。上新河，在江東門外。由大江至江東門，壩上爲商賈百貨所聚。新河，在江東門外。一名中新河，又名直江口。流通大江，官舟馬快船所泊處，洪武中新開。古新河，一名新開河，在白鷺洲西南，見舊志。陰山河，在陰山，元浚。上至官莊鋪，下至毛公渡。大城港，今名大勝關，納大江東流，有麾扇渡，又東有瓦屑壩，其東南會聚寶門城濠，納重譯橋、落馬澗諸水，西、南、北與秦淮合。又北爲三汊河，至龍江關外入江。上元志：舊有界牌，在慈姥磯。注云：北潤州上元界，南宣州當塗界，乃唐刻也。後分置江寧，今當以新河爲界。至界首北〔一一〕，下有鄱陽浦，有蚵蚾磯，有白鷺洲，有長命洲，有投書浦。又北有張公洲、馬昂洲、概洲，又草鞋夾、唐家渡。東北爲黄天蕩，次龍潭洲，次竹篠港。又東有石步港，有大同浦、小同浦諸水，皆吐納大江。

御河，國朝開，在大内。東出青龍橋，西出白虎橋，至柏川橋與城濠合。楊吳城濠，楊溥城金陵時所開。自北門橋東流，歷珍珠橋折南，截於通濟城，支流與秦淮合。又自通濟門外西南流，繞聚寶門外，納重譯、澗子諸橋水，遂從西北至三山門，復與秦淮合，以達於江〔一二〕。珍珠河，在成賢街南。舊志：此河通護龍河，至太平橋西分兩派，一派出栅寨門，一派出秦淮。據志言即運瀆也，恐非。今自玄武湖繞國子監號房後達珍珠橋者爲是。大抵潮溝、珍珠河二水，皆引玄武湖合於秦淮，後南唐築城，遂絶其流，今惟存西北一帶云。護龍河，宋鑿，即舊子城外三面濠。今自昇平橋達於上元縣後，至虹橋西南出大市橋而止。新開河，宋、元鑿。自三山橋歷石城橋、定淮諸門，由草鞋夾以達於江。又自三汊河而南，過江東橋，與元運道合。元運道，在陰山下。至元間開，以通糧運，由大城港入江。國朝城濠，朝陽門外，自西折於北。

圖考：聖祖滅胡〔一三〕，區正中夏。於元至正丙申三月，取集慶路。戊申，混一海内，改路爲應天府，大建城闕。考諸都城之域，惟南門、大西、水西三門因舊，更名聚寶、石城、三山。自舊東門處截濠爲城〔一四〕，沿淮水北崇禮鄉地，開拓八里〔一五〕，增建南出者二門，曰通濟、正陽。自正陽以東而北，建東出者一門，曰朝陽。自鍾山之麓，曰龍廣山，圍繞而西，抵覆舟山，建北門，曰太平。又西據覆舟、鷄鳴山，即鷄籠山。緣湖水以北，至直瀆山而西八里，又建北出者二門，曰神策、金川。自金川北，繞獅子山即盧龍山。於内，雉堞東西相向，亦建二門，曰鍾阜、儀鳳。自儀鳳迤邐而南，建定淮、清涼二門，以接舊西門。而周，東盡鍾山之南岡，北據山控湖，西阻石頭，南臨聚寶，貫秦淮於内外，横縮屈曲，計周九十六里。外郭，西北據山帶江，東南阻山控野〔一六〕。闢十有六門，東五：曰姚坊、仙鶴、麒麟、滄波、高橋。南六：曰上方、夾岡、鳳臺、大安德、小安德、馴象。西一：曰江東。北四：曰外金川、上元、佛寧、觀音。周一百八十里。實録：洪武二十三年四月庚子，置京師外城門，馴象、安德、鳳臺、雙橋、夾岡、上方、高橋、滄波、麒麟、仙鶴、姚坊、觀音、佛寧、上元、金川，凡十五門。

皇城，居極東偏。正門曰洪武，與都城正陽門直對，在宋、元都城之外燕雀湖地〔一七〕。西安門以北宫牆，即古都城之故址，東出青溪橋處也。舊内，在古御街東，宋建康府、元行臺地〔一八〕。郊壇，在正陽門外東隅〔一九〕。洪武門北之左，列吏、户、禮、兵、工五部。吏部之北，有宗人府。宗人府之後，有翰林院、詹事府、太醫院。洪武門北之右，列中、左、右、前、後五軍都督府。後府之南，有太常寺。府之後，有通政司、錦衣衛、欽天監。通政司之北，有鴻臚寺〔二〇〕、行人司。置刑部、都察院、大理寺於太平門外，築堤於玄武湖上，北達治所。光禄寺、尚寶司六科，在皇城内。國子監，在鷄鳴、覆舟二山之南，古藥園壘處。三十六衛，環布於城中。五城兵馬指揮司，在城内者三，城外者二。南有坊，以居民。北有營，以設行伍。衛各有倉，什九在城西北。徙應天府治在舊内西華門之右，古西錦繡坊大軍庫，元建康路處。徙上元縣於昇平橋右宋行宫之東南。徙江寧縣治於銀作坊元集慶路治。府學，在武定橋東北，臨秦淮，即元路學地也。正統間，定都於順天府。以應天府爲南京，設守備廳，即古留臺。

金陵在大江東南，自慈姥山至下蜀渡，古稱天塹巨浸，此江之境也。秦鑿淮，吳鑿青溪、運瀆，楊吳鑿城濠，宋鑿護龍河，宋、元鑿新河，國朝開御河、城濠。今諸水交錯互流，支脈靡辨。據經考之，自方山之岡壟兩厓北流，西入通濟水門，南經武定、鎮淮、飲虹三橋，又西出三山水門，沿石城以達於江者，秦淮之故道也。自太平城下，由潮溝南流入大内，又西出竹橋，入濠而絶，又自舊内旁周繞出淮清橋，與秦淮合者，青溪所存一曲也。自斗門橋西北，經乾道、太平諸橋，東連内橋，西連武衛橋者，運瀆之故道也。自北門橋東南，至於大中橋，截於通濟城内，旁入秦淮〔二一〕，又自通濟城外，與秦淮分流，繞南經長干橋〔二二〕，至於三山水門外，與秦淮復合者，楊吳之城濠也。自昇平橋達於上元縣後，至虹橋，南接大市橋者，護龍河之遺迹也。自三山門外達於草鞋夾，經江東橋，出大城港，與陰山運道合者，皆新開河也。東出青龍橋，西出白虎橋，至柏川橋入濠者，今大内之御河也〔二三〕。若城外落馬澗諸水，不能悉載焉。〔旁注〕太祖高皇帝陵曰孝陵，在南京鍾山之陽，高皇后馬氏合葬。設神宫監、孝陵衛及祠祭署。嘉靖中，封其山曰神烈山。每歲聖旦、正旦、孟冬、忌辰，酒果行香，清明、中元、冬至，太牢致祭，特遣勳舊大臣一員行禮，南京各衙門文武官俱陪祭。國有大事，遣大臣祭告。親王之國過南京者，官員以公事入城者，俱謁陵，出城者詣辭。懿文太子陵，在孝陵之左，祭如孝陵，四孟、歲暮、忌辰，加牲焉。孝陵祠祭署兼主之。

【校勘記】

〔一〕禹貢所謂中江　「中江」，底本作「中流」，據川本、陳本及圖書集成職方典卷六五三改。滬本、盇本、京本別作「北江」。

〔二〕慈姥浦　底本「慈」下衍「老」字，據川本、滬本、陳本、盇本、京本及紀要卷二〇刪。

〔三〕江寧浦　底本「浦」字作「河」，川本同，據滬本、陳本、盇本、京本及景定建康志卷一九、紀要卷二〇、圖書集成職方典卷六五三改。

〔四〕以達於江　「江」，底本作「河」，據川本、滬本、陳本、盇本、京本及紀要卷二〇改。

〔五〕楊家港　底本「港」上衍「溝」字，據川本、滬本、陳本、盇本、京本及紀要卷二〇刪。

〔六〕穊洲　「穊」，底本作「概」，川本、滬本、陳本、盇本、京本同，據景定建康志卷一九、至正金陵新志卷五、萬曆上元縣志卷三改。下同。

〔七〕鷄距洲　「距」，底本作「趾」，據川本、滬本、陳本、盇本、京本及景定建康志卷一九、至正金陵新志卷五改。

〔八〕董雲洲　「董」，底本作「薰」，川本、滬本、陳本、盇本、京本並作「重」，據景定建康志卷一九、清統志卷七三改。下同。

〔九〕汪台符上書陳民間利病十餘條　底本「汪」字作「注」，「上」下「書陳」上有「王介甫詩：洲迴藏迷子，溪深礙若邪」十四字，川本同，滬本、陳本、盇本、京本作「汪」，改移王介甫詩於下文迷子洲下。景定建康志卷一九蚵蚾磯：「南唐書云：汪台符上書陳民間利病十餘條。」又，明統志卷六迷子洲：「王安石詩：洲荻藏迷子。」則此「注」爲「汪」字之誤，王介甫詩應列於迷子洲下，並據改。

〔一〇〕烏沙洲 底本「烏」作「鳥」，據川本、滬本、陳本、盋本、京本及景定建康志卷一九改。

〔一一〕至界首北 「至」，川本、滬本、陳本、盋本、京本同，萬曆上元縣志卷三作「自」，此「至」蓋爲「自」字之誤。

〔一二〕以達於江 「江」，底本作「河」，據川本、滬本、陳本、盋本、京本及圖書集成職方典卷六五三改。

〔一三〕聖祖滅胡 底本「聖祖」作「聖主」，據川本、滬本、陳本、盋本、京本及金陵古今圖考改。又，滬本、盋本、京本「滅胡」作「滅元」。

〔一四〕自舊東門處截濠爲城 川本及金陵古今圖考、圖書集成職方典卷六五五同，滬本、陳本、盋本、京本、紀要卷二〇「處」作「外」。

〔一五〕開拓八里 底本「拓」下「八」上有「入」字，據川本、滬本、陳本、盋本、京本及金陵古今圖考、紀要卷二〇删。

〔一六〕東南阻山控野 「東南」，底本作「西南」，川本同，據滬本、陳本、盋本、京本及金陵古今圖考、紀要卷二〇改。

〔一七〕宋元都城之外 底本「都城」作「東城」，川本同，據滬本、陳本、盋本、京本及金陵古今圖考改。

〔一八〕元行臺地 「行」，底本作「竹」，川本同，據滬本、陳本、盋本、京本及金陵古今圖考、紀要卷二〇改。

〔一九〕正陽門 底本脱「陽」字，川本、滬本、陳本、盋本、京本同，據金陵古今圖考補。

〔二〇〕鴻臚寺 「臚」，底本作「處」，據川本、滬本、陳本、盋本、京本及明會典卷二一九、金陵古今圖考改。

〔二一〕旁入秦淮 底本「旁」上衍「内」字，川本同，盋本、京本作「南入秦淮」，據滬本、陳本及金陵古今圖考、紀要卷二〇删「内」字。

〔二二〕長干橋 底本「干」作「于」，據川本、滬本、陳本、盋本、京本及明統志卷六、金陵古今圖考改。

〔二三〕御河 「御」，底本作「鄉」，據川本、滬本、陳本、盋本、京本及本書上文、金陵古今圖考改。

江寧縣志：城内自城堧東，歷武定橋至聚寶門，北抵三山大街，折而西抵三山門，與上元分界。而斗門橋、北乾道橋、倉巷内，石城門内街北，其地亦有隸縣者。城之外，自聚寶門東南，達雙橋門外殷鄉以南，至烏刹橋，抵溧水界。又南至太平界。西北歷馴象門、瓦屑壩、麾扇渡，西抵新江口，折北至石城門城濠以西〔一〕，歷清涼〔二〕、定淮、儀鳳諸門，至於龍江關，又西至鰻鱺洲〔三〕，大江中流，與江浦界。而通江橋以北，至神策門外府厲壇以南，其地亦有隸縣者。至如四望山、古靖安道、石頭、盧龍山西麓皆屬焉〔四〕。〔旁注〕西關中街、西關南街、西關北街，並在三山門外。上、江二縣俱有三山廂，故三街民多錯處。聚寶街，在聚寶門外，即古長干里，南接鳳凰臺街。來賓街，在聚寶街西，即古西口市。重譯街，在聚寶街東。馴象街，在來賓街西。鳳臺街，在聚寶街南。出鳳臺門，皆土道。正德中，内守備黄偉出資，悉布磚甓，南達草塘橋。安德街，在馴象街南。接小市口，出安德門。城内三山等坊，率國初所實蘇、杭右族，習尚豪侈。而上元近東北者，則敦樸鮮華靡。城外多金陵人，而居鄉者畏法易治，較上元爲近淳。地當淮、浙之衝，談者謂有浙之華而不澆，有淮之醇而雅。

來賓樓，在聚寶門外西南，馴象街北。重譯樓，在馴象街南，與來賓樓相對〔五〕。鳴鶴樓〔六〕，在三山門外西關中街北。醉仙樓，在三山門外中街南。集賢樓，在瓦屑壩西，樂民樓南。樂民樓，在集賢樓北。輕煙樓，在江東門内西關南街，與澹粉樓相對。澹粉樓，與輕煙樓相對。翠柳樓，在江東門内西關北街，與梅妍樓相對。梅妍樓，與翠柳樓相對。以上十樓，皆洪武初建〔七〕。樓每座皆六楹，高基重簷，棟宇宏敞，各顏以大書名扁，與街坊民居，秩秩整飭。四方客旅，以公事至者，居以驛館，以賈販至者，居以客店。又置諸樓，各在市闤輳集處，以爲客旅遊樂憩息之所。柔遠之道，備至無遺焉。今廢。　孝陵衛東下馬牌之東，有觀音閣，中有瑪瑙石壁石一塊，光潤有花卉百物之形，永樂中取之青龍山者。

上直衛。　錦衣。〔旁注〕上上千。　旗手。〔旁注〕中千。　府軍。〔旁注〕中上千。　府軍左。〔旁注〕上上千。　府軍右。〔旁注〕上上。　府軍後。〔旁注〕上上千。　金吾左。〔旁注〕下。　金吾右。〔旁注〕下。　金吾前。〔旁注〕上上千。　金吾後。〔旁注〕中千。　羽林左。〔旁注〕上上千。　羽林右。〔旁注〕中上更。　羽林前。〔旁注〕下。　虎賁左。〔旁注〕上上千。　江淮。〔旁注〕上上。　濟川。〔旁注〕上上。

孝陵。〔旁注〕上上。　犧牲所。〔旁注〕中下。

中軍都督府。　留守中。〔旁注〕中下千。　神策。〔旁注〕中千。　應天。〔旁注〕上上更。　和陽。〔旁注〕中上。　廣洋。〔旁注〕上更。　牧馬所。〔旁注〕上。

左軍都督府。　留守左。〔旁注〕中上千。　驍騎右。〔旁注〕上上更。　鎮南。〔旁注〕上千。　水軍左。〔旁注〕上更。　瀋陽左。〔旁注〕中下。　瀋陽右。〔旁注〕中。　龍虎。〔旁注〕中上更。　龍江右。〔旁注〕中上更。　龍虎左。〔旁注〕中上更。　英武。〔旁注〕中上。

右軍都督府。　留守右。〔旁注〕中上更。　水軍右。〔旁注〕上上更。　虎賁右。〔旁注〕上上更。　武德。〔旁注〕中更。　廣武。〔旁注〕上。

前軍督都府。　留守前。〔旁注〕中上。　龍江左。〔旁注〕上上更。　龍驤。〔旁注〕上。　飛熊。〔旁注〕中下。　天策。〔旁注〕上上。　豹韜左。〔旁注〕中上更。

後軍都督府。　留守後。〔旁注〕上。　興武。〔旁注〕上上更。　鷹揚。〔旁注〕上上更。　江陰。〔旁注〕中上更。　横海。〔旁注〕上上更。

留都十衛，陳列江北。浦子口五衛：和陽、龍虎、應天、横海、武德，直當龍江、下關，處東西之中〔八〕。江淮衛，設江浦縣。瀋陽右衛，設和州〔九〕，以防上游。英武衛，設江心驛。飛熊衛，設池河驛〔一〇〕。廣武衛，設朱龍橋，鳳陽、滁州之中，以防北衝〔一一〕。

【校勘記】

〔一〕折北至石城門城濠以西　底本「北至」作「至北」，據川本、滬本、陳本、盔本、京本及正德江寧縣志卷一乙正。

〔二〕清涼　底本作「清陽」，據川本、滬本、陳本、盔本、京本及正德江寧縣志卷一改。

〔三〕鰻鱺洲　「洲」，底本作「河」，據川本、滬本、陳本、盔本、京本及正德江寧縣志卷一改。

〔四〕盧龍山　「龍」，底本作「籠」，據川本、滬本、陳本、盔本、京本及正德江寧縣志卷一改。

〔五〕與來賓樓相對　底本脱「與」字，據川本、滬本、陳本、盔本、京本及正德江寧縣志卷六補。

〔六〕鳴鶴樓　底本、川本、滬本、陳本、盔本、京本同，洪武京城圖志、正德江寧縣志卷六、明統志卷六並作「鶴鳴樓」。

〔七〕皆洪武初建　底本脱「初」字，據陳本、盋本、京本及正德江寧縣志卷六補。川本、滬本作「中」。
〔八〕處東西之中　「處」字底本作「下」，據川本、滬本、陳本、盋本、京本改。
〔九〕和州　底本作「和洲」，據川本、滬本、陳本、盋本、京本及明統志卷一七、紀要卷二九改。
〔一〇〕池河驛　底本「池河」作「池何」，據川本、滬本、陳本、盋本、京本及紀要卷二一改。
〔一一〕以防北衝　「衝」，底本作「衛」，據川本、滬本、陳本、盋本、京本改。

金陵綰轂兩畿，輻輳四海。由京師而至者，其路三：陸從滁陽、浦口，截江而抵上河，一也；水從邗溝、瓜洲，溯江而抵龍潭，二也；從鑾江、瓜埠，溯江而抵龍江關，三也。由中原而至者，其路三：從壽陽、濡須，截江而抵采石，一也；從靈璧、盱眙而抵烏江，二也；從皖之黄口，截江而抵李陽河，三也。由上江而至者，其路三：陸從采石〔一〕、江寧鎮而抵板橋，一也；從姑孰、小丹陽而抵金陵鎮，二也；水從荻港、三山，順流而抵大勝港，或徑抵上新河，三也。由下江而至者，其路五：陸從雲陽，走句曲而抵淳化鎮，一也；京口起陸，過龍潭而抵朝陽門，二也；舟至棲霞浦，走花林而抵姚坊門，三也；水從京口，溯江而抵龍江關，四也；又陸從湖州、廣德、溧水而抵秣陵鎮，五也。

顧鄰初客座贅語：南唐故宫，在今内橋北，上元縣中兵馬司盧妃巷，是其地。相傳内橋爲宫之正門所直，南宋行宫亦在此地，改内橋爲天津橋，而橋北大街〔二〕，東西相距數百步，有東虹、西虹二橋。東虹，自上元縣左，北達娃娃橋，有石嵌古河遺迹；西虹，在盧妃巷西，穿人家屋而北達園地，亦有石嵌河迹，土人言此南唐護龍河者，是也。自盧妃巷北直走里許，又有一橋，亦名虹橋，而東虹、西虹兩橋北達之水，環絡交帶，俱綰轂於此。想當日宮内小河，四周相通，形迹顯明，第近多堙塞，不復流貫耳。南唐都城，南止於長干橋，北止於北門橋〔三〕。蓋其形局，前倚雨花臺，後枕鷄籠山，東望鍾山，而西帶冶城、石頭。四顧山巒，無不攢簇，中間最爲方幅。而内橋以南大衢，直達鎮淮橋，與南門諸司庶府，拱夾左右，垣局翼然。當時建國規模，其經畫亦不苟矣。老學庵筆記：建康城，李景所作。其高三丈，因江山爲險固。其受敵惟東北兩面，而濠塹重複，皆可堅守。至紹興間，已二百餘年，所損不及十之一。因思陳同甫言：臺城，東環平岡以爲安，西城石頭以爲重，帶玄武湖以爲險，擁秦淮、青溪以爲阻。而地當南唐宫之東北，在今上元縣東北府軍倉、花牌樓等地。陳魯南金陵圖考證六朝大司馬門〔四〕，在中正街。按六朝都城，東阻於白下橋，即今之大中橋也。中正街距大中橋甚近，臺城偏倚一隅，恐難立址。記又言六朝都城，北據鷄籠、覆舟等山，亦恐誤。晉元、明、成、哀四帝陵，並在鷄籠山下，若城帶諸山，恐無倚城起陵之理。余臆斷六朝都城，亦當如南唐，北止於北門橋之南岸，玄圃、華林、樂遊諸苑，或是城外離宫，未必盡括城内也。金陵山川之美，無過於鍾山與後湖，今爲皇陵、册庫，不敢入矣。其它，在城中有六：曰清涼寺，曰鷄鳴寺，曰永慶寺之謝公墩，曰冶城，曰金陵寺之馬鞍山，曰盧龍觀之獅子山。在城外近郊，則有十四：曰大報恩寺之浮屠，曰天界寺，曰高座寺之雨花臺，曰方正學祠之木末亭〔五〕，曰牛首之天闕，曰獻花巖，曰祖堂，曰棲霞寺之攝山，曰弘濟寺，曰燕子磯，曰嘉善寺之一線天，曰崇化寺之梅花水，曰幕府寺之幕府山，曰太子凹之夾蘿峯〔六〕。或控引江湖，或映帶城郭，並稱名勝。

南都大市，爲人貨所集者，亦不過數處，而最夥爲行口，自三山街西至斗門橋而已〔七〕，其名曰菓子行。它若大中橋〔八〕、北門橋、三牌樓等處，亦稱大市集，然不過魚、肉、蔬菜之類。如銅鐵器，則在鐵作坊。皮市，則在笪橋南。鼓鋪，則在三山街口，舊内西門之南。履鞋，則在轎夫營。簾箔，則在武定橋之東。傘，則在應天府街之西。弓箭，則在弓箭坊。木器，南則鈔庫街，北則木匠營。蓋國初建立街巷，百工貨物買賣，各有區肆。今沿舊名而居者，僅此數處，其它名在而實亡，如織錦坊、顏料坊、氈匠坊等，皆空名，無復有居肆與貿易者矣。城外惟上新河、龍江關二處，爲商帆、賈舶所鱗輳，上河尤號繁衍。近年以税重，客多止於蕪湖，上河遂頗彫劥〔九〕。

南都一城之内，民生其間，風尚頓異。自大中橋而東，歷正陽、朝陽二門〔一〇〕，迤北至太平門，復折而南，至玄津、百川二橋，大内、百司、庶府之所蟠亘也。其人文客豐而主嗇。達官、健吏，日夜馳騖於其間，廣奓其氣，故其小人多尷尬而傲僻。自大中橋而西，由淮清橋達於三山街，斗門橋以西至三山門，又北自倉巷至冶城〔一一〕，轉而東，至内橋中正街而止〔一二〕，京兆赤縣之所彈壓也，百貨聚焉，其物力，客多而主少，市魁駔儈，千百嘈哧其中，故其小人多攫攘而浮競。自東水關西達武定橋，轉南門而西，至飲虹、上浮二橋，復東折而江寧縣，至三坊巷貢院，世冑、宦族之所都居也。其人文之在主者多，其物力之在外者侈。游士、豪客，競千金、裘馬之風，而六院之油檀裙屐〔一三〕，浸淫染於閭閻，膏唇耀首，倣而效之〔一四〕。至武定橋之東西，嘻甚矣，故其小人多嬉靡而淫惰。由笪橋而北，自治城轉北門橋、鼓樓以東，包成賢街而南，至西華門而止，是武弁、中涓之所羣萃，太學生徒之所州處也。其人文主客頗相埒，而物力嗇，可以娛樂耳目。羶慕之者，必徙而圖南，非是則株守其處，故其小人多拘狃而劬瘠。北出鼓樓達三牌樓，絡金川、儀鳳、定淮三門，而南至石城，其地多曠土。其人文主與客並少，物力之在外者嗇，民什三而軍什七。服食之供，糲與疏者，倍蓰於粱肉、紈綺。言貌樸僿，城南人常舉以相嘲哳，故其小人多悴[illegible]而蹇陋。

上元在鄉地，在城之北與東南。北濱江，東接句容、溧水。其田地多近江與山，磽瘠居其半。其民俗多苦瘁〔一五〕，健訟而負氣。江寧在鄉地，在城之南與西南，濱江，西南鄰太平。田地多膏腴，近郊之民，醇謹易使。其在山南橫山、銅井而外稍不如，而殷實者在在有之。

歲壬辰，有倭警，遠在朝鮮。時參贊、大司馬衷公議召募浙江義烏兵數千人，屯於南京龍江關地方，備倭也。倭事息，此兵遂不可撤。其人多趫悍，間有事故死亡，若歸故土者，雇倩本地惡少年冒充之，而享其糈。地方毫無所益，而歲費錢穀幾十萬。纔議撤，已蜚語鼓譟，不可聽聞矣。昔張蒙溪司馬，因倭患立振武營〔一六〕，後卒兆庚申之變，深心爲桑土計者〔一七〕，可無慮哉。

今城之西北，有寶船廠。永樂三年三月，命太監鄭和等行賞賜古里、滿剌諸國，通計官校、旗軍、勇士、士民、買辦、書手，共二萬七千八百七十餘員名。寶船共六十三號，大船長四十四丈四尺，闊一十八丈；中船長三十七丈〔一八〕，闊一十五丈。所經國：曰占城，曰爪哇，曰舊港，曰暹羅，曰滿剌加，曰阿枝，曰古俚，曰黎伐，曰南渤里，曰錫蘭，曰裸形，曰溜山，曰忽魯謨斯，曰啞魯，曰蘇門答剌，曰那孤兒，曰小葛蘭，曰祖法兒，曰吸葛剌，曰天方，曰阿丹和等。歸建二寺：一曰靜海，一曰寧海。按此一役，視漢張騫鑿空西域，尤爲險遠。後此，員外陳誠出使西域，亦足以方駕博望，然未有如和等之泛滄溟數萬里，而遍歷二十餘國者也。舊傳册在職方，成化中，中旨訪下西洋故事，劉忠宣公大夏爲郎中，取而焚之。

朱雀桁，在今聚寶門内鎮淮橋稍東。烏衣巷，當剪子巷至武定橋一帶是。蓋桃葉渡，在武定橋之東，而大令有渡江迎接之歌，知其家於此也。今周子隱讀書臺下，舊爲光宅寺，乃梁武帝故居。六朝士大夫故多家此，其地又名南岡。武帝評書語曰：南岡士夫徒尚風軌，不免寒乞。正指是耳。

永樂三年秋，於陽山采石爲孝陵碑，石長十四丈，闊三丈二，厚一丈二尺，黝澤如漆。學士胡公廣有遊陽山本業寺記，而詹事鄒公濟有記，乃曰：二年冬，於幕府山陽訪碑石，高廣中度，尋於龍潭山麓，鑿石求趺〔一九〕，既而神龜呈露，昂首曳尾，介文玄倉，乃於龜下遂得趺材，適與碑稱。與胡公記異，不知前碑材後竟用否。石龜今存藏孝陵殿中，有木平臺，上安二御座，乃朱紅圈椅。前一朱紅案，案左一紅匣〔二〇〕，貯龜於中，長可尺餘，首昂，身形略似而已，右以一空匣配之。

金陵新志：長干是秣陵縣東里巷名，江東謂山壠之間曰「干」。建康南五里有山岡，其間平地，庶民雜居，有大長干、小長干、東長干，並是地名。小長干，在瓦官寺南〔二一〕，巷西頭出大江〔二二〕。梁初起長干寺。按是時，瓦官寺在淮水南城外，不與長干隔，而今日賽工橋西，即是江水流處。其後洲渚漸生，江去長干遂遠，而楊吳築城，圍淮水於内，瓦官遂在城中。城之外別開今壕，而長干隔遠〔二三〕，不相屬矣。正統時，南奉天殿災，而後北都定。嘉靖時〔二四〕，南太廟災，而後九廟成。

國初，市之樓有十六，蓋所以處官妓也。南畿志止十四，曰：南市，斗門橋東北。此樓獨存。北市，乾道橋東北。太祖時毀，不存。鳴鶴，西關中街北。醉仙，西關中街南。輕煙，西關南街。澹粉，與輕煙樓對。翠柳，西關北街。梅妍，與翠柳樓對。謳歌，鼓腹。石城門外。二樓相對。瑣事：石城、謳歌二樓，在石城門外。清江、鼓腹二樓，在清涼門外。來賓，聚寶門外之西，今有來賓橋。重譯，聚寶門外之東。集賢，瓦屑壩西。樂民。集賢樓北。按李泰，字叔通，鹿邑人。洪武時進士，博學知天文，曾掌欽天監，有集句咏十六樓，中有清江、石城二樓。晏鐸振之永樂中金陵春夕詩又曰：「花月春江十四樓」，則知相沿已久。今獨南市樓存，而北市在乾道橋東北，似今之豬市，疑劉辰國初事蹟所記富樂院，即此地也。揭軌孟同詩〔二五〕，有宴南市樓二首。芙塘詩話曰：國初，於金陵聚寶門外，建輕煙、淡粉〔二六〕、翠柳、梅妍十四樓，以聚四方之客。觀揭孟同詩，可知國初縉紳宴集，皆用官妓，與唐、宋不異，後始有禁耳。

城内橋之跨秦淮者：曰武定、鎮淮，南門内。曰飲虹，俗名新橋。曰上浮，曰下浮。跨國朝之御河者：曰青龍，在東長安門外。曰白虎，在西長安門外。曰會同，會同館前。曰烏蠻，曰柏川。此水自朝陽門外鍾山南流，穿城爲銅竇而出〔二七〕。跨古城而濠者：曰大中〔二八〕，即古白下。曰復成，曰玄津，曰北門。跨運瀆者：曰斗門，曰乾道〔二九〕，曰笪橋，曰武衛，笪橋西。曰景定。笪橋東，今名羊市橋。跨古宮城河者：南曰内橋，曰東虹，上元縣東。曰西虹；北曰珍珠，曰蓮花。跨青溪者：曰淮清，曰昇平，曰竹橋。跨今城濠者：曰正陽，曰通濟，曰聚寶，曰三山，曰石城。跨城外諸水者：曰賽工，在馴象門外。曰江東，在江東門外。曰上方，在上方門裏〔三〇〕。曰中和，在通濟門外。曰下方，三俱跨淮水。曰來賓，在小市口東。曰善世，在小市南。二俱跨澗，即蘼蕪澗。曰重譯。在西天寺東，古烏衣巷。

府治，國初自集慶路徙治古錦繡坊大軍庫地，即今治。　上元縣，唐始置於永壽宮東〔三一〕，徙鳳臺山西，宋徙白下橋。國朝在府治東北昇平橋西。江寧縣，古時在江寧鎮，南唐遷北門清化坊，元徙城外之越臺側。國初徙集慶路治，即今治。笪橋街北去有小白塔，峙於中衢，俗傳國初瘞張士誠於下，或曰士誠之將帥也。按此地在元爲龍翔寺基，塔即寺中物，俗傳謬也。

大報恩寺塔，高二十四丈六尺一寸九分，地面覆蓮盆口廣二十六尺，純用琉璃爲之，而頂以風磨銅，精麗甲於今古。塔以藏唐僧所取舍利。龍神人獸，雕琢精工，世間無比。先是，三寶太監鄭和西洋回，剩金錢百餘萬〔三二〕，乃敕侍郎黄立恭建之。琉璃九級，屬吻鴟尾〔三三〕，皆埏埴成，不施寸木，照耀雲日。内設篝燈百四十四，雨夜，舍利光間出繞塔，人多見之。嘉靖庚申，寺火，並護塔廊毁之，塔故無恙。萬曆庚子中，其貫頂大木朽蝕者半，金頂亦欹斜矣。靈浪、洪恩募化得金數千，架木易其貫頂之木。又斥其餘貲修塔廊，焕然頓還大觀。

鄭端簡公謂：金陵形勢，山形散而不聚，江流去而不留。顧司寇公亦言：登幕府山，望大江東去，往而不反，爲之太息。考之地理家言，以巒頭配天星，金陵江水直朝射入，乃紫微垣局也。古記云，中垣已是帝王都，只是垣城氣多泄。偶與友人論此，謂江水衝射，秦淮西注，無應砂關瑣〔三四〕，故云。余曰：此言非也。鍾山自青龍山至墳頭，一斷復起，側行向西南，而長江自西南流向東北，所謂山逆水，水逆山，真天地自然交會之應也。左邊隨龍之水，自方山旋繞，向東歷北，又折而向西入江。其入江之口，左則自橫山發支〔三五〕，由雲臺山、觀山、獻花巖、牛首、大小石子岡，至雨花臺，穿城濠至鳳臺山，北臨淮水。而右則自鍾山、龍廣山、雞籠山起謝公墩、冶城南，止於淮。而其外，又自馬鞍山起四望山、石頭城，直繞南，過冶城，而護於外。此兩帶山，在外則逆江而上，以收江水，爲鍾山夾；從内則逆鍾山内局之水，直奔而南，以收淮水。垣局之固密如此，何得言江水衝射，無應砂關瑣邪！所謂微有不足者，以逆水而結氣，力與中穿而落者，稍覺有間。而緣江翊衛〔三六〕，終是單薄，不若京師之雄壯而厚大耳。即二公之言，均之未得其真也。

南都城，高堅甲於海内。自通濟門起，至三山門止一段，尤爲屹然。聚寶門左右皆巨石砌至頂，高數丈。吾行天下，未見有堅厚若此者也。陸游老學庵筆記云：建康城，李景所作。其高三丈，因江山爲險固。其受敵惟東北兩面，而濠塹重複，皆可堅守。至紹興間，已二百餘年，所損不及十之一。按志言：國初拓都城，自通濟門東，轉北而西，至定淮門，皆新築。通濟門以西至清涼門，皆仍舊址。然則前所言堅固巨石者，當猶是景之遺植也。朝天宮，初門南向，後以宮内火災，移門居東巽方，而徑爲九曲。前小殿四隅，以四亭翼之，象玄武禳火也。〔旁注〕太平門左有高山，如圓釜立者，名龍廣山。國初置大理寺於此〔三七〕，後乃徙置門外。門直達於北，曰太平堤，堤左沿鍾山有小湖，曰燕尾湖。王荊公半山寺，或以今之永慶寺旁有謝公墩當之，所謂「我屋公墩」，指此。夫半山，以城中至鍾山，正得其半，故名。若永慶寺在宋江寧府城内西北，與去城至山居半之説不牟。且公半山園詩曰：「今年鍾山南，隨分作園囿。」又次吴氏女子詩自注：「南朝九日臺，在孫陵曲街旁〔三八〕，去吾園數百尺。」據此，公居豈在冶城後邪？今大内東長安門外有河出於銅井，井穿城西入，引外濠水，穿宫牆〔三九〕，入御溝，井旁有半山里，里有一墩，父老言此是謝公墩，而半山里正以舊爲寺址名也。宋江寧府城，止於今大中橋之西。大中橋舊名白下，自橋至鍾山，計銅井旁之半山里，正當其半。徒以今都改拓，遂堙圽不顯，士大夫以登眺所不及，故亦不知其名也。

金陵志紀冶城北有謝公墩。謝靈運撰征賦：「視冶城而北屬，懷文獻之收揚。」〔四〇〕李白有登金陵冶城西北謝安墩詩，序云：此墩即晉太傅謝安與右軍王羲之同登，超然有高世之志焉。於時營園其上，故作是詩。而城東半山寺後，別有謝公墩。按慶元志：城東半山寺，舊名康樂坊。因謝玄封康樂公，至孫靈運猶襲封。今以坊及謝公墩名觀之，恐是玄及其子孫所居。余前正疑王荆公「我屋公墩」之語，與冶城北相遠，今據此志，乃知金陵自有兩謝公墩，在今冶城北與永慶寺南者，乃謝安石所眺，荆公宅之半山寺所云謝公墩，乃謝玄所居，荆公或誤以爲太傅也。

今人第知方山至石硊山〔四一〕，爲秦皇鑿山斷金陵王氣之處，不知今城之西北盧龍馬鞍二山間，亦爲秦所鑿也，此處正號金陵岡，俗傳埋金之讖，即此。岡上有碑，因開靖安路，失之。張鉉新志言其地有溝，溝中有石脈見存，以證斷鑿之迹。盧龍山，今土名獅子山。志稱在張陣湖北，岡壠北接靖安。今山下爲儀鳳門，門外猶號龍灣城，即新志所稱靖安鎮是也。由此而北，則爲直瀆山。又按，今龍潭有靖安村〔四二〕，去城九十里，與志遠近迥異，姑兩存之。

金陵新志紀諸橋名，多有複誤。如運瀆、青溪所跨，試以遺迹參之，次第可考，而紀叙無法，有一名而兩紀者。其自叙言：官府文案，兩經焚毁，故老晨星，無從詢訪。固宜有是，今姑就俗稱，上附於古可徵者志之。　内橋，在宋行宫前，舊名虹橋。政和中，蔡嶷建石橋，號蔡公橋，後改天津。南渡後，用西京大内前橋名也。　新橋，本名萬歲橋。唐詩：「萬歲橋邊此送君。」新橋乃楊吴時所名，又名飲虹橋。　羊市橋，本名清化，俗呼爲閃駕。景定二年，馬光祖重建，手自書榜，改今名。　笪橋，俗傳茅山二十六代笪宗師所建〔四三〕。舊名欽化，馬光祖改建，名太平橋。　武定橋，馬光祖建，定今名。舊爲長樂。　倉巷橋，舊名望仙橋。馬光祖改名武衛。　北門橋，舊名武勝。　大中橋，舊名白下，又名上春。　南門外橋，五代楊吴名長干橋。　今乾道南北二橋，與北之獅子橋，青溪之竹橋、内橋，東西之東虹橋、西虹橋，皆舊名。　此其灼然可據者也。　迴龍橋。金陵新志：在城西門内。今卞廟西大街有平橋，而下洞甚巨，南通運瀆，至鐵牕欞者，即此橋也。而金川門内又有一橋，亦名迴龍橋，則以成祖靖難入城之故。　又鐵塔寺倉前有橋〔四四〕，俗呼侯家，故老言本名候駕，似有所爲〔四五〕，惜無可考。　寰宇志言：幕府山，東北臨直瀆浦，西接寶林山，南接蟹浦，又南接盧龍山。　南畿志言：一名石灰山，由此北屬至觀音山，突出大江，爲弘濟寺。直瀆山有直瀆洞，舊志言：山東西有水，流入大江。伏滔北征記云：吴將甘寧墓有王氣〔四六〕，孫皓惡之，乃鑿其後爲直瀆。今瀆與浦皆堙塞不可考矣。

後湖中有五洲：西北曰舊洲，一名祖洲。西南曰新洲，上有郭璞墓。太祖設主收藏圖籍之所〔四七〕，凡天下造到黄册，皆萃於此，故特設給事中、主事各一員管理其事。湖中船隻，係内府司禮監及南京户部分掌匙鑰，一應外人，不許往來。弘治元年十一月二十日，欽差兩廣公幹太監郭鏞帶領隨從二十餘人，擅駕船隻，過後湖中洲册庫處所觀望〔四八〕，至午而回。南京山西道監察御史孫紘等劾奏。湖大十數里〔四九〕，中洲爲册庫，以藏板籍。樓開東西牖，隨日照之，得不蛀〔五〇〕。前抱一小洲，中有溝，縈環如溪澗，今爲廚房，以供飲食。東二洲：一曰陵迹洲，一曰太平洲。近西小洲號别島，秀出可愛。西南之水，獨深而澄，則所謂龍潭也，即劉宋時龍見處。

金陵自吴至梁、陳，宫闕都邑，相因不改。隋文平陳，詔建康城池並平蕩耕墾，而六朝都邑宫室之迹盡矣。楊吴跨淮水爲城，朱雀航、驃騎航、禪靈渡囊括城内，而六朝山水之形變矣。入國朝，益拓前代之城而大之，於是青溪九曲之舊，不復可考。都邑、宫室，重爲開闢，獨高山大川，不失其故。而故老不存，俗呼多舛。欲一一按册問之，猝未易得。陳魯南金陵圖考最爲精洽，而自都城外山水，亦多未晰，如方山在秦淮之左，而圖列於右，其諸山名尤多闕略。余嘗欲爲一圖，據今日形勢名字，以上溯於前代，如今某處在某代爲某，一一考證而圖之，病未能也。

【校勘記】

〔一〕采石　「采」，底本作「扣」，據川本、滬本、陳本、盋本、京本及客座贅語卷二南京水陸諸路改。

〔二〕而橋北大街　「而」，底本作「西」，據川本、滬本、陳本、盋本、京本及客座贅語卷一南唐宫闕改。

〔三〕北門橋　底本、川本作「門橋」，據滬本、陳本、盋本、京本及客座贅語卷一南唐都城改。

〔四〕大司馬門　「大」，底本脱，川本、滬本、盋本、京本同，據梁書侯景傳、客座贅語卷一南唐故城補。

〔五〕木末亭　底本、川本無「木」字，據滬本、陳本、盋本、京本及客座贅語卷一登覽補。

〔六〕夾蘿峯　「蘿」，底本作「羅」，據川本、滬本、陳本、盋本、京本及客座贅語卷一登覽改。

〔七〕三山街　底本脱「山」字，據川本、滬本、陳本、盋本、京本及客座贅語卷一市井補。

〔八〕大中橋　底本脱「大」字，川本同，據滬本、陳本、盋本、京本及客座贅語卷一市井補。

〔九〕上河遂頗彫𨒆　底本「𨒆」字原缺，川本同，據滬本、陳本、盋本、京本及客座贅語卷一市井補。

〔一〇〕歷正陽朝陽二門　底本「正陽」下「朝陽」上衍「門」字，川本同，據滬本、陳本、盋本、京本及客座贅語卷一風俗删。

〔一一〕倉巷　底本、川本並作「倉橋巷」，據滬本、陳本、盋本、京本及客座贅語卷一風俗改。

〔一二〕内橋中正街而止　底本「橋」下有「東」字，又「止」字作「北」，川本同，據滬本、陳本、盋本、京本及客座贅語卷一風俗删改。

〔一三〕六院之油檀裙屐　底本「六」下「院」上有「殿」字，又「屐」字作「履」，據川本、滬本、陳本、盋本、京本及客座贅語卷一風俗删改。

〔一四〕膏唇耀首倣而效之　底本「膏」作「高」，「耀」下「首」上有「前」字，又脱「倣」字，據川本、滬本、陳本、盋本、京本及客座贅語卷一風俗改補。

〔一五〕苦瘁　「苦」，底本作「若」，據川本、滬本、陳本、盋本、京本及客座贅語卷一風俗改。

〔一六〕振武營　「武」，底本作「倭」，據川本、滬本、陳本、盋本、京本及客座贅語卷一浙兵改。

〔一七〕爲桑土計者　底本「桑土」下脱「計」字，據川本、滬本、陳本、盋本、京本及客座贅語卷一浙兵補。

〔一八〕中船長三十七丈　「十」，底本作「丈」，據川本、滬本、陳本、盋本、京本及客座贅語卷一寶船廠改。

〔一九〕鑿石求趺　「趺」，底本作「砆」，川本、滬本作「跌」，據陳本、盋本、京本及客座贅語卷三孝陵碑石改。下同。

〔二〇〕案左一紅匣　「左」，底本作「右」，據川本、滬本、陳本、盋本、京本及客座贅語卷三孝陵碑石改。

〔二一〕瓦官寺　「官」，底本作「宫」，據川本、滬本、陳本、盋本、京本及至正金陵新志卷四、客座贅語卷五長干改。

〔二二〕巷西頭出大江　底本「大江」上脱「出」字，川本、盋本、京本同，滬本、陳本作「西頭出江」。至正金陵新志卷四：「小長干，在瓦官寺南，巷西頭出大江。」客座贅語卷五長干引同，據補。

〔二三〕而長干隔遠　「隔」，底本作「遂」，據川本、滬本、陳本、盋本、京本及客座贅語卷五長干改。

〔二四〕嘉靖　底本作「嘉慶」，據川本、滬本、陳本、盋本、京本改。

〔二五〕揭軌孟同詩　「詩」，底本作「時」，據川本、滬本、陳本、盋本、京本、本書下文改。

〔二六〕淡粉　川本及洪武京城圖志、圖書集成職方典卷六六四同，滬本、陳本、盋本、京本及正德江寧縣志卷六、明統志卷六、秦淮志均作「澹粉」，與本書上文合。

〔二七〕此水自朝陽門外鍾山南流穿城爲銅竇而出　底本「流」作「樓」，又脱「城」字，川本、滬本、陳本、盋本、京本同，並據客座贅語卷六諸橋改補。

〔二八〕大中　底本「大」下有「市」字，據川本、滬本、陳本、盋本、京本及客座贅語卷六諸橋删。

〔二九〕曰乾道　底本「曰」下「乾」上有「朝」字，據川本、滬本、陳本、盋本、京本及客座贅語卷六諸橋删。

〔三〇〕曰上方在上方門裏　底本、川本、滬本、盋本、京本脱，據客座贅語卷六諸橋補。

〔三一〕永壽宫東　「東」，底本作「中」，據川本、滬本、陳本、盋本、京本及客座贅語卷六府治縣治改。

〔三二〕剩金錢百餘萬　「剩」，底本作「剥」，川本、滬本、陳本、盋本、京本同，據廣志繹卷二兩都改。

〔三三〕蜃吻　「蜃」，底本作「唇」，川本、滬本、陳本、盋本、京本同，據廣志繹卷二兩都改。

〔三四〕無應砂闕瑣　「闕瑣」，底本、川本作「闕鎮」，據滬本、陳本、盋本、京本、本書下文及客座贅語卷八金陵垣局改。

〔三五〕左則自横山發支　「左」，底本作「右」，據川本、滬本、陳本、盋本、京本及客座贅語卷八金陵垣局改。

〔三六〕而緣江翊衛　「翊」，底本、川本作「異」，據客座贅語卷八金陵垣局改。滬本、陳本、盋本、京本作「翼」，意同。

〔三七〕大理寺　「寺」，底本作「事」，川本同，據滬本、陳本、盋本、京本及客座贅語卷一〇舊大理寺基改。

〔三八〕孫陵　底本、川本作「縣陵」，據滬本、陳本、盋本、京本及王文公文集卷五四次吳氏女子韻二首注文、客座贅語卷九半山改。

〔三九〕穿宫牆　「牆」，底本作「牌」，據川本、滬本、陳本、盋本、京本及客座贅語卷九半山改。

〔四〇〕懷文獻之收揚　「收」，底本作「悠」，川本、滬本、陳本、盋本、京本同，據宋書謝靈運傳改。

〔四一〕方山至石硊山　底本、川本「方山」下「至」上有「石」字，據滬本、陳本、盋本、京本及客座贅語卷一〇秦人鑿山删。

〔四二〕靖安村　「靖安」，底本、川本作「慶安」，據滬本、陳本、盋本、京本及客座贅語卷一〇秦人鑿山改。

〔四三〕笪宗師　「宗」，底本、川本作「宋」，據滬本、陳本、盋本、京本及至正金陵新志卷四、客座贅語卷一〇橋名改。

〔四四〕鐵塔寺　底本「鐵塔」下脱「寺」字，據川本、滬本、陳本、盋本、京本及紀勝卷一七、景定建康志卷四六、客座贅語卷一〇迴龍候駕二橋補。

〔四五〕似有所爲　「所」，底本作「可」，據川本、滬本、陳本、盋本、京本及客座贅語卷一〇迴龍候駕二橋改。

〔四六〕吳將甘寧墓　「甘寧」，底本、川本及客座贅語卷一〇幕府直瀆諸山作「竺瑶」，據滬本、陳本、盋本、京本及景定建康志卷一九引伏滔北征記改。

〔四七〕太祖設主收藏圖籍之所　底本、川本「太祖」上有「後湖」二字，滬本、陳本、盋本、京本無。客座贅語卷一〇後湖：「西南曰新洲，上有郭璞墓。皆爲庫，以貯册。」此「後湖」當爲衍文，據删。

〔四八〕過後湖中洲册庫處所　底本「中洲」作「洲中」，「處所」作「總所」，據川本、滬本、陳本、盋本、京本、本書下文改。

〔四九〕湖大十數里　川本、陳本及廣志繹卷二兩都同，滬本、盋本、京本並作「湖大數十里」。

〔五〇〕得不蛀　底本脱此句，川本、滬本、陳本、盋本、京本同，據廣志繹卷二兩都補。

觀音門外有石碑一座，上書：陵山察勘、總督京營戎政、左柱國、太傅成國公朱，中軍都督府、少傅、新樂侯劉，禮部尚書兼翰林學士林，爲遵奉欽依禁約事。炤得瓦窑岡、劉家山、燕子磯、獅子山、石頭城等處，俱係下關護山，永禁開窑采鑿。如犯者，以故違禁旨，參拏如律究擬。

崇禎十五年二月□日立韓橋大路。

萬曆□年聖旨：朝廷開采礦務，爲裕國愛民德意〔一〕。朕心惓惓，敬天法祖，豈敢令其逼近皇陵而遍鑿諸山以斷來龍之脈乎！這本説的是泗洲、鳳陽並南京及湖廣，俱係附近皇陵地方，山場聯絡龍脈。遵炤天壽山禁例，不許擅行開采，以泄靈氣。如有不遵的，着欽差内官嚴拿參奏，依律治罪。崇禎十七年十一月三十日，太監龐天壽一本回奏事。聖旨：皇陵龍脈，關係最重，鑿石燒灰，損傷特甚，奏内私燒各窑，有無妨礙，着察明具奏。該監仍會同光禄卿王應華及應天府尹，細閲陵後正龍五百里内來俱行封禁，鑿傷的即行培補。再有擅行燒鑿的，全家處斬。通行曉諭，並取地方甘結回奏。十二月一日，太監龐天壽一本開窑大違明禁事。聖旨：這陵後犯禁燒窑各犯，着刑部提問示懲。違玩各官，該部議處。

弘光元年二月二日，吏部覆本。聖旨：山地陵脈，關係最重。朱議漇，句容知縣。着降一級管事，餘依擬示懲。如再玩縱，重治不宥。三月二十二日，太常寺一本祭祀事。聖旨：興宗陵等祭，遣侯湯國祚、張拱日、趙之龍行禮。其惠宗帝后享祀，並諸王祔祭，俱依議行。着工部作速成造椅案，毋得臨期有誤。會典：孝陵四十妃嬪〔二〕，惟二妃葬陵之東西，餘俱從葬。

南京神宫監太監馬應辰爲欽奉聖諭禁約事。竊炤從古埋金，有天子鬱葱之氣。我朝定鼎，爲國家豐芑之基，洪惟太祖高皇帝，驅逐胡元，首闢方夏。在天之靈，妥佑於斯。仰瞻孝陵，關係根本。祖脈發自茅〔三〕，鮮原開於鍾阜。龍蟠鳳翥，屬萬年弓箭之藏；虎踞牛眠，衍千載岡陵之祚。坏土爲重，豈容損傷。國初刊有榜文，大彰明禁，無奈年久迹湮，法弛人玩〔四〕。或過陵不敬，或翦伐樹株，或開窑燒造，或采取土石，因而鑿傷龍脈，妨礙風水。巡緝官軍，足迹不到，晨昏灑掃，視爲虚文。除張其蕴等已經重擬大辟外，其餘姑念無知，概從寬典。合行再申禁諭，勒之碑石，以垂永久。今後大小官員、軍民人等，敢有仍前不法，故違明禁者，即據實指參，按律處以極刑，決不輕貸。昭告中外，咸使聞知。

計開：一、諸司官員人等車馬過陵，百步外下馬，違者以大不敬論。　一、該監掌印提督本監官屬及長隨内使，晨昏奉祀，常川灑掃，並管領一衛、五所官軍，晝夜防守，不許偷安疏縱，違者治罪。　一、牆垣内外及山林樹木，敢有擅自砍伐者，正犯處死，家屬邊遠充軍，遇赦不宥。　一、係龍脈經行之處三十里内外，俱不許輕易樵采，違者治罪。　一、大金門御道等處，偶有枯槁樹木，或雷火風雨損傷，務要以時補栽，枯木即行移運，仍具疏奏聞。　一、自武岡山及白雲峯之龍泉庵，个字山之圍頭，湯山之魏干，孔山之石門、黄楝樹，武岐山之燕岡，俱係真正來脈，不許騎脊穿窑，鑿石煆煉，違者處斬。　一、官軍有科斂饋送，不行用心巡視，及該管貪圖賄賂，不嚴加約束，以致下人恣肆作弊，定行重治。　一、殿宇、碑亭、廚庫、房屋，至牆垣、水洞等項，或有損壞，各官即時修理，毋得任其傾圮，自干罪戾。　一、巡山官軍，凡遇騎坐騾，提喝頭畜，於園林内邊牆作踐行走，褻慢略無敬畏，即拏送該衙門究問如律。亦不許借端生事，妄拏平民，肆行擾害，事發並究。一、掌敕官遇有前項不法事情，通同縱庇，容隱不舉，許内外守備及南京部院科道即時糾參。如違，一體論治。崇禎十四年六月初十日。

實録：永樂七年九月丁酉，工部營繕司典吏汪如海言：近者有司采石於青龍山，鎚鑿之聲，聞於遠邇，掘地或深一丈。竊惟山邇孝陵，利於安静，山川靈氣，不宜泄之，請改取於他山。皇太子嘉其言，亟命工部禁止。

崇禎十四年九月二十一日，孝陵神宫監掌印太監馬應辰上言：臣抵南受事，察過椿楂，已經具疏奏聞。忽接邸報，奉有欽遣勳戚諸臣前往南京會同察勘之旨。除青龍山等處，合候欽遣諸臣至察明具奏外，謹將臣察過攝山等處官民窑座，先陳其概。臣恭炤孝陵，原有官窑十一座，内：上窑五座，坐落攝山後，離陵三十餘里；石灰窑一座，坐落龍潭、江干，離陵六十餘里；又下窑五座，坐落坎潭地方，離陵九十餘里。設有孝陵衛指揮一員，率領旗兵六十六名。每年臣監撥給蘆柴額燒磚瓦，共計十一萬片個，石灰一萬六千斤。南樞部仍給船價銀三千兩，雇船裝運瓦廠堆積，以供陵垣插補滲漏之需。此祖制也。臣察得萬曆七年間，流民嚴汀等擅行開窑鑿石，監臣栗旺枷號禁止。繼以法久廢弛，人心玩愒，是以因仍故習，復行開鑿。臣今恭詣攝山等處，逐一察看。本山除官窑五座外，不數里，聯絡山左爲峨眉山、灌山，則有塹鑿坑塹，山岡僅半，而路旁紅石、碾磨粗坯〔五〕，堆積纍纍。臣隨拘鄉民侯道科、葛德明問其來歷，皆稱民間開鑿條石，供修淮河磡岸，兼造碾磨，裝至蘇、松等處貨賣。轉至山夾，又有私窑五座，亦係民間燒造磚瓦射利者。復還舊路，過李山，其間鏨鑿石條、打造碾磨，與峨眉、灌山無異。繼至龍潭地方，察有官窑一座。行六七里，至西溝，則有私窑四座，内坍塌一座，其三座見在燒磚。再行十餘里爲留干，則有私窑二十二座，内除坍塌外，見燒者十六座。再十數里則爲坎澤，有官窑五座，而山夾高阜之上，有長窑二條，闊丈餘，長十四五丈，乃民間燒造缸罈等器，晝夜煅煉不息者也。至於周家窪、倉頭鎮等處，私窑甚多。總之，地愈遠而私窑愈多。臣備詰鑿山開窑之人，其攝山地方，價買射利，則戴時選、盧祥宇、任貴等；交租鏨鑿，則余恕等也。夾山私挖窑座者，則土豪嚴小泉也。李山開鑿者，則土民倪少堂也。西溝私挖者，則方新、吳志高也。留干私挖者，則朱西疇、朱廷鶴等也。至於坎潭燒造器皿，其窑主則四鄉浙人吕松、吕元序也；今代管業者，則伊親龔秀、周文也；交租燒造者，則陳義等也。此皆各處開挖之人也。臣自皇陵以至坎潭，地隔九十餘里，其外窑座猶多，臣未便遠出，即此九十里之内，私窑之多如此。臣未曉堪輿之理，不知果否傷乎龍脈，而朝廷之官山，小民任意開采燒造，獲利如此，亦不法之甚也。臣察歷既畢，謹將官民窑座數目，並私窑土豪姓名，先行具奏。

程敏政功臣廟下作：鷄鳴山側英雄坊，朱門半掩青松長。功臣廟食自洪武，下車進謁開中堂〔六〕。元勳佐命推六王，儼然並坐徐與常〔七〕。左李右鄧沐最少，霜髯獨見東甌湯〔八〕。秉圭服冕垂衣裳，異姓聯翩如雁行。公侯十六分兩旁，金貂玉帶相輝光。瓣香一炷三嘆息，却走苔堦觀畫廊。竭從真主興豪梁，材傑奮起驂龍翔。長江飛渡入建康，血戰往往皆鷹揚。當時陳虜號最强，屢使左纛乘飛艎。諸軍一衂番水陽，不日降旗來武昌。神威自此若破竹，僭竊次第歸天亡。按圖未取東海方，下令先縛鹽城張。遠清閩廣服蠻徼〔九〕，繼下滇蜀連氐羌。東南略遣瘡痏息，中土久作腥膻場。臨江發兵二十萬，直指幽都驅犬羊。裔戎豈敢敵王旅，氈裘北遁居龍荒。乾坤一統成帝鄉，九州入貢紛梯航〔一〇〕。文孫繼承萬億載，諸將之功何可忘。禮官四時奉烝嘗，令典與國固無疆。錫封賜履遥相望，山河帶礪分天章。至今一二傳世芳，餘者中微殊可傷。安得司勳徹聖聽，兩漢故實芸編香。摩挲丹青落日黄，一時際遇思明良。陸機有頌愧莫瀆，風雲颯爽天茫茫。

【校勘記】

〔一〕爲裕國愛民德意　川本、滬本、陳本「爲」上有「原」字。

〔二〕孝陵四十妃嬪　「四十」，底本、川本作「二十四」，據滬本、陳本、盋本、京本及明會典卷九〇改。

〔三〕茅　底本、川本、陳本同，滬本作「茅山」。

〔四〕法弛人玩　「玩」，底本作「完」，據川本、滬本、陳本改。

〔五〕碾磨粗坯　「坯」，底本、川本作「壞」，據滬本、陳本改。

〔六〕開中堂　「中」字底本作「忠」，據川本、滬本、陳本、盋本、京本改。
〔七〕徐與常　「與」，底本作「興」，據川本、滬本、陳本、盋本、京本改。
〔八〕霜鬌　「霜」，底本、川本作「霸」，據滬本、陳本、盋本、京本改。
〔九〕鑾徼　「徼」，底本、川本作「繳」，據滬本、陳本、盋本、京本改。
〔一〇〕紛梯航　「紛」，底本、川本作「分」，據滬本、陳本、盋本、京本改。

金陵梵刹志：鍾山靈谷寺，在都城東鍾山，在獨龍岡麓，去朝陽門十里。梁天監十三年，武帝爲誌公建塔於山南珍珠峯前，名開善精舍，更爲寺。唐乾符中，改寶公院。開寶中，改開善道場。宋太平興國五年，改太平興國寺。慶曆三年，府尹葉清臣奏改十方禪院，尋復寺額。國初名蔣山寺。因塔邇宫禁，洪武十四年敕改今地，賜額靈谷禪寺。葱蔚深秀，中宏外拱，勝甲天邑。山門敕書「第一禪林」。入寺，萬松杳靄，可五里許。有放生池，植荷其内。歷金剛、天王二殿，爲無量殿，純甓空構，不施寸木。次爲五方殿，又次爲大法堂及律堂，而寶公塔巋然在焉。左爲法臺基，臺前有街，俗名琵琶，拍掌則其下響應，若彈琵琶。臺後引八功德水，縈紆九曲。右爲方丈，扁以青林堂，榜章其上。又右爲禪堂，右之前爲左右方丈及公塾庫司。聖祖命贍僧千人，賜田獨倍它寺，設右覺義一人。　八功德水，在舊悟真庵後。僧法喜以居無泉，竭誠禮懺，求西天阿耨池八功德水〔二〕。方七日，遂獲此泉：一清，二冷，三香，四柔，五甘，六淨，七不饐，八觸痾。自梁以前，嘗取給御。洪武年間遷寺時，舊池就涸，從寺東馬鞍山下通出。先年以木爲筧，通水入寺，宣德五年，以石梘易之。因火災後，三年水竭不到，至正統元年久旱，忽湧出如初。今復竭。　放生池，在寺前。太祖役萬工掘成池，岸甃以石，栽蓮數百株於内。　梅花塢，在寺前東南。春來香雪萬株。　五里松，由山門入，長松覆路，不下數萬株，五里方至寺。　寶公塔，高五級，寶誌公葬其下。梁永定公主建開善寺前，國朝徙此。　琵琶街。　三絶碑，唐張僧繇畫大士像，李白贊，顔真卿書，爲三絶。下復有孟頫書誌公十二詩歌。　景陽鍾，在無量殿。元時鑄，制度精古。　杭州府儒學教授徐一夔奉敕撰寺碑〔二〕，其略云：今上皇帝定都於鍾山陽，適與梁神僧誌公塔寺密邇。洪武九年春，僧仲羲被召爲住持，請改建，上從之。乃擇地於朱湖洞南，則鍾山之左脇也。材木未具，會上方遷太廟於闕左，弗敢以舊廟遺材他用，遂以施之，又遣親軍五萬餘人徙塔附於寺。功將就，形家或言其地湫隘，非京刹所宜，羲復以聞。上命太師韓國公李善長〔三〕，擇地於獨龍岡之東麓，西距朱湖洞五里而近。其地中寬外敞，回巒複阜，左右相向，而方山巋然在其南，羲以圖進。上命中軍都督府僉事李新等董其役，以十四年九月之吉作之，明年六月十三日告成。　寶珠峯。　道卿巖。　一人泉，在鍾山絶頂，古法雲寺側。僅容一勺，挹之不竭。　洗鉢池，塔西二里。　法雲寺基方池。　玉澗，山西蔣祠前〔四〕。　孫陵。　楊梅巖，山西。　彈琴石，在北嶺中道清溪上〔五〕。　桃花塢，獨龍岡西北。白蓮池，古白蓮庵前。桂嶺。定心石，東山巔〔六〕，下臨峭壁。半山墩，在八功德水南。即謝公墩。朱湖洞，東麓。即鍾山仙洞，道書「朱湖洞天」。茱萸塢，山南。宋陸道士靜修餌茱萸。黑龍潭，山嶺一人泉西。曾有龍見，今深廣不數尺。道士塢，塔東。陳宣帝禮玄靖藏經處。東澗，塔西。梁處士劉訏隱處，古宋熙寺東。屏風嶺。頭陀峯，山北。霹靂溝，南麓。寶公井。曲水，晉海西公於鍾山立流杯曲水，延百僚〔七〕。應潮井，山半，古定林寺前。盈縮與江潮相應〔八〕。靜壇，古明慶寺前。梁侍中周捨立靜壇，與道士塢相對。讀書臺，古定林寺後北高峯上。梁昭明於此讀書。九日臺石、蔣廟、孫陵岡。見前。說法臺，山絶頂。寶公說法其上〔九〕。招賢館，西巖下。宋文帝築，以館雷次宗。

攝山棲霞寺，在都城東北太平門外四十里。齊永明七年，明僧紹捨宅，法度禪師建寺。隋文帝琢白石爲塔，置舍利。唐高祖改功德寺，高宗改隱君棲霞寺。武宗會昌中廢，宣宗大中五年重建〔一〇〕，改妙因寺。宋太平興國五年，改普雲寺。景德五年，改棲霞禪寺。元祐八年，改嚴因崇報禪院，又爲景德棲霞寺、虎穴寺。洪武二十五年，仍賜額棲霞寺。寺在攝山，一名繖山。有中峯屹然卓立，迤邐南下，左右山環抱如拱。入山繁陰覆路，若别一洞天者。陳江總及唐高宗碑尚完。天王、大雄、法堂諸殿，相承而入，接於中峯之麓〔一一〕。禪堂近徙法堂後，其左爲方丈公塾庫司及隋舍利塔。塔之前，以伏道引中峯澗水從石蓮孔中噴出，爲品外泉。倚山有石佛千身〔一二〕，金碧絢爛，爲千佛巖。紗帽峯、明月臺，即其處。循中峯澗而上，有白鹿泉出石隙，方廣僅數尺，清澈可鑑。禪堂右，新設遊憩之所，曰清歡堂。堂後循山隙而入，有泉曰真珠，有巖如浪，曰疊浪。再上爲圓通禪院，人天小構。又上爲天開巖，陡絶甚奇。此一帶在中峯之右，虚谷深隴，僧寮倚山架壁，各擅其勝。上至中峯頂，下視大江，曳若縞練，幽深隱奥者，忽焉而闞覽八荒矣。宋靖康間，劉光世敗兀朮於黄天蕩〔一三〕，兀朮奔攝山，鑿河宵遁。今竹篠港名敗軍河。山有落星墩，墩舊有樓。吴都賦云：「饗戎旅乎落星之樓〔一四〕。」即今寺北清歡堂之側。大石佛，〔旁注〕無量壽佛。明僧紹子臨沂令仲璋琢〔一五〕，高四丈。左右琢觀音、勢至各高三丈。千佛，齊文惠太子、竟陵王、豫章王、田奂及宋江夏王、霍姬等〔一六〕，就石琢像千尊，名千佛巖。梁臨川王復加瑩飾。舍利塔，高七級，在無量壽佛之右。隋文帝時詔送舍利天下，凡八十三州，分造石塔，蔣州棲霞寺其一也。塔以白石爲之，高數丈，凡五級，錐琢天然，種種奇絶。前設尊、引二佛，各高丈許，亦以白石爲之。像貌衣縷，謂有顧愷之筆法。

興善寺，在太平門内北安門後。佛國寺，在太平門外二里。景泰中敕賜。東山翼善寺，在正陽門十七里〔一七〕。晉謝太傅高卧東山，及與張玄圍棋賭墅，即其處。梁資福院，武帝建淨名院，神僧寶公説法其間。宋、元改淨名寺。國朝正統十年，賜今額。東山，一名土山。周四里，高二十丈，無巖石，故曰土山。輿地志云〔一八〕：山下有湖，自方山至京師，此爲半道。

今謂此山下道爲半邏。　布塞亭。實録：吳景帝自會稽至曲阿，有老翁干帝速行，即日進至布塞亭〔一九〕。孫綝迎於土山之半野。　土山墅，秦苻堅入寇，謝安命駕出土山墅張晏，與張玄圍棋賭別墅，即此。　祈澤寺，在高橋門外，去正陽門三十里，即祈澤山。

方山定林寺，在高橋門外天印山，去正陽門三十里。宋乾道末年建。按上定林寺在鍾山，寺廢，因請其額於此。齊武帝欲起離宮，即此地。　方山埭。建康實録：吳赤烏八年，使校尉陳勳發屯田兵於方山南截淮立埭，號方山埭。南史：湖熟縣方山埭高峻，冬月，行旅以爲難，齊明帝使沈瑀修之。乃開四洪，斷行客〔二〇〕。

崇善寺，在滄波門外〔二一〕，去朝陽門二十二里。景泰中敕賜。　寶善寺，在滄波門外，去朝陽門二十二里。正統初敕賜。　草堂寺，在太平門外二十七里唐家渡。本齊周顒捨宅，與慧約法師爲草堂寺，在鍾山。一名寶乘寺。洪武七年，以其地爲開平忠武王墓，撥楊府莊田易之。正統中〔二二〕，徙寺於此。今田豁於江，僅存百餘畝，寺亦幾廢。

鳳山天界寺，在聚寶門外二里。舊名龍翔集慶寺，在城中閃駕橋北，元文宗即位，詔以金陵潛宮改建。國朝洪武二十一年，寺災，敕徙於此。出内帑，大建刹宇，更名天界，榜寺門曰善世法門，賜田地、蘆洲若干頃。永樂間，增建栴檀林、毗盧閣三十六庵，並設僧録司於内，額設右覺義一員。　葉向高八大寺定租碑記，在第十六卷。

鷄籠山鷄鳴寺，在城内西北隅金吾後衛地，與覆舟山、臺城連接。洪武二十年，命崇山侯李新督工，建有門三，曰秘密關、觀由所、出塵徑，皆聖祖命名。遷靈谷寺寶公大師法函瘞於山岑，建塔五級，每歲遣官諭祭。寺阻城，地廣不數畝。入寺，曲廊迤邐，經數門至佛宇，皆從複道陟降而進，若行數里。旁有憑虚閣，俯視京城。　玄武湖，在寺北垣下。　西苑，在鷄籠山東歸善寺後。宋大明中築，梁改名上林苑。有飲馬池，西有望宫臺。　鷄鳴埭。南史：齊武帝數幸琅邪埭，鷄始鳴，故呼爲鷄鳴埭。在潮溝上。　士林館，竟陵王子良開西邸，延才俊。梁武帝亦於臺城西立士林館，延集學者。　雷次宗館，宋元嘉中，文帝立儒館於北郊，命雷次宗居之。齊竟陵王子良嘗移居鷄籠山下，集學士，抄五經百家，爲四部要略千卷。

盧龍山靜海寺，在儀鳳門外半里盧龍山麓。文皇命使海外，平服諸番，風波無警，因建寺賜額。寺内方丈左有巨石，從地矗起，高四五丈，周二十餘丈，下空洞，回徑盤折而上，形類纍石爲之，名真假山，俗又名獅子頭。水陸羅漢像，來自西洋。

石頭山清涼寺，在清涼門内。吳順義中，徐温建爲興教寺。南唐改石頭清涼大道場。宋太平興國五年，改清涼廣惠禪院[一二三]，後廢。國朝洪武中，周王重建，改額清涼。陟寺左脅而上，爲清涼臺。山不甚高，而都城宫闕、公署，歷歷可數，俯視大江。臺基平曠，原係南唐翠微亭舊址，今亦有亭，可觀覽。　烏龍潭，在山下。相傳有黑物似龍，能興雲雨。　寺有董羽畫龍，後主八分書，李霄遠草書，爲三絶。今不存。

永慶寺，在城内北門橋虎賁右衛地。梁天監中，永慶公主香火，因名。寺有塔，又名白塔寺。代遠頹圮，惟塔獨存。國朝洪武中，魏國公具奏重建，賜今額。　謝公墩，在寺右。相傳爲謝安遊覽處。墩不高，實據江山城闕之勝。

鳳凰臺瓦官寺〔二四〕，在城内鳳凰臺南。晉興寧二年，詔以陶官地施爲瓦官寺。梁時，就建瓦官閣。唐昇元，改寺曰昇元寺，閣曰昇元閣。宋太平興國，改崇勝戒壇。國初寺廢，半爲徐魏公族園，半入驍騎衛倉。嘉靖間，徐園旁積慶庵改建，名曰瓦官，實非寺址。鳳凰臺右，故有小庵一區，萬曆十九年，僧圓梓募魏公及諸檀越，盡贖臺地，大建刹宇。考志，前瞰江面，後據崇岡，則兹庵爲是，因正額上瓦官，改積慶下瓦官附之。　鳳凰臺，在上寺内正殿之左。寺中有晉義熙中獅子國所獻玉佛像，宋世子鑄丈六銅像，顧長康畫維摩，爲三絶。今不存。　普利寺，在三山門内。天順中賜額。

青溪鷺峯寺，在鈔庫街南。齊爲東府城，梁爲江總宅。唐乾元中，刺史顔魯公置放生池，東接青溪。宋淳熙間，待制史正志移於青溪之曲，建閣其上。歲久湮没。國朝天順間，即其地建寺，賜額。寺後有塘，屬内監，相傳爲放生遺址。以教坊毁庵隙地易之，並構一椽，祀魯公，而重勒其碑文，以存舊迹。　承恩寺〔二五〕，在舊内旁。御用監王瑾故宅，景泰中改爲寺，賜額。　普緣寺，在神策門内。晉名耆闍寺。成化十九年，重修賜額。吉祥寺，在定淮門内水軍左衛地。永樂賜額。蒼雲崖嘉善寺，在神策門外五里牧馬所鐵石山地。相傳是達摩渡江處。山椒有石佛閣。正統中，建寺賜額。山深樹古，有蒼雲崖，谽谺欲墮，奇怪異狀，一閣開櫺臨其左。有一線天，石壁如屏，高峙霞表，中坼裂，視天光僅露一線，巖壑之幽絶者。

【校勘記】

〔一〕八功德水　「功」，底本作「公」，據川本、滬本、陳本、盋本、京本及景定建康志卷一九、至正金陵新志卷五、明統志卷六改。

〔二〕撰寺碑　「撰」，底本作「選」，據川本、滬本、陳本、盋本、京本及圖書集成職方典卷六六一改。

〔三〕李善長　「李」，底本作「孝」，據川本、滬本、陳本、盋本、京本改。

〔四〕蔣祠　「蔣」，底本、川本作「將」，據滬本、陳本、盋本、京本及萬曆上元縣志卷三改。

〔五〕在北嶺中道清溪上　「北嶺」，底本、川本、盋本、京本作「此嶺」，據滬本、陳本及宋書蕭思話傳改。

〔六〕東山巔　「山巔」，底本、川本、盋本、京本作「山嶺」，據滬本、陳本及景定建康志卷一七、至正金陵新志卷一改。

〔七〕延百僚　底本「百」下有「餘」字，據川本、滬本、陳本、盋本、京本及紀勝卷一七、萬曆上元縣志卷三删。

〔八〕與江潮相應　「潮」，底本、川本作「湖」，據滬本、陳本、盋本、京本及紀勝卷一七、景定建康志卷一九、至正金陵新志卷五改。

〔九〕説法其上　底本「説」下脱「法」字，據川本、滬本、陳本、盋本、京本補。

〔一〇〕大中五年　「大中」，底本作「大宗」，據川本、滬本、陳本、盋本、京本及景定建康志卷四六改。

〔一一〕接於中峯之麓　「接」，底本、川本作「即」，據滬本、陳本、盋本、京本及圖書集成職方典卷六六一改。

〔一二〕石佛千身　「千身」，底本、川本作「子身」，據滬本、陳本、盋本、京本及景定建康志卷四六、圖書集成職方典卷六六一改。

〔一三〕宋靖康間劉光世敗兀朮於黄天蕩　川本、滬本、陳本同，盋本、京本「劉光世」作「韓世忠」。據宋史紀事本末卷六四載，建炎三年，金兵渡江南侵。四年三月，韓世忠與兀朮相持於黄天蕩，兀朮爲世忠所敗。則此「靖康」應作「建炎」，「劉光世」爲「韓世忠」之誤，盋、京本是。

〔一四〕饗戎旅乎落星之樓　「饗」、「乎」，底本作「享」、「於」，川本、滬本、陳本、盋本、京本同，據文選左思吴都賦改。

〔一五〕明僧紹子臨沂令仲璋　「子」，底本、川本、盋本、京本作「于」，據滬本、陳本及南史明僧紹傳、至正金陵新志卷五、萬曆上元縣志卷三改。

〔一六〕田奐　底本、川本作「曰莫」，滬本、陳本、盋本、京本作「田莫」，據景定建康志卷一七、至正金陵新志卷五改。

〔一七〕正陽門十七里　川本同，滬本、陳本、盋本、京本「門」下有「外」字。

〔一八〕輿地志　底本「輿地」作「地輿」，據川本、滬本、陳本、盋本、京本及景定建康志卷一七乙正。

〔一九〕布塞亭　底本「塞」下「亭」上有「寺」字，據川本、滬本、陳本、盋本、京本及三國志吴書孫休傳删。

〔二〇〕乃開四洪斷行客　川本、滬本、盋本、京本同，底本、川本南直隸三、滬本江南四及陳本方山埭下作「乃開四洪，斷行客就作，三日便辦」。按南史沈瑀傳：「瑀乃開四洪，斷行客就作，三日便辦。」梁書沈瑀傳「便」作「立」，餘同，則此「斷行客」下當有「就作三日便辦」六字。

〔二一〕滄波門　「波」，底本作「浪」，據川本、滬本、陳本、盋本、京本、本書上下文及洪武京城圖志記改。
〔二二〕正統中　底本、川本、陳本無此三字，據滬本、盋本、京本及萬曆上元縣志卷五補。
〔二三〕清涼廣惠禪院　川本、滬本、陳本同，盋本、京本「院」作「寺」，與景定建康志卷四六、至正金陵新志卷一一同。
〔二四〕瓦官寺　底本脱「官」字，川本同，據滬本、陳本、盋本、京本及至正金陵新志卷一一、正德江寧縣志卷六補。
〔二五〕承恩寺　底本「承」作「永」，據川本、滬本、陳本、盋本、京本及明統志卷六、萬曆上元縣志卷五改。

方輿崖略〔一〕：孫吳六朝宮城，在漢府、珍珠河之間。南唐、宋行宮，在今内橋，直對鎮淮爲御街。本朝宮城，則填東方燕雀湖爲之，在舊城之外，惟聚寶、三山、石城三門仍舊〔二〕，起通濟右轉至清涼，則皆新拓之地〔三〕，周九十三里，外垣倍焉。此南龍一統之始也。然城寥廓〔四〕，有警不易守，鍾鼓樓以北似可斂而縮之。

宮城填浮土而棄故墟，或疑其故。余謂，以堪輿家推之，則留都之勝似爲左仙宮。境内山起攝山，右去則爲臨沂，而鍾山其拇指根也。覆舟而西，鷄鳴、盧龍、直瀆、石城而止於冶城，皆當掃蕩之墟，流而不止，六代、唐、宋宮之〔五〕，正當其覆敗處。左武岡、雲穴、青龍、石桅、天印、聚寶、天闕，而止於三山，咸環抱而無穴場。皇祖與青田輩亦熟籌之。歷朝以來，都宮郡邑遷徙靡常，城隍墩塹填塞代有，以故窪地渠沼，滿眼皆是，地脈盡泄，王氣難收，六朝奄忽，有自來矣，欲盡棄之，則室廬衢市，人情重遷，不若退卸稍東〔六〕，挨鍾山而填燕雀。昔人謂：「池湖積水，四世不流。」又謂：「山高一丈，水深一尺。」故壅塞各土〔七〕，承受完胎，免其騰漏，非無自也。但今日紅門而右〔八〕，山麓西走，斜插偏枯，當時若更東去四五里間，直金門南下之處，鋪屑展席，餘氣隆起，正坐鍾山，四顧靜定，如船泊岸，留湖水舊城以爲下手，此其居中得正又不啻百倍。

向予登清涼臺，入門見巨井，僧云，此臙脂井也。問臺城，則指前岡。今細考之，則知吴苑城據覆舟山之前，對宫門之後，而晉臺城即修吴苑爲之。華林園在臺城内，而臨春、結綺〔九〕、望仙皆華林園中閣，臙脂井在閣前。始知僧言之謬。

出西安門，長安街斜掠西南而去，蓋宫城繚垣之右原，如舞鳳之翼，不與東齊，故街如之。而三山等衢道皆偏頗曲折〔一〇〕，不甚方嚴，惟鎮淮、内橋尚存御街之舊，餘則四處方隅，時或眯目。

舊院有禮部篆籍，國初傳流至今，方、練諸屬入者皆絶無存，獨黄公子澄有二、三人，李儀制三才襃而放之。院内俗不肯詣官，亦不易脱籍，今日某妓以事詣官，明日門前車馬無一至者，雖破家必浼人爲之居間。裘馬子弟娶一妓，各官司積蠹共窘嚇之，非數百金亦不能脱。

大江入地丈餘。南中之濕，非地卑也，乃境内水脈高，常浮地面，平地輒積水成池〔一一〕，故五六月霪潦得暑氣搏之，濕熱中人。四方至者，非疥則瘇，即土著者不免，惟樓居稍却一二。〔旁注〕牛首山寺西廂門有一竅，塔影入焉，見佛桌帷上〔一二〕，乃是倒掛，欄楯瓴甋，色相儼然，其傍樹影又直立，可異也。然塔本西方創，故多異。余台雙憤塔影乃落黄泥塘中，隔煙火三里，立塘畔，見影不見塔。近始爲塘畔人家填塞之。又觀桯史云〔一三〕：泗州僧伽塔，一日影見於城中民家。又輟耕録云：「松江城中有四塔，夏監運家在其東，而日出時，有一塔影長五寸，倒懸西壁上。」〔一四〕又夷堅續志云：「南雄延慶寺有三塔影，不以陰晴見，一倒影，二懸影，向上，如見人家廳堂上，主科名；見房側，則凶。」皆理之不可曉者〔一五〕。

鳳陽，龍興之地，當時乃不建城郭。或謂，堪輿家以此地皇陵所奠，於城郭不宜。或又謂，聖祖念湯沐地，民力困於戰爭之後，不暇及也。然觀漢高祖誅秦滅項，建都長安，亦不造城，而止作繚垣，周三百里。至惠帝，始城長安。

吕梁洪石齒廉利，嘉、隆間，黄河漲，石漸入水，上盤渦〔一六〕。余癸酉上春官時猶及見之。至丁丑漲甚，則盤渦亦無矣。今河漸漲，堤漸高，行堤上人與行徐州城等。若黄河年年如此，則自開闢以來，今不且在半天乎？向思之，不得其故，及今行遍宇内，始窮山川源委而悉之。蓋此乃中龍過脈處也。泰山爲中龍之委〔一七〕，自荆山大幹生，至六、蓼遂落平洋，牽連岡阜，至徐、邳過脈北去而起泰山。黄河源流，泰山之北至直沽入海，此特泗水一派，浮流兩洪之上耳。隋時，煬帝幸江都，引黄河入汴、泗，河始流斷，龍脈隔泰山而北之，然中龍脈旺伏地而行，河水流地上，畢竟不能斷絶其脈。而地脈之起伏有時，今此數十年正當其起也。脈坌涌而起〔一八〕，故河身日擎捧而高，此豈鐵埽帚、滚江龍之所能刷而低之乎？爲此策者，真兒戲見也。過數十年後，地脈既伏，泥沙自去，河身自陷下耳。或謂：「地脈何以知其起伏？」曰：「濟水昔行地上，王莽時入地而伏〔一九〕，遂至今不改，至趵突方穴而出，非耶？堪輿家指地墳而起者爲吉，正謂下有氣脈耳。」此理向無人識，須與通天地人者一抵掌。

清江板閘之外，乃淮河之身而黄河之委也。黄、淮合處，水南清北黄，嘉靖末年猶及見之。隆、萬來，黄高勢陡，遂闖入淮身之内。淮縮避黄，返浸泗湖，水遂及祖陵明樓之下，而王公堤一線障河不使南，淮民百萬，岌岌魚鼈。余丁亥冬過淮，適值行河省臣當且至〔二〇〕，因預與淮父老講求之，上溯泗陵，下泛海口，始悉顛末，謂非另造一支河不可。衆聞咋舌云：「黄河可造乎？」余爲析其故。桃源三又廟有老黄河故道〔二一〕，武宗南幸〔二二〕，欲兩岸牽挽龍舟，始塞泯之，今遺身猶隱隱存。若從此挑一河，與今河深闊齊，直至草灣，放淮水與之合，祖陵與淮城自無恙。欲浚海口者，非也。海口二百里，從何浚？且海口比河低甚，非海口罪。因爲疏上之，而總河大臣與省臣謂余侵其事，百方阻不行。十年後，余入太僕時，祖陵且壞，直指發其事，河臣削籍待罪，司空氏始悔余言之不用也。復遣省臣行視之，仍依余言，僅於入口處稍改，從上流黄灞口入，漁溝以東，與余前疏同，畢竟另造一黄河，費近百萬。河成，淮出矣，方報竣，而黄河一夕南徙〔二三〕，又決黄堌口一千二百餘丈，下睢寧，當事者又恐徐、邳流竭，爲運道梗，議塞〔二四〕，漕、河兩大臣言人人殊。今尚築舍道旁。

黄河之衝，止利捲埽而不利堤石，蓋河性遇疏軟則過，遇堅實則鬬，非不惜埽把之衝去也。

計一埽足資一歲衝刷而止，明以一歲去此埽而護此堤也，來歲則再計耳。若堤以石，石不受水，水不讓石，其首激如山，遂穿入石下，土去而石遂崩矣。余見近督河者所作石堤往往如此〔二五〕，而常自護過，不肯以爲非。

淮陽一帶，揚州、儀真、泰興、通州、如皋、海門地勢高，湖水不浸；泰州、高郵、興化、寶應、鹽城五郡邑如釜底〔二六〕，湖之壑也，所幸一漕堤障之。此堤始自宋天禧轉運使張綸因漢陳登故迹，就中築堤界水，堤以西匯而爲湖〔二七〕，以受天長、鳳陽諸水，由瓜、儀以達於江，爲南北通衢；堤以東畫疆爲田，因田爲溝，五州縣共稱沃壤。南起邵伯，北抵寶應，凡三百四十里而遥，原未有閘也，隆慶來歲〔二八〕，水堤決，乃就堤建閘，實下五尺，空其上以度水之溢者，名減水閘，共三十六座。然一座闊五丈，則沿堤加三十六決口，是每次決水共一百八十丈而闊也，雖運濟而田爲壑矣〔二九〕。所賴以瀦止射陽、廣洋諸湖，出止丁溪、白駒、廟灣、石䃮四口耳。近射陽已漲與田等，它水者可知。丁溪、白駒二場，建閘修渠，金錢以萬計，不兩年爲竈丁陰壞之。又鹽城民惑於堪輿之言，石䃮之閘啓閉亦虚〔三〇〕，止廟灣一線通海耳。近因淮溢陵寢，泗人告急〔三一〕。議者欲毀高堰，從海口道淮，以周橋之水從子嬰溝入，武墩之水從涇河入，高良澗之水從汜光湖入，尚幸主議者見其難而中止耳。若從其請，欲盡從廟灣一線出，則高、寶五邑沮洳昏墊之民，永無平陸之期矣。五邑水田額糧亦不少，泰州五萬二千三百石，高郵二萬九千九百石，興化五萬六百石，寶應一萬二百七十石。

高家堰，在氾光湖西北，乃漢揚州刺史陳登築。當時水利大興，宋轉運使張綸修之，平江伯陳瑄又修之，非今日始也。堰之地去寶應高可一丈八尺，去高郵高可二丈二尺，而高、寶堤去興、泰田有高一丈者〔三二〕，有高八九尺者，其去堰愈下，不啻三丈有奇，若堰開，則水激如箭，登時巨浸。故議泗溢而欲開堰者，不爲淮南計，未可也。或謂開堰則可導淮由瓜、儀入江〔三三〕，不知淮南地由高、寶而東則俱下〔三四〕，由邵伯而南則又昂，漕河高於湖者六尺餘，鑿之通湖，流達瓜、儀，僅可轉漕耳。今高廟一帶四十里兩岸如山峙〔三五〕，稍旱乾，常苦淺澀，且儲五塘水預接濟之。萬曆五年，大闢通江諸口矣，湖水減不盈尺〔三六〕，漕河舟楫三十里內幾不通。二十年，又開金家灣、芒稻河矣，堤決如故，湖水東奔未少殺，此南北低昂之一驗也。或又謂堰不開則淮不出，不知堰下洪澤、阜陵諸湖亦低，與高、寶同，仰受淮水如釜底〔三七〕，皆清口沙限之，如門檻，然闢清口則淮出矣。不然，二十一年，高澗決七十餘丈而泗城水減不過尺許〔三八〕，則泗溢不盡由堰矣。此見陳大理應芳水議中。

揚州五塘：一曰陳公塘，延袤八十餘里，置自漢陳登；一曰句城塘，六十里，置自唐李襲譽；一曰小新塘，一百一十里；一曰上雷塘、下雷塘，各九十里，皆創自先朝。千餘年停蓄天長、六合、靈、虹、壽、泗五百餘里之水，水溢則蓄於塘，而諸湖不致泛濫，水涸則啓塘閘以濟運河。嘉靖間，姦民假獻仇鸞佃陳公塘，而塘堤漸決〔三九〕，鸞敗而嚴世蕃繼之，世蕃敗而維揚士民攘臂承佃，陳公塘遂廢，一塘廢而諸塘繼之。夫五塘大於氾光、邵伯、五湖數倍，水既不入塘，惟歸於湖〔四〇〕，故湖堤易決，他日堤東興、鹽、高、泰五州縣之民悉爲魚矣。所佃之税止七百餘金耳，視五州縣民數百萬，何啻倍蓰之〔四一〕，而竟不可復者，則以今之所佃皆豪民、富商及院道衙門積役，其勢足以動摇上官，故雖以家司寇督漕，吴太守理郡，皆鋭意復之，竟亦中止。

維揚中鹽商，其鹽廠所積有三代遺下者。然長蘆鹽竊之維揚賣〔四二〕，而淮鹽又竊之江南賣。長蘆之竊，其弊竇在往來官舫，淮鹽之竊〔四三〕，其作姦在孟瀆流徒。淮鹽税課七十萬五千一百八十引，徵銀六十萬兩，可謂比他處獨多矣，而鄢懋卿督理時，欲以增額爲功，請加至百萬，徵不足，則括郡縣贖鍰及剋商人餘貲足之，商人多破産，怨嗟載道。及嘉靖末年，分宜敗，御史徐爌上其狀，司農覆議，始減照原額〔四四〕。

新都勤儉甲天下，故富亦甲天下。賈人娶婦數月則出外，或數十年，至有父子邂逅而不相認識者。大賈輒數十萬則有副手而助耳目者數人，其人皆銖兩不私，故能以身得幸於大賈而無疑，他日計子母息大羨，副者始分身而自爲賈，故大賈非一人一手足之力也。他俗習懶習賺，有賈無副，則賈不行。其數奇販折，寧終身漂泊死，羞歸鄉對人言也。男子冠婚後，積歲家食者，則親友笑之。婦女亦安其俗，而無陌頭柳色之誨。青衿士在家，間走長途而赴京試〔四五〕，則短褐至骭，芒鞋跣足，以一傘自攜，而吝輿馬之費，問之則皆千萬金家也。徽人四民咸樸茂，其起家以貲雄閭里，非數十百萬不稱富也，有自來矣。

山居人尚氣，新都人健訟，習使之然。其地本勤本儉，至鬬訟則傾貲不惜，即官司笞鞭一二、杖參差，便以爲勝負。往往浼人居間。若巨家大獄[四六]，至推其族之一人出爲衆死，或抹顙叫闕，或鎖喉赴臺，死則衆爲之祀春秋而養其子孫。其人受椎不死[四七]，則傍有死之者矣。他方即好訟，謀不至是。鋪金買埒，傾產入關，皆休、歙人所能。至於商賈在外，遇鄉里之訟，不啻身嘗之，醵金出死力[四八]，則又以衆幫衆，無非亦爲己身地也。近江右人出外，亦多效之。

【校勘記】

〔一〕方輿崖略　川本、滬本同。按方輿崖略係明王士性廣志繹卷一篇名，以下諸條皆録自廣志繹卷二兩都。

〔二〕聚寶三山石城三門仍舊　底本、川本「三門」作「三城」，據滬本、陳本、盋本、京本及廣志繹卷二改。

〔三〕則皆新拓之地　川本、滬本、陳本、盋本、京本同，廣志繹卷二無「地」字。

〔四〕然城寥廓　「廓」，底本作「閣」，川本同，滬本、陳本、盋本、京本作「闊」，據廣志繹卷二改。

〔五〕六代唐宋宮之　底本「六代」作「亦代」，據川本、滬本、陳本、盋本、京本及廣志繹卷二改。又，底本、川本、滬本、陳本、盋本、京本「宮之」均作「之宮」，據廣志繹卷二乙正。

〔六〕不若退卸稍東　「卸」，底本作「却」，據川本、滬本、陳本、盋本、京本及廣志繹卷二改。

〔七〕塞各土「各」，底本作「客」，川本、滬本、陳本、盋本、京本同，據廣志繹卷二改。

〔八〕今日紅門而右「日」，川本、滬本、陳本、盋本、京本同，廣志繹卷二作「入」。

〔九〕結綺　底本脱「結」字，據川本、滬本、陳本、盋本、京本及陳書皇后傳、廣志繹卷二補。

〔一〇〕三山等衢道「衢」，川本、滬本、陳本、盋本、京本同，廣志繹卷二作「逵」。

〔一一〕平地輒積水成池「成」，底本作「咸」，據川本、滬本、陳本、盋本、京本及廣志繹卷二改。又，廣志繹作「平地略窪一二尺，輒積水成池」。

〔一二〕見佛桌帷上「桌」，底本作「巢」，川本、滬本、陳本、盋本、京本同，據廣志繹卷二改。

〔一三〕程史　底本、川本、滬本作「程史」，盋本作「程氏」，據京本及程史、廣志繹卷二改。

〔一四〕倒懸西壁上「西」，底本作「面」，川本、滬本、陳本、盋本、京本同，據南村輟耕録卷一五塔影入屋、廣志繹卷二改。

〔一五〕皆理之不可曉者　川本、滬本、陳本、盋本、京本同，廣志繹卷二「皆」前有「此」字。

〔一六〕上盤渦　川本、滬本、盋本、京本同，廣志繹卷二「上」前有「止水」二字。

〔一七〕爲中龍之委「委」，底本作「尾」，川本、滬本、盋本、京本同，據廣志繹卷二改。

〔一八〕脈坌涌而起「涌」，底本作「通」，川本、滬本、盋本、京本同，據廣志繹卷二改。

〔一九〕入地而伏　川本、滬本、盋本、京本同，廣志繹卷二作「伏地而行」。

〔二〇〕行河省臣當且至　川本、滬本、盋本、京本同，廣志繹卷二「當」作「常」。

〔二一〕三乂廟　川本、滬本、盋本、京本同，廣志繹卷二「乂」作「叉」。

〔二二〕武宗南幸　底本「武宗」作「武帝」，據川本、滬本、盋本、京本及廣志繹卷二改。
〔二三〕一夕南徙　「徙」，底本作「陡」，據川本、滬本、盋本、京本及廣志繹卷二改。
〔二四〕議塞　川本、滬本、盋本、京本同，廣志繹卷二作「議浚議塞」。
〔二五〕余見近督河者　底本、川本作「余近見近督河者」，滬本、盋本、京本作「余近見督河者」，據廣志繹卷二改。
〔二六〕鹽城五郡邑　底本「郡」作「都」，川本、滬本、盋本、京本同，據廣志繹卷二改。
〔二七〕築堤界水堤以西匯而爲湖　底本「水」字錯簡於「堤」「以」之間，據川本、滬本、盋本、京本及廣志繹卷二乙正。
〔二八〕隆慶來歲　川本、滬本、盋本、京本同，廣志繹卷二「來」下注：「世犖案：字當作末。」
〔二九〕而田爲壑　「而」，底本作「五」，川本、滬本、盋本、京本同，據廣志繹卷二改。
〔三〇〕啓閉亦虛　底本「啓」下「閉」上衍「亦」字，據川本、滬本、盋本、京本及廣志繹卷二删。
〔三一〕泗人告急　「急」，底本作「患」，據川本、滬本、盋本、京本及廣志繹卷二改。
〔三二〕高寶　底本作「寶應」，川本、滬本、盋本、京本同，據廣志繹卷二改。
〔三三〕由瓜儀入江　「由」，底本作「田」，據川本、滬本、盋本、京本及廣志繹卷二改。
〔三四〕由高寶而東則俱下　「由」，底本作「田」，據川本、滬本、盋本、京本及廣志繹卷二改。
〔三五〕四十里兩岸如山峙　底本「里」下「兩」上衍「炭」字，據川本、滬本、盋本、京本及廣志繹卷二删。
〔三六〕減不盈尺　川本、滬本、盋本、京本同，廣志繹卷二「尺」作「咫」。
〔三七〕仰受淮水如釜底　底本脱「如」字，川本、滬本、盋本、京本同，據廣志繹卷二補。
〔三八〕七十餘丈　「餘」，底本作「一」，據川本、滬本、盋本、京本及廣志繹卷二改。

〔三九〕塘堤漸決　底本「塘堤」作「堤塘」，川本、滬本、盔本、京本同，據廣志繹卷二乙正。

〔四〇〕惟歸於湖　川本、滬本、盔本、京本同，廣志繹卷二「歸」作「汎」。

〔四一〕視五州縣民數百萬何啻倍蓰之　「蓰」，底本作「徙」，川本、滬本、盔本、京本同，據廣志繹卷二改。又「視五州縣民數百萬」，廣志繹作「視五州縣之民數百萬，糧二十餘萬」。

〔四二〕長蘆鹽竊之維揚賣　「維揚」，川本、滬本、盔本、京本同，廣志繹卷二作「淮陽」。

〔四三〕淮鹽之竊　「鹽」，底本作「揚」，川本、滬本、盔本、京本同，據本書上下文及廣志繹卷二改。

〔四四〕始減照原額　川本、滬本、盔本、京本同，廣志繹卷二此句下有「從之」二字。

〔四五〕間走長途而赴京試　「間」，底本脱，據川本、滬本、盔本、京本補。

〔四六〕巨家大獄　「獄」，底本、川本、滬本、盔本、京本作「族」，據廣志繹卷二改。

〔四七〕其人受椎不死　「椎」，底本作「推」，川本、滬本、盔本、京本同，據廣志繹卷二改。

〔四八〕醵金出死力　「醵」，底本作「鑄」，川本、滬本、盔本、京本同，據廣志繹卷二改。

金陵世紀：國朝龍江水馬驛，在金川門外十五里大江濱，南北要津也。江寧驛，在江寧縣西南六十里。古江寧縣地，今江寧鎮，後徙縣置驛。元名爲站，今復名爲驛，路達采石至太平府。龍潭驛，在上元縣東南七十里〔二〕，古琅邪城處。由麒麟門外五十里至驛，臨大江，達鎮江府。水路由龍江驛九十里，恐即下蜀渡驛也。元史納速剌丁傳：賊據龍潭口，擊走之。大勝驛，在江寧縣西南三十里大城港口。江東馬驛。府志：新江關内。出三山門五里，至江東門，直出中新河，渡江達江浦縣，至滁州。淳化關路，在上元縣東四十里。達句容縣至丹陽、常州，亦名淳化鎮。秣陵關路，在上元縣東南四十里。至溧水、高淳，以達宣、歙、建平，亦名秣陵鎮。府志：龍江關。石灰關，在石灰山者。

跨御河之橋五：青龍，在東長安門外。洪武中建。受銅井水，西流入御溝。白虎，在西長安門外。一名大通橋，金水河所出。會同，在會同館前，大通橋西北。烏蠻，在大通街北。柏川，在烏蠻橋西北〔二〕。

跨秦淮之橋六：文德，在府學前。武定，在淮清橋西南。鎮淮，在武定橋西。即南唐御街，直抵聚寶門者，今與江寧分界。飲虹，在鎮淮橋西。今呼新橋。上浮，在飲虹橋西北。下浮，在上浮橋西北。上元志不載飲虹以下三橋，以在江寧界故也。而又有文德浮橋，在府學前。萬曆中，建通濟、中和、上方三橋，俱作跨秦淮。

跨古運瀆之橋八：斗門，在三山門南乾道之南。即古禪靈寺橋，秦淮入合運瀆處之始。南乾道。北乾道，在斗門橋北。即古高暉橋處。武衛，在朝天宮西。即古西州橋。崇道，鼎新橋西。今巷北出全節坊。鼎新，在乾道橋西北，崇道之東。舊亦名小新橋，宋馬光祖改名。笪橋，在評事街北，鼎新之東。舊名欽化橋〔三〕，又名笪橋，宋改名太平橋。景定，在笪橋東。舊名清化，俗呼爲閃駕橋，宋馬光祖改名。

跨古青溪之橋三：淮清，上元志作青。在大中橋西，秦淮與青溪相接處。其流通内橋、景定，經清平橋，繞舊内宮牆，南流入淮。清平，西通内橋，漸堙塞爲地矣。青溪之在南唐城内者惟此。竹橋，在玄津橋北。一通大内，一通古城濠。府志：通大内清平橋、内橋東。

跨古城濠之橋六：大中，舊名白下橋，一名長春橋〔四〕，南唐東門橋也。東通西長安街、崇禮街，西通里仁街，西南大中街，東北西華門街，南通通濟街。上元志：青溪此處，舊有大橋、中橋，故合名曰大中橋。復成〔五〕，在大中之北。玄津，在復成之北，西華門之前。新浮，在國學成賢街南。近易爲石橋。北門，南唐北門橋，在北濠通賢橋西。上古清化市橋，宋名武勝橋。通賢，在北門橋之東。

跨珍珠河之橋三：珍珠橋，在北門橋東。蓮花橋，在珍珠橋西。土橋，在竹橋西北。

跨古宮城橋三：内橋，上元縣治西，宋行宮前，直對御街。府志：運瀆合青溪處〔六〕，宋名天津橋。昇平，在内橋東北。即宋之東虹橋。大市，在内橋西北。即宋之西虹橋。上元志：又有飛虹橋，在縣西北盧妃橋。

都城濠之橋十四〔七〕。正陽，在正陽門外。通濟，在通濟門外。聚寶，〔旁注〕江寧。在聚寶門外，即南唐之長干橋。〔旁注〕楊溥城金陵，引秦淮繞城西入大江，宋馬光祖建橋跨濠上。國朝因之，而制益壯麗云。石城，〔旁注〕江寧。在石城門外之北。三山，〔旁注〕江寧。在三山門外之北。〔旁注〕已上並跨城濠。

江東，〔旁注〕江寧。在江東門外之西〔八〕。 來賓，〔旁注〕江寧。在聚寶門外西南。〔旁注〕即古望國門橋，在馴象街。 重譯，〔旁注〕江寧。在聚寶門外東南。〔旁注〕長干橋東，相傳即古烏衣巷口。 善世，〔旁注〕江寧。在來賓橋西南，即躍馬澗處。〔旁注〕跨落馬澗。 賽工，〔旁注〕江寧。在馴象門外之西。中和，在通濟橋東南。 上方，在中和橋東南。 獅子，在鼓樓北。與獅子山相望，故名。 回龍，在定淮門内。 新浮橋，舊浮橋，〔旁注〕江寧。並跨上新河。 通江，〔旁注〕江寧。在金川門外。〔旁注〕水通江入穩船湖，相傳即古江橋所在。 臨山，在龍江關外。江寧志：江東、賽工、通江，跨外城濠。 上元志：有金川一橋，在金川門内。

南畿志：大街曰長安街，在皇城西長安門外，大中橋東北，直抵西長安門。 大通街，在大中橋東。南接通濟門，北通竹橋，横過長安街，爲綽楔，去四面曰四牌樓。 大中街〔九〕，在大中橋西南，直抵三山街。 崇禮街，在正陽門西，直抵大中橋。 三山街，在大中街西南，西直通抵三山門。 北屬上元，南屬江寧。 大市街，在府治西北，上元縣治西，故天界寺門外。 舊名來通街。上元志：在縣治西。本名石城坊，一名敦化街。 洪武街，在北門橋東北，直通西十八衛〔一〇〕。上元志：洪武中，開拓北城〔一一〕，始闢此路，故名。 古御街〔一二〕，在内橋南，直抵聚寶門。上元、江寧以此街分界。夫子廟街，〔旁注〕上元。在織錦二坊。 舊名國子監巷，又名狀元坊，一呼草巷，今俗稱竹木行。 小街二十。 里仁街，在大中橋西。 存義街，在里仁西。 時雄街〔一三〕，在存義街西，即縣舊治處。和寧街，在時雄街西。中正街，在和寧街西，直北抵花牌樓〔一四〕。務公街，在善政坊西。舊名青溪坊。致和街，在務公街西〔一五〕。舊名清平橋街。廣藝街，在縣治西。舊名細柳坊，一名武勝坊。成賢街，在國學前。太平街，在太平門内，俗呼御史廊〔一六〕。北新街，在玄津橋西。習藝東街，在習藝西街東，南通三山街。一名馬巷。習藝西街，在皮作坊東。與習藝東街並列，俗呼大板巷。圖志：舊名土街。十三丈街，在習藝街西北。評事街，南通三山街，北抵笪橋。圖志：名皮作坊。今通皮場巷。舊志作欽化坊。奇望街，一名鍼功坊，東接狀元境。周處街，〔旁注〕江寧。在善和坊南，織錦一坊東。今俗名剪子巷。馬道街，〔旁注〕江寧。在鎮淮橋東南，周處街北。江寧志：二街並在鎮淮橋東北，與上元民錯居。草鞋街，在江寧縣西。東通顏料坊，西接斗門橋路，北通氈匠坊。磨盤街，在保寧街東南，飲馬巷西。竹街，〔旁注〕江寧。在縣南，臨秦淮。即古濱江坊〔一七〕，又名鹽渚，舊置鹽市於此。今東通朱雀街，西通飲虹橋，路北有巷，通古花行之北，俗名篾街。沙河街，在秦淮南岸，對竹街。即古永安坊。府志有此街，俱江寧。南畿志無。縣志有。保寧街，〔旁注〕江寧。在飲虹橋東南。即舊保寧坊。鈔庫街，在武定橋東，東通上水關。

【校勘記】

〔一〕上元縣　底本作「元驛」，川本、滬本、盋本、京本作「上元驛」，陳本作「上元縣」。按萬曆上元縣志卷二驛傳無「上元驛」，考道光上元縣志卷七：金陵驛在縣治東，東至龍潭驛七十里。光緒重刊江寧府志卷一八句容縣：「龍潭驛在縣北六十里，西至上元縣金陵驛七十里。」所載龍潭驛至上元縣里距，正與本書合，則陳本作「上元縣」，是，據改。

〔二〕烏蠻橋　「蠻」，底本脱，川本同，據滬本、陳本、盋本、京本、本書上文及萬曆上元縣志卷四補。

〔三〕欽化橋　「欽化」，底本作「新化」，據川本、滬本、陳本、盋本、京本及至正金陵新志卷四、萬曆上元縣志卷四改。

〔四〕長春橋　「長」，川本、陳本及萬曆上元縣志、圖書集成職方典卷六五六同，滬本、盋本、京本作「上」，與至正金陵新志卷四同。

〔五〕復成　「成」，底本作「城」，據川本、滬本、陳本、盋本、京本及明統志卷六、萬曆上元縣志卷四改。

〔六〕運瀆合青溪處　「合」，底本作「河」，據川本、滬本、陳本、盋本、京本及紀要卷二〇改。

〔七〕都城濠之橋十四　「十四」，底本、川本、陳本同，滬本、盋本、京本並作「十五」。按下列橋名實爲十七，並不相符。

〔八〕江東在江東門外　底本作「江南在江南門外」，川本、陳本同，據滬本、盋本、京本及明統志卷六、洪武京城圖志改。

〔九〕大中街　「街」，底本作「橋」，川本同，據滬本、陳本、盋本、京本及萬曆上元縣志卷四改。

〔一〇〕西十八衛　「衛」，底本作「街」，陳本同，據川本、滬本、盋本、京本及金陵古今圖考改。

〔一一〕洪武中開拓北城　底本「中」上無「洪武」二字，據川本、滬本、陳本、盋本、京本及萬曆上元縣志卷四補。

〔一二〕古御街　「古」，底本作「右」，據川本、滬本、陳本、盋本、京本及萬曆上元縣志卷四改。

〔一三〕時雄街　底本、川本、滬本、陳本同，盋本、京本及洪武京城圖志街市、萬曆上元縣志卷四並作「時雍街」。

〔一四〕中正街在和寧街西直北抵花牌樓　底本脱「中正街，在和寧街西」八字，據川本、滬本、陳本、盋本、京本及洪武京城圖志、萬曆上元縣志卷四補。

〔一五〕務公街　「務公」，底本作「公務」，據川本、滬本、陳本、盋本、京本、本書上文及洪武京城圖志街市乙正。萬曆上元縣志卷四作「務功」。

〔一六〕御史廊　「廊」，底本作「郎」，據川本、滬本、陳本、盋本、京本及萬曆上元縣志卷四改。

〔一七〕即古濱江坊　「古」，底本作「右」，據川本、滬本、陳本、盋本、京本及正德江寧縣志卷四改。

溧陽　鐵山，在縣東南五十里。古出鐵，今坑冶遺迹尚存。唐書地理志云：溧陽有鐵。即此地。　銅官山，在縣東南五十八里，古嘗出銅。唐書地理志云：溧陽有銅。此其地也。今土中瑩然有銅如麩狀。　屏風山，在縣南十里，以形似名。　大石山，在縣西南十四里。山麓有白龍祠，旁有龍池，冬夏不竭。　鐵冶山，一名鐵峴山，在縣西南七十里。謙之丹陽記云：永世縣南鐵峴山出鐵。今揚州鼓鑄之。　巖山，在縣西十里，北連姥山。晉書：咸和四年，蘇逸既誅，其黨張健更以舟軍自延陵向長塘。將軍王允之與諸軍擊健，大破之。健復與馬雄、韓晃等輕軍俱走，李閎率鋭兵追之〔一〕，及於巖山，攻之甚急。健等不敢下山，惟晃獨出，帶兩步靫箭〔二〕，却據胡牀，彎弓射之，殺傷甚衆。箭盡，乃斬之。健等遂降。　分界山，在縣西北八十里，與溧水分界。　瓦屋山，在縣北八十里。山形連亘，兩岸稍隆起，宛如瓦屋狀。李白嘗遊溧陽，望此山懷古賦詩。青龍山，一名洞山，在縣北八十里，北距茅山三十里。山半有洞曰青龍洞，前多怪石，流泉瀝瀝，亢旱不竭。山旁有峴曰牧門。建康志云：山有洞穴，洞口纔二尺餘〔三〕，僅可容人傴僂而入，其中平廣，深不可測，土人相傳與金壇句曲諸洞相通。洞口大石上有四五窪處，狀如人迹，俗呼爲仙人迹。

【校勘記】

〔一〕李閎率鋭兵追之　底本「鋭」作「統」、「追」作「進」，據川本、滬本、陳本、盋本、京本及晉書蘇峻傳、通鑑卷九四改。

〔二〕鞁箭　「鞁」，底本作「轙」，川本同，據滬本、陳本、盋本、京本及晉書蘇峻傳改。

〔三〕洞口纔二尺餘　底本作「纔纔尺餘」，川本同，據滬本、陳本、盋本、京本及清統志卷九〇引建康志改。

句容　茅山，在縣東南四十五里。初名句曲山，〔旁注〕以山形之句曲。又名巳山，以山形類「巳」字也。自漢永元間，相傳有茅氏兄弟者學仙，來止於此。歷代崇信，轉相附益，於是山之巖谷石泉皆名。顧事涉不經，亡足采者，茲特列其名。三山峯連峙，最高者曰大茅峯，次曰中茅峯，又次曰小茅峯。大茅峯之嶺有泉曰天池〔一〕，大旱不涸。其下爲柏枝壟，壟之中曰華陽南洞。又南爲茅洞，其側曰衆真巖。有水自峯左支流縈紆達於菖蒲潭者，曰九曲澗。潭之上爲華蓋巖，其北垂方池數尺，客至，水即湧沸，名曰喜客泉。峯之北相連者曰抱朴峯，東曰飈輪峯。西垂有泉二，至冬一冰一温，曰玉蝶泉。又有華蓋峯、疊玉峯，俱在大峯之東。峯之下舊爲崇壽觀，其下爲霧豹巖，曲水穴出焉。大峯、中峯之間長阿連石曰積金峯，故山有金壇、金陵之號〔二〕，邑名由此起也，梁陶弘景居此。東有横壟，石形甚瓌奇，壁拆開成洞，入數丈，漸狹，不復容人，乃飀飀有風，即所謂華陽西洞者。壟之東南，有水自石竇出，曰鶴臺澗。折而西，又有楚王澗，亦自石壁出。峯之陰曰道祖峯〔三〕。東南一峯，傑然秀出，與積金對峙者，曰五雲峯。中峯東北曰拱辰峪，其西爲白雲峯。自中峯至小峯長阿而西，曰黑虎谷。峯之北，林壑幽邃，春時花卉紛敷，曰桃花崦。又有岡在峯側，長緩而隱障，名曰長隱岡，又名伏龍岡，東南近許長史宅。山之中復以山名者：金菌山，在積金東凹。華姥山，在丁公山南。良常山，在山北垂。方隅山，在良常東南。龍尾山，自大峯一嶺直至山東金壇界。四平山，在大峯之西南。海江山，在慶雲洞之上。鬱岡山，在小峯東北。麻姑山，在鬱岡西。青山，在鬱岡東。三角山，在華林峯北。三公山，在方隅東。雲堆山，在方角南。仙韭山，在大峯西。鼈足山，在仙韭西。大靈山，小靈山，並在鼈足西。雷平山，在伏龍之東，下有雷平池。東南一里許，有泉曰柳谷泉，亦名柳汧。伏龍山，在柳汧之間，與中峯近。丁公山，在積金峯西麓。丁山〔四〕，在拱辰峪東。虎爪山，在丁山西。秦望山，在良常山北。銜珠山，在雷平南。獨公山，在小峯北。小竹山，在小峯東。吴山，在大峯南。陶隱居云：自大茅峯南，仙韭山、竹山、吳山、方山，從此疊障，達於吳興天目諸山矣。漢書：句容哀侯黨，長沙定王子〔五〕，武帝元光六年封。師古曰：句，讀爲章句之句。元史趙世延傳：養疾於金陵之茅山。樊淵傳：奉母避兵茅山。

茅山華陽洞石崖上真書三大字，相傳米元章書。路旁「洞泉」二篆字，龕石中。玉柱洞中有石柱懸空，四周可轉，以滴乳結成〔六〕。喜客泉，人至，環石欄，羣衆拍手，水中即有乳泡泛起。玉宸觀大柏根幹纏紐，被火，餘蘖猶佳。顏魯公四面碑〔七〕、張從中三絶碑俱存。大茅峯徑路九彎十八折，祠宇宮前九杉高大。靈官所掌玉印，水蒼色，方二寸，有柄，文云「九老仙都君印」，篆盡八疊，制作尚廉劌，不甚古。王長史登茅山，大慟哭，曰：琅邪王伯輿，終當爲情死。

【校勘記】

〔一〕大茅峯之嶺有泉曰天池　底本「之」下「嶺」上衍「峯」字，據川本、滬本、陳本、盇本、京本删。

〔二〕故山有金壇金陵之號　底本無「金陵」二字，川本同，據滬本、陳本、盇本、京本及圖書集成職方典卷六五四補。

〔三〕道祖峯　「道」，底本、川本作「通」，據滬本、陳本、盇本、京本及至正金陵新志卷五、圖書集成職方典卷六五四改。

〔四〕丁山　底本作「丁公」，據川本、滬本、陳本、盇本、京本、本書下文及圖書集成職方典卷六五四改。

〔五〕長沙定王子　「子」，底本作「於」，川本同，據滬本、陳本、盇本、京本及漢書王子侯表改。

〔六〕以滴乳結成　底本「滴」下衍「浮」字，據川本、滬本、陳本、盋本、京本删。

〔七〕四面碑　「碑」，底本作「牌」，川本同，據滬本、陳本、盋本、京本改。

溧水　臙脂河，在縣西一十里。國初定鼎金陵，欲通蘇、浙糧運，乃命崇山侯李新鑿臙脂岡，引石臼湖水會秦淮以入於江。自永樂時遷都，運道廢。兩崖壁立數十仞，旁皆巨石，有橋二座跨河，名天生橋。嘉靖戊子，南橋崩，今其北橋存。蒲塘港，在縣南二十里。源出方山，西流入石臼湖。府志：方山高十二丈〔一〕，周九里耳，且在六十五里之外，似未爲確。馬沈港，在縣東南三十七里。自分界山發源，而流入石臼湖。天生橋，舊有南、北二橋，今所存者北橋也〔二〕。洪武二十五年，命崇山侯李新鑿河，通蘇、浙運道，橋因勢而成，故名天生。父老相傳，李新嘗私於民家，舍平陸，焚石鑿之，死者萬人。太祖微行至，立誅之，以報役死者。

【校勘記】

〔一〕方山高十二丈　「十二丈」，底本作「二十丈」，據川本、滬本、陳本、盋本、京本及景定建康志卷一七、清統志卷七三乙正。

〔二〕所存者北橋也　「北」，底本作「非」，據川本、滬本、陳本、盋本、京本、本書上文改。

高淳　遮軍山，在縣東五十里。山北有水入固城湖。芝山，在縣東六十里，與溧水、溧陽連界。軍山〔一〕、塔子山、馬頭山〔二〕、雀壘山，並在石臼湖中。丹陽湖，在縣西二十五里。東沿與龍潭河相接，周迴二百餘里。舊志：一百九十里。誤。中流與當塗縣分界，東北連石臼湖，西北出太平入江，西南受蕪湖江水，東南受宣城水及固城湖水。舊志載其源有三，俱謬。石臼湖，在縣北二十里。縱五百餘里，横四十餘里。西連丹陽湖，中流與溧水、當塗三分爲界。中有軍山、塔子山、馬頭山、雀壘山。其東盧山一源，由此以入丹陽湖。舊有二派入龍潭、梅梁港，經湯家埠通濁水，此道昔湮塞。洪武二十五年，命崇山侯李新開臙脂岡爲河，導湖水會於秦淮，以通蘇、浙糧運。今淤淺，屢開屢塞。固城湖，在縣西南五里。縱二十五里，横三十里。北通丹陽、石臼二湖，南岸與宣城、慈溪界。舊志載與當塗界，謬。湖東有廣通鎮壩，壩外有河，舊築五堰，設閘啓閉，導湖水自宜興入太湖。後因蘇、常水患，以石窒五堰，液鐵以錮石。洪武間復疏通之，永樂初築壩，水遂不入太湖。胥河，在縣東南六十里。春秋時伍員伐楚鑿河，由鄧步抵廣通鎮，故名。河之南岸屬建平，北岸屬高淳。張子檯永康橋記曰：上通湖、湘，下達蘇、浙，爲水道之衝。水陽河，在縣西南三十里，有上下二處。天生橋河，此河雖屬溧水，乃石臼湖東北水道，爲高淳要害。萬曆十五年，大水，山崩斷流。三十二年疏〔三〕。馮夢禎記曰：自東壩成，而高淳等五縣圩田半爲蛟龍之宅，然猶賴天生橋一線之流，可以殺湖水入江之勢，而不至於橫決，則此之開塞，其關係高淳等縣之利害爲尤要。中河，在東壩、下壩之中，長十里，古胥溪也，東西皆不得水通。

【校勘記】

〔一〕軍山 底本作「平山」，川本、滬本、陳本、盎本、京本並作「軍山」，本書下文同。寰宇記卷九〇昇州溧水縣石臼湖：「又有軍山、塔子、馬頭、雀壘四山，並在湖中。」明統志卷六同，據改。

〔二〕馬頭山 底本作「馬子山」，據川本、滬本、陳本、盎本、京本、本書下文及寰宇記卷九〇、明統志卷六改。

〔三〕三十二年疏 川本、滬本、陳本、盎本、京本作「二十二年疏」。

江浦 縣治與江淮衛錯居，衛轄地方四分之三，縣才一焉。關設巡檢司，官係府屬，而入鋪地方動稱衛界〔一〕，此其事多掣肘，勢難聯屬，民差之苦，偏累久矣。〔旁注〕應天衛，武德衛，龍虎衛，橫海衛，俱在浦子口城內。和陽衛，在西門外。江淮衛，在縣東南一里。

福龍山，在縣北十二里。平山，在浦子口東門外二里。大江奔注，一山突出，如砥柱然。

陰陵山，在縣西南四十五里。即項羽迷失道處。四潰山，在縣西南七十里。相傳項羽敗走至東城，漢兵追之，羽依山爲陣，石上有馬迹，一名四馬山。梁山，在縣西南百四十里。石狀巉巖〔二〕，俯瞰大江，與南岸博望山對峙〔三〕，又謂之天門山。宋孝武大明七年，習水軍於梁山。齊東昏永元元年，將軍胡松、李叔獻帥水軍據梁山，以備陳顯達。梁元帝承聖元年〔四〕，王僧辯與侯子鑒戰於梁山〔五〕，大破之。紹泰元年，陳霸先遣侯安都、周鐵虎立栅於梁山，以備侯瑱〔六〕。

定山，在縣東北二十里。其峯六，曰：寒山、獅子、石人、雙鷄、芙蓉、高妙，對峙拱合，一名六合山。宋紹興三十一年，步軍司統制邵宏淵遣統領雀臯與金人戰於定山，敗之。開禧二年，知建康府葉適命定山居民刼敵營，得其俘馘以歸。定山，府志：在縣東北二十五里，即六合縣之六合山。屬縣者曰獅子峯，其西南麓有卓錫泉、珍珠泉。餘俱六合志云。

黄悦嶺，在縣西北十五里。永樂六年，車駕北巡，開黄悦嶺爲御道。浦距滁百里而遥，所經山曰黄悦嶺，徑仄而險。越嶺則後河，一巨浸也。

東葛驛路，爲兩京孔道。

駱駝嶺，近定山，南通浦子口關，西北通東葛城驛路。

大江，在縣東三里。自梁山而來曰揚子江，抵浦子口曰宣化江，其中流曰鰻鰲洲，與江寧界。

横江，在縣南七十里，即大江之上流。

對江河，在江淮關外，由河口十五里入大江。萬曆二十一年開浚。

王家套河，在縣南三十五里。上通三山，下通八字溝，爲往來要渡。

三汊河，在縣北三十里。滁河與黄山水合流於此，經六合瓜埠口入江。萬曆初，議從張家堡鑿山通河出浦子口，分泄夏潦，不至渰没諸圩，且俾山後屯糧遠輸浦口倉者，免遡江濤之險。興工未竣，以費巨不果。

前志謂浦當南北之衝，大江其巨浸也。先是王家套諸河之開，通商利涉，頗稱富饒，今且淤塞久矣。夫一邑之利，其小者也。漕艘入淮，率畏江險，若浚王家套，上通芝蔴河，下達八字溝，百里之内，停泊有所，風濤不驚，其關國計孰大焉。至於三汊河，直出浦子口，圩田無渰没之虞，屯糧有轉輸之便，又似不容緩者。今對江新河，業有成績，役當不再計決矣，況二河故道可尋，當事者一留意焉，利國利民，浦其永賴哉。浦子口河，在縣東二十里。源出定山卓錫、珍珠二泉，由浦子口城西，東流入江〔七〕。芝蔴河，在縣南六十里。由大江流入遵教、崇德、白馬鄉界穴子河，合白馬河。穴子河，在縣南四十里白馬鄉界。南自大江通芝蔴河、石磧橋河，合流至西江口入江。白馬河，在白馬鄉。芝蔴河至此合流，通石磧橋，出西江口入江。沙河，在縣東三十里。宋天禧中，范仲淹領東南漕，涉大江風濤之險，乃開此河。引江水支流，下通瓜埠口，入於江。國初新開路，建沙河橋。後河，在縣北三十里。源出廬州舊梁縣、全椒縣〔八〕，通滁水，至境内過三汊河，又東出瓦梁、瓜埠口入江。案沙河，即六合、儀真志西河，距長蘆不遠；後河出於梁縣，即滁州六合志滁河，晉書涂中、唐書滁水，並此。

烏江鎮，在縣南七十里。東葛城鎮，在縣西北五十五里。按魏書，梁臨滁郡，治東葛，疑即此城，今廢。西葛城鎮，在縣西北四十五里〔九〕。廢秦郡，在定山東。初晉武帝分扶風爲秦國，及中原亂，其民南流，僑居堂邑，故安帝置郡以處之，别置尉氏縣屬焉。北齊置秦州於此。臨滁郡，在西葛城東。元魏置。懷德縣，在懷德鄉。劉宋置。烏江縣，在烏江鎮。

本秦烏江亭，晉始置縣，南朝改郡，隋復縣，宋紹興中廢爲鎮。東城，即烏江城，項王敗走至此。宣化鎮，在六合山東北。晉五王於此渡江。隋晉王廣伐陳，於此築城，後爲宣化鎮，屬六合縣。宋設巡檢司〔一〇〕、稅務，並驛鋪軍莊。紹興中，築城不果。今浦子口城即其地。案宋建炎四年，金人自靖安鎮渡宣化而去；紹興十一年，張浚與金人戰〔一一〕，敗走宣化。開禧二年，葉適遣石斌賢渡宣化，擊走金人。定山堡，在定山。宋葉適於沿江築三大堡：石跋，則屏蔽采石；定山，則屏蔽靖安；瓜步，則屏蔽東陽、下蜀。首尾聯絡，緩急相應，東西三百里，南北三四十里。堡成〔一二〕，流民漸復。洪武四年，命指揮丁德築浦子口城，周十六里一百二十七步，設應天衛。九年置縣，治浦子口城，設龍虎衛。十一年，移武德、和陽、橫海三衛於浦子口城。俱係設在京者。二十四年，遷縣治曠口山之陽。二十八年，設江淮衛於縣治東。萬曆八年，築縣城。江淮關，在縣東南三里。舊爲平家渡口，洪武元年建，設巡檢司，隸府。尋改隸，復差中官守之。嘉靖初革。浦子口渡二：一在浦子口城南；一在城東，即宣化渡。新江口渡，在縣東南三里江淮關口，與南中新河相對。新河口渡，在縣西南一百里和州界。

江在縣東南二十里，自唐家渡至瓜步、東溝一帶，皆屬縣境巡哨。李白有望木瓜山詩，注：齊賢曰，木瓜河起真州六合縣，通天長縣。今其中間絶水五六十里，若浚之，亦舟楫之利也。

【校勘記】

〔一〕入鋪地方　川本、滬本、陳本、盋本、京本「入」字作「八」。

〔二〕石狀巉巖　「狀」，底本作「壯」，據川本、滬本、陳本、盋本、京本及圖書集成職方典卷八三九改。

〔三〕博望山　「望」，底本、川本作「岸」，據滬本、陳本、盋本、京本及紀要卷二九改。

〔四〕承聖　「聖」，底本、川本作「望」，據滬本、陳本、盋本、京本及通鑑卷一六四改。

〔五〕王僧辯與侯子鑒　「與」，底本、川本作「於」，據滬本、陳本、盋本、京本及梁書王僧辯傳改。

〔六〕以備侯瑱　「備」，底本作「借」，據川本、滬本、陳本、盋本、京本及通鑑卷一六六改。

〔七〕由浦子口城西東流入江　底本作「城東西流入江」，據川本、滬本、陳本、盋本、京本及清統志卷七三改。

〔八〕全椒縣　「全」，底本作「金」，川本同，據滬本、陳本、盋本、京本及紀要卷二九改。

〔九〕在縣西北四十五里　底本、川本「縣」下無「西北」二字，京本作「縣西」，據滬本、陳本、盋本及紀要卷二〇、清統志卷七四補。

〔一〇〕巡檢司　「司」，底本、川本作「塞」，滬本、陳本、盋本、京本作「監」，據宋史職官志七及紀要卷二〇改。

〔一一〕張浚與金人戰　「張浚」，底本、川本、盋本作「張復」，據滬本、陳本及宋史張浚傳改。下同。

〔一二〕堡成　「成」，底本作「城」，據川本、滬本、陳本、盋本、京本改。

六合　定山，在縣南六十里，周一十八里。有峯六：曰寒山，曰獅子，曰雙鷄，曰芙蓉，曰高妙，曰石人。一名六峯山。六峯對峙拱合，又名六合山。其南屬江浦。瓜步山，在縣東南二十里瓜步鎮南。周七里，狀如瓜，屹立數十仞，滁水經此入江。南障滁河口，外瞰大江。魏太武南伐，嘗建行宮於此。山有盤道與井，皆魏主所鑿。南唐齊王景達設柵瓜步。國朝於山側河岸設巡檢司。　桃葉山，在縣西北七十里。隋晉王廣伐陳，屯兵於此。　橫山，在縣東北三十里。元魏置橫山縣。宋建炎中，劉綱嘗保聚；咸淳中，施忠等立功，俱在此。〔旁注〕赤岸山，在瓜步山東五里。土色赤，一名紅山。南兖州記：赤岸山，南臨江中，濤水自海入江，衝激六七百里，至此岸，其勢始衰。　馬鞍山，在縣北二十五里。宋畢再遇敗金人於此。　靈巖山，在縣東十五里。周一十九里，產文石。　冶山，在縣東北五十里。漢吳王濞冶鑄處。其山盤薄六合、天長、儀真三縣。冶水出其下，爲冶浦。　方山，在縣東四十里。舊志：隋六宮曾居此，置方山府。宇文周置方州。　蜀岡，在縣東北三十里。東南接儀真，東北連抵江都，綿亘數十里。唐右衛將軍陸孟俊自常州將兵萬餘趨泰州〔一〕，進攻揚州，屯於此。

大江，在縣東南二十五里，滁河入焉。自唐家渡至瓜埠、東溝一帶，皆屬縣境。　滁河，在縣南。水自廬州府舊梁縣發源，經滁和州界合五十四流〔二〕，入縣境分爲三，又名三汊河。其當縣治前，又名龍津。東南轉折三十餘里，至瓜步入江。吳赤烏十三年，遣兵十萬作棠邑涂塘，以淹北道。吳涂塘，晉涂中。宋時金、元屢犯滁口，即此。三國志王淩傳：吳賊塞涂水。晉書宣帝紀：嘉平三年，王淩詐言吳人塞涂水〔三〕。　西河，在長蘆鎮。宋天禧二年，范仲淹開長蘆西河，又名沙河〔四〕。　東溝，在瓜步山東南二十里。江口要地，接儀真境。〔旁注〕冶浦河，在縣東三里。其水東北通天長界，自冶山一帶出，自縣東與滁河合。　瓦梁堰，在縣西南五十里，即滁塘也。嘉定志云：知全椒王瓛記，滁河而上數百里，巨細駢比，合五十四流輻輳於此。四顧則中缺橫高，而回環相望，則底若大陸，如壺口，是滁塘之形勢也。其曰作滁塘者，是塞滁水以爲塘也。瓦梁之名，有上瓦梁、下瓦梁。作滁塘，下瓦梁也。北齊嘗置瓦梁郡〔五〕。陳大建中，吳明徹伐齊取之，即此地。金史僕散揆傳：揆進軍圍和州，敵以騎萬五千駐六合。揆偵知之，即以右翼掩擊，斬首八千級，進屯於瓦梁河，以控真、揚諸路之衝。宋真州兵數百保河橋，復遣統軍紇石烈子仁往攻之，分軍涉淺，潛出敵後，敵見之大驚，不戰而潰，斬首二萬餘級，下真州。通津關，在縣東南二十五里，即今瓜埠。嘉靖三十三年，知縣董邦政因江寇肆掠，此爲要津，遂設鹿角，當泉浮於水面，繫以鐵索行纜〔六〕，朝夕啓閉，其制如龍江關云。今廢。瓜步渡，在瓜步山下。瓦梁壘，在瓦梁堰。元至正十四年，元將脱脱兵圍六合。太祖帥師與耿再成守瓦梁壘，數戰，元兵引去。長蘆鎮，在縣南二十五里。宋設沿江巡檢官，監税渡。竹墩鎮，在縣西北五十里。金兀术屯此。小帆山，在瓜步山東五里大江中流。矗起高八九丈，周半里，水落痕出，常丈許，一名石帆。江流至此甚險，舟人鮮不乞靈者。畿志。

【校勘記】

〔一〕唐右衛將軍陸孟俊自常州將兵萬餘趨泰州　底本「右」字作「石」，「陸孟俊」作「陸孟復」，「泰州」作「秦州」，川本同，並據滬本、陳本、盋本、京本及通鑑卷二九三改。
〔二〕經滁和州界　「和」，底本作「河」，據川本、滬本、陳本、盋本、京本及紀要卷二〇改。
〔三〕涂水　「涂」，底本作「滁」，川本、滬本、陳本、盋本、京本同，據晉書宣帝紀改。
〔四〕沙河　底本脱「沙」字，據川本、滬本、陳本、盋本、京本及紀要卷二〇補。
〔五〕北齊嘗置瓦梁郡　「置」，底本作「作」，據川本、滬本、陳本、盋本、京本及隋書地理志改。
〔六〕行纜　川本同，滬本、陳本、盋本、京本「行」字作「竹」。

和州

歷陽山，在州西北四十里。吳志：天璽元年，歷陽山石文理成字〔一〕。吳主遣使祠以太牢。〔旁注〕雞籠山，在州西北四十里。峯巒連亘，上有巨石，寬平約四丈許，削立山巔〔二〕，遠望如蓋，爲州主山。其脈遠自濠、滁西北而來，延亘數百里，繞至巢湖而止。梁山，在州南六十里。石狀巉巖，俯瞰大江〔三〕，與南岸博望山對峙如門，亦謂之天門山，實大江關要。宋書孝武帝紀：大明七年，令於博望、梁山立雙闕〔四〕。梁侯景之亂，王僧辯軍次蕪湖，與景將侯子鑒戰於梁山，大破之。侯瑱兵至豫章，高祖遣侯安都、周鐵虎立柵於梁山，以備兩岸。山頂各有城，並王玄謨所築。自六代建都，皆於此屯兵捍禦。四潰山，在州北七十里。項羽既敗垓下，走至東城，所從惟二十八騎，漢兵追者千餘人，乃引騎依四潰山爲圓陳，即此山也，山石尚有馬足痕〔五〕。或曰漢兵四面圍羽，楚兵四向馳下，潰圍斬將於此，因名。陰陵山，〔旁注〕又見定遠。在州北八十里。即項羽迷失道處。

大江，在州東南十八里。流至東北，入江浦縣界。橫江，在州東南二十五里，直江南采石渡處。漢建安中，揚州刺史劉繇遣將樊能屯橫江，孫策擊破之。隋將韓擒虎伐陳，自橫江濟。栅江，在州西南一百五十里，與無爲州分中流爲界。即古濡須口，吴、魏相持於此。宋南渡置砦。橫江河，在州南一里許。舊志：宋開寶八年九月〔六〕，從西京轉運使李符言，發和州三縣丁夫鑿橫江河，以通糧道。即今環江門外河，南經當利驛入於江，歲久淤塞。國朝正統元年重復，五年復鑿小河，旁出通江，以便舟泊。後河〔七〕，在州北七十里。發源黄山，歷茅塘橋，過六合縣瓜埠口入江。嘉靖五年，巡屯御史曹□建言〔八〕，欲改從分水嶺，由州東北五十里赭樂山前入江〔九〕。下其議，南京内外守備及江北撫按核實，知州易鸞以工費巨萬，無利有害，條陳不可者七，事遂寢。石跋河，在州東北三十里。由大江支流匯浮沙河口〔一〇〕，復出大江。芝蔴河，在州東北四十里，通大江。穴子河，在州東北五十里，通大江。太陽河，在州南二十里。由歷湖經州西十二里戚家橋，出河口入大江。姥下河，在州南三十里。由歷湖經黄梁橋，下接大江。宋乾道二年，以和州守臣言開鑿〔一一〕，東接大江，以捍寇敵。牛屯河，在州南四十里，與江東牛渚磯相對。吴志：孫策攻劉繇牛渚營。即此。晉譙王尚之破庾楷軍於牛渚〔一二〕，亦此。源出巢湖〔一三〕，從銅城閘至此入大江。裕溪河，在州南九十里。源出巢湖，東南入於江。麻湖，在西三十里，周七十里。舊名歷湖，後訛「歷」爲「麻」。案古「歷」字作「厤」，與「麻」字相似而訛也。宋建炎三年，金人破和州，軍士多潰圍四出，保麻湖水砦。太祖嘗爲孫德崖軍所執，困於麻湖。永樂初，湖水冬涸〔一四〕，吏目張良興建言堪爲田，步得三萬一千二百六十畝，縣得六之一。迄於景泰，而田始成。然地平衍，水卒難泄，未免淹荒之患。灃湖，在州西十五里。受麻湖水，至當利驛港入江。永樂初，吏目張良興奏步田得一萬七千五百七十五畝，利病與麻湖同。烏江浦，在州東四十里，即亭長艤舟待項羽之處〔一五〕。當利浦，在州東南十二里。

石湖關，在州東。宋紹興中，兀朮犯境，張浚以兵五千守此，兀朮遁去。渭野關，纖志作夾山關，在州北五十五里，即夾山浦。兩山壁立，夾道約五里餘，山口崎嶇。和與滁接界，此關爲南北咽喉。正德中劉六之亂，州同知薛渭野嘗設兵壘石以禦之，故名。今寨已廢，石垣尚存。石跋城，在浮沙口北。相傳宋周虎所築。白塔關，在州西十里。斗焰關，在州西北四十里。銅城閘，在州西南九十里。受廬州焦湖諸水，上出裕溪河，下由牛屯河出大江。閘有石堤，中設枋，每湖水盛至，則下枋障之，可免衝溢之患，旱則啓枋通流，資其灌溉，田免水旱者三千餘頃。

【校勘記】

〔一〕歷陽山石文理成字　「理」，底本脱，川本、滬本、盋本、京本同，據三國志吳書孫皓傳補。

〔二〕削立山巔　「山巔」，底本作「山峯」，川本作「山嶺」，據滬本、盋本、京本及紀勝卷四八、紀要卷二九改。

〔三〕俯瞰大江　底本「俯」下脱「瞰」字，川本同，據滬本、盋本、京本及紀勝卷四八、明統志卷一七補。

〔四〕立雙闕　「立」，底本、川本作「在」，據滬本、盋本、京本及宋書孝武帝紀改。

〔五〕山石尚有馬足痕　「山石」，底本、川本作「山足」，據滬本、盋本、京本及紀勝卷四八、圖書集成職方典卷八三九改。

〔六〕開寶八年九月　川本同，滬本、盋本、京本「九月」下有「伐南唐」三字，與紀要卷二九載同。

〔七〕後河　底本、川本作「復河」，據滬本、盋本、京本及紀要卷二九改。

〔八〕巡屯御史曹□　川本、滬本、盋本、京本同。圖書集成職方典卷八三九作「巡屯曹御史」，「曹」下無名。

〔九〕赭樂山　「赭」，底本作「北」，川本同，據圖書集成職方典卷八三九改。滬本、盋本、京本作「者」，同紀要卷二九。

〔一〇〕浮沙河口　底本、川本「浮」下脱「沙」字，據滬本、盋本、京本及紀要卷二九補。

〔一一〕和州守臣言　底本「和州」作「河州」，川本、滬本、盋本、京本作「和州」，按宋史河渠志七：「乾道二年，以和州守臣言，開鑿姥下河。」據改。

〔一二〕庚楷　「楷」，底本作「皆」，川本同，據滬本、盋本、京本及晉書庚楷傳改。

〔一三〕源出巢湖　「巢湖」，底本、川本作「巢河」，據滬本、盋本、京本及紀要卷二九、圖書集成職方典卷八三九改。下同。

〔一四〕湖水冬涸　「冬」，底本作「東」，川本同，據滬本、盋本、京本改。

〔一五〕艤舟待項羽之處　底本「舟」下脱「待項羽」三字，川本同，據滬本、盋本、京本及寰宇記卷一二四、紀要卷二九補。

含山　含山，在縣西三十里。唐以此名縣。黄山，在縣西北五十里。一名仙蹤山。周一百二十里，有三百六十峯，西接巢縣，北界合肥。一統志又謂：通廬州約二百餘里。巢民因其四時泉出不涸，又謂之龍泉山云。蒼山，在縣西二十里，南十五里。山勢峻拔，延袤十餘里。一統志云：麻湖之源出此。按麻湖，乃衆水所匯，非獨源於蒼山也。太湖山，在縣南七十里。舊有湖，故名，歲久湖湮。山有奇峯十餘，削立秀挺，狀如列戟，自蒼山亘於白石二十餘里。白石山，縣南八十里。

清溪河，在縣西三十里。受横路山西及馬橋、蒼山三澗水，西經亞父山入天河，由裕溪入大江。海子口河，在縣西南七十里。按濡須水出巢湖，東流經亞父山，出東關〔一〕，爲海子口〔二〕，歷黄洛〔三〕、運漕、裕溪出大江〔四〕，總名天河。孫權夾水立塢，在其地。〔旁注〕運漕河，在縣南八十里。元和郡縣志云：侯景之亂，王僧辯軍次蕪湖，景將侯子鑒屯兵於梁山，以捍禦漕運，故名。三叉河，在縣南八十里。蓋天河經流〔五〕，自海子口、黄洛、運漕迤邐至此。又銅城閘別流南出與此合〔六〕，同去裕溪。因其西通巢湖，東通大江，北通銅城閘，故名。　銅城閘河，在縣南八十里六都。天河由黃洛支流別出，東爲銅城閘河，至閘口又分流，一支東爲牛屯河，一支南爲三叉河。每江湖水泛，而牛屯河溢不易泄，衡溢田畝〔七〕。自吳赤烏來，咸於銅城築堰設閘，〔旁注〕記云：在州西南九十里〔八〕。畿志：六十里。以捍其患。旱則積，澇則啓，遂成腴田三千餘頃，賦入當本州十之三。國朝洪武初，知州李相重建。

含山關，在州西四十五里。　東關，在縣南七十里，濡須塢之北岸。其地險峻，周圍皆石。吳時，諸葛恪於東關作大堤，遏巢湖，左右結山夾築兩城〔九〕，各留兵千餘人，使全端、留略守之。魏遣諸葛誕、胡遵圍東關〔一〇〕，將壞其堤，恪率四萬衆大破之，遂退。　昭關，在縣北十里，〔旁注〕當作三十，一作十五。小峴山之西。宋張浚因山築城，置水櫃以遏金人。紹興三十一年，劉錡將王權軍潰於昭關。或云伍子胥橐載而出昭關，即此。畿志：小峴山在縣北二十里，一名昭關。兩山峙立，爲廬、濠往來之衝，宋紹興間張浚云云〔一一〕。　斗陽關，在縣西四十里。山陰屬含山，陽屬巢縣。山勢巍然峻絶，中開一徑，通巢縣半湯浦〔一二〕，乃滁、和間道。國初，遣張天祐將青衣兵出此，遂拔和州。　尉子橋，在縣北四十八里。宋紹興三十一年，統制姚興與金兵戰死於此〔一三〕。

江默曰：蘇峻自歷陽渡橫江，侯景自壽陽來渡橫江。宋元嘉二十七年，魏人欲渡江，宋大具水軍，使左將軍尹弘守横江。宋紹興三十一年，金主亮親統軍駐和州之鷄籠山，欲渡采石，張振、王琪以海鰌船擊敗之。以是知南北用兵，由壽陽、歷陽來者十之七，由横江、采石渡者三之二，其要害誠匪輕也。　論曰：寇逾淮來，從廬、巢者，正道也；從石梁者，間道也。正道則廬爲外蔽，非其利焉。或取間道，出吾不意，故昭關當守。然欲守者，凡魚峴〔一四〕、大峴等口，亦不容忽，蓋慮間出吾背，以夾攻我云。

【校勘記】

〔一〕東關　川本及圖書集成職方典卷八三九同，滬本、盋本、京本作「東關口」，與紀要卷二九同。

〔二〕海子口　川本及圖書集成職方典卷八三九同，滬本、盋本、京本作「海子口河」，與紀要卷二九同。

〔三〕歷黄洛　川本及圖書集成職方典卷八三九同，滬本、盋本、京本「歷」上有「又東南」三字，與紀要卷二九同。

〔四〕大江　「江」，底本作「河」，川本同，據滬本、盋本、京本及紀要卷二九、圖書集成職方典卷八三九改。

〔五〕天河經流　底本「天」下脱「河」字，川本同，據滬本、盋本、京本及紀要卷二九補。

〔六〕銅城閘别流南出　底本「南」下脱「出」字，川本同，據滬本、盋本、京本及紀要卷二九補。

〔七〕衡溢田畝　川本同，滬本、盋本、京本及紀要卷二九「衡」字作「衝」，蓋是。

〔八〕在州西南九十里　「州西南」，底本作「江南」，川本、滬本、盋本、京本作「州西南」。南畿志卷六三宋濂重修銅城閘記：「和州西南九十里，其邨曰銅城。」則此「江南」爲「州西南」之脱誤，據改。

〔九〕左右結山夾築兩城　「結山」，底本、川本作「於上」，滬本、盋本、京本作「於山」。按三國志吴書諸葛恪傳：「恪以建興元年十月會衆於東興，更作大堤，左右結山俠築兩城，各留千人。」通鑑卷七五同，據改。
〔一〇〕魏遣諸葛誕　「遣」，底本、川本作「追」，據滬本、盋本、京本及三國志魏書諸葛誕傳改。
〔一一〕宋紹興間張浚云云　底本、川本、盋本同，滬本、京本無此句。
〔一二〕半湯浦　底本、川本同，滬本、盋本、京本「浦」字作「鋪」。
〔一三〕姚興　底本、川本作「紹興」，據滬本、盋本、京本及宋史姚興傳改。
〔一四〕魚峴　「峴」，底本、川本作「現」，據滬本、盋本、京本及清統志卷一三一改。

合肥　大蜀山〔一〕，在縣西二十里。遠見二百餘里。小峴山，在縣東七十里。梁書韋叡傳：天監四年，侵魏，拔小峴，進討合肥〔二〕。浮槎山，在縣東八十里，上有泉。黄山，在縣東一百二十里。有三百六十峯，周迴一百二十里。上有泉，四時不涸，俗呼龍泉山。肥水，源出縣西七十里紫蓬山。上有李陵廟，又名李陵山。北流二十里，分爲二：其一東南流歸巢湖，其一西北流經壽春歸淮。一名金城河。爾雅：歸異出同曰肥。金斗河，在東門外。源出鷄鳴山，東流至府城，自西水關流入城中，至東雍門外，歷金斗驛流歸巢湖。茅埠河，在縣北一百一十里，東流歸含山河達江。巢湖，一名焦湖，在縣東五十里。周迴四百餘里，占合肥、舒城、廬江、巢四縣之境，港汊大小三百六十，爲淮西巨浸。

新城，在縣西三十里鷄鳴山北。魏將滿寵所築，故址尚存。慎城，在縣東北七十里，即梁縣。左傳：吴人伐慎，白公敗之。東漢置慎縣，隋、唐因之。又見潁州潁上。國朝洪武初革，今爲梁縣鄉。逡遒城，在梁縣南三十里，地名清水橋。漢縣，屬九江郡。滁陽城，在縣東北四十里。吴孫權遣兵斷滁作堰，以淹北道，遂築此城。竹林關，在縣西六十里石佛山。兩旁皆石〔三〕，中有路通人行。元、宋設關守隘，今廢。

【校勘記】

〔一〕大蜀山　底本「大」作「火」，川本同，據滬本、盇本、京本及紀勝卷四五、明統志卷一四改。

〔二〕進討合肥　「進討」，底本作「進對」，川本同，據滬本、盇本、京本及梁書韋叡傳改。

〔三〕兩旁皆石　底本「石」作「城」，據川本、滬本、盇本、京本及紀要卷二六改。

廬江　百藥山，在縣南一十里。冶父山，在縣東北二十里。自麓至巔凡五里，舊冶鑄於此。黄陂湖，在縣東南十五里。徑八里許，受縣西五十里馬槽諸山之水，東出缺口入大江。大城，在縣西南二十五里。魏武與吴相拒，駐兵築。金牛城，在縣西北四十里〔旁注〕畿志：三十里。金牛山下。魏武與吴相拒，駐兵所築。今爲會龍馬廠。白湖，在縣東北三十里。周迴七十餘里，跨六鄉，與巢湖相連，流入大江。劉郎寨，在馬槽山絶高頂上。自麓至走馬嶺上凡十數里，寨址寬平，可容萬衆，而下堰古埂之水爲糧運，實險要可守之地也。

舒城　鹿起山，在縣東南三十里〔一〕。　龍眠山，在縣西南八十里。　桃溪，在縣東北三十里。源自六安州淠河，歸巢湖。　陽山寨，在縣西一百二十里。宋余統制作。　龍河寨，在縣西七十里。　方山寨，在縣南五十里。宋方統制作。　七里河，在縣西九里。實西山衆流之會，通巢入江。

【校勘記】

〔一〕在縣東南三十里　底本「東」下脱「南」字，據川本、滬本、盋本、京本及紀勝卷四五、明統志卷一四補。

無爲州　蟂磯，在州東一百一十五里大江中。　裹河，在州西一十里。源出州北五十里青檀山，入大江。　永安河，在州西四十里。源出州西北四十里白石山，入大江。　裕溪口河，在州東北一百二十里。源自巢湖，入江。　泥汊河，在州東南五十里，入江。　樸樹河，在州東北一百二十里，入江。　奥龍河，在州東一百二十里。東接大江，下通樸樹河，復出〔二〕。　夾江河，在州東南六十里。自大江入，下通泥汊河，復出。　胡避山，在州西六十里，舊名狐鼻山。宋紹興初，郡人王之道保聚其上，寇不能破。

【校勘記】

〔一〕樸樹河　底本脱「河」字，川本同，據滬本、盋本、京本、本書上文及紀要卷二六、圖書集成職方典卷八一八補。

巢　金庭山，在縣北九十里。西龜山，在縣西南五十里。俯瞰湖濱，形如龜，爲本府鎮水口。亞父山，在縣東北二十里。相傳范增居此。踟蹰山，在縣南三十七里。左傳：楚子觀兵於坻箕山。又陳荀朗破郭元建於踟蹰山，即一山，以音相近而訛也。黄山，在縣北六十里，接合肥〔二〕、含山界。天河，在縣治南。自焦湖東口經縣前，由裕溪入大江。黄洛河，在縣東六十里。

偃月城，一名濡須塢，在縣東北四十里。其水接巢湖，經天河，世傳夏禹所鑿。有東、西二關，其地峻陡，周圍皆石，石上有「濡須塢」三字。與和州接界，實守阨之所，吳、魏相持於此。初，孫權欲作塢，諸將皆曰：「上岸擊賊，洗足入船，何用塢爲？」吕蒙曰：「兵有利鈍，戰無百勝，如有邂逅，賊步騎蹙人〔三〕，不暇及水，其得入船乎？」權曰：「善。」遂築之。曹操攻之，不能破。嘉平四年，諸葛恪於東關作大堤，遏巢湖〔三〕，左右結山夾築兩城〔四〕，各留兵千餘人，使全端、留略守之。魏遣諸葛誕、胡遵圍東關〔五〕，將壞其堤，諸葛恪率四萬衆大破之，遂退。斗陽關，在縣東北三十里。兩山陡峻，中開一徑，登者如升天然。前代設有關，爲含山、和州、滁州通路。七寶山，在縣東南三十里。三國時，濡須山爲東關，七寶山爲西關。

【校勘記】

〔一〕合肥　底本作「分肥」，川本同，據滬本、盉本、京本及紀要卷二六改。

〔二〕步騎蹙人　底本作「走騎蹙入」，川本、盉本、京本同，據滬本及三國志吳書呂蒙傳裴松之注引吳録、通鑑卷六六改。

〔三〕巢湖　底本作「巢縣」，川本、盉本、京本同，據滬本及三國志吳書孫亮傳、通鑑卷七五改。

〔四〕左右結山夾築兩城　「結山」，底本、川本作「依上」，滬本、盉本、京本作「依山」，據三國志吳書諸葛恪傳、通鑑卷七五改。參見本書上文含山縣校勘記〔九〕。

〔五〕魏遣諸葛誕胡遵圍東關　底本、川本「遣」作「追」，「圍」作「爲」，據滬本、盉本、京本及三國志魏書諸葛誕傳、三國志吳書孫亮傳改。參見本書上文含山縣含山關條。

六安州　番山，在州南十里。磅礴蜿蜒，爲州案山。武陟山，在州西三十里。漢武南巡，駐蹕於此，故名。齊頭山，在州西南七十里。九公山，在州西南七十里。元末，鄉民避兵於此，寨址尚存。大同山，在州南五十里。其勢峻削，僅通樵徑，土人曾避兵於此，井臼尚存。寨基山，在州西一百三十里。山極高峻，内有巉石，相距如門，世傳土人結寨避亂。帽頂山，在州西南二百四十里，與商城縣金剛臺南北對峙。獨山，在州西七十里。地平廣，一峯獨峙，故名。梁淮南招討使王景仁攻廬、壽，曾戰於此。董靖原山，在州南一百二十里。山頂寬敞〔一〕，宋里民董靖原曾避兵於此〔二〕，遂世居焉。

淠河，一名白沙河。按漢志，水有二源：一出灊縣天柱山南，一出蘇口爲青龍河。州西一百三十里。皆迅激，於萬山中傾瀉而下，至九公之麓始合流，東爲縣家埠，州西南四十里。又爲斷簰洪，州西四十里。又東爲裴家灘，州西二十里。經郡城，通白沙，白沙橋，州北十里。以達於淮。唐書：朱全忠伐楊行密，戰於淠水，爲全忠將朱瑾所乘，溺死萬餘，遂大敗。溶水，在州西七十里。通固始縣史河，北入正陽河。

邊城郡，在州西一百九十里。開化縣，在州西四十里。梁置，隋廢。唐復置，今廢。霍州，在州南五十里。梁置，隋廢入盛唐，唐復置〔三〕。宋初廢入六安縣。六安寨，在州南一百三十里。其勢險峻，上尖下削，止通一徑，中有田可耕，元曹平章據此作亂。府志：屬霍山。麻埠鎮，在州西南九十里。舊有巡檢司。萬曆三年，潁州兵備僉事聶廷璧議以本州霍山及鳳陽之霍丘接境，多有礦山，姦民射利盜采，巡山官兵日久玩愒，呈漕撫都御史王宗沐題革巡司，設把總一員，駐劄麻埠鎮防守。八年，裁革，以指揮一員董其事。州志：山之有礦，匪曰利孔，實罪梯也。礦山原設把總駐劄，可謂廟堂不盡〔四〕。但其地軍民雜處，北連霍丘，多亡命留寓之人竄伏其中，苟非其人，即把總猶難之，矧指揮世官其地，一舉足輒指其短〔五〕，往事可徵已。謂宜如瓜州、正陽故事，或郡丞縣佐添設分理〔六〕，稍假之權，使有專責，其於弭盜安民，庶幾有裨乎！

【校勘記】

〔一〕山頂寬敞　「敞」，底本作「廠」，川本、盋本、京本同，據滬本及紀要卷二六、圖書集成職方典卷八一九改。

〔二〕宋里民董靖原曾避兵於此　「宋」，川本及圖書集成職方典卷八一九同，滬本、盋本、京本「宋」下有「紹興中」三字，與紀要卷二六同。

〔三〕唐復置　底本脱「唐」字，川本、滬本、盋本、京本同。明統志卷一四：霍州，「隋廢入盛唐，唐復置」。圖書集成職方典卷八二四載同，據補「唐」字。

〔四〕原設把總駐劄可謂廟堂不盡　川本同，滬本、盋本、京本則作「原設把總駐劄廟堂□□不可謂不盡」。

〔五〕一舉足輒指其短　底本、川本「舉」作「學」，「指」作「持」，據滬本、盋本、京本改。

〔六〕郡丞　「郡」，底本作「邱」，據川本、滬本、盋本、京本改。

英山　多雲山〔一〕，在縣西一百里，界羅田縣。懸崖絶壁，上有九井。　界嶺，一名東硔，縣西北一百二十里。英山河，出東硔界，會流城南。添流河，出西硔界，經七引司，至縣西二里三河口，與英山河合流，通石險入蘄，入江。石門關，在多雲山旁。僞王徐壽保建立前、後、左、右四關：曰栗子，曰銅鑼，銅鑼崖，在縣南三十里。曰青苔，曰石門。栗子二關爲羅田境。柳林關，在縣東七十里。

【校勘記】

〔一〕多雲山　底本作「多靈山」，川本同，據滬本、盋本、京本、本書下文及明統志卷一四、紀要卷二六改。

霍山　霍山，在縣南五里。一名衡山，一名天柱。漢武帝南巡至盛唐，以南嶽衡山遠阻〔二〕，乃望祀於此。按漢書：元封五年，帝南巡狩，至於盛唐，望祀虞舜於九疑。登灊天柱山。應劭注：灊，縣名。南嶽霍山在灊。顔師古注：天柱山在灊縣南，有祠。沘水所出，北至壽春入芍陂。晉書：灊，天柱山在南，有祠。梁改灊山縣。唐書歐陽公注：盛唐本霍山，武德四年，以霍山、應城、灊城來屬。爾雅：霍山爲南嶽。郭璞注〔三〕：即天柱山，灊水所出。一統志載：今灊山縣灊山，在縣北二十里。天柱山與灊山連，漢武曾登兹山祀之，以代南嶽。其漢封南嶽霍山，至今在六安灊水南。灊、沘合流六安城西，至壽春入芍陂。四望山，在南嶽南六十里，上插靈霄。六安山，在縣西三十里。上有寨，曹平章屯兵之所。四十八盤山，在縣西南一百二十里。漫水，在縣西南一百里，源出羅田。陡山水，在縣南一百二十里，源出分水嶺。二水合流〔三〕，於縣西二十里，從石渡入淠河。梅子關，在縣東二十五里。金鷄關，在縣西四十里。

【校勘記】

〔一〕衡山遠阻　底本「山」作「㞐」，「阻」作「祖」，川本同，據滬本、盋本、京本及明統志卷一四改。

〔二〕郭璞　「璞」，底本作「樸」，據川本、滬本、盋本、京本改。

〔三〕二水合流　底本、川本「二水」作「永」，據滬本、盋本、京本及紀要卷二六、清統志卷一三三改。

安慶府

大江，在城南。自小孤匯潯陽、彭蠡而來，入宿松界，掠望江，下泊府西郭，繞南郭，引東郭而下趨入池口，帶桐城界〔一〕，而下趨入無爲界。其上二百有十里，東以海門〔二〕，接荆、襄。其下二百有十里，界以郎磯，接金陵，而東達於海。

【校勘記】

〔一〕桐城　底本作「銅城」，川本同，據滬本、盋本、京本及紀要卷二六、圖書集成職方典卷七七三改。

〔二〕東以海門　底本、川本及紀要卷二六同，滬本、盋本、京本並作「東以小姑」。

懷寧　大龍山，在縣北二十里。其東連出者曰小龍山。兩山翩然瞰江，周五十里，其陰爲桐城界〔一〕。　集賢嶺，在縣北十五里。其嶺自大龍伏地而來〔二〕，至此隱隱起而赴江，如脊之見。其上有集賢關。　長安嶺，在縣西三十里。其路經灊山。　蓮湖，在縣東十二里。其上割江水，其中出長風，其下趨梅林，達於樅陽，入於江。　長風河，在東北四十里。其上引蓮湖、槐湖，其下入於江。　積石河，在縣西北三十里。其河衷石門湖，達於張葭港〔三〕，入於江。　青山河，在縣西北十五里，宿松縣西五十里。出西源山，合潛水而達於瀼河，石牌、冶塘出皖口〔四〕，入於江。　石門湖，在縣西北二十里〔五〕。其水匯張葭港，達於江。　大龍水，在大龍山西，達於石門，入於江。　皖城，在皖水之滸。周爲皖國，漢爲皖縣。　皖陽廢縣，在縣境。唐武德初，以懷寧析置。

【校勘記】

〔一〕桐城　底本、川本作「銅城」，據滬本、盋本、京本及圖書集成職方典卷七七三、清統志卷一〇九改。

〔二〕伏地而來　「伏」，底本作「仗」，據川本、滬本、盋本、京本及紀要卷二六、圖書集成職方典卷七七三改。

〔三〕張葭港　「葭」，底本作「家」，川本、滬本、盋本、京本同，據本書下文及紀要卷二六、圖書集成職方典卷七七三改。

〔四〕石牌冶塘出皖口　川本、滬本、盋本、京本及圖書集成職方典卷七七三同。康熙安慶府志卷二懷寧縣青山河：「合潛水達瀼河，由石牌、冶塘出皖口，入於江。」則「石牌」上應有「由」字。

〔五〕縣西北二十里　底本、川本作「縣二十里」，滬本、盋本、京本作「縣□二十里」，據圖書集成職方典卷七七三、清統志卷一〇九補。

桐城　浮山，在縣東九十里。一名浮渡山。有三十六巖，七十二峯。西南有獨峯，直上千仞，遥望大江環繞，自地視之如滄，自江視之如浮。其中巖壑相屬，山周五里，上有古寨〔一〕。⿶凵了山，〔旁注〕烏后切，音毆。在縣東一百二十里。一名蓮花峯，瀕江。磨旗山，在縣南百三十里。相傳宋李全曾於此駐兵，有鎮，有隘口。廬嶺，在縣西三十里。其嶺近廬，有關。北峽山，在縣北六十里。其山兩崖相夾如關，其北距廬、鳳〔二〕，其南指江、黄。吳時控扼之地，有關。西峽山，在縣北百四十七里。有軍壘，有南峽戍。

桐溪，畿志作桐陂水，在郭東。其水出華崖〔三〕、龍眠，繞桐城而南，下達於樅陽，入於江。其水引於縣，爲桐渠。獨山湖，在縣東六十里。⿶凵了山湖，即破堽。有河泊所，在縣東南百二十里。其湖倚冚山之阿，連縣東百二十里竹子湖，接五觀達於源子港〔四〕，入於江。白兔河，在縣東三十里。其水出獨山湖〔五〕，達於樅陽，入於江。孔城河，在縣東三十里。其河發雙河，連白兔，達於樅陽，入於江。雙河，在縣東三十里。一曰東江，出縣東十五里魯硔山；一曰西河，出縣東四十里洪濤山。其水至此合趨孔城、白兔，衷獨山湖〔六〕，達於樅陽，入於江。練潭水，在縣東九十里。其西受懷、潛之水，其北連白兔，其南達於樅陽，入於江。

巢城，在縣南六十里〔七〕。其城三重，故又稱爲重城。南北川澤，左右陂湖。今廢。樅陽城，在縣東南二十里。〔旁注〕南一百二十。漢置縣於此，梁置郡亦於此。隋改爲同安，復爲縣。復廢。陰安城，在縣東南八十里。劉宋置縣，隋廢。山焦城，在縣東南。唐開元間置郡處，移縣治於此。吕亭左廢縣〔八〕，在縣東。今爲驛亭。

【校勘記】

〔一〕上有古寨　「寨」，底本作「岩」，據川本、滬本、盋本、京本及紀要卷二六改。

〔二〕其北距廬鳳　「其」，底本作「如」，川本同，據滬本、盋本、京本及紀要卷二六、圖書集成職方典卷七七五改。

〔三〕華崖　底本、川本作「華山石」，滬本、盋本、京本作「華岩」，據圖書集成職方典卷七七三、清統志卷一〇九改。

〔四〕接五觀達於源子港　底本無「五」、「港」二字，川本同，滬本、盋本、京本作「接流達於源子港」。圖書集成職方典卷七七三破堽湖：「連竹子，接五觀達源子港，入於江。」此脱「五」、「港」，據補。滬諸本誤。

〔五〕其水出獨山湖　「出」，底本無，川本同，滬本、盋本、京本作「流」。圖書集成職方典卷七七三：白兔河，「出獨山湖，達樅陽，入於江」。康熙安慶府志卷二同。此脱「出」字，據補，滬諸本誤。

〔六〕衷獨山湖　「山」，底本作「出」，據川本、滬本、盋本、京本及紀要卷二六、圖書集成職方典卷七七三改。

〔七〕縣南六十里　底本「縣」下脱「南」字，川本同，據滬本、盋本、京本及明統志卷一四、清統志卷一一〇補。

〔八〕吕亭左廢縣　「左」，底本作「在」，川本同，滬本、盋本、京本作「左」。宋書州郡志南豫州晉熙郡：「太湖左縣長，文帝元嘉二十五年，以豫部蠻民立太湖、吕亭二縣，屬晉熙。」據改。

灊山　灊山，在縣西北三十里。三山相連，一曰天柱山，一曰灊山，一曰皖山。漢武帝以霍嶽遠在衡山〔一〕，欲南狩，乃移近於灊山登封之。故今爲霍山，亦以爲霍嶽云。其山高七千有二十丈，廣二百五十里，周八百里，有峯二十有七。縣志：按舊志謂潛、皖、天柱爲三山，子魯親陟三椒〔二〕，見峭拔如柱，屹然獨尊者一峯耳，曰潛，曰皖，曰天柱，即此山也。其飛來、三台等峯，具有名稱，此峯絶不類。潛之爲縣，近自元至治始。從古説山者，曰舒州潛山最奇絶，曰青旲皖公山巉絶稱人意，曰天柱一峯擎日月，此一山三名之左券也。脱以中一峯爲天柱，而以旁連者爲潛，爲皖，乃縣以潛得名，郡以皖得名，洞天以潛山名。周大夫稱皖伯，舍其最者，名其次者，必不然矣。又按爾雅南霍注曰：霍即天柱山，潛水所出。崧高詩注引證又曰：霍山爲南嶽。蓋因其制也。閱衡山志別無霍山，則潛山亦名霍山矣。又按虞書「至于南嶽」，旁注云：

唐、虞以潛山爲南嶽，非衡也。竊意舜五月南巡，八月且復西巡，若平陽抵衡〔三〕，恐非三月所能往還，則漢武代南嶽之祀，殆有由來與。　天堂山，在縣東北百二十里。其山四壁高峻，中敞如堂〔四〕，其平可容數萬武〔五〕，昔周樞密屯兵處。舊有戍守，今罷。

皖水，在縣西北二十里。源出皖山，經霍山畫烏石〔六〕，繞縣治東，迤南合於灊，經府城西達於皖口，入於江。　灊水，源出灊山吳塘堰〔七〕，南合於皖。　吳塘陂，在縣西十五里。烏石陂，在縣東北三十里。並魏廬江太守朱元光所開。國朝嘉靖元年，知府胡纘宗重修。二陂在安慶爲最大。

【校勘記】

〔一〕橫山　川本、滬本、盋本、京本同，圖書集成職方典卷七七四、康熙安慶府志卷二並作「衡山」，此「橫」蓋爲「衡」字之誤。

〔二〕子魯親陟三椒　川本同，滬本、盋本、京本並作「予嘗親陟山椒」。

〔三〕平陽抵衡　「抵」，底本作「底」，據川本、滬本、盋本、京本改。

〔四〕中敞如堂　「敞」，底本作「敝」，川本同，據滬本、盋本、京本及紀要卷二六、圖書集成職方典卷七七四改。

〔五〕其平可容數萬武　川本同，滬本、盋本、京本「平」下「可」上有「廣」字，同紀要卷二六。

〔六〕畫烏石　「烏」，底本作「爲」，據川本、滬本、盋本、京本及紀要卷二六、圖書集成職方典卷七七四改。

〔七〕吳塘堰　底本作「偃吳塘」，川本同，據滬本、盋本、京本及紀要卷二六、圖書集成職方典卷七七四改。

太湖　司空山，在縣西北百六十里。〔旁注〕北之西百二十。其山高聳獨出，如在雲表，其上平坦可數畝，人謂之司空原。山周四十里，其上有張安撫寨，其寨有門五：曰太平，曰歡喜〔一〕，曰硃砂，曰前部，曰後部。宋末，張德興爲淮西安撫使，景炎二年，起兵興復司空山，傅高舉兵應之，復黄州壽昌軍。元遣昂吉兒等將兵襲司空山寨，破之，殺德興。高出走，尋獲殺之。後又有余國璋寨。今白沙、後部二巡司在焉。　龍門山，在縣西十五里。其山兩相對峙，狀若龍門，上有龍泉。其周四十里。　九重山，在縣西三十里。周遭九重，若城郭，故名。有峽口六，可避兵。

後部河〔二〕，在縣北百三十里。源出英山之麓。自司空統諸山，納衆水，至龍山，西北三里。西流過縣前折花山，南五里。與縣東復河合〔三〕，南紆迴東入於江。今河流已於縣後與復河合矣〔四〕。〔旁注〕圯山河，在縣西北七十里。流至石谿寺前，與復部河合。　馬路河，在西一里許。納後部北山諸河水〔五〕，南流至雙河口，與復河合，過折花山，東合灊水，入於江。　復河，在東城外半里。〔旁注〕北東二里許〔六〕。源出縣東北八里四面山，縈迴數折，過北門，南流至雙河口，與馬路河合，過折花山，東入於江。　嘉靖末年，淫雨，西河横決，東衝北門，始爲洶潭。

青城廢縣，在縣東四十里。魏武遣曹仁所築。後省入太湖。唐武德間，置青城縣於此。　東陳廢縣，在縣東南四十里。齊置，陳廢。

【校勘記】

〔一〕曰歡喜　底本作「曰勸」，川本同，據滬本、盋本、京本及紀要卷二六改。

〔二〕後部河　「後」，底本作「復」，據川本、滬本、盋本、京本及紀要卷二六改。

〔三〕復河　「復」，底本作「後」，據川本、滬本、盋本、京本、本書下文改。

〔四〕今河流已於縣後與復河合　川本同，滬本、盋本、京本作「今河流已淤，復與復河合」。

〔五〕後部　底本作「復部」，川本同，據滬本、盋本、京本及清統志卷一〇九改。

〔六〕北東二里　川本同，滬本、盋本、京本「北東」作「東北」。

宿松　小孤山，在縣東南百二十里。一峯屹立江之北岸，與南岸山對峙如門，江流束其中，湍激險迅，謂之海門第一關。成化甲辰，水衝北岸成江，山遂獨立江中。其南下爲彭浪磯，其磯躅爲馬當山，其北下爲峨眉洲〔一〕。望江縣南十五里彭澤界，其下有鐵柱，古彭澤簿馮克敏所鑄，舟人賴以濟險。　小隘嶺，在縣西北八十里〔二〕。疑誤，此路至黃梅止四十五里。爲黃梅縣界，其道捷而險。　陳漢山，在縣西北八十里。昔陳漢曾於此立寨，爲蘄州界。　龍南蓮箬湖，在縣南五十里。其水連白荊、棠梨，接小黃，趨張富池，達於泊湖，望江西四十里。入於江。　白荊湖，在縣南六十里。其段三十有六，其水引蓮箬趨泊湖，達於雷港，入於江。大泊澇湖，在縣東六十里。小泊澇湖，在縣東八十里。其水合張富〔三〕，達於揚灣，入於江。張富池，在縣東八十有五里，其池連揚灣口〔四〕，其水趨泊湖，達於雷港，入於江。

【校勘記】

〔一〕峨眉洲　「洲」，底本作「州」，川本、滬本、盋本、京本同，據紀要卷二六、清統志卷一〇九改。

〔二〕縣西北八十里　底本「西」下脱「北八十里」四字，川本同，據滬本、盋本、京本及紀要卷二六、清統志卷一〇九補。

〔三〕張富　川本及圖書集成職方典卷七七四同，滬本、盋本、京本作「張富池」，與紀要卷二六同。

〔四〕其池連揚灣口　「池」，底本作「地」，川本同，據滬本、盋本、京本及圖書集成職方典卷七七四、清統志卷一〇九改。

〔應天府〕

丹陽湖，在溧水州西南七十里。周迴一百九十五里，湖中流與太平路當塗縣分界。左傳哀公十五年〔一〕：楚子西、子期伐吳，及桐汭。注云：宣城廣德縣西南有桐水，出白石山，西北入丹陽湖〔二〕。至今白石之水衝突，則三湖泛濫。此水本由五堰自宜興縣入太湖，今已堙塞。故老云：當時慮後人復開此道，則蘇、常之間必被水患，遂以石窒五堰路，又液鐵以錮石。國朝洪武間，通漕河，達應天。永樂初築壩置官，後仍以蘇、常故塞，洪武二十五年，開通河道，以達蘇、浙糧運。永樂元年間，以蘇、松故築壩設官。今河道斷絶，官亦裁革。新志。迎擔湖，〔旁注〕上元。在城西北石頭城後五里。今爲田。宋袁粲敗劉彦節，走迎擔湖，即此。張陣湖，〔旁注〕上元。在石頭城，相傳蘇峻與晉軍戰處。蘇峻湖，在城西北一十五里。周迴十里，本名白石陂。晉咸和二年，蘇峻反，陶侃、温嶠、庾亮陳於白石，使將軍楊謙攻石頭。峻輕騎出戰，謙詐奔白石壘，峻逼之，纔交鋒墜馬，李陽臨陣斬峻於白石陂岸。至今呼此陂爲蘇峻湖。婁湖，江寧。在城東南一十五里。周迴一十里，水流入艦澳。輿地志云：婁湖苑，吴時張昭所創，有湖以溉田，宋時築爲苑。張昭封婁侯，故謂之婁湖。宋書：沈慶之有園舍在婁湖，慶之一夜攜子孫徙居之〔三〕。鸛雀湖，〔旁注〕上元。在城東二里，流入青溪。古老相傳今斜橋即走馬橋，橋之東有水平闊是也。或云今惟政鄉白蕩湖，即其地。〔旁注〕府志：今爲大内。慈湖，在江寧縣界，接太平路。石虎寇歷陽，趙徹屯慈湖，蘇峻敗司馬流於慈湖。固城湖，在溧水州西□□十里〔四〕。周迴一百里，南北三十里，東西二十五里，環楚王故城。有水四派，湖中流與太平路界〔五〕，與丹陽、石臼二湖相接，號曰三湖。東經五堰〔六〕，自宜興州界流入太湖〔七〕，此道今堙塞。石臼湖，在溧水州西南四十里。縱五十里，衡四十里，西連丹陽湖。湖中有軍山、塔子山、馬頭山、雀壘山四山〔八〕。其水舊有二派入龍潭、梅梁港，經湯家步通濁水，此道今堙塞。今開通臙脂河。長塘湖，今作長蕩。在溧陽州北五十三里。府志：二十。縣志同。周迴一百五十里，接金壇、宜興州界。舊名洮湖，周處、韋昭、酈道元皆以此湖爲五湖之一。中有浮山，其水東連震澤。虞翻曰：太湖有五湖，故謂之五湖。滆湖、洮湖、射湖、貴湖及太湖爲五湖，並太湖之小支，俱連太湖，故太湖兼得五湖之名。注云：洮湖一名長塘湖，在義興。郭璞江賦云：彭蠡、青草、具區、洮、滆。以爲五湖〔九〕。洮音姚。南徐州記云：延陵縣東南長塘湖，一名洮湖。輿地志云：臨津西有長塘湖〔一〇〕，屬延陵、永世二縣，西受溧水，通溧陽界。周處風土記云：洮湖〔一一〕，別名長塘湖。咸和三年，蘇逸以萬餘人自延陵湖將入吴興，將軍王允之進及，戰於溧陽，獲之。又王恭兵潰走至長塘湖。又宋以庚業代義興太守劉延熙〔一二〕，業至長塘湖，即與延熙合。制遣沈懷明等東討〔一三〕，卒破業於湖。湖春夏水深五尺餘，秋冬差淺，受大溪，南流三十里至大峌山。莫愁湖，江寧。在城西三山門外〔一四〕。相傳爲莫愁舊居，因名。按此湖爲城西勝處，不知得名始於何時，説者謂楚有石城，莫愁居之，故因古樂府而誤〔一五〕。然不惟金陵有石城，楚亦有石城；而楚有莫愁，洛陽又有莫愁，或自有説，未可必也，俟識者訂之。昇平湖，在溧陽州西七十里。水自溧水州五堰東流入湖，即古中江所經之地。又有溪水，南自建平縣梅渚鎮來會〔一六〕。

溪澗。青溪。青溪小姑曲：開門白水，側近橋梁，小姑所居，獨處無郎。實録：吴赤烏四年，鑿東渠，名青溪，通城北塹潮溝〔一七〕，闊五丈，深八尺，以泄玄武湖水。發源鍾山，西南流經京，出今青溪閘口，接於秦淮。及楊溥城金陵，青溪始分爲二。在城外者，自城壕合於淮。今城東竹橋西北接後湖者，青溪遺迹固在。但在城内者悉皆堙塞，惟上元縣治南迤邐而西，循臺治東南出至府學牆下，皆青溪之舊曲，水通秦淮，而鍾山水源久絶矣。府志：今自太平門城由潮溝南流入大内，西出竹橋，入壕而絶，又自舊内旁周繞出淮清橋，皆其故迹。圖考：今竹橋下水西入舊城壕者，乃自潮溝從西南流之故道，自舊内傍南流經淮清橋合秦淮者，則城内所存之一曲〔一八〕。輿地志云：青溪連綿十餘里，溪口有埭，埭側有神祠，曰青溪姑。今縣東有渠，北接覆舟山，以近後湖，里俗相傳此青溪也。其水迤邐而出，至今上水閘相近，皆名青溪。溪舊有七橋。晉王含帥王敦餘黨，自竹格渚濟〔一九〕，沈充自青溪會之，至宣陽門，劉遐、蘇峻等出南塘横擊，大破之。劉遐又破沈充於青溪，賊燒營宵遁。蘇峻反攻青溪柵，因風縱火，王師大敗。齊高帝先有宅在青溪，生武帝，及即位，以宅爲青溪舊宮。永明元年，望氣者言新林、婁湖有王者氣。帝乃築青溪舊宮，作新林、婁湖苑以厭之。卞彬嘗於東府謁齊高帝，時高帝爲齊王，彬曰：「殿下即宮東府，則以青溪爲鴻溝。鴻溝以東爲齊，以西爲宋。」仍誦詩云：「誰謂宋遠，跂予望之。」遂大忤旨。隋煬帝平陳，斬張麗華、孔貴妃二人於青溪柵下。舊志云：建元寺東南角度溪有橋，名募士橋，吴大帝募勇士處。其橋西南角過溝有埭，名鷄鳴埭，齊武帝早遊鍾山射雉，至此鷄始鳴，因名。其溝是吴郗儉所開，在苑城後。晉修苑城爲建康宮〔二〇〕，即城北塹。今青溪九曲，僅存其一，馬光祖浚而深廣之，築堤飛橋，以便往來。落馬澗，江寧。在縣南五里。一名南澗，流入城壕。宋孝武討元凶劭，劭兵敗，人馬傾滿澗中，故名。戚氏志云：南史有南澗寺。慶元志：南澗即今落馬澗。宋有南澗樓。見荆公詩。鎖石溪，在上元縣東南四十八里，源發白石巖，經攝湖六十餘里，入大江。長溪，在上元縣東南六十里。丹陽記云：湖熟縣前有長溪，東承句容縣赤山湖水，入於秦淮。

河港。古漕河，一名靖安河。自靖安鎮下缺口，取道入儀真新河八十餘里。吳聿靖安河記略云〔二一〕：中江自湖口合流而下，奔放蕩潏，吐吞日月，山或磯之，則其勢悍怒衝突，中流遇風，四顧茫然，無所隱避。自金陵抵白沙，其尤者爲樂官山、李家漾，至急流濁港口，凡十有八處，雖平時號稱老風波，而玩險阻者至是鮮不袖手，東南漕計歲失於此者計二三。宣和六年，發運使盧公訪其利病，得古漕河於靖安鎮之下缺口，謂其取徑道於青沙之夾〔二二〕，趨北岸穿坍月港，由港尾越北小江入儀真新河，以抵新城下〔二三〕。往來之人高枕安流八十餘里，以易大江百有五十里之險，實爲萬世之利。護龍河，即舊子城外三面壕也。其水自東城壕入繞東面者，即古青溪一曲；在西北者，接潮溝、運瀆、珍珠河。詳見古迹篇宋行宫下。新河，在白鷺洲西南，流通大江二十餘里。舊名蓄人河，今呼爲新開河。按韓世忠碑云：兀术以三十萬騎北還，王遂提兵截大江以邀之，相持黄天蕩四十八日。兀术勢危，一夕潛鑿小河，自建康城外屬之江而逃。內翰汪藻建炎間奏議云：敵於鍾山、雨花臺各創大寨，抱城開兩河以護之。金史宗弼傳：世忠以輕舟來挑戰，一日數接，將至黄天蕩。宗弼乃因老鸛河故道開三十里通秦淮，一日一夜而成，宗弼乃得至江寧。新河，在江東門外。稍南而五里〔二四〕，通出大江，曰中新河，設闢爲防禦。稍南出大江，曰上新河，以通市舶。蘆門河，在上元縣長寧鄉。去縣六十里，一名蓄人河。景定志云：蘆門河在蘆門漾之側，建炎間始開，以通真州〔二五〕，亦名蓄人河。今黄天蕩南王諫議蘆場内是其處。按此河以蓄名而不述其所以名意，汪藻内翰所謂金開兩河，則此河與新開河皆金所開者，否則無因以蓄名也。今按世忠碑謂鑿小河，自建康城外屬之江，則爲新河明甚，然去黄天蕩甚遠。又考建康年表：兀术不得去，或教於蘆場地鑿大渠二十餘里，上接江口，出世忠之上，又傍冶城西南隅，鑿渠成〔二六〕。次早出舟，世忠大驚，金人悉趨建康，世忠尾擊敗之。詳其事勢，當在金山脱走之後，沿江南岸引行，先於黄天蕩南蘆場鑿渠出江口，以通建康，而後又於冶城西南鑿渠出江，故蘆門、新開二河皆名蓄人河。兀术自新河出江，則去黄天蕩遠，而海舟無風不能及矣，世忠碑文不詳，故啓後疑。汪藻謂抱城開兩河，或即指此。戚氏志謂今蘆門河惟蘆蕟出焉，亦可見其非江之經流也。珍珠河，在上元縣北，納落星澗水。在宋行宫後。此河通護龍河〔二七〕，至太平橋西分兩派：一派出栅寨門，一派出秦淮。宋嘉定間，李珏開浚〔二八〕，以泄霖漲，見水底有大柴板〔二九〕，乃止。今堙塞殆盡，闊處猶五尺。戚氏云：前志及史傳不見所起，疑即運瀆之舊。新林港，江寧。又曰新林浦，在城西南二十里，長一十二里。舊經云：三十里。宋開寶八年，曹彬等破南唐兵於新林港，即此。竹篠港，西至靖安，東至石步，南至直瀆，北至大江，屬上元縣金陵、長寧兩鄉。由靖安港口至城二十里，由石步港口至城四十里。今呼竹篠夾港，上置巡檢司。府志：按竹篠港東連石步。石步在今長寧鄉，而蘆門河亦云在長寧鄉。今縣東北近龍潭有河，直達大江曰河口，而誤呼竹篠爲竹簫，此志之可據者也。然又云，西至靖安，南至直瀆。靖安近盧龍山，直瀆在直瀆山後，不應有此數十里。但據蘆門河下所載，則竹篠之在東北無疑〔三〇〕。石步港，在上元縣長寧鄉，去縣四十里。石邁古迹編云：攝山西花林市之東有浦曰石步港，西連竹篠河，北至大江。城壕，繞城闊一十五丈，周四十五里。其水引鍾山南源，即古清溪經流故迹，繞城東北，復南出月子河，過秦淮南，經伏龜樓而出，西接大城港。其在西北者，亦與古青溪故道通流，自西入秦淮。大勝關港，在江寧縣西南，內合板橋〔三一〕、新林浦爲一流，吐納大江。

溝瀆。潮溝，吴大帝所開，以引江潮。東接青溪，南抵秦淮，西通運瀆，北連後湖。其舊迹在天寶寺前。天寶寺故基，在今城東北角外西一里，長壽寺前。實録云：潮溝東發青溪，西行經古承明、廣莫、大夏等三門外〔三二〕；〔旁注〕府志：今十八衛處。西極都城牆，對今歸善寺西南角南出，歸善寺故基，在今城北鷄籠山東。經閶闔、西明二門，接運瀆，在西州之東，今笪橋西〔三三〕。南流入秦淮。乾道南、北橋河是也。其北又開一瀆，經棲元寺門〔三四〕，寺在覆舟山西南，鷄籠山東北。至後湖以引湖水，至今俗亦呼爲運瀆。其實古城西南行者運瀆，自歸善寺門前東至青溪者，名曰潮溝。其溝東頭已堙塞，纔有處所，西頭則見通運瀆。石邁古迹編曰：按建康實録所載皆唐事，距今數百年，其溝日已堙塞，未詳所在。今城東門外，西抵城壕，東出曲折，當報寧寺之前，亦名潮溝，此今世所開，非古潮溝也。府志：今後湖水經大内城下〔三五〕，流入竹橋者，殆其故迹。東南利便書曰：古城向北，秦淮既遠，其漕運必資舟楫，而濠塹必須水灌注，故孫權時，引秦淮名運瀆以入倉城，開潮溝以引江水，又開瀆以引後湖，又鑿東渠名青溪，皆入城中，由城北塹而入後湖，此其大略也。自楊溥夾淮立城〔三六〕，其城之東塹皆通淮水，其西南邊江以爲險。然春夏積雨，淮水泛溢，城中皆被其水害，及盛冬水涸〔三七〕，河流往往乾淺。宋隆興二年，張孝祥知府事，奏秦淮流經府城，正河自鎮淮、新橋入江〔三八〕，其分派爲青溪，自天津橋出柵寨門入江。柵寨門近地，屬有力者因築斷青溪水口，創爲花圃，爲遊人玩賞之地。每久雨，水暴至，則正河不能急泄水勢，於是泛溢城内，居民被害。今欲復通柵寨門，使青溪徑直入江，則城内永無水患。及汪澈繼孝祥知府，詔澈指定以開。澈言開西園古河道，通柵寨門尤便，從之。直瀆，在城北，隸上元縣鍾山鄉，去城二十五里。上元志：三十五。西至壩埂，東北接竹篠港，流入大江。旁有直瀆山。伏滔北征記云：吴將甘寧墓有王氣〔三九〕，孫晧惡之，乃鑿其後爲直瀆。晉蘇峻舉兵，温嶠帥師救京師，遣王愆期等爲前鋒，次直瀆，即此。宋時，丁督護歌：聞歡去北征，相送直瀆浦。運瀆，在上元縣西北一里。吴大帝赤烏三年，使左臺侍御史郗儉監鑿城西南，自秦淮北抵倉城，名運瀆，通運於苑倉〔四〇〕。今所築城，在西門近南，其水東行，過小新橋而南，經斗門橋流入秦淮，又東北過西虹橋，循宋行宫城西迤邐向北，乃其故址。其自閃駕橋經天津橋而東者，合於青溪。按建康宫城即吴苑城，城内之倉曰苑倉，故開此瀆，通運倉所〔四一〕，時人亦呼爲倉城。晋咸和中，修苑城爲宫，惟倉不毁，是名太倉，在西華門内道北。圖考：水自倉城東入今内橋，與青溪合，南由今乾道橋至斗門橋，達於秦淮。府志：今自斗門橋南，引秦淮北流，至北乾道橋，遂東經太平、景定至内橋，與青溪合，北經鼎新、崇道橋，又西連武衛橋，從鐵窗欞出城。破岡瀆，在句容縣東南二十五里。實録云：吴赤烏八年，使校尉陳勳作屯田，發屯兵三萬〔四二〕，鑿句容中道至雲陽西城，以通吴、會船艦，號破岡瀆。上下十四埭，上七埭入延陵界，下七埭入江寧界。晋、宋、齊因之。梁改爲破墩瀆，遂廢之，而開上容瀆。陳高祖即位，又堙上容瀆，更修破岡。至隋平陳，乃廢。

池塘。栅塘〔四三〕，江寧。在秦淮北，上通古運瀆。實録注：吴時夾淮立栅，號栅塘。王隱晋書曰：王敦反，以兄子應爲嗣。沈充自吴率衆萬餘人與王含合，充司馬顧颺説充曰：「今日舉大事，而天子已扼其喉，鋒摧氣沮，相持日久，必致潰敗。今若決破栅塘，因湖水以灌京邑，乘水勢，縱舟師以攻之，此上策也。」充不用。梁天監九年，新築緣淮塘，北岸起石頭迄東冶，南岸起後渚籬門迄三橋，作兩重栅，皆施行馬〔四四〕。至南唐時，置栅如舊。其後置閘，泄城中水入於江，俗號爲栅寨門。乾道五年史正志，景定元年馬光祖皆嘗重建。水道久堙，今至元五年，集慶路重加修浚。

横塘，江寧。案實録，在淮水南，近陶家渚。緣江築長堤，謂之横塘，淮在北，接栅塘。宫苑記：吴大帝時，自江口緣淮築堤，謂之横塘。北接栅塘，在今秦淮徑口。吴時夾淮立栅，自石頭南上十里至查浦，查浦南上十里至新亭，新亭南上十里至孫林，孫林南上十里至板橋，板橋南上三十里至烈洲。吴都賦曰：「横塘、查下，邑屋隆夸。」樓臺之盛，天下莫比。

南塘，晉王敦兵至御街，沈充自青溪引軍與會，至宣陽門。北中郎將劉遐等率輕騎從南塘出，横擊之，賊軍大潰。世説：祖車騎過江時，公私儉薄，無好服玩。王、庾諸公共就祖，忽見裘袍重疊，珍飾盈列，諸公怪問之。祖曰：「昨夜復南塘一出。」蓋祖於時使健兒鼓行劫鈔，在事之人亦容而不問也。時斷養逋亡多逃竄在南塘，下諸船中，或欲一時搜索，謝公不許，曰：「不容置此輩〔四五〕，何以爲京師？」

倪塘，江寧。在城東南二十五里。晉書：王敦自湖陰使王含、錢鳳等以兵五萬逼京師〔四六〕，帝親率六軍次南皇堂，夜募勇士陳嵩等領甲卒千人渡水〔四七〕，掩其未備，大破含軍於越城。含軍既敗，乃率餘黨自倪塘西置五城〔四八〕，如却月勢，即此處也。梁書：齊兵自秣陵東跨淮立橋，引兵渡自方山，進至倪塘。互見五城下。南史：劉毅當之荆州，東還辭墓，去都數十里，不過拜闕。宋武帝出倪塘會之，胡藩請殺毅，不許。其後北討，謂藩曰：「若從卿倪塘之謀，無今舉也。」

諸水。溧水，一名瀨水，在溧陽州西北四十里〔四九〕。前漢地理志云：溧水出南湖。祥符圖經：瀨水西承丹陽湖，東入長塘湖。蓋丹陽湖即南湖也。景定志云：固城，春秋吳瀨渚縣，見勝公廟記。漢溧陽縣治在焉。隋開皇十一年，割溧陽之西置溧水縣，固城在溧水縣界。宋紹興中，得後漢溧陽校官碑於固城湖之旁〔五〇〕，故知其爲漢縣治。丹陽湖在其南，故曰南湖〔五一〕，溧水出南湖而東，縣在水之北。今治爲唐末所遷，去固城一百五十里，乃在水南耳。水北曰陽，故名溧陽，自東壩既成，於是丹陽湖水不復通本州界，合於永陽江〔五二〕。六朝事迹編及乾道建康志，皆指曹山之水爲溧源，非也。元和郡縣志謂：溧水在溧陽縣南六里。蓋唐溧陽縣治，即今之舊縣也。溧水東流爲永陽江，以上有渚曰瀨渚，即伍子胥乞食投金處，故又曰投金瀨。自瀨渚東流爲瀨溪，鄉民訛爲爛溪，入長塘湖。一派東流爲吳王漕。吳王漕，楊行密時漕運所行也〔五三〕，或以爲春秋時之吳王。吳王漕水，在縣東南四十里。源出溧水州東廬山東，南入吳漕，過白馬橋、馬沈港，下流入丹陽湖。白馬橋，在縣東四十里。馬沈港，在縣南三十七里。投金瀨，在溧陽州西北四十里。源出曹姥山，經溧水州界，東流入州界，南流爲潁陽江，江上有渚曰瀨渚。吳越春秋云：伍子胥奔吳至溧陽，溧陽女子擊縹瀨水之上，子胥跪而乞餐，女子食之，既去，自投於水。後子胥欲報之，乃投白金於此水，故名。史記：范雎曰，伍子胥橐載而出昭關，夜行晝伏，至於陵水。一作菱水。汝南灣，在府城東八里，當秦淮曲折處。晉汝南王渡江，家於此，故名。東冶亭，在灣之東南，乃晉太元中餞送之所。桐樹灣，府志。今鎮淮橋稍東，在秦淮南。向逼府城，北臨淮水，岸舊植桐甚繁，故名。東北有浮航，即長樂橋也。宋人稱桐林，見銀樹堰下。艦澳，江寧。在城南十里。水出婁湖，下入秦淮。輿地志云：梁武帝所開，在光宅寺東二百五十步。其寺武帝舊宅，帝從城歸宅，儀仗舟車駢繼塞路，開以藏船。

洲浦。白鷺洲，江寧。在城西，與城相望，周迴十五里。圖考：今三山水關外中街水環繞處。酈道元水經注云：江寧之新林浦，西對白鷺洲。丹陽記曰：白鷺洲在縣西三里，洲在大江中，多聚白鷺，因名。宋曹彬等破南唐兵五千於白鷺洲，即此地。建炎末，兀朮侵軼江南，回至江口，聞王師將以海舟中流邀其歸路，遂用牛黎等於白鷺洲一夜鑿一小河，乘輕舠而走。詳見新河。馬昂洲，在城西北，周迴十五里。寰宇記云：在縣北二十三里。梁書：南兖州刺史南康王會理、前青冀二州刺史湘潭侯退、西昌世子彧，率兵二萬至馬昂洲[五四]。即此。新洲，江寧。一名薛家洲，去城北四十里。今幕府山相對，有上新洲、下新洲。吳志：太平元年，呂據欲討孫綝[五五]，綝遣孫憲等以舟兵逆據江都，獲據於新洲。晉隆安五年，海賊孫恩向京師，聞譙王尚之在建康，復聞劉牢之已還至新洲，不敢進而去。宋書徐湛之傳：高祖微時貧甚，自往新洲伐荻。並此地。　舟子洲〔五六〕，在城南隅，周迴七里。在秦淮上，與桐樹灣近。上元志：即今渡船口。梁天監十三年，以朱雀門東北淮水紆曲，數有水患，又舟行旋衝太廟灣〔五七〕，乃鑿通中央爲舟子洲。諸郡秀才上計〔五八〕，憩止於此。　茄子洲，江寧。在城西南十三里。〔旁注〕周迴十二里。晉陶侃、温嶠討蘇峻，軍於茄子洲，郗鑒自廣陵帥兵渡江會之。　烈洲，江寧。在城西南七十里，吴舊津所也。内有小河，可泊船，商客多停此以避烈風，故名。又見烈山下。亦作洌洲。梁陸倕寄京邑僚友詩：「夕次洌洲岸，明登慈姥岑。」劉孝綽酬陸長史倕詩：「洌洲財賦總，慈山行旅鎮。」其言財總者，必六朝時設税於此，若今之龍江關也。晉書劉牢之傳：率北府文武屯洌洲。桓温傳：簡文帝時輔政，會温於洌洲。　鰻鰲洲，江寧。在城西南七十里，周迴三十五里，西對和州烏江縣。　張公洲，江寧。在城西南五里，周迴三里。梁太清二年，豫州刺史裴之高等舟師二萬次張公洲〔五九〕。陳霸先擊破侯子鑒師於張公洲〔六〇〕。　梁書：王僧辯、陳霸先進軍次於張公洲〔六一〕，高旗巨艦，□□□□〔六二〕。景登石頭城睹之，不悦，曰：「彼軍有如是，不易敵也。」〔六三〕　蔡洲，江寧。今名蔡家洲。在城西二十里，南十二里，周迴五十五里〔六四〕。晉書王嶠傳：王敦在石城，欲禁私伐蔡洲荻，以問羣下，嶠以爲不可。晉陶侃討蘇峻，與温嶠、庾亮等率舟師四萬，旗鼓百里，次於蔡洲。楊佺期、桓玄兵至石頭，劉牢之帥北府之衆馳赴京師，軍於新亭，佺期、玄見之失色，回泊蔡洲。盧循作亂，戰士十餘萬，舟艦數百里，連旗而下。

劉裕登石頭以望，曰：「賊自新亭直上，且將避之；若回泊蔡洲，此成擒耳。」時徐道覆請於新亭至白石焚舟而上〔六五〕，數道攻裕。循曰：「不然，不如按甲蔡洲以待之。」裕登石頭城望循軍，初見引向新亭，有懼色；及見回泊蔡洲，喜曰：「賊落吾下也。」遂率兵進戰，縛以大筏，因風逼之，大破循軍於江中，循遁走。侯景次臺城，裴之高援兵至後渚，結營於蔡洲，景分屯南岸。陳霸先討景，大軍進姑熟，先鋒次蔡洲，即此。丹陽記：吳時官館在蔡洲上，以舍遠人。江乘浦，在城西北十七里。史記：秦始皇東遊，於此渡江。南徐州記：江乘縣西二里有大浦，發源於石城山，東入大江，因縣爲名。吳徐盛作疑城，自石頭至江乘。晉蔡謨自土山至江乘，鎮守八所，城壘凡十一處。〔眉批〕晉郗鑒討蘇峻，與陶侃會於茄子浦。蟹浦，江寧。在城西北十六里〔六六〕。輿地志云：白下城西南有蟹浦，源出鍾山，北流九里入大江。齊崔慧景軍敗走，單騎至蟹浦，投漁人太叔榮之。榮之故爲慧景門人，時爲蟹浦戍，斬之，以頭内籃中，送都。查浦，江寧。在石頭城南上十里。建康實録：陶侃討蘇峻，屯查浦。李陽與蘇逸戰於查浦〔六七〕。盧循犯建業，宋武帝柵石頭，斷查浦今本作柤。以拒之。又吳時夾淮立柵，自石頭南上十里至查浦，查浦南上十里至新亭，又二十里至孫林，又二十里至板橋〔六八〕，又三十里至烈洲。板橋浦，江寧。在城南二十里，下入大江。慈姥浦，江寧。在縣南五十里，近慈姥山。天竺山東有水，下注此浦。秣陵浦，江寧。在城南五十里，長十里。輿地志云：浦以舊縣得名。出龍山，北流十里入葛塘湖，又十里入長溪，合於淮。新林浦，見港。江寧浦，江寧。在城西南七十五里。源出太平路當塗縣界，長三十里。〔旁注〕下溪村西流入江。梁書：徐嗣徽、任約領齊兵萬人，還據石頭。陳高祖遣兵往江寧，據要險以斷賊路，賊水步不敢進，頓江寧浦口，遣侯安都領水軍襲破之。九里汀，江寧。在城東南五十里，東下入秦淮。實録：吴寶鼎元年，後主在武昌，永安山賊施但等反〔六九〕，劫後主弟永安侯謙入建業，衆萬餘人。丁固、諸葛靚等逆討於九里汀，即此處。戚氏云：城南大路過郭公橋，行長堤一道，凡九里，直達秣陵鎮，兩旁有深溝，有田，地名九里汀。

【校勘記】

〔一〕哀公十五年　「十五年」，底本作「十九年」，川本同，據滬本、陳本、盋本、京本及左傳哀公十五年改。

〔二〕廣德縣西南有桐水出白石山西北入丹陽湖　底本「廣德」作「廣臨」，川本、滬本同；又，底本脱「北」字，川本、滬本、陳本、盋本、京本同，並據春秋左傳集解杜預注改補。

〔三〕宋書沈慶之有園舍在婁湖慶之一夜攜子孫徙居之　底本、川本列於上文「婁湖江寧」之上，據滬本、陳本、盋本、京本改移。

〔四〕在溧水州西□□十里　川本、陳本同，滬本、盋本、京本作「西南五十里」，景定建康志卷一八作「西南九十里」。

〔五〕湖中流與太平路界　底本缺「與」字，川本同，滬本、陳本、盋本、京本作「爲」，據景定建康志卷一八補。

〔六〕東經五堰　「東」，底本、川本缺，滬本、陳本作「水」字，盋本、京本作「湖水」，據景定建康志卷一八補。

〔七〕宜興州　「州」，底本作「縣」，川本同，據滬本、陳本、盋本、京本及至正金陵新志卷五改。

〔八〕四山　底本、川本作「母山」，滬本、陳本、盋本、京本作「丹山」。至正金陵新志卷五石臼湖：「湖中有軍山、塔子、馬頭、雀壘四山。」明統志卷六同，據改。

〔九〕以爲五湖　底本脱「五」字，川本同，據滬本、陳本、盋本、京本及景定建康志卷一八補。

〔一〇〕臨津西有長塘湖　底本「長」下「塘」上衍「均」字，川本同，據滬本、陳本、盋本、京本及至正金陵新志卷五删。

〔一一〕洮湖　底本作「姚湖」，據川本、滬本、陳本、盋本、京本及景定建康志卷一八、至正金陵新志卷五改。

〔一二〕劉延熙　「熙」，底本作「孫」，據川本、滬本、陳本、盋本、京本、本書下文及宋書孔覬傳改。

〔一三〕東討　「討」，底本、川本作「封」，據滬本、陳本、盋本、京本及宋書孔覬傳、通鑑卷一三一改。

〔一四〕三山門　「三」，底本作「之」，川本同，據滬本、陳本、盋本、京本及寰宇記卷九〇補。

〔一五〕因古樂府而誤　底本「古」下「樂」上有「名」字，川本同，據滬本、陳本、盋本、京本及圖書集成職方典卷六五三删。

〔一六〕梅渚鎮　「渚」，底本、川本作「緒」，據滬本、陳本、盋本、京本及景定建康志卷一八、至正金陵新志卷五改。

〔一七〕通城北塹潮溝　「通」，底本作「道」，川本同，據滬本、陳本、盋本、京本及建康實録卷二、至正金陵新志卷五改。

〔一八〕城内所存之一曲　底本「城」下無「内」字，川本同。據本書上文載，楊溥城金陵，青溪始分爲二，在城外者，自城壕達於淮，在城内者，悉皆堙塞。金陵古今圖考：「由潮溝南流入大内，又西出竹橋，入濠而絶，又自舊内旁周繞出淮清橋，與秦淮合者，青溪所存之一曲也。」即指城内青溪舊迹，滬本、陳本、盋本、京本「城」下有「内」字，是，據補。

〔一九〕竹格渚　「竹格」，底本作「紅梧」，川本同，據滬本、陳本、盋本、京本及晉書蘇峻傳、建康實録卷六改。
〔二〇〕建康宫　「康」，底本作「廣」，據川本、滬本、陳本、盋本、京本及建康實録卷七改。
〔二一〕吴聿　底本作「吴肅」，滬本、陳本、盋本、京本作「吴章」，據川本及景定建康志卷一九、紀要卷二〇改。
〔二二〕青沙　「沙」，底本作「河」，川本同，據滬本、陳本、盋本、京本及景定建康志卷一九、至正金陵新志卷五改。
〔二三〕新城　「新」，底本、川本作「於」，據滬本、陳本、盋本、京本及景定建康志卷一九、至正金陵新志卷五改。
〔二四〕稍南而五里　底本、川本作「稍直而五里」，滬本、陳本、盋本、京本作「稍直西五里」。明統志卷六應天府：「上新河，在江東門外，稍南而五里，通大江。」紀要卷二〇同，據改。
〔二五〕以通真州　底本「通」下「真」上有「其」字，川本同，據滬本、陳本、盋本、京本及景定建康志卷一九、至正金陵新志卷五删。
〔二六〕又傍冶城西南隅鑿渠成　底本「冶」作「治」，「成」作「城」，據川本、滬本、陳本、盋本、京本及至正金陵新志卷五、紀要卷二〇改。
〔二七〕護龍河　「河」，底本作「門」，據川本、滬本、陳本、盋本、京本及景定建康志卷一九、至正金陵新志卷五改。
〔二八〕李珏　「珏」，底本作「玉」，據川本、滬本、陳本、盋本、京本及景定建康志卷一九、至正金陵新志卷五改。
〔二九〕大桀板　底本「桀」作「梁」，川本同，據滬本、陳本、盋本、京本及景定建康志卷一九、至正金陵新志卷五改。
〔三〇〕在東北無疑　「東北」，底本、川本作「東者」，據滬本、陳本、盋本、京本及紀要卷二〇改。
〔三一〕内合板橋　「合」，底本作「含」，川本同，據滬本、陳本、盋本、京本及景定建康志卷一九、紀要卷二〇改。
〔三二〕大夏　底本脱「大」字，川本同，據滬本、陳本、盋本、京本及建康實録卷二一、至正金陵新志卷五補。

〔三三〕笪橋　底本作「竺橋」，川本同，據滬本、陳本、盋本、京本及景定建康志卷一九、至正金陵新志卷五改。

〔三四〕棲元寺　「元」，底本、川本作「立」，據滬本、陳本、盋本、京本及建康實録卷二改。

〔三五〕後湖　底本「後」下「湖」上有「潮」字，據川本、滬本、陳本、盋本、京本及圖書集成職方典卷六五三，「潮」字衍，删。

〔三六〕自楊溥夾淮立城　「楊溥」，底本、川本作「楊淮浦」，盋本、京本作「楊吳時」，據滬本、陳本及景定建康志卷一九、至正金陵新志卷五改。

〔三七〕盛冬水涸　「涸」，底本作「渴」，據川本、滬本、陳本、盋本、京本及景定建康志卷一九、至正金陵新志卷五改。

〔三八〕正河自鎮淮新橋入江　「正」，底本作「西」，川本、滬本、陳本、盋本、京本同。至正金陵新志卷五：張孝祥「秦淮流經府城，正河自鎮淮、新橋入江」。金陵通紀卷八下：張孝祥奏「秦淮之水，流入府城，别無兩派，正河自鎮淮橋直注大江」。又本書下文載：「每久雨，水暴至，則正河不能急泄水勢，於是泛溢城内。」則此「西」必爲「正」字之誤，據改。

〔三九〕吳將甘寧墓　底本缺「甘寧墓」三字，川本同，據滬本、陳本、盋本、京本及景定建康志卷一九、萬曆上元縣志卷三補。

〔四〇〕通運於苑倉　底本、川本作「於苑倉」，滬本、陳本、盋本、京本作「達於苑倉」。按建康實録卷二作「通運於苑倉」，景定建康志卷一九同，據補「通運」二字。

〔四一〕通運倉所　「通」，底本、川本脱，盋本、京本作「抵」，據滬本、陳本及建康實録卷二、景定建康志卷一九補。

〔四二〕發屯兵三萬　「屯兵」，底本作「屯田」，川本同，據滬本、陳本、盋本、京本及三國志吳書吳主傳改。

〔四三〕柵塘　底本、川本「柵」作「栖」，據滬本、陳本、盋本、京本及建康實録卷二改。

〔四四〕皆施行馬　「馬」，底本作「焉」，川本同，據滬本、陳本、盋本、京本及景定建康志卷一九、至正金陵新志卷五改。

〔四五〕不容置此輩　「輩」，底本作「車」，川本同，據滬本、陳本、盋本、京本及世説新語政事改。

〔四六〕王敦自湖陰使王含錢鳳等以兵五萬逼京師　「湖」，川本、滬本、陳本、盋本、京本及景定建康志卷一九、至正金陵新志卷五同。按晉書明帝紀：太寧二年，王敦將舉兵内向，帝至于湖，陰察敦營壘，敦遣其兄含及錢鳳等水陸五萬向京師。晉書王敦傳：帝將討敦，至蕪湖，察其營壘，敦使錢鳳等向京師。則此「湖」，似應作「于湖」或「蕪湖」。又，底本、川本缺「五」字，據滬本、陳本、盋本、京本及晉書明帝紀、景定建康志補。

〔四七〕帝親率六軍次南皇堂夜募勇士陳嵩等領甲卒千人渡水　「南皇堂」，底本、川本、滬本、陳本、盋本、京本作「南塘」，據晉書明帝紀、建康實録卷六、通鑑卷九三改。又「嵩」，底本、川本、滬本、陳本、盋本、京本並缺。晉書明帝紀：太寧二年，帝躬率六軍，「遣將軍段秀，中軍司馬曹渾，左衛參軍陳嵩、鍾寅等甲卒千人渡水」。景定建康志卷一九、至正金陵新志卷五皆作「陳嵩」。此缺乃「嵩」字，據補。

〔四八〕自倪塘西置五城　「西」，底本作「而」，川本同，據滬本、陳本、盋本、京本及建康實録卷六改。

〔四九〕在溧陽州西北四十里　底本「州」下「西」上衍「西州」二字，川本同，據滬本、陳本、盋本、京本及景定建康志卷一九、至正金陵新志卷五删。

〔五〇〕溧陽校官碑　底本「校官碑」作「據陽官碑」，川本同，據滬本、陳本、盋本、京本及景定建康志卷一九、至正金陵新志卷五改。

〔五一〕故曰南湖　底本「故曰南」三字缺，川本同，據滬本、陳本、盋本、京本及景定建康志卷一九、紀要卷二〇補。

〔五二〕於是丹陽湖水不復通本州界合於永陽江　川本、滬本、陳本、盋本、京本同。至正金陵新志卷五：「自東壩既成，於是丹陽湖水不復通本州界，然古溧水之出於丹陽湖明矣。今州西北有水源，出曹山，逕溧水州界，東流入本州界，合於永陽江。」則此「不復通本州界」下，「合於永陽江」上脱「然古溧水之出於丹陽湖明矣」至「東流入本州界」三十三字。又「永陽江」之「江」，底本作「縣」，據川本、滬本、陳本、盋本、京本及至正金陵新志改。

〔五三〕漕運所行也　「漕運」，底本作「運漕」，川本同，據滬本、陳本、盋本、京本及景定建康志卷一九、至正金陵新志卷五乙正。

〔五四〕馬昂洲　「馬」，底本作「萬」，川本同，據滬本、陳本、盋本、京本及梁書武帝紀、通鑑卷一六二改。

〔五五〕吕據　「吕」，底本作「朱」，川本、滬本、陳本、盋本、京本同，據三國志吳書三嗣主傳、吕據傳改。

〔五六〕舟子洲　「洲」，底本作「湖」，川本同，據滬本、陳本、盋本、京本及寰宇記卷九〇改。

〔五七〕舟行旋衡太廟灣　「旋」，底本作「旅」，川本、陳本同，滬本缺，據盋本、京本及寰宇記卷九〇改。

〔五八〕諸郡秀才　「諸」，底本作「渚」，川本同，據滬本、陳本、盋本、京本及寰宇記卷九〇改。

〔五九〕舟師二萬次張公洲　底本缺「次」字，川本、滬本、陳本、盋本、京本同，據梁書武帝紀補。

〔六〇〕擊破侯子鑒師於張公洲　底本、川本、滬本、陳本、盋本、京本均缺「破」字，據南史王僧辯傳、寰宇記卷九〇補。

〔六一〕進軍次於張公洲　底本缺「進軍次」三字，川本、滬本、陳本、盋本、京本同，據梁書侯景傳補。

〔六二〕□□□□　底本、川本、滬本、陳本、盋本、京本並缺四字。景定建康志卷一九引梁書：「高旗巨艦，過江蔽日，乘潮順流。」至正金陵新志卷五：「高旗巨艦，過江蔽日。」此缺四字疑爲「過江蔽日」。

〔六三〕彼軍有如是不易敵也　底本缺「彼軍有如是不易」七字，川本、滬本、陳本、盋本、京本同，據景定建康志卷一九引梁書、至正金陵新志卷五補。

〔六四〕周迴五十五里　底本、川本作「五十□里」，滬本、陳本、盋本、京本及紀要卷二〇作「五十三里」，寰宇記卷九〇作「五十里」，按景定建康志卷一九、至正金陵新志並作「五十五里」，據補。

〔六五〕徐道覆　底本、川本作「徐道發」，據滬本、陳本、盋本、京本及晉書盧循傳、通鑑卷一一五改。

〔六六〕西北十六里　底本「十六」作「十七」，據川本、滬本、陳本、盋本、京本及景定建康志卷一九洲浦、至正金陵新志卷五改。

〔六七〕李陽與蘇逸戰於查浦　底本「與」下缺「蘇逸戰於」四字，川本同，據滬本、陳本、盋本、京本及晉書成帝紀、建康實録卷七補。

〔六八〕查浦南上十里至新亭又二十里至孫林又二十里至板橋　底本作「□□南上□里□新亭又十里至新亭又十里至孫林又十里至板橋」，川本同，滬本、陳本、盋本、京本作「查浦南上十里至新亭，又十里至孫林，又十里至板橋」。按建康實録卷四：「吳時夾淮立柵，自石頭南上十里至查浦，查浦南上十里至新亭，新亭南上二十里至孫林，孫林南上二十里至板橋。」今據補改。

〔六九〕施但　底本作「施坦」，川本、滬本、陳本、盋本、京本同，據三國志吳書三嗣主傳、建康實録卷四改。

鎮市。

古市，按宮苑記：吳大帝立。大市，在建初寺前。其寺亦名大市寺，宋武永初中立。〔眉批〕大市，在天津橋西北。宋武帝永初中立，今二縣分界處。北市，在大夏門外歸善寺前。宋又立南市，在三橋籬門外鬬場村内，亦名東市。又有小市、牛馬市、穀市、蜆市、紗市等一十所，皆邊淮列肆裨販焉〔一〕。内紗市在城西北耆闍寺前，又有苑市在廣莫門内路東，鹽市在朱雀門西。宋書有建康市，南唐書有金陵市，至今有清化市、羅帛市。而自昔言市者，則以東市、西市、鳳臺、鷺洲四坊之達爲市，蓋即魚市，今銀行、花行、鷄行、鎮淮橋、新橋、笪橋〔二〕，皆市也。南史徐度傳云：徐嗣徽、任約等來寇，高祖與敬帝還都，時賊已據石頭，市廛居民並在南路，去臺遥遠，恐爲賊所乘，乃使度將兵鎮冶城，築壘以斷之。以此知六朝市廛，多在淮水北、冶城東也。通典：梁有太市、南市、北市令，太、南、北三市丞。陳淮水北有太市百餘，小市十餘所。隋食貨志言：陳時淮水北有大市百餘，小市十餘所。大市置官司〔三〕，税斂既重，時甚苦之〔四〕。晉史：廷尉張闓住在小市。南史：宋廢帝元徽二年，張敬兒破賊宣陽門莊嚴寺小市。丹陽記曰：苑城市謂之苑市。秣陵有鬬場市。寰宇記云：東晉咸和中，置七尉。右尉在紗市，今屬上元縣鍾山鄉，張循王北莊前平地是也。宫苑記：南尉在草市北、湘宫寺前。其地在今上元縣治東北。齊東昏侯宫中立宫市，使宫人屠沽，帝爲市魁。陳後主重關市之徵，以陽惠朗爲太市令。金陵故事有鹽市，即鹽渚也，在縣東南三里。清化市，今在北門内。羅帛或云蘿蔔，即路學街魚市，前志不載所在。慶元志：雞行街，自昔爲繁富之地，南唐放進士榜於此。戚氏續志云：銀行，今金陵坊銀行街，物貨所集。花行，今層樓街，又呼花行街，有造花者。諸市但名存，不市其物，清化甚僻，故老言舊已然矣。

上元志：長安市，在大中橋西。三牌樓市，在鼓樓北。南市，在斗門橋東，舊爲歌館酒樓，即宋安遠樓基。北市，有樓，在南乾道橋東南，即宋和熙樓基。笪橋市，在市北、市東〔五〕。北門橋市，洪武街西，唐北門街處。晚市，在定淮門内〔六〕，回龍橋側。鴿子市，景定橋北，舊曰羊市。江寧志：三山街市，在縣北，俗名果子行。由街中分，北屬上元，南屬江寧。馬市，在三山街南上。牛市，在飲虹橋東北，西臨淮水。江東市，在江東門外。東口市，在聚寶門外長干里東，東通重譯橋。西口市，在聚寶門外長干橋南。小口市，在聚寶門外來賓橋西，當安德、馴象街口，一名小市口。米市，在聚寶門外。果子行，三山街西，諸果聚處。竹木行，在武定橋西，臨秦淮，竹木所聚。川、廣雜貨米豆行，俱在上新河。

街巷。古御街，按宫城記：吴時自宫門南出，至朱雀門七八里，府寺相屬。晉成帝因苑城築新宫，正中曰宣陽門，南對朱雀門，相去五里餘，名爲御道。夾道開御溝，植槐柳。梁武帝克東昏，焚其奢淫服六十二種於御街。今自天津橋直南夾道猶有故溝，皆在民居。南唐御街右有右御街，在臺城西掖門外。宫苑記云：吴太初宫北玄武門〔七〕，直對臺城西掖門前路東，即右御街是也。其實自大司馬門出爲御街，自端門出爲馳道，自西掖門出爲右御街。端門，即閶闔門。江寧志：正門曰大司馬門，今西華門大街，當是其處。對都城之宣陽門二里，今中正街府軍營内小橋，當是其處。宣陽門南對朱雀門五里，臨淮水上，朱雀橋北，今桐樹灣當是其處。

朱雀街，按宫城記：自宫門南出夾苑路至朱雀門七八里，府寺相屬。輿地志：朱雀門北對宣陽門，相去六里，名爲御道，夾開御溝，植柳環濟。吴紀曰：天紀二年，衛尉岑昬表修百府，自宫門至朱雀橋夾路作府舍。又開大道，使男女異行，夾道皆築高墻，瓦覆，或作竹藩〔八〕。世説：宣武出鎮南州，謂王東亭曰：「丞相初營建鄴，無所因承，而制置紆曲，方此爲劣。」東亭曰：「此丞相乃所以爲巧也。江左地促，不如中國，若使阡陌條暢，則一覽而盡，故紆餘委曲，若不可測。」今臺城在府城東北，而御街迤邐向南，屬之朱雀門，則其勢誠紆迴深遠，不可測矣。侯景緣淮作塘，自石頭至於朱雀街十餘里中，樓雉相屬。宋彭城劉悛，司空勔之長子，勔見害於朱雀街，悛兄弟平生不行此路。南唐御街〔九〕，自内橋直抵鎮淮橋，宋行宫亦即此街。東屬上元，西屬江寧。

烏衣巷，江寧。在秦淮南。晉南渡，王、謝諸名族居此，時謂其子弟爲烏衣諸郎。今城南長干寺北，有小巷曰烏衣，去朱雀橋不遠。丹陽記：烏衣之起，吴時烏衣營處所也。晉書紀瞻傳：立宅於烏衣巷，館宇崇麗，園池竹木，有足賞玩。宋書謝混傳：與族子靈運、瞻、曜、弘微，並以文義賞會，嘗共宴處，居此烏衣巷，故謂之烏衣之遊。混五言詩所云「昔爲烏衣遊，戚戚皆親姪」者也〔一〇〕。舊志云：〔旁注〕江寧志。今城南長干寺北，有小巷曰烏衣，去朱雀橋不遠，相傳遂以今重譯街爲古烏衣巷。按晉書：王導使郭璞筮，卦成，璞曰〔一一〕：「吉，無不利。淮水竭，王氏滅。」又考紀瞻立宅烏衣巷，即其宅爲驃騎府〔一二〕，府側浮航曰驃騎航，航渡秦淮。今重譯街雖曰臨水，乃五代時楊溥所鑿城壕，實非秦淮。據鎮淮橋即古朱雀橋，則烏衣巷當在今桐樹灣一帶，臨秦淮方是，即晉丹陽郡城故地。

坊里。長干里，江寧。在秦淮南，即今直聚寶門外大道。越范蠡築城長干。丹陽記云：長干寺道西有張子布宅，在淮水南，對瓦官寺。實録云：長干是秣陵縣界里巷名，江東謂山隴之間曰「干」。建康南五里有山崗，其間平地，民庶雜居，有大長干、東長干，並是地里名。小長干，在瓦棺寺南，巷西頭出大江。大功坊，在上元縣南，中山王徐達賜第。全節坊，在冶城〔一三〕，晉卞忠貞公墓前。英靈坊，在十廟街前。隋書何妥傳：爲湘東王誦書左右。時蘭陵蕭眘亦有儁才〔一四〕，住青楊巷，妥住白楊頭，時人爲之語曰：「世有兩儁，白楊何妥，青楊蕭眘。」

【校勘記】

〔一〕裨販　「販」，底本作「敗」，川本同，據滬本、陳本、盋本、京本及景定建康志卷一六、至正金陵新志卷四改。

〔二〕筥橋　底本作「宜橋」，川本同，據滬本、陳本、盋本、京本及景定建康志卷一六、至正金陵新志卷四改。

〔三〕有大市百餘小市十餘所大市置官司　底本作「有大市十餘所置官司」，川本、滬本、陳本、盋本、京本同，據隋書食貨志改補。

〔四〕時甚苦之　「苦」，底本作「重」，川本同，據滬本、陳本、盋本、京本及隋書食貨志改。

〔五〕笪橋市在市北市東　川本、滬本、陳本、盋本、京本同，萬曆上元縣志卷四作「笪橋市，即北市東南」。

〔六〕定淮門　底本「淮」下「門」上有「寺」字，川本作「祀」，據滬本、陳本、盋本、京本及萬曆上元縣志卷四删。

〔七〕玄武門　「玄」，底本作「立」，川本同，據滬本、陳本、盋本、京本及景定建康志卷一六、至正金陵新志卷四改。

〔八〕竹藩　「竹」，底本、川本作「紅」，據滬本、陳本、盋本、京本及景定建康志卷一六、至正金陵新志卷四改。

〔九〕南唐御街　「唐」，底本作「塘」，據川本、滬本、陳本、盋本、京本及萬曆上元縣志卷四改。

〔一〇〕宋書謝混傳至戚戚皆親姪者也　川本、滬本、盋本、京本同，陳本注云：「按宋書無『謝混傳』，晉書有『混傳』，而無此條，似誤引。」按此文見於景定建康志卷一六引宋書，但作「謝鯤」，不作「謝混」，與晉書謝鯤傳合。

〔一一〕璞曰　底本作「衣坎曰」，滬本作「坎曰」，據川本、陳本、盋本、京本及晉書王導傳改。

〔一二〕驃騎府　「府」，底本作「尉」，川本、陳本、盋本、京本同，滬本眉批：「尉，疑當作衛，或是府字。」本書下文載紀瞻宅：紀瞻，「進爲驃騎將軍，即其宅爲驃騎府」。萬曆上元縣志卷五同。此「尉」乃「府」字之誤，據改。

〔一三〕冶城　「冶城」，底本作「治城」，川本同，據滬本、陳本、盋本、京本及萬曆上元縣志卷四改。

〔一四〕蕭眘　底本作「蕭春」，川本、陳本同，據滬本、盋本、京本及隋書何妥傳改。下同。

道路。秦皇馳道，秦始皇三十六年，東遊，自江乘渡江，馳馬於此。古志：詔役赭衣三千人開馳道，故曰丹徒。相傳自江乘往鎮江大路是也。宋帝馳道。宋書：大明五年，孝武初立馳道，自閶闔門至朱雀門，爲南馳道；又自承明門至玄武湖，爲北馳道。六年，罷南、北二馳道。景和元年，復立。宮苑記：宋築馳道，爲調馬之所。小丹陽路，江寧。在江寧縣橫山鄉金陵鎮西南三十里，與太平路當塗縣接界，里俗猶呼丹陽。晉歷陽内史蘇峻叛，陶回謂庾亮曰：「峻知石頭有重戍，不敢直下，必向小丹陽南道步來，宜設伏邀之，可一戰擒也。」亮不從。峻果自小丹陽經秣陵，迷失道，夜行無復部伍。亮聞，乃悔之。黄城大路，在今上元縣清風鄉黄城村。梁侯景遣軍至江乘，拒邵陵王綸〔一〕。趙伯超謂綸曰：「若從黄城大路〔二〕，必與賊路遇，不如逕指鍾山，突據廣莫門，出賊不意，城圍必解。」湖頭路，在今玄武湖東北。南史：崔慧景奉江夏王内向，中領軍王瑩都督衆軍〔三〕，據湖頭築壘，上帶蔣山〔四〕。又王敬則舉兵，沈文季持節都督，屯湖頭，備京口路。白楊路，江寧。在城南十五里石岡之横道。陳始興王叔陵反，部下度小航，將趨新林，蕭摩訶追擒於白楊路。梁書：謝幾卿免官，居宅在白楊石井，朝中好事者載酒從之，賓客滿座。竹里路，在上元縣東北六十里，句容縣北六十里倉頭市。東有竹里橋，南邊山，北濱大江。父老云：昔時路行山間，西接東陽，繞攝山之北，由江乘羅落以至建康。宋武帝討桓玄，其路經此〔五〕。今城東余婆岡至東陽路，乃後世所開，非古路也。晉王恭舉兵，王國寶遣數百人戍竹里，帥二州之衆千七百人，軍於竹里。宋書建平王景素傳：景素欲斷據竹里，以拒臺軍。上容路，在句容縣南三十五里上容鄉。梁鑿上容瀆，東通雲陽以達吳、會，西通江寧以抵建康，故有上容路。

橋梁。天津橋，今名内橋。宋行宫前，舊名虹橋。政和中，蔡嶷始建爲石橋，號曰蔡公橋。紹興初，復改今名。天津，本西京大内前橋名，即康節邵雍聞杜鵑處，今移其名於此，不忘京城之思也〔六〕。鎮淮橋，江寧。〔眉批〕圖考：鎮淮橋東南桐樹灣處，當是航所。志云：鎮淮橋，即朱雀橋者，蓋蕭梁時移航於此，遂名。舊航之處，唐所謂長樂渡也。晉書成帝紀：咸康二年冬十月，新作朱雀浮桁。在今府城南門裏聚寶門内，疑即朱雀航所。此橋石甃鐵局，按世説叙録及輿地志、丹陽記，皆云吳時南津橋也，名曰朱雀航。大寧二年，王含軍奄至江寧南岸〔七〕，丹陽尹温嶠移屯水北，燒朱雀航〔八〕，以遏其鋒。定後，京師乏良材，無以復之，故爲浮航。至咸康三年，侍中孔坦議復橋。於是税航之行者具材，乃值苑宫初創，材轉以治城〔九〕，故浮橋相仍。至太元中，驃騎府立東航，改朱雀爲大航。晉起居注曰：白舟爲航，都水使者王遜立之。謝安於橋上起重樓，上置兩銅雀，又以朱雀觀名之。實録云：咸康二年，新立朱雀航，對朱雀門，南渡淮水〔一〇〕，亦名朱雀橋，本吳南津大航橋也。王敦作亂，温嶠燒絶之，權以浮航往來，至是始議用杜預河橋法，長九十步，廣六丈，冬夏隨水高下。浮航相仍，至陳不改。每有不虞之事，則剔之。晉書：王敦作逆，明帝以應詹都督朱雀橋南諸軍事。齊高祖討袁粲〔一一〕，黄回與粲通謀，蕭順之率家兵據朱雀橋〔一二〕，回遣覘之，遂不敢出。梁高祖伐東昏，東昏使江道林率兵出戰，退保朱雀航，憑淮自固。又遣王珍國等列陳於航南，開航背水，以絶歸路。與王茂等戰敗，一時投淮死者積尸與航等，後至者乘之以濟。北齊兵至故秣陵，陳高祖分兵禦之，遣杜稜頓航南〔一三〕。元徽中，賊黨杜黑蠡分軍向航，劉勔禦之，敗死。侯景兵至航，建康令庾信率兵屯航北〔一四〕，見景至，命撤航，始除一舶，棄軍走。南塘遊兵復閉航渡景，乘勝至闕下。

青溪七橋。景定志：按實録注云，最北樂遊苑東門橋。樂遊苑，在覆舟山南，橋宜與今散福寺相連。次南尹橋，今潮溝大巷東出度此橋。次南鷄鳴橋，即輿地志所謂今新安寺南〔一五〕，東出開善寺路，度此橋。次南募士橋，吴大帝募勇士處。次南菰首橋，一名走馬橋。橋東燕雀湖，湖連齊文惠太子博望苑，輔公祏築其地爲城。唐實録：都城清明門，對今湘宫寺巷，門東出青溪橋，正東面建春門，直東興業寺，復度青溪菰首橋。景雲中，江寧令陸彦恭於縣東開金華坊，東逼青溪，乃廢菰首橋，而於興業寺門前開大道，造金華橋。橋度青溪，通潤州驛。次南青溪中橋，在湘宫寺門前巷，東出度溪。東有桃花園，是齊太祖舊宅，亦名芳林園。今上水閘，里俗相傳青溪中橋路。齊書：始安王遥光反，曹虎領軍屯青溪中橋。陳書：晉王廣命斬張貴妃，牓於青溪中橋，即此。次南青溪大橋。石邁古迹編云：東出句容大路度此橋〔一六〕，西即陳尚書令江總宅。今上元縣東南百餘步段氏居，乃江總宅也。橋宜在此宅之東，今廢。舊稱青溪九曲，蓋自玄武湖引水，從東北縈迴達於秦淮，其曲折有九，於其間跨橋有七。今城外青溪皆已堙塞，橋廢久矣，惟城内僅存一曲。溪上長橋有四，皆馬光祖所作。今城東北有渠，北通玄武湖，南行經散福、高橋、竹橋，抵府城東北角外〔一七〕，西入城壕，里俗呼爲長河，即古青溪。本自今竹橋西南行，五代楊溥於此截溪立城，由是青溪半在城外。其在城中者久塞，但城東北隅，迤邐至上元縣治東南上水閘以西一帶，青溪遺迹，或見或隱，橋亦不詳其所在。

運瀆六橋，按實録云：孝義橋，本名甓子橋。次南楊烈橋，宋王僧虔觀鬬鴨處。次南西州橋，宜在今笪橋西。次南高畔橋，古建康西尉在此橋西。建興寺北路東出度此橋，宜在今乾道橋左右。次南禪靈橋，齊禪靈寺在運瀆西岸〔一八〕，由興嚴寺前西出大路度此橋。次南運瀆臨淮有一新橋，對禪靈渚渡，宜在今斗門橋上下。舊有過淮水橋，名新橋，亦名萬歲橋。景定志云：由古城西南行者是運瀆，古城，苑城也。吴大帝赤烏三年，使御史郗儉鑿城西南，自秦淮北抵倉城，名運瀆，即此瀆是也。今宫城西北興教寺前有溝，迤邐至清化市東〔一九〕，乃古運瀆，但自此西南，悉堙塞不復可辨，其東南爲宫城西塹，疑非古迹。然由宫牆塹至清化橋西折過欽化橋，再南則運瀆舊迹復見〔二〇〕，今乾道橋一帶河是也。六橋所在，亦可髣髴得其次第。清化橋，即閃駕橋；欽化橋，即笪橋，馬光祖皆重建易名。白下橋，今名大中橋，一名上春橋，在城東門外。其側有白下亭。宋元徽間，遣征北將軍張永屯白下。唐武德中，遷金陵縣於白下村，其地蓋在東晉白石壘之下也。或以白下之名，不宜舉子，改名上春。高橋，在今高橋門外，在城東十五里，屬上元縣長樂鄉。南史：徐嗣徽等復入丹陽，至湖熟，侯安都率馬步拒之於高橋，又戰於耕壇南。庾信賦高橋羈旅。石步橋，在城東北四十五里，即古羅落橋也。宋高祖起義丹徒，敗桓玄將吴甫之兵於江乘，進至羅落橋，斬皇甫敷。陳武帝自京口舉兵擊王僧辯，使徐度、侯安都帥水軍趨石頭，帝帥馬步自江乘羅落會之，即此地。下有羅落浦，北入大江。葛橋，在上元縣崇禮鄉方山東。南齊書：李安民破建平王景素於葛橋。右隸在城録事司及上元縣境。

板橋，江寧。在城西南四十里。吴後主聞晉師將至，甚懼，自選羽林精甲，配沈瑩、孫振等屯於板橋。晉將周浚、張喬等接戰，破吴軍，瑩等皆遇害。實録：晉簡文帝嘗與桓温及武陵王晞同載，遊於板橋，温遽令鳴鼓吹角，車驅卒奔，欲觀其所爲。晞大恐，求下車，帝安然無懼色，温由是憚服。宋書柳元景傳：於江寧步上，於板橋立栅以自固，進據陰山。張侯橋，江寧。在淮水南，對瓦官寺，近張昭宅，因名。一云昭所造。晉義熙六年，盧循焚查浦，進至張侯橋。飲虹橋，江寧。一名新橋，在古鳳臺坊。建康實録：南臨淮有新橋，本名萬歲橋。後改名飲虹〔二〕。新橋，楊吴時所名，至今俗呼爲新橋。周郎橋，上元。在丹陽鄉。吴周瑜渡秣陵，破笮融，下湖孰，嘗經此，故名。新林橋，江寧。在城西南一十八里。即今西善橋，在安德門外。

揚州記云：金陵南沿江有新林橋，即梁武帝敗齊師之處。白板橋，江寧。在城南。梁武帝次江寧，吕僧珍、王茂進軍於白板橋，築壘三。王茂移頓越城，僧珍守白板。右隸江寧縣境。

二十四航，舊在都城内外，即浮橋也。按輿地志云：六朝自石頭東至運瀆，總二十四渡，皆浮航往來，以税行人。長樂渡，江寧。在城南，即古朱雀航處，近桐樹灣。上元志：朱雀航在長樂渡處，直對宣陽門，又南爲朱雀門，非今聚寶門也。麾扇渡，江寧。在朱雀航之左。晉永興二年，陳敏據建康，顧榮密報劉準，率兵臨江。敏令甘卓屯横江。榮與周玘因卓兵斷橋，盡斂船於淮水南。敏自出軍臨大航，榮以白羽扇揮之，其軍自潰，因名。竹格渡，江寧。在宋縣治西南二里，即竹格航，當在今下水門東南。沈充、錢鳳從竹格渡，即此。輿地志：兩岸要衝並以航濟，西自石頭，東至征虜亭，凡二十四所。平陳，惟此渡獨存。桃葉渡，在秦淮口。桃葉，本王獻之妾名，詩云「桃葉渡江不用楫」，此其渡處也。四航，皆在秦淮上，曰丹陽，曰竹格，曰朱雀，曰驃騎。按實録：晉寧康元年〔三二〕，詔除丹陽、竹格等四航税。注云：王敦作逆，從竹格渡，〔旁注〕今竹格巷側。即此航也。晉書蘇峻傳：賊於其夜渡竹格渚，拔栅將戰。峻於南塘横截，大破之。朱雀航，本吴時大航。驃騎航，在東府城外渡淮，會稽王道子所立，今城東南三里，又名小航。陳沈衆入援京邑，頓於小航，對東府置陳。又謂東城橋，即東府城橋也。並丹陽郡城後航，總爲四航。今四航皆廢。鎮淮橋，疑即朱雀航舊所，詳見橋類。又有榻航，在石頭城左右。温嶠欲救匡術，別駕羅洞謂：「不如攻榻航，術圍自解。」此亦一航也。紀瞻宅，在烏衣巷，元帝嘗幸焉。瞻爲鎮東長史，既老乞歸，進爲驃騎將軍，即其宅爲驃騎府，遂名其府側浮橋曰驃騎航〔二三〕。

津渡。　南津，在城西南〔二四〕。金陵故事云：南朝置校尉，以守此津。梁書：江子一爲南津校尉。

堰埭。　銀林堰，在溧水州東南一百里。長一十二里，即魯陽五堰也。畿志：五堰在溧陽縣西八十里。縣志同。戚志作銀樹堰。按前漢地理志，於丹陽郡蕪湖縣注云：中江出西南，東至陽羨入於海〔二五〕。孔穎達書義疏，亦引漢史爲證。今蕪湖縣南有支江，俗稱爲縣河，經縣市中，東達黄池，入三湖〔二六〕。三湖，丹陽、固城、石臼也。至銀林止，所謂中江東至陽羨〔二七〕，即此也。蘇、常承此下流，常病漂没，故築銀林五堰以室之〔二八〕，自是中江不復東，而宣、歙皆由蕪湖西出〔二九〕，達於大江。故濱湖之地，皆堤爲圩田〔三〇〕，中江亦漸隘狹。故老云：當時慮後人復開此道〔三一〕，則蘇、常之間必被水患，遂以石室五堰路〔三二〕，又液鐵以錮石，故曰銀淋，今訛爲銀林〔三三〕。銀樹、桐灣亦然，而志並曰林者〔三四〕，蓋宋避諱。　分水堰，今爲下壩。在溧水州東南一百里，長一十五里。　苦李堰，在溧水州東南一百五里，長八里。　何家堰，在溧水州東南一百一十里，長九里。　余家堰，在溧水州東南一百十五里，長一十里〔三五〕。春冬載二百石舟。昔闔閭伐楚〔三六〕，因開此瀆運糧，東通太湖，西入大江。唐景福三年〔三七〕，楊行密據宣州，孫儒圍之，五月不解，密將臺濛作魯陽五堰〔三八〕，拖輕舸饋糧，故軍得不困，卒破孫儒〔三九〕。魯陽者，即於家等五堰是也。

方山埭。建康實録：吳赤烏八年，校尉陳勳發屯田兵〔四〇〕，於方山南截淮立埭，號方山埭〔四一〕。又按南史：湖熟縣方山埭高峻，冬月，公私行侶以爲艱，齊明帝使沈瑀修之。瑀乃開四洪，斷行客，就作，三日，便辦。其埭至今，去城四十五里。

柏岡埭，赤山湖埭也。宋元凶劭之亂，決破柏岡、方山埭，以絶東軍〔四二〕。

破岡埭，按建康實録：已見前破岡瀆。吳大帝赤烏八年，使校尉陳勳作屯田，發屯兵三萬鑿句容中道，至雲陽西城，以通吳、會船艦。六朝漕輸由京口泛江以達金陵，則有風濤之險，故開雲陽之瀆，以達句容。陳止齋集：六朝運道，不由京口，自破岡瀆入秦淮，自淮入江。而破岡之東，下荆溪道，合蘇、湖二州間所謂下塘者，號破岡瀆。上下一十四埭，上七埭入延陵界，下七埭入江寧界，於是東郡船艦不復行京江矣。晉、宋、齊因之。梁以太子名綱，乃廢破岡瀆，而開上容瀆，在句容縣東南五里。頂上分流：一源東南流三十里十六埭，入延陵界；一源西南流二十六里五埭，注句容界上容瀆〔四三〕，西流入江寧秦淮。陳霸先又堙上容瀆，而更修破岡瀆。隋既平陳，詔並廢之。以此知六朝都建康，吳、會漕輸，皆自雲陽西城水道經至都下，故梁朝四時遣公卿行陵，乘舴艋自方山至雲陽。謝靈運爲永嘉太守，鄰里相送於方山〔四四〕。徐陵上容碑有云：濤如白馬，既礙廣陵之江；山曰金牛，用險梅朝之路〔四五〕。莫不欣兹利涉，玩此修築。雲陽，今丹陽縣也。

【校勘記】

〔一〕邵陵王綸　底本、川本脱「邵」字，據滬本、陳本、盋本、京本及梁書邵陵王綸傳補。

〔二〕黄城大路　「黄城」，底本、川本作「王城」，據滬本、陳本、盋本、京本及梁書邵陵王綸傳、通鑑卷一六一改。

〔三〕都督衆軍　底本脱「督」字，川本同，據滬本、陳本、盋本、京本及南齊書崔慧景傳、通鑑卷一四三補。

〔四〕上帶蔣山　「上」，底本作「口」，川本同，據滬本、陳本、盋本、京本及南齊書崔慧景傳、通鑑卷一四三改。

〔五〕其路經此　「經此」，底本、川本作「徑北」，據滬本、陳本、盋本、京本及景定建康志卷一六、至正金陵新志卷四改。

〔六〕不忘京城之思　「京城」，川本、盋本、京本同，滬本、陳本作「京師」，與景定建康志卷一六、至正金陵新志卷四同。

〔七〕王含　「含」，底本作「舍」，川本同，據滬本、陳本、盋本、京本及晉書明帝紀、晉書温嶠傳改。

〔八〕燒朱雀航　「燒」，底本作「繞」，川本同，據滬本、陳本、盋本、京本及晉書温嶠傳、建康實録卷六改。

〔九〕材轉以治城　「治」，底本作「作」，川本同，據滬本、陳本、盋本、京本及景定建康志卷一六、至正金陵新志卷四改。

〔一〇〕南渡淮水　底本「南」下「渡」上有「對」字，據川本、滬本、陳本、盋本、京本及建康實録卷七删。

〔一一〕袁粲　「袁」，底本作「表」，川本同，據滬本、陳本、盋本、京本及南齊書高帝紀、通鑑卷一三四改。

〔一二〕蕭順之率家兵　「率家兵」，底本、川本作「帝率兵」，滬本、陳本、盋本、京本作「率衆兵」，據南史梁武帝紀上改。

〔一三〕杜稜　「稜」，底本作「陵」，據川本、滬本、陳本、盋本、京本及陳書高祖紀、通鑑卷一六六改。

〔一四〕庚信率兵屯航北　「北」，底本作「南」，據川本、滬本、陳本、盋本、京本及梁書侯景傳、通鑑卷一六一改。

〔一五〕即輿地志所謂今新安寺南　「今」，底本缺，川本、滬本、陳本、盋本、京本同，據景定建康志卷一六、至正金陵新志卷四補。

〔一六〕東出句容大路　「東出」，底本作「出東」，據川本、滬本、陳本、盋本、京本及建康實録卷二乙正。

〔一七〕抵府城東北角外　「抵」，底本作「底」，據川本、滬本、陳本、盋本、京本及景定建康志卷一六、至正金陵新志卷四改。

〔一八〕禪靈橋齊禪靈寺　底本二「靈」並作「雲」，川本同，據滬本、陳本、盋本、京本及景定建康志卷一六、至正金陵新志卷四改。下同。

〔一九〕清化市東　「東」，底本作「界」，川本同，據滬本、陳本、盋本、京本及景定建康志卷一六、至正金陵新志卷四改。

〔二〇〕再南則運瀆舊迹　「再」，底本、川本作「在」，據滬本、陳本、盋本、京本及景定建康志卷一六、至正金陵新志卷四改。

〔二一〕改名飲虹　底本脱「虹」字，據川本、滬本、陳本、盋本、京本及景定建康志卷一六、洪武京城圖志補。

〔二二〕寧康元年　「寧」，底本作「宣」，川本、陳本同，滬本、盋本、京本並缺，據晉書孝武帝紀改。

〔二三〕遂名其府側浮橋曰驃騎航　底本缺「名」字，據川本、滬本、陳本、盋本、京本及萬曆上元縣志卷五補。

〔二四〕在城西南　「西」，底本缺，川本、滬本、陳本、盋本、京本同。景定建康志卷一六：「南津，在城西南。」至正金陵新志卷四：「南津，在城外南。」按此與建康志載同，但缺「西」字，據補。

〔二五〕於丹陽郡蕪湖縣注云中江出西南東至陽羡入於海　底本作「於丹陽郡蕪羨縣入於海」，川本、滬本、陳本、盋本、京本同，滬本眉批：「地理志丹陽郡蕪湖注：『中江出西南，東至陽羡入海。揚州川。』此云蕪羡，恐非義，亦未足。」按景定建康志卷一六：「按前漢地理志丹陽郡蕪湖注云：『中江出西南，東至陽羡入海。』」至正金陵新志卷四、利病書江寧廬安載同。此「蕪羡」乃「蕪湖」之誤，「縣」下脱「中江出西南，東至陽羡」九字，並據改補。

〔二六〕東達黄池入三湖　「達黄池，入三湖」六字，底本缺，川本、滬本、陳本、盋本、京本同，據景定建康志卷一六、至正金陵新志卷四補。

〔二七〕至銀林止所謂中江東至陽羡　「止所謂中江」五字，底本缺，川本、滬本、陳本、盋本、京本同，據景定建康志卷一六、至正金陵新志卷四補。

〔二八〕常病漂没故築銀林五堰　底本「築」上缺「常病漂没故」五字，川本同，據滬本、陳本、盋本、京本及紀勝卷一七引建康續志、景定建康志卷一六補。

〔二九〕中江不復東而宣歙皆由蕪湖西出　底本、川本缺「復東而宣歙」五字，據滬本、陳本、盋本、京本及景定建康志卷一六、至正金陵新志卷四補。

〔三〇〕故濱湖之地皆堤爲圩田　「之地皆堤爲」五字，底本缺，川本、滬本、陳本、盋本、京本同，據景定建康志卷一六、至正金陵新志卷四補。

〔三一〕當時慮後人復開此道　「慮後人復開」五字，底本缺，川本、滬本、陳本、盋本、京本同，據景定建康志卷一六、至正金陵新志卷四補。

〔三二〕遂以石室五堰路　底本、川本缺「石室五堰路」五字，據滬本、陳本、盋本、京本及景定建康志卷一六、至正金陵新志卷四補。

〔三三〕訛爲銀林　底本缺「銀林」二字，川本同，據滬本、陳本、盋本、京本及景定建康志卷一六、至正金陵新志卷四補。

〔三四〕志並曰林者　「並曰」，底本作「普」，川本同，據滬本、陳本、盋本、京本及至正金陵新志卷四改。

〔三五〕長一十里　底本缺「長一十」三字，川本同，據滬本、陳本、盋本、京本及景定建康志卷一六、至正金陵新志卷四補。

〔三六〕闔閭伐楚　底本空缺，川本同，據滬本、陳本、盋本、京本及景定建康志卷一六補。

〔三七〕景福三年　底本缺，川本同，據滬本、陳本、盋本、京本及利病書江寧廬安補。按紀要卷二〇作「景福二年」，清統志卷七五又作「景福元年」。

〔三八〕密將臺濠　底本、川本缺「密將」二字，據滬本、陳本、盋本、京本及景定建康志卷一六、至正金陵新志卷四補。

〔三九〕故軍得不困卒破孫儒　底本、川本缺「得不困卒破」五字，據滬本、陳本、盋本、京本及至正金陵新志卷四、利病書江寧廬安補。

〔四〇〕校尉陳勳發屯田兵　底本、川本缺「校尉陳勳發」五字，據滬本、陳本、盋本、京本及三國志吳書吳主傳補。

〔四一〕截淮立埭號方山埭　底本、川本缺「淮立埭號方山埭」七字，據滬本、陳本、盋本、京本及建康實録卷二補。

〔四二〕劭之亂決破柏岡方山埭以絶東軍　底本、川本缺「之亂決破柏岡方山」八字，又「東」下缺「軍」字，並據滬本、陳本、盋本、京本及通鑑卷一二七補。

〔四三〕上容瀆　底本缺，川本、滬本、陳本、盋本、京本同，據建康實録卷二、至正金陵新志卷四補。

〔四四〕方山　底本缺，川本、滬本、陳本、盔本、京本同，據景定建康志卷一六、至正金陵新志卷四補。

〔四五〕用險梅朝之路　「梅朝」，川本、陳本同，滬本、盔本、京本作「南朝」。按景定建康志卷一六引徐陵上容路碑作「梅湖」，則此「朝」蓋爲「湖」字之誤，諸本作「南朝」，亦誤。

城闕官署。古固城，春秋時吳所築也，在溧水州界。乾道志：在縣西南九十里。按勝公廟記：固城，吳時瀨渚縣也。楚靈王與吳戰，吳軍不利，遂陷此城。吳乃移瀨渚於溧陽南十里，改爲陵平縣。平王立，使蘇遒爲將，敗吳軍，以吳陵平縣改平陵縣。及伍員奔吳，闔閭用爲將，舉軍破楚固城，焚其宮室，其城遂廢。又按笠澤叢書：溧陽昔爲平陵縣，縣南十餘里有故平陵城。而圖經乃載平陵於溧陽，載固城於溧水，蓋未詳也。溧陽志：平陵城在縣西三十五里平陵山下，周二里。城有四門，門外有濠。戚氏云：以地考之，平陵有二，其一晉平陵，即永世城；其一則在唐溧陽南十里，吳所置也，與固城東西相去已遠。圖經之説爲是，故嘉定溧陽志歷載永世、唐縣、平陵三城，而景定郡志、咸淳溧水志猶云固城亦名平陵，則失於不考嘉定志耳。但勝公廟記、嘉定志以爲未見全文，今亦不知何時何文。以蔣日用城隍之記言之，唐立溧陽，至開元近百餘歲，記若指此爲溧陽，則唐人文也。宋紹興中，溧水尉喻居中〔一〕，於固城湖得東漢溧陽長潘乾校官碑，蓋其地乃漢之溧陽也。今按前漢地理志，則固城在秦、漢時爲溧陽地，至唐初析溧陽、溧水爲二縣，而溧陽徙於永陽江北，固城之地遂屬溧水，今又析屬高淳云。高淳志：在縣南二十五里，即漢溧陽址。至唐初析溧陽、溧水二縣〔二〕，而溧陽徙於永陽江北，固城地遂屬溧水，今屬高淳。又前漢地理志應劭注云：溧陽，溧水所出南湖也。今固城湖又稱小南湖，是溧水即溧陽，固城其遺址也。

古越城，江寧。案宫苑記：周元王四年，越相范蠡所築。越臺，在聚寶門外西南角。按圖經云：城周迴二里八十步，在秣陵縣長干里。遺址類臺，恐即范蠡所築城臺也。在今瓦棺寺東南，望國門橋西北。郡國志云：在縣南六里，東甌越王所立，吴王濞敗保此城，復走丹徒。晉王含以水陸五萬逼淮，温嶠燒朱雀航以挫其鋒，遂潛師渡水，大破含軍於越城南。盧循犯建康，劉裕恐其侵軼，用虞丘進計〔三〕，伐木柵石頭城，修治越城。齊崔慧景反，蕭懿入援，自采石濟岸，頓越城。梁武帝師次新林〔四〕，遣王茂據越城。城東南角近故城望國門橋西北，即吴牙門將軍陸機宅。故機入晉，作懷舊賦，望東城之紆徐〔五〕。即此。實録注云：越城江上鎮，今淮水南一里半，廢越城是也。今江寧縣廨後遺址尚存，與天禧寺相對，俗呼爲越臺，今聚寶門外報恩寺南小巷内，是其地。

楚金陵邑城，〔旁注〕上元。周顯王四十八年〔六〕，楚滅越，乃因山立號，置金陵邑，今名石頭城是也。秦始皇二十六年，改爲秣陵縣。乾道志：金陵邑城，在清涼寺西，去臺城九里。南開二門〔七〕，東一門。史記：楚威王大敗越，殺王無彊，盡取吴故地。圖考：今石城門北，岡壟削絶，皆城故區。府志：孫吳即其地築城，曰石頭城，即今石城門近清涼門處。隋置蔣州城，唐韓滉五城，皆相去不遠。

古賴國城，在今溧水州界。按實録：吳廢帝亮崩於侯官道上。晉太康中，故少府卿戴顯上表，迎尸歸葬賴鄉。春秋傳昭公四年：楚伐吳。秋七月，圍朱方。八月，遂滅賴。楚子欲遷許於賴，使鬬韋龜與公子棄疾城之而還。冬，東國水，不可以城，彭生罷賴之師。朱方，即今鎮江也。陳國苦縣雖有賴鄉，與朱方相去絶遠，亦非東國有水之地，其賴城豈非即晉時賴鄉，今之溧水乎！溧水志、公羊穀梁二傳，並以賴作厲。厲音去溧尤近，故勝公廟記謂楚靈王與吳戰，吳軍不利，遂陷瀨渚。伍子胥投金處，正名瀨水。戰國策：范環對楚懷王亦言楚乘越亂，南察瀨湖，而野江東。合前後觀之，賴之爲溧水甚明。吳音訛瀨爲溧，自漢以來，遂名溧水，而古迹間有存者。世説：袁彥伯爲謝安南司馬，都下諸人送至賴鄉，將别，嘆曰：「江山遼落，居然有萬里之勢。」其苦縣賴鄉，或楚滅賴之後，徙其人於彼，未可知耳。景定以前，圖經失不詳考，戚氏志始略言之，今存此城，以俟博古者稽焉。

丹陽郡城，江寧。按宫苑記：在長樂橋東一里，南臨大路。城周一頃，開東、南、北三門。今武定橋東南有長樂橋，蓋自聚寶門城東角之内外皆是。漢元封二年，置丹陽郡，治宛陵。至晉太康中，始築城於此，宋、齊、梁、陳因之。漢志：丹陽郡，先治宛陵。建安十三年，孫權分爲新都郡；二十六年，權始置丹陽郡，自宛陵治建業。永安中，分置故鄣郡〔八〕。丹陽所領，惟溧水以北六縣。晉太康元年，改建業復爲秣陵，置江寧縣。唐初廢爲州，天寶元年，復置。至德二載，析置江寧郡。元和郡國志：丹陽郡故城，在今江寧縣東南，今桐林灣軍寨處。

古都城。〔旁注〕上元。宫苑記：吴大帝所築，周迴二十里一十九步。在覆舟山南，在淮水北五里。黄龍元年，自武昌徙都。晉元帝初過江，不改其舊，宋、齊、梁、陳皆都之。上元志：正門曰宣陽，又南五里至淮水爲大航，所謂古籬門也〔九〕。宋書：自晉以來，建康宫之外城，惟設竹籬，西有六門〔一〇〕。至齊高帝建元元年，有發白虎樽言：「白門三重關，竹籬穿不定。」上有感其言，改之都牆。本紀：建元二年，立六門都牆是也。其後增立爲十二門云。考證：按宫室記，吴大帝遷都建業，有曰太初宫者，即長沙王故府〔一一〕，徙武昌宫室材瓦所繕也〔一二〕；有曰臺城，蓋宫省之所寓也；有曰東府，蓋卿相之所居也；有曰西州，蓋諸王之所宅也；有曰倉城，蓋儲蓄之所在也。皆不出都城之内。輿地志曰：晉琅邪王渡江，鎮建業，因吴舊都修而葺之。宋、齊而下，宫室有因有革，而都城不改。東南利便書曰：孫權雖居石頭以扼江險，然其都城則在建業。歷代所謂都城也，東晉及齊、梁因之，雖時有改築，而其經畫皆吴之舊。隋既平陳，此城皆毁，今之都城非舊也。

臺城，〔旁注〕上元。一曰苑城，本吴後苑城。晉成帝咸和中，新宫成〔一三〕，名建康宫，即世所謂臺城也。圖考：今西十八衛以南，玄津橋大街以北皆是。在上元縣東北五里，周八里，濠闊五丈，深七尺。今胭脂井南至高陽樓基二里，即古臺城之地，盡爲軍營及居民蔬圃。實録注：苑城即建康宫城，吴之後苑地，一名建平園〔一四〕。又云：臺城南正中大司馬門，南對宣陽門，相去二里。宣陽即苑城門，則臺城在苑城内明矣。宫苑記云：古臺城，即建康宫城，本吴後苑城。晉咸和中，修繕爲宫。晉書成帝紀：咸和四年，時兵火之後，宫闕灰燼，以建平園爲宫。輿地志云：都城南正中宣陽門對苑城〔一五〕，其南直朱雀門，正北面宫城，無別門。乃知苑城即宫城，在都城内近北明矣。臺城南面開四門，北面二門，東西面各一門。宫城内有二重宫牆〔一六〕，周迴五百七十八丈。南面開二門，北面二門，東西面各一門。第三重宫牆南面一門〔一七〕，東西面各一門。又云：同泰寺與臺城隔路。今法寶寺及圓寂寺，即古同泰寺基，故法寶亦名臺城院。以此考之，法寶、圓寂寺之南，蓋古臺城也。晉書：成帝時，蘇峻作亂，焚燒宫室，温嶠以下咸議遷都，惟王導固爭不許。咸和五年，作新宫，始繕苑城。六年，遷於新宫，即此城也。唐史：張雄使別將趙暉據上元，暉負其才，欲治臺城爲府。是此城唐末尚存，至楊吴時改築，而城遂廢矣。

東府城，〔旁注〕上元。今通濟跨城處。晉安帝義熙十年冬，徙揚州治於此，名東府城，城東府〔一八〕。在青溪橋東，南臨淮水，周三里九十步，去臺四里。簡文爲王時舊第，後爲會稽王道子宅。道子録尚書事，以爲治所，時人呼爲東府。其子元顯亦録尚書事，時謂道子爲東録，元顯爲西録。西府車騎輻湊，東第門下可設雀羅。東第即後東府城也。會稽王傳：嬖人趙牙爲道子開東第，築山穿池，列植竹木，工用鉅萬。帝嘗幸其宅，謂道子曰：「府内有山，因得遊矚，甚善。然修飾太過，非示天下以儉。」道子無以對。帝出，道子謂牙曰：「上若知山是版築所作，爾必死矣。」牙曰：「公在，牙何敢死！」其城東北角有土山，曰靈秀，即牙所築也。武帝紀：義熙十年，築東府，起府舍。宋武帝領揚州日，築東府城，以居彭城王義康。文帝元嘉中，義康更開拓北墉，浚西塹〔一九〕，自後常爲宰相府第。景和中，嘗改爲未央宫。明帝時，建安王休仁鎮東府，訛言東城出天子，帝懼，殺休仁，而常閉東府不居。桂楊王休範反，車騎典籤茅恬開東府納賊。齊高帝封齊王，以東府爲齊宫。梁太清三年，侯景舉兵，毁板女牆〔二〇〕，以磚甓爲之。紹泰末，盡罹焚毁。陳天嘉中，徙治府東三里齊安寺，西臨淮水。陳亡廢。

西州城，即古揚州城。漢揚州治曲阿，晉永嘉中，遷於建康，王敦始爲建康創立州城，即此城也。按建康實録：城所置，西則冶城〔二一〕，東則運瀆。今朝天宫、天慶觀之東西州橋是。一説石冰之亂，焚燒府舍，陳敏營孫氏故宫居之。元帝初渡江，即陳敏府創城。考證：晉孝武太元末，會稽王道子領揚州，居東府〔二二〕，故號此城爲西州。大明中，以東府爲諸王邸〔二三〕，西州爲丹陽尹治所。謝安爲時人所愛重，及鎮新城，盡室而行，造泛海之裝，欲須經略粗定，自海道東還。雅志未就，遂遇疾篤。上疏請量宜旋旆，詔遣還都。聞當入西州門，自以本志不遂，深自慨失。及薨後，安所知羊曇者，輟樂彌年。羊行不由西州路。嘗因石頭大醉，扶歸路唱樂，不覺至州門〔二四〕。左右曰：「此西州門。」曇悲感不已，以馬策叩扉，咏曹子建詩曰：「生存華屋處〔二五〕，零落歸山丘。」因慟哭而去。宋時徐羨之住西州，高祖嘗思之，即步出西掖門往見焉。寰宇記云：西州，學者多未曉。江寧府有東府城，城中有揚州廨，而揚州在府西，故時人號爲東府、西州。東府城之西門，謂之西州門。世說：王丞相治揚州廨，按行而言曰：「我爲何次道治此爾！」何少爲王公所知，是以發此嘆。今西州也。丹陽記曰：揚州廨，王氏所居，諸葛恪則治建業。晉自周浚至王，仍吳舊，王復領州牧〔二六〕。及桓溫、玄，悉治王府。王茂洪以及玄謙，則在建康。永嘉七年，顧榮誅陳敏，揚州刺史劉機治建康。王氏代機，元帝渡江，居城府，王便立州廨於此。宋殷景仁既拜揚州，羸疾遂篤，上敕西州道上不得有車聲。孝武時，熒惑守南斗，上乃廢西州舊館，使西陽王子尚移居東府城以厭之。揚州別駕沈懷明曰：「天道示變，宜應之以德〔二七〕，今雖廢西州，恐無補也。」上不從，西州竟廢。

冶城，〔旁注〕上元。本吳冶鑄之地。世說叙録云：丹陽冶城，去宮三里。晉元帝大興初，以王導疾久，方士戴洋云：君本命在申，而申地有冶，金火相爍不和。遂移冶城於石頭城東，以其地爲西園。晉成帝幸司徒府，遊觀西園。徐廣謂之冶城園，是也。孝武帝太元十五年，於城中立寺，以冶城爲名。安帝元興三年，以寺爲苑，廣起樓榭，飛閣複道，延屬宮城。金陵故事：王導疾，遷冶於縣東七里。六朝有東西冶，每遇警急，出二冶囚徒。又有東冶亭，晉太元七年，置於縣東八里，爲士大夫餞別之所。疑導疾時，以古冶遷東、西爲二。故王荆公詩云：「欲望鍾山岑，因知冶城路。」此謂東冶城也。杜姥宅，在冶城側。晉成帝后杜氏母裴，乃杜弘治之妻，封廣德縣君〔二八〕，居此。金陵故事：又有南冶六所，少府一，司徒二，揚州二，鎮軍一。晉史：庾公權重，足傾王公。庾公在石頭，王公在冶城坐。大風揚塵，王公以扇揮塵〔二九〕，曰：「元規塵污人。」梁紹泰元年，陳霸先使合州刺史徐度，立柵於冶城。齊徐嗣徽等攻冶城柵，霸先將精甲，自西明門出擊之，嗣徽大敗。楊吴於冶城建紫極宫，宋改天慶觀。國朝洪武中，賜名朝天宫。今爲大元興永壽宫。晉有西州城，與東府城相望，臺城居中，冶城在西州城内西南。今東府城蕩無遺迹，而冶城在今永壽宫所，宫之東北抵舊江寧縣治，西州城遺迹，尚可考也。

琅邪城，上元。在古江乘縣界。晉元帝以琅邪王過江，國人隨而居之，因城焉。在縣東北六十三里，今句容縣琅邪鄉，即其地也。考證：齊武帝永明元年，移琅邪於白下，大起樓觀，講武於此。南徐州記：江乘南岸蒲州津，有琅邪城。則琅邪城與白下相邇。今句容縣有琅邪鄉，蓋與江乘縣界相接，是蒲州津與白下皆有琅邪城也。一在上元縣金陵鄉西北，去縣十四里，乃白下之城。或者直以蒲州津城爲白下，非也。王隱晉書：江乘南岸有琅邪城，立琅邪内史以治之。齊永明六年，於琅邪城講武，習水步，觀者傾都。南史齊王融傳云：世祖欲北伐，使毛惠秀畫漢武伐匈奴圖，置琅邪城射堂上，每遊幸，必觀視焉。

金城，上元。在城東二十五里，吳築。今上元縣金陵鄉，地名金城戍，即其地。考證：吳後主寶鼎二年，以靈輿法駕迎神於明陵，使丞相陸凱奉三牲祭於近郊，後主於金城門外露宿。明陵，乃後主父故太子和陵也。蔡宗旦金陵賦曰：「遊金城以愴然，問種柳之何在；笑吳王之信巫，乃露宿於門外。」晉大興中，王敦反，帝使劉隗軍金城。初，中宗於金城置琅邪郡。咸康中，桓温爲琅邪内史，出鎮金城。後温北伐經此，見爲琅邪時所種柳皆十圍，因嘆曰：「木猶如此，人何以堪！」因攀枝執條，泫然流涕。前志謂上元縣金陵鄉地名金城戍，即其地。戚氏辨以爲金城，即前句容之琅邪城，俟考。晉書康帝紀：八月丁巳，以衛將軍褚裒鎮金城〔三〇〕。孝武帝紀：太元八年十一月庚申，詔衛將軍謝安勞旋師於金城。

五城，有二。江寧。其一在府城東南二十五里。宋書：劉延孫疾病，不任拜起，上使於五城受封版，乘船自青溪至平昌門，仍入尚書下舍。晉王含、錢鳳戰敗，乃率餘黨自栅塘西置五城造營。唐景雲中，縣令陸彦恭於城側造橋，渡淮水，今五城渡是。在丹陽郡城東南，近倪塘。其一在石頭城，唐德宗狩梁州，韓滉觀察江東西，乃築石頭五城，自京口至土山，修塢壁，起建業，抵京峴，樓雉相望。詳見石頭山下。

蔣州城，在玄風觀南。杜佑通典：隋平陳，於石頭置蔣州，即金陵府城。唐趙郡王孝恭平輔公祏〔三一〕，於其城西置揚州大都督府，上元縣城因以爲治。後州徙廣陵，城廢。上元志：玄風觀，在宣陽門西。

白下城。上元。輿地志云：本江乘之白石壘。齊武帝以其地帶江負山，移琅邪居之。晉陶侃討蘇峻，築白石壘，使庾亮以二千人守之。峻率步騎萬餘，四面攻之〔三二〕，不克。晉書成帝紀：陶侃使督護楊謙攻蘇峻於石頭城，温嶠、庾亮陳於白石。海西公紀：桓温自廣陵屯於白石。安帝紀：桓玄大敗王師於白石。陶侃傳：諸將請於查浦築壘。監軍部將李根建議〔三三〕，請立白石壘。侃不從，曰：「若壘不成，卿當坐之。」根曰：「查浦地下，又在水南，惟白石峻極險固〔三四〕，可容數千人，賊來攻不便，滅賊之術也。」侃從之，夜修曉訖。唐武德元年，罷金陵縣，築城於此，因其舊名曰白下。貞觀七年，復舊治，此城遂廢。考證：唐地理志云，武德三年，更江寧曰歸化。八年，更歸化曰金陵。九年，改金陵曰白下，隸潤州。貞觀九年，復更白下曰江寧。前說興廢本末，與此不同，宜以唐史爲正。又按南史：齊武帝欲修白下城，難於動役，劉係宗啓謫役在東者，上從之。後武帝講武白下，履行其城，曰：「係宗爲國家得此一城。」圖經云：在城西北十八里。今靖安鎮北有白下城故基，父老傳云即此地，屬金陵鄉，去府城十八里。

白馬城，在古江寧縣北三十里。金陵故事：孫吳時沿江烽火臺，臺一在石城東，一在白馬城。古江寧縣城，在今縣治西南七十里，南臨江寧浦。東宮城〔三五〕，按宮苑記：在臺城東門外。宋元嘉十五年，修永安宮爲東宮城，四周土牆，塹兩重，南、東、西開三門。竹里城，在句容縣北六十里，東陽鎮東二十五里。考證：齊永元二年，崔慧景叛向建康，遣驍騎將軍張佛護、直閤將軍徐元稱等六將，據竹里城爲數城以拒之。今廢。溧陽舊縣城，在縣西北四十五里，地名舊縣村。戚氏云：城已毀，惟巡檢寨後小坡上有城隍廟，前有唐開元十七年碑〔三六〕，國子進士蔣日用文云：「縣宅兹土，近百餘載。」蓋自唐初武德三年置縣，及是逾百年。唐末天復三年，移治今縣。後三年唐亡。則此城爲溧陽治，與唐終始，首尾幾三百年也。今有古平陵城，在此城南十餘里，若據勝公廟記謂移瀨渚於溧陽南十里，改爲平陵，疑此縣即吳溧陽。乾道志亦云：疑此即溧陽縣〔三七〕。然廟記所謂溧陽，似指唐溧陽以曉人，未可據以爲吳有此縣也。平陵城。乾道溧陽志：在縣西北三十五里。周二里，高一丈，四門，壕闊六七尺，居民今五六家。勝公廟記：見前固城下。縣志：史記，伍子胥橐載而出昭關，夜行晝伏，至於陵水。膝行蒲伏，稽首肉袒，鼓腹吹篪，乞食於吳市。戰國策亦述此事，陵水二字作菱夫。然則瀨渚、陵平、平陵、陵水、菱夫，皆指此地。陵水、菱夫，傳誤耳。陸龜蒙笠澤叢書：李賀記爲兒時，在溧陽聞白頭書佐言，孟東野貞元中爲溧陽尉。溧陽昔爲平陵縣，縣南五里有投金瀨，瀨南八里有故平陵城，周千餘步，基北才高三四尺，而草木甚盛，率多大櫟，叢篠蒙翳〔三八〕，如塢如洞。其地窪下，積水沮洳，深處可活魚鼈，幽邃可喜，東野得之忘歸。按此城南五里有平陵山〔三九〕。

新亭壘，江寧。宋孝武討元凶，柳元景至新亭，依山築壘，東西據險，察賊衰竭，乃開壘鼓譟以奔之，賊衆大潰。亭在今城西南十二里，壘不存。侯景故壘，江寧。今桐樹灣處，即古大航，城在其南。梁紹泰元年，北齊兵至建康。陳霸先問計於韋載，載曰：「齊人若分兵據三吳之路〔四〇〕，略地東境，則大事去矣。今可於淮南因侯景故壘築城，以通轉輸。」乃遣載於大航築侯景故壘，使杜稜守之〔四一〕。藥園壘，晉義熙中，盧循反，劉裕築此壘以拒之，在北郊之西。輿地志〔四二〕：在上元縣東北八里，晉時爲藥圃。晉書安帝紀：盧循反，淮口築查浦〔四三〕、藥園、廷尉三壘以拒之，即此處也。

建康府城，周二十五里四十四步，楊吳順義中所築也。六朝舊城在北，去秦淮五里，故淮上皆列浮航，緩急則撤航爲備。孫吳沿淮立柵，前史所謂柵塘是也。至吳王楊溥時，徐温改築，稍遷近南，夾淮帶江，以盡地利。城西隅據石頭岡阜之脊，其南接長干山勢；又有伏龜樓，在城上東南隅。宋開寶以來，城皆因舊，凡八門：由尊賢坊東出曰東門〔四四〕，由鎮淮橋南出曰南門，由武衛橋西出曰西門，由清化市而北曰北門。由武定橋泝秦淮而東曰上水門〔四五〕；由飲虹橋沿秦淮而西，出折柳亭之前曰下水門；由斗門橋西出曰龍光門；由崇道橋西出曰柵寨門。乾道志云：柵寨門在城西門近南，鑿城立柵，通運瀆，後置閘以泄城内水入於江。

【校勘記】

〔一〕喻居中　「中」，底本作「民」，據川本、滬本、陳本、盋本、京本及至正金陵新志卷一二改。

〔二〕溧水　底本脱「溧」字，川本同，據滬本、陳本、盋本、京本、本書上文及舊唐書地理志補。

〔三〕用虞丘進計　「計」，底本、川本作「討」，據滬本、陳本、盋本、京本及宋書虞丘進傳改。

〔四〕梁武帝師次新林　底本無「師」字，景定建康志卷二〇、至正金陵新志卷一二：「梁武義師次新林。」川本、滬本、陳本、盋本、京本並有「師」字，是，此脱，據補。

〔五〕懷舊賦望東城之紆徐　「懷」，底本作「陳」，川本、滬本、陳本同，據盋本、京本及景定建康志卷二〇、至正金陵新志卷一二改。又「徐」，川本、滬本、陳本、盋本、京本同，上引建康志、金陵新志並作「餘」。

〔六〕周顯王四十八年　川本、滬本、陳本、盋本、京本同，盋本、京本旁注：「江寧縣志作三十六年。」按景定建康志卷二〇、至正金陵新志卷一二、圖書集成職方典卷六六四均作「三十六年」。

〔七〕南開二門　「二」，底本作「一」，據川本、滬本、陳本、盋本、京本及客座贅語卷五改。

〔八〕故鄣郡　底本、川本作「故新郡」，據滬本、陳本、盋本、京本及景定建康志卷二〇、至正金陵新志卷一二改。

〔九〕古籬門　「籬」，底本、川本作「蘇」，據滬本、陳本、盋本、京本及萬曆上元縣志卷六改。

〔一〇〕西有六門　「西」，川本、滬本、陳本、盋本、京本同，通鑑卷一三五齊高帝建元二年作「而」，此「西」疑爲「而」字之誤。

〔一一〕長沙王故府　「沙」，底本作「河」，川本同，據滬本、陳本、盋本、京本及建康實録卷二改。下同。

〔一二〕徙武昌宫室材瓦所繕也　「所繕」二字，底本、川本空缺，滬本、陳本、盋本、京本作「爲之」，據景定建康志卷二補。

〔一三〕新宫成　「成」，底本作「城」，川本同，據滬本、陳本、盋本、京本及建康實録卷七改。

〔一四〕建平園　「園」，底本作「國」，川本同，據滬本、陳本、盋本、京本、本書下文及建康實録卷七改。

〔一五〕都城南正中　「城」，底本作「地」，據川本、滬本、陳本、盋本、京本及景定建康志卷二〇改。

〔一六〕宫城内有二重宫牆　「二重」，底本作「所立」，川本、滬本、陳本、盋本、京本同，據建康實録卷七、景定建康志卷二〇改。

〔一七〕南面一門　底本缺「一」字，據川本、滬本、陳本、盋本、京本及景定建康志卷二〇補。

〔一八〕徙揚州治於此名東府城城東府　川本同，滬本、陳本、盋本、京本俱作「城東府，徙揚州治於此，名東府城」。建康實録卷一〇：「義熙十年冬，城東府。」注文云：「謝安薨，道子領揚州刺史，於此理事，時人呼爲東府。至是，築城以東府爲名。」則滬諸本較優。

〔一九〕浚西塹　川本及景定建康志卷二〇、至正金陵新志卷一二同，滬本、陳本、盋本、京本作「浚東西塹」，紀要卷二〇作「作東西塹」。

〔二〇〕毁板女牆　「板」，底本、川本作「枚」，據滬本、陳本、盋本、京本及至正金陵新志卷一二、圖書集成職方典卷六六四改。又，底本「板」下缺一字，景定建康志卷二〇作「毁板女牆」，則此缺「女」字，據補。

〔二一〕西則冶城　「冶」，底本、川本作「治」，據滬本、陳本、盋本、京本及建康實録卷一改。

〔二二〕居東府　底本缺「東府」二字，據川本、滬本、陳本、盋本、京本及景定建康志卷二〇補。

〔二三〕以東府爲諸王邸　底本缺「爲諸」二字，川本同，據滬本、陳本、盋本、京本及景定建康志卷二〇補。

〔二四〕不覺至州門　底本脱「州」字，川本同，據滬本、陳本、盋本、京本及晉書謝安傳補。

〔二五〕詩曰生存華屋處　底本「詩曰生」作「詩星」，川本同，據滬本、陳本、盋本、京本及晉書謝安傳改。

〔二六〕王復領州牧　「復」，底本作「浚」，川本同，據滬本、陳本、盋本、京本及景定建康志卷二〇、至正金陵新志卷一二改。

〔二七〕應之以德　「德」，底本作「儉」，川本同，據滬本、陳本、盋本、京本及景定建康志卷二〇、至正金陵新志卷一二改。

〔二八〕封廣德縣君　「廣德」，底本作「廣臨」，川本同，據滬本、陳本、盋本、京本及晉書成恭杜皇后傳改。

〔二九〕以扇揮塵　底本脱「以」字，川本同，據滬本、陳本、盋本、京本及景定建康志卷二〇補。

〔三〇〕褚裒　「裒」，底本作「褎」，川本、滬本、陳本、盋本、京本同，據晉書康帝紀改。

〔三一〕唐趙郡王孝恭平輔公祏　底本「唐」下脱「趙」字，「公」下脱「祏」字，並據川本、滬本、陳本、盋本、京本及舊唐書高祖紀補。

〔三二〕四面攻之　「攻」，底本作「守」，川本同，據滬本、陳本、盋本、京本及晉書蘇峻傳、通鑑卷九四改。

〔三三〕李根建議　「建」，底本作「達」，川本同，據滬本、陳本、盋本、京本及晉書陶侃傳、通鑑卷九四改。

〔三四〕白石峻極險固　「險」，底本作「顯」，川本同，據滬本、陳本、盋本、京本及晉書陶侃傳、通鑑卷九四改。

〔三五〕東宮城　底本脱「宫」字，川本同，據滬本、陳本、盋本、京本及景定建康志卷二〇補。

〔三六〕開元　底本脱「元」字，川本同，據滬本、陳本、盋本、京本及至正金陵新志卷一二補。

〔三七〕溧陽縣　底本作「瀨渚縣」，川本同，據滬本、陳本、盋本、京本改，至正金陵新志卷一二作「瀨陽縣」，似誤。

〔三八〕叢篠蒙翳　「蒙」，底本、川本作「紫」，據滬本、陳本、盋本、京本及至正金陵新志卷一二改。

〔三九〕按此城南　「此」，底本作「之」，據川本、滬本、陳本、盋本、京本及至正金陵新志卷一二改。

〔四〇〕據三吳之路　「三」字底本作「之」，據川本、滬本、陳本、盋本、京本及陳書韋載傳改。

〔四一〕杜稜　「稜」，底本作「陵」，據川本、滬本、陳本、盋本、京本及陳書高祖紀上、通鑑卷一六六改。

〔四二〕輿地志　底本脱「地」字，據川本、滬本、陳本、盋本、京本及景定建康志卷二〇補。

〔四三〕查浦　底本作「桐浦」，川本同，據滬本、陳本、盋本、京本及宋書武帝紀、通鑑卷一一五改。按晉書安帝紀作「柤浦」。

〔四四〕東出曰東門　「門」，底本作「出」，據川本、滬本、陳本、盋本、京本及至正金陵新志卷一改。

〔四五〕泝秦淮而東　「而」，底本作「自」，川本同，據滬本、陳本、盋本、京本及至正金陵新志卷一改。

古都城門。晉書：成帝作新宮，繕苑城，修六門。實録注云：六門，都城門也。晉初但有陵陽門，後改爲廣陽門，内有右尚方〔一〕，世謂尚方門。次正中曰宣陽門，本吳所開，對苑城門，世謂之白門〔二〕，晉爲宣陽門。門三道，上起重樓，懸楣上刻木爲龍虎相對，皆繡桷藻井，南對朱雀門，相去五里餘。次最東曰開陽門，宋元嘉二十五年，改爲津陽門。東面最南曰清明門，門三道，對今湘宮寺巷，門東出青溪橋巷，尚書下舍在此門内。正東曰建春，後改爲建陽門，門三道。晉書安帝紀：盧循入寇，廣武將軍劉懷默屯建陽門。庾亮傳：蘇峻反，亮與戰於建陽門外。正西曰西明門，門三道，東對建春門，即宮城大司馬門前橫街也。正北面即宮城，無別門。又按宮苑記，凡十有二門。南面最西曰陵陽門，後改爲廣陽門；正門曰宣陽門；次東曰開陽門，後改爲津陽門，門三道，直北對端門；最東曰清明門，直北對延熹門，當二宮中大路。東面最南曰東陽門，直青溪橋巷，即今湘宮寺門路；最北曰建春門，陳改爲建陽門，西對西明門，即臺城前衙街〔三〕。北面最東曰延熹門，直南對清明門，當二宮中大路；次西曰廣莫門，門三道，陳改名北捷門，北直對樂遊苑南門；次西曰玄武門，門三道，齊改名宣平門，北直趨玄武湖大路；最西曰大夏門，南直對廣陽門，北歸善寺門〔四〕。西面最北曰西明門，直對建陽門，即大司馬門前橫街是；最南曰閶闔門，東直對東陽門。詳考宮苑記陵陽、宣陽、開陽三門，與實録所向皆同，惟清明門在南面最東，而實録乃在東面最南。今以宮苑記北對延熹門證之，即實録誤矣〔五〕。又實録云正東曰建春，正西曰西明，宮苑記乃在東西面之最北，其最南又有東陽、閶闔二門。晉書康帝紀：葬成皇帝於興平陵，帝徒行至閶闔門，升素輿，至於陵所〔六〕。蓋實録都城止六門，而宮苑記之門乃十有二。宋紀獨載元嘉二十五年新作閶闔、廣莫二門，其餘延熹、玄武、大夏、東陽四門，不見建立之始基。實録：元嘉二十五年四月，新作閶闔、廣莫等門，改先廣莫曰承明。然則此六門皆同時作，史略之爾。然東西二門相對，實録、宮苑記皆云大司馬門前橫街，則知東西舊止二門，各正所向，後又增立二門，故以南北別之也。又按宋元凶劭作亂，閉守六門，於門內鑿壍立栅；齊建元中，始立六門都牆；梁侯景濟江，韋黯屯六門，皆止言六門。而元凶劭傳又云：同逆先屯閶闔門外，臧質從廣莫門入。乃知六門爲正門，後所立六門皆便門也，故史不載。閶闔、廣莫等門作於元嘉二十五年，元凶劭之亂，乃三十年云。

宣陽門，本洛京舊名，今中正街府軍營内小橋，當是宣陽門處。晉書成帝紀：蘇峻反，庾亮敗於宣陽門内。孝武帝紀：太元十四年，秋七月甲寅，宣陽門四柱災。南史：宋明帝時，有人謂宣陽門爲白門，以爲不祥，甚諱之。本紀：宣陽門，民間謂之白門，上以白門之名不祥，甚諱之。尚書右丞江謐嘗誤犯，上變色曰：「白汝家門！」謐稽首謝，久之乃釋。西明門。宋武帝紀：徐羨之住西州，高祖嘗思之，便步出西掖門，及羽儀絡繹追之，已出西明門矣。廣莫門，洛京舊名。晉書成帝紀：咸康元年三月癸丑，帝觀兵於此。王曇首傳：元嘉四年，車駕出北堂，使三更竟開廣莫門。宋書臧質傳：率所領自白下步上，直至廣莫門。

古建康宫門，晉成帝咸和七年，新宫成，名曰建康宫。開五門，南面二門，東西北各一門。宋文帝元嘉二年，於臺城東西開萬春、千秋二門。陳宣帝大建二年，改作雲龍、神武二門。按建康實録注：南面二門，正中曰大司馬門，世所謂章門，拜章者伏於此門待報，南對宣陽門，相去二里，夾道開御溝，植槐柳，世或名爲闕門；近東曰閶闔門，後改爲南掖門，門三道，世謂之天門，南直蘭宫西大路〔七〕，出都城開陽門；其北面平昌門，則上有爵絡，世謂之冠爵門，南對南掖門。宋永初中〔八〕，改宫城北平昌門爲廣莫門；元嘉二十五年，改先廣莫門曰承明門。又云：南面端門，夾門兩大鼓〔九〕，在兩墩之南〔一〇〕，並三丈八尺圍，用開閉城門；日中晡時及晚，並擊以爲節，夜又擊之以持更。東西二門，考之實録，已不可見，可見者惟南面二門與北面一門而已。又按宫苑記：晉成帝修新宫，南面開四門。最西曰西掖門，門三道，上重冲〔一一〕；正中曰大司馬門，門三道，起三重樓，直對宣陽門；次東曰南掖門，宋改閶闔門，陳改端門，南直對津陽門，北對應門；最東曰東掖門，門三道，南直對蘭臺路。東面正中曰東華門，門三道，晉本名東掖門，宋改萬春門。宋太祖元嘉二十年正月，於臺城東西開萬春、千秋二門。梁改東華門。北面最東曰承明門，門三重〔一二〕，宋太祖元嘉二十五年四月乙巳，新作閶闔、廣莫二門，改先廣莫門曰承明，開陽曰津陽。本晉平昌門，南直對東掖門，東掖疑即南掖。最西曰大通門，上重。西面正中曰西華門，晉本名西掖門，宋改千秋門，梁改西華門。凡八門，比建康實録所載多五門。梁天監十年，初作宫城門三重樓，及開二道。又按宫苑記：建康宫城内有兩重宫牆，南面開二門〔一三〕：西曰徆門，隱不見，南西掖門；東曰應門，晉改爲止車門，南直對端門，即晉南掖門也。東面正中曰雲龍門，北面正中曰鳳妝門，近西曰鸞掖門，西面正中曰神武門，凡六門。第三重宫牆東直對牆，南面正中門曰太陽，晉本名端門，宋改爲南中華門；東面正中曰萬春門，直東對雲龍門，西對千秋門；西面正中曰千秋門，西對神武門，東對萬春門，凡三門。建康實録皆不載。以宫殿證之，雲龍門是第二重宮牆東面〔一四〕，門對第三重宮牆萬春門；神武門是第二重宮牆西面門〔一五〕，對第三重宮牆千秋門。東西相望，按圖可考，足以想見臺城門闕之盛。然晉成帝時已有雲龍門，蘇峻作亂，羊曼爲前將軍，率文武守此門是也。〔眉批〕梁紀：湘東王曰六門之内，自極兵威。注臺城六門：大司馬門，萬春門，東華門，西華門，太陽門，承明門。

大司馬門，今西華門西大街，當是大司馬門處。三國典略：侯景攻臺城，燒大司馬門，後閣舍人高善寶以私金千兩賞戰士，直閣將軍朱思領將士數人逾城出外灑水〔一六〕，久之火滅。景又遣持長柯斧入門下，斧門將開，羊侃鑿爲孔，以槊刺倒二人，斫者乃退。南掖門。宋書臧質傳：薛安都、程天祚等〔一七〕，自南掖門入，與質同會太極殿，生擒元凶。升平五年，南掖門馬足陷地，得銅鐘一，有二四字。楊公則自越城移屯領軍府壘北樓，與南掖門相對。雲龍門，晉蘇峻之亂，丹陽尹羊曼勒兵守雲龍門。宋劉湛初入朝，善論政道並前代故事，聽者忘疲。每旦入雲龍門，御者便解駕，左右羽儀分散，不夕不出。侍中、司徒、尚書令謝朏足疾，不堪拜謁，乃角巾自輿詣雲龍門。〔眉批〕晉書海西公紀：帝著白帢單衣，步下西堂，乘犢車出神獸門。晉書孝武帝紀：寧康三年十二月甲申，神獸門災。神武門，一曰神虎門。宋書：傅亮永初四年爲中書令，直中書省，專典詔令〔一八〕。以亮任總國權，聽於省見客。神虎門外〔一九〕，每旦車常數百兩。宋書鄭鮮之傳：詣神虎門求啓事。宋武帝紀：性猶簡易，常着連齒木屐出神虎門逍遥。齊陶弘景爲高帝諸王侍讀〔二〇〕，奉朝請。既而脫朝服掛神武門，上表辭祿，詔許之。平昌門，今成賢街南口〔二一〕，當是平昌門處。宋劉延孫爲尚書左僕射，疾病不任拜起，上使乘舟自青溪至平昌門，入尚書下舍。古朱雀門。宮苑記：吳立，初名大航門〔二二〕。南臨淮水，北直宣陽門，去臺城可七里。又按地圖〔二三〕，去宣陽門六里，名爲御道，夾開御溝植柳，南渡淮〔二四〕，出國門，去國門五里。晉成帝咸康元年，更作朱雀門，對朱雀浮航，南渡淮水。宋大明五年，立馳道，自閶闔門至朱雀門。六年，又新作大航門。孝武太元三年，又起朱雀門重樓，皆繡栭藻井。門開三道，上重曰朱雀觀。觀下門上有兩銅雀，懸楣上刻木爲龍虎，對立左右。宋大明五年，改爲右皋門。梁大同三年，復改朱雀門。以金陵圖考之，當在今鎮淮橋北左南廂。古東宮門，按宮苑記：南面正中曰永華門，直南出路東有太傅府，次東左詹事府，又次東左率府；路西有少傅府，次西右詹事府，又次西右率府。東面正中曰安陽門，西對溫德門。西面正中曰則天門，西直對臺城東華門東率更寺、西家令寺，次西太僕寺，更西有典客省。

古籬門，按宮苑記：舊京邑南北兩岸籬門五十六所，蓋京邑之郊門也。江左初立，並用籬爲之，故曰「籬門」。又云：東籬門，本名肇建籬門，在古肇建市東；西籬門，在石頭城東；南籬門，在國門之西〔二五〕；北籬門，在覆舟山東。玄武湖東南角，有亭名籬門。又有三橋籬門在光宅寺側，白楊籬門、石井籬門在護軍府西籬門外路北。齊東昏時，陳顯達舉兵，官軍敗之於西州，斬於籬門側。始安王遥光據東府反，使左興盛屯東籬門。梁書：何點與陳郡謝瀹、吴國張融、會稽孔稚珪爲莫逆友，從弟遁以東籬門園居之，稚珪爲築室焉。園内有卞忠貞冢，點植花冢側，每飲必舉酒酹之。崔慧景與江夏王寳玄舉兵，東昏遣將軍左興盛率臺内三萬人，拒慧景於北籬門。梁高祖起義，命陳伯之進據籬門〔二六〕。天監八年，新作緣淮塘，南岸起後渚籬門，達於三橋。古國門。江寧。圖考：宋於朱雀門之南渡淮五里，又立國門，在長干東南，以示觀望。梁天監七年，作國門於越城南。在今高座寺東，南澗橋北，越城東偏。石闕。南朝宫苑記曰：晉元帝欲於宫前立闕，衆議未定，王導指牛頭山爲天闕，不别立闕。宋孝武大明七年，於博望、梁山立雙闕〔二七〕。梁置石闕，在端門外，陸倕爲銘。古望國門。南史：侯景反〔二八〕，令羊侃率千騎頓望國門。其地在越城東南。

吴太初宫。建康實録：吴大帝遷都建業，徙武昌宫室材瓦繕太初宫，即長沙王孫策故府也。赤烏十年作，十一年宫成。周迴五百丈，正殿曰神龍。南面開五門：正中曰公車門，次東曰昇賢門，更東曰左掖門，次西曰明陽門，更西曰右掖門。東面正中曰蒼龍門；西面正中曰白虎門；北面正中曰玄武門，北直對臺城西掖門前路，東即右御街。又起臨海等殿。晉元帝渡江，因吴舊都，即太初宫爲府舍。及即位，稱爲建康宫。晉史：石冰之亂，太初宫盡焚。陳敏平石冰，因太初故基創府舍，元帝所居，即敏所造。帝領江左十年始即位，常在舊府。明帝亦不改作〔二九〕，至成帝始繕苑城。吳昭明宮，始謂之新宮，周五百丈，與太初宮相望，榜曰昭明，後主移居之。晉避諱，改曰顯明宮。吳志：後主甘露二年六月，起新宮於太初之東，制度尤廣，二千石已下，皆自入山督攝伐木。又攘諸營地，大開苑囿，起土山，作樓觀，加飾珠玉，制以奇名。又開城北渠，引後湖水流入宮内，巡繞堂殿。窮極伎巧，功費萬倍。吳南宮，吳太子宮，在臺城南。大帝赤烏十年，適南宮。宋置欣樂營於其地。在舊江寧縣治北二里半。

晉建康宮，亦名新宮。晉成帝咸和七年，新宮成，名曰建康宮，亦名顯陽宮〔三〇〕。直法寶寺之南，在今臺治北五里。舊志云：新宮即臺城也，在江寧縣治北五里，周八里，有牆兩重。晉成帝時，蘇峻作亂，盡焚臺城宮室，温嶠以下咸議遷都，惟王導固爭不許。咸和六年，使卞彬營治。七年，新宮成。開五門，南面二門，東西北各一門。十二月，帝遷居之。明年正月，朝萬國於新宮。孝武太元三年，謝安以宮室朽壞，啓作新宮。王彪之曰：「中興即位東府，誠爲儉陋，元、明二朝亦不改制。蘇峻之亂，成帝止蘭臺都坐，不蔽寒暑，是以更營修築。殆合奢儉之中，今自可隨宜增修。强寇未殄，不可大興力役。」〔三一〕安曰：「宮室不壯，後世謂人無能。」彪之曰：「任天下事，當保固國家，朝政爲先，豈以修屋爲能耶！」詔曰：「昔大賊縱暴，宮室焚蕩，元惡雖除，未暇營築。有司屢陳朝會逼狹，遂作斯宮。子來之歌，不日而成。」新宮内外殿宇，大小凡三千五百間。晉永安宮，今長安街西口。即吳東宮，在臺城東南。輿地志：吳東宮在城之南，晉初，東宮在城之西南，其後改於宮城之東南〔三二〕。宋、齊、梁、陳又在宮城之東北〔三三〕。宮苑記：永安宮在臺城東華門外。晉孝武太元二十一年，新作東宮，本東海王第。安帝立，以何皇后居之。桓玄折其材木入西宮，以其地爲細柳宮。至宋元嘉十五年，築爲東宮。陳太建九年，移皇太子居之。

宋觀蠶宮，今蔣廟西北。在上元縣鍾山鄉闍婆寺前紗市中。南史：宋大明三年，立皇后蠶宮於西郊〔三四〕。四年三月庚申，皇后親蠶西郊。輿地志：孝武初立爲苑，後爲西蠶所。隋志：江左至宋大明，始於臺城西白石壘爲西蠶，設兆域，置大殿七間，又立蠶觀，其禮皆循晉氏。蔡宗旦金陵賦注：觀桑堂側有蠒觀。今北莊前平地是其處。

齊世子宮，在石頭城。南史：齊武帝爲世子日，以石城爲宮。

梁金華宮，今竹橋之側，在青溪東，去臺城三里。考證：輿地志：梁大同中所築，昭明太子蔡妃所居。陸襄傳云：大通三年，昭明太子薨，宮屬罷，妃蔡氏別居金華宮。以襄爲中散大夫、步兵校尉、金華宮家令、知金華宮事。

陳安德宮，按宮苑記，在宣陽門外直西，即都城西南角外。陳宣帝爲皇后所築。隋平陳，移江寧縣於此，明年罷之。有古池存，人人呼爲安德宮池。宋末池猶存，在精鋭軍寨內。

宋行宮，即舊建康府治，即南唐宮，在今內橋北。圖考：內橋之北，東盡昇平橋，西盡大市橋，北至小虹橋，此宮城之限。內橋南直抵聚寶門大街，即當時御街也。高宗紹興二年，修爲行宮，即舊子城爲宮。城周四里二百六十五步。分青溪水自東虹橋〔旁注〕今昇平橋。下流入河，繞皇城東北西三隅，至西虹橋〔旁注〕今大市橋。下與青溪水復合爲一，名護龍河。

晉太極殿，吴赤烏殿，舊縣東北五里吴昭明宫内。　吴神龍殿，在太初宫内，去舊江寧縣三里。　晉太極殿，建康宫内正殿也。晉初造，以十二間象十二月。至梁武帝改製十三間，象閏焉。高八丈，長二十七丈，廣十丈，内外並以錦石爲砌。次東有太極東堂七間，晉成帝咸和四年，蘇碩攻臺城，焚太極東堂，秘閣皆盡。咸康六年七月乙卯，初依中興故事，朔望聽政於東堂。次西有太極西堂七間，亦以錦石爲砌。更有東、西二上閣，在堂殿之間，有方庭，闊六十畝〔三五〕。山謙之丹陽記曰：太極殿，周制路寢也，秦、漢曰前殿，今稱太極東西堂，亦魏制，於周小寢也。按秦始皇改命宫爲廟，以擬太極，魏號正殿爲太極，蓋采其義。晉成帝咸康中，庾闡議改太爲泰，謬矣。徐廣晉記曰：孝武寧康二年〔三六〕，尚書令王彪之等改作新宫。太元三年二月，内外軍六千人始營築，七月而成。謝安作新宫，造太極殿，欠一梁。忽有梅木流至石頭城下，因取爲梁，殿乃成，畫梅花於其上，以表嘉瑞。實録云：太元中，起太極殿，謝安欲使王獻之題榜而難言之，因説魏韋仲將懸虚橙書淩雲臺額。獻之正色曰：「仲將，魏之大臣，寧有此事！使其若此，有以知魏德之不長。」安遂不之逼。文昌雜録云：東晉太極東西閣，天子間以聽政，閣之名起於此。宫苑記又云：太極殿前，東西有二大鐘，宋武帝平洛所獲，並漢、魏舊物。殿前有相風烏。南史：張永曉音律，太極殿前鐘嘶。孝武嘗以問永，永答鐘有銅滓。乃扣鐘求其處，鑿而去之，聲遂清越。陳高祖永定二年，新作太極殿，欠一柱，忽有樟木大十八圍，長四丈五尺〔三七〕，自流泊陶家後渚。監軍鄒子度以聞〔三八〕，詔以造殿。宋張洎撰定新儀〔三九〕，奏曰：「今之崇德，即唐之紫宸也。在周爲内朝，在漢爲宣室，在唐曰上閣，即隻日常朝之殿也。」〔四〇〕東晉太極殿有東、西閣，唐之紫宸上閣，法此制也。

晉清暑殿，在臺城内，晉孝武太元中造。殿前重樓複道通華林園，爽塏奇麗，天下無比，雖暑月，常有清風，故名。

宋孝武大明五年，殿西甍鴟尾中生嘉禾，一枝五莖，改爲嘉禾殿。

晉孝武帝紀：爲清暑殿。有識者以爲清暑反爲楚聲，哀楚之徵也。俄而帝崩。

宋玉燭殿，孝武帝所造，在宮中。考證：孝武壞武帝所居陰室〔四一〕，於其處起玉燭殿，與從臣觀之。牀頭有土障，壁上掛葛燈籠、麻蠅拂。侍中袁顗因盛稱武帝儉素之德。帝不答，獨言曰：「田舍翁得此，已過矣。」按南史：晉諸帝多處内房，朝宴所臨，東、西二堂。而孝武帝末年，清暑方建。

宋初受命，無所改作，所居惟稱西殿，不制嘉名；文帝因之，亦有合殿之稱。孝武承統，追陋前規，更造正光、玉燭、紫極諸殿，雕欒綺節，珠窗綱户。

齊昭陽殿，齊有顯陽、昭陽二殿，太后、皇后所居也。考證：永明中無太后、皇后，羊貴嬪居昭陽殿西〔四二〕，寵姬荀昭華居鳳莊殿〔四三〕。

宮内御所居壽昌畫殿南閣，置白鷺鼓吹二部〔四四〕，乾光殿東西頭，置鐘磬兩廂，皆宴樂處也。

上數遊幸諸苑囿，載宮人從後車，宮内深隱，不聞端門鼓漏聲，置鐘於景陽樓上，宮人聞鐘聲，悉起妝束。

自後此鐘，惟應三鼓及五鼓也。

武帝永明十一年，詔曰：「内殿鳳華、壽

昌、靈曜三處，此吾所治，夫貴有天下，富兼四海，宴處寢息，不容太陋，謂此爲奢儉之中，謹勿壞去。」梁陶弘景詩云：「夷甫任散誕，平子坐談空〔四五〕。豈悟昭陽殿，化作單于宫。」時天下之士，尚西晉之俗，競談玄理，故弘景云。及侯景篡位，果在昭陽殿。今景陽基猶存，在宋精鋭中軍寨中。齊芳樂殿，在臺城内，東昏造。

【校勘記】

〔一〕右尚方　「方」，底本作「門」，川本、滬本、陳本、盋本、京本同，據建康實録卷七改。

〔二〕世謂之白門　「白」，底本、川本作「日」，據滬本、陳本、盋本、京本及建康實録卷七改。

〔三〕衝街　川本、滬本、陳本、盋本、京本同，景定建康志卷二〇作「横街」。此「衝」蓋爲「横」字之誤。

〔四〕北歸善寺門　川本、滬本、陳本、盋本、京本同，景定建康志卷二〇、至正金陵新志卷一並作「北對歸善寺門」。此蓋脱一「對」字。

〔五〕即實録誤矣　底本、川本缺「實録」「矣」三字，據滬本、陳本、盋本、京本及景定建康志卷二〇補。

〔六〕至於陵所　底本「陵所」作「陵斯所」，據川本、滬本、陳本、盋本、京本及晉書康帝紀，「斯」字衍，删。

〔七〕蘭宫　底本作「蘭臺宫」，川本、滬本、陳本、盋本、京本同，據景定建康志卷二〇、至正金陵新志卷一改。

〔八〕宋永初中　底本「宋永」作「永定」，據川本、滬本、陳本、盋本、京本及建康實録卷七改。

〔九〕夾門兩大鼓　「兩」，底本、川本作「南」，據滬本、陳本、盋本、京本及建康實録卷七改。

〔一〇〕在兩墩之南　「墩」，底本、川本作「墪」，據滬本、陳本、盋本、京本及建康實録卷七改。

〔一一〕上重冲　底本、川本作「□重冲」，陳本作「重樓」，滬本、盋本、京本作「三重樓」，據景定建康志卷二〇補。

〔一二〕門三重　「重」，底本作「道」，據川本、滬本、陳本、盋本、京本及景定建康志卷二〇、至正金陵新志卷一改。

〔一三〕南面開二門　「二門」，底本、川本、滬本、陳本作「三門」，據盋本、京本及景定建康志卷二〇、至正金陵新志卷一改。

〔一四〕宮牆東面　底本、川本、滬本「東面」作「東西」，據陳本、盋本、京本及建康實録卷二〇改。

〔一五〕第二重　底本、川本、滬本、陳本作「第三重」，據盋本、京本及建康實録卷二〇改。

〔一六〕朱思　底本、川本、滬本、陳本作「宋思」，據盋本、京本及通鑑卷一六一改。

〔一七〕程天祚等　「等」，底本作「寺」，據川本、滬本、陳本、盋本、京本及宋書臧質傳改。

〔一八〕專典詔令　底本、川本脱「典」字，據滬本、陳本、盋本、京本及宋書傅亮傳補。

〔一九〕神虎門外　底本、川本脱「外」字，據滬本、陳本、盋本、京本及宋書傅亮傳補。

〔二〇〕高帝　底本脱「帝」字，川本、滬本、陳本、盋本、京本同，據梁書陶弘景傳補。

〔二一〕成賢街　「賢」，底本、川本、陳本作「寶」，據滬本、盋本、京本及萬曆上元縣志卷四改。

〔二二〕吳立初名大航門　底本、川本、滬本、盋本、京本空缺，陳本作「朱雀門，一名大航門」，據景定建康志卷二〇補。

〔二三〕又按地圖　底本、川本「圖」字缺，據滬本、陳本、盋本、京本及建康實録卷九補。

〔二四〕南渡淮　底本缺「渡淮」二字，川本、滬本、陳本、盋本、京本同，據建康實録卷九補。

〔二五〕在國門之西　底本、川本脱「門」字，據滬本、陳本、盋本、京本及景定建康志卷二〇、至正金陵新志卷一二補。

〔二六〕進據籬門　「據」，底本作「拒」，據川本、滬本、陳本、盋本、京本及梁書武帝紀、南史梁武帝紀改。
〔二七〕立雙闕　「立」，底本、川本作「之」，據滬本、陳本、盋本、京本及宋書孝武帝紀改。
〔二八〕侯景反　底本、川本脱「反」字，據滬本、陳本、盋本、京本及南史梁武帝紀、南史羊侃傳補。
〔二九〕明帝　「明」，底本、川本作「則」，據滬本、陳本、盋本、京本及景定建康志卷二一改。
〔三〇〕顯陽宫　底本、川本脱「顯」字，據滬本、陳本、盋本、京本及建康實録卷七補。
〔三一〕大興力役　底本、川本「力役」作「兵役」。按晉書王彪之傳：「强寇未殄，正是休兵養士之時，何可大興功力，勞擾百姓邪！」滬本、陳本、盋本、京本作「力役」，是，據改。
〔三二〕其後改於宫城之東南　底本、川本脱「改」字，據滬本、陳本、盋本、京本及萬曆上元縣志卷六補。
〔三三〕宋齊梁陳又在宫城之東北　底本脱「陳」字，又「在」下「宫」上衍「於」字，據川本、滬本、陳本、盋本、京本及景定建康志卷二一補删。
〔三四〕立皇后蠶宫　「立」，底本作「丘」，據川本、滬本、陳本、盋本、京本及南史宋孝武帝紀改。
〔三五〕闊六十畝　「闊」，底本、川本作「間」，據滬本、陳本、盋本、京本及景定建康志卷二一、萬曆上元縣志卷六改。
〔三六〕寧康　底本、川本、陳本作「宣康」，據滬本、盋本、京本及景定建康志卷二一引徐廣晉記改。
〔三七〕長四丈五尺　「五」，底本作「三」，川本、滬本、陳本、盋本、京本同，據南史陳武帝紀、建康實録卷一九改。
〔三八〕監軍鄒子度　「軍」，底本、川本作「車」，滬本、陳本、盋本、京本作「奉」；又「度」，底本、川本、滬本、陳本、盋本、京本作「慶」，並據南史陳武帝紀、建康實録卷一九改。
〔三九〕張洎撰定新儀　底本缺「洎」、「撰」二字，川本、滬本、陳本、盋本、京本同，據景定建康志卷二一補。

〔四〇〕隻日常朝之殿也　「隻」，底本、川本作「雙」，據滬本、陳本、盋本、京本及宋史禮志二〇、宋會要儀制一之二九改。

〔四一〕所居陰室　底本「陰」字缺，川本、滬本、陳本、盋本、京本同，據宋書武帝紀補。

〔四二〕羊貴嬪居昭陽殿西　「羊」，底本作「楊」，「西」作「東」，川本、滬本、陳本、盋本、京本同。南齊書武穆裴皇后傳：「永明中無太后、皇后，羊貴嬪居昭陽殿西，范貴妃居昭陽殿東，寵姬荀昭華居鳳華柏殿。」並據此改。

〔四三〕鳳莊殿　川本、滬本、陳本、盋本、京本及景定建康志卷二一、至正金陵新志卷一二同。南齊書武穆裴皇后傳作「鳳華柏殿」，與本書下文所載「内殿鳳華」云云相合。

〔四四〕置白鷺鼓吹二部　底本、川本、滬本、陳本、盋本、京本缺「置」字，據南齊書武穆裴皇后傳補。

〔四五〕平子　底本、川本作「平生」，據滬本、陳本、盋本、京本及景定建康志卷二一、至正金陵新志卷一二改。南史陶弘景傳、御覽卷五〇五引梁書作「平叔」。

烽火樓，在石頭城西南最高處，吳時舉烽火於此。自建康至西陵五千七百里，有警急，半日而達。考證：宋元嘉中，魏太武至瓜步，聲欲渡江。文帝登烽火樓，極望不悦，謂江湛曰：「北伐之計，同議者少，今日貽大夫之憂，在予過矣。」蘇峻之亂，陶侃、温嶠入討，舟師直指石頭。峻登烽火樓，望見士衆之盛，有懼色，謂左右曰：「吾本知温嶠能得衆也。」　昇元閣，舊在昇元寺，即瓦棺寺也，在城西南隅。江寧志、舊志謂在聚寶門外古越城基内。有晉義熙中獅子國所獻玉佛，徵士戴安道手製佛像五軀，及顧長康維摩圖，世號三絶。京師寺記：瓦棺寺有瓦棺閣，乃梁朝所建，高二百四十尺。今在城之西南角，楊吳未城時，正與越臺相近，長干之西北也。唐以前，江水逼石頭，李白詩：白浪高於瓦官閣。以此。吳順義中，改寺爲吳興寺，閣爲吳興閣。南唐昇元中，又改寺爲昇元寺，閣爲昇元閣。南唐書云：昇元閣因山爲基，高可十丈，平旦閣影半江。開寶中，王師下江南，士大夫暨豪民富商之家，美女少婦，避難於其上，殆數千人。越兵舉火焚之，哭聲動天，一旦而燼。今崇勝戒壇寺近昇元閣故基，宋時嘗建廬舍，佛閣亦高七丈，里俗猶呼爲昇元閣。歸附後，閣毁於火，故基尚存。宋書柳元景傳：劭自登朱雀門督戰，軍至瓦官寺，與義軍遊邏相逢。晉書恭帝紀：造丈六金像，親於瓦官寺迎之。南史戴顒傳：宋世子鑄丈六銅像於瓦官寺。實録：晉哀帝興寧二年，詔移陶官於淮水北，遂以南岸陶地施僧慧力造瓦官寺[一]。或作棺，非也。江陵有瓦官門。後周書王操傳：梁主巋親祖於瓦官門。落星樓，在縣東，古臨沂縣前，吳大帝建。景陽樓，一名慶雲樓，宋元嘉中建於華林園。下有臙脂井，陳後主避隋兵處。雨花臺，在城南聚寶山三里，據岡阜最高處。舊傳梁武帝時，有雲光法師講經於此，天爲雨花，故名。山謙之丹陽記云：江南登臨之地三，曰甘露，曰雨花，曰淩歊。鳳凰臺，在宋保寧寺後，今杏花村東北。宋元嘉十六年，秣陵數見二異鳥集於山，狀如孔雀，文彩五色，衆鳥附翼羣集，時謂之鳳，乃置鳳凰里，築臺於山，因名。今城内之西南隅猶有坡陀，僅可登覽，中山之孫徐天賜西園相屬也。按宮苑記：又有鳳凰樓，在山上。金陵志：臺與樓皆彭城王義康所建。九日臺，在孫陵岡。齊武帝建商飈館岡上，每九月九日，宴羣臣講武，以應金氣之節。

冶亭，在冶城。考證：晉義熙十一年，以高陽内史劉鍾領石頭戍事，屯冶亭。有羣盜數百夜襲冶亭，鍾討平之。即晉王導所移冶處。東冶亭。上元。舊志云：在城東八里。續志云：在城東二里汝南灣，西臨淮水。此亭在半山，旁有瑞麥、知稼二亭。考證：晉太元中，三吳士大夫於汝南灣東南置亭，爲餞送之所，西臨淮水，即當時冶處。前志以爲自王導疾時移此，非也。冶城乃當時西冶，自有冶亭。謝安爲揚州刺史，袁宏出爲東陽郡，祖道於冶亭，羣賢皆集。又南史：王裕之元嘉六年遷尚書令，固辭，表求東還，改授侍中。及東歸，車駕幸東冶餞送。乾道五年，留守史正志於半山寺前重建。新亭，去城西南十五里，近江，今石子岡云是亭處。丹陽記曰：京師三亭，吴舊立。先基既壞，隆安中，丹陽尹司馬恢之徙創今地。世説：過江諸人，每至暇日，輒相邀出新亭，藉卉飲宴。周侯顗在坐，嘆曰：「風景不殊，舉目有江河之異。」皆相視流涕。惟丞相導愀然變色曰：「當共戮力王室，克復神州，何至作楚囚相對泣耶！」孝武寧康元年，桓温來朝，頓兵新亭，召王坦之、謝安。安發其壁後置人，温爲卻兵，笑語移日。劉牢之自溧洲應桓玄，進敗王師於此。楊佺期至石頭，聞劉牢之領北府兵在新亭，賊皆失色，乃回師屯於蔡洲〔二〕。崔慧景兵至新亭，石頭、白下兵皆潰。徐道覆勸盧循焚舟，自新亭步上。宋孝武入討，至新亭，修建營壘，因即位。柳元景傳：元景潛至新亭，依山建壘。王僧達始改爲中興亭。元徽二年，桂陽王休範舉兵，朝廷集議，或欲依舊遣兵據梁山。蕭道成以爲「新亭正爲賊衝，昔上流謀逆，皆因淹緩以敗。休範懲之，必輕兵急下，乘我無備。請頓新亭，以當其鋒。」乃出新亭，治城壘未畢〔三〕，賊遽至，道成登西垣，使陳顯達等與賊水戰，大破之。賊將丁文豪設伏，破皂莢橋軍，直至大航，陷東府。或傳新亭亦陷，道成遣周盤龍等從石頭渡，間道承明門入衛宫闕。道成仍守新亭，破休範。宋討晉安王子勛，所向克捷〔四〕。事平，明帝大會新亭，勞諸軍士，樗蒲官賭。梁武帝起義兵，進屯江寧。東昏使李居士率兵屯新亭，梁擊破之，遂次新林。

古宣武場，在臺城北〔五〕，玄武湖南，一名宣武城〔六〕。本宋文帝閲武帳，上有武帳堂。考證：宋文帝元嘉二十一年，宴於武帳堂。將行，敕諸子且勿食，至會所賜饌。日旰，食不至，有饑色。上曰：「汝曹少長豐逸，不見百姓艱難，今使汝曹識有饑苦，知以節儉期物。」范曄傳：元嘉二十二年，征北將軍衡陽王義季、右將軍南平王鑠出鎮，上於武帳岡祖道。大明三年〔七〕，孝武欲北討，問沈慶之須兵幾何。慶之曰：「二十萬。」〔八〕帝疑其多，對曰：「攻城百倍，乃可克。」乃令慶之守此城〔九〕，帝自率六軍攻圍之，不能下，乃罷北討〔一〇〕。文帝先立宣武場於此地之北，至□□□□。慶元志云：宋文建宇岡上，施武帳，□□□□岡曰武帳岡。沈慶之傳：荆、江二州並反，徵慶之入朝，率所領屯武帳岡，甲仗五十人入六門。今幕府山北有古教場，疑即此城。又實録：晉大興三年，創北湖，築長堤，以遏北山之水〔一一〕，東自覆舟山，西自宣武場。□唐人□□之地。征虜亭，在石頭塢，晉太元中建。征虜將軍謝安止此亭，因名。 白下亭，驛亭也。在舊東門外。 賞心亭，在下水亭門城上，俯瞰秦淮，爲金陵絶景處。宋丁謂建。勞勞亭，古送別之所，吴置。亭在勞勞山上。今顧家寨大路東，即其所，在舊縣治西南八里，初名望遠樓。輿地志：新亭壠上有望遠樓。宋元嘉中，改爲臨滄觀。

古華林園，在臺城内，本吴舊宫苑也。建康宫闕簿云：宋元嘉中，築蔬圃；二十二年更修廣之，築天淵池，造景陽樓、大壯觀、花光殿，設射堋，又立鳳光殿、醴泉堂、花萼池、一柱臺、層城觀、興化殿。孝武又造靈曜前後殿、芳香堂、日觀臺。梁武帝造重閣，上名重雲殿，下名光嚴殿。晉義熙中〔一二〕，盧循反，劉裕築藥園壘以拒循，即此處。宋元嘉中，以其地爲北苑，更造樓觀於覆舟山，後改曰樂遊苑。孝武大明中，造正陽、林光殿於内。侯景之亂，焚毁略盡。 古上林苑，上元。今小教場西門内當爲上林苑，將臺處當爲樂遊苑。宫苑記云：鷄籠山東歸善寺後。實録：宋大明三年，初築上林苑於玄武湖北。宫苑記云：孝武立，名西苑，梁改名上林。其地有古池，俗呼爲飲馬塘，亦曰飲馬池。其西又有望宫臺。 古博望苑，上元。在城東七里。齊文惠太子所立，輔公祏城是也。 古婁湖苑。宋書沈慶之傳：有園舍在婁湖，慶之一夜擕子孫徙居之。齊武帝永明元年，望氣者言婁湖有天子氣，帝乃築青溪舊宮，作婁湖苑以厭之。陳朝更加宏壯，宣帝太建十年，立方明壇於婁湖，上自臨幸誓衆，後其地爲光宅寺。　古芳林苑。上元。寰宇記：一名桃花園，本齊高帝舊宅。在古湘宮寺前巷，近青溪中橋。帝即位，修舊宅爲青溪宮，一名芳林園，後改爲芳林苑。梁天監初，賜南平王偉爲第。　古芳樂苑，齊東昏侯即臺城閱武堂爲芳樂苑，山石皆塗以彩色，跨池水立紫閣諸樓觀。又於苑中立店肆，以潘妃爲市令。又作土山，開渠立埭下苑中。時百姓歌云：「閱武堂，種楊柳。至尊屠肉，潘妃沽酒。」梁天監六年，改德陽堂。　古建興苑，梁天監四年，立建興苑於秣陵里。侯景之亂，裴之高迎致柳仲禮、韋粲等，俱會青塘立營，據建興苑。其地在府治西南，秦淮南岸。又按，此地本宋時南苑，在瓦官寺東北。明帝末年，張永乞借南苑，帝云：「且給三百年〔一三〕，期滿更請。」後帝葬於此。梁改名建興苑。　烏榜村。慶元志：按圖經，初立西州城，未有籬門，立烏榜，與建康分界。後名其地爲烏榜村，在天慶觀西。南史陳顯達傳：顯達於西州前，與臺城軍戰，敗走西州後烏榜村，騎官趙潭注稍刺落馬，斬之籬側。吳時自宮門南去，夾苑路至朱雀門七八里，府寺相屬。吳都賦：列寺七里，廨署棋布。見諸志者曰三臺五省。故事：三臺在城東南一里。　宮苑記：蘭臺在杜姥宅東南端門街東，逼東陽門橫街。〔眉批〕杜姥宅。晉書后妃傳：成恭杜皇后母廣德縣君裴氏，立第南掖門外也，所謂杜姥宅。宋書桂陽王休範傳：杜墨蠡逕至杜姥宅〔一四〕。南齊書東昏侯紀：雍州刺史張欣泰〔一五〕、前南譙太守王靈秀率石頭文武〔一六〕，奉建安王寶寅向臺，至杜姥宅。謁者臺、御史臺並在其內。故事：五省在三臺路北。苑城記：三臺五省，悉列種槐木。

【校勘記】

〔一〕以南岸陶地施僧　底本、川本「陶地」作「陶侃地」，滬本、陳本、盇本、京本作「陶所」。建康實録卷八作「窑處之地」，景定建康志卷四六作「窑地」，此「侃」字衍，據刪。又，底本、川本脱「施」字，據滬本、陳本、盇本、京本及建康實録卷八、景定建康志卷四六補。

〔二〕屯於蔡洲　底本缺「蔡」字，據川本、滬本、陳本、盇本、京本及晉書殷仲堪傳、通鑑卷一一〇補。

〔三〕治城壘　「治」，底本作「冶」，據川本、滬本、陳本、盇本、京本及南齊書高帝紀上、通鑑卷一三三改。

〔四〕所向克捷　「克」，底本、川本作「先」，據滬本、陳本、盇本、京本及景定建康志卷二一、至正金陵新志卷一二改。

〔五〕在臺城北　底本、川本缺「北」字，據滬本、陳本、盇本、京本及紀要卷二〇補。

〔六〕宣武城　底本、川本、滬本、陳本作「宣武湖」，據盇本、京本及寰宇記卷九〇、至正金陵新志卷一二改。

〔七〕大明三年　底本、川本缺「大明三」三字，滬本、陳本、盇本、京本俱作「大明」，據寰宇記卷九〇引輿地志、漢唐地理書鈔顧野王輿地志補。

〔八〕慶之曰二十萬　底本、川本缺此六字，據滬本、陳本、盇本、京本及寰宇記卷九〇引輿地志、紀勝卷一七補。

〔九〕乃令慶之守此城　底本、川本缺「乃令慶之守」五字，據滬本、陳本、盇本、京本及寰宇記卷九〇引輿地志、紀勝卷一七補。

〔一〇〕乃罷北討　底本、川本缺此四字，滬本、陳本、盋本、京本及紀勝卷一七建康府宣武城下引輿地志作「乃罷北討」，據補。

〔一一〕築長堤以遏北山之水　底本、川本缺「築長堤以遏北山」七字，據滬本、陳本、盋本、京本及建康實録卷五補。

〔一二〕晉義熙中　「晉義熙」，底本作「陳永初」，川本、滬本、盋本、京本同，陳本作「晉永初」。景定建康志卷二二：古樂遊苑，「輿地志云，在晉爲藥圃，義熙中，盧循反，劉裕築藥園壘，以拒循」。至正金陵新志卷一二載同，此「陳永初」乃「晉義熙」之誤，據改。

〔一三〕且給三百年　底本「三」字作「之」，川本、滬本、陳本同，據盋本、京本及南史宋明帝紀改。

〔一四〕杜墨蠡　川本及宋書桂陽王休範傳同，滬本、陳本作「杜黑蠡」。按南齊書高帝紀作「杜黑蠡」，魏書島夷劉裕傳作「杜墨騾」，通鑑卷一三三從宋略作「杜黑騾」。

〔一五〕張欣泰　底本作「張欣奉」，據川本、滬本、陳本、盋本、京本及南齊書東昏侯紀改。

〔一六〕南譙　「譙」，底本作「醮」，川本同，據滬本、陳本、盋本、京本及南齊書東昏侯紀改。

郊廟。　南郊壇，江寧。按建康實録：晉大興三年所築，郭璞卜立之，在宮城南十餘里。注云：在長樂橋東籬門外三里。又云：今縣南有郊壇村，即吳南郊地。吳大帝初稱尊號，武昌南郊祭用玄牡，後自以偏方不郊。太元元年，始祭南郊，在秣陵縣南十餘里。吳志：大帝時，羣臣上奏宜修郊祀，以承天意。帝曰：「郊祀當於中土，今非其所，於何施此？」重奏曰：「普天之下，莫非王土。王者以天下爲家。若周文王都於酆、鎬，非必中土。」帝不聽。終吳之世，郊祀廟社缺然，無可考者。晉元帝渡江，大興三年，始議郊祀，立南郊於巳地。建武二年，定郊兆於建業之南。唐會要云：去城七里。圖經云：在今縣東南八里。宋孝武大明三年，遷郊兆於秣陵牛頭山西，在宫之午地。廢帝復舊。廢帝以舊郊吉，復初。齊始屋員兆外，常侍庾曇隆啓曰〔一〕：祭天尚質，秦從壇域，無宫室者。詔「付外詳」。祠部李撝議：周禮凡祭張旅幙，張尸次。宗廟旅幙，今爲棟宇；郊祀毡案，宜制檐甍。梁武帝即位，南郊爲壇，在國之陽，常與北郊間歲。普通六年，改作南北郊。隋志：梁南郊壇，高二丈七尺，上徑十一丈，下徑十八丈，其外再壝四門。陳武帝又修繕南郊圓壇，高二丈二尺五寸，廣十丈，柴燎白天。金陵故事云：梁武帝時，改爲四周，築土壝，宫三重，便殿一所，兆域五里。今其地在城東南，與婁湖相近。南唐郊壇，即梁故處，在長樂鄉，去城十二里。宋爲藏冰所。

北郊壇，上元。按實録：在舊江寧縣東八里潮溝後，東近青溪。晉元帝立南郊，未立北郊。明帝太寧三年，始議立北郊，未及建而帝崩。成帝咸康八年，追述明帝前指，於覆舟山南立之，制度一如南郊。宋文帝立儒學館於北郊，十二年，嘗閲武於此。宋孝武大明三年，移北郊於鍾山北原。今鍾山定林寺山巔，有平基二所，闊數十丈，即其地。宋書云：北郊，晉成帝世始立，本在覆舟山南，宋太祖以其地爲樂遊苑。後以其地爲北湖，移於湖塘西北。其地卑下泥濕，又移於白石村東。又以爲湖，乃移於鍾山北原道西，與南郊相對。後罷白石東湖，北郊還舊處。

梁武帝以北郊爲方壇，上方十丈，下方十二丈，高一丈。四面各有陛，其外爲壝再重。陳北郊爲壇，高一丈五尺。晉王恭反，前將軍王珣入守北郊。宋元嘉中，每閱武於北郊。徐嗣徽引齊兵爲寇，侯安都拒齊軍於北郊壇〔二〕。紹泰中，齊蕭軌等渡江，亦屯於北郊壇。又按散福亭在縣東北鍾山鄉，去城四里，舊傳宋郊祀回鑾賜胙之所。明堂，江寧。在城東南七里，不詳其處。宋書：晉元帝受命中興，依漢故事，宜享明堂宗祀之禮。江左不立明堂，故闕焉。大明五年，有司奏：國學之南，地實丙巳，爽塏平暢，足以營造。其牆宇規範〔三〕，宜擬則太廟，惟十有二間〔四〕，以應期數。但作大殿屋雕畫而已，無古三十六户七十二牖之制。是年五月，新作明堂丙巳之地。宮苑記云：在博士省南。博士省在國學南，國學在太廟南。梁武帝天監十二年，詔以明堂地居卑濕，可量就埤起，以盡誠敬。陳亡，焚毁皆盡。將作監大匠宇文愷量臺趾丈尺，寫樣奏聞。今按宋、齊、梁、陳，各有制作；梁嘗毁宋太極殿，以材構焉。晉太廟，江寧。舊址在秦淮西。晉太元十六年二月庚申，改作太廟。九月，新廟成。按地志：太廟，中宗置，郭璞遷定在今處。帝嘗嫌廟東迫淮水，西逼路，至此年因修築，欲依洛陽，改入宣陽門内〔五〕。尚書僕射王珣奏以爲龜筮弗違，帝從之，於舊地不移，更開牆埤，東西四十丈，南北九十丈。宋以後仍之，至陳乃廢。

古太社稷壇，晉元帝建武元年，初立宗廟、社稷，在古都城宣陽門外，郭璞卜遷之。左宗廟，右社稷，玄風觀在太社西偏，對太社右街東，即太廟地。社立三壇，帝社、太社、稷各一，在唐江寧縣東。按晉元帝建武元年〔六〕，依洛京二社一稷。禮：左宗廟，右社稷。歷代因之。洛京社稷在廟之右，而江左又然也。吳時宮東門雩門〔七〕，疑吳社亦在宮東，與廟同所也。宋仍舊，無所改作，實故常二社一稷。初太康中，詔并二社一稷之祀，傅咸奏宜如舊，詔一依魏制。至元帝又依洛京二社一稷。隋志：梁社稷在太廟之西。蓋晉元帝所創，有太社、帝社、太稷，凡三壇，門牆並隨其方色，在舊江寧縣東二里。　雩壇，〔旁注〕江寧。按通典：晉穆帝永和中，有議制雩壇於國南郊之旁，依郊壇遠近。注：阮諶云在巳地。隋志：梁天監九年，有事雩壇，遂移於東郊，〔旁注〕上元。在籍田域內。武帝以雨既陰類，而求之正陽，其謬已甚。東方既非盛陽，而爲生養之始，則雩壇應在東方，祈晴宜於南方。今按雩禮本施於夏月，武帝所言亦非確論也。　籍田壇，上元。在城東十五里。按隋志：梁普通二年，詔移籍田於建康北岸，築兆域大小，列種梨柏，便殿及齋官省如南北郊。別有望耕壇，在壇東。帝耕畢，登此以觀公卿之推。別有祈年殿〔八〕。梁書云：普通二年，徙籍田於東郊外。詔曰：「平秩東作，義不在南。前代因襲，有乖禮制。可於震方，簡求沃野，具茲千畝。」〔九〕大同五年，又築雩壇於籍田兆內。紹泰元年，齊徐嗣徽復入，至玄武湖，陳武帝遣侯安都扼之，戰於耕壇南，即此地。

江防。　建康、太平、池三郡江面，計一千七十一里，共建大小二十九寨。建康八屯：曰下蜀，曰馬家步，曰沙河，曰韓橋，曰王家河，曰新開河，曰下三山，曰汪蔡港。太平七屯：曰濮家圩，曰褐山，曰烏石磯，曰白沙浦，曰上三山，曰板子磯，曰周家莊。池州十四屯〔一〇〕：曰菖蒲山，曰大通，曰梅根，曰穴港〔一一〕，曰戚家溝，曰李三河〔一二〕，曰寶寨磯，曰黄石磯，曰吉陽洑，曰祝家磯，曰香口，曰雙山，曰烏石磯。三郡諸屯，共創寨屋一萬一千九十五間，本府一千七百間，太平四千四百間，池州四千八百間，將佐衙屋不計焉。今各處萬户府差軍守把。

【校勘記】

〔一〕庚曇隆　「隆」，底本作「崇」，川本、滬本、陳本、盋本、京本同，據南齊書禮志上改。

〔二〕拒齊軍於北郊壇　「拒」，底本、川本作「距」，滬本作「排」，據陳本、盋本、京本及建康實録卷一七、通鑑卷一六六改。

〔三〕其牆宇規範　底本「其」下「牆」上衍「規」字，據川本、滬本、陳本、盋本、京本及宋書禮志三刪。

〔四〕惟十有二間　「惟」，底本缺，川本、滬本、陳本、盋本、京本同，據宋書禮志三補。

〔五〕改入宣陽門内　「改」，底本、川本作「政」，據滬本、陳本、盋本、京本及晉書王珣傳、建康實録卷九改。

〔六〕晉元帝　底本、川本作「宋晉帝」，陳本作「宋帝」，據滬本、盋本、京本及宋書禮志四改。

〔七〕吳時宮東門雩門　底本作「吳時宮東開雲門」，川本、滬本、陳本、盋本、京本同，據宋書禮志四改。

〔八〕祈年殿　「祈」，底本、川本作「社」，據滬本、陳本、盋本、京本及隋書禮儀志二改。

〔九〕簡求沃野具茲千畝　「簡」，底本作「問」，川本同，滬本、陳本、盋本、京本作「間」，據梁書武帝紀下改。「千」，底本作「于」，據川本、滬本、陳本、盋本、京本及梁書武帝紀下改。

〔一〇〕池州十四屯　川本、滬本、陳本、盋本、京本同，按下列僅十三屯，疑有脱誤。

〔一一〕穴港　川本及至正金陵新志卷一〇同，滬本、陳本、盋本、京本作「六港」。

〔一二〕李三河　川本、滬本、陳本、盋本、京本及至正金陵新志卷一〇同，景定建康志卷五沿江大閫所部圖及卷三八別作「李王河」。

景定志丹陽辨：丹陽之辨有三：一辨其字，二辨其地，三辨其治。按西漢地理志字從楊，東漢郡國志字從陽。自晉至唐見於史傳者，或爲楊，或爲陽，無定字也。江南地志云：郡國有赭山〔一〕，其山丹赤。寰宇記云：赭山亦名丹山〔二〕。唐天寶中改爲絳巖山，丹陽之義出此。山臨平湖〔三〕，湖亦以丹陽名。今此山在溧水、句容兩縣之間。以此證之，則丹爲山名，山南爲陽，故曰丹陽，字從陽者爲是。晉地理志於丹楊郡之丹楊縣注云：山多赤柳。以此證之，「丹楊」即赤柳之異名，字從楊者爲是。二字各有所據，世或疑之。切謂古史字多通用〔四〕，如豫章名郡，取義於木，而字不從樟；會稽名郡，取義會計，而字或從鄶，豈容以今字之拘而疑古字之通哉！況柳之赤、山之丹，未必不互相因也。丹山之有「丹楊」，則因木取義宜也；丹楊山之南曰「丹陽」，則因方取義亦宜也。二字之通，毋庸深辨，而地則不可不辨耳。蓋地之名丹陽者不一，周成王封熊繹於丹陽，乃荆楚之所始，其地在荆州，不在揚州。唐地理志丹州咸寧郡有府五，丹陽居其一，此在關内道，古雍州之域，亦不在揚州。史記：楚懷王與秦戰於丹陽。司馬貞索隱云此丹陽在漢中。則又屬梁、益之州，而非揚州也。秦置鄣郡，有縣曰丹陽；漢改故鄣爲丹陽郡，此實隸揚州。孫吴析溧陽以北六縣爲丹陽，治建業，亦隸揚州。自東晉以至於唐，丹陽郡有分有合，而皆隸揚州，其名偶與荆、雍、梁、益之丹陽同，而其地實異。蓋九州之域，自禹而分，不可紊也，如秭歸縣有丹陽城，枝江縣有丹陽聚，地皆屬荆；北史中有封丹陽侯者數人，地皆在雍。於此無辨，則丹陽見於史傳者多，前之以彼爲此者，未必知其訛，今之書此遺彼者，未必不疑其略矣。丹陽之地名不一〔五〕，固所當辨，而丹陽之屬揚州者〔六〕，其治不一，或者猶有疑焉。漢志云丹陽郡治宛陵，蓋今之寧國府也；杜佑通典云以丹陽郡隸潤州，蓋今之鎮江府也；吴寶鼎中，嘗割丹陽附吴興，蓋今之安吉州也。人多惑於三説，遂疑丹陽之不在建業，殊不知丹陽之名本出建業，而郡治寓於宛陵者暫爾。自建安以來，丹陽郡治常在建業，常以宰輔、諸王爲尹，隋以前未嘗改也。夫置丹陽治建業者，孫權也；割丹陽附吴興者，孫晧也。平吴以後，復吴興所有之丹陽歸於建業者〔七〕，晉也；平陳以後，廢丹陽郡而置溧水縣者，隋開皇也；廢蔣州而復置丹陽郡者，隋大業也；以江寧、溧水復置丹陽縣者，唐武德也。嘗考潤州類集曰：今之潤境，舉非丹陽地，而唐以丹陽名郡，何也？蓋天寶以前，唯有潤州，未有昇州，是時潤所領縣六〔八〕，江寧、句容在焉，二縣爲丹陽故地，天寶初改州爲郡，因以名之。迨至德二載，始割出二縣，增以溧陽、溧水建爲昇州，而丹陽之名遂存於潤。杜佑通典以天寶以前州縣爲定，故載潤而闕昇。後之作方志者曾不審此，往往只據佑所書，而在秦在漢皆繫於二郡之間，誤矣。又云：漢元封二年，改鄣爲丹陽，其城在今江寧府東南八里，即漢丹楊太守及晉丹楊尹之所治。隋平陳，廢之，平其城以爲田。大業初，復置。唐武德九年，又廢之，以其縣隸潤州。天寶元年，始改潤州爲丹陽郡，又改曲阿爲丹陽縣，皆非兩漢、六朝之丹陽也。又嘗考諸縣治，漢丹陽郡統縣十七，秣陵、句容、丹陽、溧陽、江乘隸焉。晉丹陽郡統縣十一，建鄴、江寧、丹陽、溧陽、江乘、句容、秣陵皆隸焉。隋丹陽郡統縣三，江寧、溧水隸焉。其丹陽名縣於潤境者，亦唐天寶以後也，非兩漢、六朝之舊也。戚氏曰：丹陽，史記作陽從阜；漢志書郡從木，書縣從阜；東漢、吴、齊三志，唐通典，並從阜；晉、宋、唐三志，並從木；自餘或從阜，或從木；今志從史記從阜爲定。又按今鄧州堵陽縣有丹水，在漢江者〔九〕，即秦人戰楚之地，不屬梁益州，前志誤也。

歷代廢縣。

秣陵縣，江寧。金陵，建業。更治所凡六。楚威王築城石頭，號曰金陵。秦始皇改爲秣陵，屬鄣郡。實録云：秦縣城在舊江寧縣東南六十里〔一〇〕，秣陵橋東北，今有秣陵浦。漢屬丹陽郡〔一一〕，武帝封江都王子纏爲秣陵侯。漢書地理志注：王莽改秣陵爲宣亭。後漢復爲縣。孫權自京口徙治，改曰建業。晉太康元年，復爲秣陵，治在今縣南六里。三年，分淮水北爲建業，南爲秣陵。宋書云：縣治去京六十里，今故治村是也。義熙九年，移於鬬場柏社。通鑑注：鬬場，猶今言教場。晉成帝咸和中，詔内外諸軍戲於南郊之場，因名戲場，亦曰鬬場。實録云：在江寧縣東南，度長樂橋，古丹陽郡是也。元熙元年，省揚州禁防參軍，縣治移其處。圖經云：在宫城南八里一百步小長干巷内。梁末，北齊軍於秣陵故城，跨淮立橋柵，當是其處〔一二〕。隋并入江寧。宋景德二年，置秣陵鎮。今設巡檢司，在江寧縣東南五十里。建業縣。上元。晉書：太康三年，分秣陵淮水北爲建業。建興初，避帝諱，改建康縣。舊有城，在吳冶城東。實録云：縣治在故都城宣陽門内古御街東〔一三〕。寰宇記云：咸和六年，徙出宣陽門外御街西，建初寺門路東。即費舊基〔一四〕，在臺城南七里，今城内法性尼寺地，縣在寺北一百步云。隋省入江寧。江乘縣，秦置。方輿志云：始皇登會稽，從江乘還過吳〔一五〕。漢屬丹陽郡，王莽改曰相武。後漢復置。吳省爲典農都尉。晉武帝復置，咸康七年，析南境爲臨沂，屬琅邪郡。陳大建元年，屬建興郡。南徐州記云：縣西有江乘浦。圖考：江乘，按建康志云在城西北十七里。南徐州記云：在縣西二里，有浦發源於石頭，東入大江，因以爲名。又按吳徐盛作疑城，自石頭至江乘，當在石頭之東北，幕府之西南也。建康志圖載江乘於琅邪東，恐非。府志：江乘縣，史記正義並括地志俱云在句容北。通鑑注：在建業東北，而圖考辨其在西北，蓋本南徐州記、建康志。但考諸地理，始皇還過吳，遂並海上，則正義、括地足徵，況臨沂自江乘分，豈容在西北哉。圖考又以徐盛疑城自石頭至江乘爲據，然盛本傳云綿亘數百里，夫自石頭至幕府山，固無數百里也。父老謂竹里路昔時路行山間，繞攝山之北，由江乘羅落以達建康，是江乘在東北無疑。

丹陽縣，漢元朔初〔一六〕，封江都王子敢爲丹陽侯。後漢爲縣。晉封孫韶丹陽侯，南朝復爲縣。隋廢。通鑑：梁敬帝太平元年，齊兵入丹陽縣。注：縣地當在今太平州東北。武德二年，析江寧、溧水復置，屬揚州；貞觀七年，省入當塗；天寶元年，復置縣，屬丹陽郡，非舊地矣。按丹陽縣城最古，在丹陽郡城之先，而圖、志不見。史記：始皇出遊過丹陽，至錢唐。漢、晉爲縣，江左因之，並見史志，惟隋志始不載其名。唐之江寧縣，盡有今上元、江寧之境。通典謂漢丹陽縣，在江寧；唐書地志謂貞觀元年省丹陽縣入當塗，則知丹陽故境幷入江寧、當塗明矣。而其故城地，慶元志引晉陶回傳小丹陽道爲證。戚氏云：考前史，不但此一事也，吳吕範從孫策攻破廬江，還俱東渡，到横江、當利，破張英、于麋〔一七〕，下小丹陽、湖熟，領湖熟相。後領宛陵令，討破丹陽賊，還吳，遷都督。據吳、晉史所載，則今城南六十里到金陵鎮，由金陵鎮南三十里，與太平當塗接界，有市井，宛然古治所，其地名丹陽，或呼小丹陽，即其地也。前史稱小丹陽者，當時有丹陽郡，史文例書縣名不出縣字，故吳志、晉書皆稱小以別之。其後縣廢，而丹陽之名立在鎮江，故亦呼小丹陽爾。又按：句容縣西南三十里有赤山及赤山湖，其地亦近上元之丹陽鄉，小丹陽相去雖遠，而在赤山西南，與晉書山多赤柳、在西〔一八〕，及丹山之陽之義合。當時丹陽郡治宛陵，不得不稱縣曰小丹陽以爲別，正猶沛郡治相，故稱沛縣曰小沛也。又小丹陽西南有丹陽湖，接當塗界，今府城南五十里有丹陽里，東南三十五里有赤山塘溝。蓋丹陽鄉、赤山、赤山湖、丹陽湖等，必皆丹陽縣之故境，而其治則丹陽市是也。　湖熟縣，漢屬丹陽郡，武帝封江都王子胥行爲湖熟侯〔一九〕，一名姑熟。後漢亦爲侯國。吳省爲典農都尉。晉復置，陳屬建興郡。漢興平二年，孫策攻揚州，轉攻湖熟、江乘。晉陶侃討蘇峻，毛寶燒句容、湖熟積聚。義熙九年，罷臨沂、湖熟皇后脂澤田四十頃〔二〇〕，以賜貧人。宋元嘉二十二年，浚淮，起湖熟廢田千餘頃，皆此地。二十八年，徙越城流人、淮南流人於姑熟。今太平路，古之姑熟，前志謂即湖熟，非也。元和郡國志云：在舊江寧縣東南七十里。今在上元縣丹陽鄉，今湖熟鎮〔二一〕，在縣東南六十里，去縣五十里，淮水北古城猶在。

永平縣。永安，永世。府志：漢書地理志無永平。漢元封中置，屬丹陽郡，尋廢。吳分溧陽復置，改曰永安，孫休封弟謙爲永安侯，孫晧封孫洪爲永平侯。晉武又改永世；惠帝分置平陵，並永世，凡六縣，屬義興郡，尋復舊名。宋省入溧陽。城在今溧陽州南十五里。　安業縣，唐武德二年，析江寧、溧水置，後廢。　同夏縣，梁武帝生於秣陵同夏里，大同元年，因以置縣。陳屬建興郡。隋省入江寧。圖經云：縣東十五里，有同夏浦，舊有城。今上元縣長樂鄉是其地。臨沂縣，本徐州琅邪國縣。晉咸康七年，分江乘西界僑置，屬南琅邪郡。陳屬建興郡。實録云：縣城在京江獨石山西，臨大江，在舊江寧縣北四十里。南徐州記云：縣有落星山，屬慈仁鄉，去縣四十里。今上元縣長寧鄉攝山之西白常村，蓋其地，距上元縣三十八里。懷德縣，費。晉大興元年，琅邪國人隨帝渡江者幾千户，立懷德縣以處之，屬丹陽郡，永復爲湯沐邑。後屬琅邪郡，其地寄建康北境。實録云：縣城在宫城南七里，建初寺前路東。後改曰費，移於宫城西北三里耆闍寺西。宋元嘉十五年，省入建康、臨沂。古迹編云：費縣與琅邪分界於潮溝村，在縣北九里。今在上元縣鍾山鄉。上元志：在北城鄉。即丘縣，本晉琅邪國縣。元帝置，屬南琅邪郡。宋大明五年，省入臨沂。府志：二縣俱在今上元縣東北。

【校勘記】

〔一〕郡國有赭山　底本、川本、滬本、陳本、盋本、京本缺「郡」字，據景定建康志卷五補。

〔二〕赭山亦名丹山　底本「丹」下脱「山」字，川本、滬本、陳本、盋本、京本同。按景定建康志卷五引寰宇記作「丹山」，據補。

〔三〕山臨平湖　底本「平」字缺，川本、滬本、陳本、盋本、京本同，據寰宇記卷九〇補。

〔四〕切謂古史字多通用　底本、川本「謂」作「以」，又「史」下脱「字」字，並據滬本、陳本、盋本、京本及景定建康志卷五改補。

〔五〕丹陽之地名不一　「名」，底本、川本作「各」，據滬本、陳本、盋本、京本及景定建康志卷五改。

〔六〕丹陽之屬揚州者　「屬」，底本作「地」，據川本、滬本、陳本、盋本、京本及景定建康志卷五改。

〔七〕復吳興所有之丹陽　「吳興」，底本、川本作「興吳」，據滬本、陳本、盋本、京本及景定建康志卷五乙正。

〔八〕潤所領縣六　「領」，底本、川本作「鎮」，據滬本、陳本、盋本、京本及景定建康志卷五改。

〔九〕在漢江者　底本、川本同，滬本、陳本、盋本、京本「者」上有「北」字。

〔一〇〕秦縣城　底本、川本脱「城」字，據滬本、陳本、盋本、京本及至正金陵新志卷四補。

〔一一〕漢屬丹陽郡　「屬」，底本、川本作「有」，據滬本、陳本、盋本、京本及至正金陵新志卷四改。

〔一二〕當是其處　「處」，川本、滬本、陳本、盋本、京本作「地」，與至正金陵新志卷四同。

〔一三〕古御街東　「古」，底本、川本作「右」，據滬本、陳本、盋本、京本及建康實録卷五改。

〔一四〕費舊基　滬本、盋本、京本同，川本、陳本作「廢舊基」，至正金陵新志卷四作「費縣舊基」，此疑脱「縣」字。

〔一五〕還過吳　底本「吳」下有「縣」字，據川本、滬本、陳本、盋本、京本及至正金陵新志卷四删。

〔一六〕漢元朔初　底本、川本「元」下缺「朔」字，據滬本、陳本、盋本、京本及漢書王子侯表三上補。

〔一七〕于麋　「于」，底本、川本作「於」，據滬本、陳本、盋本、京本及三國志吳書呂範傳改。

〔一八〕山多赤柳在西　「多」，底本作「名」，川本、滬本、陳本同，據盋本、京本及晉書地理志改。

〔一九〕封江都王子胥行　底本、川本「胥行」作「□紅」，據滬本、陳本、盋本、京本及漢書王子侯表三上補改。

〔二〇〕皇后脂澤田四十頃　底本、川本「脂」下缺「澤田四」三字，據滬本、陳本、盋本、京本及晉書安帝紀補。

〔二一〕湖熟鎮　底本、川本脱「熟」字，據滬本、陳本、盋本、京本及客座贅語卷五金陵古城補。

寺院。吳建初寺，江寧。大帝赤烏四年置。宋元嘉中有鳳集此山，因建鳳凰臺於寺側，更寺名曰祇園。昇明二年，齊太祖爲比丘法願造寺於其地，得外國磚爲白塔，又名白塔。唐開元中，爲長慶寺。南唐保大中，齊王景達爲先主造寺，因名奉先。宋太平興國中，改曰保寧，在飲虹橋南保寧坊内。政和七年，改爲神霄宮。建炎復舊額。建炎三年〔一〕，高宗幸江寧，權以寺爲行宮，其後即府治爲之，御座猶在寺中。法性寺，在報恩光孝觀東南。實録云：赤烏十年，胡人康僧會入境，置經行所，朝夕禮壇念。有司以聞，帝引見，具言佛教滅度已久，惟有舍利可以求請。遂於大内立壇，結靜三七日，得之。帝崇佛教道〔二〕，以江東初有佛法，遂於壇所立建初寺，在縣南二百步。江東之有佛寺，始於此也。晉改爲建寧寺。至唐以來爲尼寺，今改法性寺。按實録：建初本在吳宮中，唐縣南二百步。前志以爲即此寺，以古迹宣陽門及縣城互考之，亦未有以證其必然，若以保寧爲古建初，則本寺所記耳。晉瓦官寺，江寧。見前昇元閣下。莊嚴寺，舊在竹格渡之北，本謝尚宅也，亦名塔寺。實録：謝尚以永和四年捨宅造莊嚴寺。宋大明中，路太后於宣陽門外太社西藥園造莊嚴寺，改此爲謝鎮西寺。至陳太建元年，寺爲延火所燒；後五年，豫州刺史程文秀更加修復，宣帝敕改名興嚴寺。宋紹興中，徙今真武廟北。耆闍寺，在城西北五里。宋湘宮寺，舊在青溪中橋北，唐以後徙置清化市北。近有人於上元縣治後軍營中掘出斷石，上有「湘宮寺」三字，以此知舊寺所在，與實録注合。東出青溪桃花園，皆今縣東地也。寺本宋明帝舊宅，備極壯麗〔三〕。欲造十級浮圖而不能，乃分爲二。新安太守巢尚之罷郡，入見，上謂曰：「卿至湘宮寺未？此是我大功德，用錢不少。」散騎常侍虞愿侍側，曰：「此皆百姓賣兒鬻婦錢所爲〔四〕，佛若有知，當慈悲嗟愍。罪高浮圖，何功德之有！」上怒，使人曳下殿，愿徐去無異容。齊始安王遥光以東府城叛，蕭坦之假節討之，屯湘宮寺。歸善寺，在大東門外。蕭帝寺，在城東南隅。寺後有周處書臺，前有郗氏窟，郗后化蟒蛇倉也。梁天監十三年造，令蕭子雲飛白大書寺額。後李約見之，得一「蕭」字，破産載歸東洛，建小齋玩之，號曰「蕭齋」。南唐保大中，更名法光寺。宋曰鹿苑寺，今廢。鷲峯寺，近上水閘，古東府處也。迴光寺，在舊院内。舊院，國朝設教坊於此。報恩寺，在聚寶門外大長干里。寺有阿育王舍利塔。梁天監元年，立寺曰長干。大同三年，改造阿育王塔。又有晉高悝所施金像，隋文帝徙置長安〔五〕。南唐時，廢爲營廬。宋天禧二年，改爲天禧寺。祥符中建塔，號曰聖感。元至元二十五年，改額曰元興天禧慈恩旌忠寺。至順初，重修塔，元末毀於兵。本朝永樂十年重造，賜今額。畢工於宣德初。殿制同宮宇，純用琉璃爲塔，凡九級，八面、門牖、垂拱、闌檻屬屭吻鴟尾，不施寸木，照曜雲日，内篝燈百四十有四，光照百里。上設黃金珠寶頂，圍可數丈。雨夜，舍利出輪相間，如火珠有聲，人多見之。碑出御製文，額乃朱孔陽書也。嘉靖末雷火，宮殿俱毀，惟塔存焉。寺左有三藏塔院，祀玄奘法師。殿後石塔，唐時建，云藏法師爪髮，亦勝處也。梁同泰寺，在北掖門外路，西南與臺城隔路。實録：梁大通元年，創此寺〔六〕。寺在宮後，別開一門〔七〕，名大通，對寺南門。造大佛閣。大同十年，震火，所焚略盡，即更造，未就而侯景亂。南唐以爲淨居寺，尋又改圓寂寺，其半爲法寶寺。案楊吳順義二年，以同泰寺基之半，爲臺城千福院〔八〕，宋改名法寶寺。寺前牆外有井，耆老相傳爲陳時臙脂井，叔寶與張麗華墜而復出之所也。〔旁注〕集古録：江寧縣丞王震井記云，井在興嚴寺，其石檻銘有序稱予者，晉王廣也。寺基最闊〔九〕，淳祐七年創置精鋭軍，同泰寺舊基皆爲寨屋及蔬圃，有井在寨内。蓋精鋭軍寨在都統制司之後，都統制司在宋行宮城之後，法寶寺在精鋭軍寨之後。其都統制司地基及精鋭軍寨基，皆梁、陳宮掖舊地，故景陽殿基及臨春、結綺、望僊三閣故址，與臙脂井皆在寨内。戚氏云：法寶寺老僧猶能記其祖師之言，謂宋行宮城後門，乃梁、陳宮城前門。今法寶寺門牆外，即梁大通門也。

長干寺，江寧。在府城南門外，梁天監元年立。宋天禧二年，改天禧寺。永樂中，改爲大報恩寺。

開善寺，在蔣山，去府城十五里。梁天監十三年，以定林寺前岡獨龍阜葬誌公，永定公主以湯沐之資造浮圖五級於其上。十四年，即塔前建開善寺。宋太平興國五年，改爲太平興國禪寺。今靈谷寺是其地〔一〇〕。陳書：後主幸鍾山開善寺，召從臣坐於寺西南松林下，敕張譏竪義。時索麈尾未至，後主敕取松枝〔一一〕，手屬譏曰：「可代麈尾。」

光宅寺，江寧。本梁武帝故宅，捨爲寺。舊基在城東南七里，嘗建明覺寺，後徙置黄家塘側。塘在縣南菜園務〔一二〕。楊吴興教寺，在石頭城，去府城一里。在今清涼門内，在石頭城處。吴順義中，徐温建。南唐昇元初，改爲石頭清涼大道場。宋太平興國五年，改曰清涼廣惠禪寺。元大龍翔集慶寺，江寧。在城正北隅閃駕橋北，天曆元年建〔一三〕。世紀云：本在城中大市橋北。國初賜名天界善世法門，洪武二十一年災，住持宗泐請重建。乃徙於聚寶門外善世橋南，大建刹宇，賜芋田、蘆洲以贍僧衆，以寺爲僧録司統領諸刹。天界寺，在聚寶門外善世橋南，即元龍翔集慶寺。舊在閃駕橋北。元文宗即位，詔以金陵潛宫建寺，賜額龍翔集慶。國初更曰天界，榜寺門曰善世法門。洪武戊辰，寺災，尋徙建今所，僧録司在焉。永樂初，即寺後建毗盧閣、栴檀林。寺尋復毁，僅存大雄殿。弘治中，廊廡始完。元史蓋苗傳：天曆初，文宗詔以建康潛邸爲佛寺，務窮壯麗，毁民居七十餘家，仍以御史大夫督其役。苗上封事諫。

南唐都城，周二十五里四十步，楊吴順義中築。初六朝舊城在北，去秦淮五里。故淮上皆立浮航，緩急則撤航爲備。孫吴沿淮立栅。吴王溥時，徐温改築，稍遷近南，夾淮帶江，以盡地利。西據石頭，今石城、三山二門。南接長干，今聚寶門。東以白下橋爲限，今大中橋。北以玄武橋爲限。今北門橋。橋所跨水，皆昔所鑿城濠也。有上下水門，以通淮水出入，今通濟、三山二水門。宋、元皆因之。宋行宫在天津橋北，宫中有寢殿，前有朝殿，後有復古殿，北有羅木堂，西南有進食堂，又有内東宫、孝思殿，大射、小射二殿，直筆、天章二閣，又有資善堂、學士御輦等院。南史：「裴邃廟在光宅寺西，堂宇宏敞，松柏鬱茂。范雲廟在三橋，蓬蒿不翦。梁武帝南郊，道經二廟，顧而嘆曰：『范爲已死，裴爲更生。』」

法王寺，在烏衣巷白塔寺東。晉末龜茲國沙門鳩摩羅什以道聞於時。隆安三年，遣使往姚秦，迎致之。至，帝躬出朱雀門迎之。歷試神驗，施地建寺，賜額法王，諸什居焉，尊爲三藏國師。寺久毁。至順間，天禧主僧復構寺。今并入報恩寺。按三藏塔院或即此地，今訛爲玄奘塔，未可知也，姑書以俟博識者。

能仁寺，在聚寶門外永福寺南，舊在臺治東南。宋政和七年，改今額。國初寺災，洪武戊辰，改建今所，命僧住持爲瑜伽教，仍率衆僧從焉。

碧峯寺，在聚寶門外能仁寺北。即古瑞相院，亦鐵索寺故基。國初爲僧金碧峯建寺，賜今額。

西天寺，在聚寶門外，近報恩寺後垣。永樂十五年，爲西天僧枚的達建，賜今額。

高座寺，在雨花臺南，一名甘露寺。晉永嘉中，西竺僧尸梨密到中國，止大市，號高座道人，卒葬於此。元帝爲樹刹於冢所，因名高座。國朝洪武中，重修。舊一名永寧寺，今分爲二，並峙於梅岡，東西相向。

弘覺寺，在牛首山，舊名佛窟寺。梁天監二年，司徒徐度建（一四）。唐大曆元年，敕修浮圖七級，相峙東西峯頂。宋太平興國二年，更名崇教寺。國初正統間，改今額。

幽棲寺，一名祖堂寺，在安德門外三十五里。劉宋大明三年建，寺在幽棲山，故名。唐貞觀初，僧法融爲南宗第一禪師，遂改山曰祖堂，因以名寺。楊吳太和二年，改曰延壽院。宋治平中，復舊額。花巖寺，在幽棲山陰，即古之獻花巖。成化中建寺。普惠寺，在三山門外，乃渡江人士餞送之處。華嚴寺，在小安德門外，臨河。寺僧以樹藝爲業，城中花果所自出。

靈谷寺，在蔣山東南。宋元嘉中，僧寶誌建道林寺。梁改名開善。宋改太平興國寺。本朝洪武初，徙建於此，更今名。自山門入，松徑五里乃至寺，其中路履之有聲，鼓掌則聲若彈絲，俗呼琵琶街。梵王中殿不施一木，皆壘甓空洞而成。其殿廡規制，仿佛大内，有吴偉畫甚奇。後有浮圖，即梁葬誌公者，因移於此。石旁有古松堰幹，云高皇挂衣於上，至今蟲蟻不生。鷄鳴寺，在鷄鳴山。洪武初爲普濟禪師廟。二十年，即廟建寺。山後有寶公塔，有憑虚閣。山廣數畝，而規制盤折，高下若數里〔一五〕，後瞰玄武湖，前俯京城，登臨勝處。接待寺，在江東門外。洪武中建，以寓過江遊僧。百福寺，在石灰山東。梁武帝與誌公同遊此山，建寺曰同行，亦名聖遊。嘉祐中，易名寶林寺。洪武中重建，易今名。法堂前有奇樹。靜海寺，在儀鳳門外。洪熙元年，賜額。祈澤寺，在高橋門外，劉宋時建。梁即寺置龍堂，世爲祈禱之所。清涼報恩寺，在石頭山。楊吴爲興教寺，南唐名石城清涼寺。洪武中，易今名。棲霞寺，在攝山，即明僧紹故宅也。劉宋泰始中建，隋造舍利塔於寺後。唐改曰功德寺，南唐曰妙因。宋曰普雲，又改嚴因崇報禪寺。洪武中復曰棲霞，與靈谷俱有賜田若干畝，蠲其常税焉。弘濟寺，在石灰山北，臨大江。洪武初建觀音閣，正統初即閣建寺。定林寺，在方山。舊名上定林寺，在蔣山，宋乾道中徙此。草堂寺，在鍾山鄉，舊在蔣山。宋改隆報寶乘寺。正統中，徙建，復名草堂。幕府寺，在石灰山。承恩寺〔一六〕，在大中街北。景泰中建。鷲峯寺，在上水門南。成化中建。興善寺，在太平門内。吉祥寺，在上元縣西北六里。嘉善寺，在太平門外鐵石岡。有蒼雲巖，最奇勝。

朝天宫，在全節坊。即吳冶城、晉西州城，劉宋國學，皆其地。楊吳時，建爲紫極宫。宋改名祥符，尋改天慶觀。元名玄妙觀，天曆中升爲大元興永壽宫。洪武十七年，重建，易今額。凡大朝賀，將行禮，百官前期於此習儀。宫西偏有西山道院，東有東麓亭，眺覽得城中之半。天妃宫，在儀鳳門外。洞神宫，在淮青橋西。宋景定中建。

第宅。徐太傅宅，在大功坊。左帶秦淮，右古御街。公以開國元勳，洪武初賜第於此。聖祖嘗幸其宅，至今廳事客席，不敢據正〔一七〕，大門中扉，亦不輕啓。宅内東南隅，有家廟在焉，歲時致祭，著太常祀典。

陵墓。吳大帝陵，在鍾山陽。今孫陵岡上，有步夫人墩，墩側即冢地。中山徐武寧王墓，在鍾山之西，即古草堂寺基〔一八〕。有御製神道碑。開平常忠武王墓。岐陽李武靖王墓，在鍾山陰。蘄國公康茂才墓，在幕府山。江國公吳良墓，海國公吳楨墓，滕國公顧時墓，許國公王志墓，並在鍾山陰。

晉穆帝永和七年七月甲辰夜，濤水入石頭，溺死者數百人。簡文帝咸安元年十二月壬午，濤水入石頭。孝武帝太元十三年十二月戊子，濤水入石頭，毀大桁，殺人。十七年五月甲寅，濤水入石頭，毀大桁。安帝元興三年二月庚寅夜，濤水入石頭，商旅方舟萬計漂敗流斷，骸胔相望。三年二月己丑朔夜，濤水入石頭，殺人，毀大桁。義熙元年十二月己未，濤水入石頭。二年十二月己未夜，濤水入石頭。四年十二月戊寅，濤水入石頭。宋順帝昇明二年七月丙午朔，濤水入石頭。通鑑：肅宗上元元年，李峘闢北固爲兵場，插木以塞江口。劉展軍於白沙，設疑兵於瓜洲，多張火鼓，若將趣北固者，如是累日，峘悉鋭兵守京口以待之。展乃自上流濟襲下蜀。注：此自白沙濟江也。昇州東北九十里，至句容縣有下蜀戍，在句容縣北，近江津〔一九〕。宋書蕭思話傳：思話嘗從太祖登鍾山北嶺，中道有磐石清泉，上使於石上彈琴，因賜以銀鍾酒〔二〇〕，謂曰：「相賞有松石間意。」初學記：徐爰釋門略曰，建康北十餘里有鍾山，舊名金山。漢末，金陵尉蔣子文討賊，靈發於山，因立蔣侯祠，故世號曰蔣山。庾闡揚都賦注曰：建康宮北十里有蔣山。輿地志謂之鍾山。元皇帝未渡江之年，望氣者云蔣山上有紫雲，時時晨見。山謙之丹陽記曰：京師南北，並有連嶺，而蔣山獨隆崛峻異，其形象龍，實揚都之鎮也。孫權葬山南，因山爲名，號曰蔣陵。

山陵考。吳大帝陵，在鍾山南八里，舊名孫陵亭。　晉十一帝陵，俱上元縣境內。惟安帝起墳，餘皆不可辨。宋武帝葬初寧陵，文帝葬長寧陵，俱在蔣山。孝武帝葬景寧陵，在上元縣南巖山之陽。陳高祖萬安陵，在府城東二十五里，名陵里。上元志：吳大帝陵，在鍾山陽。今名孫陵岡，上有步夫人墩，墩側即冢地。晉元帝建平陵，明帝武平陵，成帝興平陵，哀帝安平陵，並在鷄鳴山，皆不起墳。穆帝永平陵，在幕府山西。康帝崇平陵〔二一〕，孝武帝隆平陵，安帝休平陵，恭帝沖平陵〔二二〕，並在鍾山。宋武帝初寧陵，在鍾山。文帝長寧陵，與初寧近。明帝高寧陵，在幕府山陽。陳高祖萬安陵，在城東三十五里，舊名陵里，又曰天子林〔二三〕。古彭城驛側，石獸尚存，今呼石馬衝。文帝永慶陵，在陵山南，雁門山北。

晉成帝杜皇后母裴氏，封高安鄉君。至孝武，進封廣德縣君。裴氏壽考，號曰杜姥，建康有杜姥宅。南史：義熙初，師子獻玉像，高四尺二寸，玉色潔潤，形制殊特，殆非人功。歷晉、宋，在瓦官寺。先有徵士戴安道手製佛像五軀，及顧長康維摩畫閣圖，世號三絕。至齊東昏毁玉像，先截臂，次取身，爲潘貴妃作釵釧。陶弘景上表辭禄，及發，公卿祖之征虜亭，供帳甚盛，車馬嗔咽。到溉居，近淮水，齋前山池有奇石，長一丈六尺，武帝戲與賭之，迎石置華林園。移之日，都下傾城縱觀，所謂到公石也。

宋周必大記金陵登覽曰：按吳志，吳孫權十六年，徙治秣陵，明年城石頭，改秣陵爲建業，今城東北覆舟山是也。六朝臺城雖稍南徙，然其大半猶在今北城之外，故出北門數里，地皆平衍。其又北，今教場地方，爲當時玄武湖也。南唐立國，宫室市益向西南。本朝因之。故晉之冶城，乃在今城内，爲天慶觀。而晉之石頭城，以禦外虞，今僅在西門外。晉之朱雀航跨淮水，亦爲防遏之衝，今則包之城中矣。蓋自吴以來凡三徙，每徙則捨東北而就西南。至於面對牛首山以爲天闕，左映鍾山龍盤之勢，右帶石頭虎踞之形，今爲得之。

【校勘記】

〔一〕建炎三年　底本、川本「三年」作「二年」，據滬本、陳本、盋本、京本及景定建康志卷四六、至正金陵新志卷一一改。

〔二〕帝崇佛教道　「佛教道」，川本、滬本、陳本、盋本、京本作「佛道」，與至正金陵新志卷一一同。建康實録卷二作「佛教」。

〔三〕備極壯麗　底本、川本缺「備」字，滬本、陳本、盋本、京本爲「窮」字，據至正金陵新志卷一一補。

〔四〕此皆百姓賣兒鬻婦錢　底本脱「百姓」二字，據川本、滬本、陳本、盋本、京本及南齊書虞愿傳補。

〔五〕長安　「安」，底本作「干」，據川本、滬本、陳本、盋本、京本及至正金陵新志卷一一改。

〔六〕創此寺　「此」，底本、川本作「北」，據滬本、陳本、盋本、京本及建康實録卷一七改。

〔七〕别開一門　底本缺「别」字，川本、滬本、陳本同，據盋本、京本及建康實録卷一七補。

〔八〕千福院　「千」，底本、川本作「于」，據滬本、陳本、盋本、京本及景定建康志卷四六改。

〔九〕寺基最闊　「最」，底本作「俱」，據川本、滬本、陳本、盋本、京本及景定建康志卷四六、至正金陵新志卷一一改。

〔一〇〕改爲太平興國禪寺今靈谷寺是其地　底本、川本「今靈谷寺是其地」敘列於「改爲太平興國禪寺」之後，據滬本、陳本、盋本、京本及景定建康志卷四六乙正。

〔一一〕時索麈尾未至後主敕取松枝　底本「麈」作「塵」、「松」作「柘」，並據川本、滬本、陳本、盋本、京本及陳書張譏傳改。

〔一二〕塘在縣南菜園務　「南」，底本作「内」，川本、滬本、陳本、盋本、京本作「南」。至正金陵新志卷五：「黄家塘，在城南菜園務。」此「内」爲「南」字之誤，據改。

〔一三〕天曆元年　底本缺「元」字，川本、滬本、陳本、盋本、京本同，據至正金陵新志卷二補。

〔一四〕司徒徐度　「司徒」，川本同，滬本、陳本、盋本、京本作「司空」。陳書徐度傳、南史徐度傳均云其於陳廢帝即位，「進位司空」，未言官居司徒事。未知孰是。

〔一五〕高下若數里　「若」，底本、川本作「共」，據滬本、陳本、盋本、京本及萬曆上元縣志卷五改。

〔一六〕承恩寺　「承」，底本、川本作「永」，據滬本、陳本、盋本、京本及明統志卷六、萬曆上元縣志卷五改。

〔一七〕不敢據正　「正」，底本作「立」，據川本、滬本、陳本、盋本、京本及萬曆上元縣志卷五改。

〔一八〕即古草堂寺基　底本脱「寺」字，川本、陳本同，據滬本、盋本、京本及萬曆上元縣志卷五補。

〔一九〕通鑑至近江津　川本同，滬本、陳本、盋本、京本並將此段所叙改列入句容縣下。

〔二〇〕賜以銀鍾酒　底本脱「銀鍾」二字，川本同，據滬本、陳本、盋本、京本及宋書蕭思話傳補。

〔二一〕康帝　「康」，底本、川本、滬本作「唐」，據陳本、盋本、京本及建康實録卷八改。

〔二二〕恭帝沖平陵　「沖」，底本、滬本、陳本作「坤」，據川本、盋本、京本及晉書恭帝紀、建康實録卷一〇改。

〔二三〕又曰天子林　「林」，底本、川本作「陵」，據滬本、陳本、盋本、京本及景定建康志卷四三、萬曆上元縣志卷五改。

蘇州府

禹貢揚州之域。至周，泰伯讓國來奔，在今無錫梅里。〔眉批〕史記正義云：泰伯居梅里，在常州無錫縣東南六十里。至十九世孫壽夢居之，號句吳。吳越春秋：泰伯自號句吳〔一〕，起城在西北隅，名曰故吳。注：泰伯所都謂之吳城，在梅里平墟，今無錫縣境。其後，楚封春申君黃歇爲相，以吳故墟爲都邑，即此地。梅里在無錫縣東三十里者，是古梅里。在今常熟縣東三十六里者，乃五代時吳越以梅、李二將駐兵於此，防遏李唐〔二〕，遂成聚落，因名梅李。始號句吳。武王克殷，因以封其後。至壽夢益大，諸樊南徙。吳，闔廬始城都之。吳亡，地入越。越亡，入楚，考烈王以其地封春申君。秦置會稽郡，治吳。項梁起兵吳中，遂有其地。漢高祖五年，滅楚；六年，立從兄賈爲荆王，更會稽爲荆國，都吳；及賈被殺，國除，復爲會稽郡；十二年，封兄子濞爲吳王。濞誅，國除，復爲郡。元封元年，東越平，以其地來屬，而立東部都尉。後徙章安。陽朔初，徙鄞，又徙句章。順帝時，分浙江以西爲吳郡，紀：永建四年，分會稽爲吳郡。領縣十三：吳、海鹽、烏程、餘杭、毗陵、丹徒、曲阿、由拳、永安〔三〕、富春、陽羨、無錫、婁。以東爲會稽郡，還治山陰。三國吳爲吳郡，領縣十五：吳、婁、海鹽、嘉興、富春、建德、桐廬、新昌、鹽官、新城、陽羨、永安、臨水、烏程、餘杭。寶鼎元年，割陽羨、永安、餘杭、臨水、烏程屬吳興郡。晉太康元年，屬揚州刺史。四年，割吳縣置海虞縣。統縣十一：吳、嘉興、海鹽、鹽官、錢唐、富春、桐廬、建德、壽昌、海虞、婁。與吳興、丹陽號三吳。二年，分置毗陵郡。東晉爲吳國，置内史，行太守事。宋永初中，罷吳國，仍爲郡，領縣十二。仍有新城。元嘉中，以揚州浙江西屬司隸校尉。大明七年，割屬南徐州。八年，屬揚州。齊因之。梁初，分婁縣地置信義郡。侯景之亂，改吳州，尋復爲郡。陳永定二年，割鹽官、海鹽屬海寧郡。禎明元年，分置吳州，以錢塘爲屬郡。隋開皇九年，改蘇州。以姑蘇山爲名。領縣五：吳、崑山、常熟、烏程、長城。十一年，移治橫山東。即今新郭。大業初，復改吳州。三年，仍改吳郡。隋初，郡隸揚州行臺。大業末，隸徐州總管〔四〕。隋末，劉元進、沈法興、李子通相繼據之。唐武德四年，復爲蘇州，置總管。六年，輔公祏陷之。七年，平公祏，置都督，督蘇、湖、杭、暨四州，州復舊治。九年，罷都督，屬潤州，復還舊城。貞觀元年，隸江南道。神龍二年，隸本道巡察使。景龍二年，隸按察使。景雲二年，隸揚州都督。開元二十一年，置採訪使，爲江南東道理所。天寶元年，改吳郡。至德二載，復爲蘇州。從此通稱爲蘇州吳郡。乾元二年，屬浙江西道節度使。二年，置長洲軍，大曆五年廢。永泰元年，改節度爲處置觀察使，治蘇。大曆十三年，爲雄州，領縣七：吳、長洲、嘉興、海鹽、常熟、崑山、華亭。黄巢之亂，錢鏐奄有浙西。光啓三年，六合鎮將徐約攻陷蘇州。龍紀元年，鏐遣其弟銶討約〔五〕，破走之。

大順元年七月，楊行密將李友陷蘇州；九月，孫儒圍蘇州，十一月陷之，殺李友。二年，錢鏐復平蘇州。乾寧三年，楊行密將臺濛陷蘇州；五年，錢鏐復平之。梁開平二年，楊行密復圍蘇州；三年，錢鏐復破走之，割吳縣地置吳江縣。貞明三年，吳越自稱蘇州爲中吳府。後唐同光二年，升中吳軍。晉天福三年，析嘉興置崇德縣；四年，置秀州。宋開寶八年，改平江軍節度，仍爲蘇州，屬江南東道。太平興國三年，錢俶納土，屬兩浙路，置轉運使。熙寧五年，徙杭。熙寧七年，屬浙西路。政和五年，升平江府。以徽宗嘗節鎮。宣和五年，置浙西提舉司。建炎四年，置浙西提點刑獄司，並治於此。嘉定十年，割崑山地置嘉定縣。凡領縣六：吳、長洲、崑山、常熟、吳江、嘉定。元至元十二年，以府治爲江淮行省，以提刑司爲兩浙大都督府，置浙西路軍民宣撫司。十四年，改宣撫司爲平江路總管府，改浙西路爲浙西道，屬江淮行省。在城四廂置録事司以治之；十八年，升平江路達魯花赤總管府；二十六年，改江淮行省爲江浙行省，移治杭州。至正十六年，張士誠據之，改隆平府；十七年，復爲平江路。國朝吳元年，改蘇州府，直隸中書省。今隸南京。洪武八年，以揚州崇明縣來屬。弘治十年，割崑山、常熟、嘉定地置太倉州，凡領州一，縣七。

吳縣　附郡城西。秦置。王莽改名泰德，後漢復舊。隋開皇九年，楊素移治横山東。唐武德七年復舊。縣志：八年，省嘉興縣入吳縣。開元四年，升望縣。今管里五百一十一。大曆十二年，復嘉興縣。

長洲縣　附郡城東。唐萬歲通天元年〔六〕，分吳縣之北境置。以長洲苑名。乾元二年，改長洲軍。大曆五年，仍爲縣；十二年，升望，又割吳地置華亭縣〔七〕。今管里七百四十一。

崑山縣　在府東七十里。秦婁縣。以婁江名。梁天監六年，分置信義縣，屬信義郡。今縣西二十里，村曰信義，亦曰真義。大同初，改婁縣爲崑山縣。以東有崑山名。今山分屬華亭界。舊志：梁改信義。大同初，又分信義置崑山縣。隋開皇九年，二縣俱廢；十八年，復置崑山縣，隸蘇州。唐天寶十載，太守趙居貞奏分縣之南境及嘉興、海鹽之縣地，置華亭縣。大曆十二年，升緊。會昌四年，升望。宋嘉定十年，析安亭、春申、平樂〔八〕、醋塘、臨江五鄉，置嘉定縣。元元貞元年，升州。延祐元年，徙治太倉。至正十七年，復舊。國朝洪武二年，復爲縣，管里三百三十八。弘治十年，割湖川、新安二鄉及惠安鄉之半，置太倉州。

常熟縣　在府北九十里。本漢吳縣虞鄉。吳孫權時，嘗置虞農都尉。晉太康四年，分吳縣之虞鄉，置海虞縣。以虞山名。東晉初，割海虞北境，置剡、朐、利城三縣，爲東海郡。縣西北有地名沙中，咸康七年，分海虞置南沙縣，屬晉陵郡。梁天監六年，分婁縣地置信義郡，領海陽、前京〔九〕、信義、海隅、興國、南沙六縣。大同六年，以南沙爲常熟，仍隸信義郡。梁大同六年，分置常熟縣〔一〇〕，屬信義郡。隋開皇中，廢信義郡〔一一〕，并所領海陽、前京、信義、海虞、興國、南沙入常熟〔一二〕，治南沙城。後又廢晉陵郡，分常熟地置常州，以常熟隸蘇州，移常州治於晉陵縣。唐武德七年，移治海虞城，即今治。元元貞二年，升州。國朝洪武二年，復爲縣，管里五百一十四。縣北三十里有南沙鄉。齊以南沙爲常熟縣，今崑山縣一百三十里常熟故城是也〔一三〕。前志及紹興題名記皆謂梁改南沙爲常熟。吴地記載仲雍冢在吴郡常熟縣虞山。記乃齊永明間陸澄所作，則在齊已有常熟之名，曰梁改恐誤。按梁書，梁初，分婁縣置信義郡。大同初，復分信義置崑山縣。隋初，廢信義入常熟。時崑山亦廢，故信義爲常熟地。至開皇十八年，復置崑山縣，信義當歸崑山。又按吴郡志：崑山西二十里，有村曰信義，土人或訛爲鎮義〔一四〕。據此二説，則信義非常熟地矣。然前志縣有信義坊，又舊琴心橋亦名信義，必有其故，更俟博考。

吴江縣　在府東南四十五里。本吴縣之松陵鎮，五代梁開平三年，吴越王錢鏐析置，立南北兩城防遏使所。元元貞二年，升州。國朝洪武二年，復爲縣。管里五百六十二。

嘉定縣　在府東一百四十里。本崑山縣之疁城鄉，宋嘉定十年，知府趙彦橚奏割崑山縣安亭等五鄉，於練祁市置縣。元元貞二年，升州。國朝洪武二年，復爲縣。管里六百六十八。

太倉州　在府東一百十里。本崑山縣之惠安鄉，古名東倉，相傳春秋時吴王於此置倉，故名。或曰吴王濞，或曰孫權結好公孫淵，置倉於此。晉書顧衆傳：蘇峻反，賊帥張健等據吴城〔一五〕。衆自海虞，由婁縣東倉與賊戰，破之。宋時置節制司酒庫。元行海運，外海番舶皆於此市易，俗謂之「六國馬頭」。元貞二年，升崑山縣爲州，徙治太倉。至正十二年，海賊方國珍入寇；十三年，立水軍萬户府鎮之。十六年，張士誠據吴，方國珍兵後入，戰於奣子橋〔一六〕，焚掠殆盡，方氏退縮。吴時高智廣始築城。十七年，復徙州崑山。國朝吴元年，大兵下蘇州，立太倉衛。洪武十二年，又立鎮海衛。弘治十年，始割崑山之新安、惠安、湖川三鄉，常熟之雙鳳鄉，嘉定之樂智、循義二鄉，置爲州。凡三百一十二里。領縣一，曰崇明。

崇明縣　在府東三百一十四里海中。唐武德間，海中湧二洲。今東西二沙。宋時續漲姚劉沙，與東沙接壤〔一七〕。即崇明舊治。建中靖國初，又漲一洲於西北，即今之三沙。嘉定中，更置鹽場，號曰「天賜」。舊屬通州海門縣。元至元十四年，升州，隸揚州路。元史云：崇明州本通州海濱之沙，宋建炎間，有句容縣姚、劉姓者，避兵沙上，其後稍有人居，遂稱云。宋建炎五年〔一八〕，王德殲邵青之衆於崇明沙〔一九〕。國朝改爲縣。洪武八年，以其地來屬。管里一百一十。

【校勘記】

〔一〕自號句吳　底本、川本、滬本無「自」字，據盇本、京本及吳越春秋卷一補。

〔二〕李唐　「唐」，底本、川本作「庚」，據滬本、盇本、京本改。

〔三〕永安　川本、滬本、盇本、京本同，據續漢書郡國志，「永安」當作「安」。

〔四〕大業末隸徐州總管　「徐州」，川本同，滬本、盇本、京本作「吳州」。洪武蘇州府志卷一亦作「徐州」，滬諸本誤。按隋書煬帝紀：大業元年，「廢諸州總管府」，此所記「大業末」，當有誤。

〔五〕鉌　底本、川本缺，據滬本、盇本、京本及通鑑卷二五七補。

〔六〕萬歲通天　底本、川本缺「萬歲」二字，據滬本、盇本、京本及舊唐書地理志補。

〔七〕又割吳地置華亭縣　川本、滬本、盇本、京本同。新唐書地理志：華亭縣，「天寶十載，析嘉興置」。寰宇記卷九五所載同。輿地紀勝卷三：天寶十載，割崑山、嘉興、海鹽三縣地置。本書下文崑山縣所載同，此誤。

〔八〕平樂　底本作「平縣」，據川本、滬本、盇本、京本及光緒嘉定縣志卷一改。

〔九〕前京　底本作「前章」，川本同，據滬本、盇本、京本及隋書地理志改。下同。

〔一〇〕大同六年至分置常熟縣　川本同。滬本、盔本、京本後者「梁大同六年，分置常熟縣」作「隋開皇中，分置常熟縣」。按本書前者「大同六年，以南沙爲常熟」，與洪武蘇州府志卷一同，則抄之洪武志。又，元和志卷二五、寰宇記卷九一並載，梁大同六年，置常熟縣。即此書後者所本，據此，滬諸本實誤。

〔一一〕隋開皇中廢信義郡　底本、川本作「隋廢信義郡」，又「隋開皇中」四字，底本、川本錯簡於上文「梁大同六年」上，「仍隸信義郡」下。隋書地理志常熟：「梁置信義郡，平陳廢。」按隋平陳在開皇九年，即本書所云「開皇中」，則應作「隋開皇中，廢信義郡」，方合，據以改正。

〔一二〕并所領海陽前京信義海虞興國南沙入常熟　「并」，底本作「並」，川本同，據滬本、盔本、京本及洪武蘇州府志卷一改。

〔一三〕今崑山縣一百三十里常熟故城是也　川本、滬本、盔本、京本同。舊唐書地理志：「今崑山縣東百三十里有常熟故城。」此「崑山縣」下當脱「東」字。

〔一四〕鎮義　底本脱「義」字，據川本、滬本、盔本、京本補。

〔一五〕吴城　底本、川本脱「城」字，據滬本、盔本、京本及晉書顧衆傳補。

〔一六〕奣子橋　底本、川本、滬本、盔本、京本「奣」字均作「天明」二字。滬本眉批：「當作『奣』，據方輿紀要改。」按紀要卷二四作「奣」，據改。下同。

〔一七〕東沙　底本、川本作「東河」，據滬本、盔本、京本及紀要卷二四改。

〔一八〕宋建炎五年　川本、滬本、盔本、京本同。按宋建炎僅四年。建炎以來繫年要録卷四七：紹興元年九月，「邵青據通州崇明鎮沙上」。紀要卷二四記其事作「紹興初」，是。

〔一九〕邵青「邵」，底本作「郡」，川本同，據滬本、盋本、京本及宋史王德傳改。

虎丘山，在府城西北七里。吳越春秋云：吳王闔廬葬此。上有劍池，其前有山塘，唐刺史白居易鑿。陽山，一名秦餘杭山，一名萬安山〔一〕，在府城西北三十里，逶迤二十餘里。其大峯一十五，而箭缺爲絶頂。戰國策云：越王以散卒三千，擒夫差於干隧。今萬安山有遂山，即其地也。相傳秦皇校射於此〔二〕，故其下有射瀆。陽山東北有白鶴山，山産白堊，又名白墡嶺〔三〕。又名白蓮峯，以下有白蓮寺也。今名澄照寺。西爲陽抱山，西北彭山、溫山、圖山，皆近太湖。其北竹青塘〔四〕。又北曰雞籠山。又北曰甑山。東南有象山，即福壽山，盤迴不絶，至南瓜山。過爬石頭而北，曰北瓜山。又徐侯山，在陽山西北十里，其下有沈龍村，其西南出錦峯，南出玉遮，東南則鳳現嶺。過嶺爲鳳凰山，又南爲賀九嶺。過東南則爲花山。徐侯山，在陽山西北十里，一名卑猶〔五〕。吳越春秋：越王葬吳王以禮於秦餘杭山卑猶〔六〕。即此山也。花山，舊名華山，去陽山東南五里。山半有池，在絶巘，横浸山腹數十丈〔七〕，故又名天池山。上有石鼓，晉隆安中鳴，乃有孫恩之亂。支硎山，在府西南二十五里。晉支遁嘗居此。東趾有觀音寺，故又名觀音山。天平山，在支硎南五里。巍然獨出，最爲崷崒〔八〕。靈巖山，在天平山之南，府西三十里。館娃宮在焉。山下有石，可爲硯，名「⿰山蒦村石」。鄧尉山，在府西南六十里，一名光福山。其南連玄墓、銅坑諸山。穹窿山，在府西南六十里。山高而平，其頂方廣可百畝。胥山〔九〕，在太湖口。寰宇記曰：吳王殺子胥，投之於江〔一〇〕，吳人立祠於此。今胥口南有高峯山。姑蘇山，在府西南三十里，橫山西北麓，靈川南五里〔一一〕。姑蘇臺在其上。橫山，在姑蘇山東。隋書：吳縣有橫山〔一二〕。十道志云：山四面皆橫，故名。隋初，嘗遷郡於此。楞伽山，一名上方山，在橫山東北。岝崿山，在府西南一十五里，一名獅子山。太湖中山凡七十二，而洞庭莫釐二山爲大。洞庭山，去胥口西百八十里。一名包山，又名林屋山，周迴一百三十五里。遥望一島，而重岡複嶺，茂林平野，爲人區別境。其最高者曰縹緲峯。莫釐山，去胥口西南可四十里。相傳莫釐將軍所居，亦名東洞庭山，周迴八十里。又其大者曰馬跡山，今屬武進縣。湖之西北爲山十有四，馬跡最大。又東爲山四十有一，西洞庭最大。又東爲山十有七，東洞庭最大。夫椒山。賀循會稽記云：在太湖中洞庭山西北。常州志云：夫椒一名湫山，在無錫縣太湖濱。杜預注曰：吳縣西南太湖中椒山。水經注：太湖有包山，春秋謂之夫椒。馬鞍山，在崑山縣北門内。虞山，在常熟縣治西北，一名海隅山。越絕書云：巫咸所居。上有仲雍墓、梁昭明太子讀書臺。福山，在縣西北四十里〔一三〕。下臨大江，與通州狼山相直，爲東南控扼之地。寶山，在嘉定縣東南八十里。永樂十年，平江伯陳瑄督海運，築爲表識，賜名寶山，御製碑文。

【校勘記】

〔一〕萬安山　底本、川本缺「萬」字，據滬本、盋本、京本及紀要卷二四補。

〔二〕校射於此　底本、川本、滬本無「校」字，據盋本、京本及紀要卷二四補。

〔三〕山産白堊又名白墡嶺　底本「堊」作「鱔」，「墡」作「鱔」，川本同，據滬本、盋本、京本及明統志卷八改。

〔四〕竹青塘　「竹」，底本、川本作「行」，據滬本、盋本、京本及同治蘇州府志卷七改。

〔五〕卑猶　底本作「早猶」，川本同，據滬本、盋本、京本及吴越春秋卷五改。

〔六〕葬吴王以禮　底本、川本、滬本、京本無「以禮」二字，據盋本及吴越春秋卷五補。

〔七〕數十丈　川本同，滬本、盋本、京本作「逾數十丈」，同洪武蘇州府志卷一、紀要卷二四。

〔八〕最爲崷崒　川本同，滬本、盋本、京本作「視諸山最爲崷崒」，同紀要卷二四、圖書集成職方典卷六七〇。

〔九〕胥山　底本作「晋山」，川本同，據滬本、盋本、京本及紀要卷二四改。

〔一〇〕投之於江　底本、川本無「於」字，據滬本、盋本、京本及寰宇記補。

〔一一〕横山西北麓靈川南五里　底本、川本作「靈川横山西北南五里麓」，據滬本、盋本、京本改。

〔一二〕隋書吴縣有横山　底本、川本脱「吴縣有横山」，據滬本、盋本、京本及隋書地理志補。

〔一三〕在縣西北四十里　「西北四十」，底本缺，川本同，據滬本、盋本、京本及圖書集成職方典卷六七〇補。又，滬本、盋本、京本此句下有注：「一作北三十六里。」

太湖，在府西南三十餘里。一名震澤。禹貢：震澤底定。一名具區。周禮職方：揚州之藪曰具區。一名笠澤，左傳：越伐吳，吳子禦之笠澤。一名五湖，范蠡乘舟出五湖口，太史公登姑蘇望五湖。是也。五湖所以名者，張勃吳録云：周行五百里，故名。虞翻云：太湖東通松江，南通霅溪，西通荆溪，北通滆湖〔一〕，東連韭溪，凡五道，故謂之五湖。陸龜蒙云：太湖上稟咸池五車之氣，故一水五名。今湖亦自有五名：曰菱湖、游湖、莫湖、貢湖、胥湖。莫釐之東，周三十餘里，曰菱湖。西口闊二里。口之南則莫釐山，北則徐侯山，西與莫湖連。莫釐之西北，周五六十里〔二〕，曰莫湖。與胥湖相連。長山之西北，連無錫老岸，周一百九十里，曰貢湖。西口闊四五里，東南長山，山南即山陽村。長山之東，周五六十里，曰游湖。西口闊二里，東南岸樹里山〔三〕，西北岸長山。胥山之西南，在鄧尉西二十里長山，周五六十里，曰胥湖。與莫湖連。五湖之外，又有三小湖：夫椒山東曰梅梁湖，杜圻之西、魚查之東曰金鼎湖，林屋之東曰東皐里湖，通謂之太湖。王鏊曰：按周禮職方，揚州其藪具區，其浸五湖，則五湖當別有所在。然國語、史記皆指此，豈古人所謂五湖，亦自有二耶？吳地記云：五湖即太湖東岸五灣。蓋古時應別，今渺爲一矣。其大三萬六千頃，東西二百餘里，南北一百二十里，周五百里。中有山七十二。帶蘇、湖、常三府之境，東南諸水皆歸焉。其最大有二：一自寧國、建康等處入溧陽，迤邐至長塘湖，並潤州、金壇、延陵、丹陽諸水，會於宜興以入。一自宣、歙天目諸山下杭之臨安、餘杭，湖之安吉、武康、長興以入。而皆由吳淞江分流以入海〔四〕。過吳江分爲二：一自吳淞江二百六十餘里入海，一自急水港五十里下澱山湖，由港浦入海。北有百瀆，納建康、常、潤數郡之水。南有諸漊，納宣、歙、臨安、苕、霅諸水。其東則入於三江。〔眉批〕沈啓曰：按太湖之源，由西天目（天目有二，西北入太湖，東北入鶯脰湖）分而爲二：一散入固城湖，合金陵、常、潤之水，爲百瀆、荆溪。一從獨山至秋浦，納宣、歙、臨安之水，合苕、霅、梅溪，俱入太湖。唐宋以來，水患多而難治，未爲之分殺也。國朝修漢故事，築五堰於溧陽，以節金陵、宣、歙之水，盡由分水、銀林二堰趨蕪湖，達大江，是殺太湖承受之大半矣。三江：松江、婁江、東江也。禹貢：三江既入，震澤底定。史記正義曰：三江，在蘇州東南三十里。一江西南上七十里至太湖，曰松江，松江在府南四十五里。古笠澤江。一江東南上七十里至白蜆湖，名曰上江〔五〕，亦曰東江；一江東北下三百餘里入海〔六〕，曰下江，亦曰婁江。其分處號曰三江口。吴地記云：松江東北行七十里，得三江口。東北入海爲婁江，東南入海爲東江，並松江爲三江。按今三江：一自太湖從吴縣鮎魚口北入運河，經郡城之婁門者，爲婁江；一自太湖從吴江縣長橋東北合龐山湖者，爲松江；一自大姚分支，過澱山湖，東至嘉定縣界，合上海縣黄浦，曰黄浦，經嘉定江灣、青浦東北流，亦名吴淞江者，爲東江。其實皆太湖之委也。三江之外，其支流一派，東出胥山、香山之間〔七〕，曰胥口。周益公游山録云：太湖東邊，兩山對峙，南曰胥山，北曰香山，中一水曰胥口。又東出吴山之南，曰白洋灣。又東一派北出，曰鮎魚口。胥口之水，自胥口橋東行五里，轉入東西醋坊橋，曰木瀆，在靈巖山下，香水溪在焉。又東入跨塘橋，與越來溪會，曰横塘。由跨塘橋折而南，爲走狗塘，荷花蕩在焉。自香水溪分派，繞出西山而東，爲上沙水。其北流爲落星涇〔八〕，東流爲沙涇。白洋灣折北，匯於楞伽山之下，曰石湖。湖界吴縣、吴江之間，相傳范蠡從入五湖處。石湖之東，一溪北流横塘，曰越來溪。越來溪在越城東南，與石湖通，溪流貫行春及越溪二橋，以入横塘。越兵自此溪來入吴，故名。史記正義：越自松江北開渠，至横山東北入吴。即此。自此與木瀆水合流。出横塘橋東，入胥門運河，曰胥塘。北流閶門運河，曰綵雲港。自塘横北流，直入運河，曰洞涇。自綵雲港北折，出洞涇之西，曰白蓮涇。又西出江村橋，曰楓橋灣。自胥塘北流，經南濠，至閶門釣橋，與北濠山塘水會，曰沙盆潭。南濠中折而西，繞出普安橋，曰新開河。自沙盆潭西流，出渡僧橋〔九〕，會楓橋諸水北流，與虎丘山塘水合，曰射瀆。相傳吴王嘗射於此，故名。亦名石瀆。其西一水通陽山，曰白馬澗，相傳支道林飲馬處。其東繞出虎丘之北，曰長蕩。石瀆之水，横出運河，爲滸墅。其南爲烏角溪，北爲柿木涇。白鶴溪，並與運河合流。運河，一名漕河，南自嘉興，由石塘北流，經府城，又北繞白公堤，出望亭，入無錫界，達京口。隋大業六年，敕開江南河，自京口至餘杭郡，八百餘里，面闊十餘丈，擬通龍舟，巡會稽。即此。鲇魚口北出，經鱻塘，入盤門，運河折而東，至分水墩。自分水墩東流入長洲縣界，爲柳胥港，即夾浦。爲瓜涇港，爲馬尾漾。馬尾漾南北互流，轉入澹臺湖。又自分水墩南流，入吴江縣界，爲龐山湖。澹臺湖，在府城南太湖之東。史記弟子傳：澹臺子羽南游至江，此蓋其居也〔一〇〕。自此東過寶帶橋，〔眉批〕長洲志：寶帶橋，在城南十五里〔一一〕，跨澹臺湖。相傳唐王仲舒建，捐帶助工，故名。入運河，分流入黃天蕩，〔眉批〕黃天蕩，在縣東。南通尹山湖，北通金涇淹，其水從澹臺湖東過寶帶橋流入。入陳湖，入金涇淹。〔眉批〕金涇淹，在縣東，西南通黃天蕩，東南通瀆墅湖。瀆墅湖在縣東。黃天蕩之東，爲獨墅湖，爲王墓湖，爲朝天湖。三湖連綴，中微隘如川，實一水也。長洲志：按地理，則朝天在瀆墅之西，而間以諸涇，未見其連綴也。又東爲尹山湖，在縣東南，尾入黃天蕩，爲頳墩湖。一名交龍潭。爲車坊漾〔一二〕，漾比諸湖爲深〔一三〕，故又名鑊底潭。〔眉批〕鑊底潭，在縣東陳湖之尾。潭之首也，又爲吳淞江經由之道，水比諸湖爲深。陳湖之東爲闔廬浦，爲章練塘。其北爲用直浦〔一四〕。長洲志：陳湖在縣東南，左通澱山湖，右通松江。鑊底潭，在湖北過鑊底，又通吳淞江。郡志與今地圖不合。金涇淹之南爲麋瀆，北爲龍漊。〔眉批〕泖塔湖，在縣東南，與華亭界。

龐山湖，在澹臺湖東〔一五〕。自分水墩南流入甘泉橋，匯於此。其下流爲黎湖，爲菱湖，爲葉澤湖，爲新湖。葉澤湖之東爲九里湖，亦名同湖，急水港、杓頭潭、清水蕩在焉。又東爲姚城江，爲白蜆江，小龍港在焉。杓頭潭之西爲契跨湖，爲笑面湖，與汾湖接。汾湖一名分湖，分屬吳江、嘉興也。其東流入謝宅蕩、蓴菜蕩〔一六〕、南陽港，又東通三泖，入華亭界。其北流入三白蕩，又北受曹龍港，通鶯脰湖。鶯脰湖，在太湖之南，其源自天目，東流至荻塘，會爛溪水，并出平望安德橋，匯於此。其下流爲穆和溪，爲黃家涇，爲三白蕩。三白蕩之西，爲掘城湖，爲蠡澤湖，北麻漾在焉。又西爲沈張湖，九曲港在焉。北麻漾而入，爲烏蕩〔一七〕，爲蒲蕩，爲白鐵港。九曲港而入，爲後練塘，爲雷墩蕩，爲西溪，爲骨池潭。自澹臺諸湖而來，衆水互流，並入松江。長洲志：吴淞江，其流自縣西南夾浦橋迤邐而東入陳湖，過陳湖，東流入鑊底潭，至周莊，由嘉定入海。松江，禹貢三江之一也。自太湖分派，從吴江長橋北合龐山湖，轉東入長洲界。已上諸水，並屬吴江及長洲之南。其北一派，亦自鮎魚口轉入運河，經婁門而東，在婁門塘直東。爲上雉瀆。又東爲下雉瀆，又東爲沙湖。長洲志：在縣東，上通金沙漊，下通吴淞江，彌陀港横貫其中，鑊底潭、陳湖諸水無不通焉。沙湖，一名金沙湖。湖雖小，而與松江諸水吞吐，青丘、戴墟二浦在焉。婁門之北，轉出齊門塘，爲揚涇，爲蠡口，爲五潨涇〔一八〕，爲施澤湖。在縣北，與常熟界。施澤湖之西，爲尚澤蕩，爲漕湖，在縣北，左通長蕩，前通黄埭蕩。漕湖，本名蠡湖。寰宇記：范蠡伐吴，開蠡瀆通此湖，故云。唐書地理志云：元和八年，孟簡開泰伯瀆，並導蠡湖，故以瀆爲孟瀆，湖爲孟湖。其實古之蠡湖也，故其東有蠡口，西貫無錫之太伯鄉。亦有蠡尖口。其稱漕湖，或云以通漕運也。其西屬無錫，而其浸皆屬長洲。漕湖之東，爲永昌涇，爲黄埭蕩〔一九〕，爲東錢涇、西錢涇，其北爲治長涇〔二〇〕，在縣北，與常熟界。爲鵝肫蕩，諸水互流，並流雲和塘。雲和塘，本名元和。唐元和四年，郡守李素所治。今謂之常熟塘。南連運河，北入常熟界。雲和塘之西爲尚湖，一名上湖。尚湖之南，有柴涇，有朱涇，有徐墅涇。西有湖橋塘、張墓塘，東南有白蕩。自白蕩而出，爲羅墩蕩，爲六里塘。自張墓塘而出，爲大和塘。自柴涇而出，爲南塘。又自大和塘而出，爲官禄塘，爲黄莊塘。諸水互流，其西吐納江陰、無錫諸水，其東仍流雲和塘。雲和塘之東，爲崑承湖，亦名崑湖。長洲志：在縣東北，與施澤、陽城二湖通。湖界崑山，横縱三十六里。崑湖之東，有五丫涇〔二一〕，西有陳涇、漽涇、魏涇〔二二〕，有東横涇，有黄墓陵涇，有徐涇塘、莫門塘、衛涇塘。南有張涇〔二三〕，有六十二涇，有周涇，有黄涇，有龍涇，有桑婆浜、曹家浜，有時涇塘。其北有艾涇。自五丫涇而出，爲七浦。自周涇而出，爲朱漽塘。自陳涇而出，爲斜橋塘，爲嚴舍涇，爲懸涇。自黄涇而出，爲徐涇，爲揚尖涇，華蕩在焉。華蕩之西，爲宛山塘，爲戈莊涇。自戈莊涇而出，爲五瞿塘，華渭蕩在焉。諸水或南或北，其流梅李塘者，東北入許浦；流李墓塘者，東入白茆港；流福山港者，北入揚子江。梅里塘之源，發自雉浦，轉入耿涇、千步涇，迤邐縣城之東〔二四〕，繞出許浦，入於海。其西弓連涇、錢涇，其東哮塘。哮塘之南，爲焦莊涇，爲黄莊浜，爲李家浜，其西爲福山塘。福山塘，自縣城通江門而北行四十里，入揚子江，福山渡在焉。其要實與白茆、梅李、許浦同〔二五〕，宣德、弘治中再浚，港口有閘。張士誠由此入據全吳。其西鵜城港、通暢塘，又西九折塘，其南富平塘。富平塘之北，爲河陽塘，又北爲奚浦。縣北七十里。李墓塘之源，西自周涇而來，轉入白茆塘，遂入於海。又有蕭涇、蔡涇、胡澄涇、鳳凰涇、東山涇、蓮涇、東妻涇、站浜、沈浜、嚴洞官浜、黄浜、雙浜、黄姑浜、石墩塘、支塘、三丫港、黄沙港、南港、北港，俱流自縣之西北〔二六〕，上接江陰縣界。其中爲福山浦，爲許浦，爲白茆港浦，爲甘草浦，爲成象浦，尾之爲花瀆浦〔二七〕，皆浦之大而濱於江。江流自福山、許浦、白茆三浦入於縣，縣賴之。而中吴之水，亦從此出焉。

尚湖〔二八〕，在縣西南四里。

崑承湖〔二九〕，在縣東南五里。

許浦〔三〇〕，在縣北七十里，西接梅李塘，北入大江。宋設水軍寨，寨以都統制領之〔三一〕。平江守臣以節制許浦水軍入衛。苗劉之變，韓世忠提軍勤王，李寶膠西之捷，皆由此入。

甘草浦〔三二〕，在縣東北，即唐茜涇。西通横涇，東入海。

白茆港〔三三〕，在縣東七十里。吴中水之北出者，皆由此入海。乃水道之要害，宋時言水利者多及之。元末漸塞，張士誠有吴日，使其僞左丞吕珍發兵民十萬，鑿爲新渠，長亘九十里。國朝户部尚書夏原吉奉詔視三吴水利，嘗加疏治。弘治初復塞；七年，命工部侍郎徐貫發工浚之。逾年又塞，於是命工部尚書李充嗣來視工〔三四〕，再塹爲渠，繞舊迹海口而出之。渠成，而水始順。

鹽鐵塘，去縣七十里，傍江海，古名内河。南越崑山，西逾江陰，三百餘里。唐太和中疏之，宣德、景泰、弘治間再浚，今迹存而且湮矣〔三五〕。

梅李塘。自縣東北三十五里抵梅李，又三十五里抵許浦。水之入江，此塘爲順。弘治、正德中皆疏之，今已淺塞。

七浦塘〔三六〕，東海〔三七〕，西通陽城湖，南□崑山〔三八〕，北通白茆港。白茆既塞，諸水賴此宣泄。正統初嘗浚之。

白茆渡，自鮎魚口至海口，凡十有二處，其南有石閘。孟紹曾浚河記。

吴淞江承太湖之水，自甫里折而北行，至崑山全吴鄉，東爲渚浦，又爲帆歸浦。斜折西南〔三九〕，入於渚浦。江復東〔四〇〕，而浦之南出者，其東爲張浦，又東爲顧仙浦，又東爲諸天浦，又東爲同丘浦，又東爲新塘，皆南入於渚浦。嘉靖某年，光禄寺署丞孟公出粟浚之。小虞浦，在西柵，南出吳淞江，北通諸湖塘。浦嘗爲渾潮漲塞〔四一〕，宋咸淳間，置閘於嚴村灣，至今以閘頭稱之。千墩浦〔四二〕，在縣南四十里。南承澱山湖水，北入吳淞江。其上有墩。蓋松江自吳門東下至此，江之南北，凡有千墩，故名。夏駕浦〔四三〕，在縣東南二十里。南接吳淞江，北入至和塘。永樂初，尚書夏原吉奉旨開浚〔四四〕。鮎魚口〔四五〕，在縣東南二十里。東接白茆，南通崑承湖。多盜。白茆塘。白茆塘之南，一水東南流，曰鹽鐵塘，亦名内河。横亘七十餘里，西接江陰，東入崑山界。崑山之水，皆自陽城湖而入。湖界長洲、崑山之間。長洲志：在縣東北，右通彭瀝，左通施澤、崑城湖。與郡志不合。或當時操筆者未及周覽湖形〔四六〕，承襲漫書耳。其西納雲和塘、尚澤蕩，南納吳涇、真義浦、黄浦、朱昌涇，又南通大虞浦、梁里浦，北納張西涇、上元涇。陽城湖之東，爲包湖，爲傀儡蕩，二水與陽城合而爲一。又東爲巴城湖。其北爲鰻鯉湖，爲施澤湖。自巴城而入，爲尤涇，爲温焦涇。自鰻鯉湖而入，爲柏家瀼，爲大泗瀼，爲牛尾涇，爲江家瀼。自施澤湖而入，爲蕭涇，爲碧澤潭。其南爲至和塘。至和塘，一名崑山塘，宋至和二年築。自府城婁門東行，經沙湖，又東，入彝亭諸水〔四七〕，或南或北，並東入吳淞江。吳淞江，即古之婁江也，俗呼劉家港。又有新江，宋嘉祐中所開。先是，轉運使李浚圭、知崑山縣韓正彦開白鶴匯，如蟠龍匯之法。知縣沈某略灣取直，以開新江，西連松江〔四八〕，南入陳湖，北入鰻鯉湖、蕁瀼。新江之南，爲石浦，爲道褐浦，爲蕭市浦，爲金竈浦，爲千墩浦，爲陸浦，爲張浦，爲凡規浦，爲用直浦，爲甫里浦，爲渡頭浦，爲東齊浦，爲刹刀浦〔四九〕。新江之北，爲界浦，爲真義浦，爲黄瀆浦，爲薛莊浦，爲樂浦，爲續浦，爲華翔浦，爲梁舍浦，爲大虞浦、小虞浦，爲社城浦，爲廣浦，爲馬仁浦，爲天明浦，爲夏駕浦，爲木瓜浦，爲顧墓浦，爲金城浦，爲三林浦，爲瓦浦，爲北矮浦，爲徐公浦，爲安亭浦，爲顧浦。已上四十二浦，或連剿娘江，或通老鴉涇，或通車塘，或通張涇，或接磧礇塘，或通大慈涇，大要北受陽城湖，南受淀山湖。淀山湖界長洲、崑山、吴江三縣之間，吐納東南諸水，比諸湖特大。湖屬華亭，惟北岸屬崑山。淀山湖之北，有范青漾。相傳范家田匯爲巨浸，故名。又名趙田湖。又有盛蕩，有溢浦，有東宿浦、西宿浦。其東有朱沙港，有漕港。范青漾之東，爲合浦，西爲用直浦，西南爲度城湖，皆北入新洋江。新洋江，在吴淞江之北。其源出於松江，而其流溉於岡身。中有横塘，通小虞浦。新洋江之北，合柏家諸瀼入清水港，通櫻桃塘，轉接鰻鯉瀼。其東自湖川塘〔五〇〕，會於鴨頭塘，入太倉界。太倉之水，七鴉浦爲大〔五一〕，横亘百餘里。西接崑承湖，通常熟、崑山諸水，東入海。七鴉浦之南，有閘頭塘，有吴塘，有摩羅涇。摩羅涇之南，爲陶源涇，東爲竈塘，又南有茜涇。又有塘，西徹松江，北連常熟，曰横瀝。有東横瀝，有西横瀝。中有小塘，貫横瀝東西流，曰岡門。有錢岡門，有張岡門，有殷岡門，有沙堰門，有吳岡門，有斗門，其類甚多，不能悉載。其北有花浦涇，有東陽涇、西陽涇，有弓泊涇，諸水並北入浪港。自浪港而東，出七鴉口，是爲大海。其南一派，自鹽鐵塘繞出陸皎浦，入嘉定界。嘉定之水，亦源於松江。自大姚分支，過淀山湖，入江灣、青浦，轉入松江東口。松江東口，亦名吳淞江，古之東江也。其南爲白鶴江。白鶴江亦吳淞江之上流，西與青龍江合，蓋一水也。青龍江之北，爲大盈浦，爲渡頭浦。大盈、渡頭之中，爲馮浦。又南接黃浦，與松江府上海縣分界。其北爲何浦〔五二〕，爲新華浦，爲黃渡浦，爲桑浦，爲泰公浦〔五三〕，爲雙浦，爲桃樹浦，爲趙浦〔五四〕，爲東彭越浦、西彭越浦，爲蘆涇浦，爲江灣浦，爲裘涇。新華浦而出，爲葑村塘，爲封家浜。蘆涇浦而出，爲沙涇。江灣浦而出，爲小場浦〔五五〕，爲沈浦，爲大場浦〔五六〕。裘涇而出，爲顧浦。自顧浦而東，爲婁塘，亦名⿰目翏塘。又折而南，爲黃泥涇，爲項涇，爲千步涇，三涇並南入練祁塘。練祁塘，一名練川，界縣市中，東西長七十二里。其流西承江水，澄澈如練，故名。其後江水不通，別開水道，與海潮接，非復故時矣。練祁之北，爲蒲華塘。又北爲蓧澤塘，爲呂墅涇，爲華亭涇，爲黃姑塘，爲新涇。南爲趙涇，爲楊涇，爲狄涇，爲門涇，爲倪家浜。東爲漳浦。漳浦之西，爲雞鳴塘，其南爲安亭涇。呂墅之東，有東橫瀝、西橫瀝，後有第二橫瀝、第四橫瀝、糜長橫瀝、中橫瀝、外橫瀝，即太倉橫瀝之分流也。南北互流，並入於海。工部主事姚文灝重浚七鴉浦記：東吳泄水之大道，三江之外，蘇有三十六浦，松有八匯，常有運河十四瀆。然自海塘作於東南，而東江以塞，松江以微。水乃北折，並於婁江，而溢於七鴉、白茆二浦。故今之七鴉、白茆，在三十六浦爲最鉅而要。然白茆海口，漲沙爲梗，開之稍難。而七鴉獨無他阻，且當陽城諸湖之衝，而入海又徑。但其間亦頗爲村市居民所扂塞，水性未遂。弘治十年冬，籍二縣近浦之户，得二萬二千三百人；疏自尤涇，東至木榪灣，凡五千五百九十丈，旬有五日而成。

【校勘記】

〔一〕滆湖　底本、川本作「隔湖」，據滬本、盋本、京本、本書下文及紀要卷一九改。

〔二〕周五六十里　底本作「周五百六十里」，川本、滬本、盋本、京本無「百」字。史記夏本紀正義載：莫湖，周圍五六十里。洪武蘇州府志卷一所載同。此「百」字乃衍，據删。

〔三〕樹里山　底本脱「山」字，川本同，據滬本、盋本、京本及史記夏本紀正義補。

〔四〕吴淞江　「淞」，底本、川本作「松」，滬本、盋本、京本作「淞」。本書下文記吴淞江者，或作「淞」，或作「松」，前後不一，明統志卷九作「淞」，今據改，以下作「松」者並改爲「淞」。

〔五〕名曰上江　「名」，底本脱，川本同，據滬本、盋本、京本及史記夏本紀正義補。

〔六〕一江東北下三百餘里入海　「下」，底本脱，川本同，據滬本、盋本、京本及史記夏本紀正義補。

〔七〕香山　底本、川本作「胥山」，據滬本、盋本、京本、本書下文及同治蘇州府志卷八改。

〔八〕落星涇 「涇」，底本、川本作「浧」，據滬本、盋本、京本及同治蘇州府志卷八改。

〔九〕渡僧橋 「渡」，底本作「度」，據川本、滬本、盋本、京本及同治蘇州府志卷八改。

〔一〇〕澹臺子羽南游至江此蓋其居也 「此」，底本作「北」，川本、滬本、盋本、京本同。史記仲尼弟子列傳：澹臺子羽，「南游至江」。索隱：「今吴國東南有澹臺湖，即其遺迹所在。」則「北」當爲「此」字之誤，據改。

〔一一〕十五里 底本作「五十里」，據川本、滬本、盋本、京本及紀要卷二四乙正。

〔一二〕車坊漾 「車」，底本、川本、滬本、盋本、京本作「東」，滬本眉批：「東，當作車，據方輿紀要改。」據紀要卷二四改。

〔一三〕比諸湖爲深 「比」，底本、川本作「長」，據滬本、盋本、京本及同治蘇州府志卷八改。

〔一四〕用直浦 「用」，底本作「角」，川本、滬本、盋本、京本同。光緒蘇州府志卷八陳湖：「其北爲用直浦。」此「角」乃「用」字之誤，據改。

〔一五〕澹臺湖 底本、川本、滬本、京本脱「臺」字，盋本作「太湖」。據紀要卷二四：「龐山湖在府南二十里，當澹臺湖之東。」「澹湖」當爲「澹臺湖」之誤。然清統志卷七七：龐山湖「西接太湖」。則盋本作「太湖」亦不誤。

〔一六〕蕁菜蕩 「菜」，底本、川本作「萊」，據滬本、盋本、京本及同治蘇州府志卷八改。

〔一七〕烏蕩 底本作「鳥蕩」，據川本、滬本、盋本、京本及同治蘇州府志卷八改。

〔一八〕五溭涇 「溭」，底本、川本作「溴」，據滬本、盋本、京本及民國吴縣志卷二〇改。

〔一九〕黄埭蕩 川本「黄埭蕩」旁注「在縣北」，滬本、盋本、京本作夾注，底本無。

〔二〇〕治長涇 「治」，底本、川本作「治」，據滬本、盋本、京本及民國吴縣志卷二〇引舊長洲縣志改。

〔二一〕五丫涇　「丫」，底本作「了」，川本、滬本、盋本、京本同，據同治蘇州府志卷八改。下同。

〔二二〕陳涇漊涇魏涇　川本同，滬本、盋本、京本作「陳涇漊魏涇」。

〔二三〕南有張涇　底本、川本「南」上衍「衛」字，據滬本、盋本、京本及同治蘇州府志卷八删。

〔二四〕縣城　川本同，滬本、盋本、京本「縣城」前有「常熟」二字。

〔二五〕其要實與白茆梅李許浦同　「實」，底本、川本同，滬本、盋本、京本作「害」。紀要卷二四、同治蘇州府志卷八並載：「與白茆、許浦，並爲要害。」則應作「害」爲是，或此「要」下脱「害」字。

〔二六〕俱流自縣之西北　底本、川本缺「自」字，據滬本、盋本、京本補。

〔二七〕尾之爲花瀆浦　川本同，滬本、盋本、京本無「之」字。

〔二八〕尚湖　川本同，滬本、盋本、京本「湖」字下夾注「常熟」二字。

〔二九〕崑承湖　川本同，滬本、盋本、京本「湖」字下夾注「常熟」二字。

〔三〇〕許浦　川本同，滬本、盋本、京本「浦」字下夾注「常熟」二字。

〔三一〕宋設水軍寨寨以都統制領之　「寨寨」，底本、川本作「寨二」，滬本、盋本、京本作「寨寨」。據宋史兵志、紀要卷二四引宋史，許浦水軍寨無作「二」者，「寨二」當係「寨〻」之訛，故從滬本、盋本、京本改。

〔三二〕甘草浦　川本同，滬本、盋本、京本「浦」字下夾注「常熟」二字。

〔三三〕白茆港　川本同，滬本、盋本、京本「港」字下夾注「常熟」二字。

〔三四〕李充嗣　「充」底本作「統」，據川本、滬本、盋本、京本及嘉靖崑山縣志卷三改。

〔三五〕今迹存而且湮矣　「今」，底本、川本脱，據滬本、盋本、京本補。

〔三六〕七浦塘　滬本、盋本、京本「塘」下夾注「常熟」二字。

〔三七〕東海　川本同，滬本、盋本、京本作「東□海」。紀要卷二四七浦塘：「東經太倉之直塘、沙頭一帶入海。」同治蘇州府志卷八載同。清統志卷七七七浦塘下引舊志：「東入太倉界入海。」諸本並有脱誤。

〔三八〕南□崑山　底本、川本作「南崑山」，據滬本、盋本、京本改。按同治蘇州府志卷八崑山縣：七浦塘，在縣西北，「自常熟縣界來」；又，同書卷常熟縣：七浦塘，在縣東南，東南入新陽（崑山與新陽二縣同城）界。則此所缺者，蓋爲「入」字。

〔三九〕西南　「西」，川本、滬本、盋本、京本作「而」。

〔四〇〕江復東　「復」，底本、川本作「浚」，據滬本、盋本、京本改。

〔四一〕浦嘗爲渾潮漲塞　「渾」，底本、川本作「瀾」，據滬本、盋本、京本改。

〔四二〕千墩浦　川本同，滬本、盋本、京本「浦」字下夾注「崑山」二字。

〔四三〕夏駕浦　川本同，滬本、盋本、京本「浦」字下夾注「崑山」二字。

〔四四〕開浚　底本作「開復」，川本同，滬本、盋本、京本作「開浚」。紀要卷二四引志：「永樂二年，夏原吉以松江自夏駕而東，沙漲猝不可去，江北岸有劉家河入海，乃鑿夏駕浦，掣江接浦，匯於劉家河。」滬諸本作「開浚」，是，據改。

〔四五〕鮎魚口　川本同，滬本、盋本、京本「口」字下夾注「常熟」二字。

〔四六〕周覽湖形　「形」，底本、川本作「後」，據滬本、盋本、京本改。

〔四七〕彝亭　「彝」，底本、川本缺，滬本、盋本作「夷」。紀要卷二四：運河「舊名崑山塘」，「經沙河，又東經彝亭及真義浦」。據補「彝」字。

〔四八〕松江　「江」底本、川本作「口」，據滬本、盇本、京本及同治蘇州府志卷八改。

〔四九〕剎刀浦　「剎」，底本作「和」，川本、滬本、盇本、京本同，據同治蘇州府志卷八、光緒崑新兩縣續修合志卷二改。

〔五〇〕湖川塘　「川」，底本、川本作「心」，據滬本、盇本、京本、本書下文及紀要卷二四改。

〔五一〕七鴉浦　「鴉」，底本作「鴨」，據川本、滬本、盇本、京本、本書下文及紀要卷二四改。

〔五二〕何浦　「何」，底本作「□」，川本同，據滬本、盇本、京本補。

〔五三〕泰公浦　「泰」，川本、滬本、盇本、京本作「秦」。

〔五四〕趙浦　「趙」，底本作「越」，川本同，據滬本、盇本、京本及萬曆嘉定縣志卷一四改。

〔五五〕小塲浦　「塲」，底本作「蕩」，川本、滬本、盇本、京本作「塲」。萬曆嘉定縣志卷一四：江灣浦，「西通小塲浦」。此「蕩」乃「塲」字之誤，據改。

〔五六〕大塲浦　「塲」，底本作「蕩」，據川本、滬本、盇本、京本及萬曆嘉定縣志卷一四改。

吳縣　鎮：横塘，在縣西南十三里〔一〕。新郭，在縣西南十五里。横金，在縣西南三十里。有巡檢司。木瀆，在縣西南三十里。有巡檢司。光福，在縣西五十里。社下，在縣西一百十里。市：月城市，閶門内。出城自釣橋西、渡僧橋南，分爲市心，舊有闤闠坊，兩京、各省商賈所集之處。

又有長洲市：大市，在樂橋。黄埭，在縣北四十里。相城，在縣東北四十里。王墓，在縣□二十里[二]。尹山，在縣東南二十里。甫里，在縣東四十里，今名甪直浦。陳墓，在縣東南五十五里。其地東連崑山，南近澱山諸湖。有巡檢司。許墅，在縣西北二十五里，今名許市。景泰間，置鈔關於此。陸墓，在縣北二十里。

崑山縣市：半山橋，在縣西北隅。紅橋，在大西門。周市，在縣東北新塘。陸家浜，在縣東南十二保木瓜浦。鎮：兵墟，在縣東南十八里。東通太倉，南接吴淞江。泗橋，在縣東南三十六里。石浦，在縣東南四十里。南通澱山湖，北枕吴淞江。有巡檢司。安亭，在縣東南四十五里，與嘉定接境。蓬閬，在縣東南三十里[三]。

常熟縣市：唐市，在縣東南三十里。其東南爲崑山界。李市，在縣東三十六里。支塘，在縣東北四十五里。支塘市，因白茆塘支流有鹽鐵塘，市跨兩塘，故名。張士誠嘗築城於此，後拆毁，建太倉城。今城址尚存。歸家市，在縣東北六十里，近臨白茅塘。徐家市，在縣東北五十五里，跨李墓塘。其西南六里，又有新徐家市。何家市，在縣東北六十里，臨横瀝塘。又其東，則李家市、花橋市，入太倉州界矣。穿山市，在縣東北七十五里。今入太倉州，市亦廢。塗松鎮，在穿山之南，去縣八十里。今入太倉州，鎮亦廢。　楊尖市，在縣西南四十五里。　河陽市，在縣河陽山東四十里。　奚浦市，在縣西北七十里。北通大江，有魚鹽之利，有通州、泰州商舶。　西徐家市，在河陽山西。　練塘市，在縣西南三十六里。　鎮：福山，在縣北三十六里，臨大江。城方四里。有把總分司。　許浦，在縣東北七十里。宋紹興置鎮，及有水軍寨，軍民市易，號爲繁盛。其地已入於江〔四〕，今猶以鎮稱。　梅李，在縣東三十六里。吳越錢氏遣二將梅世忠、李開山戍此，以防江北南唐之兵〔五〕，故名。　慶安，在縣西北八十里。舊名石闥市，宋元豐改爲鎮〔六〕。　五渠村，在縣小東門外四里。　均墩村，在縣東二十里。　罟里村，在均墩村東三里。　蘇家尖，與二村相近。　譚家區，在崑承湖南，譚氏世居於此。

吳江縣　市：縣市，在吳淞江西，濱太湖。　江南，在東門外長橋南。　新杭，在二十一都，南接嘉興王江涇。　鎮：同里，在縣東十六里。有巡檢司。　黎里，在縣東南二十里。　平望，在縣東南四十里。有平望驛巡檢司。　震澤，在縣西南九十里。有巡檢司。

嘉定縣　市：州橋，在縣治東南。　新涇，在縣東六里〔七〕。　廣福，在縣東南二十四里。　真如，在縣東南五十里。　婁塘，在縣北十二里。　封家浜，在縣南二十四里〔八〕。　紀王廟，在縣西南三十六里〔九〕。　鎮：錢門塘，在縣西北二十里。　瓦浦，在縣西北三十里。　黄渡，在縣西羅店，在縣東十八里。　南翔，在縣南二十四里。　大塲，在縣東南四十八里。　江灣，在縣東南六十里。　有巡檢司。　清浦，在縣東南八十里，南接上海縣境。南三十六里。

太倉州　市：諸涇，在州東十里。　半涇，在州北十五里〔一〇〕。　新市，一名鶴王市，在州北三十里。已上崑山分置。　璜涇，在州東北五十里。　隆市，在州東六十里。　甘草，在州東七十里，東臨大海。有巡檢司。　直塘，在州北三十里。已上常熟分置。　吳公，在州南十五里小婁塘。　塗松，在州東北三十五里，傍七浦塘。宋元豐間置。　張士誠曾築城，營兵於此。　陸河，在州北七十里。已上嘉定分置。　鎮：雙鳳，在州北二十四里。　沙頭，在州東北三十六里。　新安，與沙頭近。已上常熟分置。　茜涇，在州東北四十五里，即宋楊林寨。有巡檢司。　崑山分置。

皐橋，在閶門內。　漢議郎皐伯通居其側，梁鴻所寓也〔一一〕。　楓橋，在閶門西九里。　寶帶橋，在府城南十五里。　跨澹臺湖，南北長三十餘丈。俗呼爲小長橋。　唐王仲舒建，元末壞。國朝正統十一年，巡撫、工部左侍郎周忱重建〔一二〕。　長橋，在吳江縣東門外，横跨淞江。宋慶曆八年，縣尉王廷堅建，以木爲之，東西千餘尺。　橋中有垂虹亭。　紹興間，金人犯淮，有建議焚橋者，郡守洪遵持不可，而縣民相與聚哭圯下，不果焚。元泰定二年，判官張顯祖甃以石〔一三〕，下開六十二洞。至元十二年，增開八十五洞。宋、元以來言水利者，往往以橋爲礙，但其來已久，居民千計，難議更置。惟宜疏浚，毋令日填月築，東塞其江口云〔一四〕。永樂八年十二月癸卯，蘇州吴江縣右石塘官路，左邊淞江，南至平望嘉興，連年土石坍塌，橋梁斷壞，請及時修理。計用三萬七千四百餘人，半月可完。從之。敕通政趙居任督之，務令堅固，毋虚勞民力〔一五〕。塘路凡七十餘里，瀉水洞百三十一處。夾浦橋，在鮎魚口下流。宋紹興初建，國朝宣德中圮，今爲浮橋。行春橋，在横山下越來溪中。橋甚長，跨溪湖之口。

崇明縣治，即宋天賜鹽場。元立爲州，達魯花赤八里顔、知州陳世昌遷於州之北十五里，曰東沙〔一六〕。本朝永樂淪没，仍遷舊郭北十五里，地名秦家村〔一七〕。

陳仲太倉事迹曰：昔張氏畏海賊之强，移州於崑山，塞至和塘之尾，開九曲河，僅通太倉東門。於是半涇、陳涇、古塘等港〔一八〕，五十餘年漲爲平陸，田疇無潮水之利，士民無販海之資。

户部分司在滸墅。元爲抽分竹木塲。宣德四年，始設鈔關，以榷船料。景泰初，尚書金濂建言，乃命部使者監收之，然非專委户部也。後尋革尋復。弘治六年，始委户部主事一員，遂爲定額。

華亭〔眉批〕八王故事曰：華亭，吴由拳縣郊外墅也，有清泉茂林。吴平後，陸機兄弟共遊於此十餘年。吴郡圖經曰：華亭本嘉善縣地，天寶十年置，因華亭谷爲名。世説：陸士衡臨刑，嘆曰：「欲聞華亭鶴唳，可復得乎？」松江志：唐開元元年，築捍海塘，起杭州鹽官，抵吴淞江，長一百三十里。

風涇鎮，在縣西南六十里〔一九〕。其南半屬嘉興。朱涇鎮，在縣西南三十六里〔二〇〕。昔稱爲落照灣。南遵水道海鹽〔二一〕，北由李塔匯入縣。金澤鎮〔二二〕，在縣西北□□□里〔二三〕。亭林鎮，在縣東南三十六里〔二四〕。梁顧野王故居。沙岡鎮，在縣東北三十六保。鎮地即古三岡之一，與竹岡、紫岡相去五里。自縣至上海，必由於是。其北數里，下皆黄沙。南橋鎮，在縣東南十三保。直北有橋，傍横涇，曰北橋，與此相對，故名。北橋，古亦鎮也。有大岡路〔二五〕，直達二橋，長四十餘里，中阻黄浦〔二六〕。張涇堰鎮，在縣南五十里。宋人堰海十八所之一也。小官鎮，在張堰南十二里。浦東鹽司舊在張堰，與牢盆相遠，别建官衙於此，俗呼爲「小官衙」，鎮以是名。國朝設金山衛於此，以禦海寇，遂爲重地云。柘林鎮，在縣東南七十二里。地連柘山〔二七〕，右距戚睦涇、曹涇，爲海人輻輳之步。青村鎮，在縣東南八十里。村，舊作墩。元時有著姓陶氏家焉，俗呼爲陶家宅頭。其南十八里海岸，即青村場，北負横谿里。國朝金山中前千户所治焉。北七寶鎮〔二八〕，在縣東北三十五保。左爲横瀝，前臨蒲匯塘〔二九〕，商賈必由之地。今税課局在焉。廣富林市，在縣西北三十八保。後帶九峯，最爲蕃庶。

上海　下砂鎮，在縣東南六十里。一名鶴沙。舊有鹽課司，後遷新場鎮。而鹽倉則自周浦徙居之，今亦廢。　新場鎮，距下砂九里，一名南下砂。元初遷鹽場於此，故名。場賦爲兩浙最〔三〇〕。　一團鎮，距新場二十里。鹺商多聚於此。　八團鎮，在十七保，去縣五十四里。民居率多鹺丁，鹽賈輻輳，逐末者多歸之。市有三場鹽課司，今爲川沙堡〔三一〕。　滬瀆壘，在縣北一十里。舊有東、西二城，盡齧於江。晉書虞潭傳：修滬瀆壘，以防海抄，百姓賴之。旁有蘆子渡，俗呼爲蘆子城。晉虞潭築此壘。隆安四年，左將軍袁山松復修之〔三二〕，以備孫恩。　沙岡、竹岡〔三三〕，在十六保。　紫岡，在十八保。

上海志：永樂十六年，倭入金山，指揮侯端擊破之。嘉靖三十一年，倭自寶山南入縣境。三十二年閏三月，倭自寶山登岸殺掠，自是連月入犯。五月十二日，操江都御史蔡克濂調至。鎮海衛指揮武尚文、建平縣丞宋鰲戰於西蔓笠橋〔三四〕，又戰於縣橋，不利，並死。賊遂焚縣市。二十七日，督府遣鎮撫吴賢至，戰於黄泥浜，不利，死。二十九日，滿載去。其秋，始築城，奏設海防道，以六合知縣董邦政有戰功，超升按察司僉事，專理海防。三十三年正月，賊首蕭顯以衆二百突入吴淞所，崇明兵與戰於浦中，不利。董僉事嬰城固守，二月六日解去。董僉事遣本縣縣丞劉東陽以兵躡之，衆潰，東陽死。參將盧鏜率兵二千追至嘉定界〔三五〕，焚其舟，斬其首百餘。三月二十日，遠近倭賊會集，從黄浦出海。二十五日，大風雨，倭船多覆，復登岸結營，四出刼掠，東土百里内寂無人煙。又有賊首葉麻三，據周浦寺爲巢穴，出没無時。由是募調客兵，如山東長鎗手、山西鈎刀手、川兵、麻陽兵、坑兵、瓦氏兵、僧兵，俱以不識地利，往往陷伏而敗。惟三團把總婁宇、監生喬鏜及董僉事所練土兵，相爲犄角，識地利，知賊情，故三哨屢立戰功。三十四年三月，倭寇五千餘自海邊至，董僉事以兵逆之，戰於浦東陸氏園〔三六〕，不利。海防兵陳瑞挺身獨鬬，斬一首，賊始退，立署爲千長。其時，總制兵部尚書張經以逗留論死西市，以副都御史楊宜代之，僉都御史曹邦輔提督軍務〔三七〕，亦屢敗，楊論罷，曹被逮，得釋。而蘇松兵備任環及董僉事親冒矢石，屢有斬獲功。三十五年春，工部侍郎趙文華移檄，集官兵水陸二十餘萬，川沙、周浦賊遁入浙江界内。五月一日，倭船五十餘自吴淞猝至。董僉事先奉軍門檄，往蘇州剿賊，城守單弱。賊攻圍，積十七日，夜以竹梯登城〔三八〕，守者覺之，矢石如雨，賊退而涉壕。會潮決浦口堰，水高數尺，溺死數十人，遂自浦中南去。至六月七日，復自浦入海。

【校勘記】

〔一〕在縣西南十三里　「十三」，底本作「三十」，川本同，據滬本、盋本、京本及清統志卷七八、同治蘇州府志卷二九乙正。

〔二〕在縣□二十里　底本、川本作「在縣二十里」，據滬本、盋本、京本補「□」。

〔三〕在縣東南三十里　底本脱「在縣」二字，據川本、滬本、盋本、京本及嘉靖崑山縣志卷四補。

〔四〕入於江　底本、川本無「於」字，據滬本、盋本、京本補。

〔五〕以防江北南唐之兵　「北」，底本、川本作「者」，據滬本、盋本、京本及同治蘇州府志卷三一改。

〔六〕宋元豐改爲鎮　「元豐」，川本同，滬本、盋本、京本作「元豐中」，同治蘇州府志卷三一作「元豐間」。此「元豐」下當脱「中」或「間」字。

〔七〕六里　川本同。滬本、盋本、京本作「三里」，夾注：「一作三里。」

〔八〕二十四里　川本同，滬本、盋本、京本作「三十里」，夾注：「一作二十四里。」

〔九〕三十六里　川本同，滬本、盋本作「四十里」，夾注：「一作三十六里。」

〔一〇〕北十五里　底本、川本、滬本、盋本、京本作「北南十五里」。紀要卷二四：「半涇市，在州北十五里。」此「南」字衍，據删。

〔一一〕梁鴻　「鴻」，底本、川本作「鳴」，據滬本、盋本、京本及後漢書梁鴻傳改。

〔一二〕周忱　「忱」，底本作「慨」，川本同，據滬本、盋本、京本及圖書集成職方典卷六七一、同治蘇州府志卷三三改。

〔一三〕張顯祖　「張」，底本作「陸」，川本同，據滬本、盋本、京本及圖書集成職方典卷六七一、同治蘇州府志卷三四改。

〔一四〕東塞其江口　川本、滬本、盋本、京本同。此「東」疑當作「束」。

〔一五〕毋虚勞民力　底本作「毋慮力勞民」，川本作「毋慮勞民力」。據滬本、盋本、京本改。

〔一六〕東沙　底本、川本作「東河」，據滬本、盋本、京本及紀要卷二四改。

〔一七〕秦家村　「村」底本、川本作「符」，據滬本、盋本、京本及紀要卷二四改。

〔一八〕半涇陳涇古塘等港　「等」，底本、川本作「蕁」，滬本、盋本、京本作「等」。按紀要卷二四作「半涇張涇古塘諸港」，故從滬諸本改。

〔一九〕六十里　川本同，滬本、盋本、京本作「四十七里」，夾注：「一作六十里。」

〔二〇〕三十六里　川本同，滬本、盋本、京本作「二十七里」。

〔二一〕南遵水道海鹽　川本同。按此句文不全，滬本、盋本、京本作「水路南達海鹽」。

〔二二〕金澤鎮　「澤」，底本、川本作「潭」，據滬本、盋本、京本及紀要卷二四改。按鎮屬青浦縣。

〔二三〕在縣西北□□□里　川本同。紀要卷二四青浦縣：「金澤鎮，在縣西南三十三里。」則此「北」爲「南」字之誤，缺「三十三」三字。滬本、盋本、京本作「西北四十二保」，「四十二保」，別見本書後文。按鎮屬青浦縣。

〔二四〕縣東南三十六里　底本、川本缺「南」字，據滬本、盋本、京本、本書後文及紀要卷二四補。

〔二五〕大岡路　「岡」，底本作「桐」，川本缺，據滬本、盋本、京本、本書後文改。

〔二六〕黄浦　底本作「横浦」，據川本、滬本、盋本、京本、本書後文及紀要卷二四改。

〔二七〕柘山　「柘」，底本作「祐」，川本同，據滬本、盋本、京本、本書後文及紀要卷二四改。

〔二八〕北七寶鎮　「七」，底本作「土」，川本、滬本、盋本、京本同，滬本眉批：「土，當作七。」按本書後文載：「七寶鎮，在三十五保。」嘉慶松江府志卷二青浦縣：「北七寶，在三十五保。」此「土」乃「七」字之誤，據改。

〔二九〕左爲横瀝前臨蒲匯塘　「瀝」，底本作「濼」；「匯」，底本作「遐」，川本、滬本、盋本、京本同，滬本眉批：「濼，當作瀝；遐，當作匯。」本書後文：七寶鎮，「左爲横瀝，前爲蒲匯塘」。嘉慶松江府志卷二同。據改。

〔三〇〕兩浙　「兩」，底本作「西」，據川本、滬本、盋本、京本、本書後文及萬曆上海縣志卷一改。

〔三一〕川沙堡　「川」，底本、川本作「心」，據滬本、盔本、京本及萬曆上海縣志卷一改。

〔三二〕袁山松　「山松」，底本作「崧」，川本、滬本、盔本、京本同。按晉書有袁山松傳，據改。

〔三三〕竹岡　「竹」，底本作「仁」，川本同，據滬本、盔本、京本及嘉靖上海縣志卷一改。

〔三四〕建平縣丞宋鰲　「建平縣」，底本作「建」，川本、滬本、盔本、京本同。萬曆上海縣志卷一〇載：「建平縣丞宋鰲」，此脱「平縣」二字，據補。

〔三五〕盧鏜　「盧」，底本、川本作「陸」，據滬本、盔本、京本及萬曆上海縣志卷一〇改。

〔三六〕浦東　「浦」，底本、川本作「蒲」，據滬本、盔本、京本及萬曆上海縣志卷一〇改。

〔三七〕僉都御史　「都」，底本脱，川本同，據滬本、盔本、京本及萬曆上海縣志卷一〇補。

〔三八〕竹梯　底本、川本作「行梯」，據滬本、盔本、京本及萬曆上海縣志卷一〇改。

宋史蘇軾傳〔一〕：軾言三吳之水，溢爲松江以入海。海日兩潮〔二〕，潮濁而江清，潮水常欲淤塞江路。而江水清駛，隨輒滌去，海口常通，則吳中少水患。昔蘇州以東，公私船皆以篙行，無陸挽者。自慶曆以來，松江大築挽路，建長橋，以扼塞江路，故今三吳多水。欲鑿挽路爲千橋，以迅江勢。亦不果用，人皆以爲恨。元史成宗紀：大德八年五月，中書省臣言：吳江松江實海口故道〔三〕，潮水久淤，凡漂塞良田百有餘里，況海運亦由是而出，宜於租户役萬五千人浚治，歲免租人十五石〔四〕，仍設行都水監以董其程。從之。十年正月丙午，浚吳淞江等處漕河。宋史高宗紀：紹興二十九年正月庚申，浚平江二十六浦以泄水。五湖。周禮：揚州，其浸五湖。范蠡云：與我爭三江五湖之利者，非吳耶？史記河渠書曰：於吳則通渠三江五湖。貨殖傳曰：夫吳有三江五湖之利。太史公自敘曰：登姑蘇，望五湖。此五湖者，即具區也。其派有五，故曰五湖。一名震澤，一名笠澤。張勃吳録曰：五湖者，太湖之别名，以其周行五百里，三萬六千頃，故名。義興記：太湖、射湖、貴湖、陽湖、洮湖爲五湖。吳越春秋注〔五〕：五湖：貢湖〔六〕、游湖、胥湖、梅梁湖、金鼎湖也。韋昭曰：胥湖、蠡湖、洮湖、滆湖，就太湖而五。酈道元水經注：長塘湖、射貴湖、上湖、滆湖、太湖爲五湖。張守節史記正義云：菱湖、游湖、莫湖〔七〕、貢湖、胥湖，皆太湖東岸五灣，爲五湖。虞翻云：太湖有五道：東通長洲、松江，南通烏程霅溪〔八〕，西通宜興荆溪，北通晉陵滆湖，西南通嘉興韭溪。陸龜蒙云：太湖上稟咸池五車之氣，故一水五名。禹貢「三江既入」，諸家之説極多。國語：子胥曰：三江環之，民無所移。韋昭注曰：三江：松江也，錢塘也，浦陽也。秦語曰：越王擒之於三江之浦。范蠡曰：與我爭三江五湖之利者，非吳耶？吳越春秋曰：范蠡乘舟出三江之口。越絶書云：出三江之口，入五湖之中。蔡沈書傳□庾仲初吳都賦注〔九〕：松江下七十里分流，東北入海爲婁江，東南流者爲東江，並松江爲三江。張守節史記正義曰：三江，在蘇州東南三十里，名三江口。一江西南上七十里至太湖，名曰松江，古笠澤江；一江東南上七十里至白蜆湖〔一〇〕，名曰上江，亦曰東江〔一二〕；一江東北下三百餘里入海，名曰下江，亦曰婁江。於其分處，名曰三江口。顧夷吳地記云：松江東北行七十里，得三江口。東北入海爲婁江，東南入海爲東江，並松江爲三江是也。周禮職方氏云：揚州藪曰具區，川曰三江。按五湖、三江，當在一處。韋昭所注國語之三江，不可以解禹貢之三江也。

【校勘記】

〔一〕蘇軾傳　滬本、盋本、京本「傳」下有一「云」字。

〔二〕海日兩潮　「日」，底本、川本作「口」，據滬本、盋本、京本及宋史蘇軾傳改。

〔三〕松江　底本、川本作「淞江」，據滬本、盋本、京本及元史成宗紀改。

〔四〕十五石　「石」，底本、川本作「名」，據滬本、盋本、京本及元史成宗紀改。

〔五〕吳越春秋注　底本、川本脱「注」字，據滬本、盋本、京本及吳越春秋卷五補。

〔六〕貢湖　底本作「貫湖」，據川本、滬本、盋本、京本及吳越春秋卷五改。

〔七〕菱湖游湖莫湖　「菱湖」「莫湖」，底本、川本、滬本、盋本、京本作「芰湖」「漠湖」，據史記三王世家正義改。

〔八〕烏程雪溪　底本、川本作「嘉興韭溪」，據滬本、盋本、京本、本書下文改。

〔九〕蔡沈書傳□庚仲初吳都賦注　「□」，川本同，滬本、盋本、京本作「主」。「庚」，底本、川本作「声」，滬本、盋本、京本作「唐」。按蔡沈書經集傳載，庚仲初吳都賦注云云，則此缺字當作「引」，「声」乃「庚」字之誤，據改，滬諸本誤。

〔一〇〕一江東南上七十里至白蜆湖　「至」，底本脱，川本同，據滬本、盋本、京本及史記夏本紀正義補。

〔一一〕亦曰東江　「亦」，底本作「一」，據川本、滬本、盋本、京本及史記夏本紀正義改。

吴縣志王心一序：邑雖仍吴名，僅割郡西南之一隅，而名山大川居其大半，可耕之壤不能半長洲。厥田中中，賦法少減，而徭里供應之煩，則與長洲等。故宰吴者不難於治賦，而難於治役。以田縮，則不得不論家；論家，則余向者所見市上山間爲商、爲賈、爲樵、爲牧，皆在其中。姦胥圖霸，最便上下其手，詬誶夤緣，無所不至。

閶門，西北門也，取象天門，通閶闔風也。闔廬欲破楚，楚在西北，故立閶門，以通天氣。又名破楚門。梁元帝玄覽賦：臨閶門之跨水，聳重闕而開都。　胥門，西門也，一名姑胥門。越絶書云：外有九曲路，闔廬從此游姑胥臺，以望太湖。蓋取姑胥山爲名也。宋紹興中，作驛館其上，亦號姑蘇臺，今廢。續記云：夫差伐齊，胥門巢將上軍，以巢所居爲號也。　盤門，西南門也。吴地記云：舊曰蟠門，蓋嘗刻木爲蟠龍，以厭越者。後記云：以水陸縈回屈曲，改字爲盤。　楓橋敵樓，在楓橋堍下。方廣周十三丈有奇，高三丈六尺有奇。下壘爲基，四面甃磚，中爲三層，上覆以瓦。旁置多孔，發矢石銃砲。　木瀆敵樓，在木瀆鎮白塔橋南堍下，規制如楓橋。並嘉靖三十六年建。　婁門，東門也，東直婁縣。　齊門，北門也。齊景公與吴戰，不勝，以少女嫁吴太子終纍。太子早亡，齊女思家，吴王於此作九層飛閣，令女登之以望齊。故名。　蛇門，在巳方，故云。又云：越在巳地，吴作木蛇北向，示越屬吴也〔一〕。今廢。　匠門，又曰干將門。續經止曰將門。吴王使干將鑄劍於此，故曰將門。今謂之匠，音之訛。此門本出海道，沿淞江下滬瀆。今廢。　葑門，東南門也。續經曰：當作封門，取封禺山以爲名。今俗呼富門。

靈巖山，在縣西三十里。一名石鼓山，又名硯石山，又名石射堋山。今吴王離宫也〔二〕。郡國志云：吴王離宫，在石鼓山，越王獻西施於此。山上有吴館娃宫、琴臺、響屧廊、西施洞、硯池、玩月池。其前十里，有採香徑，斜横如卧箭云。越絶書云：吴王於硯石山置館娃宫。山之西北絶頂爲琴臺，可以遠眺。方言：吴有館娃之宫，榛娥之臺。自臺而東，爲走馬街，長而漸方。舊有偃松卧其下，今不存。又東有池三：曰上方，曰金蓮，曰硯池，即浣花池。井二：一曰吴王井，一曰智積井，皆大旱不竭。井之陽，爲涵空閣。其西南，石壁峭拔，曰佛日巖。其中平坦處，爲靈巖寺，久廢於火，僅存一塔與僧舍數間耳。塔前石壁聳起，爲靈芝石。循塔南西上，有小斜廊，今磚址猶在，爲響屧廊。吴王以梗梓藉地，而虚其下〔三〕，西子輩行則有聲，故名。東爲百步街，石龜、石羅漢在焉。街之盡爲石鼓，大者三十圍，二小者半之，相傳此鼓鳴則有兵。又石上有男女足迹，俗呼爲吴王、西施迹。街之南，爲西施洞。洞右有牛眠石，前爲出洞龍、貓兒石。東西爲二杙船塢〔四〕，蓋吴王潴水以戲龍舟之所。其下爲妙湛泉。楞伽山，一名上方山，在吴山東北。其頂有浮圖，五通廟在其下。東南麓有丁家山，唐人丁公著父喪，負土作冢，故名。北爲寶積山，寶積寺在焉。又北爲吴王郊臺。東北爲茶磨嶼，以其三面臨水，故云嶼。俗云磨盤山。東麓爲石湖書院。東南麓有普陀巖，巖前石池深峻。崖絶，石梁跨其上，兩崖壁立，蘿木交映，特爲奇勝。東面石湖，爲行春橋。黄山，在茶磨山北四里，胥塘之北。山脈雖屬横山，然斷而特起，諸峯高下相連，俗稱筆格山。隋志載王世充破劉元進，坑其衆於黄亭磵，疑即此山。其西，山之半有二石洞，深可三四丈，俗名虎洞。横山，在姑蘇山東。隋書：吴縣有横山〔五〕。十道志云：山四面皆横，故名。又名踞湖山，以山臨太湖，若箕踞也。吴越錢氏葬元僚於此，其趾建薦福寺，又稱薦福山。山之嶺九十〔六〕，嶺各有墩，中空，爲藏軍處。有五塢，故又名五塢山。宋皇祐五年，節度推官馬雲與山人仇道三遊此，名山五塢曰芳桂，曰飛泉，曰修竹〔七〕，曰丹霞，曰白雲。後人以堪輿言，稱爲九龍塢。續圖經云：此山鎮蘇城西南，臨湖控越，實吴時要地。隋遷郡於横山，亦以是爲屏蔽云。横山西，有岷山、花園山，有鳳凰池、小石壁〔八〕、紫石池，景亦幽勝。西南爲堯峯山，於諸山中最高。周益公必大云：雍熙二年，知縣事羅處約記云：昔在帝堯，洪水肆暴，吴人遁於此山。堯峯又西，爲鴨踏嶺。嶺西下東上，最爲廣長。爲反陂山，其南有寶華山寺，有錮錮泉。又有長旗嶺，其東有感慈塢。又東爲吴山，吴越廣陵王子文舉建吳山院於此，故名。其南有昇龍山〔九〕、桃花塢，漫衍六七里，臨太湖白楊灣，與吳江縣分界。惟玉山一支屬吳江。山之東，有紫薇塢、瑞雲塢、褒忠嶺、青霞塢，北連海灣。西址爲殊勝塢，山西有陸墓山。姑蘇山，一名姑胥，一名姑餘，在橫山西北，古姑蘇臺在其上，至今人稱爲胥臺山。鄧尉山，在光福里，錦峯山西南，去城七十里〔一〇〕。漢有鄧尉者隱此，故名。北有龜山，光福塔在焉。前爲鉢盂山。山之西北，爲虎山，中通一溪，跨以梁，曰虎山橋。橋之西南，有上崦。其東麓三里，有七寶泉。虎山三面皆平疇。迤南三四里爲安山。鄧尉西行，歷烏山、觀山、朝士塢、外窑、裏窑、熨斗柄、西磧山、彈山，過長旗嶺、竺山〔一一〕，至玄墓，出入湖山間。山人以圃爲業，尤多樹梅，花時一望如雪，行數十里，香風不絶，此吳中絶景也。所歷諸山，大抵各有致，惟西磧最高大少景，在湖濱，潭西聚塢差勝，潭西一隅色如鐵，名鐵山。青芝山，在鄧尉西南，其木多松。山之右，爲真珠塢，羣山四抱，一隅稍豁〔一二〕，其景最勝。銅井，在鄧尉西，去青芝僅半里。舊志云：即銅坑。今山中別指其地一小山名銅坑，不知其故。相傳晉、宋間鑿坑取沙土，煎之皆成銅，故名。上有巖洞，其懸溜匯而爲池，清洌可飲，名曰銅泉。彈山，在西磧之左。其首在湖濱，身橫亘六七里，直接青芝。瀕湖處有七十二峯閣，所據極勝。循是而東，從山腰行，山之高下如梯級然，上下皆梅，山中看花絶勝處也。茶山，一名綉毬山，在西磧之左，彈山之右。高不二仞，廣不二十步，狀類土阜，而通體皆石。北望銅井，地形漸高，此山若在箕舌，數里之毫髮可數，梅花時尤勝。南去太湖不百步，浮六小峯〔一三〕，若杯棵在案間，外則粘天浴日，不見其際。蟠螭山，在彈山之南，斗入湖中，作蜿蜒狀，以此得名。其陰多桃花，春時望之，如錦步障。上有一坎，從上望之，如方池然。循級而下，四周皆石壁削成，可三仞，又如數千石大囷。天啓間，有僧小構其中，餘蒔小花木。出門咫尺，即望屋瓦不得，既入室，則又如在大刹，杳不知在山之巔、湖之濱矣。但險遠難居，卒遷去。玄墓山，在鄧尉西南六里，相連不斷，本一山也。後晉青州刺史郁泰玄葬此，故名。國初萬峯和尚居之，又名萬峯。其山面湖而險隩，丹崖翠閣，望之如屏。山之麓有奇石，在盧橘樹下，勢欲飛動。山有聖恩寺，即萬峯道場。法堂在佛殿東，其前銀杏數株，皆數百年物。其後則奇石在焉，俗謂之真假山。石類太湖，天然嵌空，以此知湖石玲瓏者，不盡出水力也。殿右有四宜堂〔一四〕，庭中古桂數株，皆七八圍，蟉結甚奇。山前面湖，法華山浮於波面。東有錢家坎、米堆山，有五雲洞。其山與紫莊嶺、石牌諸山相連，直抵吕山。西則孫家嶺、蟲頭諸山，漸入於湖。南爲周山。胥山，在太湖口。寰宇記云：吴王殺子胥，投之於江，吴人立祠於此，故名。上有伍子胥廟，舟行自此入太湖，故名胥口。史記：吴王既殺子胥，吴人爲立祠於江上，號曰胥山。水經注云〔一五〕：胥山上有壇石〔一六〕，長老云胥神所治也。下有九折路，南出太湖，闔閭造以游姑蘇之臺〔一七〕，而望太湖也。其西麓長而鋭，土人呼爲西上方。高峯山，在胥山之南。上有伍相祠，下有走馬塘，疑即走狗塘也。

香山，與穹窿連屬，南趾近太湖，爲胥口。吳地記云：吳王種香於此，遣美人採之，故名。其下爲採香徑。通靈巖山，今名箭涇。山北地有名上園、下園者，皆吳王藝花處也。西南數里有黄茅山，臨太湖。

穹窿山，於吳山爲最高。五湖賦云：穹窿紆曲。蓋此山實峻而深，形如釵股矣。吳地記云：兩嶺相趨〔一八〕，名曰銅嶺。越絶書：爲古赤松子取赤石脂處。山高而平，其頂方廣可百畝。中壘石爲龕，名國師庵。半山有泉，名法雨，四時流不絶，下注石堰灌田。東嶺下有盤石，高廣丈餘〔一九〕，相傳朱買臣讀書其上，後人呼爲讀書臺。其北有紫藤塢、百丈泉。

岝崿山，在金山東，俗稱獅子山，以形名。水經云：吳有岝嶺山。吳地記云：王僚葬此。山上有石巷，山南有大石，相傳爲墜星。又云：此山在太湖，禹治水移至此。今西南有兩小石，如卷笮，禹所用牽山也。吳山有淺處，在三山之南，云是岝嶺山麓〔二〇〕，自此以東差深，言是牽山之溝，其説不經。山右有土阜，曰鈴山，左曰索山，皆以獅子名。

何山，在獅山北一里。其地舊名鶴邑墟，故山名鶴阜山。因梁隱士何求〔二一〕、何點葬此，改今名。其坡有資福寺。

支硎山，在隆池山東北。吳地記云：在城西二十五里，以晉支遁嘗居此，而山多平石，故名。亦名臨硎。吳都賦云：右號臨硎。續圖經云：支硎，一名報恩，以昔有報恩寺故也。山有石室、寒泉，支公詩云：石室可蔽身，寒泉濯温手。相傳遁冬居石室，夏隱別峯也。泉上刻紫巖居士虞廷臣書「寒泉」二字徑丈。又放鶴亭割山爲龕，甚寬敞。相傳有村婦生子於中，庵頂遂中裂。道林又嘗放鶴於此，今有亭基。道林喜養駿馬，今有白馬磵，云飲馬處也。庵旁石上有馬足四，云是道林飛步馬迹也。山有南峯寺，及中峯、北峯二院。北峯，宣德間移於鶴巢嶺〔二二〕。中峯，在寒泉上，又名楞伽院。南峯，一名天峯，即唐支山院也。有碧林泉、待月嶺、南池、新泉、馬坡。坡南有石門，乃三巨石，直上干霄。西連危峯，東臨絶壑，中猶棖臬然。又有牛頭峯，在寺門之下。東趾有觀音寺〔二三〕，故又云觀音山。此山二三月間，遊人甚盛。寒山，即支硎右一支。此山先未有名，萬曆中，士人趙宧光爲父卜葬，遂隱居於此。定山，在支硎西。相傳支遁創報恩寺於其麓，於此禪定，故名。其旁又有半山，與長洲分界。天平山，在縣西二十里，支硎南五里。視諸山最爲嶒崒，其林木亦秀潤。山多奇石，詭異萬狀，有卓筆峯、飛來峯、五丈石、卧龍峯、巾子龍〔二四〕、毛魚池、大小石屋。其山頂正平，曰望湖臺，即遠公庵遺址。上巨石圓而面湖者，曰照湖鏡。山半有白雲泉。别有一泉如線，注出石罅，尤清洌，曰一線泉，宋僧壽老始發之。有古松蟉虯如蓋，曰華蓋松。又有穿山洞、蟾蜍石、龍頭石、靈龜石及龍門。南址有白雲寺，范文正公祖墓在焉。其西有筆架峯。其後羣石林立，名萬笏林。萬曆末年，范參議允臨構爲别業，亭館臺榭，璀璨一時。天平東，爲翁家山，爲雞籠山，連屬金山。金山，亦天平之支壠。初名茶塢山，晉、宋間鑿石得金，易今名。山半有繙經方石，二丈餘，平坦如砥。石梁一，横架兩壁，脈理不聯，無所根蒂，又非礱琢而成。其下空洞，通人行。泉一，在石壁上滴下，小池承之，冬夏不竭，名曰珍珠泉。山巔石池一坎，闊三尺許，長丈餘，深不可測。水瑩緑，大旱弗縮，名曰雲瀨。趾有方石池一，名梵功。其旁有育王塔。山之東嶺，有文殊庵。寺東南爲牛眠崦。金碧山，在天平山東一里牛頭塢普賢寺後。秦臺山，在天平之右，與笏林相鄰。巔峯大石，刻「秦臺」二大字。相傳始皇遊會稽，嘗登此，故名。一名晨臺，又名神臺。其南則羊腸嶺，嶺右爲白羊山。嶺之南爲赤山，長可數里，土石多赭色。仰天山，在赤山東，距天平不五里而近〔二五〕。舊名馬鞍山，宋范文穆公營墓於此〔二六〕，改今名。舊志以仰天、馬鞍爲二山，非是。花山，舊名華山，在城西三十里，去陽山東南五里。舊志云：山石峭拔，巖壑深秀。相傳山頂有池，生千葉蓮，服之羽化，故名。續圖經云：或登其巔，見有狀如蓮華。老子枕中記云：吳西界有華山，可以度難。或云今蓮華峯也。山半有池，在絶巘，横浸山腹，逾數十丈，故又名天池山。上有石鼓，晉隆安中鳴，乃有孫恩之亂。石屋二間，四壁皆鑿佛像。又有龜巢石、虎跑泉、秀屏、蒼玉洞。此山多石少土，無樹藝，特以巖穴勝。後漢郎宗，劉宋張裕、宋廷傑皆隱此山。右爲古華山寺，今改寂鑑庵。山之東南，出蓮華峯背，有陳公洞，近新建爲華山寺。花山南爲鹿山、漢陽山、野演山，西爲清流山，鹿山東南爲隆池山〔二七〕。隆池之南，徐氏墓在焉。其上有一雲庵，人呼爲一雲山。茅山，亦名小茅山。花山連接有三嶺：一湼槃，一賀九，一鸛巢。過湼槃嶺，遂接支硎之南峯。玉遮山，在陽山之南，横列如屏。今但呼爲遮山。盧熊府志爲查山。玉遮南有按山、化山、苦竹山。其北有蜀山，〔旁注〕近光福鎮。山半石皆拔起，號曰「鶴石」，土人呼鳳凰山。又北爲野虚山，亦曰雅虚。兩山夾峙，中有路通，俗名風衖。東南有貞山，初名蒸山，以其雲氣如炊也。東有官山、馬山。又東爲雅宜山。本名雅兒，唐青州刺史張濟女雅兒葬此，吴語訛爲宜。旁有小山，名茭茹，或云即雅宜山。小白陽山，一名伏龍山，在金井塢南，横聳衆山之外。其東南爲博士塢、彌陀嶺、竺峯嶺。又東南則獅子巖，在嶬村之上。又南則野芝塢，皆連屬靈巖山。錦峯山，在陽山西南。産石，紫赤色而秀潤，故名。宋兵部尚書鄭起潛居此，淳祐中，理宗書「錦峯」二字賜之。永樂中，造報恩塔，取此石刻佛像，以天陰不潤，可裝彩色。錦峯西南則蜀山，西北爲新豐山。西洞庭，縣西一百三十里〔二八〕。周八十餘里，上有居人數千家。漢王瑋玄、韓崇、劉根，梁楊超遠、葉道昌，唐周隱遥、唐若山皆於此學道。一名林屋山，以有林屋洞故名。一名包山，以山四外皆水包之。真誥云：去洞庭〔二九〕，見包公，問動靜。則又以包公居此而名。其稱洞庭，則以湖中有金庭、玉柱。左太沖賦云〔三〇〕：指包山而爲期，集洞庭而淹留。山踞太湖中，望之渺渺忽忽，意其一島，而重岡複嶺，縈洲曲溆，洞天福地，靈蹤異迹，殆不可窮。其峯縹緲最高。縹緲之南，左偏坡陀，爲竹塢嶺。嶺東爲上方山，又東爲羅漢山，毛公壇在其陰。羅漢之南，爲雞籠山、一博山。竹塢南爲飛仙山，稍西爲秦家山。自秦家嶺折而南，逾抛壺嶺，爲下方山。稍東爲洞山，林屋洞在焉。直金庭、玉柱，爲天帝壇山。其南爲大蕭小蕭二山、却却洞山。西走長而狹者，爲梭山，明月灣在焉。一峯斗入湖，爲石公山，可盤灣在焉。其右諸峯，高者爲白茆山，次爲繰車山，爲黄家山。稍西爲陸塢山。逾支頭峯，爲野塢山、木壁山。又逾彈子嶺，爲植頭山。自湯坎嶺稍折而南，爲馮家山。又南爲圻村山〔三一〕，中有石屋〔三二〕。稍東爲龍頭山。梭山、龍頭之間，是爲銷夏灣。銷夏灣，在洞庭西山之趾，山有十餘里繞之。舊傳吴王避暑處。縹緲之東，山勢分爲二：其一迤邐而北，爲馬石，爲鴻鶴山，與黿山相直，爲鳳凰山。又迤邐而北，爲七賢山，爲陸村山。一稍東，爲天王山，爲桃花塢山。逾望崦嶺，爲澱紫山，是爲崦邊。逾攢雲嶺，爲父子山。又逾公子嶺，爲綠石山，爲金鐸山。金鐸之北，爲苦竹山、渡渚山。世傳吴王伐越，嘗於此渡軍也。縹緲之西，其高者爲華山。逾夏家嶺，爲用頭山。又逾王家嶺，爲雷頭山，爲龜背山、龍舌山，用渚在焉。與王家相直，爲大步山、小步山。大步之旁，爲張公嶺。小步之旁，爲壽山。縹緲之北，其高者曰涵峯。涵峯之東，爲東湖山，西爲小西湖山〔三三〕。又西，爲水月塢。東湖之東，爲十里山。逾新安、墩頭二嶺，爲金峯。又逾沙子嶺，爲堂里山，爲疃里山，爲蛇頭山、查山。與沙子嶺相直，爲湖漫嶺，西山之境，於是始窮也。其北爲常州府之宜興、無錫二縣界。吴地記云：中有洞庭深遠，世莫能測。吴王使靈威丈人入洞穴，十七日不能盡，因得禹書。郡國志：洞庭山有宫，五門，東通林屋，西達峨眉，南接羅浮，北連岱嶽。東有石樓，樓下兩石，扣之清越，所謂神鉦。吴王闔廬作水精宫於此，尤極水府之珍怪。又云：包山上舊無三斑，謂蛇、虎、雉。侯景亂後，乃有虎、蛇。通鑑隋紀：陳蕭瓛以餘衆保包山〔三四〕。山海經注：今吴縣南太湖中有包山，下有洞庭，穴道潛行水底，云無所不通，號爲地脈。西洞庭之北曰横山，曰陰山，晉陰長生煉丹處也〔三五〕。二山與金鐸山相望二三里。其山人家繞山臨水，皆以舟販爲業。曰葉餘山，一名葉山，在渡渚山北。有三峯，玉柱、金庭分别左右。稍東二十里，曰長沙山，視横陰爲大，居民花果爛然。山有石鏡，舟行太湖中，人物皆見。西洞庭之東，爲禹期山，在渡渚山東三里。禹會諸侯於此，故名。長沙之西，曰衡山、漫山，北近聚塢，僅十餘里。二山相向，多桃花，居民劈竹編簿。禹期山相近爲鼉山，以形似得名，産石，可作碑碣。其下有石如鳥立者，曰雞距石。又有若蹣跚見水面者，曰鼉殼石。西洞庭之北貢湖中，有兩山相近，曰大貢、小貢。禹治水曾駐此，故名。與二貢相近，西洞庭山南三里，有若五星聚，曰五石浮山〔三六〕。曰茆浮山。曰思夫山，秦時有人采藥不返，其妻思之至死，故名。有若兩鳥飛欲止者，曰南鳥、北鳥。其西兩山，南北相對而不相見，見則有風雷之異，曰大雷、小雷。稍北曰大干、小干。與二干相近紹山，在横山北，山之土色純白如雪。曰疃浮，曰東獄、西獄，相傳吴王於此置男女二獄。其前曰粥山，云吴王飼囚者也。有若琴者，曰琴山。有若杵者，曰杵山。有對植者，曰大竹、小竹，與衡山相近。有若物浮水面可見者，曰長浮，曰癩頭浮，曰殿前浮。三浮山之東，與鼉山相對而差小者，曰龜山，亦以形似名。有二女娟好相對立者，曰謝姑山、小謝姑。有若石柱巀嶭者，曰玉柱山。稍西却，曰金庭山。其南爲垓山，爲歷耳山。中高而旁下者，曰筆格山。驤首若逝者，曰石蛇山。有若螺者〔三七〕，曰青浮山。舊志：垓山相近，有舍山。與黿山相對，曰鼉山，旁曰小鼉山，二山亦産石。二鼉之間，若隱若現，曰鷩藍山。東洞庭，周五十餘里，上有居人數千家。一名莫里山，今呼爲莫釐。相傳隋莫釐將軍居之，因名。一名胥母，則謂子胥嘗迎母於此也。以洞庭在西，故名東洞庭。東洞庭之峯〔三八〕，莫釐爲高。其陽爲率嘍塢，其陰爲翠峯塢。莫釐之東，重岡複嶂，或起或伏，起伏之間，民聚居之。其一支自北而南，爲宋家灣，爲岱心灣，爲楊家灣。又南爲郁家湖。歷翠峯而南，爲犀牛嶺，爲馬塢，爲石家塢、秦家塢。又南，爲九峯，爲小莫釐。中一支自平嶺而南，爲蝦啜嶺，爲象鼻嶺。稍東，爲栲栳墩。過東，爲偃月岡。折而南，爲屏風山，是爲金塔下。又南，爲干山嶺〔三九〕，爲俞塢。又南，爲重亨，爲金灣，爲查灣，爲蕒山嘴。一支自西而南，岡巒起伏尤多。北爲豐圻，爲石壁，爲小長巷。迤邐而南，爲上金，爲周灣、吴灣。又南，爲白沙〔四〇〕，爲嘶馬塢，爲紀革。又南，爲寒山，爲嵩山〔四一〕，爲梁家瀨，爲北葉、南葉，爲碧螺峯。又南，爲楊灣〔四二〕。楊灣之西，爲毛園，爲王舍，爲南望、北望。其東爲湖沙〔四三〕，爲長圻。東山之境，於是始窮也。其西南則浙江長興縣界矣。東洞庭之東麓，曰武山，周一十二里。本名虎山，吴王養虎於此。後避唐諱，改今名。其旁小阜，曰雞山。東洞庭之北，曰余山，史記爲徐侯山。山形雖小，秀而蒼翠，上有居民。東洞庭西南，曰三山，有三峯相連。昔有吴妃姊妹三人，各居一峯，殊有靈異，山人立祠祀之。今三峯皆有人居。曰澤山，在三山西一里。曰厥山，在澤山之旁，峯巒秀麗，亦有人居，山有虬松。東洞庭之南，首鋭而末岐者，曰箭浮山。若屋欹者，曰王舍浮。近王舍曰苧浮，又南爲白浮〔四四〕。白浮於七十二峯爲最小，然亦秀□〔四五〕。澤、厥之間，有若翁浮水面者，曰翁帽山。有逸於前，若追而及之者，曰貓鼠山。二山近西洞庭之小龍山。又有若穹碑立者，曰石碑山，近光福矣。

【校勘記】

〔一〕示越屬吴也　「示」，底本作「亦」，川本同，據滬本、盋本、京本及同治蘇州府志卷四改。

〔二〕今吴王離宮也　川本、滬本、盋本、京本同。明統志卷八：靈巖山，「又名硯石山，乃吴王館娃宮故地」。紀要卷二四：靈巖山，「即吴王館娃宮故地」。此「今」作「乃」或「即」，於義爲勝。

〔三〕而虚其下　「虚」，底本作「慮」，川本同，據滬本、盋本、京本及圖書集成職方典卷六八二改。

〔四〕東西爲二杙船塢　「杙」，川本、滬本、盋本、京本同，圖書集成職方典卷六八二、同治蘇州府志卷六並作「划」。按當以「划」爲是。

〔五〕吴縣有横山　底本、川本脱，據滬本、盋本、京本及隋書地理志補。

〔六〕山之嶺九十　「九十」，川本、滬本、盋本、京本同，圖書集成職方典卷六七〇、同治蘇州府志卷六並作「九九」，此

「十」蓋爲「九」字之誤。

〔七〕修竹　「竹」，底本作「行」，川本同，據滬本、盋本、京本及圖書集成職方典卷六七〇改。

〔八〕小石壁　「石」，川本、滬本、盋本、京本同，圖書集成職方典卷六七〇、同治蘇州府志卷六並作「赤」，此「石」蓋爲「赤」字之誤。

〔九〕昇龍山　「龍」，川本、滬本、盋本、京本同，圖書集成職方典卷六七〇、同治蘇州府志卷六並作「猶」。

〔一〇〕去城七十里　川本同，滬本、盋本、京本夾注：「一作府西南六十里。」

〔一一〕竺山　底本、川本脱「竺」字，據滬本、盋本、京本及圖書集成職方典卷六七〇補。

〔一二〕一隅稍豁　「豁」，底本作「谿」，川本同，據滬本、盋本、京本及圖書集成職方典卷六七〇改。

〔一三〕浮六小峯　底本、川本「浮六」作「亦蜉」，據滬本、盋本、京本及清統志卷七七改。

〔一四〕殿右有四宜堂　「右」，底本作「有」，據川本、滬本、盋本、京本改。

〔一五〕水經注　底本、川本無「注」字，據滬本、盋本、京本及水經沔水注補。

〔一六〕壇石　底本、川本脱「石」字，據滬本、盋本、京本及水經沔水注補。

〔一七〕闔閭造　「造」，底本、川本作「闢」，據滬本、盋本、京本及水經沔水注改。

〔一八〕兩嶺相趨　「兩」，底本作「西」，據川本、滬本、盋本、京本及圖書集成職方典卷六七〇改。

〔一九〕高廣丈餘　「丈餘」，底本、川本同，滬本、盋本、京本作「丈許」。

〔二〇〕云是岝嶺山麓　「云」，底本、川本作「之」，據圖書集成職方典卷六七〇、同治蘇州府志卷六改。滬本、盋本、京本無此字。

〔二一〕何求 「求」，底本、川本作「朮」，據滬本、盔本、京本及梁書何點傳改。

〔二二〕鸖巢嶺 川本同，滬本、盔本、京本「巢」作「窠」；圖書集成職方典卷六七〇、同治蘇州府志卷六並作「雞窠嶺」，此「鸖巢」蓋爲「鷄窠」之誤，本書下文花山下所載「鸖巢」同。

〔二三〕東趾 川本同，滬本、盔本、京本「趾」下注：「一作東北。」

〔二四〕巾子龍 川本、滬本、盔本、京本同，圖書集成職方典卷六七〇、同治蘇州府志卷六並作「巾子峯」。

〔二五〕不五里而近 底本、川本缺「不」字，據滬本、盔本、京本及圖書集成職方典卷六七〇補。

〔二六〕瑩墓於此 「瑩」，底本作「塋」，據川本、滬本、盔本、京本及圖書集成職方典卷六七〇改。

〔二七〕鹿山東南爲隆池山 底本作「西北爲隆池山」，旁注「鹿山東南」，川本同，滬本、盔本、京本「西北爲隆池山」下注：「鹿山東南。」圖書集成職方典卷六七〇：「鹿山東南爲隆池山。」清統志卷七七華山下載同，唯「隆池」作「龍山」，則「西北」二字乃衍誤，據删。

〔二八〕縣西一百三十里 「縣」，底本、川本同，滬本、盔本、京本作「吴縣」。

〔二九〕去洞庭 「去」，底本作「王」，川本、滬本、盔本、京本同，據圖書集成職方典卷六七〇、同治蘇州府志卷六引真誥改。

〔三〇〕左太沖賦云 「云」，底本作「之」，川本同，據滬本、盔本、京本改。

〔三一〕圻村山 「圻」，底本作「折」，川本同，據滬本、盔本、京本及圖書集成職方典卷六七〇改。

〔三二〕中有石屋 「屋」，底本作「壁」，據川本、滬本、盔本、京本及圖書集成職方典卷六七〇、同治蘇州府志卷六改。

〔三三〕小西湖山 底本作「西小湖山」，據川本、滬本、盔本、京本及圖書集成職方典卷六七〇改。

〔三四〕陳蕭瓛以餘衆保包山　川本同，滬本、盋本、京本此句前有「開皇九年」四字。

〔三五〕晉陰長生　底本、川本「晉」作「胥」，據滬本、盋本、京本及圖書集成職方典卷六七〇改。

〔三六〕五石浮山　「石」，底本、川本作「不」，據滬本、盋本、京本及圖書集成職方典卷六七〇改。

〔三七〕有若螺者　底本脱「若」字，據川本、滬本、盋本、京本及圖書集成職方典卷六七〇補。

〔三八〕東洞庭　底本、川本無「東」字，據滬本、盋本、京本、本書前後文補。

〔三九〕干山嶺　「干」，川本、滬本、盋本、京本同，圖書集成職方典卷六七〇、同治蘇州府志卷六作「千」，疑此「干」爲「千」字之誤。

〔四〇〕白沙　底本作「白河」，據川本、滬本、盋本、京本及圖書集成職方典卷六七〇改。

〔四一〕嵩山　「山」，底本作「下」，川本、滬本、盋本、京本同，據圖書集成職方典卷六七〇改。

〔四二〕楊灣　「楊」，底本、川本作「揚」，據滬本、盋本、京本及圖書集成職方典卷六七〇改。下同。

〔四三〕湖沙　「沙」，底本、川本作「湖」，據滬本、盋本、京本及圖書集成職方典卷六七〇改。

〔四四〕白浮　「白」，底本、川本作「北」，據滬本、盋本、京本及圖書集成職方典卷六七〇改。

〔四五〕然亦秀□　底本、川本「秀」下無「□」，據滬本、盋本、京本補。

彭山漘，在游湖東北。上承太湖爲瀦，東由楓橋達於府城。東塘河、西塘河並北通長洲縣之滸墅，南通光福塘，西由上下二淹出太湖，東南通木瀆。南宮塘，西承太湖，由長沙山九曲河東北，亦出太湖。光福山在其北。光福北曰西華塘，東自楮山抵西淋峯麓〔一〕，其水皆通太湖。胥口塘，在太湖之濱。兩山對峙，南曰胥山，北曰香山，中界一水。自胥口橋東行九里，轉入東西醋坊橋，曰木瀆，香水溪在焉。又東入跨塘橋，與越來溪會，曰横塘。由跨塘橋折而東，爲走狗塘，荷花蕩在焉。自胥口東出胥門永安橋，通謂之胥塘。横塘，經貫南北之大塘也。自胥口東行，至此一十八里，爲塘之中，南極⿱獻鹵塘，北抵楓橋，分流東出，故曰横塘。白洋灣，在縣西南三十里〔二〕。東、西、南三面俱通太湖，北由越來溪北瀦於楞伽山下，爲石湖。石湖，在縣西南十八里〔三〕。南北長九里，東西四里，周二十里。東南隅屬吳江縣，其西湓起爲三峯。石湖沿楞伽山而南，爲越來溪。東北流自胥塘，與木瀆水合流，經横塘橋、永安橋，出胥門運河。一支北折，經彩雲橋，出楓橋運河。越來溪，在楞伽山東南，與石湖通，北至横塘。相傳勾踐所開，以進兵。鮎魚口，在縣南十里闗五里許〔四〕。西承太湖水，東至分水墩。自分水墩東流，入長洲縣界，爲瓜涇、柳胥等港，南北互流，轉入澹臺湖。又自分水墩南流，入吳江縣界，爲龐山湖。⿱獻鹵塘，自鮎魚口北流，入盤門運河。遇西北風急，府城之水亦南行出⿱獻鹵塘，由澹臺湖東出寶帶橋。胥江，即城西運河，爲城外巨濠。北至閶門釣橋，與北濠山塘水會，曰沙盆潭，即長洲縣界。又西轉渡僧橋，爲閶西運河。北岸皆長洲縣，南岸本縣境。其聞德橋河及洞涇又與長洲縣界交錯。魯班蕩〔五〕，在楓橋西河北，屬長洲縣。沙盆潭，在閶門水闗外，與長洲縣合治，匯南北濠、上下塘及山塘，凡五流，皆聚此潭，最深闊，流亦湍急，俗呼「釣橋洪」。兩旁甃石爲挽路，遇陡水則力牽而渡，最稱險要。

魚城，在横山下，越來溪西。吴王築以養魚。續圖經云：吴王控越之地，本名吴城。方言謂魚爲吴，故誤稱耳。今山之旁有岡，隱隱如城。又有射臺，亦在横山。周益公南歸録云：魚城在田間，基厚而方，其高二尺〔六〕，博倍之，爲田百二十畝。土極細，故久不壞。 苦酒城。吴地記云：在魚城西南。故老云：吴王築以釀酒。今俗呼爲苦酒城。 越城，在胥門外。越伐吴，築此城。史記正義吴東門解引吴俗傳云：越從松江北開渠，至横山東北，築城伐吴。 吴小城白門，闔閭所作。秦始皇時，守宫吏照燕窟，失火燒宫，而門樓尚存。 馬城，在西洞庭神景觀西百餘步。吴王闔閭於此築城養馬。下有飲馬泉〔七〕。 鹿城，在西洞庭，去馬城不遠。周圍五里，牆壁峻險，闔閭於此養鹿。下有池，水旱自若。 姑蘇臺，一名胥臺。續圖經云：一名姑餘。越絶書：姑胥臺，三年聚財，五年乃成，高見二百里。史記正義云：在吴縣西南三十里，横山西北麓姑蘇山上。山水記云：闔閭作，春夏遊焉。越絶書云：闔閭造九曲路，以遊姑胥之臺。 郊臺，在横山麓石湖之上。相傳爲吴王郊祭處。 館娃宫，即臺巖寺基也。吴地記云：闔閭城西有山，號硯石，在吴縣西三十里。上有館娃宫。 錦帆涇，在府治官街西，縱貫樂橋南北，經縣治前。一在卧龍街，直抵報恩寺。相傳吴王掛錦帆以遊〔八〕，故名。 袁宏道紀述云：錦帆涇，在縣治前，涇已湮塞，酒樓跨其上，僅得小曲一線耳〔九〕。 或云涇即舊子城濠，未知孰是。夏駕湖，在西城下。吳王避暑駕遊於此，故名。昔時截湖築城，外濠爲長船灣，連運河，而水浸廣。舊産菱芡，今多堙爲民居。小半在城内，爲民田堆，堆水匯處，猶稱舊名。百花洲，在西城内。北自胥門，南抵盤門，水極深廣。相傳吳王種花玩遊處。采蓮涇，在今府治南。吳王種蓮遊樂處。香水溪，在吳故宫中。相傳吳王宫人洗妝於此。走狗塘，在城西。吳王遊獵處也。練瀆，在太湖。舊傳吳王所開以練兵。厩里，在東洞庭武山之東。昔吳王牧馬之處，今爲渡湖陸行孔道〔一〇〕。林屋洞，在洞庭西山。即道書十大洞天之第九洞。有三門，會一穴，一名雨洞，一名暘谷，一名丙洞。中有石室、銀房、石鐘、石鼓、金庭、玉柱、白芝、金沙、龍盆、魚乳泉、石燕，有石門，名「隔凡」。郡國志云：洞有五，洞有五門〔一一〕，東通林屋，西達峨眉，南接羅浮，北連岱嶽。東有石樓，樓下兩石，扣之清越，所謂神鉦。吳王闔閭使靈威丈人入洞，得素書三卷〔一二〕，即此。銷夏灣，在西洞庭。灣可十餘里，三面皆山，獨南面如門闕。舊傳吳王避暑處。晉書簡文帝紀：咸安二年四月，徙海西公於吳縣西柴里。甪里，即甪頭，在洞庭西山，漢甪里先生所居。史記正義：太湖中洞庭山西南，有禄里村。今有巡檢司。綺里，在上真宫西四里。綺里季隱於此。今石橋馬迹尚存。東村，在鳳凰山南一里。東園公所居園。毛公壇，在洞庭西山。漢劉根得道處也。根既成仙，身生緑毛，人或見之，故曰「毛公」。今有石壇丹井，在神景觀旁。金閶寺，在閶門。宋景平二年，廢少帝爲營陽王，幽於吳郡。徐羨之等遣人弒帝於金閶亭。王有勇力，不即受制，突走出閶門〔一三〕，追以門關踣之。此云「走出閶門」，則亭當在城內。又陸龜蒙謂梁鴻墓在金閶亭下一里，恐今城視昔或遷徙耳。宋孔寧子嘗至此金昌亭，左右欲泊船，寧子命去之，曰：此弒君亭，不可泊也。

【校勘記】

〔一〕西淋峯　底本、川本同，滬本、盋本、京本「淋」作「沸」。

〔二〕在縣西南三十里　底本、川本同，滬本、盋本、京本「縣」作「吳縣」。

〔三〕在縣西南十八里　底本、川本同，滬本、盋本、京本「縣」作「吳縣」。

〔四〕在縣南十里關五里許　底本、川本、滬本、盋本、京本同，疑有脱誤。

〔五〕魯班蕩　「蕩」，底本、川本作「橋」，據滬本、盋本、京本改。

〔六〕二尺　「尺」，底本、川本作「丈」，據滬本、盋本、京本及南歸録改。

〔七〕飲馬泉　「飲」，底本作「養」，據川本、滬本、盋本、京本改。

〔八〕掛錦帆以遊　「掛」，底本、川本作「推」，據滬本、盋本、京本及圖書集成職方典卷六八二改。

〔九〕小曲一線　「曲」，底本、川本作「渠」，據滬本、盋本、京本改。

〔一〇〕孔道　「道」，底本、川本作「邇」，據滬本、盋本、京本及圖書集成職方典卷六八二改。

〔一一〕洞有五洞有五門　川本、滬本、盋本、京本同。圖書集成職方典卷六八二：「郡國志云，洞有五門。」無「洞有五」三字，疑此衍。

〔一二〕三卷 底本「三」作「二」，據川本、滬本、盋本、京本及吳地記改。

〔一三〕突走出閶門 「突」，底本作「哭」，據川本、滬本、盋本、京本及宋書少帝紀改。

一城中與長洲東、西分治。西較東爲喧鬧，居民大半工技。金閶一帶，比户貿易，負郭則牙儈輳集，胥、盤之內密邇，府縣治多衙役廝養，而詩書之族聚廬錯處，近閶尤多。城中婦女習刺繡。濱湖近山小民最力嗇，耕漁之外，男婦並工綑屨、緝麻、織布、織席、采石、造器營生。梓人、甓工、堊工、石工，終年傭外境，謀蚤辦官課。湖中諸山，大概以橘、柚等果品爲生，多至千樹，貧家亦無不種。以蠶桑爲務，地多植桑。生女未及笄，教以育蠶。三四月謂之「蠶月」，家家閉户不相往來。以商賈爲生，土狹民稠。人生十七八，即挾貲出商，楚、衛、齊、魯，靡遠不到，有數年不歸者。以舟楫爲藝，出入江湖，動必以舟，故老稚皆善操舟，又能泅水。其土貴，凡栽橘可一樹者值千錢，或二三千，甚者至萬錢。其民勤，雖蓄千金，而樵汲樹藝，未之或廢。其俗厚，民間無淫冶賭博之肆。今東洞庭漸多。兄弟析煙，亦不遠徙；祖宗廬墓〔一〕，永以相依。一村之中，同姓者至數十家，或數百家，往往以姓名其村巷。其屋宇，因慮湖中風雨迅疾，垣必甃磚，覆必纍瓦，惟窘於力者，或以石壘牆，絶無茆茨之室。其冠服樸雅，戴時制之冠，雖樵耕不去首。東洞庭女裝，大略效南都。夏月行路，手執糊紙團扇，遇人則掩面。凡婚喪，務實而有體。王鏊震澤編。新郭、横塘，比户造釀，燒糟發客。横金、下保、水東人並爲釀工，蘇屬州縣以及南都皆用之。又習屠販，每晨刲豕入市。新郭、横塘、仙人塘一帶，多開坊榨菜豆油。

【校勘記】

〔一〕廬墓　底本、川本脱「墓」字，據滬本、盇本、京本補。

楓橋，在閶門西七里〔一〕。豹隱紀談云：舊作封橋，後因張繼詩，相承作「楓」。今天平寺藏經多唐人書，背有「封橋常住」字〔二〕。西堍屬長洲縣。五龍橋，一名五泓橋，在盤門外五里，五水合流湍急處。

至德廟，祀吴泰伯，在閶門内。漢永興二年，太守麋豹建於閶門外。或云韓整守吴所創。南史：劉損爲吴郡太守，至閶門，便入泰伯廟。時廟室頽毁，垣牆不修，愴然曰：清塵尚可髣髴，衡宇一何摧頽？即令修葺。唐天寶間，狄梁公仁傑爲採訪使，盡毁江南淫祠，獨存此廟。杜甫詩：嵯峨閶門北〔三〕，清廟映迴塘。是也。後梁乾化二年，吴越武肅王錢元璙移置今地〔四〕。宋元祐六年，賜額曰「至德」。吴相伍大夫廟，在胥門内朱家園。舊在盤門，萬曆四十年，裔孫參議伍袁萃請於官，移今地。韓蘄王廟，在南禪寺旁，祀宋韓世忠。報恩講寺，在府城北陲，故呼北寺。本通玄寺舊址〔五〕，吴赤烏初創，有浮圖九成。承天能仁禪寺，在吴縣北甘節坊内。梁衛尉卿陸瓚捨宅創，初名廣德重玄寺〔六〕。至正末，張士誠據以爲宫。本朝洪武初，復爲寺，立僧綱司於寺内。開元禪寺，在盤門内。吴孫權母吴夫人捨宅建〔七〕。瑞光禪寺，在盤門内。吴赤烏中建，有浮圖七成。寒山禪寺，在閶門西十里楓橋下。今爲居民所占，惟大殿存。

【校勘記】

〔一〕七里　底本、川本同，滬本、盋本、京本注：「一作九里。」

〔二〕背有封橋常住字　「背」，底本、川本作「皆」，據滬本、盋本、京本及圖書集成職方典卷六七一、同治蘇州府志卷三三改。

〔三〕嵯峨閶門北　「嵯峨」，底本作「峩峩」，諸本同；「北」，底本作「者」，川本同，滬本作「北」，並據杜甫壯遊詩改。

〔四〕錢元璙　川本、滬本、盋本、京本同。明統志卷八、同治蘇州府志卷三六並作「錢鏐」，當是。

〔五〕通玄寺　「玄」，底本、川本作「立」，據滬本、盋本、京本及清統志卷七九改。

〔六〕廣德重玄寺　「玄」，底本、川本作「立」，據滬本、盋本、京本及清統志卷七九改。

〔七〕母吴夫人　底本脱「吴」字，據川本、滬本、盋本、京本及吴地記補。

石湖志：石湖，在府西南十二里橫山之下。湖西南爲山〔一〕，山下及東、南、北三面多良田沃壤〔二〕。北二橋，東曰越城，西曰行春。越城斗而稍廣，舟多由之。行春蜿蜒而平，凡九虹，僅通其一，餘皆設柵水中。行春橋，在橫山東茶磨嶼下，跨石湖上，近越城橋，有石洞一十八。石湖水北出行春二橋，以入橫塘，曰越來溪。越伐吳時，兵從此入。郡志云：在越城東南。又云：溪上有越城。按此，則今橫塘南一溪是也。然湖之南盡通太湖者，相傳爲越來溪甚著，其橋亦揭溪名，豈一溪分南北，而湖固處其間耶？史記正義云：越伐吳，自松江北開渠至橫山下，東北入吳。按此，則南通太湖之溪是也。今姑以南北溪別之。溪之外，爲口者一，曰橫塘水，東入胥門塘，西北入彩雲港，南與北溪相連。上有石橋，橋上有亭。跨塘，胥口木瀆之東，有東、西二跨塘，各有石橋。新郭塘，越城橋北轉東，水出盤門塘。上有新郭、永安二石橋。

【校勘記】

〔一〕湖西南爲山　底本、川本作「西南」，滬本作「西面」，盍本、京本作「四面」。按下文云：「東、南、北三面多良田沃壤。」又云橫山「東北一面，下臨石湖」。則此當作「西南」。

〔二〕沃壤　底本脱「壤」字，據川本、滬本、盍本、京本補。

吳之山多在西〔一〕。其西南一大山，四面皆橫，自天平諸山而來，曰橫山。東北一面，下臨石湖。行春橋西一山，平顛可廣百畝，曰茶磨嶼，俗名磨盤山〔二〕。其下有巖，曰觀音巖。下有深池，架以石梁，水大旱不竭。茶磨之南，岡阜忽偃，下有治平寺。而又崛起，曰拜郊臺。臺之南，稍折而西，曰楞伽山，即上方山。楞伽之東南，有丁家山。其左又特起一嶺〔三〕，曰褒忠嶺。褒忠之西，岡阜起伏，其西又特起而上平廣，曰吳山嶺。吳嶺之南，岡阜起伏，不可指名，最高一峯曰大尖墩。墩之南，重岡複嶺，聯絡未絶。其西堯峯諸山，迴合映帶，去湖漸遠〔四〕，不志。舊志：横山之麓，有吳王姑蘇臺，臺高可見二百里，爲城三重，爲徑九曲，春夏與西施游焉。子胥諫不聽，竟爲越所敗，而焚其臺。今不知其處，或云胥臺山是也。茶磨嶼之南半里，治平寺之上，山勢平廣，壇壝之形儼然，相傳爲吳王拜郊臺。塘之南厓，湖之東北汭也，垝垣高下，越伐吳，築城於此，曰越城。新郭之稱始於隋。平陳後，羣盜驛騷，文帝以越公楊素爲行軍總管討之，素遂移郡横山下。唐武德七年，復還故城治平寺，即吳縣治。横塘，其縣學也。虎丘山，又名海湧山，在府西北五里。吳地記云：高一百三十尺〔五〕，周二百十丈。比入山，則泉石奇詭，應接不暇。其最者，劍池、千人坐也。劍池，吳王闔廬葬其下，以扁諸、魚腸等劍各三千殉焉，故以劍名池。葬之三日，有白虎踞其上，故山名虎丘。唐避諱，曰武丘。劍池，浙中絶景，兩岸劃開〔六〕，中涵石泉，深不可測。千人坐，生公講經處也。大石盤陀數畝，高下如刻削，亦它山所無。又有秦王試劍石、點頭石、憨憨泉，皆山中之景。梁書何點傳：兄求〔七〕，亦隱居吳郡獸丘山。

【校勘記】

〔一〕吳之山多在西　川本同，滬本、盋本、京本此句之上有「石湖志」三字。

〔二〕磨盤山　底本、川本缺「盤」字，據滬本、盋本、京本及紀要卷二四補。

〔三〕其左又特起一嶺　「又」，底本作「右」，據川本、滬本、盋本、京本改。

〔四〕去湖漸遠　底本、川本缺「去」字，據滬本、盋本、京本補。

〔五〕高一百三十尺　「尺」，底本作「丈」，據川本、滬本、盋本、京本及吳郡志卷一六引吳地記改。

〔六〕兩岸劃開　「岸」，底本作「崖」，據川本、滬本、盋本、京本及吳郡志卷一六改。下同。

〔七〕兄求　「求」，底本、川本作「朮」，據滬本、盋本、京本及梁書何點傳改。

五湖，即太湖也。周官：揚州，其浸五湖。張勃吳録：五湖者，太湖之別名，以其周行五百餘里爲名。虞翻云：太湖有五道口，謂之五湖。史記正義：吳敗越於夫椒。引杜預曰：太湖中山也〔一〕。又引賀循會稽記云：勾踐逆吳，戰於五湖中，大敗而退。今夫椒在太湖中洞庭山西北。案此吳、越戰於五湖，直在笠澤一湖戰耳。史記正義及顧夷吳地記又云：五湖者：菱湖、游湖、莫湖、貢湖、胥湖，皆太湖東岸五灣，爲五湖。蓋古時應別，今並相連。菱湖，在莫里山東。周迴三十餘里，西口闊二里，其口南則莫里山，北則徐侯山，西與莫湖連。莫湖在莫里山西北，北與胥湖連。胥湖在山西，南與莫湖連。各周迴五六十里，西連太湖。游湖在北二十里，在長山東。湖西口闊二里，其口東南岸樹里山〔二〕，西北岸長山，湖周迴五六十里。貢湖在長山西。其口闊四、五里，口東南長山，山南即山陽村，西北連常州無錫縣老岸湖。周迴一百九十里已上，湖身向東北，長七十餘里。兩湖西亦連太湖。又解三王世家「五湖之間」云〔三〕：五湖，謂具區、洮滆、彭蠡、青草、洞庭也〔四〕。又云：胥、游、莫、貢、菱爲五湖〔五〕，並太湖東岸。今連太湖。蓋後五湖當是也。今按史記正義及顧夷所記五湖，今並相連。三王世家解又以後五湖之説爲是，則五湖爲太湖一湖甚明。越絶書云：太湖闊三萬六千頃。則一湖所占廣矣。史記正義又引吳地記云：笠澤江、松江之氣，故一水五名〔六〕。又以太湖、射貴湖、洮湖、上湖與滆湖爲五湖，尤繆。

【校勘記】

〔一〕史記至太湖中山也　「吳敗越」，底本、川本作「越敗吳」，據滬本、盋本、京本及史記吳太伯世家改。又據吳太伯世家載，此處應作：「史記：吳敗越於夫椒。集解引杜預曰：太湖中山也。」「史記」下「正義」二字乃衍，「引」上脱「集解」二字。

〔二〕樹里山　底本「樹」作「榭」，據川本、滬本、盋本、京本、本書前文及同治蘇州府志卷七改。

〔三〕三王世家　底本、川本、滬本、盔本、京本作「五宗世家」。檢史記，此句在三王世家，據改。下同。

〔四〕洞庭　底本、川本脱，據滬本、盔本、京本及史記三王世家索隱補。

〔五〕胥游莫貢菱爲五湖　「胥游」，底本、川本作「湖」，據滬本、盔本、京本及史記三王世家正義改。

〔六〕笠澤江松江之氣故一水五名　底本、川本同，滬本、盔本、京本「松江」下有「上禀咸池五車」六字。按本書前文引陸龜蒙云：太湖上禀咸池五車之氣，故一水五名。則「咸池五車」云云非就笠澤江、松江而言，此句當有脱訛。

姑蘇志：虎丘山，在城西北七里〔一〕。吴越春秋云：闔廬葬此〔二〕，以扁諸、魚腸劍各三千爲殉。越三日，金精結爲白虎踞其上，故名。遥望，平田中大阜耳。比入，則奇勝萬狀。其最者爲劍池，兩岸劃開，中涵石泉，深不可測。顔魯公書「虎丘劍池」四字，石刻猶存。其前爲千人坐，蓋神僧竺道生講經處。大石盤陀徑畝，高下平衍，可坐千人。唐李陽冰篆書「生公講臺」四字，分刻四石，今失其一。臺側有點頭石，上有可中亭，取劉禹錫詩語。又有白蓮池，在臺之左，相傳説法時，池生千葉蓮花，故名。又有試劍石、憨憨泉、養鶴磵、回僊徑、石井泉，泉即張又新所品第三泉也。晉王珣嘗據爲别墅，山下因有短簿祠。梁何求及弟點、胤〔三〕，陳顧越，唐史德義並隱此山。

宋史蔡抗傳：知蘇州，州並江湖，民田苦風潮害。抗築長堤，自城屬崑山，亘八十里，民得立塍堨，大以爲利。毛漸傳：爲江東兩浙轉運副使，開無錫蓮蓉河，武進廟堂港，常熟疏涇、梅里，入大江，又開崑山七耳、茜涇、下張諸浦，東北道吳江，開大盈、顧匯、柘湖，下金山小官浦以入海，自是水不爲患。宋書王僧達傳：爲吳郡太守。吳郭西臺寺多富沙門〔四〕，僧達求須不稱意〔五〕，乃遣主簿顧曠率門義劫寺内竺法瑶，得數百萬。

藝文類聚虎丘山銘曰：晉司徒東亭獻公王珣撰云：虎丘山先名海湧山。吳越春秋曰：闔廬死，葬於國西北，名虎丘。穿土爲川，積壤爲丘，發五都之士十萬人，共治千里，使象摙土，冢池四周，水深五丈餘〔六〕。銅槨三重〔七〕，傾水銀爲池，池廣六十步，黄金珠玉爲鳧雁，扁諸之劍、魚腸三千在焉。葬之已三日，金精上揚爲白虎據墳，故曰虎丘。王珣虎丘記曰：山大勢，四面周嶺，南則是山徑，兩面壁立，交林上合，蹊路下通，升降窈窕，亦不卒至。淮南子：軼鶤雞於姑餘。注：姑餘，山名，在吳。升庵集：枚乘七發：弭節伍子之山，通厲骨母之場。「骨」當作「胥」，古「胥」字。史記：吳王殺子胥，投之於江。吳人立祠江上，因名胥母山。

【校勘記】

〔一〕城西北七里　底本、川本同，滬本、盋本、京本「城」作「府城」。

〔二〕闔廬葬此　底本、川本同，滬本、盋本、京本「闔廬」作「吳王闔廬」。按今本吳越春秋無此語。

〔三〕梁何求　底本、川本作「南宋何朮」，據滬本、盋本、京本及梁書何點傳改。

〔四〕吳郭　底本「郭」作「郡」，據川本、滬本、盋本、京本及宋書王僧達傳改。

〔五〕僧達求須不稱意　「求」，底本、川本無，據滬本、盋本、京本及宋書王僧達傳補。

〔六〕水深五丈餘　底本、川本、滬本、盋本、京本同，今本藝文類聚無「五」字。

〔七〕銅槨三重　底本、川本、滬本、盋本、京本同，今本藝文類聚無「銅」字。此段所引吳越春秋云云，今本吳越春秋無。

越絶書：闔廬宮，在高平里。射臺二：一在華池昌里，一在安陽里。南越宮，在長樂里，東到春申君府〔一〕。秋冬治城中，春夏治姑胥之臺。旦食於紐山，晝遊於胥母，射於軀陂，馳於遊臺興樂。吳大城，周四十七里二百一十步二尺。陸門八，其二有樓。水門八。南面十里四十二步五尺，西面七里百一十二步三尺，北面八里二百二十六步三尺，東面十一里七十九步一尺，闔廬所造也。吳郭周六十八里六十步。吳小城，周十二里，其下廣二丈七尺，高四丈七尺。門三，皆有樓〔二〕。其二增水門二，其一有樓，一增柴路。東宮，周一里二百七十步路。西宮，在長秋，周一里二十六步。秦始皇帝十一年，守宮者照燕，失火燒之〔三〕。伍子胥城，周九里二百七十步。小城東西從武里，面從小城北〔四〕。邑中徑，從閶門到婁門，九里七十二步，陸道廣二十三步。平門到蛇門，十里七十五步，陸道廣三十三步，水道廣二十八步。百尺瀆，奏江，吴以達糧。　閶門外高頸山東桓石人，古者名「石公」，去縣二十里。　閶門外郭中冢者，闔廬冰室也。　闔廬冢〔五〕，在閶門外，名虎丘。　下池廣六十步，水深丈五尺。　銅槨三重，墳池六尺，玉凫之流，扁諸之劍三千，方圓之口三千，時耗魚腸之劍在焉。　千萬人築治之，取土臨湖口，築三日而白虎居上，故號虎丘。　闔廬子女冢〔六〕，在閶門外道北。　下方池廣四十八步，水深二丈五尺。　池廣六十步，水深丈五寸〔七〕。　隧出廟路以南，通姑胥門，並周六里。　舞鶴吴市，殺生以送死。　巫門外冢者〔八〕，闔廬冰室也。　胥門外有九曲路，闔廬造以遊姑胥之臺，以望太湖，中闚百姓。　去縣三十里。　齊門，闔廬伐齊，大克，取齊王女爲質子，爲造齊門，置於水海虚。　其臺在車道左〔九〕、水海右，去縣七十里。　齊女思其國，死葬虞西山。　由鍾窮隆山者，古赤松子所取赤石脂也，去縣二十里。　子胥死，民思祭之。　莋碓山，故爲鶴阜山。　禹遊天下，引湖中柯山置之鶴阜，更名莋碓。　莋碓山南有大石，古者名爲墜星。　去縣二十里。　婁東十里坑者，古名長人坑，從海上來。　去縣十里〔一〇〕。　婁北武城，闔廬所以候外越也。　去縣三十里。今爲鄉也。　宿甲者〔一一〕，吴宿兵候外越也〔一二〕，去縣百里。　其東大冢，摇王冢也。　虞山者，巫咸所出也，虞故神出奇怪，去縣百五里。　無錫城，周二里十九步〔一三〕，高二丈七尺，門一，樓四。　其郭周十一里百二十八步，牆一丈七尺，門皆有屋。　無錫歷山，春申君時盛祠以牛，立無錫塘，去吴百二十里。　無錫湖者，春申君治以爲陂，鑿語昭瀆以東到大田，田名胥卑〔一四〕。

鑿胥卑下以南注大湖〔一五〕，以寫西野。去縣三十五里。無錫西龍尾陵道者，春申君初封吳所造也，屬於無錫縣。以奏吳北野胥主疁〔一六〕。曲阿，故爲雲陽縣。毗陵，故爲延陵，吳季子所居〔一七〕。毗陵縣南城〔一八〕，古淹君地也，東南大冢，淹君子女冢也。去縣十八里，吳所葬。毗陵上湖中冢者，延陵季子冢也。去縣七十里。上湖通上洲。季子冢古名延陵墟。秦餘杭山者，即今陽山。越王棲吳夫差山也。去縣五十里。山有湖水，近太湖。夫差冢，在猶高西卑猶位。越王候干戈人一累土以葬之。近太湖，去縣十七里。三臺者，太宰嚭、逢同妻子死所在也。去縣十七里。

太湖，周三萬六千頃，其千頃烏程也，去縣五十里。無錫湖，周萬五千頃，其一千三頃毗陵上湖也，去縣五十里，一名射貴湖。尸湖，周二千二百頃，去縣百七十里。小湖，周千三百二十頃，去縣百里。耆湖，周六萬五千頃，去縣百二十里。乘湖〔一九〕，周五百頃，去縣五里。猶湖，周三百二十頃，去縣五十里。語昭湖，周二百八十頃，去縣五十里。作湖，周百八十頃，聚魚多物，去縣五十五里。昆湖，周七十六頃一畝，去縣一百七十五里。一名隱湖。吳王故祠江漢一作海。於棠浦東〔二〇〕，江南爲方牆，以利朝夕水。今太守舍者，春申君所造，後壁屋以爲桃夏宮。今宮者，春申君子假君宮也。春申君爲楚令尹，使其子爲假君治吳。前殿屋蓋地，東西十七丈五尺，南北十五丈七尺，堂高四丈十尺〔二一〕，霤高丈八尺。殿屋蓋地，東西十五丈，南北十丈二尺七寸，户霤高丈二尺。庫東鄉屋南北四十丈八尺，上下户各二。南鄉屋東西六十四丈四尺，上户四，下户三。西鄉屋南北四十二丈九尺，上户三，下户二。凡百四十九丈一尺，檐高五丈二尺，霤高二丈九尺，周一里二百四十一步，春申君所造。吴兩倉，春申君所造。西倉名曰「均輸」，東倉周一里八步，後燒。更始五年，太守李君治東倉爲屬縣屋，不成。吴市者，春申君所造，闕兩城以爲市，在湖里。楚門，春申君所造，楚人從之，故爲楚門。太守府大殿者，秦始皇刻石所起也。到更始元年，太守許時燒。六年十二月乙卯，鑿官池，東西十五丈七尺，南北三十丈。漢高帝封有功劉賈爲荆王〔二二〕，并有吴。賈築吴市西城，名曰定錯城，屬小城北到平門，丁將軍築治之。匠門外信士里東廣平地者，吴王濞時宗廟也。太公、高祖在西，孝文在東。去縣五里。永光四年孝元帝時〔二三〕，貢大夫請罷之。虞氏家記：吴北門，闔廬作。至秦始皇時，守宮吏燭燕窟，失火燒宮，而此樓故存。李白雙燕離詩：柏梁失火去，因入吴王宮。吴宮又焚蕩，雛盡巢亦空〔二四〕。

【校勘記】

〔一〕春申君府　底本、川本脱「君」字，據滬本、盇本、京本及越絶書卷二補。

〔二〕皆有樓　底本、川本脱「樓」字，據滬本、盇本、京本及越絶書卷二補。

〔三〕守宫者照燕失火燒之　底本、川本脱「燕失」二字，據滬本、盋本、京本及越絶書卷二補。

〔四〕小城東西從武里面從小城北　川本、滬本、盋本、京本同。張宗祥越絶書校注：「小城東西云云，中有缺文，『面』疑『南』字之訛。」按其説是。

〔五〕閶廬冢　「廬」，底本作「門」，據川本、滬本、盋本、京本及越絶書卷二改。

〔六〕閶廬子女冢　底本、川本脱「子」字，據滬本、盋本、京本及越絶書卷二補。

〔七〕丈五寸　「寸」，底本、川本作「尺」，據滬本、盋本、京本及越絶書卷二改。

〔八〕巫門外冢者　底本、川本脱「外」字，據滬本、盋本、京本及越絶書卷二補。

〔九〕車道　「車」，底本、川本作「東」，據滬本、盋本、京本及越絶書卷二改。

〔一〇〕去縣十里　「十里」，底本、川本作「百五里」，據滬本、盋本、京本及越絶書卷二改。

〔一一〕宿甲　底本、川本作「宿里」，據滬本、盋本、京本及越絶書卷二改。「宿甲」下川本、滬本、盋本、京本注：「即今卸甲口。」

〔一二〕外越　底本作「外門越」，據川本、滬本、盋本、京本及越絶書卷二，「門」字衍，删。

〔一三〕二里十九步　「二里」，底本作「二十里」，據川本、滬本、盋本、京本及越絶書卷二改。

〔一四〕胥卑　底本、川本作「胥早」，據滬本、盋本、京本及越絶書卷二改。下同。

〔一五〕南注大湖　底本、川本脱「南」字，據滬本、盋本、京本及越絶書卷二補。

〔一六〕以奏吴北野胥主䁖　「奏」，底本、川本脱；「胥」，底本、川本作「晋」；並據滬本、盋本、京本及越絶書卷二補改。

〔一七〕延陵吴季子所居　底本作「吴延陵季子所居」，川本作「延陵季子所居」，據滬本、盋本、京本及越絶書卷二改。

〔一八〕南城　底本作「西城」，據川本、滬本、盋本、京本及越絶書卷二改。

〔一九〕乘湖　底本作「東湖」，據川本、滬本、盋本、京本及越絶書卷二改。

〔二〇〕吴王故祠江漢於棠浦東　「吴王故祠」，底本、川本、滬本、盋本、京本同，越絶書卷二作「吴古故祠」。

〔二一〕堂高四丈十尺　「尺」，底本脱，川本同，據滬本、盋本、京本補。

〔二二〕有功　底本、川本脱，據滬本、盋本、京本及越絶書卷二補。

〔二三〕孝元帝時　底本脱，川本、滬本、盋本、京本作旁注，據越絶書卷二補入正文。

〔二四〕吴宫又焚蕩雛盡巢亦空　底本脱「吴宫」二字，「焚蕩」作「楚場」，「亦」作「空」，據滬本、京本及李太白全集卷四補改。

吴越春秋：太伯起城，周三里二百步，外郭三百餘里，在西北隅，名曰故吴，人民皆耕田其中。太伯卒，葬梅里平墟。即太伯故城之地。劉昭云：無錫縣東皇山有太伯冢，去墓十里有舊宅，其井猶存。皇覽云：太伯墓在吴縣北梅里聚。二説不同，此云平墟，當以劉説爲正〔一〕。子胥相土嘗水〔二〕，象天法地，造築大城，周迴四十七里。陸門八，以象天八風；水門八，以法地八聰。築小城，周十里，陵門三，不開東面者，欲以絶越明也。立閶門者，以象天門，通閶闔風也。史記律書：閶闔風居西方。閶者，倡也；闔者，藏也。立蛇門者，以象地户也。巳爲地户。闔閶欲西破楚，楚在西北，故立閶門以通天氣，因復名之破楚門。欲東幷大越，越在東南，故立蛇門以制敵國。吳在辰，其位龍也，故小城南門上反羽爲兩鯢鱙以象龍角。越在巳地，其位蛇也，故南大門上有木蛇北向首内，示越屬於吳也。吳王有女滕玉，因謀伐楚，與夫人及女會蒸魚，王前嘗半而與女，女怒曰：「王食魚辱我，不思久生。」乃自殺。闔閭痛之，葬於國西閶門外，鑿池積土，文石爲槨，題湊爲中，題湊，棺木内向也。金鼎、玉杯、銀樽、珠襦之寶，皆以送女。乃舞白鶴於吳市中〔三〕，令萬民隨而觀之，還使男女與鶴俱入羨門，因發機以掩之。殺生以送死，國人非之。

闔閭破楚還，復謀伐齊。齊侯使女爲質於吳，吳王因爲太子波聘齊女。女少，思齊，日夜號泣，因乃病。闔閭乃起北門，名曰望齊門，令女往游其上。女思不止，病日益甚，乃至殂落。女曰：「令死者有知，必葬我虞山之巓，以望齊國。」闔閭傷之，乃葬虞山之巓。寰宇記：常熟虞山有齊女冢。

闔閭出入游臥，秋冬治於城中，春夏治於城外，治姑蘇之臺。在吳縣西南三十里，有姑蘇山，亦名姑胥。旦食䱹山，越絶作組山。晝游蘇臺，射於鷗陂，馳於游臺，興樂石城，在吳縣東北，吳之絜宫〔四〕，越王獻西子於此。走犬長洲。有走狗塘，田獵之地也。

漢書五行志：景帝三年十二月，吳二城門自傾。其一門名曰楚門，一門曰魚門。

劉澄之揚州記曰：婁縣有馬鞍山，天將雨，輒有雲來映此，山出雲應之，乃大雨。

石林詩話：姑蘇州學之南，積水瀰數頃。旁有一小山，蓋錢氏時廣陵王所作，既積土山，因以其地瀦水，今瑞光寺即其宅，而此其別圃也。慶曆間，蘇子美謫廢，以四十千得之爲居，傍水作亭，曰「滄浪」。今爲章僕射子厚家所有，廣其故址爲大閣，又爲堂山上。亭北跨水復有山，名洞山，章氏并得之。既除地，發其下，皆嵌空大石；又得千餘株，亦廣陵時所藏，益以增累其隙，兩山相對，爲一時雄觀。

沈括筆談：蘇州至崑山縣凡六十里，皆淺水無陸途，民頗病涉。久欲爲長堤，但蘇州皆澤國，無處求土。嘉祐中，人有獻計，就水中以蘧蒢芻稾爲牆，栽兩行，相去三尺；去牆六丈，又爲一牆，亦如此；漉水中淤泥，實蘧蒢中，候乾，則以水車畎去兩牆之間舊水。牆間六丈皆土，留其半以爲堤脚，其半爲渠，取土以爲堤。每三四里則爲一橋，以通南北之水。不日堤成，至今爲利。

史記伍子胥傳：抉吾眼縣吳東門之上。正義曰：東門，鱛門，謂䱐門也。今名葑門。鱛，音普姑反。䱐，音覆浮反。越軍開示浦，子胥濤盪羅城，開此門〔五〕，有鱛䱐隨濤入，故以名門。

顧野王云：鱛魚，一名江豚，欲風則湧也。

通鑑陳紀：韓郁尚世祖妹信義長公主。注：信義，郡名。五代志：吳郡常熟縣，梁置信義郡。

【校勘記】

〔一〕即太伯故城之地至當以劉説爲正　底本、川本、滬本、盋本、京本作正文，吴越春秋卷一作注文。

〔二〕子胥相土嘗水　底本、川本、滬本、盋本、京本同，吴越春秋卷四「子胥」後有「乃始」二字。

〔三〕吴市中　底本脱「吴」字，據川本、滬本、盋本、京本及吴越春秋卷四補。

〔四〕絮宫　川本、滬本、盋本、京本同，吴越春秋卷四作「離宫」。

〔五〕此門　底本、川本、滬本、盋本、京本作「北門」，據史記伍子胥傳正義改。

隋大業九年，吴郡朱燮、晉陵管崇聚衆作亂。燮本還俗道人，嘗爲崑山縣博士，與數十學生起兵，民苦役者從之如歸。崇志氣倜儻，隱居常熟。　唐武德三年，聞人遂安據崑山，無所屬。　韓文公試大理評事王君墓誌銘：父嵩，蘇州崑山丞。　唐書儒學傳：張後胤，蘇州崑山人。　隱逸傳：史德義，蘇州崑山人。　文苑賀知章傳：齊融，崑山令。　周寶傳：光啓初〔一〕，劇賊剽崑山，寶遣郁領兵三百戍海上，郁醉而叛，寶遣將拓拔從討定之。　文苑英華有權德輿送從兄立赴崑山主簿序、梁肅崑山縣學記。　宋史高宗紀：紹興三十年七月戊寅，遣明州水軍三百戍崑山黄魚垜，巡捕漕船之爲盗者〔二〕。　宋梁適，秘書省正字，知崑山縣。　謝深甫，調崑山丞。　趙積，大理寺丞，知崑山縣。　張方平，校書郎，知崑山縣。　王綸，紹興中崑山縣主簿。　崑山尉劉綺莊，作類書一百卷，號崑山編。

元史文宗紀：天曆元年九月壬午〔三〕，崑山縣獲上都頒詔使者及遼東徵兵使者以聞，詔誅之。成宗紀：大德十年四月癸亥，置崑山、嘉定等處水軍上萬户府。仁宗紀：皇慶二年十月辛未，徙崑山州治於太倉。順帝紀：至正十三年十月，命立水軍都萬户府於崑山州，以浙東宣慰使納麟哈剌爲正萬户〔四〕，宣慰使董摶霄爲副萬户。樊執敬傳：督海運於平江，將發，宴於海口，寇突至，執敬走入崑山。齊秉節傳：至元十二年十二月〔五〕，與宋將張咨議戰於崑山，殺之。王都中傳：授少中大夫、平江路總管府治中。崑山有詭易官田者，事覺，而八年不決，都中爲披故牘，洞見底裏，其人乃伏辜。

實録：吴元年二月癸丑，置崑山衛，以羽林衛千户常守道爲崑山衛指揮同知。洪武十七年閏十月壬戌，蘇州府言：崑山縣民八十餘户〔六〕，有田六頃九十餘畝爲水所没。詔除其租，仍給鈔賑之。二十七年二月丁酉，遷蘇州府崇明縣無田民五百餘户於崑山，開種荒田。時崑山民上言，其邑田多荒蕪，而賦額不蠲，故有是命。復慮其重遷乏費，命本處衛所發軍船遞之。三十年四月己丑，旌表蘇州府崑山縣民水得妻李氏貞節〔七〕。永樂二年十月，減蘇州府崑山縣荒田租税三千四百四十石有奇。三年七月癸丑，除蘇州府崑山縣荒田租二萬七千七百石有奇。五年正月，修蘇州吴江、長洲、崑山堤岸。八年四月丙午，皇太子推崑山縣儒學訓導唐貞爲户科給事中。十月戊申，户部言：直隸蘇州府崑山縣民饑，嘗貸預備倉儲，以累歲水災不能償，乞折輸鈔。皇太子從之。十年七月丙戌，以水災免直隸吳江、長洲、崑山、常熟四縣糧十三萬八千六百九十石有奇。十一年正月丁亥，蘇州府同知柳敬中言：崑山之太平河，東通大海，西接福興河，上達陽城湖，爲利甚博，近年淤塞，旱澇皆不便。今欲疏浚，約用人七萬八千四百，計二十五日可完。上曰：役久則民勞，遲則妨農，其徵旁近民夫十萬，亟成之。七月乙巳，蘇州之長洲、崑山二縣奏：去年水澇，渰没民田。上命户部覈實，被災者蠲其租。十二年十一月辛亥，浚蘇州府崑山縣太平河。十三年六月甲午，蘇州府吳江縣丞李昇言〔八〕：蘇松水患，莫甚於太湖。欲泄太湖之水，莫急於疏下流。近時所疏河道，歲久不免淤塞。今觀常熟之白茆諸港，崑山之千墩等河，長洲十八都港汊，及吳縣、無錫縣等處近湖河道〔九〕，皆太湖之下流，若循其故道，浚而深之，仍修蔡涇等閘，俟潮水來往，以時啓閉，庶免泛濫之患，而民獲耕種之利。從之。二十一年六月乙卯，福建建安縣知縣張準卒。準，蘇州府崑山縣人，舉賢良，授建安縣知縣，持己修潔，惓惓愛民。歲祲，請以鈔代輸租；大疫，奏乞蠲徵徭。朝廷皆從之。蓋自準至官，無失所之民，秩滿以疾卒，民懷之不忘。洪熙元年閏七月，廣西右布政使司周幹自蘇、常、嘉、湖等府巡視民瘼還，言蘇州等處人民多有逃亡者，詢之耆老，皆云：由官府弊政困民所致。如吳江、崑山民田，畝舊税五升；小民佃種富室田，畝出私租一石；後因没入官，依私租減二斗，是十分而取八也。撥賜公侯、駙馬等項田，每畝舊輸租一石，後因事故還官，又如私租例，盡取之。且十分而取其八，民猶不堪，況盡取之乎？盡取則無以給私家，而必至凍餒，欲不逃亡，不可得矣。乞命所司將没官之田，及公侯還官田租，俱照彼處官田起科，畝税六斗。上命行在吏部尚書蹇義與户部同議行之。宣德元年七月丙辰，行在户部奏：蘇州府吴江、崑山、長洲三縣去年六月至閏七月霪雨爲災，低田渰没，今覆勘已實，凡田二千二百六十餘頃，計糧一十一萬五千五百九十二石有奇。命悉蠲之。二年七月壬子，行在户部奏：蘇州府崑山縣今年夏久雨，渰没官民田稼一千八百六十三頃有奇。上命遣人實蠲其税糧。五年十二月甲午，黜監察御史鄒傑爲蘇州府崑山縣知縣。七年六月戊子朔，直隸蘇州知府況鍾言：近奉詔書，官民田地有荒蕪者，召人佃種，官田准民田起科，無人種者，勘實除豁租額。臣勘得崑山等縣民以死、徙、從軍除籍者三萬三千四百七十二户，所遺官田召人佃種，應准民田科者二千九百八十二頃，其間應減秋糧一十四萬九千五百一十石，已嘗申達户部，未奉處分。況官田有没入海者，糧額尚在。乞皆如詔書除豁。從之。九年二月戊辰，直隸蘇州府知府況鍾言：崑山縣民有欲脱漏户口避徭役者，往往貨賄太倉等衛官旗，妄招認親屬、義男、女婿之類，追取赴衛，實不當軍，俟再造黄册，復以老幼還鄉，於别里附籍帶管，原户賦税累里鄰代償。乞令各衛，有如此者，許自陳改正。事下行在兵部，言近已頒軍政條令，民詐冒爲軍者，許改正。今移文各衛所，令限一月内自首，免罪，違者從巡撫侍郎及巡撫御史、按察司官捕治，衛所官吏不發遣者，罪同。從之。　正統二年七月庚子，復直隸蘇州府崑山縣典史葉俊輝職。先是，兵部右侍郎徐琦等考察俊輝行檢不飭，已黜罷之，縣民數千保留不允。俊輝訴寃，下巡撫侍郎周忱等覆之〔一〇〕，具言俊輝勤謹，琦等誤聽豪黠誣枉。至是，行在吏部以聞。上命俊輝復職，琦等罰俸半年。　十二月辛未，徙直隸蘇州府崑山縣寧海驛於縣之西北隅。　六年八月丁丑，巡撫南直隸、工部左侍郎周忱言：鎮海、太倉衛儒學教授缺員，兩衛官旗軍生，相率訴保境内崑山縣學教諭朱冕，學行端謹，啓迪有方，今九年考滿，乞升補衛學教授，以慰士望。從之。　十年八月庚午，旌表崑山縣學生彭餘壇妻鄭氏。氏夫亡自經，姑救解之，不食數日，乘間赴水死。事聞，旌其門曰「貞烈」。　九月丁亥，兵部右侍郎虞祥卒。有傳。　十二年九月丁巳，直隸蘇州府長洲縣縣丞邵昕九年考稱當選，巡撫侍郎周忱奏保其奉法集事，乞升補崑山知縣，從之。　十四年八月壬戌，工部右侍郎王永和從駕死於土木。有傳。

宋史宗室彦櫨傳：知平江府。郡之崑山並大海，盜出没莫可踪迹，彦櫨奏分其半置嘉定縣〔一一〕，屯兵以守。　劉安世傳：章惇以强市崑山民田罰金。　程迥傳：嘗受經學於崑山王葆。　蔡抗傳〔一二〕：爲秘閣校理，知蘇州。州並江湖〔一三〕，民田苦風潮害，抗築長堤，自城屬崑山，亘八十里，民得立塍堨，大以爲利。　李衡傳：定居崑山，結茅別墅，杖屨徜徉，左右惟二蒼頭，聚書逾萬卷，號曰「樂庵」。　汪大猷傳：知崑山縣。　連庶傳：知崑山縣，辭不行。

【校勘記】

〔一〕光啓初　川本同，滬本、盋本、京本此句上有「鎮海將張郁以擊毬事寶」十字，乃據新唐書周寶傳補。

〔二〕漕船　底本、川本、滬本、盋本、京本作「横船」，據宋史高宗紀改。

〔三〕壬午　底本、川本作「壬子」，據滬本、盋本、京本及元史文宗紀改。

〔四〕納麟哈剌　「哈」，底本、川本、滬本、盋本、京本作「哈」，據元史順帝紀改。

〔五〕十二年　底本、川本、滬本、盋本、京本脱，據元史齊秉節傳補。

〔六〕八十餘户　「餘」，底本作「一」，川本、滬本、盋本、京本同，據明太祖實録卷一六七改。

〔七〕水得　底本、川本、滬本、盋本、京本缺「得」字，據明太祖實録卷二五二補。

〔八〕李昇　「昇」，底本作「申」，據川本、滬本、盋本、京本及明太宗實録卷九六改。

〔九〕河道　「道」，底本、川本作「通」，據滬本、盋本、京本及明太宗實録卷九六改。

〔一〇〕周忱　底本作「周慨」，據川本、滬本、盋本、京本及明史周忱傳改。下同。

〔一一〕彦橚奏分其半置嘉定縣　「奏」，底本、川本作「奉」，據滬本、盋本、京本及宋史宗室彦橚傳改。

〔一二〕蔡抗傳　「抗」，底本、川本作「杭」，據滬本、盋本、京本及宋史蔡抗傳改。

〔一三〕州並江湖　「並」，底本、川本作「遂」，滬本、盋本、京本作「連」，據宋史蔡抗傳改。

琴川志：虞山，在縣西北一里，一名海隅山。高一百六十丈，周迴四十六里六十步。山海經注云：吴之烏目山也。陸澄之云：本吴之虞鄉，孫權置虞農都尉。於晉太康二年，改爲海隅。越絶書云：虞山，巫咸所居。此舊志所記也。山雖無峯巒，而蜿蜒起伏，略似卧龍〔一〕，隨處望之，形勢各異。山之巔，堆垤磊塊，纍纍然如蓬顆〔二〕，似皆人力爲之，或疑古人葬之其中，大抵壘石爲槨，巨石覆之。自邑市入虞山門，即登山，半里至半山亭。躡山脊而上，至乾元宫。前有極目亭，下瞰萬家，平挹兩湖，南望姑蘇諸山，北見大江，最爲絶勝。又西北行，山脊四望益空。迴過普照寺廢址，至維摩庵，林木茂密可愛。稍北下〔三〕，山腰有石屋，可坐十許人，相傳太公避紂於此。其旁流水平布石上，潋潋可愛，有顯親禪院、覺海庵。旁有石洞，天將雨，輒出雲氣。又西北行，山脊有拂水巖，下臨山阿，崖壁峭立，水落兩石間，微風激之，濺灑霏霏，故名。山南北址皆臨大道。南道出秋報門〔四〕，循山而西，致道觀、嶽祠皆瞰山之麓。又過吴王廟，五六里而有張氏光禄亭，亭前有大杏一木，花特茂異，父老相傳幾二百年，俗謂之杏花亭。花時，邑人遊賞不絶。今杏已不存，亭亦改爲佛舍矣。又其西曰谷林，參議虞似平之圃，有亭曰退耕，曰翠微，今爲富民所有。山巔有巨石，石中分爲兩，望之如劍痕，俗傳吴試劍石。有亭臨流，曰劍溪。又西北至寶巖寺，山之南境盡矣。其北道出宣化門，循山而北，過寶慈寺六里，西北入破山興福寺。寺多古迹，臨龍鬬澗，山腰有光明庵。再出，西北行十二里，入頂山寺，登白龍祠，跨小嶺，至上方院，高崖曲澗，林木蒼鬱，俗謂之小堂隱。轉而下，有中峯、瑞石庵，又有水簾之勝在焉。是爲山之北境，此其大略也。若夫山之爲名，括地志則曰海隅，吴郡志則曰海虞〔五〕，續志則曰海巫，祥符圖則曰海禺，爲名不一。至於虞山之得名，慶元志謂本吴之虞鄉，孫權置虞農都尉，於是山因以爲名。然吴越春秋載吴太子娶齊女，病而死，曰：必葬我虞山之巔，以望齊國。越絶書又曰：虞山，巫咸所居。則虞山之名，吴越時已有之矣。竊詳此山恐因虞仲而得名，按史記，虞仲即仲雍，奔吴而葬此山之上，或者因以名其山。史有兩虞仲：一字仲雍，爲吴始祖。一周章之弟仲，始封於虞，亦曰虞仲。周章都安邑，稱曰虞城，則仲雍所居稱曰虞山，理或有之。更俟博議者訂焉。破山，亦虞山之別名，因白龍鬬，衝山而去〔六〕，故曰破山。陳於記：虞山北行九里爲破山，又北行九里爲頂山。頂山〔七〕，去縣十八里，乃虞山之別名。未至山，有齊女峯，高二十丈，亦頂山一峯，相傳齊景公女葬於此。龍母峯〔八〕，在縣西北十八里。即頂山之一峯，龍祠在焉。福山〔九〕，在縣北西四十里。高九十五丈，周五里。本名覆釜山，唐天寶六載，改爲金鳳山；梁乾化三年，又改今名。苑山〔一〇〕，在縣西南五十里。靈龜山〔一一〕，在縣西北五十里。東南屬常熟，西南無錫界，西北江陰界，俗呼爲三界山，亦曰顧山。大江，在縣之北，與通州對境，自福山江口至縣三十六里，福山居長江下流，險莫甚焉。然自古國於東南者，類置而不問。吴孫權時，西陵擧火，達吴郡南沙〔一二〕。晉趙石堪遣兵寇南沙、海虞〔一三〕。雖此備彼寇皆通江道〔一四〕，然未嘗專以福山爲慮也。錢鏐有國，始於福山置戍，以防南唐之寇。宋初混一，戍皆省罷。建炎初，嘗分江陰水軍戍福山，議者謂虜騎入通州，勢如牛角尖，退有腹背受敵之患，故其戍不常置。紹興中，吕祉乃請於福山置戰艦，不果行。淳祐壬寅，虜犯通州，議臣復有福山把隘之請，特遣御前軍八百戍福山，閱月而撤戍。淳祐庚戌，復置兵三百人，號忠節，建寨於福山。吳志載庾闡揚都賦注曰：孫權時，合暮舉火西陵，三鼓竟，達吳郡南沙。南沙，吳時名沙中〔一五〕，晉以爲縣。晉書載記石勒傳：寇南沙、海虞，俘獲五千餘人。通鑑：晉成帝咸和五年，趙將劉徵帥衆數千〔一六〕，浮海抄東南諸縣，殺南沙都尉許儒。六年，復寇婁縣，掠武進，郗鑒擊卻之。六年正月，石勒殺掠婁、武進二縣人。明年，石勒衆抄略南沙、海虞。晉書成帝紀：咸和五年五月，石勒將劉徵寇南沙，都尉許儒遇害，進入海虞。六年正月，劉徵復寇婁縣，遂掠武進。七年三月，勒將韓雍寇南沙及海虞。通鑑：唐昭宗乾寧三年，蘇州常熟鎮使陸郢以州城應楊行密。晉劉徵浮海入寇，害南沙尉，則海道之防，吾邑尤所急也。許浦去海爲近〔一七〕，東出海門料角之間〔一八〕，勢與膠西相直，實今日要害之地。紹興辛巳，浙西通泰海州沿海制置使李寶嘗任招討之責〔一九〕，領軍駐許浦，從大洋進山東，遂奏膠西之捷。乾道中，用馮湛計，始分定海水軍爲許浦置屯。許浦水軍寨，在縣東北七十五里。乾道六年，初自明之定海分屯於此，時值孝宗鋭意中原，而以海道爲虞，故用馮湛計，使度地形，以立此軍。元史李璮傳：宋人聚兵糧數十萬，列艦萬三千艘於許浦。時許浦深闊，可藏戰艦。比年以來，頗覺淤塞，外沙潬隆起，潮雖盛，大艦裝重不能出，海道有變，接應非便，於是乃有分屯寨兵、更戍顧逕之議。至寶慶間，增爲二千五百人，升爲左軍，轄以統制，易便戍爲就屯。許浦既宿重兵，而又得顧逕爲之犄角，許浦東百餘里曰顧逕〔二〇〕，與黃魚垛相望，轉料角，越沙窖，距山東海界。兩屯相望，所以爲備禦計者，始益詳矣。

里。尚湖〔二一〕，在縣西南四里。長十五里，廣九里。崑承湖〔二二〕，在縣東南五里，廣長各十八里。馬涇湖〔二三〕，在崑承湖東，南接崑山境，去縣四十里，廣長各五里。常熟塘〔二四〕，自齊門北至常熟百餘里，唐元和中所開，緣塘皆有涇浦，入於北江。鹽鐵塘〔二五〕，亦名內河，其口始自黃窖〔二六〕，繚繞數百里，南接崑山，西連江陰。不知何代所開，所以泄吳淞江之水也，今不詳其處。郟亶稱縣西北六十里有塘，唐文宗太和中再開，疑此即是。梅李塘〔二七〕，東接許浦，西接運河。郟亶謂開之使水北入揚子江〔二八〕，宣和間趙霖開。福山塘〔二九〕。宋史高宗紀：邵青犯江陰軍之福山。元史世祖紀：伯顏分軍爲三，董文炳率舟師，循海趨許浦，以至浙江〔三〇〕。

常熟爲邑，北枕大江，諸湖交貫其中，實澤國也。有陂塘以蓄灌溉，有泖瀝以泄漲溢，故無旱乾水溢，而得「常熟」之名。然潮沙易積，浦溆多壅，每賴疏瀹浚導之功。錢氏有國時，創開江營，置都水使者，以主水事，募卒爲都，號曰「撩淺」。宋朝因之，有卒千人，爲兩指揮，第一在常熟，第二在崑山，專職修浚。自郡人朱勔進花石綱，盡奪營卒以往，於是開江營遂空，而修浚之事廢矣。紹興中，大理寺丞周環言〔三一〕：平江低田多爲水浸，蓋諸浦淤塞，望令有司於農隙開決，俾北流通徹，實無窮之利。乃詔兩浙漕臣措置。而轉運副使趙子潚、知平江府蔣璨言：太湖者數州之巨浸，而獨泄於松江之一川，宜其勢有所不逮。是以昔人於常熟之北開二十四浦，疏而導之於揚子江；又於崑山之東開十二浦，分而納之於海。其浦後皆爲潮汐沙積，而開江之卒亦廢，於是民田有淹没之憂。天聖間，漕臣張綸嘗至常熟、崑山，各開衆浦。天聖中，吳中水災，命發運使張綸，同守臣於崑山、常熟各開衆浦以導水。景祐間，范文正公亦開浚五河，親至海浦。文正公守鄉郡，值歲歉，謂泄松江不能盡泄震澤之水，當疏導諸邑河渠，東南入吳淞江，東北入揚子江及海。於是親至其地，開浚五河，疏瀹積潦，民受其賜云。政和間，提舉官趙霖又開三十餘浦，此皆見於已行者也。今諸浦堙塞，又非前比，總計用工三百三十餘萬，錢三十三萬餘貫〔三二〕，米一十萬餘石。緣平江積水已兩月未退，望速行之。乃詔監察御史任古〔三三〕、本路提刑徐康覆視。古至常熟，言之：五浦通江，委是快便，若依子潚所請，以五千人爲率，來歲正月入役〔三四〕，月餘可畢。又言：平江四縣，舊有開江兵二千人，今乞止於常熟、崑山各招置百人。得旨從之。遂出御前激賞庫錢、平江府上供米，如其所請之數，即日興工。蓋此邑有五浦，皆注於江，東則白茆浦，東北則許浦，正北則福山浦，西北則黄泗浦及奚浦，五浦常浚，則潦無漲溢之虞，旱獲灌溉之利，所關不小。耆老猶記海舶常至邑郭，故邑有通江橋。而許浦過梅李鎮，潮汐迅急，鎮橋之下往往壞舟，至開月河以殺水怒。而紹興丁卯康舉之作招真庵記云：邑去江不及程，陂湖畎澮之積自南至者，傾池入於江。江潮既急，則迅瀾倒流，逆於市橋之下，二水相制，移時不能去。意者開江之卒，它無所役，專以更迭浚治五浦，前人經畫之意深矣。自丁卯至今九十七年，涇浦淤塞，至或委曲，僅一線之水。既無復開導，而陂湖又多包圍成田，故水則下流不能遽泄，遂決溢以成淹浸。一或告旱，而上流去水逾遠，易成乾涸。浙西提舉徐誼所謂「昔之中田，今爲上田，昔之下田，今爲中田，昔之草蕩，今爲下田」，是也。極於寶慶之水，嘉熙之旱，大爲邑民之病。然則任斯邑之寄者，水利源委，蓋不可不熟講也。

升庵集：周禮：澤草所生，種之芒種。注者不知其解。王氏農書云：即江南之架田也。架田，一名葑田，以木縛架爲曲田，繫浮水面，以葑泥附木架上。葑，即菰根也，根最繁而善糾結。上著泥土，刈去其蔓，便可耕種，江南、淮南二處皆有之。子瞻請開杭之西湖狀謂「水涸草生，漸成葑田」，是也。其田隨水上下西東，故東方有盜田。然王氏謂葑田即周禮之「澤草芒種」，未有據，猶竊疑之。後讀郭璞江賦云：「播匪藝之芒種，挺自然之嘉蔬。」賦江而曰「芒種、嘉蔬」，又曰「匪藝」，又曰「自然」，非葑田而何哉？周禮之說，因此可解。而李善五臣注江賦亦未及此，遂詳著之。滇南亦有葑田，名曰海簰。淮南子：「大旱，苽封熯。」〔三五〕苽即菰，封即葑也。旱燥，故苽葑亦乾也。菰葑根相結而生，歲久浮於水上，根最繁而善絡結，以土泥著上，刈去其蔓，枯時以火燎，便可耕種。吳闓駟十三州志云〔三六〕：百粵嶺南有駱田。駱音架。

王氏農書：架田，即葑田，以木縛架爲曲田，浮水面，以葑泥附木上而成田。其田隨水上下，故南方有盜田之訟也。周禮：三農。鄭氏注云：山農、澤農、平地農。澤農，即種下隰及葑田者。

【校勘記】

〔一〕略似卧龍　「似」，底本作「於」，據川本、滬本、盋本、京本及洪武蘇州府志卷二改。

〔二〕纍纍然如蓬顆　「如蓬」，底本作「峯峯」，據川本、滬本、盋本、京本及洪武蘇州府志卷二改。

〔三〕稍北下　「北」，底本作「其」，據川本、滬本、盋本、京本及洪武蘇州府志卷二改。

〔四〕秋報門　底本、川本、盋本缺「報」字，據滬本、京本及洪武蘇州府志卷二補。

〔五〕海虞　底本作「海隅」，據川本、滬本、盋本、京本及吴郡志卷一五改。

〔六〕衡山而去　「衡」，底本、川本、滬本、盋本、京本作「衡」，滬本眉批：「衡，疑當作衡。」按清統志卷七七引吴都文粹作「衡」，據改。

〔七〕頂山　川本同，滬本、盋本、京本「山」下夾注「常熟」二字。

〔八〕龍母峯　川本同，滬本、盋本、京本「峯」下夾注「常熟」二字。

〔九〕福山　川本同，滬本、盋本、京本「山」下夾注「常熟」二字。

〔一〇〕苑山　川本同，滬本、盋本、京本「山」下夾注「常熟」二字。

〔一一〕靈龜山　川本同，滬本、盋本、京本「山」下夾注「常熟」二字。

〔一二〕南沙　底本、川本作「南河」，據滬本、盋本、京本及三國志吳書吳主傳裴松之注引庾闡揚都賦注改。下同。

〔一三〕石堪　「堪」，底本、川本作「勘」，據滬本、盋本、川本及晉書石勒載記改。

〔一四〕雖此備彼寇皆通江道　「道」，底本作「口」，據川本、滬本、盋本、京本改。

〔一五〕南沙吳時名沙中　「南沙」，底本、川本無，據滬本、盋本、京本補。「沙中」，底本作「河中」，據川本、滬本、盋本、京本及紀要卷二四改。

〔一六〕帥衆數千　「帥」，底本、川本作「師」，據滬本、盋本、京本及通鑑卷九四改。

〔一七〕許浦　川本同，滬本、盋本、京本「浦」下夾注「常熟」二字。

〔一八〕料角　底本、川本、滬本、盋本、京本同，滬本眉批：「料，據今海圖當作蓼。」按明、清諸志，或作「料」，或作「蓼」。

〔一九〕浙西　底本、川本、滬本、盋本、京本作「淮浙東西路」，據宋史高宗紀改。

〔二〇〕許浦東百餘里曰顧逕　底本「百」作「北」，據川本、滬本、盋本、京本改。

〔二一〕尚湖　川本同，滬本、盋本、京本「湖」下夾注「常熟」二字。

〔二二〕崑承湖　川本同，滬本、盋本、京本「湖」下夾注「常熟」二字。

〔二三〕馬涇湖　川本同，滬本、盋本、京本「湖」下夾注「常熟」二字。

〔二四〕常熟塘　川本同，滬本、盋本、京本「塘」下夾注「常熟」二字。

〔二五〕鹽鐵塘　川本同，滬本、盋本、京本「塘」下夾注「常熟」二字。

〔二六〕其口始自黃窑　「口」，底本、川本同，滬本、盋本、京本作「上」。

〔二七〕梅李塘　川本同，滬本、盋本、京本「塘」下夾注「常熟」二字。

〔二八〕揚子江　「江」，底本作「嶺」，據川本、滬本、盋本、京本改。

〔二九〕福山塘　川本同，滬本、盋本、京本「塘」下夾注「常熟」二字。

〔三〇〕元史世祖紀至以至浙江　川本同，此係錯簡，應同滬本、盋本、京本改移上文許浦下。

〔三一〕大理寺　「理」，底本作「興」，川本、滬本同，據宋史食貨志上一改。

〔三二〕三十三萬餘貫　底本作「三百三十餘貫」，據川本、滬本、盋本、京本及宋會要食貨七之五三改。

〔三三〕任古　底本脱「古」字，據川本、滬本、盋本、京本、本書下文及宋會要食貨七之五四改。

〔三四〕以五千人爲率來歲正月入役　「率」、「來」，底本作「辛」、「未」，據川本、滬本、盋本、京本及宋會要食貨七之五五改。

〔三五〕茋封熯　「熯」，底本、川本、滬本、盋本、京本作「漢」，據淮南子天文訓改。

〔三六〕吳闞駰　底本、川本、滬本、盋本、京本同。按闞駰涼人，作「吳」，誤。

嘉定三面阻海，稱江南重地。故老言夷亭以東，舊爲斥堠之場，而俗稱劉河爲「六國馬頭」，謂爲海外諸夷交易之處，實縣之北境。國初，市舶提舉司在黄窑。高皇帝言不宜以險要示遠人，命遷於寧波。是知縣之形勢，自中土言之爲裔裾，自薄海言之爲要領。

練祁市，今邑治。錢門塘市，在縣西南二十里。封家浜市，在縣西南三十里。南翔鎮，在縣南二十四里。往多徽商僑寓，百貨填集，於諸鎮比爲無賴蠶食，稍稍徙避，而鎮遂衰落。婁塘鎮，在縣北十二里。新涇鎮，在縣東三里。爲棉花管屨所集，頃年浸盛。羅店鎮，在縣東一十八里。近海，多魚鮮，比閭殷富。今徽商湊集，貿易之盛，幾埒南翔矣。月浦鎮，在縣東三十六里。國朝設顧涇巡檢司於此，近頗荒落。外岡鎮，在縣西一十二里，爲水陸要衝。廣福鎮，在縣東南二十四里。今頗殷富。大場鎮，在縣東南四十八里。宋時嘗置鹽場於此。真如鎮，在縣東南五十里。楊家行鎮，在縣東南五十里。江灣鎮，在縣東南六十里。其水自吳淞江屈曲入虬江，故名。宋嘗於此置忠節水軍寨。紹興間，韓世忠以中軍駐江灣，即其地也。國朝設巡檢司於此。清浦鎮，一名高橋鎮，在縣東南八十里。其地東北距海，西瀕吳淞江，多魚鹽、蘆葦之利，田土豐腴，人民殷富，是爲通邑諸鄉之冠。徐家行鎮，在縣東北五里。安亭鎮，在縣西南二十四里。其地西界崑山，南界青浦。黃渡鎮〔一〕，在縣西南三十六里，界青浦。紀王鎮，在縣西南四十里。葛隆鎮，在縣西北二十里。其地西北界太倉。寶山，在縣東南八十里。永樂十年三月，平江伯陳瑄督海運，上命築爲表識，以建烽堠山，西北四里有御製碑。東岡身，今南至南翔，北至太倉，俱曰岡身路。鹽鐵塘，在縣西南一十八里。南至松江葉謝，北達太倉、江陰入江。滬瀆壘，晉安帝隆安四年，吳國内史袁山松所築，以備孫恩。漁者列竹於海澨，曰扈，是瀆以此得名。

王荊石嘉定縣志序：蓋昔王文恪之志姑蘇曰：蘇民西近華，東近質，濱海之民多悍。則嘉定似之矣。俯仰百年以來，風靡波流，不但醇酒之味醨，即烏堇之毒亦漸以薄矣，而其大略猶可慨見。余聞之外大父，嘉定當弘、正間，里中大豪，引蒼頭盧兒，牽黄背蒼，騁而過市，婦子皆走匿，甚至有把官吏短長，持白梃而擬其後者。而今大家畏小民如虎，其敢訟勇鬬、輕犯法者，止筆竇之無賴耳。悍不啻且馴矣，而質則尚存。第見吾里以西，奇冠冶服，靡日不新；流言蜚文，無脛而走；問之嘉，嘉不知也。洞庭之珍，吴江之鮮，朝而東下，筐筥立罄，過嘉之市而不問也。士人務爲新聲，一唱百和；又或飾交遊，課玄虛，以博名高，往往得志去。而嘉之儒宿，抱其嘐嘐好古之志〔二〕，即窮老而不悔也。仕宦者甫釋疏屩，置田出息遍境外。而嘉縉紳之産，多不逾中人；其列肆以遊，居積而牟利者，皆僑客也。蓋其智拙於爭時，甲第之盛，物産之豐，不能與他邑爭勝，所自來矣，夫民亦何厭之有？以蕞爾僅存之質，而立乎聲華之間，深淡相形，貧富相耀，而有如長民者聽其自化，不隄之以分義，申之以勸懲，即嘉又能長保此質乎？以齊風之大也，聖人刪詩而次以魏、唐；即葛屨之褊心，蟋蟀之勞苦，而猶有取焉。若曰救大國之奢，必以小國之儉；救沃土之逸，必以瘠土之勤。今吴俗偷矣，華不已而侈，侈不已而僭；又數十年後，無論它邑，不知嘉之爲嘉，尚有先進遺法可以爲四方則不？

永樂九年十月戊午，初，平江伯陳瑄言蘇州府嘉定縣瀕海之墟，正當江流衝會，海舟停泊之所。其地平迤，無大山高嶼，漕舟於此，或值風濤，觸堅膠淺，輒致傾覆。乞於縣之青浦築土高山，立堠表識。從之，命有司徵軍夫，令瑄督其役。至是成，方百丈，高三十餘丈，賜名寶山，上親製碑文紀之。

宣德六年五月丁卯，行在工部尚書吴中奏：蘇州太倉，閒廢已久，已嘗奏請移置淮安，而所司官吏奉行稽緩。比者主守吏言：其倉屋舊，爲風雨損壞，木植磚瓦爲附近官軍盜取殆盡。其官吏及盜取者，皆宜究問。上命行在都察院遣監察御史一員，往按其事，稽緩官吏姑宥之。

【校勘記】

〔一〕黄渡鎮「渡」，底本作「波」，據川本、滬本、盋本、京本及萬曆嘉定縣志卷一改。

〔二〕抱其嵺嵺好古之志　「嵺嵺」，底本、川本作「嵺嵺」，據滬本、盋本、京本改。

崇明起於唐武德中，海門之南騰湧二洲，名東西二沙，其後遂立崇明鎮於西洲，屬通州海門縣。宋天聖三年，續漲一沙，與東沙接壤。而前兩沙之民徙居於此，大成村落，姚、劉二家則其創始者也，因名姚劉沙。建中靖國初，又漲一沙於西北，相距五十餘里，即今三沙也。時張循王、韓侂胄、劉婕妤各置莊焉，開禧三年，莊廢。嘉定十五年，改爲天賜場。元至元十四年，建爲州，隸揚州路。至正十二年，圮於海，徙州於北。國朝洪武二年，改州爲縣。八年，改隸蘇州府。其後屢齧於海，永樂十八年，遷城北十里，地名秦家村〔一〕。弘治十年，建太倉州，以縣屬之。嘉靖八年，遷馬家墩，去舊治五十里。二十九年，海齧東北隅，遷平洋沙。三十三年，築磚城。萬曆十一年，城東隅復坍，遷長沙城，周四里七分。自置州以來凡五遷。崇明吴家沙，東則臨大海；登舟沙，西則近狼山；南之斜洪，則抵劉河；東南有新開河，則近吴淞；北之蒲沙則近海門。東至蛇山約二百里，西北至狼山約一百里，西南至太倉約四十里，北至海門縣界約一百里，至蘇州府約二百五十里。蛇山，一名長山，在蘇州洋。自縣起東揚帆，西北順風一日可到。上有枯井及民居基址。洋山〔二〕，在東沙之東。文天祥由通州過此，至杭州。與蛇山相近。蘇州洋，在東沙之東南。淡水洋，在東沙東北。其水可煎茶，文天祥並有詩。鹽水洋，在東沙東南。至夜水沸，星映若火。

沙段。崇明之沙，猶江之洲也，皆緣潮汐之來，流或稍緩，則水岐而成渚，日積月累，漸廣漸高，沙始明焉。然亦有隨阜而隨坍者，故沙之分合不常。若今之平洋沙、三沙、縣後沙〔三〕、蒲營等處，猶然分列，餘諸沙則合而爲一矣。長沙，今建縣治，連合十餘沙，比諸沙最爲廣袤。袁家沙。享沙，沙之北，水鹹不可耕〔四〕，貧民歲納灰場銀，就此煎鹽。吴家沙，水鹹不可耕，多出柴蘆魚鹽之利。爛沙，自此沙至竹箔沙，南北長一百四十餘里，東西闊四十餘里。小團沙。孫家沙。白蜆沙。縣前沙。南沙。竹箔沙。仙景沙。以上諸沙向皆分列，今悉連合成沃壤矣。平洋沙，舊建磚城，縣治。舊名半洋沙，後因平盜，改爲平洋沙。登舟沙，與平洋沙連壤，對常熟縣界。伏龍沙，登舟沙西之新漲者，與狼山近。三沙，舊建土城。沙之名存，而其地則西而狹矣〔五〕。山前沙，營前沙，此二沙一處，接壤而異名。扁擔沙。蒲沙。小陰沙，與海門近。年間〔六〕，海門民刁秉成以其近而奪之。本縣生員陳弘亮赴京奏懇，准行該沙地會審，歸之本縣。縣後沙。蝦沙。平安沙。已上諸沙時有沿漲灘塗，每三年撥民一次，前令吴華行取在道奏准例也，民今賴之。

河港。崇明諸沙綿亘，河港雖多，率皆鹽潮，每爲農病。隆慶中，知縣孫裔興開通施翹河一道，自長沙起，經享沙，直抵吴家沙，引西江淡水，截東海鹽潮，深有利於民。

渡口。施翹河渡，一至太倉陶家港，約海面三十里；一至舊縣平洋沙，約海面六十里。斜洪渡〔七〕，自城至渡口計路八里。長渡，至太倉南馬頭，約海面四十里。短渡，至劉河張家行。公文悉於此來往。渡船港渡，自城至渡口，計路三十里；至舊城平洋沙界溝，約海面十里餘。已上在長沙。黄家港渡，一至太倉璜涇〔八〕，約海面四十里；一至本縣，約海面六十里。舊城河渡，三沙、縣後沙、蒲沙、山營前沙〔九〕，悉由往來，總計海面一百里餘。界溝渡，至本縣渡船港，約海面二十里。已上在平洋沙。爛沙渡，自城至渡，計路二十里；至阜安沙，約海面五六里。

協守官。嘉靖三十三年倭亂，遷城平洋沙，特設鎮守，以參將等官領之。後調守劉河營，易以把總一員。

隋書燕榮傳：伐陳之役，以爲行軍總管，率水軍自東萊傍海入太湖，取吴郡。既破丹陽，吴人共立蕭瓛爲主，阻兵於晉陵，爲宇文述所敗，退保包山。榮率精甲五千躡之，瓛敗走，爲榮所執。宋紹興元年，王德殲邵青之衆於崇明沙，獲青，送行在。永樂十四年六月乙亥，直隸崇明沙守禦千户所言：本所四面皆海，城之南垣逼洋，風潮湧決，屢築屢壞，徒費工力，崇明縣南秦家村地勢高廣，置城爲便。從之。

【校勘記】

〔一〕秦家村　「村」，底本、川本作「符」，據滬本、盋本、京本及紀要卷二四改。

〔二〕洋山　底本、川本作「洋沙」，據滬本、盋本、京本及紀要卷二四改。

〔三〕縣後沙　「後」，底本、川本、滬本、盋本、京本作「復」，滬本眉批：「復，當作後。」按紀要卷二四作「後」，據改。

〔四〕水鹹不可耕　「鹹」，底本、川本作「鹽」，據滬本、盋本、京本及紀要卷二四改。

〔五〕其地則西而狹矣　「而」，底本作「南」，據川本、滬本、盋本、京本改。

〔六〕年間　「間」，底本、川本同，滬本、盋本、京本作「來」。

〔七〕斜洪渡　「洪」，底本、川本缺，據滬本、盋本、京本及乾隆崇明縣志卷三補。

〔八〕璜涇　底本、川本作「横經」，據滬本、盋本、京本及紀要卷二四改。

〔九〕山營前沙　川本、滬本、盋本、京本同。按本書上文云：「山前沙、營前沙，此二沙一處，接壤而異名。」蓋二沙或合稱。

蘇州衛　指揮使，同知，僉事，鎮撫，經歷司，經歷。領所五：左千户所營在葑門内，右千户所營在閶門内，中千户所營在盤、胥二門内，前千户所營在婁、齊二門内，後千户所分立爲嘉興守禦千户所，共統軍士五千六百名。境内防汛：撫院標營，坐營游擊一員，總練官二員，哨官二員。兵備道標營，中軍總練官一員。總鎮標營，把總一員，旗牌官十員，雜流哨官二十員。游兵把總營，把總一員，領兵官三員。吴淞把總營，把總一員。劉河游擊營，把總一員。崇明把總營，把總一員，哨官一員，練兵官一員。崇明額，千百户、鎮撫共二十三員。福山把總營，把總一員。蘇州府水陸二哨，總練官二員。太湖營，總練官□員。關南内河總巡營。太倉陸營。太倉州内河總巡營。吴江縣水陸哨。常熟縣水陸哨。嘉定縣水陸哨。蘇州府東迫大海，西接太湖，水港浩繁，易於突入，城池廣闊，難於距守〔一〇〕。無分汛時，汛畢，常川操練水兵一百名，土兵一百七十名。汛時，陸兵應調蘇州衛合操軍餘三百二十四名，長、吴二縣民壯二百名，水兵一百名，共八百九十四名，俱蘇州衛都指揮一員，督同哨官、武舉省察，統領訓練，防守城池。

崇禎三年本衛襲職官員姓名：蘇州衛指揮使李應實、張允文，指揮同知包文達，指揮僉事王用礪、袁時隆、劉繼祖、孫文泰、魯夢鯉〔二〕、楊基、宋維城，副千户、奉例加納指揮僉事朱文胤，衛鎮撫朱懋元；左千户所千户趙完璧，副千户唐堯輔、晏仲武，百户黄世階、韓懋斌，試百户周邦穆，所鎮撫嚴立，加級所鎮撫劉天禄，納級所鎮撫陸陞階；右千户所副千户黄文燦、陳文治，百户傅作霖、安應鳳、葉有光、唐時通、史自芳，署所鎮撫、冠帶總旗戴履；中千户所千户喻宗武、張威武，百户周大佩、夏雲鶴、黄孟芳、黄允仁，署所鎮撫、冠帶總旗湯有光，冠帶總旗陳嘉言；前千户所千户王宗棟〔三〕、董昌齡，百户王宸、朱龍光、魯之嶼，署試百户事、公降小旗葛邦佐，冠帶總旗陳文燁；守禦嘉興中左千户所千户崔紹斌、李之豹，正千户公降百户郝兆京，副千户項志弘、王化遠，加級副千户鄧揆文、高明相，百户鄧國良，署實授百户事、試百户事劉繼勛，署實授百户事、公降總旗沈世烈。

太倉衛　指揮同知林有聲，壽州人。指揮僉事陳邦、全椒人。呂承周、懷寧人。徐起鵬；大冶人。左千户所副千户姜雲鵬〔四〕，祥符人。百户羅守爵、衡陽人。歐成名、大冶人。譚之鵬；安化人。右千户所副千户王國棟；直隸山陽人。前千户所副千户濮文瓚，全椒人。所鎮撫戴林，江陵人。百户姚閭餘、江陰人。朱良輔；無錫人。後千户所正千户朱世忠，儀真人。副千户朱家楫，安豐人。百户尚良、辰溪人。黄時英，合肥人。許駿。全椒人。

鎮海衛　指揮僉事陳善道、王箴、李範賢、姜周輔；左千户所百户薛振；右千户所副千户蔣士驊，百户余希堯、王勝祖、陳定國、趙昌祖；前千户所副千户蔡元功、張輔龍，百户周雲鳳、何祚昌；後千户所副千户王天錫、楊元慶、施良棟，百户蘇應昌、程雲鵬、王廷錫，所鎮撫吕從周；劉河中千户所正千户陳王謨，副千户張懋功，百户張昌胤、黄柱國。

守禦崇明千户所正千户張映軫〔五〕、張嘉謀，副千户張肇留，百户黄弘猷、龔家鼎、高崇階、王命新、宋朝臣〔六〕。

【校勘記】

〔一〕難於距守　底本、川本、滬本、盋本、京本同，滬本眉批：「距，似當作拒。」

〔二〕魯夢鯉　「夢」，底本、川本、滬本同，盋本、京本作「孟」。

〔三〕王宗棟　「宗」，底本、川本、盋本同，滬本、京本作「家」。

〔四〕姜雲鵬　底本、川本同，滬本、盋本、京本無「雲」字。

〔五〕張映軫　「映」，底本、川本同，滬本、盋本、京本作「聯」。

〔六〕宋朝臣　底本脱「宋」字，據川本、滬本、盋本、京本補。

方輿崖略〔一〕：三江口當以吳地記爲正。今吳淞江本支雖間湮塞，河身故存，黃浦即東江之別名，劉河乃婁江之舊迹，劉河則自入海，黃浦入處則與吳淞共口矣。吳淞南至錢塘，內海鹽、平湖、金山、華亭、上海共一捍海堤，並無涓滴自入江海。自吳淞北至京口，則七浦、揚林諸河徑入海，白茆、福山、孟瀆〔二〕、九曲等河徑入江，共二十餘河。前代滄桑不能盡考，乃近日所導，則萬曆辛巳行水使者闢治江中淤塞四十里，復吳淞江之舊；又決去吳淞灘漲數十處，使太湖積水直流吳淞；又浚松之山涇等港，秀州、官、鹽鐵、蒲匯、六磊等塘，泄澱、泖之水於黃浦；浚蘇之吳塘、顧浦、戚虞涇、南北橫瀝等處，泄崑、嘉、太倉諸水於劉河；復浚白鶴溪、荆城港、西氿、裏河，泄長蕩、荆溪諸水入外運河。其他白茆、七浦自入江海，又於夏駕、漫水江口並建一閘〔三〕。蓋吳中唐以前未有水患，始自吳江長堤之築。國初，夏忠靖專力夏駕、新洋，一時裨益。其後新洋湍悍深闊，而吳淞脈微，土人以此稱爲漫水港。大都水之利害，古今異宜，數十年後，三吳又不知作何講求耳。

蘇、松壤地與嘉、湖不殊，而賦乃加其十之六。畢竟吳中百貨所聚，其工商賈人之利，又居農之十七，故雖賦重，不見民貧。然吳人所受糧役之累，竟亦不少，每每僉解糧頭，富室或至破家。今總吳中額賦，蘇州縣八，至二百二十六萬四千石；松縣三，至九十五萬九千石；嘉興縣七，止六十一萬八千石；湖州縣六，止四十七萬石；常、鎮比嘉、湖雖過十之三，比蘇、松尚少什之六。

世說：桓玄問羊孚〔四〕：「何以共重吳聲？」羊曰：「當以其妖而浮。」金史魏子平傳：海陵謀伐宋，子平使還入見，海陵問江左事，且曰：「蘇州與大名孰優？」子平對曰：「江、湖地卑濕，夏服蕉葛，猶不堪暑，安得與大名比也！」海陵不悅。漢書五行志：吳地以船爲家，以魚爲食。宋王禹偁長洲縣治記〔五〕：其土汙瀦，其俗輕浮；地無柔桑，野無宿麥；飪魚飯稻，衣葛服卉；人無廉隅，户無儲蓄；好祀非鬼，巧淫内典。晉書五行志言吳之風俗，相驅以急，言論彈射，以刻薄相尚。左思魏都賦斥吳、蜀二國之人物以戕害爲藝。北史齊尉瑾傳：好學吳人，摇脣振足。姑蘇人聰慧好古，亦善仿古法爲之，書畫之臨摹，鼎彝之冶淬，能令真贋不辨。又善操海内上下進退之權，蘇人以爲雅者，則四方隨而雅之；俗者，則隨而俗之；其賞識品第本精，故物莫能違。又如齋頭清玩，几案牀榻，近皆以紫檀、花梨爲尚，尚古樸，不尚雕鏤；即物有雕鏤，亦皆商、周、秦、漢之式；海内僻遠皆效尤之，此亦嘉、隆、萬三朝爲始盛。至於寸竹片石，摩弄成物，動輒千文百緡，如陸子匡之玉、馬小官之扇、趙良璧之鍛，得者競賽，咸不論錢，幾成物妖，亦爲〔六〕。

【校勘記】

〔一〕方輿崖略　川本、滬本同。按方輿崖略係明王士性廣志繹卷一篇名，以下諸條皆録自廣志繹卷二兩都。

〔二〕孟瀆　底本脱「孟」字，據川本、滬本、盔本、京本及廣志繹卷二補。
〔三〕漫水江　底本、川本、滬本、盔本、京本同，滬本眉批：「據下文，江當作港。」按廣志繹卷二作「江」，滬本非。
〔四〕桓玄　底本、川本作「桓王」，據滬本、盔本、京本及世説新語言語改。
〔五〕長洲縣治記　底本「治」作「志」，據川本、滬本、盔本、京本改。
〔六〕亦爲　川本同。按「亦爲」下當有闕文。滬本、盔本、京本並删。

古之渡江者，上由采石，下由下蜀，而京口不當南北往來之道，瓜洲止是江中一洲，其後漸長，接連楊子橋，而江面益狹。又唐代並置丹陽治於潤州〔一〕，於是渡者舍下蜀而趨京口。宋乾道四年，始築瓜洲南北城〔二〕。

昭關〔三〕，在今和州含山縣北二十里，爲盧、濠往來之衝。宋張浚因山築城〔四〕，置水櫃以遏金人。又紹興三十一年，劉琦、王權軍潰於昭關，皆此地也。考春秋時楚有棠君，其地嘗至六合。而吴滅巢及鍾離，其地亦至盧、鳳之間。此地正是吴、楚之界，伍子胥橐載而出昭關，出楚境也。若今之京口，自是吴地，楚雖曾滅朱方〔五〕，亦不克有。若昭關審在京口，當言入，不當言出矣。況下文云：「夜行而晝伏，至於陵水。」既入吴境，何須晝伏？已至京口，亦不須再過溧水。今京口之昭關，其不相干甚明。

左傳：胥門巢將上軍。胥門，氏；巢，名；蓋以門爲氏，如東門遂、雍門周之類也。世傳以子胥而名，誤矣。原其立名，蓋以姑胥之山，不因子胥也。趙樞生曰：世傳胥門以子胥得名，非也。按吳越春秋：夫差十三年，將與齊戰，道出胥門，因過姑胥之臺。是時子胥未伏劍也，已名爲胥門矣。

漢書：臨淮瓜田儀依阻會稽長州。師古曰：長州，即枚乘所云長州之苑。

江南地以尉遲名者甚多，考尉遲恭封吴國公〔六〕，或以其食邑而名，敬德未嘗至江南也。

今人相傳以金山西小磯爲郭璞墓，考晉書璞傳：璞以母憂去職，卜葬地於暨陽，去水百步許。人以近水爲言，璞曰：「當即爲陸矣。」其後沙漲，去墓數十里皆爲桑田。史文元云「去水百步許」，不在大江之中，且當時即以沙漲爲田。而暨陽在今江陰縣界，不在京口。又所葬者璞之母，而非璞也。傳者皆誤〔七〕。

後漢書：安帝永初元年，調揚州五郡租米，贍給東郡、濟陰、陳留、梁國、下邳、山陽。七年，調零陵、桂陽、丹陽、豫章、會稽租米，賑給南陽、廣陵、下邳、彭城、山陽、廬江、九江饑民。

正德七年，大盜劉七等自武昌奪商舟順流而下，劫沿江州縣，南京守兵不能制。六月，至江陰，常州守李某使壯士夜泅水鑿沉其舟，乃引去。至狼山，將窺吳會。七月二十一日，大風雨，賊舟皆擊碎。是時，都御史陸完以邊卒自山東至，遣副總兵劉暉〔八〕、游擊將軍郤永等以江陰所募水兵渡江，擣狼山，斬齊彦明。劉七赴水死，盜平〔九〕。

【校勘記】

〔一〕唐代並置丹陽治於潤州　川本、滬本、盋本、京本「並置」作「并」。舊唐書地理志潤州：「天寶元年，改爲丹陽郡。乾元元年，復爲潤州。」則丹陽郡即潤州之改名。又，寰宇記卷八九：丹陽縣在潤州東南六十里。秦爲曲阿，梁改爲蘭陵縣，唐天寶元年改爲丹陽縣。則丹陽縣與潤州不同治。此處記載有誤。

〔二〕古之渡江者至始築瓜洲南北城　川本同，滬本、京本、盋本移入鎮江府。

〔三〕昭關　川本同。按昭關在和州府含山縣，滬本、盋本、京本已將此條改入和州府含山縣。

〔四〕宋張浚　川本同，滬本、盋本、京本作「宋南渡後張浚」。

〔五〕曾滅朱方　「曾滅」，底本、川本作「增滅」，據滬本、盋本、京本改。

〔六〕尉遲恭　底本脱「恭」字，據川本、滬本、盋本、京本及新唐書尉遲敬德傳補。

〔七〕今人相傳至傳者皆誤　川本同。按此段所述與蘇州府無關，滬本、盋本、京本已改入鎮江府。

〔八〕劉暉　「暉」，底本作「輝」，川本、滬本、盋本、京本同，據明武宗實録卷九一改。

〔九〕正德七年至盜平　川本同。按此段所述與蘇州府無關，滬本、盋本、京本已改入常州府。

弘治十七年，崇明人施天泰兄弟四人居半洋沙，販鹽江海，爲同縣董企所訐告〔一〕，府捕之急。七月十五夜月食，天泰以十二舟乘潮入，縱士西驅〔二〕，至奣子鋪乃還。都御史魏紳檄府州招降之〔三〕，免死戍滇南。逾年，其黨施安、鈕東山等復作亂，都御史艾璞等移駐太倉，率舟師討平之。改半洋沙爲平洋，馬腰沙爲馬鞍〔四〕。

嘉靖十九年，有通州人秦蟠、常熟白茆人王艮並居崇明南沙[五]，南沙廣十餘里，長八十里[六]，多稻菽萑葦之利，捕魚煮鹽爲姦，爲同縣人所告。兵備副使王儀招之，不至，乃大集舟師，使大倉州判官石巍與太倉鎮海衛吳淞所千百户等六人，分五營進兵，戒巍等：賊舟出没惟蔣六洪口，第堅守，賊乏食自降，毋輕戰。即戰，當以號衣衣之，使可辨識。六月二十七日，巍等兵至南沙。二十九日，舍舟登岸，忘與號衣；賊率衆突至，我兵陷漲泥，賊乘之，大敗。詔逮巍等刑部獄，以湯慶充總兵官，將邳兵千餘人捕之。儀乃令知州萬敏至崇明招其黨沈惟良等貳蟠、艮。九月，總兵慶及巡撫都御史夏邦謨、操江都御史王學夔、巡撫御史趙繼本、巡江御史周倫、備倭都指揮李俊咸集太倉。蟠、艮度不能免，十月十三日，攻吳淞江、横涇、七丫軍營、劉家河等處，焚劫守船民居。十七日，至塘子橋。十一月三日，以二十九舟直抵劉家河。四日，慶率兵與戰，師大集，賊不支，遂遁。及之於大洋，斬首二百三十七，蟠死，艮以六舟遁，其黨宋文盛殺之以降。二十四日，師至南沙，搜其餘黨百七十人以歸。捷聞，升賞有差。

太倉人王泓[七]，嘉靖二十四年與其弟海及太倉衛舍餘傅好義等俱坐事繫獄[八]。七月三日晡時，其黨詐爲投狀者，雜衆中，會兵備道械送江陰人許貴至，賊乘之，破獄門出，從小北門東走。夜至海上，官兵追之不及。賊得六舟，肆焚掠。十六日，入劉家港，太倉衛指揮馬子龍禦之，敗死。賊謀乘勝犯太倉，兵備副使敖璠亟具戎舟四十[九]，遣太倉衛指揮文相統之，至龔塘港，再合戰，殺泓，生獲海，賊潰走。後三日，福山邏卒擒好義。八月，江陰得貴。賜蟠及相白金、文綺。　三十二年閏三月，賊首汪直自烈港走白馬廟，掠寶山所，至劉家河，守備解明道〔一〇〕、六合知縣董邦政率兵迎擊，追及吳淞口。別隊賊自緑絢港來與合，勢益熾。都御史蔡克寬遣府同知任環與賊戰，俘斬百餘，走之。四月，賊首蕭顯自浙而來，巢拓林，入劉家河，寇太倉。克寬自郡星馳至太倉，賊圍城凡十七日，燒東、南、西三門，克寬乘城督戰，乃解。五月，賊破吳淞所，據之。越十日，解明道襲破之，斬首百餘，殺二酋，復其城。賊遁出海，復爲州判金汝舟、千户楊循禮所敗，擒斬八十餘人。十一月，賊據崇明之南沙。三十三年正月，蕭顯攻嘉定，攻上海，兵備任環救上海，賊復據南沙。四月賊首汪直等巢拓林。時老鸛嘴、七八團之間，連二百里皆賊屯，賊一支自青浦白鶴港而北出太倉，一支自劉家河入趨崑山。州判金汝舟、指揮姜統敗之於劉家河，斬首百餘。而松江之賊出青魚涇，遇賊船自劉家河入者六十餘，十五日，合攻州城。已復散入七浦，由河頭、直塘至雙鳳，往來屯聚四十餘日，堙井夷竈，又自梅李、福山進攻常熟。其趨崑山者，進掠府郭，圍崑山，知縣祝乾壽力禦，殪其魁二大王。五月，各縣圍皆解，遁出劉家河。州同知張魁、千户田應山追敗之〔一一〕，斬首四百四十餘。六月，賊首陳東自松江越太倉，復掠府郭，自鲇魚口出太湖，過嘉善而去。三十四年正月，僉事董邦政搗川沙窪賊巢，破之。賊又自嘉興來，兵備任環、太倉知州熊桴、吳江知縣楊芷禦之於梅堰鶯脰湖，皆勝之。賊夜入崇明縣，知縣唐一岑力戰却之，一岑傷重死。居二日，賊復入，縣民合力殺二百餘人。四月，賊首徐海屯三丈浦，攻常熟，兵備任環督保靖應襲彭守忠爲中哨，太倉民兵爲右哨，知縣王鐵率常熟兵爲左哨〔一二〕，俘斬二百八十餘人。拓林賊復敗於浙，走王江涇，大破之，斬首二千。乃取道吳江之平望，浙、直兵合擊，破之，斬首七百。抵府城東之陸涇壩，任環大破之，斬首五六百。知州熊桴又敗之於登舟沙〔一三〕，俘斬首百三十餘人。八月，七丫港、吳淞江賊俱遁出海，把總楊尚英追之，沉其舟六十，俘斬三百餘人。三十五年二月，倭入犯七浦。三月，兵備環、參將喬基破賊於廟灣。時新至賊，一犯漴缺，一犯七鼃洪，一犯南匯，環累敗之。五月，賊萬餘復屯拓林、乍浦，兵備環與同知熊桴追擊於澱山湖東七丫港。吳淞之賊相繼出海，總兵俞大猷設伏劉家河海洋，及於茶山東北，沉其舟六十〔一四〕。三十八年四月，賊遇風，飄至崇明三廾河，總兵盧鏜、把總楊尚英迎擊，斬首百餘。通政唐順之帥兵下海，與賊相持逾月，會風，賊遁，復犯揚州。八月，敗於白駒場，遁出蓼角嘴，兵備熊桴敗之。四十四年四月，倭犯通州吕四場，我兵卻之，轉掠至江南，三沙副總兵郭成邀於海〔一五〕，沉其舟，擒斬百三十人，巡按溫御史復殲之南沙。顧榮，崇明人，故黃氏駕船傭，號三麻子，與其徒行劫海中。崇禎十四年五月朔，以十八舟犯雙江汛，燒哨船，殺傷官兵，衆擁崇明大安沙人陸八爲主，號扒平王。七月二十九日，直抵施翹河〔一六〕，焚民居。守備陳安國一箭殲其渠，賊退至當河頭港。次日風霾，吳淞兵船驟至，乘風縱火，焚其五舟，賊小創。十月，犯南沙，窺崇明，不得上，南掠青村、拓林、漴缺等處。已而陸大爲其下所殺〔一七〕，推榮爲主，衆近萬人。十五年三月十日，犯阜、洪兩沙〔一八〕。十四日，焚靖江城外民居，逼江陰，殺營官陳竑。復犯崇明，守備安國營施翹河，知縣陸一鵬乘城守，不得入。二十九日，犯新開河，殺把總王百度。四月四日，犯福山，復逼江陰。兵備副使程峋募漁丁二千〔一九〕，號漁勇，以崇明守備安國、劉河守備羅萬卷統哨兵，守備傅介子統漁勇。十八日出兵，遇賊高家嘴〔二〇〕，總兵王之仁哨船發大砲，破賊一船，安國等夾擊，敗之，焚獲十五舟。賊遁，官兵追擊，又敗之大安河，敗之江北新港，敗之楞頭。六月十二日，榮降，殺其黨二千人，授榮把總。

肅樂論白折曰：上供首金花，京邊次之。天啓七年，裁備用公費等九款，以足邊餉，加田房典稅，名爲雜餉。又於崇禎八、九兩年，加因糧輸餉。又於十年以剿寇名，改名剿餉。又於十二年以抽練九邊兵爲名，加練餉。總名三餉，與京邊並亟。當事者動以賜劍相恐，有司凛凛，救過不贍，則金花且在所緩矣。幸聖天子軫念東南，免因糧輸餉，免剿餉，又免十二年以前積逋，民得稍蘇。

崇禎十三年，崇明人沈廷揚上疏言海運，使户部引萬泰議覆請試運。有旨：這所議「暫募運以省排造，先試運以通故道」，説的亦是。其松、太等處河船、鵰船是否可用，每歲撥運若干，經費作何措處，運官作何遴委，海上聯絡防護事宜，通著總漕臣恪遵前旨，一幷確實詳盡酌妥連奏。漕臣奉旨，檄太倉州撥糧一萬石，委官募船，由海試運。適太倉漕先已畢，廷揚遂領淮河糧一萬石，由淮入海。皇明漕法，每歲數正糧四百萬，耗米一百六十萬，共五百六十萬。而歷年加耗之則，增減互異。自始漕至今凡六變：一由太倉入海。次兼海陸，陸由陽武至衛輝。次令蘇、松、浙江輸淮倉〔二〕，鎮江、廬、鳳、淮、揚輸徐倉，徐、兖濟寧倉，河南、山東臨清倉，浙、直南京、山東、河南官軍節級支運，一年四次。復令民運於淮安、瓜洲〔三〕，補給脚價，兑軍領運。又令江、浙等船各回水次，南京、江北於瓜、淮，河南於小灘，山東於濟寧，各領兑淮、徐四倉，仍支運十之四。最後，都御史滕詔議令裏河官軍悉詣江南水次交兑，支運七十萬盡改兑與軍。

唐咸通元年，南蠻陷交趾，徵諸道兵赴嶺南。詔湖南水運自湘江入澪渠，並江水運，以饋行營。諸軍泝運艱難〔三〕，軍屯廣州乏食。潤州人陳磻石詣闕言：海船至福建，不一月至廣州，得船數十艘，便可得三五萬石，勝於江西、湖南泝流運糧。又引劉裕海路進軍破盧循故事。乃以磻石爲鹽鐵巡官，往揚子縣專督海運，於是軍不闕供。

【校勘記】

〔一〕董企　「企」，底本、川本作「人」，據滬本、盋本、京本及乾隆崇明縣志卷八改。

〔二〕縱士西驅　「士」，底本、川本同，滬本、京本作「火」。

〔三〕都御史魏紳　底本作「都尉史伸」，據川本、滬本、京本及民國太倉州志卷一四改。
〔四〕馬腰沙　「馬」，底本作「爲」，據川本、滬本、京本及紀要卷二四改。
〔五〕南沙　「沙」，底本、川本作「河」，據滬本、京本及紀要卷二四改。下同。
〔六〕八十里　底本、川本作「十八里」，據滬本、盇本、京本及紀要卷二四乙正。
〔七〕王泓　「泓」，底本作「宏」，據川本、滬本、京本及民國太倉州志卷一四改。
〔八〕太倉衛舍餘傅好義　「舍餘」，川本、滬本、盇本、京本同。民國太倉州志卷一四：「傅好義者，衛舍人。」此「餘」疑爲「人」字之誤。
〔九〕敖璠　「璠」，底本、川本作「蟠」，據滬本、盇本、京本及民國太倉州志卷一四改。
〔一〇〕解明道　「道」，底本、川本、滬本、京本作「通」，據本書下文及民國太倉州志卷一四改。
〔一一〕追敗之　「追」，底本作「退」，據川本、滬本、盇本、京本及民國太倉州志卷一四改。
〔一二〕王鐵　川本同，滬本、盇本、京本作「鉄」。明世宗實録卷四二二：嘉靖三十四年五月，「倭寇常熟縣，知縣王鉄率兵乘城禦之」。光緒常昭合志稿卷二一：「倭來薄，數禦之，已自三丈浦分掠常熟、江陰，參政任環令鉄(王鉄)與指揮孔熹分統官民兵，破其寨。」時嘉靖三十四年四、五月，任常熟知縣爲王鉄，非「王鐵」。
〔一三〕登舟沙　底本、川本作「登州河」，據滬本、京本及紀要卷二四改。
〔一四〕沉其舟六十　「沉」，底本作「乘」，據川本、滬本、盇本及民國太倉州志卷一四改。
〔一五〕三沙　「沙」，底本作「河」，川本、滬本、盇本、京本同，據明世宗實録卷五四五改。
〔一六〕施翹河　「河」，底本、川本作「汙」，滬本、盇本、京本作「沙」，據乾隆崇明縣志卷八改。

〔一七〕陸大　川本、滬本、盋本、京本同。按本書上文作「陸八」，此作「陸大」，未知孰是。

〔一八〕阜洪兩沙　「沙」，底本、川本作「河」，據滬本、盋本、京本改。乾隆崇明縣志卷八作「東西阜兩沙」。

〔一九〕程峋　「峋」，底本作「珣」，川本、盋本、京本同，據滬本及乾隆崇明縣志卷八改。

〔二〇〕高家嘴　「高」，底本、川本作「爲」，滬本、盋本、京本缺，據乾隆崇明縣志卷八改。

〔二一〕次令蘇松浙江輸淮倉　「令」，底本、川本、滬本、盋本、京本作「今」，滬本眉批：「今，疑當作令。」案本書下文及明史食貨志並作「令」，是，據改。

〔二二〕復令民運於淮安瓜洲　「復」，川本同，滬本、盋本、京本作「後」。明史食貨志記明漕運，初行官軍支運，「不數年，官軍多所調遣，遂復民運」，宣德六年，「令民運至淮安、瓜洲」。則作「後」爲是。又「瓜洲」，底本、川本作「瓜州」，據滬本、盋本、京本及明史食貨志改。

〔二三〕諸軍泝運艱難　底本、川本「泝」作「訴」，據滬本、盋本、京本改。

吳縣志：嘉靖三十三年六月五日，倭寇燒劫閶門，至楓橋。八日，賊分兵南至横山，焚掠殆遍。九日，兵備副使任環與總兵解明道擊賊於上津橋，殺二十餘人〔一〕，賊退至楓橋。十一日，出石湖，趨吳江。　三十四年五月八日，賊突至婁門。九日，至楓橋，分二支：一往滸墅，一往木瀆〔二〕、西山等處燒劫。十三日，官兵進追，賊至胥口。次日，賊入太湖，焚劫洞庭兩山。二十六日，賊復入胥口，次日趨常熟。六月五日，賊復犯婁、齊、葑三門。次日至閶門，兵備任環、總兵解明道出擊之，賊奔楓橋。七月十三日，流倭五十三人自錢塘歷徽、寧、蕪湖、南京、溧水、宜興而下，突至滸墅。巡撫都御史曹邦輔遣官兵出擊之，殺五人。賊擒士民二人爲導，誘之至寶帶橋郭巷，三面阻水，官兵圍之。賊忿[三]，臠二人。十六日夜，潰圍，過五龍橋，奔梅灣。二十日，奔靈巖山。二十二日，官兵搜伏，斬首七級，賊夜奔鳳凰池。二十五日，奔木瀆，復奔前馬橋。二十七日，邦輔親督諸軍合擊之，殺二十七人，賊奔楊家橋，盡殲之。並出江南經略。三十八年八月，民饑，城中少年結鹽剽掠[四]。巡撫都御史翁大立捕治之急，其黨遂竄囚，焚行臺及長洲縣治。知府王道行閉城，勒官兵捕之，次日皆伏法，奏聞。萬曆二十九年六月，太監孫隆奉敕駐蘇督稅，市棍多納賄，給劄充委官，分列水陸，攫取貨物。又機户、牙行，廣派稅額，相率改業，傭工無所得，遂集衆二十餘人[五]，推崑山人葛成爲首，捶斃諸稅官，毀其室廬，凡三晝夜不息，隆逾垣走匿得免。又言稅官從東城巨室貸金營委，焚其居。兵備按察使鄒墀自太倉來，擒成等繫獄，擬戍。至四十一年，巡按御史房壯麗特請宥之。三十一年二月，知府周一梧考童生，以常熟縣學生員孫汝炬擠入院門，笞之。九學諸生並集，毀門直入，一梧匿廚下走出，次日卸事。提學御史趙之翰行拘太倉等學生員陸一紀等十餘人繫獄，具題遣配。三十六年七月，大饑，城中游手結聚隨路搶奪。巡撫都御史周孔教執三人笞殺之，衆即解散。四十八年七月，民饑，城中游手相聚，搶掠米鋪，焚麵店，米麥罷市。巡撫都御史胡應臺擒三人，笞殺之。天啓六年三月，旗尉來逮原任吏部員外周順昌，士民相率祈請，遂至鼓譟，毆死旗尉一人。事聞，擒顔佩韋等五人處斬〔六〕。崇禎十一年八月，洞庭東山大盜宋毛三等謀作亂，巡撫都御史張國維擒毛三，誅之。十月，横金姦民唐左耕等以蝗災聚衆〔七〕，相約不還田租。知縣牛若麟捕五人，解軍門正法，事遂息。十三年六月，民饑，城中姦惡聚劫諸大家及米肆麵鋪，木瀆、光福等村鎮，洞庭兩山並效尤蜂起。巡撫都御史黄希憲擒二人，笞殺之。十四年正月，又饑，城中民復聚搶承天寺僧舍。推官倪長玗擒爲首者，解軍門斬之。

泰伯墓，在靈巖山西北麓敕山塢。按吴越春秋云：泰伯葬梅里平墟。史記正義引括地志云：在吴縣北五十里梅里鴻山上〔八〕，去泰伯所居城十里。梁劉昭云〔九〕：無錫東皇山有泰伯冢。王文恪鏊碑云：在無錫縣板村，去梅里不二里而近。要離墓，在閶門城西南。吴地記曰：在泰伯廟南三百五十步。漢書注：要離冢在西，伯鸞墓在北。范文穆成大云：在閶門外金昌亭旁〔一〇〕。梁鴻墓，在縣治西四里，要離墓北。孫王墓，在盤門外三里。宋滕宬記以爲長沙桓王，本朝盧熊辨以爲豫州刺史孫堅之墓〔一一〕。按三國志吴大帝黄龍元年，追尊堅爲武烈皇帝，廟曰始祖，墓曰高陵；吴氏爲武烈皇后，策爲長沙桓王。又云：堅葬曲阿。但文選載晉吴令謝詢請爲孫王墓置守冢人表，其文云「僞武烈皇帝」。陸廣微亦云：盤門東北二里有吴武烈皇帝並長沙桓王等三墓。又宋嘉熙中〔一二〕，墓旁土中得唐孫得琳墓志，云開元十年窆於十四代祖吴武烈皇帝陵東南平地，則堅葬之在吴無疑。而丹陽圖經云：高陵在縣西練塘鄉吴陵港。以此數者參互證之，當是先葬曲阿，後遷於吴，史不及詳爾。

陸文裕量齋稿〔一三〕：崑山，在今華亭縣西北二十三里。晉陸氏兄弟機、雲生此山下，皆有辭學，時人比之「玉出崑岡」，故名。後婁縣改崑山，實昉於此。唐吴郡太守趙居貞奏割崑山、嘉興、海鹽三縣地立華亭縣，山始屬焉。今爲松江九峯之一。崑山縣治北之山，自名馬鞍，時或有稱玉峯者，蓋附會也〔一四〕。

蘇州府學，大成門外：東，地理碑，西，天文碑，俱宋刻。門内：西，平江路重修儒學記碑〔一五〕，趙孟頫書。東，帝王紹運圖碑〔一六〕。吴郡重修大成殿記碑〔一七〕，米友仁書。

【校勘記】

〔一〕二十餘人　「十」，底本作「千」，據川本、滬本、盋本、京本及民國吴縣志卷五四改。

〔二〕木瀆　「木」，底本、川本作「石」，據滬本、盋本、京本及民國吴縣志卷五四改。

〔三〕賊忿　「忿」，底本作「分」，據川本、滬本、盋本、京本及民國吴縣志卷五四改。

〔四〕結鹽剽掠　底本、川本、滬本、盋本、京本同，滬本眉批：「鹽下疑有奪字。」按民國吴縣志卷五四載：是年旱，「城中惡少誇拳勇武力，相結爲徒，戲擊傷人折肢，無敢喘焉，未暮即剽掠無忌。飲坊市，稍忤則碎其器。淩暴其婦女，衢巷遇人則擊，觀其奔逸恐懼以爲笑。」則此句下必有脱文，「鹽」字疑誤。

〔五〕遂集衆二十餘人　「二十」，川本、滬本、盋本、京本同，民國吴縣志卷五四作「二千」，疑誤。

〔六〕顔佩韋　「韋」，底本作「壽」，據川本、滬本、盋本、京本及民國吴縣志卷五四改。

〔七〕唐左耕　「左」，底本、川本作「在」，據滬本、盋本、京本及民國吴縣志卷五四改。

〔八〕吴縣北五十里梅里　底本、川本、滬本、盋本、京本脱「北」字，據史記吴太伯世家正義補。「梅里」，底本、川本作「梅李」，據滬本、盋本、京本及史記吴太伯世家正義改。

〔九〕梁劉昭　「梁」，底本、川本、滬本、盋本、京本作「漢」，據續漢書郡國志劉昭注改。

〔一〇〕金昌亭　「昌」，底本、川本、滬本、盋本、京本作「吕」，據吴郡志卷三九改。

〔一一〕本朝　「朝」，底本作「廟」，據川本、滬本、盋本、京本改。

〔一二〕宋嘉熙中　底本脱「嘉」字，川本、滬本、盋本、京本同，據同治蘇州府志卷四九補。

〔一三〕陸文裕量齋稿　底本、川本作「陸文量式壘稿」，據滬本、盋本、京本改。

〔一四〕陸文裕量齋稿至蓋附會也　川本同，此段滬本、盋本、京本改入松江府。

〔一五〕平江路重修儒學記碑　川本同，滬本、盋本、京本「碑」下注：「朝東第一。」

〔一六〕帝王紹運圖碑　川本同，滬本、盋本、京本「碑」下注：「朝北第一。」

〔一七〕吴郡重修大成殿記碑　川本同，滬本、盋本、京本「碑」下注：「朝北第一。」

松江府志：嘉靖二十一年，割華亭、上海，建青浦縣於青龍鎮。次年隨廢〔一〕。萬曆元年復置，移治唐行鎮。松事叢説云：青龍自唐、宋以來，爲東南重鎮。宋設水監於此，以治水利，兼領市舶。江南所賣官酒於此製造，並設酒務焉。今沙長水湮，遂爲斥鹵。改設唐行，就水利也。後宸九峯，前襟黄浦，大海環其東南，長泖繞乎西北〔二〕。〔旁注〕顧光禄從禮疏言：上海縣，黄浦環其東，吴淞繞其北。二水會合，東流入海，不過四、五十里，實據東海上游，故曰上海。宋時，爲海船所駐之地，故置市舶提舉司。元朝禁網疏闊，江南數郡頑民率皆私造大船出海，交通琉球、日本、滿剌、交趾諸番，往來貿易悉由上海出入，地方賴以富饒，遂於至元二十九年建縣。青浦縣，嘉靖庚子，建於府之西北，離城七十餘里，地名青龍。歷知縣楊垚、吕調音幾十年〔三〕，值徐文貞入相，有稱不便者。壬子議廢。又二十年，給諫蔡汝賢疏請復之〔四〕。萬曆癸酉，移建於唐行鎮。疏言：嘉靖二十一年置，三十二年裁革。順治十三年〔五〕，分華亭縣風涇、胥浦二鄉及集賢、華亭、修竹、新江四鄉置。水考云：松江地勢，東高西下，萬水所湊，匯澤成湖，乃水之都會也。東江繞郡之南，吴淞附郡之北，合流蹌口以入海，實七郡之關鍵。前志云：水出震澤，道經松江東北入海。地富，村民素饒魚鹽之利。

華亭，附郭〔六〕。中。東至於海。由東門得勝港、語兒涇入黄浦，東行，過鄒家市，至上海，至南匯；又由得勝港歷下横，經胡家橋，至柘林；由横泖、大門墩、高橋至青村，皆華亭濱海地。西南與嘉禾爲界，由西門歷朱涇、泖橋至秀州塘；由西門竹竿匯南行，歷塘口後二港〔七〕，經張堰、查山至金山衛城，俱屬華亭。由北門通波塘北行，至廣富林，入青浦界，歷唐行、千墩浦、漫水港、新洋江，抵崑山。古唐行，今青浦治也。西北通蘇州，其路有四：由西門歷泖湖、謝澤、薛淀湖、老鸛窠、陳湖、王母湖，至瓦屑涇，抵葑門，曰中路；又由西門歷尤墩、章練塘、楊扇、周莊、鄧村、尹山、覓渡二橋，曰奥路；又由北門歷唐行、磧浩、甪直、唐浦、斜塘、金鷄滰，曰北路；又由北門歷崑山官塘西北行，則驛路也。東北至嘉定，或由青浦經安亭〔八〕，或由上海抵南翔，華亭皆借徑焉。此一郡之提封也。

【校勘記】

〔一〕嘉靖二十二年至次年隨廢　川本、滬本、盋本、京本同。按本書下文旁注載：「嘉靖二十一年置，三十二年裁革。」與明史地理志、紀要卷二四、嘉慶松江府志卷二置廢年同，此「二十二年」乃「二十一年」之誤，「次年」亦誤。又，本書下文旁注：「嘉靖庚子」建縣，「壬子議廢」，川本、滬本、盋本、京本皆同。按庚子爲十九年，壬子爲三十一年，亦均誤。

〔二〕長泖　「泖」，底本脱，川本、京本同，據滬本、盋本及嘉慶松江府志卷一補。

〔三〕呂調音　「音」，底本、川本、滬本、盋本、京本作「晋」，據嘉靖松江府志卷三八、光緒青浦縣志卷一三改。底本、川本、滬本、盋本、京本「音」下衍「陰」字，據嘉靖松江府志卷三八、光緒青浦縣志卷一三删。

〔四〕給諫　「諫」，底本作「練」，川本同，據滬本、盋本、京本改。

〔五〕十三年　底本、川本作「十五年」，據滬本、盋本及嘉慶松江府志卷一改。京本删此句及以下二十二字。

〔六〕附郭　「郭」，底本、川本、滬本、盋本、京本作「郡」，據明統志卷九、紀要卷二四、圖書集成職方典卷六八九改。

〔七〕歷塘口後二港　川本同，滬本、盋本、京本「後」上有「前」字。

〔八〕青浦　底本、川本、滬本、京本作「青清」，據盋本改。

鎮市。　風涇鎮，〔旁注〕婁。在一保，一名白牛市。市置驛〔一〕，皆以涇名。市南半屬嘉善縣。〔旁注〕風涇在縣西南四十七里。其東爲巨鎮，陳舜俞嘗居白牛村〔二〕。　朱涇鎮，〔旁注〕婁。在四保，古於此置大盈務，水路南達海鹽。〔旁注〕縣西南二十七里。朱涇爲華亭巨鎮，東通黄浦，西通湖、泖，水寇睥睨之地也，設泖橋巡司在鎮巡緝，以其南遵水達海鹽、平湖〔三〕，北從泖達蘇州、嘉興，鹽艘出没最便利，故騶魁大滑號召暴横，連艘數十，白日恣行，亡命作姦之徒趨之爲窟。　亭林鎮，在十保。〔旁注〕府東南三十六里。本名顧亭林。　有寶雲寺，爲梁顧野王故居。有讀書堆、烽樓基諸迹。　舊置金山巡司。　沙岡鎮，在三十六保。前志：古岡身凡三所，南屬於海，北抵松江，長一百里。其二所曰竹岡、紫岡，與鎮爲三。相去凡五里，府道上海經焉。　通志云：入土數尺皆螺蚌殼，世傳海中湧三浪而成。今市北數里，下皆黄沙，鄉人甃砌用之。　莘莊鎮〔四〕，在三十六保。北鄰七寶〔五〕，南近烏涇鎮〔六〕。其地産花少稻。　南橋鎮，在十三保〔七〕。直北有橋傍横涇，曰北橋。與之並峙，改名〔八〕。北橋，古亦鎮也。有大岡路，直達二橋，長四十餘里，中隔黄浦。　蕭塘鎮，在南橋北。　張涇堰鎮，〔旁注〕婁。在七保。去縣南五十里。宋人堰海十八所之一。自府之金山孔道也。〔旁注〕浦東場鹽課司舊設於此，後以牢盆相遠，別建官衙於塘南鎮。有陸路，北通府城，南通金山，可以直達。無事爲鄉民之便道，有事爲策應之通衢。昔年倭難時，咸議金山離府太遠，兵勢太孤，欲特遣重兵一枝，屯練於此，爲金山聲援，爲郡南外護，誠計之得也。　小官鎮，距張堰南十二里。浦東鹽司舊在張堰，與鹽場遠，別建官衙於此，俗呼爲「小官衙」，鎮以是名。　洪武十九年，築城，立金山衛於此，以禦海寇，遂爲重地云。　柘林鎮，在十二保，去縣東南七十二里。地連柘山，右距戚睦涇、曹涇，爲海人輻輳之步。凡浙、閩客商，販海木至柘林、漴缺地方，必由該堡把總官驗放過塘。近年，進香普陀者，歲首多從漴缺取道入洋，比之轉入浙江定海者，雖爲便道，海航出沒，亦禁防疏密之要也。〔旁注〕曹涇鎮，在縣東南七十里。介於柘林、金山之間，逼處護塘之內。居民皆煮海爲生，家率饒裕。但爲鹽徒淵藪，其操舟出入波濤，閑習如御馬，海賊頗畏之。往年倭夷內犯，嘗被此地鹽艘驅迫一小島中，圍之數匝，焚其舟，絕其糧。賊大窘。適大艅至，遁去。故其時練鄉兵之議，有司請擇本鎮著姓，異其禮貌，使得部署竈丁，結立團營，以自爲守，一時亦暫行之。

青村，在十五保，逾南十五里岸海置鹽司〔九〕。洪武十九年築城，立千戶所於鎮，以防海寇。　陶宅鎮，設有巡檢司。　葉謝鎮，在縣東南八保，與蕭塘鄰。其外爲柘林，處腹而勢衝。有事之日，北與閔行須相策應〔一〇〕，西與曹涇須爲犄角。往年倭寇入，窠柘林，嘗自此渡浦，至瓜涇而西，以犯府城。此時議屯鄉兵於鎮以遏之〔一一〕。　興塔市，在二保，去泖橋十里餘。　楊巷市，在五保，與呂巷俱稱市，與朱涇鄰次。　呂巷市，在四保。　泗涇市，〔旁注〕婁。在三十七保。因泗涇塘，故名。陶宗儀南村草堂在焉。　北錢市，在四十一保石湖塘上，與南錢相望，蓋一姓分處爲市也。　宋末，元兵入華亭，南錢猶保聚不下，將軍楊掃地怒，幾屠之，賴義士殷澄得免。楊鐵崖撰其碑。以上華亭。

吳會鎮，在十六保。去上海東南五十四里。本名吳滙，後改今名。市置巡司，曰鄒城〔一二〕。

地接餅山，山皆餅礫。烏泥涇鎮，在二十六保，界華、上兩縣間，設稅課局。地當上海正南，與浦東三林、周浦二鎮相望。議備海者謂：賊若自二鎮渡浦而西，可直犯縣治，須於此設備以遏之，其地富饒，亦可以屯結也。通志云：宋季，著姓張百五居之，富埒侯伯。至元間，張瑄以海漕隆顯，治第其中。後有張姓者，家累千金，稱張有錢。邑之倉廪，且貯於茲，以故人民盛於他鎮。迄今所存，惟巡、稅兩司，南、北二閘耳。稅名蘆子者，地近滬瀆，俗所謂蘆子城也。嘉靖間，涇水淤涸，寥落益非舊矣。下砂鎮，在十九保，去上海東南六十里。舊有鹽課司，後遷新場鎮，而鹽倉則自周浦徙居之。今亦廢。鎮多巧工，精刺繡，稱「下砂繡」云。新場鎮，距下砂九里。一名南下砂。元初，遷鹽場於此，故名。今爲下砂場鹽課司。場賦爲兩浙最〔一三〕，賈販特盛，視下砂遠過之。以其富盛，爲海夷窺伺睥睨之地，故設備之要，亦其一也。北橋稅司、杜浦巡司皆徙居焉。四時海鮮不絕，歌樓、酒肆、賈衒繁華，縣未過也。一團鎮，距新場二十里。鹽商多聚於此。周浦鎮，在十七保，去縣東南三十六里。一名杜浦。地達川沙諸處，臨浦要之一也。元置下砂鹽場、杜浦巡司於此，後遂利而遷。阻海之三甲、五甲，相挺爲暴，招撫乃定。今遺風猶有存者。三林塘鎮，在二十四保，去縣東南十八里。昔東西塘有大族林氏居此，故名。龍華鎮，在二十六保，縣西南十八里。五代錢鏐時，浚漕河涇環其南，蒲匯塘抱其北，居黄浦大灣中。八團鎮，在十七保，去縣五十四里。民居率多鹽丁，鹽賈輻輳，遂末者多歸之。

市有三場鹽課司〔一四〕。今爲川沙堡。嘉靖中，倭寇蹂踐，始築城備禦。北橋鎮，在十八保，與莘莊相接。諸翟巷市，在三十保，俗呼「諸地上」。鶴波市，在二十一保。東溝市，在二十保，今存數廛。北蔡市，在二十保。閔行市，在十六保横瀝東，濱於大浦。在上海西南，乃南匯、陶宅諸處由浦入府之通衢。通志未載〔一五〕。正德己卯、庚辰，大水，横瀝與沙、竹二岡之間田獨稔，災鄉多從貿易以濟，遂大著名。指爲要衝者，以其當上海西南，乃南匯、陶宅諸處渡浦入府之通衢也。地勢與葉謝相對，設備則聲勢相應。昔年倭寇時，嘗屯兵守之。高家行市，在二十二保。陳家行、王家行，俱在十七保。以上上海。

唐行鎮，古稱横溪，在五十保，北控澱湖，爲吴門要衝。昔有大姓唐氏居此，商販竹木，遂成大市。又稱横溪者，岸横泖也。萬曆元年，改置青浦縣治。小蒸鎮，在四十一保。其西十里有漢濮陽王墓〔一六〕，甚高大，不生螻蟻。相傳築墓時〔一七〕，蒸土，以酒、醋灑土，涉梅蒸而堅，故名大蒸。鎮有小墓，亦云蒸土，故名小蒸。地挹九峯、三泖之勝。青龍鎮，孫吴造青龍戰艦於此，故名。宋政和間，改曰通惠，後復舊名。市有鎮學、巡司、税務、酒務，爲海船輻輳之地，人號小杭州。是鎮瞰吴淞江上，據滬瀆之口，島夷、閩、越、交、廣之途所自出，富商、巨賈、豪宗、右姓之所會，古稱雄鎮。自韓世忠屯兵於先，陳友諒率苗軍平吴於後，勝概十不存一。已而市舶之區徙於太倉，又遷於杭、越，而此地遂鞠爲茂草矣。蓋潮淤水涸，民業漸衰。嘉靖初，嘗建縣於此。不久，尋廢。　鳳山鎮，在三十八保鳳凰山北。　七寶鎮，在三十五保。左爲横瀝，前爲蒲匯塘，商賈必由之地。舊有南、北二寺，皆稱七寶，此居其北，故名。　邑之巨鎮，昔屬華亭，今以蒲匯塘爲界，北隸青浦。〔旁注〕在華亭東北，上海西南，青浦東南，界址爲三縣分轄。而黄浦自龍華港入，經蒲匯塘以至鎮，則達泗涇入郡矣。此水道之捷也〔一八〕。上海西門舉足三十六里直抵鎮，亦達泗涇入郡矣。此陸路之一捷也。地方有警，通聲息，便策應，其在此乎。

金澤鎮，在四十二保。地接泖湖，當浙、直之交，西有澱山巡司，以防鹽盗出没。〔旁注〕與澱山對峙，四面皆湖、泖，又蘇境、浙境之水鄉交會，故鹽盗出没焉〔一九〕。向設巡司在鎮〔二〇〕，如有事，此爲水道要害，所當設備，並議應援於蘇、浙者也。

盤龍鎮，在三十四保。地瀕松江。續吴郡圖經：宋吴淞江有盤龍匯，界於華亭、崑山之間，步其徑，纔十許里，洄沿迂緩，逾四十里，勢如其名。寶元初，葉清臣疏新渠以泄水，取道直流，渠又呼涇〔二一〕，鎮瀕匯之要，因名。　置巡、税司，以新涇稱。　趙屯鎮，在四十九保趙屯浦上。　舊有巡司，今革。　沈巷鎮，在四十三保。南通長泖，北通朱家角。　劉夏鎮，在三十八保。　北簳山鎮，在四十四保簳山西，西至崧宅，南界華亭。　郟店鎮，在四十四保。　⿺鬼重⿺鬼固鎮，在四十五保。　艾祁鎮，在四十五保。　古塘橋鎮，在五十保。　金家橋鎮，在四十九保。　楊扇鎮，在四十二保，縣西北三十六里〔二二〕。界崑山、長洲兩縣，爲逋逃之淵藪。　若巨寇竊發，亦要衝，須兩郡協守〔二三〕。　黄渡鎮，在三十一保，去縣四十五里。臨吴淞江之上，北岸即屬嘉定，俗稱新街。近來商販頗盛，若寇盗從江而來，或西犯青浦，此其必經之道，而北岸即屬嘉定，設備之策，宜兩縣設鄉兵以守之〔二四〕。廣富林市，在三十八保。後帶九峯，前迤平疇，爲入郡之孔道，郵傳往來之要衝，腹裏之所當急也。朱家角鎮，在五十保。商賈輳聚，貿易花布，京省標客，往來不絶。今爲巨鎮。楊林市〔二五〕，在三十一保吴淞江北。天興莊，在三十八保潘蕩之西。東通柘溪塘，西通諸家塘。係小鎮。雙塔，在四十二保。因商人往來蘇、松適中之地，至夕住此停塌，故名商塌鎮。民多駕船爲生，船遂名「商塌」。又訛爲雙塔，去縣四十五里。自松至蘇，水道必由之境，又宿歇必艤之地，而四面湖蕩曠野，盜常不測。土人多駕船爲生，或務漁爲業。有議以保甲之法，聯合漁舟，盜發，責令救擒，是或一策也。况昔年倭趨蘇從此，此爲要之一〔二六〕。王巷，在四十二保，去縣四十五里。與雙塔四面湖蕩曠野，盜常不測。崧宅市，在四十六保。續志稱唐行東南小鎮，即此。白鶴江市，一名新市，在四十六保。其地上海、嘉定南北雜居焉。杜村市，在四十七保。杜家角，在五十保、琴村浜西南。泰耒橋市，在縣南鹹魚港上。以上青浦。

【校勘記】

〔一〕市置驛　川本同，滬本、盋本、京本「驛」上有「郵」字。

〔二〕白牛村　川本同，滬本、盋本、京本「村」下有「今白牛塘是也」六字。

〔三〕以其南遵水達海鹽平湖　「遵」，川本同，滬本、盋本、京本作「道」。

〔四〕莘莊鎮　「莘」，底本、川本、滬本、盋本、京本作「華」，據嘉慶松江府志卷二改。

〔五〕北鄰七寶　「鄰」，底本作「鄉」，據川本、滬本、盋本、京本及嘉慶松江府志卷二改。

〔六〕南近烏涇鎮　底本、川本脱「南」字，據滬本、盋本、京本及嘉慶松江府志卷二補。

〔七〕在十三保　川本同，滬本、盋本、京本「在」下有「縣東南」三字。

〔八〕改名　川本同，滬本、盋本、京本作「故名」。按作「故名」爲是。

〔九〕逾南十五里岸海置鹽司　川本同，滬本、盋本、京本「十五里」下注「一作十八里」，「岸海」作「海岸」。

〔一〇〕閔行　底本、川本作「唐行」，據滬本、盋本、京本及嘉慶松江府志卷首鄉保市鎮圖改。

〔一一〕此時議屯鄉兵於鎮以遏之　「此」，川本同，滬本作「比」，盋本、京本同，蓋「此」爲「比」字之誤。

〔一二〕鄒城　底本作「郛城」，川本漫漶，據滬本、盋本、京本及萬曆上海縣志卷一、清統志卷八三改。

〔一三〕場賦爲兩浙最　底本、川本脱「最」字，據滬本、盋本、京本及萬曆上海縣志卷一、嘉慶松江府志卷二補。

〔一四〕鹽課司　底本、川本脱「課」字，據滬本、盋本、京本及萬曆上海縣志卷一、紀要卷二四補。

〔一五〕在上海西南至通志未載　川本同。滬本以「在上海西南，乃南匯、陶宅諸處由浦入府之通衢」與本條後文重複，連同「通志未載」並删，盋本、京本亦删。

〔一六〕濮陽王　底本作「濮王陽」，據川本、滬本、盋本、京本及紀要卷二四、光緒青浦縣志卷二乙正。

〔一七〕相傳築墓時　底本「相」上有「傳」字，據川本、滬本、盋本、京本及光緒青浦縣志卷二删。

〔一八〕此水道之捷也　川本、滬本、盋本、京本「之」下有「一」字。

〔一九〕故鹽盜出没焉　底本脱「盜」字，據川本、滬本、盋本、京本及光緒青浦縣志卷二補。

〔二〇〕向設巡司在鎮　川本同，滬本、盋本、京本「巡司」上有「澱山」二字。清統志卷八三：「金澤鎮，「元設澱山巡司」。所云「澱山巡司」，正同滬諸本。

〔二一〕渠又呼涇　川本同，滬本、盋本、京本無「渠」字，「呼」作「新」。

〔二二〕三十六　底本、川本缺，據滬本、盋本、京本補。

〔二三〕須兩郡協守　「郡」，川本同，滬本、盋本、京本作「縣」。

〔二四〕設鄉兵以守之　「設」，川本同，滬本、盋本、京本作「集」。

〔二五〕楊林市　「市」，川本同，滬本、盋本、京本作「鎮」。

〔二六〕此爲要之一　「此」，底本作「二」，川本同，據滬本、盋本、京本改。

崑山，在府西北二十三里，長谷之東。輿地廣記云：晉陸氏之先葬此。後機、雲兄弟有詞學，人以爲玉出崑岡，因名。然士衡詩云：「髣髴谷水陽，婉孌崑山陰。」又潘尼贈士衡詩云：「崑山何有？有瑶有珉。」「穆穆伊人，南國之紀。」則名已在機、雲前矣。山形圓秀而潤，旁無附麗，望之如覆盋。蘇州以崑山名縣，取此。蓋梁改婁縣爲崑山，此山在其境内。及分華亭，遂以馬鞍山爲崑山。松人以小崑自名，非也。横雲山，在崑山東北。本名横山。山巔有白龍洞，潛通澱湖，深不可測。下有祭龍壇，歲旱禱焉。山民以采石爲生，積年來，闕然成窪矣。小横山，在横雲山東，中限一水。由絶頂至東北，皆峯巒隱起，壁立數仞，色盡赭，遊人呼爲小赤壁。機山，在横雲山後〔一〕，南北相望。圖經云：崑山之北，又有機雲兩山，以二陸得名。機爲平原内史，故山下有平原村。干山，在機山東。有水紆迴，從横雲山來，經山下北流。諸山之最高者，其曰天馬，以形似，故名。或傳干將鑄劍於此。舊圖經云：有干姓者居之。右瞰泖湖，一白萬頃。相傳二陸草堂在圓智寺，爲士衡讀書處。其脅有泉，有浮圖七級，登覽者極江海之觀，故稱爲干將〔二〕，爲九峯之甲云。澱山。舊志云：在薛澱湖中。今在平陸。山在平陸〔三〕，去湖益遠。接機山之西北。山形四出，如鰲，頂建浮圖，下有龍洞。鍾賈山，在干山之東。一水左限沈涇塘，〔旁注〕沈涇塘在縣西五里，南自秀州塘，合古浦塘，東行至秀野橋，北行至富林，西合横山塘，東合横浦，自富林西北入鍾處山，北行至永安橋，爲柘澤塘，入大盈浦。與盧山對峙。相傳以鍾、賈二姓得名。或以介九峯間，故名中介山。盧山，在沈涇塘。頽然一丘。當華、青孔道。細林山，在盧山南。舊名神山。梁簡文帝有銘，序曰：神山，本名秀林山，或稱辰山，在華亭西北二十餘里。有丹井〔四〕、仙冢、石洞。佘山，舊傳有佘姓者養道於此，故名。按吴興志亦有佘山。上有東漢佘將軍廟，或遂指此爲東佘云。諸峯中，惟佘與天馬稱高，而廣倍之。兩山連亘，土宜茶。有泉，名洗心。顧志云：佘山，在盧山東北，由神山塘折而東，或自富林、八曲以入，盡得其勝。薛山，在佘山東，中限一水。吴地記：昔薛道約居此，因名。又名玉屏山。□山〔五〕。鳳凰山，在府城北。圖經云：以其據九峯之首，延頸舒翼，宛若鳳翥，故名。東枕通波，西連玉屏，山形修峻，孤起無附。陟半嶺，則外山拱揖，如奥區焉。左有青壁，高數十仞，如削成。其上有虬松、壽藤，蒼森可愛。有二泉：曰鳳凰，曰陸寶。山南，村民依水而居，曰鳳凰山鎮，橋曰錦溪。厙公山〔六〕，在鳳山之南，實鳳山之附庸也。昔有厙公隱此，因名。陸寶山，本陸氏家山，界鳳凰、玉屏之間〔七〕。山多土少石〔八〕，而土又美〔九〕，人爭取之。今夷爲平陸。䈴山，在鳳凰山之北，顧會浦之東。上海縣境，西南起此。嘉禾志作竹䈴，俗呼北䈴，因干山在南，又訛爲北干。舊經云：土宜美箭，故名。山有玉竇泉，甚寒洌。

沿海諸山。秦山〔一〇〕，在張堰鎮西。俗呼爲秦望，謂始皇曾登此望海，故名。按嘉禾志、寰宇記海鹽、崑山，並有秦望山。查山，在張堰南。東去秦山十餘里。柘山，在府南六十五里柘湖中〔一一〕。吴地記云：柘湖，周圍五千一百十九頃，中有小山，生柘樹，因名。按湖水東去，有柘澤、柘溪塘，皆以柘湖得名。湖旁有石，其狀如牛，三姑祠實於始此。金山，在府東南海中，距府治九十里。平坡，列坐二十人。其北有寒穴泉，水甘洌〔一二〕。國朝設金山衛，以爲名〔一三〕。每歲武臣率兵入山巡邏海寇，謂之搜山。寧、紹諸州漁人，多棲泊其間云。許山，一名焦山。在金山東，距衛五十八里。

【校勘記】

〔一〕在橫雲山後　「後」，底本作「從」，川本同，據滬本、盋本、京本及清統志卷八二改。

〔二〕故稱爲干將　川本同，滬本、盋本、京本「稱」下無「爲」字，蓋是。

〔三〕今在平陸山在平陸　前「陸」字，川本、滬本、盋本、京本同，後「陸」字，川本同，滬本、盋本、京本作「田」。嘉慶松江府志卷七：「澱山，今山在平田，去湖益遠」。則此二「陸」字，作「田」爲是。

〔四〕丹井　「丹」，底本、川本原闕，據滬本、盋本、京本及嘉慶松江府志卷七補。「井」，底本、川本作「并」，據滬本、盋本、京本及嘉慶松江府志卷七改。

〔五〕□山　川本同，底本眉批：「原缺。」滬本、盋本、京本並無。

〔六〕厙公山　「厙」，底本、川本作「庫」，據滬本、盋本、京本及圖書集成職方典卷六九〇、嘉慶松江府志卷七改。下同。

〔七〕玉屏之間　底本、川本「之」下有「山」字，據滬本、盋本、京本及圖書集成職方典卷六九〇、嘉慶松江府志卷七刪。

〔八〕山多土少石　底本、川本脱「少」字，據滬本、盋本、京本及圖書集成職方典卷六九〇、嘉慶松江府志卷七補。

〔九〕而土又美　底本、川本「而」上有「多」字，據滬本、盋本、京本及圖書集成職方典卷六九〇、嘉慶松江府志卷七刪。

〔一〇〕秦山　底本、川本作「泰山」，據滬本、盋本、京本及紀要卷二四、清統志卷八二改。下「秦望山」改同。

〔一一〕六十五里　「五」，底本作「三」，川本同，據滬本、盋本、京本及嘉慶松江府志卷七改。

〔一二〕水甘洌　底本、川本「洌」下有「勝山在金西」五字，旁注「竹嶼山，距衛東南七十八里」十一字，皆與本書下文重複，據滬本、盋本、京本删。

〔一三〕以爲名　川本同，滬本、盋本、京本作「以此得名」。

水。大海，環府之東南，黄浦與吴淞江合流蹌口，以歸注焉。自金山東過勝山，爲南洋；又東至洋山，又東南爲南大洋；北至高家嘴，爲蘇州洋；又東爲東大洋。潮水北入於江，爲淞。蘇州洋西入許山，過獨山入於江，爲浙。〔旁注〕吾郡之水，上源天目，下委海王，相距數百里。其間承受源水之來者，爲湖、爲泖，而導引委水之去者，爲渚、爲江，此一郡大脈絡也。浮山、勝山，在金山西。竹嶼山，距衛東南七十八里〔一〕，在許山左。達岸山，距衛東南八十里。蘇山，距衛八十八里。洋山，一作羊山。右六山，皆在海中，羊山尤大〔二〕。海船時或至焉。上海縣志曰：海在縣東七十里。北起嘉定，南抵華亭，東接諸番，而日本最近。宋、元間，入貢皆由青龍市舶司。後漸徙於四明，貢者不復取道。沿海皆淺灘，物産不逮閩、浙百一〔三〕，俗號「窮海」，獨鹽利爲饒。自清水灣以南，較川沙以北水鹹，宜鹽。近有沙堤壅隔其外，水味寖淡，而煮海之利亦微〔四〕。

松江，禹貢三江之一，即笠澤。去府城七十四里，入上海境。舊名吴淞江，以水災去水。亦名松陵江。其源出太湖，東注於海。酈道元云：松江自湖東北逕七十里分流，謂之三江口。吴越春秋所載范蠡去越，乘舟出三江口，入五湖，此也。松江故道，自吴江長橋東流至伊山，北流至浦里，東北流至澱山，北合趙屯浦〔五〕，又東合大盈浦，又東合顧會浦，又東合崧子浦、盤龍浦，至宋家橋，轉東南流，與黄浦會而入海，凡三百六十里。將入海處，别名滬瀆。其别派自吴江分流，由急水港鍾爲太湖，曰薛澱。自湖至海〔六〕，凡五匯、四十二灣。五匯者，安亭、白鶴、盤龍、河沙、顧浦，乃江潮與湖水相會合之地也。古之九里爲一灣，一灣低一尺，二百四十里到三江口，三百六十里到大海。

通江諸浦。舊圖經以趙屯、大盈、顧會、崧子、盤龍爲五大浦。五浦之中，趙屯、大盈皆直受澱山湖水。趙屯迤西，爲白鶴江。大盈迤東，爲青龍江。昔人論湖水下流，必由白鶴匯以達於江，又謂由青龍江入海。今白鶴、青龍雖以江名，僅同溝澮。顧會、盤龍從府城來絶横塘入泖〔七〕。三江者，吴淞江、婁江、東江也。一自太湖，從吴縣鮎魚口北入運河，經郡城婁門東流，入上下雉瀆，抵崑山至和塘，東合新洋江，經太倉塘合劉家港入海者，爲婁江。一自太湖，從吴江縣長橋，東北合龐山湖，入長洲界，過大姚浦，抵崑山界〔八〕，分爲二：南爲吴淞江，北爲剿娘江。復合爲一，東流入嘉定界，經上海合黄浦東入海者，爲吴淞江。一自北蜆江，從急水港過澱山湖，東至華亭，合上海黄浦，由黄浦經上海宋家港，合吴淞江北入海者，爲東江。太湖泄水，川渠非一，而三江爲大。三江並泄湖水，而吴淞爲經，往夏駕口、新洋江之役，並引湖水由婁江入海，稍稱利便。不知婁江之流既駛，吴淞之勢漸微，以故諸境之水吞多泄少，迄後歲苦稽天矣。黃浦，在府南境，海之喉吭也。又名春申浦。其源受杭州、嘉興之水，起自秀州塘，經華亭縣界，又迤而東，以入南、北兩涯之水，迨至南廣福寺，則折而北，趨於上海縣境。洪武間，吳淞江淤塞。永樂元年，浚江通海，引流直接黃浦，闊三十丈，遂以浦名。今橫闊二里許，又折而東北，合於吳淞江以入海。論者指此爲東江。〔旁注〕宋鮑照有吳興黃浦亭庾中郎別詩。其首曰橫潦涇〔九〕，受黃橋、斜塘及秀州塘水，東流至詹家匯，爲瓜涇塘，橫迤而東，凡南、北兩涯之水皆入焉。至鄒家寺折而北流，趨上海縣，東、西兩涯之水皆入焉。東北匯吳淞江之水以入於海。按黃浦上源，自黃橋、斜塘來，黃橋、斜塘自三泖來。其上爲澱湖，爲急水港，爲白蜆江。又自淞江分派而來，至入海處，約二百五十餘里。比吳淞、婁江皆闊大〔一〇〕，故論者指此爲東江。滬瀆江，在上海縣北一十里。吳郡記曰：松江東瀉海曰滬海，亦謂之滬瀆。滬，水名也。凡水發源而注海，曰瀆。晉書：虞潭爲吳國內史〔一一〕，修滬瀆壘，以防海寇〔一二〕。通鑑：晉隆安四年〔一三〕，吳國內史袁山松築滬瀆以防孫恩〔一四〕，後竟死於此。寰宇記云：袁山松城，在滬瀆江上，舊有東、西二城，其旁蘆子渡，俗呼蘆子城。東城廣萬餘步，有四門。元時，徙於江中，餘西南一角。西城極小，在東城西北。兩旁有東西蘆浦。今考其地，松江水直趨而東，又七十餘里入海，無復有瀆，兩岸皆平疇茂林，故壘寂然。其東西蘆浦，亦止通潮汐而已。薛澱湖，一名澱山湖，以其中有澱山也。在府西北七十二里。其源自長洲白蜆江，經急水港而來，周圍幾二百里，實古來鍾水之地。北由趙屯浦，東由大盈浦，瀉於松江。東南由爛路港，以入三泖。舊志云：西有小湖。又云：縣西北有白蜆、馬騰、谷、璿瑁四湖。且謂白蜆越在長洲，馬騰、谷、璿瑁三湖，相去僅五、七里，而澱湖茫然一壑，不可復辨。其後又載錡湖，云有陸錡宅。曰瑁湖，曰邢湖，曰新湖，云皆在西北。以今考之，澱湖之南，有瓢湖，其旁有金銀、東清、東白、西陳、大葑諸蕩漾，北即蔓萊洲，在長洲縣界，涵浸相屬數十里。〔旁注〕廣九里，與崑山分界。其西過金澤，〔旁注〕在湖西南，東南流入泖。又有西黿蕩、〔旁注〕在湖西南，與吳江分界。在黿蕩東，金澤塘西，爲西黿蕩。雪落漾〔旁注〕雪落漾東，爲東清漾，連接東白、西陳諸蕩漾，西北爲周莊，北爲甫里，入長洲界。諸水，而不得其名者，尚多也。宋時，山在水心，並湖以北，中爲一澳，曰山門溜，東西五、六里，南北七、八里，正當湖流之衝，爲古來吞吐湖水之地。山門溜之中，又有斜路港、大石浦、小石浦，通泄湖流。後潮沙淤澱，漸成圍田。元時，湖去西北已五里餘，今趙屯、大盈，去湖益遠，顧由何家港及南北曹港，受湖水以泄於江，水患之多，蓋有由矣〔一五〕。〔旁注〕南曹港，自湖東南何家港東流，納龍河水，東北爲斜瀝，入北曹港，東出泰來橋，折北，爲大盈浦。南即柘澤塘。北曹港，在青浦縣西南，與崑山分界。西接蹌開河，合何家港、三分蕩、斜瀝港諸水，東行過縣城，入橫泖，一支北折爲新河，入大趙屯浦；一支出北水關，入大盈浦，並下吳淞江。柘湖，在縣南六十五里。吳地記云：周圍五千一百十九頃。中有小山，生柘樹，故湖、山皆以柘名。吳越春秋：秦海鹽縣，淪没爲柘湖，移於武原，後陷爲當湖〔一六〕。晉隆安五年，孫恩北出海鹽，宋武帝築城於故海鹽。恩知不可下，進攻滬瀆，則晉嘗築城於此矣。錢氏有國，浚柘湖及新涇塘，由小官浦入海。則五代時，湖與海通，後漸湮塞，僅餘積水，若陂澤然。以今視之，凡查山之西北，張堰之東南，黃茅、白葦之場，皆其地也。何元朗曰：華亭柘林，本海鹽地，王莽時，改名展武，因陷爲湖。三泖，在府治西。吳郡圖經云：有上、中、下三泖。祥符圖經：谷泖，在縣西三十五里，周一頃三十九畝。古泖，在縣西四十里，周四頃三十九畝。今泖之界，西北抵山涇，南自泖橋出，東南至廣陳，又東至當湖，又東至捍海塘而止。〔旁注〕南自泖橋出，與長泖相合，以入秀州塘，南至當湖，東南至廣陳。俗傳近山徑者爲上泖，近泖橋者爲下泖。縣圖以近山徑，泖益圓，曰圓泖。近泖橋，泖益闊，曰大泖。自泖橋而上，縈繞百餘里，曰長泖。此三泖之異也。陸機對晉武帝云：三泖冬溫夏涼。谷水在其北，金澤、章練、小蒸、大蒸、白牛諸塘在其西，葑澳、走馬諸塘在其東。泖橋之外，橫絶而東者，秀州塘也。〔旁注〕白牛塘，在大泖西南，界松江、嘉興之間。南承漸水，北入濮陽等塘。濮陽塘，在章練塘南。南承白牛等塘之水，東入於泖。葑澳塘，在圓泖東北。南連走馬塘，北通南曹港。其西一支，爲龍河。龍河之西，即澱山也。走馬塘東行，入顧會浦。其源自圓泖來，東行至橫雲山前〔一七〕，爲橫山塘。東絶沈涇塘，爲橫浦。經富林市東，爲七里涇，入顧會浦。白鶴匯，自此至蟠龍，環曲爲匯，不知其幾，水行迂滯，溢而爲災。宋嘉祐間，自其北開爲直江，逕瀉震澤之水，東注於海，自此吳中得免水患。其南爲西霞浦，俱東入大盈，與青龍江斜對。今江蓋故匯遺迹，雖以江名，僅同溝塗而已。青龍江，西接大盈，東接顧會，下流合浦家江。浦家之西爲趙浦，而泄於滬瀆以入海。元、宋以前，浩瀚無涯。圖經云：孫權嘗造青龍戰艦於此，故名。宋韓世忠拒兀朮於秀州，以前軍駐青龍，中軍駐江灣，後軍駐海口。其上爲巨鎮，海舶百貨交集，置市舶司，設鎮學、梵宇、亭臺，極一時之盛，時稱小杭州。水既湮塞，鎮亦坵墟。嘉靖時，曾建青浦縣於故址之西，今猶稱舊青浦云。

趙屯浦，在澱山湖者。舊時直受湖水，瀉於松江。其闊至五十丈，通江五大浦之一也。〔旁注〕今吳淞東流已湮，既與浦合，其出海之口〔一八〕，雖名吳淞口〔一九〕，實黄浦口也。合流之處，經上海而北，其闊至六、七里〔二〇〕，與陳志所謂横闊二里許者，迥不侔矣〔二一〕。今自北曹港分支北流，愈北愈隘。浦口東以石梁，僅通舟楫。南自大曹港分支入浦處，又名新河，迤邐北行，凡八十里入江〔二二〕。其一支東南流入曹港者，曰南小趙屯浦；一支東北流入江者，曰北小趙屯浦。南趙屯，亦名李墟涇。其北爲望湖涇，西爲鳥嘴塘。望湖之北，爲孔宅涇。又北爲胥溝，並西通趙屯，東入大盈浦。趙屯之西，爲内勛、會仙二浦，會仙浦即内勛之分支也。内勛之上流，曰古塘。其西爲石浦，入崑山界。内勛浦，在青浦縣西北。南引古塘諸水，北入吳淞江。

大盈浦，在澱山湖東。舊亦直受湖水，自白鶴匯以達於江。闊三十丈。今起自南曹港口，北折利濟橋，至唐行鎮，絶横泖，與北曹港合，歷唐行倉、郭家窯、杜村，至大盈橋，過青龍江，又過白鶴匯，北入於淞江。利濟橋之南，爲柘澤塘，沈涇塘之下流也。

顧會浦，在大盈東。其上源曰通波塘，出府城北流，爲五里塘。又北爲祥澤塘，遂别爲崧子浦。北至鳳凰橋，絶横泖，至簳山〔二三〕，入青浦、上海界。又北通新江塘，西合青龍江，東接艾祁浦，〔旁注〕艾祁浦，在青龍鎮、盤龍塘之間〔二四〕。以入松江。今屬青浦縣東。宋章峴記云：華亭縣西北去六十里趨青龍鎮，浦曰顧會。南通漕渠〔二五〕，下達松江，舟艎去來，實爲衝要。自斡山之陽，地形中阜，積淤不決，漸與岸等。每信潮吐納，纔及半道而止，垂三十年。又按圖經，縣管塘浦，大者五，顧會是其一焉。次曰盤龍，曰崧塘，曰趙屯，曰大盈，而崧塘首源，與顧會合，俱支流股引，環漬民壤，則顧會之關大矣。崧子浦，自顧會浦分流，下注舊江口。按圖經：崧子浦，在縣東北五十里。崧子塘，在縣北十五里。蓋北十五里者，崧子浦南口，自顧會分流處；東北五十里者，入江處也。與顧會浦同流異派，皆瀉水於松江。今入江處，爲嘉定高家浜。盤〔旁注〕一作蟠。龍浦，在崧子浦東。其上流曰盤龍塘，東行者由華龍港以入黃浦，北行者由盤龍鎮以入松江，自府城東三里華陽橋北流，絶俞塘，過六磊塘，過泗涇，絶横塘，又過蒲匯塘，過朱坊橋以入松江〔二六〕。長八十里。其入江處，曰盤龍匯，界華亭、崑山之間，步其徑，纔十許里〔二七〕，而洄沿紆緩逾四十里，如龍之盤，故名。宋寶元中，葉太史清臣疏爲新渠，道直流速，水用無滯。嘉祐之開白鶴匯，祖其法也。谷水，一名谷泖，一名華亭谷。水極清冷。吴地記云：海鹽縣東北二百里有長谷，陸遜、陸凱居此。水東二里，有崑山，其祖父葬焉。陸機詩云：「髣髴谷水陽，婉孌崑山陰。」則此水在崑山之北。寰宇記云：華亭谷水，下通松江。酈善長水經注：松江東南行七十里，入小湖。自湖南出，謂之谷水，南接三泖，即此水也。方輿勝覽云：谷水，出吴小湖，經由拳故城下。按舊志或以縣南舊西湖爲谷水，或以海鹽之蘆瀝浦南入於浙江者，爲谷水之故道。新志則以華亭谷水爲長泖之異名。即其所稱引，如水經、勝覽，則谷水與三泖接；如吴地記云〔二八〕，則泖即谷水；如寰宇記，則谷水即華亭谷，而圖經亦有谷泖之名。以數説參之，谷水原自有二：縣南之谷水，乃西湖之異名；崑山西之谷水，則新志所謂長泖之異名；而華亭谷，蓋因陸氏封邑而言。又谷水之異名，舊以兩谷水混而爲一，又析華亭谷與谷水爲二，故多異同。通志又以經由拳故城者，爲谷泖，道崑山西者，爲華亭谷；麗西湖上，有谷水道院者，爲谷水。其説復異。按俗傳泖中每風息雲開，則衢甃、井欄畢見，蓋由拳故城也。神異傳云：由拳陷爲谷水，而城之故迹乃在泖中。嘉禾志：當湖北，有華亭河，東北行三百里入松江，與吴地記合，驗之地里，皆三泖之疆界也。但以谷爲河，小異耳。此亦一水二名之證云。〔旁注〕舊云：湖在府西南二里〔二九〕，周圍三里。晉爲陸氏養魚池。前志云：西湖，即谷水。方輿勝覽云：谷水，在縣南。長一百五十步，中有五色泉。相傳葛稚川煉丹湖上，丹成，投水中，後常湧泉，作五色泉。泉東有鶴唳灘，鶴飲此水，其聲乃清。宋爲放生池。其北渚有風月堂、湖光亭〔三〇〕。中洲有環翠寺、思美堂、詠波亭。方是時，爲郡城第一勝處。其後，開江造閘，東流勢緩，潮汐日湮，遂爲平陸，通舟楫者，僅一小港。及張士誠築郡城，遺迹遂廢。外者改爲城壕。惟超果寺復有陂澤縈繞〔三一〕，南出石渠，跨以湖橋。其北有谷水道院者，髣髴焉。今比櫛而居，昔之遺迹無復可尋矣。

【校勘記】

〔一〕距衛東南七十八里　「衛」，底本作「海」，川本、滬本、盋本、京本同。正德金山衛志卷一：「竹嶼山，距衛東南七十八里，在許山左。」嘉慶松江府志卷七同。此「海」乃「衛」字之誤，據改。

〔二〕羊山尤大　底本、川本脱「羊山」二字，據滬本、盋本、京本補。

〔三〕物産不逮閩浙百一　底本、川本脱「物産」二字，據滬本、盋本、京本及利病書蘇松、嘉慶松江府志卷八補。

〔四〕而煮海之利亦微　「亦」，底本、川本作「益」，據滬本、盋本、京本及利病書蘇松、嘉慶松江府志卷八改。

〔五〕趙屯浦　底本、川本作「趙長浦」，據滬本、盋本、京本、本書下文及紀要卷二四改。

〔六〕自湖至海　「自」，底本、川本、滬本、盋本作「至」，據京本及紀要卷二四、清統志卷八二改。

〔七〕顧會盤龍從府城來絶横塘入泖　「來」，底本作「東」，川本同。清統志卷八二盤龍浦：「顧會、盤龍從府城來絶横塘入泖。」此「東」乃「來」字之誤，滬本、盋本、京本作「來」，是，據改。

〔八〕抵崑山界　底本脱「山」字，據川本、滬本、盋本、京本及圖書集成職方典卷六八九補。

〔九〕横潦涇　「横」，底本作「黄」；「涇」，底本作「徑」，川本並同，據本書下文華亭縣諸水及圖書集成職方典卷六八九改。滬本、盋本、京本「横」作「潢」，與清統志卷八二引府志同。

〔一〇〕比吴淞婁江皆闊大　「比」，底本作「此」，川本同，據滬本、盋本、京本改。

〔一一〕虞潭　川本同，滬本、盋本、京本作「虞潭傳」。

〔一二〕以防海寇　「寇」，川本、滬本、盋本同，京本作「抄」，與晉書虞潭傳同。

〔一三〕隆安四年　「四」，底本作「二」，川本同，滬本、盋本、京本作「三」，據通鑑卷一一一、紀要卷二四改。

〔一四〕袁山松　「山松」，底本作「崧」，川本、滬本、盋本、京本同。按晉書有袁山松傳，通鑑卷一一一作「袁崧」。胡三省注：「袁崧，當作袁山松。」今據改。下同。

〔一五〕蓋有由矣　底本、川本脱「有由矣」三字，據滬本、盋本、京本及圖書集成職方典卷六九〇補。

〔一六〕後陷爲當湖　底本「後」作「復」，「陷」上有「當」字，據川本、滬本、京本及紹熙雲間志卷上引吴越春秋改。

〔一七〕横雲山　底本、川本作「拱雲山」，據滬本、盋本、京本及清統志卷八二改。

〔一八〕其出海之口　底本脱「海」字，據川本、滬本、盋本、京本及嘉慶松江府志卷八補。

〔一九〕吴淞口　底本、川本作「吴淞江」，據滬本、盋本、京本及嘉慶松江府志卷八改。

〔二〇〕六七里　底本、川本作「六十里」，據滬本、盋本、京本及嘉慶松江府志卷八改。

〔二一〕今吴淞東流已湮至迴不侔矣　川本同。據嘉慶松江府志卷八記載，注文應繫於上條黄浦之下，此乃錯簡，滬本、盋本、京本改注於黄浦條，是。

〔二二〕凡八十里入江　川本同，滬本、盋本、京本「十」下有「餘」字。

〔二三〕簳山　「簳」，底本作「韓」，川本、滬本、盋本、京本同，據本書下文及紀要卷二四、圖書集成職方典卷六九〇改。

〔二四〕在青龍鎮盤龍塘之間　底本、川本脱「青」、「塘」二字，據滬本、盋本、京本及圖書集成職方典卷六九〇補。

〔二五〕南通漕渠　底本、川本、滬本、盋本、京本脱「通」字，據紹熙雲間志卷下章峴重開顧會浦記補。

〔二六〕朱坊橋　「坊」，底本作「防」，川本同，據滬本、盋本、京本及嘉慶松江府志卷九改。

〔二七〕十許里　底本、川本作「十里許」，據滬本、盋本、京本及紹熙雲間志卷中、嘉慶松江府志卷九乙正。

〔二八〕吴地記　底本、川本、滬本、京本脱「地」字，據盋本及嘉慶松江府志卷九補。下同。

〔二九〕舊云湖在府西南二里　川本同，滬本、盋本、京本「舊云」上有「西湖」二字。嘉慶松江府志卷九：「案舊志，西湖在府西南二里。」則此「湖」，應作「西湖」，蓋脱「西」字。又，此當作「舊志」，蓋「云」爲「志」字之誤。

〔三〇〕湖光亭　底本、川本脱「湖」字，據滬本、盋本、京本及嘉慶松江府志卷九補。

〔三一〕陂澤縈繞　「陂」，底本、川本誤作「院」，據滬本、盋本、京本及嘉慶松江府志卷九改。

華亭縣諸水。　縣治東南之水，以黄浦爲壑，西起秀州塘，名横潦涇，納泖、澱諸水，東行至詹家匯，名瓜涇塘，其實皆黄浦也。至閘港北折，入上海界。浦環境内九十餘里。縣西之水，以三泖爲歸，與青浦分界。西受嘉興及澱湖諸水，由東西山涇、古浦塘、斜塘、石湖塘、滬沙、黄橋門、泖橋等處，入於黄浦。〔旁注〕瓜涇塘，縣南九里。西承横潦涇，南承米市塘，北受詹家匯以北諸水，入於黄浦。　閘港，自新場西流入黄浦，其入處，乃浦之折而北行處。新場之東，去海不遠。論者指此爲東江入海之故道。閘港在上海縣東南九十五里，承青村、新場、漕州三路之水西流，入於黄浦。舊設有閘。今水深而閘不可設矣。　斜塘，水自大泖來，東入横潦涇，合石湖塘水，出秀州塘。　石湖塘，自泖湖水合秀州塘。　黄橋門，在斜塘南。水自大泖來，入秀州塘。舊於此植木，爲水竇七十餘，以泄泖水，斜入横潦涇。今塞。　秀州塘，在縣西南。源出杭州，歷嘉興而東，過張涇匯東北行，至楓涇鎮入縣境。由鎮而東，過白牛塘〔二〕，絶長泖，合泖橋水，抵朱涇，出萬塘水，亦由横潦以入黄浦。　問俗亭迤南一帶，約二十餘里，沙淤成灘，塗田日闢。萬曆六年，題請南自黄門橋、北至問俗亭疏治，長二十餘里，剗築塘岸傾圮者三十餘所，水復故道，行者稱便。　官紹塘，在縣城南水關外，受城河及斜涇諸水，合泖涇入浦。　泖涇，在縣城東三里，掣引鹽鐵、蟠龍、南北俞塘水南行，合官紹塘入黄浦，勢甚洪壯。而鹽鐵等塘開塞無常，坐其分奪之故。萬曆五年，壩截泖涇北口，而蟠龍、俞塘諸水，並由鹽鐵塘行。今北口復開，而鹽鐵等塘漸淤淺矣。鹽鐵塘，在泖涇東，去縣東南一十八里。南至松江葉謝，北達太倉、江陰入江。世傳吴越王於此運鹽鐵〔二〕，故名。自吕塘廟迤南入黄浦，壅淤不通將十餘里。萬曆六年，疏浚深闊，截浦而南，直抵漕涇之捍海塘而止。蟠龍塘，在縣東北。自鹽鐵分支，北行至横塘〔三〕，入青浦界。南俞塘，在東門外。東流，自吕塘廟南入鹽鐵塘，分流入浦。北俞塘，在東門外。東流，貫沙竹岡、黄瀝、新涇，東入浦。泗涇，在五里塘北。自祥澤塘折北而東，納通波塘、外波涇、洞涇、北張涇四水，東合蟠龍塘北行，絶横塘，折而東，爲蒲匯塘。〔旁注〕元初，水盛於横塘。至正間，潮徙而南，涇面廣三十丈，深二十丈，爲水道。蒲匯塘，在縣東北三十五里，與青浦分界。首受蟠龍、泗涇、横塘諸水，東流過沙竹岡、横瀝諸水，東入上海界，由龍華港入於黄浦。〔旁注〕沙岡，在黄浦南曰南沙岡，北曰北沙岡，地多沙脊。竹岡塘，在沙岡東。横瀝，在竹岡東北，絶吴淞江，入嘉定界，逾太倉，歷常熟，直至江陰而止。

白龍潭，在府城谷陽門外坊後柵橋西，潭廣可十餘頃。相傳有龍蟄其下，歲旱禱之，得雨。今淤泥四塞，爲寺僧、居民侵占，已去潭之半矣。又東行，爲龍華港，入於黄浦。萬曆、崇禎時，屢經疏浚。通波塘，自縣西中亭橋下北流，出通波門，横山、沈涇塘諸水自西來會之，迤北爲顧會浦。

【校勘記】

〔一〕白牛塘 「牛」，底本作「馬」，據川本、滬本、盔本、京本及紀要卷二四、圖書集成職方典卷六八九改。

〔二〕吴越王於此運鹽鐵 「鹽」，底本脱，川本同，據滬本、盔本、京本及紹熙雲間志卷中、紀要卷二四補。

〔三〕北行至横塘 底本、川本、滬本、盔本、京本脱「塘」字，據本書上下文及嘉慶松江府志卷首松江府中境水利圖補。

上海縣諸水。吴淞江，去縣治三里。志載江身舊闊二百餘丈，今之舊江，乃其所淤爲二，實一江也。自縣治東北宋家港口，迤從嘉定、青浦，入崑山界，其長百餘里，淤不通舟。夏尚書相度難治，權於夏駕浦開通，以達至吴塘，而江之東段田棄民流矣。江水亦從新洋江北行，並所開之西段，日就湮塞。隆慶間，巡撫海公東自宋家港口、西至黄渡鎮，浚及六十里。黄渡以西四十餘里，功未及施而止。自後，澱湖諸蕩漾之水，猶未與江相接。上海、嘉定之利雖興，而長、吴、崑、青之害未已也。萬曆五年，疏請自黄渡鎮西闞家墳開起，直抵漫水港，以及澱湖諸口，北浚大瓦、夏駕、吴塘、安亭等浦，南浚趙屯、蟠龍、横瀝等塘，導水入江，仍於分奪江源去處，各置石插，啓閉以時，歸宿湖水入江，由崑山入青浦，入嘉定，出宋家港，與黄浦之水相合，直出老鸛嘴以納於海〔一〕。黄浦，自府城西南接秀州塘水，東流入縣境，又迤而東，以納南北兩涯之水〔二〕。至鄒家寺，匯折而北行，納東西兩涯之水，至縣治東，合吴淞江，東北行，以入於海。蒲匯塘，在縣西南十八里，西受泗涇、蟠龍、橫泖等水，東行過七寶鎮，至盧浦，歷愈賢渡，東分一支入縣城者曰新港，南過愈賢渡而入黃浦處曰龍華港，由蒲匯塘分支，歷郁家宅，入肇家浜以達縣治，爲入府城之要道。按出蒲匯東南至百步橋入黃浦〔三〕。　橫瀝，南通黃浦，中絶蒲匯塘，北入於江。

【校勘記】

〔一〕老鸛嘴　「鸛」，底本作「鶴」，川本、滬本、盋本、京本同。嘉慶松江府志卷一二海塘：明曹印儒海塘考「起嘉定之老鸛嘴」，光緒寶山縣志卷四：海，「南至楊家嘴，即吳淞江口，江以東舊爲老鸛嘴」。則此「鶴」當爲「鸛」之誤，據改。

〔二〕以納南北兩涯之水　「南北」，底本、川本作「東北」，京本作「東西」，據滬本、盋本及紀要卷二四、圖書集成職方典卷六九〇改。

〔三〕百步橋　底本「步」下有「百」字，據川本、滬本、盋本、京本及清統志卷八三刪。

青浦縣諸水。　吳淞江，在縣治北。由大盈浦四十里，始入江。源出太湖，過吳江，下龐山湖，東行入長洲、崑山，截新洋江，由慢水港至大石浦，入縣境。迤東，至橫瀝，入上海縣界。江環境内，凡七十餘里，與嘉定犬牙接壤。江之在境内淤塞者，於萬曆五年，同時疏治十餘里。沿江荒田，日就墾闢，内田亦治。　急水港，在縣西南五十里。長二十餘里，乃東江之上流也，西接吴江白蜆江。　澱山湖，在縣西南三十里。與崑山分界。西以蔡浜嘴，東以蹌開河爲限，北隸崑山，南隸青浦。源自太湖，歷龐山湖、陳湖、白蜆江而來。周二百餘里。松郡諸水，莫大於此。湖西圩田日就剥削，湖東河港日就澱淤。萬曆五、六、七年間，北浚浦蕩，東疏杜癡港、蹌開河、〔旁注〕在湖東北，東通大漕港。　大小山涇等口，修築湖西堤塘，田壤水下矣。　大山涇港，在湖東。引湖水東南行，一支東入小山涇而達漕港，運船由之；一支南合爛路港入泖，泄瀉湖水，最近淤塞不通。萬曆七年，同小山涇一齊開浚，水復故道。　爛路港，在湖東南。引湖水南行，入於泖。東爲山涇港，西爲金林蕩，爲金同路、蔣家路。爛路之西，爲連湖蕩。金同之西，爲鄒家蕩，水勢迅駛，爲金湖宣泄要害，四縣漕舟由之。　三泖，在縣南三十五里。與華亭分界，西南受嘉善諸水，西北受澱湖諸水，東由華亭界入於黄浦。　運河，西有急水港〔一〕，出澱山湖，經三涇港，分支東折，由丁家路、車路港、斜瀝港、龍巖橋，出大漕港，達於縣城，凡六十里。萬曆八年，於大漕港之西，開浚蹌開河，直接澱山湖，尤爲捷徑。　連湖蕩，在澱山湖東南。西引黿蕩、澱湖水，合瓢湖、金銀蕩、爛路港，南入於泖。　横泖，自北曹港東行，過崧宅塘，絶顧會、崧子二浦，東接横涇，爲東横泖。南至樓下張管山前，爲横塘、望龍、歸庵，斜入盤龍塘，迤邐入蒲匯塘。萬曆八年疏浚，爲潘蕩、崧宅低鄉泄水之徑道。　蒲匯塘，在縣東北。西接横泖、横塘、盤龍諸水，淤不通舟，於萬曆七年開浚，經七寶、虹橋，由龍華港入於黄浦。横瀝，南抵海塘，截黄浦北流，至蒲匯塘入縣境，分北流出吳淞江。

【校勘記】

〔一〕西有急水港　「有」，川本、滬本、盋本、京本作「自」，蓋是。

風俗。　舊志云：諸州外縣多樸質，附郭多繁華，吾松則反是。蓋東北五鄉，故爲海商馳騖之地，而其南純事耕織，故所習不同如此。大率府城之俗，謹繩墨，畏清議，而其流失之隘。上海之俗，喜事功，尚意氣〔二〕，而其流失之夸。尚清雅，飾玩好，境内皆然，而西南爲盛。然畏首事，喜隨衆，而府城以之，諺所謂「松江齊」也〔三〕。

顧文僖公云：農家最勤，習以爲常，至有終歲之勞，無一朝之餘，苟免公私之擾，則自以爲幸，無怨尤者。婦女饁餉外，耘穫車戽，率與男子共事。漢志所謂呰窳偷生，今無是也。然而地勢當東南極下之處，每遇春夏雨水調匀，相與貸種下本，盡心力作，桔槔如雨，高者灌之，低者決之。未幾，而旱潦作矣，旱則源水不歸，潮水不上，民苦灌溉之難；潦則表裏瀰漫，水底之苗，盡爲滓没，此農家之苦也。　農無田者，爲人傭耕，曰長工。農月暫傭者，曰忙工。田多人少，倩人助，已而還之，曰伴工。　耕作之具，詳於耒耜經矣。牛犁之後，復以刀耕，制如鋤而四齒，俗呼爲鐵搭。每人日可一畝，率十人當一牛。灌水以水車，即古桔橰之制，有戥輻，有眠牛，有鹿耳，有車桁。高鄉之車，曰水龍。有不用人而以牛運者，曰牛車。亦有並牛不用，而以風運者，然不常用。

前志謂：濱海之地，業漁者多於耕。自斥鹵變爲良田，漁非耕類，然江浦取魚之術，亦多有皮、陸序述所不能盡〔三〕。今漁於海者，有簰網；漁於江浦者，有罣網，有塘網、編網、扛網、絲網。編竹斷港，曰斷。不出水者，曰横簾。以數百鉤繫餌，一繩牽之，曰張鈎，無遺巧矣。

紡織不止鄉落，雖城中亦然。里嫗晨抱綿紗入市，易木棉花以歸，機杼軋軋，有通宵不寐者。田家收穫，輸官、償債外，未卒歲，室廬已空，其衣食全恃此。前志云：百工衆技，與蘇、杭等。若花、米踴價，匹婦洗手而坐，則男子亦窘矣。

濱海業鹽者，各有鹽場。每場畝許，址圓而平。聚細沙爲壘，壘傍鑿一滷井。井傍有方池〔四〕，深尺許，名曰槖。側施竹筒，潛通於井。清明日，取窐水澆場上，曬之，見有皚皚起白者，謂之鹽花。隨所壘之沙，匀覆場上。復曬幾日，則鹽花上升，壘沙又白矣〔五〕。乃以柴鋪槖底，以灰覆柴上，取場沙聚之，灌以窐水。水由竹筒滲入井中，是曰滴滷。井滿，汲取貯之。候有數十石，傾置於鍋。凡一竈四鍋。首鍋近火，末鍋近突，煎之竟日，而首鍋之滷成鹽，遂取起首鍋鹽。餘三鍋之將成未成者，以次運入首鍋，而鹽悉從首鍋成矣。當煎煮時，二鍋撈起者，名爲撈鹽，白而乾潔，鹽之上者。蓋以首鍋火力太猛，易生鹽皎，而末鍋火力稍微，不得遽凝也。每煎一次，可得鹽二百斤。其滷井中，先取滷〔六〕。二次下水者，味薄不堪作鹽，土人用以淹菹。别有甃磚作場〔七〕，以沙鋪之，澆以滴滷，曬於烈日中，一日可以成鹽，瑩如水晶，謂之曬鹽，價倍於常。然惟盛夏有之，不能多得。凡滴滷，以石蓮肉投之輒浮者，爲真。用浸花果，經久不壞。

【校勘記】

〔一〕尚意氣　「意」，底本、川本、盔本作「義」，據滬本、京本及圖書集成職方典卷六九六、嘉慶上海縣志卷一引顧清府志改。

〔二〕諺所謂松江齊也　「諺」，底本、川本作「誘」，據滬本、盔本、京本及圖書集成職方典卷六九六、嘉慶松江府志卷五改。

〔三〕亦多有皮陸序述所不能盡　川本同，滬本、盔本、京本「盡」下有「者」字，蓋是。

〔四〕井傍　川本同，滬本、盔本、京本作「傍井」。

〔五〕壘沙又白矣　「沙」，川本同，滬本、盔本、京本作「花」。

〔六〕先取滷　川本、滬本、盔本、京本「取」下有「滴」字，蓋是。

〔七〕别有甃磚作場　「别」，川本、滬本、盔本、京本作「另」。

城池。府城，廣袤凡九里一百七十三步。上海縣城，周九里。嘉靖三十二年築。青浦縣城，周六里。金山衛城，在府南七十二里。南濱海，與金山對峙，西連乍浦，東接青村、南匯嘴，北抵吴淞江〔一〕。城周一十二里三百步五尺六寸五分。洪武十九年，欽差安遠侯等官築。柘林城，本係古鎮。以其臨海，嘉靖甲寅倭至，取便結老巢於此，巡按御史尚維持建議築城，〔旁注〕有請築川柘二城疏。城周四里。東至横林墩爲青村界，西至胡家港爲金山界，各二十五里，北至南橋鎮十八里，南至海塗半里，皆其信地〔二〕。青村城，在府東南一百十里，金山城東一百里。周六里八十九步。洪武十九年安遠侯築〔三〕。東至南匯界五墩，西至柘林戚漴墩，各二十五里，北至二橋，南至護塘，皆其信地。南匯城，即金山衛中後千户所。西至青村界頭墩〔四〕，北至川沙界八墩，各二十五里，面至海塘，背至新場，皆其信地。分署在上海縣十九保地方，去府東北一百五十里，去青村五十里。周六里百七十五步，洪武十九年遠安侯築。川沙城，在上海縣八團鎮。周四里，嘉靖三十六年築〔五〕。南至南匯六團五十里，北至寶山六十里，東至海十二里，西至上海城五十里〔六〕，皆其信地。寶山城，在上海東北，與嘉定接壤。南至川沙六十里，北至馬沙墩四里，東至海一里，西至吴淞所三十六里，皆其信地。此海沙堅硬〔七〕，倭不得泊。近者吴淞之沙日漲，而寶山日頽，寇至泊舟爲便。且改築山墩，陡立遠眺，如樹標然，故吴淞之險，移之寶山矣。永樂初，沿海設備，築高丘二十丈，延亘十里，御製文樹碑焉。今没於海。舊有旱寨，後廢。萬曆七年改築，城周三里。西倉城，周二里。嘉靖中，築以衛漕糧。

鎮守。嘉靖三十二年設總兵官，駐金山衛。四十三年改駐吳淞，專營江南水陸軍務。

分守。金山衛參將，舊以蘇松參將駐金山，防禦沿海柘林〔八〕、青村、南匯、川沙一帶，後改遊擊。萬曆二年改設，以劉家河參將移駐。劉家河舊係參將，駐金山，萬曆二年改設，以金山遊擊移駐崇明。川沙堡，嘉靖三十九年添設，撥金山衛千户一員防守。柘林堡，嘉靖三十九年添設，撥金山衛千户一員防守。國初，於本衛不設將領，有事則命都指揮或都督官至衛經理。自嘉靖倭變，始有將領之設。初亦未設參將，僅以遊擊將軍一員駐劄衛城，時率遊兵往來應援，事平裁革。議移總兵官建牙於此，格不行，始設蘇松參將坐鎮，遂爲定制。淞江圖説曰：嘉靖中，倭難起，乃於本衛添設遊擊將軍，統領馬、步遊兵往來巡檄，北以護松江，西以援乍浦。及事平，遂已之。設蘇松參將坐鎮衛城，舊屬青村、南匯二所堡，至是益以柘林、川沙、寶山三堡，皆屬統轄，川沙各設把總守之。衛所統陸兵一千七百名，有警以該營爲正兵，以乍浦及諸堡爲奇兵，一聞警報，左右策應，首尾應援。青村中前千户所〔九〕。南匯中後千户所。柘林左右營二千户所。川沙守堡千户所，嘉靖三十六年設。

巡司。華亭金山司，洪武初，建於張涇堰〔一〇〕，至十九年徙建胡家港口，在縣東南六十里。南橋司，洪武初〔一一〕，建於南橋鎮，稱戚木司。十九年，徙建於戚木涇。萬曆九年，復徙於南橋，改今名。在縣東南七十里。泖橋司，〔旁注〕今屬婁。在縣西南三十六里朱涇鎮。小貞司〔一二〕，〔旁注〕今屬婁。在縣西三十六里小蒸鎮。今鎮分屬青浦，而官屬華亭。上海黄浦司，在縣南二十一保閔行鎮。三林莊司，在縣東南十七保三林塘鎮。吳淞江司，在縣西北二十七保吳淞江北岸。青浦新涇司，洪武初建於二十九保。新涇，今在青浦四十五保青龍鎮〔一三〕。澱山司，洪武初建，府西北六十里。今在青浦四十二保安莊鎮。南蹌司，即周浦司。陶宅司。俱革。每司設巡檢一員，弓兵在腹裏，例三十名，沿海、沿江者加額，或至七十名。松境惟澱山司弓兵四十名，新涇等皆三十名。各分信地，每司以數鎮屬其官領之。此皆昔之經略地方者，視村鎮要害而設，專爲巡緝盜賊、衛護村氓，邇來廢弛。其司官，或因公廨敝毁，從便僦住；其司兵，則或散處村落，或積棍宿蠹，頂冒霸踞，於地方有名無實，殊失設官爲民之意。所當急爲區處，修復廨宇，着令官吏常川駐劄巡守。弓兵務選附近土著精壯之人應役，庶乎振作玩愒，安民有賴矣。

【校勘記】

〔一〕西連乍浦東接青村南匯嘴北抵吳淞江　底本、川本作「南匯嘴北抵吳淞所西連乍浦東接青村」，據滬本、盋本、京本及紀要卷二四、清統志卷八三乙正。

〔二〕東至橫林墩爲青村界至皆其信地　底本、川本叙列於上文「柘林城」之前，據滬本、盋本、京本及嘉慶松江府志卷三三乙正。

〔三〕金山城東一百里至洪武十九年安遠侯築　底本、川本叙列於上文「皆其信地」之下，據滬本、盋本、京本及圖書集成職方典卷六九〇乙正。

〔四〕西至青村界頭墩　「西」，川本、滬本、盋本、京本同，嘉慶松江府志卷三三作「南」，此「西」蓋爲「南」字之誤。

〔五〕嘉靖三十六年築　底本脱「六年」二字，據川本、滬本、盋本、京本及紀要卷二四、嘉慶松江府志卷一三補。

〔六〕上海城　「城」，底本作「縣」，川本同，據滬本、盋本、京本及嘉慶松江府志卷三三改。

〔七〕此海沙堅硬　川本、滬本、盋本、京本「此」下有「地」字，蓋是。

〔八〕柘林　「柘」，底本作「石」，據川本、滬本、盋本、京本、本書下文及明會典卷一二七改。

〔九〕青村　「村」，底本作「浦」，川本同，據滬本、盋本、京本及寰宇通志卷一四、紀要卷二四改。

〔一〇〕張涇堰　「涇」，底本作「金」，據川本、滬本、盋本、京本及圖書集成職方典卷六九九改。

〔一一〕洪武初　底本「洪」上有「至」字，據川本、滬本、盋本、京本及圖書集成職方典卷六九九刪。

〔一二〕小貞司　「貞」，川本同，滬本、盋本、京本作「蒸」。嘉慶松江府志卷一四：小蒸巡檢司署，「明洪武中，置巡檢司於小蒸鎮」。明會典作小貞。則諸本均是。

〔一三〕青浦　「青」，底本、川本作「新」，據滬本、盋本、京本及清統志卷八三改。

險要。　松郡東南瀕海，西襟湖、泖，盗賊出没，尤急於防海寇。〔旁注〕松郡自吴淞口以南，黄浦以東，海壖數百里，皆海寇登陸徑道。如上海之川沙、南匯，華亭之青村、柘林，嘉靖中皆曾爲倭所據。而金山介於柘林、乍浦之間，尤爲浙、直要害。以一郡論之，上海當賊之來，華亭當賊之去，青浦當蘇、松二郡往來之衝。賊由大海而來，登泊海岸者，必零賊也。從江口而來，徑入者，必大䑸也。零賊登陸，以漸而積，易於剿除。大䑸入江，其勢必甚，揚帆直入城下，然後分䑸，掠華亭諸鎮，此必然之勢也，故上海當賊之來。華亭附郭，不當要衝，然其西北澱山、三泖，可以通蘇州，西南呂港、獨樹可以通嘉興，賊如轉寇二府，必由此進，故華亭當賊之去。青浦北通崑山，東通吳淞，西通湖、泖，若由二郡出入，此乃必由之路，故青浦當二郡往來之衝。然嘉靖間，賊連歲犯上海及府城，未嘗竟往他郡者[二]，惟水備吳淞所、李家浜、黃浦口，而歸重於寶山；陸備青、南、川、柘、蔡廟、獨樹營，而歸重於金山，此一郡險要之完策也。上海與華亭形勝迥異。賊多從海子口入，不五十里，爲吳淞江，爲黃浦。黃浦逼縣東門，賊至即抵城下，然後分䑸，或循而南，或由江而西，皆可達郡城。是一郡之要害在上海，上海之要害在黃浦，黃浦之要害在吳淞所，吳淞所之要害在李家口。守李家口以拒賊上游，守黃浦口以遏賊橫渡，守禦之策不出乎此。嘉靖甲寅，設海防道，以僉事董邦政領之，募戰兵三千人備倭。丁巳，改海防道爲海防同知，存兵一千二百名。己未，因上海無警，汰存名六百名，海防廳仍駐本府，增派兵、銀支應。隆慶己巳至壬申，漸次減革，止存兵二百七十名，改於本縣均徭內支應，分爲水、陸二哨，水兵七十名，隨海防駐本府，陸兵額少不足防守。邑治襟江帶海，鹽盜出没無常，城守時有寇警。萬曆癸酉，兵道調百户瞿彦威防守，請歸松江水兵，復原額兵六百名，六門設正兵六屯，周城要害處，設伏兵七隊，水兵分兩翼，上巡龍華港，下巡東溝口，以防外禦。萬曆乙亥，因上海兵銀不足，議以徭銀湊補，遂復割本縣兵額，以一百六十名補川沙堡，五十名補寶鎮堡〔二〕，存兵三百九十名。黄浦，去縣城不二里，賊易登犯。萬一得入，即横行無忌矣。守松之要，莫如黄浦，舍此，更無港口可收泊者。必須大治兵船，嚴爲守備，遏賊上游，使不得入浦，方爲上策。然守浦之法，不宜株守浦口，必令一府兵船分爲三哨：一守浦口以捍縣城，一哨江中以備救援，一守吴淞江口，以使賊不得入江，則合郡可免寇患矣。顧文僖公曰：設險當識形勢，以吴淞言〔三〕，則黄浦一路，乃要害宜守之地。若城之西，古浦塘自蘇州來，秀州塘自嘉興來；城之北，通波塘自崑山來，崑山又自常熟來，賊必破此數州縣，而後乃到此。果爾則亦難與敵矣。故愚謂黄浦一路〔四〕，當嚴設警備，以素有恩威、爲民所信愛者守之。前古虞潭之備孫恩，近歲石知縣之備施天泰，具有調度，均宜仿而行之，而更加以嚴固。若跨塘橋，即古浦塘路，張士誠之逐苗、僚〔五〕，葛指揮之擒錢鶴皋，皆自此入。先事預防，必於上流湖口、泖口作家計，如守黄浦之法。萬一到此，則舍舟而陸，亦莫之禦矣。青浦，北通吴淞江，西南二路控引湖、泖，乃蘇州適中要害之處。且鹽盜出入，盛於他所。無事則嚴保甲，以防萑苻之警，有事則屯重兵，以遏南北之衝，皆須預講。如嘉靖三十三年四月，倭寇自崑山，由爛路港直至松江南門，爲湯克寬兵拒却。至三十五年五月，倭寇數百突至松江西南城下，知有備，乃遁掠福田寺，出泖湖，劫章練塘、馬家兜，又以別枝出澱山湖、朱家角，雖官兵尾擊，互有勝敗，然賊竟晏然趨上海，如蹈無人之境，此前車也。異日之所當備者，宜鑒焉。

華亭縣信地，南至金山衛，東南至柘林、青村，俱濱海；北至泗涇、塘橋，青浦界；東北至泗涇、七寶鎮，上海界；東至浦，上海界；西至泖，青浦界；西北至章練塘，長洲界；西南至風涇，嘉善界。

上海縣信地，東至川沙堡，濱海〔六〕；西至七寶鎮，華亭、青浦界；南至烏泥涇、閔行，華亭界；北至真如、柵橋，嘉定界；東南至南匯所，華亭界；東北至吳淞所，嘉定界；西南至新莊〔七〕，華亭界；西北至盤龍，青浦界。

青浦縣信地，東至七寶鎮，上海界；西至澱山湖，長洲界；南至鳳凰山，華亭界；北至白鶴江，嘉定界；東南至泗涇，華亭界；東北至楊林寺，嘉定界；西南至金澤，嘉善界；西北至千墩港，崑山界。

【校勘記】

〔一〕未嘗竟往他郡者　「竟」，底本作「覺」，川本同，據滬本、盋本、京本及嘉慶松江府志卷三三改。

〔二〕寶鎮堡　「鎮」，川本、滬本、盋本、京本同，嘉慶松江府志卷三三作「山」，「鎮」疑爲「山」字之誤。

〔三〕以吳淞言　「吳淞」，川本、滬本、盋本、京本同。明經世文編卷一一二顧文僖公集答喻太守書：「以吾松言之，則黃浦一路，乃要害宜守之地。」此「吳淞」蓋爲「吾松」之誤。

〔四〕故愚謂黄浦一路　「故」，底本脱，川本同，據滬本、盇本、京本及明經世文編卷一一二顧文僖公集答喻太守書補。

〔五〕張士誠之逐苗僚　「僚」，底本作「撩」，川本、滬本、盇本、京本同，據明經世文編卷一一二顧文僖公集答喻太守書改。

〔六〕濱海　底本作「海濱」，據川本、滬本、盇本、京本及圖書集成職方典卷六九九乙正。

〔七〕新莊　「新」，川本、滬本、盇本、京本同，圖書集成職方典卷六九九作「莘」，當是。

新志：松郡城所納之水，自浙來者，由秀州塘匯而入西門；其自黄浦分支北流者，由官紹塘以入南門，乃分出東、北二門，爲北俞塘諸支河，入於松江。此明成、弘時水道大略也。其後松江上流湮塞，而東江之移注黄浦者浸大，潮汛嘘吸，惟浦是歸。於是浙水不復入，而湖、泖之水自趙屯、白鶴等江，俱東南流，亦過郡城南，即入浦矣。浦潮至時，北折分流，以達郡門。從東、南、西三門入，自北門出，與舊志所載不同。今如秀州塘、官紹塘及城河等，水道所向，仍從舊志，以見松江之不可不浚，且潮水無定，冀復故道也。其今昔異同，則詳圖經中。按：禹貢「三江既入」之文，謂三江各自入海也。今東江移注松江，合而入海，非其故矣。考柘湖與金山衛之間，舊有海口，今遺迹歷歷俱存，且晉時曾築城於此，以拒孫恩。五代時，錢氏曾浚柘湖，由小官浦入海，則柘湖之海口，其來尚矣，意即東江入海之口乎？父老云：東江入海處，因修築海塘，遂至湮没。其口既塞，於是張涇、歸涇、胥浦塘等水，反北流入浦。若海口在時，皆當合浦水南流出海〔一〕。禹貢注曰：東南流者，爲東江。此其驗也，詳見水利中。

【校勘記】

〔一〕皆當合浦水南流出海　「出」，川本同，滬本、盋本、京本作「入」。

烽樓，在亭林南。寰宇記：南帶海，上有烽火樓基，吴時望海處。今遺迹猶存。讀書堆，在亭林寶雲寺後。顧野王修輿地志處。其高數丈，横亘數十畝，林樾蒼然。寺僧嘗欲築亭其上，以奉野王，不果。今其後半爲居民所侵。顧府君宅，在亭林鎮。地有高坵。陳黄門侍郎顧野王於此修輿地志，時呼野王讀書堆。其北有湖，湖南有林，因名顧亭湖。

赤烏碑，在上海靜安寺。吴赤烏中立。征北將軍海鹽侯陸禕墓碑，在婁縣崑山，吴泰寧三年立。碑云：泰寧三年歲次乙酉。乃東晉明帝之號。史作太寧，而府志以爲吴年號者，誤也。黄州司馬陸元感墓碑，在婁縣崑山。〔旁注〕靳翰撰〔一〕。唐景雲二年立。貝州宗城令顧謙墓碑，在青浦崧子里。唐咸通十三年立。

【校勘記】

〔一〕靳翰撰　「靳」，底本作「新」，川本、滬本、盋本、京本同，據嘉慶松江府志卷七三改。

顧文僖公傍秋亭雜記：宋晁景迂謂：今賦役幾十倍於漢。林勳謂：宋租七倍於唐，加以夏税，幾十倍。按唐一夫百畝，歲入租二石，畝計租二升〔一〕，七倍，則斗四升也。然紹熙間，華亭田四萬七千頃，省額租十一萬二千三百有奇，實數六萬七千餘石，歲督纔三萬八千石，極多至五萬七千而已。以田計租，比唐纔加十之二、三。七倍之説，或他有所據，吾鄉有未然也。今總計二税、折納、運耗等，爲平米百三十八萬有奇，比宋爲十二倍以上，比實徵常數，三十倍而有餘矣。而岸草、商税、漁鹽等類，又不計焉。漢、唐不敢望也，求爲宋民，何可得哉！有官君子又往往以加賦爲言，吾不知其何心也！吾鄉征税之重，天下無之，而岸草一節尤無謂。舊例，度田至水際，皆并岸外沙塗一步有半，通計爲田。前人之意，蓋以沙塗有水草、茭蘆之利故也。沙塗且税，則岸可知矣。成化壬辰，以東南水利廢弛，設簽事一員董之，始則爲岸草之税〔二〕。而吾松一府，計爲銀七千兩有奇，歲解南京工部。弘治壬戌、癸亥，撫臣檄取他用，而部符督催甚急。郡守，撫臣之同鄉也，共議於秋糧畝加五合〔三〕，以足其數。松田四萬七千餘頃，率二畝一升，爲米二萬三千五百餘石。假曰姑以應一時之急，猶或可爾，而此後遂爲常税，岸草之征，價又自如也，則此米將安歸乎？吾鄉之田，東南岸海，西北臨江濱湖，歲有崩陷，而沿海沙田，利薄稅重，民往往棄而不耕，稅無所出。又有公館、學舍、倉基之稅，皆於秋糧帶徵，而糧之加耗，又專責之小户，故耗日重而民益困。宣德初，有石加八斗至一石者。周文襄既立法，令大、小户均出耗米。又以抛棄荒田，召人佃種，江浦漲沙，亦聽民開墾，俱照民田起科，而收其稅，以裨帶徵之數。至天順間，巡撫劉公孜復奏爲定制：凡荒田不拘原額，但畝徵平米二斗，肥田或三斗，謂之官租；此外永不起科、加耗。由是耕者日衆。自立法至成化三、四年間，正糧日加五斗，比宣德初幾去其半。文襄始之，劉公成之，國計足而民不困。江海崩陷，原額蓋已永蠲，不復徵取矣。成化以來，又有貧民抛荒田土，俗呼新逃，不在召佃之例，又累里甲包賠。弘治末，同知史俊請照御史吴一貫奏行新例，每糧一石，折收銀二錢。有旨准行，民方以爲便。而郡守仍幷沿海永蠲之稅，類征二錢。吴御史時已遷官，力爭不可，瀕行爲衆言，因及岸草之説。嗟乎！同知，佐貳也，求以便民，而守乃因以爲利。人心之相去，一何遠也。松江在宋，本華亭一縣。田賦之數，見紹熙四年。自景定公田法行，加賦至二十八萬。入元，乃四十萬。大德中，覈實及籍没二朱、張、管後〔四〕，爲七十萬。國朝洪武二十四年，至百四十萬，皆正糧也，然歲徵仍不及半。宣德中，手詔減免，鄉人知爲東里楊公之力而已。近乃知出同知王公源，而文襄楊謚文貞，此云文襄，蓋周公忱也。特贊成之。嗚呼！由十一而爲百四十，由百四十而爲九十三，乘除則相遠矣。

然章皇帝盛德，實此公發之。施及旁郡，惠於無窮，安知後不有聞風而起者。愚謂斯人，東南之氓，尸而祝之，雖百世可也。今之夏秋二税，即古所謂粟米之征，唐之所謂租；農桑、絲絹，即古所謂布縷之征，唐之所謂調；今之甲首、均徭，即古所謂力役之征，唐之所謂庸。租出於田，調出於家，庸以身計，不相侵越者也。近歲均徭幷計丁、産，甲首亦計田出錢，既出米，又以起庸，已非古矣。然姑以定物力之厚薄，不得不然。而均徭，官田畝取銀四分，民田畝六分，甲首，民田畝取分五釐，官田畝一分，皆十歲一輪，畝歲爲錢四、五文而止，猶未重也。正德丁丑、戊寅以來，乃以田隨人户分九等，上户畝出銀二錢五分，甚者至五錢，蓋嘗有一户而輸銀七百兩者。噫，極矣！夫所以爲上户者，爲其田之多也，非謂其所收之獨厚也；所以爲中下户者，謂其田之少也〔五〕，非謂其所收之薄也。均以取之，而上户之所出，已自重於中下矣。又從而加之，幾至於十倍，此非惟古人不忍爲，亦末世所未有也。元至正中，詔免水深長蕩税，知府王克敏不行。錢艾衲修郡志，書以爲戒〔六〕，未嘗有所益也。國朝水蕩畝徵鈔六十文，以實計之，爲錢三、四文而已。成化三年，撫臣邢宥括得業蕩畝税米三升，以爲太重。弘治末，加至五升三合六勺，今則六升有奇矣。使王公聞之，猶當蹙額，而艾衲老人當此，又不知其何以書也。鄉父老陸璿言〔七〕：周文襄公爲侍郎巡撫，百姓不知有凶荒，朝廷不知有缺乏。或問其故，當時濟農倉民米嘗數十萬，一遇水旱，便奏免糧。奏准免數，即以濟農倉米補完，所以民不知凶荒，朝廷不知有缺乏也。問當何處得此米？曰：此有二項：一奏改南京公侯禄米，於各府支關，松江省下運耗十五萬石；其一遵朝命勸借，得米六萬石，催糧米甲運入濟農倉。賑濟、補災之外，歲有寬餘，此米之所以多也。又曰：每歲臘月徵糧畢，新正十五後，便有文書來放糧，曰：此是百姓納與朝廷餘賸數，今還與百姓食用。種朝廷田，秋間又納朝廷税也。即放米，每户索二石，不曾有一石。時雖抵斗還官〔八〕，其實多不取。先祖言：吾家嘗一次領黄豆六石〔九〕，後升合不曾追也。予幼時聞此，亦不知其曲折如何？後閲公年譜，及胡祭酒儼濟農倉記，始得其詳。往時，公侯禄米皆請於南京，各府運米南京者，每石加六斗。公請令其人赴各府就支，石與船價米一斗，計所餘，石該五斗，總得米十五萬石。又遵朝廷勸分之令，於秋糧帶徵，得米六萬石，歲積米共二十一萬石。賑濟、補災及糧運虧損，悉於此出。乃知所謂百姓不知有凶荒、朝廷不知有缺乏者，誠不知也。今文武禄米，折徵銀解京，已非舊法，以一石六斗之米，而易銀七錢，所餘似不爲少。況勸借六萬之數，每歲帶徵米嘗少減於昔，則名雖没而實猶存也。又況得業蕩米歲有增加，由六十文鈔而爲米三升，由三升而爲五升二合，至六升。召佃官租二斗者爲二斗九升，三斗者爲三斗九升矣。則歲入所增，又不知當幾何也！而問之典守，則率皆茫然不知，有知而不言〔一〇〕，有能稽見此數歲積於倉，則近時君子所以勞心焦思，朝慮夕晝，使人承奉不暇，而實無分寸於民者，可一洗而空之。嗚呼，吾安得見斯人哉！

陸文裕公論耗米：加耗二字，起於後唐。明宗入倉，見受納主吏拆閲，乃令石取二升，爲鼠耗。我太祖則每斗起耗七合，石爲七升，蓋中制也。江南糧税，每石平米上加耗，已至七、八斗。蓋幷入雜辦，通謂之耗，意不止於鼠、雀爲也。近時巡撫乃於田畝上加耗，則漸失初意矣。

翰林何公良俊叢説：均糧一事，各處已見，而松江獨未者，蓋各處之田，雖有肥瘠不同，然未有如松江之高下懸絶者。夫東、南之兩鄉，不但土有肥瘠，西鄉田低水平，易於車戽。夫妻二人可種二十五畝，稍勤者可致三十畝，且土肥獲多，每畝收三石者不論，只説收二石五斗，每歲可得米七、八十石矣。高鄉田高岸陡，車皆直豎，無異汲水，水稍不到，苗盡槁死。每遇旱歲，車聲徹夜不休，夫妻二人，竭力耕種，止可五畝。若年歲豐熟，每畝收一石五斗，故取租多者八斗，少黄豆四、五斗〔一一〕。農夫終歲勤動，還租之後，不彀二、三月飯米，指望來歲麥熟，以爲種田資本。至夏中，只吃粗麥粥，日夜車水，足底皆穿，其與西鄉不同矣。文襄巡歷既久，目見其然，故定爲三鄉糧額加耗之數。不然，文襄於東鄉之民非有親故，何獨私厚之耶？夫既以均糧爲名，蓋欲其均也。然未均之前，其爲不均也少，既均之後，其爲不均也大，是欲去小不均，反成大不均矣。爲民父母者，可不深維而痛省哉。周文襄公巡撫一十八年，常操一小舟，沿村逐港，隨處詢訪，遇一村樸老農，則攜之與俱卧於榻下，待其相狎，則咨以地方之事，民情土俗，無不周知。故定爲論糧加耗之制，而以金花銀、粗細布、輕齎等項裨補重額之田，斟酌損益，盡善盡美。

顧文僖公作襄年譜〔一二〕，所謂「循之則治，紊之則亂」，蓋不虚也。嘗見東鄉之田岸下略有茭蘆，即飛弓一步。夫些少茭蘆，但可以供數日燒柴而已，有何利息，便可作實田起糧？况業户用錢者，則有茭蘆者算作無茭蘆者，便不飛弓；不用錢者，雖無茭蘆算作有茭蘆，便有飛弓。小民無知，從何辨别，是自立名目，自開孔隙，以與公正、良民作騙局矣〔一三〕。東鄉有立積水河與魚池二樣名色。積水河則四畝作一畝，魚池則二畝算一畝。夫積水河本爲旱歲救田，又不出米，又不出柴，如何算作實田，今四畝亦包一畝之税矣。魚池，則積水河之稍大者，以其稍寬，可以養魚，遂買魚苗蓄之。若數年多雨，魚或生息，亦有微利。或一年無水，則數畝之池，車戽立盡，而魚即槁死。今二畝作一畝，實田徵糧，人心其何以堪！况今試以積水河爲魚池，魚池爲積水河，即使公廉清正之官，親至其地踏看勘〔一四〕，亦何從辨之？今但憑公正與良民開報〔一五〕，使公正、良民，皆伯夷、史魚則可，又何望一區之中，伯夷、史魚如此之多耶！近有責任水利，不思泥沙淤塞，誰之咎也？反沿鄉丈量，以開墾報功。此等用心，即免王法，能逃天刑乎！

尚書霍公韜疏：再按松江府惟兩縣，歲輸税糧一百二十萬。北直隸八府一十八州一百一十七縣，歲輸税糧亦一百二十萬。以松江兩縣税糧，視一十八州一百十七縣税糧，重輕懸絶如此。臣嘗考蘇、松二府税糧之重，因僞虜張士誠伏誅，其將帥叛臣亦從夷滅，田皆没官，故凡租税之重，皆官田也。今頑民埋隱官田，以爲己業，轉將瘠田以爲官税，甚則詭曰水坍，沙壓，田去税存，里甲賠累，害愈不可言已，今不早圖〔一六〕，民病愈甚。蘇、松二府，軍需國儲所自出，民病之甚，轉而流離，國計不大可慮乎！志言：元時苗税公田外，復有江淮財賦都總管府，領故宋后妃田，以供太后；江浙財賦府提舉司，領籍没朱、張田，以供中宫；稻田提領所〔一七〕，領籍没朱、管上海朱國珍、管明。田，以賜丞相脱脱；撥賜莊領宋親王及新籍明慶、妙行二寺等田，以賜影堂、寺院、諸王、近臣。撥賜莊，在上海十九保。新籍田又有汪闞闞、滿經歷，諸王如鎮南王、郯王，近臣如大司徒阿僧哥〔一八〕。又有起科白雲宗僧人錢糧，皆不係府縣原額，其數莫考。其間田有陷江陷海、抛荒積荒、水深長蕩、有額無徵、無田虚包、公占營廨、彊官抑伏府判官驢驢，知府申某，華亭户丁景恭、楚恭。等色事故，則其糧皆第役分償，名曰均賠〔一九〕。部中所云米者，正米也。此中云平米者，兼正米轉輸諸費，及夏税馬草，並各部雜派而言也。言平米，則正、耗並舉。凡起存歲用錢糧，悉於此支撥，撥剩則爲餘米。糧數自丈清後，雖有定額，而每歲徵收，則憑會計。有一年米多而銀減者，有一年米少而銀增者，有一年銀米相埒者，遂使胥吏得以挪移出入。其間輸納者，亦無從據爲定例。合無以國家經費，較數歲之中，立定等則，如三斗六升五合起科。田歲輸一斗六升五合爲倉糧，以二升折銀一錢〔二〇〕，爲金花銀。中、下鄉亦以例推算〔二一〕。即遇凶荒，或減米幾升，或減銀幾分，令人曉然屈指可計。此所謂賦有定法，民有常供，在上無會計之煩，在下杜疑影之弊矣。

徐文貞公論白册青由書〔三〕：階少時，見里中率以八月成白册，九月散青由，至十一月，民輸税且畢矣。近年，不審何故，青由之散，恒至歲暮。於是民得藉口，以逋恒賦，及賦入不登，官司不知此輩皆豪强狡猾之徒，而概以爲小民拖欠，不復追理。於是賴糧者無所懲，而其侵欺者，亦因無自考驗發覺，國家之經費，民間之風俗，蓋胥病焉。伏惟考求故事，早給青由，嚴查侵欺，則裕國厚俗之大者也。國初，設立黄、白二册，黄册十年一造，白册一年一更。蓋緣吴下田畝買賣不常，若候十年推收，則錢糧必責原户抱納，賣田之人多係貧弱，必不能堪，故令民間另造實徵文册，糧隨田轉，田去糧除，名曰白册。

【校勘記】

〔一〕歲入租二石畝計租二升　「二租」字，底本均作「税」，據滬本、盋本、京本及嘉慶松江府志卷二〇引顧清雜記改。

〔二〕始則爲岸草之税　「則」，川本、滬本、盋本、京本作「創」，蓋是。

〔三〕共議於秋糧畝加五合　「共」，川本、京本同，滬本、盋本作「其」。

〔四〕覈實及籍没二朱張管後　「二朱」，底本、川本作「没朱」，據滬本、盋本、京本及利病書蘇松杜宗桓上巡撫侍郎周忱書改。滬本、盋本句後旁注：「按二朱、張、管，二原作三，利病書引杜宗桓上周文襄書述籍没户名係朱清、張瑄、朱國珍、管明，據此，則三必二字之誤，二朱謂朱清、朱國珍也。」

〔五〕謂其田之少也　「謂」，川本同，滬本、盋本、京本作「爲」。

〔六〕書以爲戒　川本同，滬本、盋本、京本此句下有「然止於不免」五字，與嘉慶松江府志卷二〇引顧清雜記合。

〔七〕陸璿言　川本、滬本、盋本、京本「言」上有「嘗」字，蓋是。

〔八〕時雖抵斗還官　川本、滬本、盋本、京本「雖」下有「云」字。

〔九〕黄豆　川本同，滬本、盋本、京本作「倉米」。

〔一〇〕有知而不言　川本、滬本、盋本、京本「言」下有「者」字。

〔一一〕少黄豆四五斗　川本同，滬本、盋本、京本「少」下有「者」字。

〔一二〕作襄年譜　川本、滬本、盋本、京本「襄」上有「文」字，蓋是。

〔一三〕公正　川本、滬本、盋本、京本作「弓正」。下同。

〔一四〕親至其地踏看勘　川本、滬本、盋本、京本「踏」下無「看」字。

〔一五〕良民　「良」，川本同，滬本、盋本、京本作「糧」。下同。

〔一六〕今不早圖　底本「今」上衍「愈」字，據川本、滬本、盋本、京本及明經世文編卷一八七霍文敏公文集自陳不職疏删。

〔一七〕提領所　「領」，底本作「舉」，據川本、滬本、盋本、京本及元史順帝紀改。

〔一八〕大司徒　底本「大司徒」上衍「司」字，據川本、滬本、盋本、京本及元史阿尼哥傳改。

〔一九〕名曰均賠　「賠」，底本作「陪」，川本同，據滬本、盋本、京本改。

〔二〇〕以二升折銀一錢　「升」，川本、滬本、盋本、京本作「斗」。

〔二一〕以例推算　「例」，川本同，滬本、盋本、京本作「類」。

〔一三〕論白册青由書　「由」，底本、川本誤作「田」，滬本、盔本、京本改爲「由」，並有注文：「青由，原作青田。利病書云：嘉靖三十七年，奏准天下正賦户給青由，使百姓周知輸納。此條『青田』必係『青由』之誤，今據改。」按利病書蘇松有查青由之故，滬諸本甚是。下改同。

武進海子口，在縣西門三里運河中。朱昱毗陵雜記云：每歲旱，水涸〔一〕，見有巨木橫亘河底，鄉人稱爲「海眼」。又單鍔水利書：古人治水之術，有涇函。在運河下，用長梓木爲之，中用銅輪刀，水衝之則草可刈，置之運河之底，暗走水入江。今常州有東西二函地名，即此也。昔治平中，提刑元積中開運河，嘗見函管之中皆泥沙，謂功力甚大，非可易復，遂已。今不詳其處。此海子口，其是西函與？城東丁堰清水潭下，架巨木，上久積土成田矣。鄉人發之，則水溢。此尤東西函之證也。孟瀆，在縣西三十里奔牛鎮東。南枕運河，北流六十里，入揚子江。唐元和中，刺史孟簡復〔二〕，溉田四千餘頃。唐書孟簡傳：簡爲常州刺史，開古孟瀆，長四十一里，灌溉沃壤四千餘頃。南唐保大初，修水門。本朝洪武二十七年重浚，止通輕舟。後聞官裴讓具陳江南漕運之利。永樂四年，命通政趙居任等率常、蘇、松三府丁夫浚。至弘治八年復淤，命工部侍郎徐貫率五縣丁夫浚之。嘉靖二十五年、萬曆五年，凡再浚。自此，旱則通潮至縣，甚資灌溉，冬月，京口閉閘，商民尤便之。

奔牛閘，在縣西三十里。上達雲陽、京口，爲運河。按鎮江志云：呂城、奔牛諸牐，莫詳所始。宋嘉定修渠記云：唐漕江、淮，撤閘置堰〔三〕，開元中徙漕路由此。宋淳化元年，武進尉淩民瞻奏：議廢京口、呂城、奔牛、望亭四堰，又即望亭置牐；而常州守王詵開珥瀆河，通常、潤運道，卒無成功。皆坐免。元祐四年，移築呂城閘於奔牛，河水頓竭，廢之。元符二年，兩浙運判曾孝蘊請建奔牛澳牐，以便漕運、商賈。從之。復置牐。本朝洪武二年，牐廢，更導其支流東北出，於堰爲壩。自是運河不復通重載，漕舟多出孟瀆濟江。江行險遠，歲不能無覆溺。天順三年，巡撫都御史崔克讓復建五牐，其在常境者，爲奔牛下牐。成化四年，都御史邢克寬復建上牐。

金牛臺，在奔牛鎮。四蕃志曰：萬策湖中有銅牛，人逐之，上東山，走至此栅，因名。宋元嘉中，竟陵王誕遣劉季之與顧彬之敗元凶劭將華欽等於曲阿之奔牛塘〔四〕。泰始二年，建威將軍沈懷明東討孔顗，至奔牛，大破之。　庱亭，在縣西五十里，與丹陽分界。晉顧衆與蘭陵太守李閎於此拒守〔五〕，逆擊賊將張健，卒平之。隋楊素嘗遣麥鐵杖覘江東反賊，爲賊所擒，行至庱亭，衛者哀其困，解手以給飲食。鐵杖取賊刀，殺衛者皆盡。素大奇之。

西蠡河，自毗陵驛西分派，而南通滆湖，今名南運河，爲宜興運道。單鍔以爲范蠡所鑿。今宜興有東蠡河，橫亘荊溪，北透湛瀆，此爲西蠡河明矣。正德八年浚。萬曆間，凡再浚。

孟河堡，嘉靖中，巡撫御史尚維持奏築五城，其三在蘇、松，其二福山、孟河也。福山九十里至江陰，江陰九十里至孟河，皆宿重兵，水陸將領咸備。其兵參用土、浙，其船兼用蒼、沙，分晝信地，中有港汊，如魏村、如小河等處，可以登陸者，皆有舟守焉。又有遊兵，以時會哨。

【校勘記】

〔一〕每歲旱水涸　底本脱「旱」字，川本同，據滬本、盋本、京本及光緒武進陽湖合志卷二補。

〔二〕刺史孟簡復　川本同，滬本、盋本、京本「復」下有「之」字。

〔三〕撤閘置堰　底本作「撤牐置閘堰」，川本、滬本、盋本、京本同。至順鎮江志卷二引宋嘉定修渠記：「唐漕江、淮，撤閘置堰。」據改。

〔四〕元凶劭　「劭」，底本作「邵」，川本、滬本、盋本、京本同，據宋書竟陵王傳、元凶劭傳改。

〔五〕李閎　底本作「季閎」，川本、滬本、盋本、京本同，據晉書顧衆傳、通鑑卷九四改。

江陰　君山，在縣北二里。枕江之濱〔一〕，以春申君名。黄山，在縣東北六里。以春申君姓爲名。其峯爲席帽。輿地志云〔二〕：上有石室。吳時烽火之所〔三〕。大石山、小石山，與黄山相連，下臨江流。俗呼爲大石灣、小石灣。真山，在縣東北十八里。十道四蕃志名石筏山。山下有石如牌，懸江中。又名石牌山。顧山，在縣東九十里。

大江，在縣北一里。西接武進，抵京口，直北越馬馱，抵通、泰諸州，東連常熟，又東入於海。中有孤山、浮山、巫門、石釘、三角等沙。芙蓉湖。宋志云：在縣南西四十里。寰宇記云：即射貴湖，一名上湖。陸羽記：南控長洲，東連江陰，北掩晉陵。周圍一萬五千三百頃。今皆爲圩田。黄田港，在君山西南。自磨盤墩側，引長河北貫城中，出北門外黄田閘，入江。橫河，自回塘堰接黄田港，出東水關，橫亘東北境，七十里達常熟界。長河，又名東河，今名應天河。西北至磨盤墩〔四〕，通黄田港，東南至北角，接青水塘，出常熟界。夏港，在縣西一十里。自縣西南二十里秦望山東南三河口，引經河，東過崇鎮〔五〕，北轉出縣南十二里蔡涇閘。

夏港鎮，在來春鄉。帆檣相屬，恒亘數里，蓋上游之入於閩、越者，必經泊焉。今利港巡檢司移置於此。申港鎮，在縣西良信鄉。宋爲申港寨。石港鎮，在縣東化成鄉。按十國紀年：宋伐南唐。吴越取江陰寧遠軍石橋寨，是也。廢暨陽縣，在縣東四十里。即莫城。廢利城縣，在縣西五十里。晉元帝即海虞縣北境，立利城縣，以占流徙。宋元嘉中，遷利城於武進之利浦。今良信鄉有利城鎮，疑即縣治所在。宋元嘉二十七年，魏人入寇，命將軍劉遵等分守津要，陳艦列營，連亘江濱，自采石至暨陽六、七百里。唐韓滉鎮潤州，造樓船三千，以舟師由海門大閲，至縣西三十里申浦，乃還。國朝丙午年，張士誠分兵來寇，我太祖親率兵督戰，追至巫子門，急擊之，俘獲無算，班師入江陰。正德壬申閏五月，河北大盗犯江陰。知府李嵩來救〔六〕，賊退，屯狼山。

【校勘記】

〔一〕枕江之濱　「江」，底本作「湖」，川本、滬本、盋本、京本同，據嘉靖江陰縣志卷三改。

〔二〕輿地志　底本、川本作「地輿志」，據滬本、盋本、京本及圖書集成職方典卷七〇九乙正。

〔三〕吳時烽火之所　川本及嘉靖江陰縣志卷三同，滬本、盋本、京本「吳」上有「楊」字，與紀要卷二五同。

〔四〕磨盤墩　「墩」，底本、川本作「鎮」，據滬本、盋本、京本、本書上文及嘉靖江陰縣志卷三改。

〔五〕峹鎮　「峹」，底本作「茶」，據川本、滬本、盋本、京本及嘉靖江陰縣志卷二、三改。

〔六〕知府李嵩來救　「救」，底本作「敗」，據川本、滬本、盋本、京本及嘉靖江陰縣志卷一〇改。

無錫　錫山，在縣西五里。慧山支隴也。山自閶江來，止此。古時，山産錫。漢初，樵人入，於山下得銘云：「有錫兵，無錫寧。」遂以名縣。按山經云：衆山皆高，則高者客，而低者主，故茲以爲邑主山。慧山，在錫山西南，視諸山最大。其峯九起，東麓爲慧山寺，寺右有泉，唐陸羽品爲天下第二泉。其水入運河，東流出錫山澗，入梁溪。蓋山産鉛、錫，故其味甘。茲泉之勝，得非以錫故與。閶江山，在縣西南五十里。吳王闔閭築城其旁，故名。邑之山自此發脈，其來自天目、廣德、銅官〔一〕、馬脊，渡湖而爲是山。湖底山麓，可泗而拊也。獨山，故縣

□□□□□里〔二〕。自横山西南來，至此中斷。五里湖由此入震澤，獨山屹峙其中。北望管杜山，號浦嶺門；南望充山，號獨山門。顧山，在縣東六十五里。

運河，東南自長洲縣，入無錫境，行四十五里，越邑城，又西北行四十五里入武進境。隋大業間所鑿。五瀉河，在縣北天授鄉。南引運河，高橋跨其西。北行四十里，至江陰、武進界雉尾口，又北四十七里，入大江。泰伯瀆〔三〕，在縣東南五里許。歷景雲、泰伯、梅里、垂慶四鄉，東入蠡湖。相傳泰伯所開。唐元和八年，刺史孟簡浚之，自後謂之孟瀆。

泰伯城，在縣東南三十里梅里鄉。周三里二百步。自泰伯至王僚，二十三君，皆都於此。史謂之故吳。長洲志：泰伯至壽夢，十九世，諸樊南從。泰伯墓在梅里。又云：在縣北三十九里。御亭，在縣東南五十里。即今望亭。其西有石壘，晉書顧颺傳〔四〕：監晉陵軍事，於御亭築壘。城高七尺。晉咸和中，顧颺監晉陵軍，討賊將張健時所築。五牧，在縣西北五十里。宋末，尹玉與元兵戰，死於此。

【校勘記】

〔一〕銅官　「銅」，底本作「同」，川本、滬本、盋本、京本同，據光緒無錫金匱縣志卷二引萬曆志改。

〔二〕故縣□□□□□里　「□□□□□」，底本、川本、滬本、盋本、京本皆缺。圖書集成職方典卷七〇八：獨山，在無錫縣西南一十八里。此「故」當作「在」，五缺字乃「西南一十八」。又，滬本、盋本、京本「里」下有「錫山之脈」四字。

〔三〕泰伯瀆　底本、川本脱「泰」字，據滬本、盇本、京本及紀要卷二五、圖書集成職方典卷七〇八補。

〔四〕晉書顧颺傳　川本、滬本、盇本、京本同。按晉書顧颺無傳，事見王舒傳：「颺監晉陵軍事，於御亭築壘。」此誤。

靖江　總練司，萬曆十九年，以倭警設。　水營，在北新港。即水哨官署。陸營，有官無署。二營俱萬曆二十二年以倭警設。

朱勳孤山記：靖江，爲留都下流關隘，宜宿重兵，圌、狼上下響接〔一〕，則外可以制江北，内可以固江陰。

季札墓〔二〕，在江陰申浦〔三〕，南距武進縣七十里。孔、孟題其碑曰〔四〕：嗚呼！有吴延陵君子之墓〔五〕。

【校勘記】

〔一〕上下響接　「接」，底本作「絶」，川本同，據滬本、盇本、京本及咸豐靖江縣志卷三引朱勳孤山記改。

〔二〕季札墓　川本、滬本、盇本、京本同。按明統志卷一〇、圖書集成職方典卷七二一載，季札墓在江陰，此條應列入江陰縣。

〔三〕申浦　底本、川本、滬本、盇本、京本作「中浦」，據元和志卷二五、明統志卷一〇改。

〔四〕孔孟　川本同，滬本、盇本、京本作「孔子」，明統志卷一〇與圖書集成職方典卷七二〇、七二一同。

〔五〕吴延陵君子之墓　「君子」，川本、滬本、盋本、京本同，明統志卷一〇、圖書集成職方典卷七二〇均作「季子」，此「君」蓋爲「季」字之誤。

宜興　君山，在縣西荆溪之南。舊名荆南。山麓周一十五里，雄視一邑，爲羣山長。六朝時，改陽羨爲義興鄉，而移縣治於此山之北麓，蓋面山而治也。山巔有池。俗名銅官山。南嶽山，在縣西南一十五里，即君山之北麓。孫晧既封國山，遂禪此山爲南嶽，蓋取漢武帝移衡祭於灊、霍之義。都穆記：孫晧以陽羨山石裂爲瑞，遣使封之，改曰國山，遂禪此爲南嶽。三國志孫晧傳：吴興陽羨山有空石〔一〕，長十餘丈，名曰「石室」，在所表爲大瑞〔二〕。乃遣兼司徒董朝、兼司太常周處至陽羨縣，封禪國山。其地即古之陽羨産茶處。每歲季春，縣官親往祭省於此，然後採以入貢〔三〕。甌山，在縣西南二十五里。其形如甌，雲氣騰湧若炊，故名，有南甌、北甌。章山，一名黄山。在縣西南七十里。風土記云：即今方巖也。周廣六十八里，高六十八丈。近沸泉〔四〕、武花二山，連亘入寧國界。龍池山，在縣西南七十里。峯嵐峻聳，登覽無際。又有峭壁，深千餘尺。下視怵惕，莫敢久停。上有龍池。唐貢山，即茶山，在縣東南三十五里，東臨罨畫溪。山産茶，唐時入貢，故名。金沙泉，即在其下。函山，在縣西北七十里。周三十里二百步，高一十二丈。西入溧陽界。舊有亭址。漢建武中，嘗封蔣澄爲函亭侯〔五〕。大坯山，在縣西百里洮湖中，與小坯山相望。二山水環四面，望之若浮，故名。小坯山，亦在洮湖中，大坯山稍南〔六〕。垂脚嶺，在縣南六十里。入長興圻溪界〔七〕。一名懸脚嶺。張公洞，在縣東南五十五里湖汊之上。善卷洞，在縣西南五十里固山東南。

太湖，在縣東四十五里。南逾蘭山，抵董塘嶺，入長興界；北越竹山，抵百瀆口分水墩，入武進界。納見屬七十四瀆而來諸水，下注三江，以達於海。接太湖所受之水〔八〕，最大者二：一自寧國、建康等處入溧陽，迤邐入長蕩湖〔九〕，并潤州金壇延陵丹陽諸水，會於宜興以入，一自宣、歙、天目諸山，下杭之臨安餘杭、湖之安吉武康長興而入〔一〇〕，而皆由吳江分流入海。惟寧國、建康諸水，因有東壩，故不注此矣。滆湖，一名西滆，沙子湖，在縣西北四十里。東西三十里，南北九十里。與溧陽、金壇分界。荆溪，在縣南二十步，廣二十二丈。上受溧陽、金壇等處諸流，下注震澤，誠水道之咽喉也。近以倭警砌寨，兩關窄小，西來水稍爲阻滯，且居民稠密，兩崖積棄穢土，日漸淤塞。萬曆元年，知縣韓容浚之，乃今淤塞如故。西溪，一名西九，在縣西關外。凡廣德、溧陽、金壇並本縣迤西諸山澗水，流匯於此，乃貫城繞郭，經東溪以下太湖，其長幾三十里。謂之「九」者，蓋自洴浰，以抵關城，計三九二十七里也。東溪，一名東九，在縣東關外。西南諸山水從西來而下太湖者〔一一〕，並匯於此。汪洋浩蕩，一同西九。其湍流頗殺，而深則過之。名九之義亦然。東瀉溪，在縣東南三十六里。陸希聲頤山録謂：山前百餘步，衆流合而東，故名。任昉詩云：「長溪水東舍。」顧況之家住義興東舍〔一二〕，溪水曰東舍〔一三〕，則「舍」即「瀉」之義明矣。況二字聲相近，古人偶用，字不同耳，非誤也。此溪舊稱兩岸多藤花，春時照映水中，青緑可愛，故舊名罨畫溪，一名濛溪，一名五雲溪。運河，在縣北五十步。西接荆溪，北由慶源門抵沙子湖濱六十里。後袁河，在縣西南二里。西通洴浰，東入荆溪。成化癸卯，知縣袁道開浚，以避西溪之險，民甚便之。閃溪河，在縣西北三里。東自常富，西至城塘，相去二十餘里。水利御史林應訓以西九風波險惡，恐爲溧陽漕塘之患，檄知縣曹楙建開浚，視後袁河尤便。東蠡湖，在縣東十五里。東南入太湖。通澤河，在縣東二十里。嘉靖辛丑，知縣馮惟訥以東九風波險惡，又多盜，創議開浚，邑人吴仕協成之。西接荆溪，東連震澤。其功與後袁河並著云。沙塘港，在縣東北五十里。東入太湖，以達蘇、錫。定跨港〔一四〕、烏溪港、蘭後港，以上三港，在縣東南五十里。迤邐相連，並入太湖，以達杭、嘉、湖三府之境。鹽徒劫寇，往往作商販行色，乘間入耗地方。及有强民，以盤詰爲名，截害往來商舶，並由此路。後河港，在縣東三十六里。東入太湖，舊與諸瀆等。比年商販因避三港之害，其往來率由此路。

宜興之水，西接溧陽，西北接金壇及洮、滆二湖之水〔一五〕，由西溪以入縣境，下注東溪，分流於百瀆，以達巨區，而入江入海。

六朝陽羨城，在今縣南五里山亭鄉。義興城，今縣治。漢名陽羨。至晉永嘉，以周玘頻興義兵，三定江南，乃分陽羨、臨津、國山〔一六〕、義鄉、永世、平陵六縣，立義興郡統之，表玘功也。乃移陽羨縣於君山下，以今之縣治爲義興郡。六朝不改。唐始以郡爲州、縣，而君山之陽羨遂廢。古義興郡，蓋今之宜興縣也。臨津城，在縣西五十里伍賢鄉〔一七〕。國山城，晉立義興郡，分陽羨置國山縣屬焉。隋廢國山入義興縣。在縣西南五十里永豐鄉，有濠，西臨章谿。義鄉城〔一八〕，郡志作義興，疑義鄉之誤。在縣東南八十里。宋改屬長興。永世城，在縣西南九十里。宋改屬丹陽。今屬溧陽縣。平陵城，在今溧陽縣平陵山。綏安城，在縣南。今屬長興縣。已上舊城已亡。函亭，在縣西六十五里。函姥山，即今函山。漢封蔣澄爲函亭侯。五牧〔一九〕，在縣西四十七里。唐蔣乂居此〔二〇〕，五子皆郡牧〔二一〕，因名其地。

【校勘記】

〔一〕有空石　「空」，底本、川本作「穿」，據滬本、盇本、京本及三國志吳書三嗣主傳改。

〔二〕在所表爲大瑞　「大」，底本、川本作「人」，據滬本、盇本、京本及三國志吳書三嗣主傳改。

〔三〕然後採以入貢　「採」，底本作「探」，據川本、滬本、盇本、京本及圖書集成職方典卷七〇九改。

〔四〕沸泉　底本、盇本作「佛泉」，據川本、滬本、京本及圖書集成職方典卷七〇九改。

〔五〕函亭侯　川本同，滬本、盇本、京本「亭」下有「鄉」字，與圖書集成職方典卷七〇九同。按寰宇記卷九二函山亭下引風土記作「卭山亭侯」。

〔六〕大坯山稍南　「南」，底本作「高」，川本同，滬本、盇本、京本作「南」。景定建康志卷一七：大坏（坯）山「在溧陽縣東北四十五里洮湖中」，小坏山「在溧陽縣東北二十五里洮湖中」。按此二山與宜興縣接界，則大坯山在北，小坯山在南。圖書集成職方典卷七〇九：小坯山「大坯山稍南」。此「高」爲「南」字之誤，據改。

〔七〕入長興圻溪界　底本「入」誤作「又」，據川本、滬本、盇本、京本及圖書集成職方典卷七〇九改。

〔八〕接太湖所受之水　「接」，川本、滬本、盇本、京本同，疑爲「按」之誤。

〔九〕迤邐入長蕩湖　「入」，川本同，滬本、盇本、京本作「至」。

〔一〇〕長興而入　「而」，川本同，滬本、盇本、京本作「以」。

〔一一〕西南諸山水從西來而下太湖者　「來」，底本、川本作「南」，據滬本、盇本、京本及圖書集成職方典卷七〇九改。

〔一二〕顧況之家住義興東舍　「之」，川本同。按圖書集成職方典卷七〇九作「云」，此「之」蓋爲「云」字形近而誤；滬本、盇本、京本作「詩」，「東舍」下有「溪」字，與清統志卷八六東舍溪下記載相同。

〔一三〕溪水曰東舍　「溪水曰」，底本、川本作「漢天水爲」，滬本、盇本、京本作「漢天水曰」。圖書集成職方典卷七〇九：「顧況云家住宜興東舍，溪水曰東舍。」嘉慶宜興縣志卷九：罨畫溪，「任昉詩有『長溪水東舍』之句，故名東舍溪」。則此當誤，據改。

〔一四〕定跨港　底本、川本「跨」作「洿」，據滬本、盇本、京本及圖書集成職方典卷七〇九改。

〔一五〕洮滆二湖　「湖」，底本、川本、京本作「河」，據滬本、盇本及紀要卷二五、圖書集成職方典卷七〇九改。

〔一六〕國山 「國」，底本作「圃」，川本、滬本、盇本、京本同，據本書下文及晉書地理志、宋書州郡志改。
〔一七〕伍賢鄉 「伍」，底本作「佐」，據川本、滬本、盇本、京本及圖書集成職方典卷七二〇、嘉慶宜興縣志卷九改。
〔一八〕義鄉城 「鄉」，底本作「興」，川本同，據滬本、盇本、京本及紀要卷二五改。
〔一九〕五牧 「牧」，底本作「收」，據川本、滬本、盇本、京本及圖書集成職方典卷七二一改。
〔二〇〕蔣乂 「乂」，底本作「又」，據川本、滬本、盇本、京本及舊唐書蔣乂傳改。
〔二一〕五子皆郡牧 「牧」，底本作「收」，據川本、滬本、盇本、京本及舊唐書蔣乂傳改。

靖江 故大江中一洲也，名馬馱沙。其地中分爲二，曰東沙、西沙。隋、唐時，屬泰州海陵、吴陵縣境。宋隸泰興，亦稱陰沙。建炎四年，岳飛下令渡百姓於陰沙，即此。元因之。國初，改隸江陰，設巡檢司治之。成化三年，巡撫高明以江盜不靖，奏設縣丞一員，治其地。七年，巡撫滕昭奏立爲縣，隸常州府，稱靖江云。靖邑兩沙，本以海潮逆江，依孤山之麓，渟聚成壤〔一〕。先是，兩沙中一套水爲限。至嘉靖己酉，套漸漲爲平陸，兩沙始合爲一。其地廣袤二百餘里。舊志：東西百里。今東自青龍港之盡〔二〕，約百三十里有奇。舊志：南北二百二十五里。今孤山北拓境頗遠，南北約三十里有奇。其四達〔三〕，則東至江陰巫子門海口六十里，西至武進横擔六十五里，南至江陰君山麓四十里，北至揚州府泰興沙河埠二十五里。其四隅，則東南由蟛蜞港對江陰之蔡家港五十里，西南由大新港對武進之澡港五十里，東北由孤山港對如皋之石莊七十里，西北由展蘇港對泰興之新河五十里。舊與泰興亦一江相隔，今且接壤爲康莊。其正北則與如皋相望，然盈盈一水日就淺涸，雞犬相聞。不數年間，當亦漸成平陸，如西陲矣。其境内疆域延散，民居互遷，無恒業，因遂畫之以團。　中洲團，在縣境之中。　耿公團，在縣東南隅〔四〕。　永慶團，在縣東北隅。　十團爲此團最大〔五〕。　孤山團，所轄皆近孤山。　丁墅團，在孤山之西。　太平團，在縣西北。　隱山團，在縣西北。其北隔江爲泰興，近以漲與壤接，稍南且接三沙，三沙接復土，復土沙，在小團沙西北。復土接泰興矣。此團地勢綿亘而土豐阜〔六〕，近年邑民所告升十段俱在焉。　焦山團，在縣西南隅。　長安團，在縣西南。　小沙團，〔旁注〕即西小沙。在縣西南。向懸江中，今已接連大沙，稱沃壤。設巡檢司於此。　邑之故土，邑西南二十五里，邑東南三里，江水限焉，俗名曰浹，是曰西沙。浹之東北三十二里而抵於江，至嘉靖間，始爲一壤，是曰東沙。此邑東西沙六十里之制，所由定也。其南、北皆距江十里許。　邑之外附者，一曰南沙，一名鶴洲〔七〕，一曰西小沙，藐焉撮土耳。邑之舊疆若是止矣。乃今東北拓地二十餘里，西南則洪沙增矣，西北亦拓地二十餘里。

至正丁酉，我太祖遣徐達、康茂才取馬馱沙，拔東吳水寨。丙午，英武衛指揮使吳禎追東吳兵至巫子門，敗之。正德七年六月，流賊劉七等犯江陰，分掠靖江。嘉靖三十三年，倭寇靖江，薄城下，殺虜二千餘人。三十五年，倭寇靖江，至西沙。邑人集官兵數百，乘其飲酒，圍而燔之，斬首七十餘級。

土著之民有傭力，無丐流〔八〕；有鈍漢，無清客。市井無賴，纔掛隸籍，知衙署方向，輒磨牙而思大嚼。鄉落細民，詭徧團保，曉地方姓氏，即吹毫而恣貪求。近更有白布豪民，交通衙役，謀充公行武斷者。

宋史陳襄傳：襄知常州，運渠横遏震澤，積水不得北入江，爲常、蘇二州病。襄度渠之丈尺與民田步畝〔九〕，定其數，授以浚法。未幾，遂削望亭古堰，水不復積。王琪傳：琪知潤州，轉運使欲浚常、潤漕河〔一〇〕，琪陳其不便，詔寢役〔一一〕。而後議者，卒請廢古城埭，破古函管而浚之。河反狹，舟不得方行，公私交病。

曲阿。沈約曰：吴時，分無錫以西爲毗陵郡，治丹徒。後復還毗陵〔一二〕。東海王越世子名毗，東海國故食毗陵。永嘉五年，改爲晉陵。大興初，郡及丹徒縣悉治京口。

南齊蕭氏之先，葬武進。高帝之殂也，從其先兆，亦葬武進，號泰安陵〔一三〕。陸游曰：自常州西北至吕城，過陵口，見大石獸偃仆道旁，已殘缺。齊明帝永泰元年，王敬則反，至武進陵口，慟哭而過。是也。距丹陽縣三十餘里。丹陽，古所謂曲阿，或曰雲陽。宋□曰：吴大帝改丹陽爲武進縣。吴末，并入晉陵縣〔一四〕。宋明帝泰始二年，吴喜至國山，遇東軍進擊，大破之，自國山進屯吴城。注：吴城，當在義興西南。九域志所謂泰伯城，是也。又云：喜進逼義興，劉延熙柵斷長橋，保郡自守。注：長橋，在荆溪之上。今宜興縣南二十步有荆溪，上承百瀆，兼受數郡之水，劉延熙蓋柵斷荆溪之橋以自保。輿地志曰：今常州宜興縣南三十步有長橋，即周處斬蛟之所。

晉庾亮欲自暨陽東出。注：武帝太康二年，分無錫、毗陵立暨陽縣，屬毗陵郡。即今江陰軍地〔一五〕。有暨陽湖。

宋書竟陵王誕傳〔一六〕：遣寧朔將軍顧彬之討劭〔一七〕，與劭將華欽〔一八〕、庾導相逢於曲阿之奔牛塘，路甚狹，左右悉入菰葑，彬之軍人多齎藍屐，於菰葑中夾射之，欽等大敗。

梁書蕭正義傳〔一九〕：爲南徐州刺史，屬武帝幸朱方，正義修廨宇以待輿駕〔二〇〕。初，京城之西有別嶺入江，高數十丈，三面臨水，號曰北固。蔡謨起樓其上，以置軍實，是後崩壞，頂猶有小亭，登降甚狹。及上升之，下輦步進。正義乃廣其路，旁施欄楯。翌日上幸，遂通小輿。上悦，登望久之，嘆曰：此嶺不足須固守，然京口實乃壯觀。乃改曰北顧。

【校勘記】

〔一〕淳聚成壤　「淳」，底本作「濠」，川本同，據滬本、盋本、京本及咸豐靖江縣志稿卷三改。

〔二〕青龍港　「港」，底本作「塔」，川本、滬本、盋本、京本同，據圖書集成職方典卷七一〇、咸豐靖江縣志稿卷三改。

〔三〕其四達　底本脱「其」字，川本同，據滬本、盋本、京本及咸豐靖江縣志稿卷三補。
〔四〕在縣東南隅　「南」，底本作「西」，川本、滬本、盋本、京本同，據咸豐靖江縣志稿卷三改。
〔五〕十團爲此團最大　「爲」，川本同，滬本、盋本、京本作「惟」，與咸豐靖江縣志稿卷三載同，當是。
〔六〕此團地勢綿亘而土豐阜　「此」，底本脱，川本同，據滬本、盋本、京本及咸豐靖江縣志稿卷三補。
〔七〕一名鶴洲　「一」，川本同，滬本、盋本、京本作「亦」，與咸豐靖江縣志稿卷三同。
〔八〕無丐流　「無」，底本、川本作「有」，據滬本、盋本、京本及圖書集成職方典卷七一五改。
〔九〕與民田步畝　底本、川本、滬本、盋本、京本脱「田」字，據宋史陳襄傳補。
〔一〇〕常潤漕河　「河」，底本、川本、滬本、盋本、京本作「湖」，據宋史王琪傳改。
〔一一〕詔寢役　「詔」，底本、川本、滬本作「設」，盋本、京本作「議」，據宋史王琪傳改。
〔一二〕後復還毗陵　「後」，底本脱，據川本、滬本、盋本、京本及宋書州郡志補。
〔一三〕泰安陵　「安」，底本作「山」，川本同，據滬本、盋本、京本及南齊書高帝紀改。
〔一四〕宲□曰吳大帝改丹陽爲武進縣吳末并入晉陵縣　「宲□曰」，川本、滬本、盋本、京本同。寰宇記卷九二武進縣：「吳大帝改丹陽爲武進，屬毗陵郡，吳末，并入晉陵縣。」按本書與欒史所載同，當録自寰宇記，則此「宲□」疑爲「寰宇記」之訛脱。又，元和志卷二五武進縣：「吳大帝改丹徒爲武進。」寰宇記與本書之「丹陽」蓋爲「丹徒」之誤。
〔一五〕即今江陰軍地　「地」，底本、川本誤作「城」，據滬本、盋本、京本及通鑑卷九四改。
〔一六〕宋書竟陵王誕傳　川本同，滬本、盋本、京本「傳」下有「授會稽太守，元凶弑立」九字。

〔一七〕遣寧朔將軍顧彬之討劭　「劭」，底本作「邵」，川本、滬本、盋本、京本同，據宋書竟陵王誕傳、元凶劭傳改。下同。

〔一八〕華欽　「欽」，底本、川本作「清」，據滬本、盋本、京本及宋書竟陵王誕傳改。

〔一九〕梁書蕭正義傳　川本、滬本、盋本、京本同。按今梁書無蕭正義傳，傳在南史。

〔二〇〕正義　底本作「正議」，據川本、滬本、盋本、京本及南史蕭正義傳改。按此條應入鎮江府。

鎮江府

元和郡縣圖志：漢建安十四年，孫權自吳徙治丹徒，號曰京城。十六年，遷都建業。後於此置京督，爲重鎮。吳志：魏將臧霸襲徐陵。寰宇記：按徐州記云：京口，先爲徐陵，其地蓋丹徒縣之西鄉京口里也。潤州類集：州有京峴山，京鎮、京口，皆因山得名。縣志：城前浦口，即京口也。

北固山，在郡城北一里府治後。下臨長江，其勢險固，故名北固。晉謝安、蔡謨鎮郡，皆於山下作庫，以儲軍資。梁武帝常幸之，改爲北固。府南二十餘里有長山，發自天目、屏風、三茅，至銅坑東卸而來，延袤數里，東行爲馬鞍〔一〕、迴龍諸山，迤邐而北，至於釜鼎、京峴。京峴之中，抽而右折〔二〕，結爲郡治。郡治之北特起，爲此山。三面臨水，迴嶺斗絶〔三〕，勢最固險，故名北固。又轉南，爲土山，晉、唐郡治蒞焉。舊有北固樓，唐李德裕始創甘露寺於上。金山，在縣西七里江中，萬川東注，一島中屹，爲東南形勝之冠。下有中冷泉，水品稱天下第一。宋韓世忠與兀朮戰，伏卒金山龍王廟中，幾獲之。虞允文命戰士踏車船中流上下，三周金山，迴轉如飛。焦山，在縣東北九里江中〔四〕。漢處士焦光所隱地，故曰焦山。山比金山差大。山之餘支東出，分峙江中，曰海門山，即江流朝宗之道也。山與金山相距十五里，而氣勢相抗，故世以金、焦並稱，又並北固，目爲「三山」云。宋韓世忠以八千人屯焦山寺。壽丘山，在府治西南。宋武帝微時宅基也。既即位，築爲丹徒宫。陳時，立慈和寺。今爲普照寺。唐頹山，在城西，俗名唐塠山。其西二百步，宋武帝積弩堂也。京峴山，在城東五里，即秦時所鑿東南壟者。京鎮、京口，因此得名。通鑑：建安九年，將軍孫河屯京城。北固山，乃此山之一支也。蒜山，在縣西三里，北臨江上，無峯嶺。〔旁注〕劉楨京口記曰：蒜山無峯嶺〔五〕，北懸臨江中。山謙之南徐州記曰：蒜山北，江中有伏牛山。寰宇記曰：山生澤蒜，因以爲名。山舊與土山聯屬，其上寬廣可居，後圮於江。今西津渡口水中孤峯，是也。按晉孫恩浮海，奄至丹徒，率衆鼓譟登蒜山。劉裕奔擊，大破之。唐劉展叛，田神功將三千軍於瓜州〔六〕，將濟江，復將步騎萬餘陳於蒜山。南唐徐知誥嘗遊蒜山，除地爲廣場，編虎皮爲大幄，率僚屬會於下。舊志又謂：蒜山松林中可卜居。蘇子瞻詩：蒜山本有閒田地〔七〕。觀此，則山舊寬廣，可容萬人，宋時猶可居止，不知何年淪入於江。土山〔八〕，在縣西江口，壁立數丈。後人以其與金山相對，易名曰銀山。晉蔡謨領徐州刺史，石虎入寇，謨所戍，西至江乘，東至土山。圌山，在縣東北六十里。宋建炎三年，遣韓世忠控守圌山。又張世傑與元兵戰於江中，不利，退奔圌山。即此。山出火石，有上下二箭洞〔九〕。茅山，在金壇縣西六十五里。本名句曲山，以山形曲折似「句」字也。漢景帝時，茅濛曾孫盈、固、衷各修煉，道成，升居三峯，故氏其山曰三茅山。其西屬句容縣。大涪山〔一〇〕，在縣東南三十里。又有小涪山〔一一〕。山東南屬宜興，西南屬溧陽。山陽峙長塘湖中，屹然孤秀，望之若浮，故名。周處風土記曰：洮湖中有大涪山，即此。

吴陵，在丹陽縣西一十五里。吴大帝父堅，葬曲阿，追謚武烈皇帝。齊高帝泰安陵，在縣北二十五里。武帝景安陵，在縣東三十一里。明帝興安陵，在縣東一十四里。梁建陵，在縣東北二十五里。武帝父順之〔一二〕，追尊爲文帝。武帝修陵，在縣東三十一里。唐貞觀中，詔禁采樵。簡文帝莊陵，在縣東二十七里。有石獸，高丈餘。郡志：齊、梁諸陵，皆在金牛山丘隸西〔一三〕，陵口有大石麒麟、辟邪夾道。

大江，在城北六里。一名京江。西接上流，東注大海，北距廣陵，又謂之揚子江。按長江千里，所歷之地，各以異名呼之。此自廣陵以來〔一四〕，謂之揚子江，未審所始。

新豐湖，在縣東南三十五里。晉張闓創立，又謂之新豐塘。按史，晉大興四年，晉陵內史張闓所部四縣，並以旱失田。闓乃立曲阿新豐塘，灌田八百餘頃，每歲豐稔。練湖，在丹陽縣北。唐書地理志、水經注、元和郡縣圖志里數多寡不同，周迴四十里。晉陳敏據江東，務修耕織，令弟諧遏馬林溪，引水爲之，以溉雲陽，號曲阿後湖。世説新語：謝中郎經曲阿後湖，曰：「故當淵注渟著，納而不流。」即此。一曰練湖，亦曰練塘。唐時，近湖民築堤，橫截一十四里，取湖下地作田，遂分上下二湖。永泰中，轉運使劉晏、刺史韋損狀請重開下湖〔一五〕。南唐昇元中，知縣事呂延真浚治，復作斗門，以通灌注。宋紹聖中，蘇京知丹陽，募民重浚，易置斗門十數。紹興間，更浚湖之爲田者。淳熙中，總領錢良臣〔一六〕、郡守沈復增置斗門、磋函，後上湖爲民所侵〔一七〕。景定中，修築岸梗。元至元、大德、泰定□□□□築。國朝洪武辛巳，知府劉辰、知縣董復重修埂閘。正統辛酉，知縣陳誼令築埂植柳〔一八〕，及修東埂二斗門。景泰中，巡撫都御史鄒來學又加修治。成化初，知縣蔡實召民修築坍塌，加修斗門、函管。弘治中，知縣高謙復修築之。萬曆十三年，知府吳撝謙重立湖禁。長蕩湖，在金壇縣南三十里。與宜興、溧陽分界，周迴一百二十里。又名洮湖〔一九〕。〔旁注〕洮，音姚。周處風土記、韋昭、酈道元皆以爲五湖之一。其水連震澤，入淞江，至海。舊有八十一浦口，後所存惟二十有七，皆淤塞不通。〔旁注〕金壇志：運河，即古荆溪。自城北至丹陽七里橋，橫介於邑中者七十里。

晋王恭兵敗，走至長蕩湖。王允之追韓晃於長蕩湖〔二〇〕。宋庾業至長蕩湖，與義興太守劉延熙於湖口夾岸築城。制遣沈懷明等東討〔二一〕，自延陵出長蕩，力戰，大破業，遂棄城而走。白鶴溪，在丹陽縣東南三十五里。出縣之古荆城，貫金壇縣北，入毗陵郡境。一名荆溪。

【校勘記】

〔一〕馬鞍　「鞍」，底本作「駮」，川本同，據滬本、盋本、京本及圖書集成職方典卷七二五改。

〔二〕抽而右折　底本「而」下衍「折」字，據滬本、盋本、京本及圖書集成職方典卷七二五删。

〔三〕迴嶺斗絶　「迴」，底本作「四」，據川本、滬本、盋本、京本及紀要卷二五、圖書集成職方典卷七二五改。

〔四〕在縣東北九里江中　川本、滬本、盋本、京本「江」上有「大」字，與圖書集成職方典卷七二五同。

〔五〕蒜山無峯嶺　底本脱「峯」字，據川本、滬本、盋本、京本、本書上文補。

〔六〕田神功　「田」，底本作「曰」，川本同，據滬本、盋本、京本及至順鎮江志卷七、紀要卷二五改。

〔七〕蒜山本有閒田地　川本同，滬本、盋本、京本「地」下有「著此無家一房客」七字，與至順鎮江志卷七同。

〔八〕土山　川本同，滬本、盋本、京本「土山」下有「丹徒」二字。

〔九〕箭洞　底本、滬本「箭」作「剪」，川本「箭」作「剪刀」，據盋本、京本及圖書集成職方典卷七二五、清統志卷九〇改。

〔一〇〕大涪山　「涪」，川本同，滬本、盋本、京本作「坯」，下夾注「金壇」二字。

〔一一〕小涪山　「涪」，川本同，滬本、盋本、京本作「坯」。

〔一二〕武帝父順之　「父」，底本脱，川本、滬本、盋本、京本同，據梁書武帝紀、至順鎮江志卷一二補。

〔一三〕金牛山　「牛」，底本作「生」，川本同，據滬本、盋本、京本及紀要卷二五改。

〔一四〕廣陵　「廣」，底本作「唐」，川本同，據滬本、盋本、京本、本書上文及圖書集成職方典卷七二五改。

〔一五〕韋損狀請重開下湖　「狀」，底本作「伏」，據川本、滬本、盋本、京本及紀要卷二五改。

〔一六〕總領錢良臣　「總領錢良」，底本漫漶，川本同，據滬本、盋本、京本及至順鎮江志卷七補。

〔一七〕後上湖爲民所侵　「侵」，底本作「浸」，川本同，據滬本、盋本、京本及紀要卷二五改。

〔一八〕令築埂植柳　川本同，滬本、盋本、京本「令」下有「民」字。

〔一九〕又名洮湖　川本同，滬本、盋本、京本「湖」下有「即五湖之一」五字。

〔二〇〕王允之　川本同，滬本、盋本、京本作「王舒子允之」。

〔二一〕制遣沈懷明等東討　川本同，滬本、盋本、京本「討」下有「以督護任農夫助之」八字。

下鼻浦，在城西十八里，北入江。輿地志：吴置刺姦屯。晉郗鑒於浦西築兩壘。樂亭浦，在下鼻西七里。吴書所謂薄落也，王濬緣江圖爲瀆浦。京口港，在城西北江口。甘露港，在北固山下，南通上河，北入大江。宋轉般倉依此以立，郡守史彌堅嘗浚治之。港有上下閘，皆以甘露名。下閘之外，有北固浦，亦史彌堅所浚以藏舟，縱可百十餘丈。有甘露壩，宋咸平中，郡守趙潛創。山下有甘露渡。漕渠，自江口至南水門九里〔一〕，又南至呂城堰百二十四里。秦鑿丹徒、曲阿。秦始皇三十七年〔二〕，使赭衣徒鑿京峴壟，故名丹徒。史官奏：雲陽有王氣，鑿北岡，截直道使曲，以厭之，因名曲阿。舊志不載渠之所始，今水道所經大小夾岡，一在京峴之南，一在雲陽之北，其勢委曲周折，皆鑿山爲之，正與諸説合。齊通吳、會，齊志：丹徒水道，入通吳、會。隋穿使廣，大業六年，敕穿江南河，自京口至餘杭八百餘里，廣十餘丈，使可通龍舟。唐引練湖灌注。永泰二年，轉運使劉晏狀：得刺史韋損、丹陽耆壽等狀上件：湖，按圖經周迴四十里，北被丹陽百姓築堤〔三〕，横截一十四里，開瀆口泄水，取湖下地作田。其湖未被隔斷以前，每正春夏，雨水漲滿，側近百姓引溉田苗，官河水乾淺，又得河水灌注，庸租轉運及商旅往來，免用牛牽；若霖雨泛溢，即開瀆泄水，流入江〔四〕。自被堤築以來，湖中地窄，無處貯水，横堤壅礙〔五〕，不得北流。秋夏雨多，即向南奔注，丹陽、延陵、金壇等縣良田八、九千頃，常被淹没。稍遇亢陽，近湖田苗，無水灌溉。所利一百一十五頃田，損三縣百姓之地。今已依舊漲水爲湖，官河又得通流，邑人免憂旱潦。奏聞，中書、門下牒浙西觀察使韋損，勿使更令修築，致有妨奪。宋天聖中，開新河。慶曆中，疏蒜山河。皇祐中，廢呂城堰，深浚河，河反狹。治平中，修夾岡河道。紹聖中，浚練湖，易置斗門，以便瀦泄。政和中，開西舊河。乾道六年，自丹陽浚至夾岡；八年，自利涉門浚至江岸。淳熙中，自京口閘浚至江口。嘉定中，自江口浚至城南門。淳祐中，修河復閘，闢淤而深。元至元、大德間，屢募民淘淺。泰定初〔六〕，復加浚治。國朝天順中，重復鑿社稷壇西隙地，以通濠塹，達於漕河。府志此條甚詳，小字不能全録。夾岡河道，俗分大、小名之。在丹徒縣南者，曰小夾岡；丹陽縣北者，曰大夾岡。宋慶曆中，嘗置堰。旋罷。練湖已見前。其通塞利害，嘗與漕河相關，歷朝頻加浚治，以爲要務。今述其概：自唐永泰劉晏開浚，而南唐昇元中浚治之〔七〕，復作斗門。宋紹聖中，蘇京重浚，淳熙增置斗門〔八〕、磋函。其後，上湖爲民所侵。蔡祐竹窗雜記：湖之作，本緣運河。又有上湖，在高卬處。京口諸山之南水，至馬林橋下，皆歸練湖。湖之底，高運河丈餘。昔年遇歲旱，運河淺，即開斗門，放水入河。古有石記，言：放河水一寸，則運河水長一尺。近歲練湖水涸〔九〕，上湖皆爲四近民田所侵，蓄水不多，堤岸、斗門多不修治。若遇歲旱〔一〇〕，則練湖不足以濟運河、夾岡之淺。景定中，修築岸埂。元初，民居占租爲田。至元三十一年，仍浚爲湖。大德中，又嘗開治。泰定元年，復加修築。國朝屢事修築，鑲道以利，然每遇潦歲，泛濫之患輒及毗陵。消息而時治之，故不可懈焉。京口耆舊傳：王康，字伯壽，嘗論金壇水利，謂：洮湖舊有八十一浦口，實受荆城、延陵、丁角、薛步四源之水。今所存惟二十有七，皆淤塞不通。盍訪舊迹，浚而深之〔一一〕，下流無壅，則水不爲害矣。

珥瀆河，在丹陽縣南七里〔一二〕。自漕渠經珥村鎮，達金壇縣界。〔旁注〕去金壇、丹陽各三十里。　簡瀆，在縣南五里。唐置簡州，以此名。　丁卯塘，在府城南三里。輿地志：晉元帝子裒鎮廣陵，運糧出京口，爲水涸，奏請於丁卯港立埭，今廢。

呂城堰，在丹陽縣東南五十四里。舊不著所始。宋淳化元年二月，詔廢京口、呂城、望亭、奔牛四堰。元祐中，復堰置閘，後復廢。嘉靖間〔一三〕，乃築於中閘。未幾，移築奔牛。寶祐中，再築寶堰。國初因之。天順己卯，因浚漕河，乃作壩一、牐一，設壩官守之。每歲春中，潮高水漲，則隨潮放閘，秋末水涸，則閉閘水。　中丘埭〔一四〕，在縣東二十四里。輿地志：埭西有齊梁陵〔一五〕。　夌亭埭，在縣東四十七里。今廢。元和郡縣圖志：夌亭壘，在縣東四十七里。本晉蘇峻將管商攻略晉陵〔一六〕，郗鑒以此地東據要路，北當武進，故遣督護李閎築壘拒之〔一七〕。曲阿長岡二壘〔一八〕，在縣北二十里。石潭長岡埭，未詳所在。齊永泰元年〔一九〕，王敬則反。丘仲孚爲曲阿令，敬則前鋒奄至，仲孚謂吏民曰：賊乘勝肆凶，而烏合易離。今若收船艦，鑿長岡埭，泄瀆水以阻其路，得留數日，臺軍必至，則大事濟矣。敬則軍至，值瀆涸，果不得進。齊永泰中，詔左興盛、劉山陽、胡淞築壘於曲阿長岡。敬則急攻興盛、山陽二壘，各死戰，敬則大敗。破岡瀆上埭，在延陵界。上容瀆十六埭〔二〇〕，在延陵界。

京口閘，在城西北京口港口，距江口里許。莫究其所始。唐撤閘置堰，開元中徙漕路由此。唐書：開元二十五年，齊澣遷潤州刺史。州北距瓜步沙尾，紆匯六十里，舟多敗溺。澣徙漕路由京口埭，治伊婁渠，以達揚子，歲無覆舟，減運錢數十萬。按今揚州西南二十里有瓜洲，所謂瓜步洲〔二一〕，即此。伊婁渠，今無其名。疑今瓜洲北至揚子運渠是其地。當時瓜洲遷隸潤州，故澣得以改置。〔旁注〕潤州北界隔江，至瓜步沙尾〔二二〕，紆匯六十里，船繞瓜步，多爲風濤所漂損。澣乃移漕路於京口塘下，直渡江二十里，又開伊婁河二十五里〔二三〕，即達揚子縣，自是免漂損之災，歲省脚錢數十萬。又立伊婁埭，官收其課，迄今利濟焉。宋淳化初，廢堰。紹聖、元符間，仍爲堰。宋四朝史曾孝蘊傳：紹聖中，孝蘊管幹發運司糴糴事，建言：揚之瓜洲、潤之京口、常之奔牛，宜易堰爲閘，以便漕運商賈。從之〔二四〕。嘉定中，更葺。寶祐中〔二五〕，重建。元初，閘廢。天曆二年，復置。國朝天順己卯，因復漕河〔二六〕，作閘一，每歲以時啓閉。按宋嘉定八年，郡守史彌堅浚渠記云：沿渠而閘者五：曰京口閘，次曰腰閘，又其次曰上中下三閘。海潮登應，則視時節次啓閉，以出納江之舟〔二七〕。腰閘久廢，餘四閘更葺。今只存京口閘，餘並廢。新閘，在南水關外。天順己卯，浚漕河，作閘以殺水勢。經函，在郡城至丹陽中路，橫貫河底。蔡祐雜記：京口漕河，自城中至奔牛堰一百四十里，皆無水源，仰給練湖。自郡城至丹陽中路，謂之經函，東西貫於河底。西有良田數十頃，乃江南名將林仁肇莊，地勢低於河底，若不置經函泄水，即豬而爲湖，不可爲田。經函高四尺，闊亦如之，皆巨石磨琢而成，縫甚緻密，以鐵爲窗櫺，自運河泄水〔二八〕，東入於江。中間獻議者，欲自京口浚河極深，引江水灌於毗陵，與太湖水相通，可省奔牛呂城二閘〔二九〕。其間別有利害，亦以經函不可開，議竟不行。西津渡〔三〇〕，去府治九里。北與瓜洲對岸，舊謂之蒜山渡。宋乾道中，郡守蔡洸置五艘，以禦風濤之患。先是船舫小而多虞，洸乃置巨艘五，仍采昔人遺制，各植旗一，以利涉大川，「吉」五字爲識〔三一〕。其受有數，發有序，又別浮輕舸以送郵傳，遂鮮有波濤之患。國朝正統間，巡撫侍郎周忱作艦一，簽水工三十餘以濟渡。又甃石堤三十餘丈，直抵江皋，人免病涉。徐悱酬到長史溉登琅邪城詩注：琅邪城，在潤州。

【校勘記】

〔一〕自江口至南水門九里　底本、川本脱「口」字，據滬本、盇本、京本及至順鎮江志卷七補。

〔二〕三十七年　「三」，底本作「二」，川本、滬本、盇本、京本同，據至順鎮江志卷七改。

〔三〕北被丹陽百姓築堤　「北」，川本同，滬本、盇本、京本作「比」，蓋是。

〔四〕流入江　川本同，滬本、盇本、京本「流」下有「通」字。

〔五〕橫堤壅礙　底本、川本「壅」下有「害」字，據滬本、盇本、京本及紀要卷二五删。

〔六〕泰定初　「初」，底本作「中」，川本同，據滬本、盋本、京本及至順鎮江志卷七改。

〔七〕南唐　底本作「唐」，川本、滬本、盋本、京本同，據本書前文及紀要卷二五補「南」字。

〔八〕增置斗門　底本、川本脱「置」字，據滬本、盋本、京本、本書前文補。

〔九〕近歲練湖水涸　「水涸」，川本同，滬本、盋本、京本作「淺澱」。

〔一〇〕若遇歲旱　川本同，滬本、京本無「歲」字，盋本「歲」作「干」。

〔一一〕浚而深之　「浚」，底本脱，據川本、滬本、盋本、京本及京口耆舊傳卷七補。

〔一二〕丹陽縣　底本、川本脱「陽」字，據滬本、盋本、京本及紀要卷二五、清統志卷九〇補。

〔一三〕嘉靖間　底本、川本、滬本、盋本、京本同，當誤。

〔一四〕中丘埭　川本同，滬本、盋本、京本「埭」下旁注「丹陽」。

〔一五〕齊梁陵　「梁」，底本作「樂」，川本、滬本、盋本、京本同，據圖書集成職方典卷七二六、清統志卷九一改。

〔一六〕管商　「商」，底本脱，川本、滬本、盋本、京本同，據晉書蘇峻傳、元和志卷二五補。

〔一七〕李閎　「閎」，底本作「宏」，川本、滬本、盋本、京本同，據晉書蘇峻傳、元和志卷二五改。

〔一八〕曲阿　底本缺「阿」字，據川本、滬本、盋本、京本及紀要卷二五、圖書集成職方典卷七三六補。

〔一九〕齊永泰元年　「永泰」，底本作「永嘉」，川本、滬本、盋本、京本同，據南齊書明帝紀、王敬則傳改。下「齊永泰中」之「永泰」，諸本作「永康」，改同。

〔二〇〕上容瀆　「容」，底本作「客」，川本、盋本同，據滬本、京本及紀要卷二五改。

〔二一〕瓜步洲　「洲」，川本同，滬本、盋本、京本作「沙」。

〔二二〕至瓜步沙尾 底本、川本、京本脱「沙」字，據滬本、盋本及舊唐書齊澣傳補。

〔二三〕二十五里 底本脱，據川本、滬本、盋本、京本及舊唐書齊澣傳補。

〔二四〕從之 川本同，滬本、盋本、京本作「役成，公私便之」。

〔二五〕寶祐中 「祐」，底本作「定」，川本、滬本、盋本、京本同，據至順鎮江志卷二改。

〔二六〕因復漕河 「復」，川本同，滬本、盋本作「復浚」，京本作「浚」。

〔二七〕以出納江之舟 川本、滬本、盋本、京本同。至順鎮江志卷二引史彌堅浚渠記作「以出納浮江之舟」，此蓋脱「浮」字。

〔二八〕自運河泄水 底本、川本「泄」上衍「至」字，據滬本、盋本、京本及至順鎮江志卷二、圖書集成職方典卷七二六删。

〔二九〕可省奔牛吕城二閘 「省」，底本作「損」，據川本、滬本、盋本、京本及至順鎮江志卷二改。

〔三〇〕西津渡 底本、川本作「去洋渡」，據滬本、盋本、京本及圖書集成職方典卷七二七、清統志卷九一改。

〔三一〕吉五字爲識 「吉」，底本作「去」，川本同，據滬本、盋本、京本及圖書集成職方典卷七二七改。

蔡寬夫詩話：潤州大江，本與揚子橋爲對岸，而瓜洲乃江中一洲耳，今與揚子橋相連矣。山川形勢，固有時遷易。大抵江中多沙，初自水底將湧聚，傍江居人，多能以水色驗之。漸漲而出水，初謂之「塗泥地」。已而，生小黄花，謂之「黄花雜草地」。其相去遲速不常，近不過三、五年者，自花變而生蘆葦，則綿亘數十里，皆爲良田，其利不貲。故有辨其水色，即請射而駕空，出稔二、三年者。

丹陽南門外，對河有驛亭。亭側石碑四枚，其一夫子所題，文曰：嗚呼！有吳延陵季子之墓。校之閣帖所藏載，篆書相同〔一〕，但小大不類，當是摩勒上石時，斂之使就帖括耳。碑有跋，曰：夫子篆季子之墓，凡十字。歷代綿遠，其文殘缺，人應勞命，其石淹在。昔開元中，玄宗大聖皇帝敕殷仲容摸搨其本，尚可得而傳之者。暨大曆十四年己未歲〔二〕，潤州刺史蘭陵蕭定重刊於石，憲章遺範，以永將來。前試大理司直吳郡張從中書。〔旁注〕府志：吳季子墓碑在廟中。廟在延陵西北九里。孔子題其墓曰：嗚呼！有吳延陵君子之墓。人謂之十字碑。歲久淹没。唐開元中，明皇敕殷仲容摹刻。大曆十四年，刺史蕭定重刻石廟中。歐陽修集古録云：吳季子墓銘自前世相傳，以爲孔子所書〔三〕。據張從紳記曰：舊石湮没。開元中，玄宗命殷仲容摸其書以傳〔四〕。按：孔子平生未嘗至吳，不得親銘季子之墓。又其字特大，非古簡牘所容也。其三並是墓碑，一尹和靖，一石曼卿，一韋侍中昭。宋嘉定中己卯，劉宰延季子廟十字碑亭記曰：延陵，季子之邑。季子遜國之節高天下，廟祀爲宜，故唐狄梁公盡毀江南諸祠，獨此不廢。廡前對峙二亭，下覆穹碑，新舊各一。其文曰：嗚呼！有吳延陵君子之墓。蓋舊者裂矣，而新者代之。相傳以爲夫子書，書之是否不可知，而歷代寶傳之，必有自。楊慎丹鉛總録曰〔五〕：陶潛季札贊曰：夫子戾止，爰詔作銘，謂此碑也，此可證其爲大無疑〔六〕。秦觀疑其出於唐人，未考陶集乎？

隋大業六年，敕穿江南河，自京口至餘杭八百餘里。通鑑注：帝改杭州爲餘杭郡。

後漢書獻帝紀：揚州刺史劉繇與袁術將孫策戰於曲阿，繇軍敗績，孫策遂據江東。亦見襄楷傳〔七〕：順帝時，琅邪宮崇詣闕，上其師干吉於曲陽泉水上所得神書百七十卷〔八〕。注云：潤州曲陽山上有神溪水。今不知所在。唐書李敬業傳：敬業奔潤州，潛蒜山下，將入海逃高麗，抵海陵，阻風遺山江中，其將王那相斬之。宋書建平王景素傳：左暄於萬歲樓下橫射臺軍。

府城，周二十六里十七步。創作不知所始。三國時，吴目爲京城。孫韶代伯父河屯京城，嘗繕治焉。唐乾符中，周寶再加修築。今遺址猶有存者。子城，吴大帝所築。周六百三十步，内外皆固以磚甓〔九〕，號鐵甕城。晉郗鑒嘗修，王恭更大改創。南唐刺史林仁肇復修，記刻石存。東、西夾城，唐築。進士桑華記石存。爾雅曰：丘，絶高曰京。因謂之京口。京口之得名，當以此爲定説。京有人力所爲者，公孫瓚易京是也。吴志：孫策使孫河領兵屯京城〔一〇〕。又云：魏臧霸以輕船襲徐陵。皆指此地而言，此京非人力所爲也。

晉元帝渡江，都建業〔一一〕，乃於京口添置徐兗州。後，雖徐州或鎮下邳，或鎮盱眙、姑孰，皆置留局於京口，時號爲北府。時，兗州淪没，徐州所得惟半，流人渡江、淮者，並立僑郡縣以收撫之。徐、兗二州或居江南，或居江北，互見元和郡國圖志、寰宇記、姑孰志。宋元嘉中，以南徐州治京口，又置南東海郡。

丹陽，本郡名，漢治宛陵，晉治秣陵。字「阜」者，謂北有赭山；字「木」者，謂山多赤柳。晉丹陽郡屬縣有丹陽，五代徐知誥遷楊濬於潤州丹陽宫，可考者僅此。大抵天寶以後，謂丹陽者，潤州或曲阿，非二漢、六朝之丹陽也。　劉繇城，在丹陽西南二百四十步。漢末，繇自揚州徙治曲阿時所築。　湖口城，在長蕩湖口。泰始中，庾業築。業與義興太守劉延熙合於湖口夾岸築城，制遣沈懷明等東討，督護任農夫助之，自延陵出長蕩，力戰，業棄城走。

金山。九域志云：唐有裴頭陀居此，建伽藍於水際，獲金數鎰，以聞，賜名金山。頭陀巖記謂〔一二〕：因李錡奏而易名〔一三〕。然建中間，揚州陳少游以甲士臨江，韓滉總兵臨金山，與少游會，則建中時已名金山，非自錡始。梁天監四年〔一四〕，即金山修水陸會，則金山之名自昔已傳，又非始於建中矣。長編：建炎四年夏，兀朮回至鎮江，韓世忠提兵駐揚子江金山以邀之，虜衆數萬，世忠戰士纔八千。兀朮約日會戰，世忠募海船百餘艘，泊金山下，預命工鍛鐵爲長綆，貫大鈎。比合戰，世忠分海舟爲兩道，每縋一綆，則曳一舟而入〔一五〕，虜不得渡，以輕舟絶江而遁，俘獲殺傷甚衆。　胡豆洲，侯景既敗，惟餘三舸下海，欲向蒙山。羊鵾語海師：此中何處有蒙山，汝但聽我處分，遂直向京口，至胡豆洲。今不詳所在。　貴洲，隋晉王廣鎮揚州，命郭衍爲總管，領精鋭萬人，先屯京口，於貴洲南與賊戰，敗之。今未詳所在。

漕渠，前已見，大抵在丹徒界者四十五里，在丹陽界者九十里，地勢如建瓴〔一六〕，上置京口閘，下置吕城閘，每冬閉閘蓄水以濟漕艘，不足則以河水助之。又去吕城十八里，設奔牛閘。水利官親臨閘上，俟漕艘畢入，先閉奔牛閘，後啓吕城閘，以防水淺。嘉靖之季，此制漸弛。時更冬運，河水淺阻，輒驅百姓開浚，隨浚隨淤，歲以爲常，民不堪命。知府吴撝謙、曹一鵬、范世美始修復舊制，民稍得息肩矣。

顧野王輿地志：廟前有沸井四所，廟後有沸井二所，不詳何時所開。今見有四井騰湧驚沸，一清一濁。觱沸之聲，晝夜不絶。齊豫章王嶷傳：世宗遺嶷拜陵，還過季子廟〔一七〕，觀沸井。

廢琅邪縣，隋開皇十五年，析曲阿地置金山府，因爲金山縣。隋末，沈法興又置琅邪縣〔一八〕。

宋丹徒宫，在城南。宋武帝微時故宅也，後築爲宫。宋興寧陵，在丹徒城東南三十五里諫壁之雩山，武帝父孝皇帝所葬，孝穆趙皇后、孝懿蕭皇后祔焉。熙寧陵，在丹徒。文帝母章皇后胡氏所葬。吴陵，在丹陽縣西十五里。吴大帝父堅追謚武烈皇帝〔一九〕，墓曰高陵。齊永安陵，在丹陽縣東北三十里。高帝父宣帝及陳皇后所葬。泰安陵，在丹陽縣東北三十一里〔二〇〕。高帝及昭皇后劉氏所葬。修安陵，在丹陽縣東北三十六里經山。明帝父景帝及懿后江氏所葬。景安陵，在丹陽縣東三十二里〔二一〕。齊武帝所葬。興安陵，在丹陽縣東北二十四里。齊明帝及敬后劉氏所葬。

輿地志云：泰安陵、景安陵、興安陵，在故蘭陵東北金牛山，其中丘埭西爲齊、梁二代陵，口有大石麒麟、辟邪。夾道有亭，有陵户守典之。四時公卿行陵，乘舴艋，自方山由此入蘭陵，升安車，軺傳驛置以至陵所。舊迹至今存。　梁建陵，在丹陽縣東北二十五里東城村。武帝父文帝及獻后張氏所葬。大同十年，武帝幸蘭陵，謁建陵。有紫雲蔭覆陵上〔一二〕，食頃乃散。帝望陵，流涕所沾，草皆變色。陵旁有枯泉，至是流水香潔。碑二，其一在陵門，題曰：太祖文皇帝之神道。字畫反正相對〔一三〕。今陵所一碑，巍然高聳，乃八分書，甚有古意。一墮田野中，爲雷火焚擊，石多剥落。舊志以爲不存，唯有兩石竈焉，殆誤也。　修陵，在丹陽縣東二十五里皇業寺前〔一四〕。武帝及德后郗氏所葬。大同十年，武帝駕幸蘭陵，謁建陵畢。辛丑哭於修陵，詔曰：朕自違桑梓五十餘年〔一五〕，展敬園陵，但增感慟。職司供事勤勞，並賜位一階，並加頒賚。帝崩，亦葬於此。唐貞觀十一年，詔令百步禁樵采。皇業寺古爲戒珠院，相傳梁武帝墓在其下。　莊陵，在丹陽縣東二十七里。梁簡文帝及簡后所葬。其地有港〔一六〕，名蕭塘港，水入陵所。前有石麒麟，高丈餘。

丹徒志：北固山，在縣北。下臨長江，其勢險固，故名。寰宇記：梁武帝幸之，改爲北顧。梁本紀：樂平侯正義爲南徐州刺史，屬武帝幸朱方，正義修廨宇以待。初，京城之北有嶺入江，高數十丈，三面臨水，號曰北固。蔡謨起樓其上，置軍實，是後頹壞。山頂猶有小亭，登降甚狹。正義乃廣其路，旁施欄楯，武帝悦，登望火之，改曰北顧。山上有寺，曰甘露。有亭，曰北顧。北麓有洞，曰觀音。下有池，曰鳳凰。有潭，曰秋月。有泉，曰天津。又有很石〔二七〕。金山，在縣西七里江中。道藏經云：山始名浮玉，言自玉京浮而至者。周必大雜志云：此山大江環繞，每風濤四起，勢欲飛動，故南朝謂之浮玉山。米芾金山賦：其或浮玉掩露，石牌落潮。注云：浮玉，焦山之名。又不知何據也。元和郡縣志曰：氐父山〔二八〕，在縣西北一里。俗謂之金山。南徐州記曰：蒜山北，江中有伏牛山。今金山正在其處，豈即伏牛耶？唐裴頭陀挂錫於此，又名頭陀巖。後頭陀於江際獲金，表聞，賜名金山。宋祥符五年，名曰龍游，尋改金山。山上有寺。有泉，曰中泠。有臺，曰妙高。有廟，祀龍王。有洞，曰朝陽。正德庚辰閏八月十八日，武宗南巡，幸山上。

晉書張闓傳：補晉陵内史。時所部四縣，並以旱失田，闓乃立曲阿新豐塘，溉田八百餘頃，每歲豐稔。葛洪爲其頌。計用二十一萬一千四百二十功。

三山志：甘露寺，吴主皓所作。時改元甘露，故名。寺在北固山下，臨於大江。宋祥符間，僧祖宣遷於山上。

金山，在府西北七里大江中。自長山西北起爲五州山〔二九〕，至下鼻浦，遂入江，突而爲此山。〔旁注〕潛入江中，實爲金山。始名浮玉，一名氐父山，又名獲符山，又名伏牛山，唐志：貢伏牛山銅器。

又名金山。宋大中祥符間，改名龍游山。天禧辛酉，復舊。山之頂，曰金鰲峯，妙高峯，亦曰金鰲峯。曰妙高峯。東麓水中孤石如蹲，曰鶻峯。東麓之上，妙空巖〔三〇〕。折而東北曰日照巖，亦曰朝陽洞。其下水中有善才石，〔旁注〕即郭璞墓畔之石。旁有盤陀石。山北曰日照〔三一〕。西北曰祖師巖，亦曰頭陀巖，又名裴公洞。由北而西，爲中泠泉，又曰龍井。其南面西水中三石山〔三二〕，崎峭峻拔，立湍流中，巨浸不没，曰石排山，亦曰石牌，亦曰雲根島。相傳上有郭璞墓。墓下有中泠泉，又謂之北瀶，最當波流險處。類集云：江水至金山，分爲三瀶，南零即南瀶也，中泠即中瀶也。其後，寺僧於大雄寶殿之西穴一井，紿遊客云。山西少南有池，曰龍池，又曰龍洞。龍王廟，即下元水府。宋祥符初，賜額曰顯濟〔三三〕。東南有龍王池，又謂之龍洞。深廣不逾丈，水與江通，常隨潮上下，冬夏不竭，鱗介生焉。宋史韓世忠傳：初，世忠謂：敵至，必登金山廟，觀我虛實，乃遣兵百人伏廟中，百人伏岸滸，約聞鼓聲〔三四〕，岸兵先入，廟兵合擊之。金人果五騎闖入，廟兵喜，先鼓而出，僅得二人，逸其三，中有絳袍玉帶既墮而復馳者〔三五〕。詰之，乃兀术也。元豐中，寺僧了元遷於江南岸之西津。按宋史中載韓世忠伏兵金山龍王廟及岸下，幾獲兀术事，在建炎庚戌，距元豐遷廟已五十年，豈廟雖遷，而故宇之在山中者未毁耶？竊意當時基宇深邃，非今日比。如東坡詩「蒜山幸有閒田地」，而徐知誥之會僚屬、劉裕之破孫恩、孔明之會公瑾，皆在蒜山之上。今淪入江滸，止餘一峯耳。頭陀巖記謂：金山，因李錡奏而易名。然建中間，陳少游以甲士臨江，韓滉總兵臨金山，與少游會，則建中時已名金山，非自錡始。

梁天監四年，即金山修水陸會，則金山之名，非始於建中矣。舊唐書：韓滉築石頭五城〔三六〕，自京口至玉山，造樓船戰艦〔三七〕，修塢壁。建業抵京峴〔三八〕，樓雉相望。陳少游時鎮揚州〔三九〕，以甲士三千臨江，大閱〔四〇〕。滉亦以兵三千人臨金山，與少游相應。縣志：鶻山，在金山東水中。以鶻棲其上，故名。石排山，在金山西水中〔四一〕。排，一作牌。米芾賦：石牌落潮。俗以郭璞墓在山下，未詳所本。按韻書，排與簰通。此山皆巉石，隱出水面，若木簰然，故名。宋元祐間，總管段廷珪言：揚子江古號天塹，舟到金山急流處，謂之攔簰。泰定間，臺臣檄云：盤渦旋激，號爲大簰，險之甚者。似又不專指是山矣。太平廣記：李德裕使人取金山中泠水。蘇軾、蔡肇，並有中泠之句。雜記云：石排山北，謂之北瀘，釣者餘三十丈〔四二〕。則中泠之外，似又有南零、北瀘者。潤州類集云：江水至金山，分爲三泠。今寺中亦有三井，其水味各別，疑似三泠之説也。羣碎録。李德裕作相日，有親知奉使京口，謂曰：金山泉，揚子江中泠水各置一壺。其人舉棹，醉而忘之，至石頭城方憶，乃汲一瓶歸獻。李飲之，曰：江南水味大異於頃歲〔四三〕，此頗似建業石頭城下水。其人謝過不敢隱。揚子江心水號中泠泉，在金山寺旁郭璞墓下，最當波流險處，汲取甚艱。士大夫慕名，求以瀹茗，操舟者多淪溺，寺僧苦之，於水陸堂中穴井以給遊者〔四四〕。往歲，連州太守張思順監江口鎮，日嘗取二水較之，味之甘冽、水之輕重，萬萬不侔。乾道初，中泠別湧一小峯，今高數丈，每歲加長，鶻棲其上〔四五〕。峯下水益湍，泉之不可汲，更倍昔時矣。焦山，在府東北九里大江中。其山自京峴東北，至馬鞍、東雩、石公山入江止而爲此山。後漢河東焦光隱此〔四六〕，故名。又名譙山。寰宇記、通典皆有譙山戍。縣志：通典云：京口有譙山戍。寰宇記：譙山戍，即海口戍。宋之問詩：戍入海中山，疑即是山。江淹焦山詩：本亦作譙。米芾金山賦注：又作浮玉山。上有巖，曰羅漢，宋理宗書。有臺，曰煉丹。有塢，曰桃花。有洞，曰三詔，光三詔不起。有祠祀光〔四七〕。有寺，曰普濟。下有瘞鶴銘。旁有二島，曰海門，即江流朝宗之道也。江淹詩本作譙山。宋書：佛狸南寇，臺遣征北將軍管法祖守譙山〔四八〕。錢允治曰：焦光居河中，足迹未嘗至江南也，其出於附會甚明。瘞鶴銘石刻二：一在山之西北麓觀音巖下，濱江崩崖亂石間。嘗爲江水所没，秋冬水落，始可摹搨。歐陽文忠公云：他人俱祇得數字，余得六十餘字。一在壯觀亭左側巖石上者，乃翻本也。黄鶴山，在府西南三里，一名黄鵠山。京口記曰：有黄鶴山，在縣界。晉王恭爲刺史，改創西南樓，名萬歲；西北樓〔四九〕，名芙蓉。今子城西南月觀，在城上，或云即萬歲樓。今鶴林寺有周濂溪先生祠，在山下。南史：戴顒世居剡中，又徙京口〔五〇〕，止黄鶴山〔五一〕。宋文帝每欲見之，曰：吾東巡，當宴戴公山下。故又名戴公山。招隱山，在府西南七里。上有招隱洞，下有招隱寺。寺北有珍珠泉。山東南有虎跑、鹿跑二泉。元和郡縣志曰：以戴顒所居，故名。寰宇記曰：梁昭明太子於此讀書，故名。

今人呼揚子江，不知所由名。按隋江陽縣有揚子宮，遂名揚子鎮。唐改爲揚子縣，後升爲真州，治揚子。政和七年，賜名儀真。揚子江之名以此。

五州山，在府西南三十里。相傳山頂望見五州，然登山頂望，惟真、揚、昇、潤四州可見。顔延年侍遊曲阿後湖詩云：「春方動宸駕，望幸傾五州。」注謂：九州之地，宋得其五。按晉、宋之間，淮北遺黎僑寓江左，疑五州之民，居此山左右，故名也。

石公渡，在定波北門之東，去府治九里石公山下，渡江至開沙。高資東、西渡，在縣西三十里。東達儀真，西至鐵錠港。大港渡，在大港鎮西。北渡至揚州苑林村。韓橋渡，在丹徒鄉。

京城，説者謂荆王賈都之，故名。或又以爲孫權所居而名。舊志云：荆字既不同，權未稱尊號，已名爲京，二説皆非也。按京者，人力所爲高丘也，亦有非人力所爲者。人力所爲，公孫瓚所築易京是也。非人力所爲，滎陽京索是也。今地名徐陵，即此京非人力所爲也。京上郡城前浦口，即是京口。

秦始皇馳道。金陵志：始皇三十六年，用望氣者言，東遊至金陵，斷山疏淮，由江東丹徒往會稽。古志相傳，自江至鎮江大路，是也。丹徒界内，土堅緊如蠟膠。諺云：「生東吳，死丹徒。」言吳産出可以攝生自奉養，丹徒地可以爲葬。太平御覽。

京口江、山，素號奇偉。汴宋時，士大夫有「生居洛陽，死葬朱方」之語。紹興罷兵，屯大軍於江口，先時公卿甲第、名勝之迹，率爲營寨，所在穿鑿殆徧。厥後，江上諸帥多生於此，亦江上之秀〔五二〕，不在此而在彼也。郡守劉子羽嘗曰：予若早來〔五三〕，則當置諸寨於新豐，蓋新豐地平如掌，庶不至壞江、山形勢云。董覽吳地記云：曲阿，秦時曰雲陽嶺。太史言：東南有天子氣，始皇發赭徒三千，鑿雲陽之北岡曲〔五四〕，因名曲阿。吳岑昏鑿丹徒至雲陽，杜野、小莘間〔五五〕。而陳勳屯田，鑿句容中道至雲陽西城，則所謂破岡瀆是也。

宋史鄭向傳：爲兩浙轉運副使，疏潤州蒜山漕河抵於江，人以爲便。元史世祖紀：阿术集行省諸翼萬户兵船於瓜洲，阿塔海、董文炳集行院諸翼萬户兵船於西津渡，宋沿江制置使趙溍、樞密都承旨張世傑、知泰州孫虎臣等陳舟師於焦山南北。阿术分遣萬户張弘範等，以拔都兵船千艘，西掠珠金沙。辛未，阿术、阿塔海登南岸石公山，指授諸軍，水軍萬户劉琛循江南岸，東趨夾灘，繞出敵後；董文炳直抵焦山南麓，以掎其右；招討使劉國傑趨其左〔五六〕；萬户忽剌出擣其中〔五七〕；張弘範自上流繼至，趨焦山之北。大戰自辰至午，呼聲震天地，乘風以火箭射其篛篷。宋師大敗，世傑、虎臣等皆遁走。追至圌山，獲黄鵠、白鷂船數百艘。宋人自是不復能軍。宋馮都統等自真州率兵二千、戰船百艘襲瓜洲，阿术遣萬户昔里罕、阿塔赤等出戰，大敗之，追至珠金沙，得船七十七艘，馮都統等赴水死。

【校勘記】

〔一〕篆書相同　「書」，底本、川本、京本作「畫」，據滬本、盋本、光緒丹徒縣志卷一〇改。

〔二〕大曆十四年己未歲　「曆」，底本作「業」，川本、盋本同，據滬本、京本及圖書集成職方典卷七三三改。又「己」，底本作「乙」，川本、滬本、盋本、京本同。按大曆十四年干支爲己未，據改。

〔三〕以爲孔子所書　底本脱「以」字，據滬本、盋本、京本及光緒丹徒縣志卷一〇補。

〔四〕摸其書以傳　「書」，川本同，滬本、盋本、京本作「本」。

〔五〕楊慎丹鉛總録　「慎」，底本作「填」，川本同，據滬本、盋本、京本及丹鉛總録改。

〔六〕此可證其爲大無疑　「大」，川本同，滬本、盋本、京本作「夫子」，蓋是。

〔七〕襄楷傳　底本脱「襄」字，川本同，據滬本、盋本、京本及後漢書襄楷傳補。

〔八〕干吉　「干」，底本、川本、滬本、盋本、京本作「于」，據後漢書襄楷傳改。

〔九〕内外皆固以磚甓　「皆固」，底本漫漶，川本同，據滬本、盋本、京本及至順鎮江志卷二補。

〔一〇〕京城　「城」，底本作「地」，川本同，滬本、盋本、京本及光緒丹徒縣志卷五七作「城」。按三國志吴書宗室傳：孫河，孫策愛之，後爲將軍，屯京城。是，據改。

〔一一〕建業　「建」，底本作「敬」，川本同，據滬本、盋本、京本改。

〔一二〕頭陀巖記　底本「頭陀」作「陀頭」，據川本、滬本、盋本、京本及紀要卷二五、圖書集成職方典卷七二五乙正。

〔一三〕李錡　底本作「季騎」，據川本、滬本、盋本、京本及圖書集成職方典卷七二五、清統志卷九〇改。

〔一四〕天監　「監」，底本作「建」，據川本、滬本、盋本、京本及紀要卷二五、圖書集成職方典卷七二五改。

〔一五〕則曳一舟而入　「曳」，底本作「洩」，川本同，據滬本、盋本、京本及紀要卷二五改。

〔一六〕地勢如建瓴　「建」，底本作「見」，川本同，據滬本、盋本、京本改。

〔一七〕季子廟　底本脱「子」字，據川本、滬本、盋本、京本及南齊書豫章王嶷傳補。

〔一八〕又置琅邪縣　「置」，底本作「制」，川本同，據滬本、盋本、京本改。

〔一九〕吴大帝父堅追謚武烈皇帝　川本同，滬本、盋本、京本「堅」下有「葬曲阿」三字。

〔二〇〕三十一里　川本同，滬本、盋本、京本旁注：「一作二十五里。」

〔二一〕三十二里　川本同，滬本、盋本、京本旁注：「一作三十一里。」

〔二二〕有紫雲蔭覆陵上　「蔭」，底本作「陰」，川本同，據滬本、盋本、京本及至順鎮江志卷一二改。

〔二三〕字畫反正相對　底本脱「相」字，川本同，據滬本、盋本、京本及至順鎮江志卷一二補。

〔二四〕二十五里　川本同，滬本、盋本、京本旁注：「一作三十一里。」

〔二五〕朕自違桑梓五十餘年　底本脱「自」字，川本同，據滬本、盋本、京本及梁書武帝紀補。

〔二六〕其地有港　「港」，底本作「巷」，川本同，據滬本、盋本、京本及至順鎮江志卷一二改。

〔二七〕很石　「很」，底本作「狠」，川本、滬本、盋本、京本同，清統志卷九〇、道光京口山水志卷一、光緒丹徒縣志卷二作「很」，據改。

〔二八〕氐父山　「氐」，底本作「互」，川本、滬本、盋本、京本同。元和志卷二五作「互父山」，清張駒賢考證：「宜作氐，蓋以苻氏氐、羌，故云。」按紀要卷二五、清統志卷九〇並作「氐父山」，此「互」乃「氐」字之誤，據改。下同。

〔二九〕五州山　「州」，底本作「洲」，川本、滬本、盋本、京本同，據本書下文及圖書集成職方典卷七二五、道光京口山水記卷七改。

〔三〇〕妙空巖 川本、滬本、盋本、京本「妙」上有「曰」字，蓋是。

〔三一〕日照 川本同，滬本、盋本、京本「照」下有「巖」字。

〔三二〕其南面西水中三石山 川本、滬本、盋本、京本同。紀要卷二五大江：「金山西南面水，中有三石山。」此「南面西」蓋爲「西南面」之倒誤。

〔三三〕賜額曰顯濟 「顯」，底本作「靈」，川本、滬本、盋本、京本同，至順鎮江志卷八下元水府廟：「宋祥符初，賜額曰顯濟。」圖書集成職方典卷七三三同。此「靈」當爲「顯」之誤，據改。

〔三四〕約聞鼓聲 「約」，底本作「如」，川本、滬本、盋本、京本同，據宋史韓世忠傳改。

〔三五〕中有絳袍玉帶既墮而復馳者 底本脱「中」字，川本、滬本、盋本、京本同，據宋史韓世忠傳補。

〔三六〕韓滉築石頭五城 川本同，滬本、盋本、京本「滉」下有「傳」字。

〔三七〕造樓船戰艦 底本錯簡於下文「樓雉相望」下，「艦」作「船」，川本同，據滬本、盋本、京本及舊唐書韓滉傳乙正。

〔三八〕建業 底本「建」作「起」，川本同，據滬本、盋本、京本及舊唐書韓滉傳改。

〔三九〕陳少游時鎮揚州 底本脱「時」字，川本同，據滬本、盋本、京本及舊唐書韓滉傳補。

〔四〇〕大閱 底本作「閱大」，川本同，據滬本、盋本、京本及舊唐書韓滉傳乙正。

〔四一〕金山 「金」，底本作「京」，川本同，據滬本、盋本、京本及明統志卷一一改。

〔四二〕釣者餘三十丈 川本、滬本、盋本、京本同。清統志卷九〇中泠泉：「竹窻雜記：石簰山北，謂之北灄，江最深處。」據此，疑本書有脱誤。

〔四三〕江南水味大異於頃歲　「於頃歲」，底本缺，川本同，據滬本、盋本、京本及道光京口山水志卷一二、光緒丹徒縣志卷五九補。

〔四四〕穴井以給遊者　「給」，川本同，滬本、盋本、京本作「給」。

〔四五〕鶴棲其上　「鶴」，川本同，滬本、盋本、京本作「鸛」。

〔四六〕焦光　「光」，底本作「先」，川本、滬本、盋本、京本同，據紀要卷二五改。下同。

〔四七〕有祠祀光　「祀」，底本作「祝」，川本同，據滬本、盋本、京本改。

〔四八〕征北將軍管法祖　「法祖」，底本作「注相」，川本同，滬本、盋本、京本作「注拒」。宋書索虜傳：拓跋燾南寇，「征北參軍管法祖守譙山」。此「注相」爲「法祖」之誤，據改。滬本等作「注拒」，亦誤。「將軍」，應作「參軍」。

〔四九〕西北樓　底本脱「樓」字，川本同，據滬本、盋本、京本及寰宇記卷八九、紀勝卷七改。

〔五〇〕又徙京口　「徙」，底本作「從」，據川本、滬本、盋本、京本及南史戴顒傳改。

〔五一〕止黄鶴山　「止」，底本作「上」，據川本、滬本、盋本、京本及南史戴顒傳改。

〔五二〕亦江上之秀　「上」，川本同，滬本、盋本、京本作「山」。

〔五三〕予若早來　「予」，底本作「子」，據川本、滬本、盋本、京本改。

〔五四〕鑿雲陽之北岡曲　川本同，滬本、盋本、京本「曲」下有「之」字。太平御覽卷一七〇州郡部引輿地志曰：「東南有王氣在雲陽，故鑿北岡，截直道使曲，以厭其氣，故曰曲阿。」此「北岡」下蓋脱「截直道使」，或脱「使」字。

〔五五〕杜野小莘間　川本、滬本、盋本、京本同。太平御覽卷一七〇州郡部引吴志曰：「岑昏鑿丹徒至雲陽，而杜野、小辛間皆斬絶陵襲，功力艱辛。」疑此句下有脱文。

〔五六〕劉國傑　「國」，底本作「固」，川本、滬本、盋本、京本同，據元史世祖紀改。

〔五七〕忽剌出擣其中　「擣」，底本作「掎」，川本、滬本、盋本、京本同，據元史世祖紀改。

揚州府

北距淮、泗，西接滁、濠，南界金、焦，東盡海壖，幅員不及千里，然固江、淮之間一都會也。

郡西地多岡阜，綿亘相屬，若起若伏。高、寶諸湖受西山汊澗，匯爲巨浸，以射陽、廟灣爲委，控引淮河，與海通波。遵海而南〔一〕，各鹽場所棊布，捍以堤堰，以防潮泛，兩淮鹽筴，是之自出。

大江奔汩，迄與海會，鹹淡所分。通之五山，狼、福對峙，實長江門户。若夫舟檣櫛比，車轂鱗接，東南數百萬漕艘浮江而上，此爲嗌吮。沈括記所謂：百州貿易遷徙之人，往還其下，日夜灌輸京師者，居天下之七，於維揚形勝亦略可睹矣〔二〕。大較揚自吳、越以來，江、淮之險，介在荒服。自吳王濞招致賓客、遊士，淮南王繼之，俗頗漸於文辭，民精而輕，褚先生補三王世家：廣陵在吳、越之地，其民精而輕。挾鑄山煮海爲利，已競於繁侈。漢策：廣陵王云：大江之濱，五湖之間，其人輕心。鮑照蕪城賦所云：車挂轊，人駕肩，廛閈撲地，歌吹沸天〔三〕，孳貨鹽田，鏟利銅山〔四〕。

蓋其侈也。〔旁注〕魏書：盛飾於女，以招游客，此其土風也。隋氏徙都，離宮別館，窮奢極麗之觀，亘古未有。雖世殊事變，而流風不絕。故自唐、宋至今，言繁麗者，率廣陵矣。國家休養生息垂二百年〔五〕，薦紳大夫務名重節，恬於榮利，士工文藻，制科之盛甲乙於江南〔六〕，詞人輩出，間爲詩社。細民務本力穡，濱江、湖則采捕魚蛤，安土而重遷徙，此其風之美者也。其蹛財役貧，以夸侈、背誕相矜高，亡慮而皆四方賈人〔七〕，新安賈最甚，關陝、山西、江右次之，土著什一而已。然賈人亦矜門地，頗附於儒雅，恥自居駔儈，雖貲累巨萬而居著不休，所在飾室廬服玩，至如前史所稱。鍾鳴鼎食，結駟連騎，蓋未獲有，猶競競於當世之禁云〔八〕。自榷稅、鹽法之使屢出，江、淮之間漸以蕭然。然四會五達之衢，財賄委輸之所，欲其無淫巧靡汰，雖户説以眇論，終不能化。故治商賈在寬其額外之征，而稍抑其兼并；治土著在弛其逋負之賦，而稍禁其逐末。風之以儉，節之以禮，補偏救弊，與時宜之，亦庶幾達於從政者矣。

【校勘記】

〔一〕遵海而南　「南」，底本、川本作「來」，據滬本、盋本、京本及圖書集成職方典卷七五三改。

〔二〕亦略可睹矣　「睹」，底本作「賭」，川本同，據滬本、盋本、京本及圖書集成職方典卷七五三改。

〔三〕歌吹拂天　「吹」，底本作「聲」，川本、滬本、盋本、京本同，據文選鮑照蕪城賦改。

〔四〕鏟利銅山　「山」，底本作「刀」，川本、滬本、盋本同，據京本及文選鮑照蕪城賦改。

〔五〕國家 川本同，滬本、盇本、京本「家」作「朝」。

〔六〕甲乙於江南 川本同，滬本、盇本、京本無「乙」字，此「乙」字疑衍。

〔七〕亡慮而皆四方賈人 川本同，滬本、盇本、京本「亡慮」下「而」上空缺二字，此疑有脱誤。

〔八〕競競 川本同，滬本、盇本、京本作「兢兢」。

江都 境内瓜洲擁大江，引吳、會飛輓，萬貨紛集。居民悉爲牙儈，貧者倚負擔剥載，索雇直以餬其口，弗事農。城西民勸力耕作〔一〕，頗易治。即邵伯濱陵之湖〔二〕，茭、魚豐殖，而歲更苦水。白塔、宜陵之間，多鹽盜。大橋、嘶馬莊爭田之家，歲訟無已。中邗溝一水，南北仕宦之所往來，供張賓客無虚日，亦騷然煩貴矣〔三〕。襄城張令有言：治城以内，宜從儉，瓜洲宜嚴，邵伯宜寬，苦役者節其力，豪舉者勸以義，其於爲政緩急次序，亦思過半矣。

【校勘記】

〔一〕城西民勸力耕作 「勸」，川本同，滬本、盇本、京本作「勤」，蓋是。

〔二〕即邵伯濱陵之湖 「陵」，川本同，滬本、盇本、京本作「隣」，蓋是。

〔三〕亦騷然煩貴矣 「貴」，川本同，滬本、盇本、京本作「費」，蓋是。

儀真 縣治濱江，通上江南路，控連滁、濠，兼水陸要衝。蜀岡西來，逶迤綿邈，而大小銅、方、横諸山作鎮於近。城中多荒曠，而商賈貿易之盛，畢萃於南關外。其繁囂與瓜洲類，乃鹽商改掣入舟之次，諸遊手逐末者，或倍之焉。城西附塘地，饒沃可田，而軍民犬牙錯處，動相掣㹈，殊不盡地利。然其士秀而文，土民憚訟懷居，交易頗以信義，較瓜、揚爲易治也。末富雖奢，要以修農政、盡地利爲本。

泰興　縣僻處江介，自口岸、黄港〔一〕，斜連孟瀆河，爲出没要害，實郡東南之藩蔽也。水土衍沃，民力耕，儉嗇自給，多蓋藏。自濱江田歲屢坍没，里役苦偏累矣。士大夫彬彬多儒雅，而矜名尚氣之習，近或時有訟者，曲直淆亂；或一倡而百和，非虚心平反，鮮能得其情，故泰興此時爲難治也。宰斯邑者，以均徭役、息囂訟爲急務，而漸摩之以讓。若偏爲鍥，急强生事，以滋紛囂，亦無取焉。

【校勘記】

〔一〕黄港　川本、滬本、盔本、京本同。光緒泰興縣志卷三：「自口岸、黄橋，斜連孟瀆，實郡東南之要害也。」此「港」疑爲「橋」字之誤。

高郵　地四隅低下，城基獨高。又以秦郵亭，故名高郵。又稱盂城，以地隆起如覆盂也。州擁重湖之險，倚堤爲固，當南北孔道，其衝劇略如江都。土沃水深，廣有魚、稻之富，故其民敦本而鮮末作。其工若商，皆浮寓，非土著，固已神農氏之民矣。然邇或習爲健訟，喜譸張而寡情實。若湖以西及泰州之鄰境，尤嚚陵不易制。至於歲修湖塘之役，小民苦勤，動無已時，使水歸其壑而湖無衍溢，然後高、寶可長無事矣。

興化縣四周皆積水，三湖六溪之流畢輸委於此。地東南勢高，水所從出甚緩，獨廟灣爲尾閭耳。俗以農、漁爲業，多樸茂。士敦行而優文學，先後名碩接踵，爲文獻極盛。比閭尚齒明禮，壼範肅然。然與鹽場接壤，愚民間挾私販爲姦利，諸貧失業者往往憚征繕而易去其鄉，於舊所稱樂土不盡爾矣。大較興所苦壤地蹙而租賦倍於他州縣，其利害之最巨者則莫如水。

寶應縣與高郵俱澤國，而寶應若氾光、白馬、射陽諸湖承淮河下流，汪洋萬頃，水衝激電射爲最險。地饒秔稻及魚、蟹、鳧、雁之利，人足自給。然低田半著水中，民輸無田之賦，憊焉。其民風近厚，寡訟奸[一]，昏祭之禮，時與古合。地雖衝而事簡，長民者因其俗而導之，禮讓固易爲也。

【校勘記】

〔一〕寡訟奸 「奸」，川本同，滬本、盋本、京本作「訐」，當是。

泰州　州當淮、海之中，地踞高爽塏，水澤縈繞。溱潼、海安，其險阨也。民居多萃於城西者，城中蒲葦相望，民樸而鮮儇巧，士重信誼，賤浮薄。以經術起家，爲民仕宦者不乏焉。然小人尚氣好爭，或細故輒終訟不休，必心折乃已，故得其心難。至於田濱下河者什七，歲苦水，埒於興化，而永折之令互異，又士民所喁喁而望之矣。

如臯　縣雖介通、泰之間，南面江，東瀕巨海，雖去郡稍遠，固有控扼之勢焉。土膏沃而俗勤於稼。徵科易集，訟稀簡，在昔最爲醇厚。自倭警以後，浸淫一變。富家巨族，競以華侈相高。豪不逞者，輒誘良家子弟，縱樗蒲六博，蕩其貲業，甚則爲逋逃淵藪。邇或稍懲艾焉，但餘風未殄，長民者，其未可畫諾而理也。

通州　州當江、海之會，五山突起，潮汐往來其下，吴、會之門户，揚、鎮之咽喉在焉。嘉靖中，倭寇入犯，建總幕爲重鎮。其土田饒溢，民富而好義。又人文浡發，仕者多貴官顯秩，蓋風氣固殊焉。然闤闠繡錯，衣食服玩，日漸於紛華。士輕俊自喜，競進而寡恬退，有吴下風。陳司寇嘗作八書，欲以禮義隄防之，慮深遠矣。

海門　海自縣境廖角嘴入揚子大江〔一〕，此爲大門户。揚東南所屬縣，抵海門而極矣。民與竈户雜處，資漁利，所耕斥鹵之地，重以坍糧加派，憊已甚。而崇明縣所侵界内沙洲，竟未易復也。民風昔稱淳直，近則尚氣而好攻訐〔二〕，雖學校不免，然視通州，爲近質焉。

【校勘記】

〔一〕海自縣境廖角嘴　「縣」，底本、川本作「號」，據滬本、盋本、京本及光緒通州直隸州志卷一引舊志改。

〔二〕好攻訐　「訐」，底本作「奸」，川本同，據滬本、盋本、京本及光緒通州直隸州志卷一引舊志改。

南齊志：地控三齊，青、兖同鎮，西至淮畔，東屆海隅，土甚平曠。　元和志：廣陵號爲天下繁侈，故稱揚、益天下富貴，揚一益二。　舊志：南臨大江，北界淮、泗，東接揚、楚，西控濠、滁，實當水陸之要衝，江、淮一都會。　山堂考索：自淮而東，以楚、泗、廣陵爲之表，則京口、秣陵得以遮蔽，自廣陵而至淮陰，此全淮之右臂也。文信公指南録中有過揚子江心詩，題云：大海中一條，自揚子江直上，淡者是，此乃長江盡處，横約百二十里，吾舟乘風過之，一時即鹹水。

山川。　東南曰揚子江，源出岷山，由成都下三峽，合東，逕武昌，與漢水合，又逕九江，匯爲彭蠡，下蕪湖，又東過江寧而愈大。在揚子江者，西至黄天蕩西牛步沙，與建康爲界。由瓜步下小帆山〔一〕，入儀真境，横亘縣南。東下至鐵釘港、鵞翎蘸，與鎮江分界。東北趨入江都，逕通、泰、海門入海。

大海，北自鹽城界，南經興化、泰州、如臯，折而東，通州、海門諸鹽場，皆其濱也。至呂泗場東南廖〔旁注〕料。角嘴，始與江合。其大則南歷浙江、福建，通東粤〔二〕、交趾，北歷山東登、萊，通遼海、朝鮮。今通州狼山有黄泥山，有兩石門相對，即元朱清、張瑄海運故道，由此以達直、德者也。

【校勘記】

〔一〕由瓜步下小帆山　「由」，底本作「西」，川本同，據滬本、盋本、京本及紀要卷二三、圖書集成職方典卷七五三改。

〔二〕通東粤　「通東」，底本、川本作「東通」，據滬本、盋本、京本乙正。

江都　蜀岡，相傳地脈通蜀，故名。一名崑崙，因鮑照蕪城賦「軸以崑崗」〔一〕，謂此。朱子曰：岷山夾江兩岸而行，一支去爲江北許多去處。又曰〔二〕：自嶓冢、漢水之北生下一支，至揚州而盡。舊志：蜀岡上自六合縣界來，至儀真小帆山入境，綿亘數十里，接江都縣界〔三〕，迤邐正東北四十餘里，至灣頭官河水際而微，其脈復過泰州〔四〕，及如臯赤岸而止，所謂至揚州而盡者也。

得勝山，在縣西北三十里。高七尺，周二十五里。宋紹興初，韓世忠大敗金人於此〔五〕，因名。夾岡，在縣東北七里。東接灣頭鎮淮子河口，與蜀岡相屬。

【校勘記】

〔一〕軸以崑崗　「崑崗」，底本、川本、滬本、盋本、京本作「崑崙」，據文選鮑照蕪城賦改。

〔二〕又曰　底本、川本脱，據滬本、盋本、京本及圖書集成職方典卷七五三補。

〔三〕接江都縣界　底本、川本脱「界」字，據滬本、盋本、京本及圖書集成職方典卷七五三補。

〔四〕其脈復過泰州　「復」，底本作「尚」，川本同，據滬本、盋本、京本及圖書集成職方典卷七五三改。

〔五〕韓世忠大敗金人於此　「於此」，川本同，滬本、盋本、京本作「於大儀，還軍駐此」。

儀真　方山，在縣西四十里。其巔四面平正，故名。舊志：隋六宫駐此，遂置方山府。陳沈炯詩：淮源比桐柏，方山似削成。　横山，在縣西三十五里。高埒方山。元魏於此置横山縣。冶山，在縣西北四十里。上有漢鑪鞴將軍廟。蜀岡自此山蜿蜒入境，綿亘數十里，東接江都。大銅山，在縣西北二十五里。相傳爲吴王濞鑄錢之所。小銅山，在大銅山東麓，相連接。城子山，在縣北三里。狀如城，故名。魏文帝以舟師擊吴，臨江觀兵，築東巡臺於此。瓜步山。小帆山，在縣西五十里瓜步東，矗起大江中。山無草木〔二〕，石白若礬，山有落帆將軍廟。江行過此甚險，舟人競乞靈焉。赤岸山，在縣西三十里。高十二丈，周四里。其山臨江，巖與江岸，土色皆赤。棗林岡，在縣西北二里。出佛洞，在小帆山北。山之東，即黄天蕩，江流至此甚險〔二〕。

【校勘記】

〔一〕山無草木　底本、川本脱「山」字，據滬本、盔本、京本及圖書集成職方典卷七五四補。

〔二〕江流至此甚險　底本、川本脱「此」字，據滬本、盔本、京本及圖書集成職方典卷七五四補。

高郵　神居山，在州西六十里新安村，石山戴土，高二十五丈，周十五里。自此山西南，接連天長、滁、泗、横野等山，郵城之地自此起祖，蓋州之鎮山也。

古迹。吳邗溝城，按禹貢：沿于江、海，達于淮、泗。東坡書傳云：吳王夫差闕溝通水，而江始有入淮之道。禹時則無之。左傳哀九年：吳城邗溝，通江、淮〔一〕。杜預左傳注：吳將伐齊，北霸中國。自廣陵城東南築邗城，城下掘深溝，謂之邗溝。城在西北四里蜀岡上。漢吳王濞城。水經注：高帝十一年，吳王濞所都，周十四里半。魏黄初六年，文帝征吳，登廣陵故城，臨江觀兵，賦詩而還。即此。晉新城，寧康十年，太保謝安出鎮廣陵，築城邵伯埭，名新城。宋廣陵大城，建炎三年，知府郭棣以舊城勢卑，爲虜襲瞰，請即遺址增築。今城東北二門故址尚存。北濠，即今柴河。其上城基培塿可尋。南濠，即運河。今云蔡家山者，相傳即其南角樓也。東門，在東水關内。嘉靖中築新城，居民請撤其址，悉爲民廛。寶祐城，在今城北七里大儀鄉。周迴千七百丈。遺隍、斷塹，隱約可尋。宋寶祐中，敕大使賈似道築，詔謂包平山而瞰雷塘者，此也。又築新寶城〔二〕。二城相連，名曰夾城。隋宫，在城西七里大儀鄉。大業元年，敕長史王弘大修江都宫。舊有内殿宫門遺址〔三〕。有西宫，在大内西，北宫在茱萸灣，臨江宫在揚子津。又有歸雁宫、迴流宫、九里宫、松林宫、大雷宫、小雷宫、楓林宫、春草宫、九華宫、光汾宫、揚子宫，詳見宋寶祐志、趙鶴郡乘。凝暉殿。大業雜記云：在臨江宫内。大業七年春二月，帝幸臨江宫，百僚集凝暉殿，酺戲爲樂數日。成象殿，大業二年，帝御成象殿元會，設燎於江都門。後宇文化及之亂〔四〕，遇害其中。水精殿。中華古今注：煬帝於江都置水晶殿。彭城閣。大業雜記注云：舊爲彭城村，煬帝因以名閣。先是開皇末，有泥彭城口之謡。宇文化及之亂，帝果遇害閣中。隋書言温室，或閣中有温室也。隋時又有玄珠閣〔五〕，在揚子宫内。南宋弩臺，一名吴公臺，在郡西北四里。宋沈慶之攻竟陵王，築弩臺以射城中，故名。陳吴明徹圍北齊刺史敬子猷於東廣州，增築之，因名吴公臺。高十丈，周迴二百步。隋堤，大業初，開邗溝入江，渠廣四十步，旁築御道，樹以楊柳，謂之隋堤。

自長安至江都，置離宫四十餘所。隋苑。舊志：在縣西北九里大儀鄉。一名上林苑，又名西苑。玉鈎斜，在吴公臺下。隋煬帝葬宫人處。

【校勘記】

〔一〕通江淮　底本、川本脱「江」字，據滬本、盋本、京本及左傳哀公九年補。

〔二〕又築新寶城　底本、川本脱「城」字，據滬本、盋本、京本及紀要卷二三補。

〔三〕舊有内殿宫門遺址　底本、川本「有」下衍「大」字，據滬本、盋本、京本及圖書集成職方典卷七六四删。

〔四〕宇文化及　「及」，底本作「吉」，川本同，據滬本、盋本、京本及隋書煬帝紀、通鑑卷一八五改。下同。

〔五〕隋時又有玄珠閣　「時」，川本同，滬本、盋本、京本作「書」。按圖書集成職方典卷七六四記隋代彭城閣後云：「當時又有玄珠閣。」則底本、川本是。

泰州　永寧宫，在州城内。南唐李昪昪元六年，遷楊行密子孫於海陵，號其居曰永寧宫，嚴兵守之，絶不通人。久之，男女自匹偶。周世宗詔淮南〔一〕，詔撫楊氏子孫。李景聞之，遣人盡殺其族。舊址在州治南譙樓之北。相傳譙樓，乃其宫闕門也。後即其址築子城，爲州治。新城，宋端平中，州守許堪别創堡城於湖蕩沮洳中〔二〕，去城五里，謂之新城。元末，張士誠亂，據堡城。乙巳，徐平章達兵自大江口挑河〔三〕，通江口岸，直抵州之南門灣。常遇春領馬步，從揚州陸路，同日亦至。士誠軍退保新城。大軍入舊城屯駐。常平章遂東築海安鎮城屯兵，拒絕通州應援糧道。十月，張氏軍敗，遂平新城，於舊城建州及千户所。嘉靖三十九年，倭入犯，州都御史唐順之行海上，復城海安鎮〔四〕，築土城六里許。

【校勘記】

〔一〕周世宗詔淮南　「詔」，川本、滬本、盇本、京本同，圖書集成職方典卷七六四作「征」，此「詔」疑爲「征」字之誤。

〔二〕州守許堪　底本、川本脱「州」字，據滬本、盇本、京本及紀要卷二三補。

〔三〕徐平章達兵自大江口挑河　「兵」，川本同，滬本、盇本、京本無，同圖書集成職方典卷七五六。紀要作「乃」。

〔四〕海安鎮　底本、川本、滬本、盇本、京本「鎮」上有「縣」字，據紀要卷二三、清統志卷九七删。

通鑑：後唐同光二年〔一〕，吳王如白沙觀樓船，更命白沙曰迎鑾鎮。注：白沙，揚子縣地。五季之末，改揚子爲永貞縣。宋朝乾德二年〔二〕，以揚州永貞縣迎鑾鎮爲建安軍。大中祥符六年，升爲真州。而永貞縣先是復改爲揚子。

【校勘記】

〔一〕後唐同光二年　川本同，滬本、盇本、京本「後唐」下有「莊宗」二字。

〔二〕宋朝乾德二年　「宋」，底本作「本」，川本同，據滬本、盋本、京本及通鑑卷二七三、清統志卷七九六改。

橋梁。　江都：揚子橋，在城南十五里揚子津。橋今廢。　魏家橋，在城北十五里，跨槐家河。唐末，楊行密、張神劒屯兵處。　儀真：廣濟橋，在城東。舊名減渡。即宋陝河處。

舊唐書秦彥傳〔一〕：壽州刺史楊行密率兵攻彥，遣其將張神劒令統兵屯灣頭山光寺〔二〕。行密屯大雲寺。北跨長岡〔三〕，前臨大道，自揚子江北至槐家橋，柵壘相聯〔四〕。

寺觀。　江都：天寧寺，在新城拱辰門外。　大明寺，在縣西北五里。即古栖靈寺。寺枕蜀岡，舊有塔。　上方禪智寺，按寶祐志云：舊在江都縣北五里。本隋煬帝故宮，山門據蜀岡上。通鑑後梁紀云：吳王嘗賞花於禪智寺。宋白曰〔五〕：禪智寺，在揚州城東。寺前有橋，跨舊官河。　山光寺，按寶祐志，即今勝果寺。在灣頭鎮，前臨漕河，大業年間建。寺爲煬帝北宮。帝嘗筮得山火賁卦，惡之，因以宮爲寺，名山火寺。復名山光〔六〕。　儀真：天寧萬壽禪寺，在縣治東南。　煬帝冢，在府城北雷塘。陳稜爲江都守，求得帝柩，略備儀衛〔七〕，葬之此。

江都　甘泉山，在縣西三十五里。山有井，曰甘泉。七峯連絡如斗，平地錯落，諸圓岡凡二十八，如星宿拱斗然。或曰：此漢廣陵厲王冢。　浮山，在縣西北舊鼓樓街。有石出地〔八〕，高三尺二寸，長四丈五尺，闊一丈一尺。其狀如鐵，不生草木。以其浮於地上，故名。有大禹廟在焉。舊志。

儀真　瓜步山，在縣西七十里。高三十丈，周七里，狀如瓜。在瓜步鎮南，臨江峭絶。後魏主燾南侵，起行宫於此。山有盤道與井，皆魏主所鑿。南兖州記曰：瓜步山，南臨江中，濤水自海入江，衝激六百里〔九〕，至此岸側，其勢稍衰。今山前有渡。

運河，即古邗溝也，一名官河，一名漕河。隋書高祖紀：開皇七年，揚州開山陽瀆，以通運漕。其西南一路，自儀真縣江邊起，東行四十里，入石人頭，入江都縣界，又十五里至揚子橋。其南一路，自江都縣瓜洲鎮站船塢起，北行三十里，亦至揚子橋，二河始合。東轉，北行六十里，入邵伯湖，又北行六十里，入高郵湖，又北行四十里，至界首入寶應湖，又北行至黄浦，接淮安府山陽縣界，由清江浦入於淮。　運鹽河，亦名運河。本府所屬江都縣灣頭，去府東北二十里。自灣頭起，東行七十里，至斗門，入泰州界；又東行一百六十里，至海安，入如皋界；又東南行一百一十里，至白蒲，入通州界；又東行七十里，至新寨，入海門界；又東行八十里，達吕泗場。其支派通各鹽場者，皆爲運鹽河。

迷樓，在府西北七里。故隋宫址〔一〇〕。古今詩話云：隋煬帝時，浙人項昇進新宫圖。帝愛之，令揚州依圖營建。既成，幸之，曰：使真仙遊此，亦自當迷。乃名迷樓。竹西亭，在府城北門外五里上方禪智寺側。今廢。平山堂，在府西北五里大明寺側。宋慶曆八年，歐陽修建。江南諸山拱列簷下，若可攀取，因名曰平山。

圌山，東接海洋，北連揚、泰，西接瓜、儀，四通八達。惟三江會口，江面稍狹，可以據守，而流急難以泊舟。中有順江一洲，南屬鎮江，北屬揚州。嘉靖中，倭犯揚郡，皆由州北，自新港登岸，故有沙船防守。

淮揚地形，起自東南蓼角嘴，抵姚家蕩，延袤三、四百里。其要害爲通州狼山、掘港、新閘港、廟灣、劉家河、金沙場，而廟灣通大海口，更爲重鎮，其次爲新港及北海所。

唐書：至德元載，丹徒郡太守閻敬之，及永王璘戰於伊婁埭，死之。永王璘傳：李成式遣裴茙〔一一〕，以廣陵卒三千，戍伊婁埭。李襲譽傳：江都俗好商賈，不事農桑。襲譽爲揚州大都督府長史，乃引雷陂水，又築句城塘，溉八百餘頃，百姓獲其利。王播傳：播爲淮南節度使。時揚州城内官河水淺，遇旱即滯漕船，乃奏自城南閶門西七里港開河而東，屈曲取禪智寺橋，通舊官河，開鑿稍深，舟航多濟。所開長一十九里，後政賴之。秦彦傳：壽州刺史楊行密率兵攻彦，遣其將張神劍統兵屯灣頭山光寺，行密屯大雲寺〔一二〕，北跨長岡，前臨大道，自揚子江北至槐家橋，柵壘相聯。彦求援於蘇州刺史張雄。雄率兵赴之〔一三〕，屯於東塘。宋史劉敞傳：敞知揚州。揚之雷塘，漢雷陂也。舊爲民田，其後官取潴水，而不償以它田，田主皆失業。然塘亦破決，不可漕，州復用爲田。敞據唐舊券〔一四〕，悉用還民。發運使爭之，敞卒以予民。金史僕散揆傳：宋人決巨勝、成公、雷塘，潴積水以爲阻。元史世祖紀：阿术立木栅於揚子橋，斷淮東糧道，且爲瓜洲藩蔽。宋揚州都統姜才、副將張林，步騎二萬人，乘夜攻揚子橋木栅。阿术自瓜洲以兵赴援，大敗之。宋揚州都統姜才，將步騎萬五千人，攻灣頭堡，阿术、阿塔海擊敗之。阿术傳：栅揚之西北丁村，以扼其高郵、寶應之餽運，貯粟灣頭堡，以備捍禦。晉太元十年，謝安出鎮廣陵之步丘，築壘曰新城而居之。晉史云：安於步丘築埭，後人謂之邵伯埭。

【校勘記】

〔一〕秦彦傳　川本同，滬本、盋本、京本「傳」下有「光啓三年，彦入揚州，五月」十字。

〔二〕張神劍令統兵屯灣頭　底本、川本、滬本脱「令統兵」三字，盋本、京本脱「令」字，並據舊唐書秦彦傳補。

〔三〕北跨長岡　「岡」，底本、川本作「圖」，據滬本、盋本、京本及舊唐書秦彦傳改。

〔四〕栅壘相聯　川本同，滬本、盋本、京本此句下有「彦求援於蘇州刺史張雄，雄率兵赴之，屯於東塘」十九字。

〔五〕宋白曰　「白曰」，底本、川本作「勾白」，據滬本、盋本、京本及通鑑卷二七〇改。

〔六〕復名山光　川本、滬本、盋本、京本同。圖書集成職方典卷七六一山光寺：「後改名山光。」此「復」蓋爲「後」字之誤。

〔七〕略備儀衛　底本、川本脱「衛」字，據滬本、盇本、京本及圖書集成職方典卷七六四補。

〔八〕有石出地　「有」，底本作「其」，川本同，據滬本、盇本、京本及圖書集成職方典卷七五三改。

〔九〕衝激六百里　底本、川本脱「激」字，據滬本、盇本、京本及圖書集成職方典卷七五四補。

〔一〇〕故隋宫址　底本、川本脱「址」字，據滬本、盇本、京本及圖書集成職方典卷七六四補。

〔一一〕裴茷　「茷」，底本作「戎」，川本同，據滬本、盇本、京本及新唐書永王璘傳改。舊唐書永王璘傳作「茂」。

〔一二〕大雲寺　「雲」，底本、川本作「靈」，據滬本、盇本、京本及舊唐書秦彦傳改。

〔一三〕雄率兵赴之　底本、川本脱「雄」字，據滬本、盇本、京本及舊唐書秦彦傳補。

〔一四〕敞據唐舊券　「唐」，底本、川本、滬本、盇本、京本作「塘」，據宋史劉敞傳改。

淮南僑寓江南。三國時，江南爲戰征之地，其間不居者各數百里，諸縣並在江北，淮南虚其地，無復民户。吴平，民各還本，故復立焉。其後，中原亂，胡寇屢南侵，淮南民多南渡。成帝初，蘇峻、祖約爲亂於江、淮，胡寇又大至，民南渡江者轉多，乃於江南僑立淮南郡及諸縣。晋末，遂割丹陽之於湖縣爲淮南境。宋孝武大明六年，以淮南郡幷宣城，宣城郡徙治於湖。八年，復立淮南郡，屬南豫州。明帝泰始二年，還屬揚州。宋書徐湛之傳：爲南兖州刺史。廣陵城舊有高樓，湛之更加修整。南望鍾山。城北有陂澤，水物豐盛。湛之更起風亭、月觀、吹臺、琴臺，果竹繁茂，花藥成行，招集文士，盡遊玩之適。舊唐書張延賞傳：邊江之瓜洲，舟航湊會，而懸屬江南。延賞奏請以江爲界，人甚便之〔一〕。高駢傳：爲淮南節度，於府第別建道院。有迎仙樓、延和閣，高八十尺，飾以珠璣金鈿。侍女數百，皆羽衣霓服，和聲度曲，擬之鈞天。府第有隋煬帝所造門屋數間，俗號中書門，最爲宏壯。光啓元年，無故自壞。及畢師鐸攻揚州，城陷，囚駢於道院，供給甚薄，薪蒸亦闕，奴僕撤延和閣欄檻〔二〕，煮革帶食之。

外郡僑寓廣陵。南兗州鎮廣陵。晉元帝過江，陽聲北討，遣宣城公裴督徐、兗二州，鎮廣陵。明帝太寧二年，郗鑒爲兗州，鎮廣陵。桓玄以桓弘爲青州，鎮廣陵。義興二年，諸葛長民爲青州，徙山陽。時，鮮卑接境，長民表還鎮京口。晉末，以廣陵控接三齊，故青、兗同鎮。三年，檀道濟始爲南兗州。唐韋應物廣陵詩：南出登閶門〔三〕，驚飈左右吹。山堂考索：唐志：初，揚州疏太子港、陳登塘，凡三十四陂以益漕河，輒復湮塞。淮南節度杜亞乃浚渠蜀岡，疏句城湖、愛敬陂，起堤貫城，以通大舟。河益庳，水下走淮，夏則舟不得前。節度使李吉甫築平津堰〔四〕，以泄有餘，防不足，漕流遂通。

宋向子諲議復真州瓜州海陵北神等壩。嘉靖維揚志三十二卷三十六葉〔五〕。王恕復修揚州境内水利奏。四十葉〔六〕。劉健高郵州新開康濟河記。三十五卷十九葉〔七〕。

宋秦觀揚州集序：按禹貢：淮、海惟揚州，彭蠡既豬，三江既入，震澤底定。而周禮職方氏亦稱：東南曰揚州。其山鎮曰會稽，其澤藪曰具區，江曰三江，浸曰五湖。則三代以前所謂揚州者，西北據淮，東南距海，江、湖之間，盡其地。自漢以來，既置刺史，於是稱揚州者，往往指其刺史所治而已。蓋西漢刺史無常治。東漢治歷陽，或徙壽春，又徙曲阿。魏亦治壽春，或徙合肥。吳治建業。西晉、後周、後魏皆因魏〔八〕。東晉、宋、齊、梁、陳皆因吳。惟宋嘗以建業爲王畿，而東揚州爲揚州。東揚州者，會稽也。隋以後，皆治廣陵。由是言之，凡稱揚州者，東漢指歷陽，或壽春，或曲阿、合肥〔九〕。江左，自吳至陳，指建業或會稽，隋、唐、五代乃指廣陵。廣陵在二漢時，嘗爲吳國、江都國、廣陵郡，宋爲南兗州，北齊爲東廣州，後周爲吳州，唐初亦爲邗州。其爲揚州，自隋始也。由是言之，凡稱吳國、江都、廣陵、南兗、東廣、吳州、邗者〔一〇〕，皆今之揚州也。此集之作，自魏文帝詩已下，在當時雖非揚州，而實今之廣陵者，皆取之。其非廣陵，而當時爲揚州者，皆不復取。至揚子雲箴，本約禹貢爲辭，則廣陵自在其中，固不得而不録也。　通鑑：唐武德八年，以襄邑王神符檢校揚州大都督，始自丹陽徙州、府及居民於江北。注：由此廣陵專揚州之名。

南征記略：運河至揚子橋，東西分注，一向儀真，一從瓜洲，入揚子江口。此自甘羅城導湖東注者也。其南，江、山皆自金陵來，到瓜洲，山折而東，江趨而北。洲有城，枕江面山。運河自城西屈流，過其城南，又歷兩閘，然後入江。

劉燾壯觀亭記：隋、唐以前，江在揚子，不遠城郭，由是舟車輻湊，廛閈填咽，商賈畢集。

而江都雄盛，遂甲於天下。儀真，於古未聞也。水行當荆、湖、閩、越、江、浙之咽，陸走泗上不三日，又爲四達之衢。爲郡雖未遠，而四方錯處，邑屋日增，其勢勝衡會，盡移隋、唐江都之舊。

張憲侍御金谿吴公浚復河隍序：故老謂：隋、唐舊城，去北十里。其稱繁華甲天下者，乃古城之域，風水完聚。而勾城、新小上下雷塘，迤邐合流，脈絡通貫，舟楫四達，民殷物阜，冠蓋東南，而人才、地産隨之。今改築之城，僅取其附近漕河直達之便，殊不按扶輿風水聚散之大勢〔一一〕。水從東北而來，復從東南而去，反弓外射，而環城水道故址，歲遠湮塞，財力困竭，故老興嗟。嘉靖庚子，侍御吴公簡命清理兩淮鹽政，兼督河防，乃協謀於郡守劉公開浚之。始自黄金壩，自北而西，至小市橋，轉橋而南，開汴堤故址而擴大之，直抵北郭，爰闢水關，引邗江、九女澗、隋堤、汴河、九曲、法海諸水，直達市河，出南水關，復自北而西、而南，沿郭濠池，深闊倍昔，匯於闕口，以達運河。

宋史邊珝傳〔一二〕：珝知通州，課鬻鹽於狼山，歲增萬餘石。李溥傳：高郵軍新開湖散漫多風濤，溥令漕舟東下者〔一三〕，還過泗州，因載石輸湖中，積爲長堤，自是舟行無患。鍾離瑾傳：瑾爲江淮制置發運使。殿直王乙者，請自揚州召伯埭，東至瓜洲，浚河百二十里，以廢二埭。詔瑾規度，以工大不可就，止置牐召伯埭旁，人以爲利。曾孝藴傳：紹聖中，管幹發運司糴糴事，建言：揚之瓜洲，潤之京口，常之犇牛，易堰爲牐，以便漕運、商賈。既成，公私便之。沈起傳：知海門縣。縣負海地卑，間歲海潮至，冒民田舍，民徙以避，棄其業。起爲築堤百里，引江水灌溉其中，田益闢，民相率以歸。孫長卿傳：爲江浙荆淮發運使。議者謂楚水多風波，請開盱眙河，自淮趨高郵。長卿言：地阻山回繞，役大難就。事下都水，調工數百萬，卒以不可成，罷之。梁均王貞明五年，錢傳瓘與彭彦章戰於狼山江。注：今通州靜海縣南五里，有狼山。山之外，即大江。絶江南渡，舟行八十里，抵蘇州界，自江順流出大海。元史史弼傳：兵駐瓜洲，阿塔海言：揚子橋乃揚州出入之道，宜立堡，選騎將守之。伯顔授弼三千人，立木堡，據其地。通州志：宋紹興二年，劉豫於京東造舟。沈與求言：海道當防，如通州劉角[一四]、石港，水勢湍急。四年，以金兵踐蹂江南，猶未退師，詔毁揚州港口牐、泰州姜堰、通州白蒲堰，務令不通敵船。咸淳五年，兩淮制置使李廷芝鑿河四十里，入金沙餘慶場，以省車運。

酉陽雜俎續集：相傳江、淮間有驛，俗呼露筋。嘗有人醉止其處，一夕，白鳥蛄嘬[一五]，血滴筋露而死。據江德藻聘北道記云：自邵伯埭三十六里至鹿筋，梁先有邏。此處足白鳥，故老云：有鹿過此，一夕爲蚊所食，至曉見筋[一六]，因以爲名。

筆塵：吳王夫差溝通江、淮，以窺中國。後人以淮水低，溝水高，故立堰以防之。舟行度堰入淮，謂之北神堰，在淮安城北五里，即今土壩之所始也。周世宗南征，以舟師自淮入江，阻於此堰，乃鑿楚州西北老鸛河水，以通其道，而淮水之舟，皆達於江矣。江、淮之通，古蓋有之。

溝水不知所在，當是高、寶湖耳。

舊唐書齊澣傳：遷潤州刺史，充江南東道採訪處置使。潤州北界隔吳江，至瓜步沙尾〔一七〕，紆匯六十里，船繞瓜步，爲風濤之漂損。澣乃移其漕路於京口塘下，直渡江二十里。又開伊婁河二十五里，即達揚子縣。自是免漂損之災，歲減脚錢數十萬。又立伊婁埭，官收其課，迄今利濟焉。按此瓜步，恐是瓜洲。玄宗紀：開元二十六年，潤州刺史齊澣開伊婁河於揚州南瓜洲浦。

【校勘記】

〔一〕人甚便之　「便之」，川本同，滬本、盋本、京本作「爲便」，同舊唐書張延賞傳。

〔二〕延和閣　「和」，底本作「析」，川本同，據滬本、盋本、京本及舊唐書高駢傳改。

〔三〕南出登閶門　「閶」，底本作「閭」，川本、滬本同，據全唐詩卷一八九韋應物喜於廣陵拜覲家兄奉送發還池州詩改。

〔四〕平津堰　「津」，底本作「淮」，川本同，據滬本、盋本、京本及新唐書李吉甫傳改。

〔五〕三十二卷三十六葉　川本同。滬本、盋本、京本作「奏略：運河高江、淮數丈，自江至淮凡數百里，人力難浚。昔李吉甫廢牐置堰，治陂塘，泄有餘，防不足，漕運通流。發運使曾孝蘊嚴三日一起之制，復作歸水澳，惜水如金。比年行直達之法，走茶鹽之利，且應奏權倖朝夕經由，或啓或閉，不暇歸水；又頃毀朝宗牐，自洪澤自邵伯數百里不爲之節，故山陽上下不通。欲救其弊，宜於真州太子港作一壩，以復懷子河故道；於瓜州河口作一壩，以復龍舟堰；於海陵河口作一壩，以復茱萸待賢堰，使諸塘水不爲瓜州、真、泰三河所分；於北神相近作一壩，權閉滿浦牐，復朝宗牐，則上下無壅矣」。

〔六〕四十葉　川本同。滬本、盋本、京本作「略看得揚州一帶河道，南臨大江，北抵長淮，別無源泉，止藉高郵、邵伯等湖所積雨水接濟，湖身雖與湖面相等，而河身比之湖面較高。每遇乾旱，湖水消耗，則河水輒至淺澁，不可行舟。若將河身比湖面浚深三尺，則雖乾旱亦不阻行。前項河道自南至北四百五十餘里，中間除深闊外，其淺窄可挑浚去處，尚有二百餘里，約用九萬餘工，每人日給口糧二升，該用糧米一十萬八千餘石。及看得高郵湖自杭家嘴至張家溝南北三十餘里，俱係磚砌堤岸，每遇西風大作，波濤洶湧，損壞船隻，漂溺錢糧、人命，不可勝紀。況前項堤岸之外，地勢頗低，再浚三尺，闊一十二丈，起土以爲外堤，就將內堤原有減水牐三座改作通水橋洞，接引湖水於內行舟，仍在外堤造淺水牐三座以節水利，雖遇風濤，可無前患。若興此役，約用一萬三千餘工可完，每人日給口糧二升，該用糧米一萬五千六百餘石，合用築堤樁木五萬四千餘根，草二十三萬餘束；造水牐並改造通水橋洞，約用磚石、樁木等料並工價銀二百餘兩。又看得揚州灣頭鎮迤東河道，內通、泰等四州縣二千户所、富安等二十四鹽場，其間有魚鹽柴草之利，在前河道疏通之時，二千户所運糧船隻俱在本所修艌，客引商鹽裝至儀真，每引船錢不過用銀四、五分，揚州柴草每束止賣銅錢二、三文。近年以來，河道淤淺，不曾挑撈，加以天寒雨少，河水乾斷，舟楫不通，魚、鹽、柴、米等項俱用旱車裝載，二所運糧船隻不得回還，本所牛車脚價迥貴，柴米價高，以致客商失陷本錢，軍民難以遺日。前項河道自灣頭起至通州白蒲止三百四十餘里，俱用挑闊八丈，深三尺，約用八萬五千六百餘工可完，每人日給口糧二升，該用糧米十萬二千七百九十餘石。再看得雷公上下塘、勾城塘、陳公塘，俱係漢、唐以來古迹，各有放水、攔水牐座，年久坍塌，遺址見存。近年以來，止是打築土壩攔水，隨修隨坍，不能蓄積水利。若每塘修造板牐一座、減水牐二座，潦則減水不至衝決塘岸，旱則放水得以接濟運河。以上四塘，共造放水板牐四座、減水牐八座，除舊有磚石外，約用磚石、樁木等料價值並匠作工價銀二千餘兩，雜工止用各塘見在人夫，不必勞民動衆。臣雖嘗詢之於衆，咸以謂若將此三件河道依前整理，庶幾舟楫疏通，永無淺阻、風濤之患，而爲往來軍民無窮之利。」

〔七〕三十五卷十九葉　川本同。滬本、盔本、京本作「弘治二年秋，河決，汴溢於山東，損運道。山東守臣上其狀，天子敕户部左侍郎白公昂乘傳以往，河既訖工，乃視運道，自山東抵揚州，議所以浚治。時監察御史孫君衍、工部郎中吳君瑞董河事，與巡撫右副都御史白公昂、漕帥署都督僉事都公勝、署都指揮同知郭君鋐合議：高郵州運道九十里入新開湖，湖東直南北爲堤，舟行其下。自國初以來，障以樁木，固以磚石，決而復修者，不知其幾。其西北則與七里、張良、甓社、石臼、平阿諸湖通，縈迴數百里，每西風大作，波濤洶湧，舟與沿堤故樁石遇輒壞，多沈溺。前此董河事者，嘗議修湖東鑿複河以避風濤便往來，不果行。今欲舉運河便利，宜莫先於此者，白公議允，遂相地興工開鑿。起州北三里之杭家嘴，至張家溝而止，長竟湖，廣十丈，深一丈有奇，而兩岸皆擁土爲堤，樁木磚石之固如湖岸，首尾有閘與湖通，岸之東又爲閘四、涵洞一，每湖水盛時，使從減殺焉。以三年三月始事，凡四閱月而成。自是舟經高郵者，人獲康濟，白因采衆議聞之，上名曰康濟河。耆民葛璘等謂當有紀，郡守貳有識余者，乃具事狀來請記。余惟國朝財富之需，東南過半，自海運不行，官舫客舟悉出於此，舳艫相銜，晝夜無虛時。而高郵當南北之要衝，顧湖水爲險，事誠有闕，諸公於茲能急先務，易風濤爲坦途，以康濟往來，具工以雇募費，出帑藏使民不勞而事集，有足嘉者，遂爲之書」。

〔八〕後周後魏　川本同，滬本、盔本、京本作「後魏後周」，當是。

〔九〕合肥　川本同，滬本、盔本、京本「合肥」下有「自魏至周指壽春或合肥」十字。

〔一〇〕邗者　川本同，滬本、盔本、京本「者」作「州」。

〔一一〕殊不按扶輿風水聚散之大勢　「不按」，川本同，滬本、盔本、京本作「弗譜」。

〔一二〕邊珝傳　「珝」，底本作「翊」，川本、滬本、盔本、京本同，據宋史邊珝傳改。下同。

〔一三〕溥令漕舟東下者　「溥」，底本作「浦」，川本、滬本同，據盔本、京本、本書上文及宋史李溥傳改。

〔一四〕劉角　川本、滬本、盔本、京本同。宋史沈與求傳：「聞料角水勢湍急，必得沙上水手方能轉運。宜於石港、料角等處拘收水手。」輿地紀勝卷四一：料角，「形勢控扼，紹興間，差舟船把搤。其沙脈坍漲不常」。此「劉」蓋爲「料」字之誤。

〔一五〕白鳥蛄嘬　川本、滬本、盔本、京本同。方南生點校本酉陽雜俎續集卷四校記：「『蛄』，原作『蛣』，據孟子滕文公上有『狐狸食之，蠅蚋姑嘬之』改。『姑』通『盬』，有咂吸義。」

〔一六〕至曉見筋　「曉」，底本作「晚」，川本同，據滬本、盔本、京本及酉陽雜俎續集卷四改。

〔一七〕至瓜步沙尾　底本脱「沙」字，川本、滬本、盔本、京本同，據舊唐書齊澣傳補。

泰州　捍海堰，在州東北一百五十三里。濟川壩，在州南門外。北瀕運河，水南入濟川河，以通揚子江。其壩五所，延袤十里，自西關口至三汊河岸，今惟中壩存焉。東壩，在州治北迤東一里許。西壩，在州治北迤西一里許。洪武二十五年建。正德十年，判官簡輔開拓二壩，商民稱便。舊共名新河壩。東河壩，又名鮑家壩，州治東北一里。黃龍壩，州城北隅。魚行壩，州北七里。姜堰鎮壩，州東四十五里〔一〕。秦潼鎮壩，州東北六十里。西溪鎮壩，州東北一百二十里。海安鎮壩，州東一百二十里。鴨子湖，在州南三十里。西通濟川河，東接運河。於祈河，一名淤溪河〔二〕，在州東北三十里。水下流入雞雀湖。按阮勝之記云〔三〕：側有於祈村，故名。雞雀湖，在州東北四十里，周三十里。水自於祈河入。包老湖，在州東北四十里，周四十里。水清而無滓，雖與他水會而不雜。仇湖，在州東北一百里，周三十里，東入梁垛場。南運河，在州南〔四〕，東抵通州及各鹽場，直入於海，西通西運河。西運河，在州西南，舊名吳王溝。漢吳王濞開以通運，至海陵倉，即灣頭城下運河。是也。北運河，在州北，通十二場。東河，在州東三里。通北運河，水旱不涸。歲久湮塞，成化年，守彭福開浚〔五〕。濟川河，在州南。自運河壩三十里至廟灣，又二十里至濟川鎮，通揚子江。浦汀河，即海陵溪，在州北。自魚行壩入興化、高郵、寶應。忠義河，在西溪鎮東三里。角斜河，在州東北一百二十里。南通拼茶場，西通海安鎮。晏溪河，即西溪，在州東北一百二十里。東通梁垛場，西入運河。有西溪鎮。宋晏殊嘗官於此，人思之，故名。辭郎河，在州東北一百二十里西溪鎮西北，直通興化界凌亭河。郭太保潭，在州治西北隅。廣袤數頃，深不可測。南唐刺史郭載鑿，以禦北兵。太保，其檢校官也。西溪澗水閘，在州東北一百二十里。

今廢。魚行減水閘，在州北六里。秦潼減水閘，在州東北六十里。王家廟閘，在西溪鎮東。丁溪海口閘，在州東北一百四十里。萬曆十年，巡撫姚士觀命守李裕建，以泄本州境内蓄水，與興化白駒海口閘同時建。姜堰，在州東四十五里天目山前，瀕運河水〔六〕，北至西溪，通運鹽，以達上河。嘉祐二年，守王純臣移堰近南米莊側〔七〕。宣和二年，大水，移於羅塘港，近運河口。

新城，在州北五里，周二百丈。海安鎮城，在州東一百二十里。周三里三十步，磚甓表裏。常平章所築屯兵處。後圮。嘉靖間，倭夷犯順，巡撫唐順之暨海道劉景韶重建，四周土城六里許，三門。子城，在州城内東北隅。周二里二百步，表裏皆圍以甓。周刺史荆罕儒所建。今圮。州治移故海陵縣基，乃子城之西也。海安鎮，在州東一百二十里。唐置海安縣，後廢。今置巡檢司。寧鄉鎮，在州東北六十里。隋置寧鄉縣，後廢。西溪鎮，在州東北一百二十里。置巡檢司。樊汊鎮，在州西北八十里。牛門鎮，在州西三十里。宋淮南轉運副使吳遵路置斗門，以蓄泄水。民甚便之，因以爲鎮。港口鎮，在州北十八里。秦潼鎮，在州東北六十里。姜堰鎮，在州東四十五里。白米鎮，在州東六十五里。曲塘鎮，在州東七十五里。

營寨六：掘港寨，在如皐縣東。拼茶寨，在州東南寧海鄉二十九都。斜角寨，在寧海鄉二十九都。劉莊寨，在州東北東西鄉三十五都。白駒寨，在東西鄉三十五都。丁美舍寨，在東臺場海口。如臯掘港營，距海大洋五十里〔八〕，東、南、北三面環海，惟西一路接如臯，爲倭寇首犯要地。舊設土堡，每歲汛期，委揚州衛指揮一員，領軍一千三百名守堡防禦。天順間，挑選精壯入衛京師，止存軍五百五十名。嘉靖三十三年，倭大舉入寇，再被蹂躪，巡撫鄭曉奏設把總。三十八年，巡撫李燧奏改守備，統東、西二營，召募民兵三千餘名，設戰船一百餘隻。後經承平，漸加減汰，尚存水、陸官兵六百餘名。萬曆十九年，倭犯朝鮮，沿海增備，復召兵勇千餘，設戰船六十隻，增置馬、步軍五百六十有奇。事平，旋罷。見存水陸營兵五百名，沙船八隻，戰馬二十二匹。所轄信地，南至石港，北接丁美舍，西達如臯，東抵大海洋。

【校勘記】

〔一〕州東四十五里　底本「東」下衍「西」字，川本、滬本、盋本、京本同，據清統志卷九七删。

〔二〕於祈河一名淤溪河　底本二「河」並作「湖」字，川本、滬本、盋本、京本同，據雍正揚州府志卷八、嘉慶揚州府志卷八改。下「於祈河」同。

〔三〕阮勝之記云　底本缺「之」字，川本同，據滬本、盋本、京本及雍正揚州府志卷八補。

〔四〕在州南　「南」，底本作「西」，川本同，滬本、盋本、京本作「南」。雍正揚州府志卷八云：「南運河自州治南折而東抵通州及各鹽場，入於海。」此「西」爲「南」字之誤，據改。

〔五〕成化年守彭福開浚　川本同，滬本、盋本、京本無「年」字，雍正揚州府志卷八云：「明成化間，知州彭復開浚。」疑本書有訛誤。

〔六〕瀕運河水　「瀕」，底本作「瀦」，川本、滬本、盋本、京本同，據雍正揚州府志卷八山川改。

〔七〕南米莊側　「南米莊」，川本、滬本、盋本、京本同，雍正揚州府志卷八作「南朱莊」。「側」，川本同，滬本、盋本、京本作「前」。

〔八〕海大洋　川本、滬本、盋本、京本同，據本書下文記，疑爲「大海洋」之誤。

如皋　春秋爲鄖。哀公十二年：會衛侯、宋皇瑗于鄖。注：鄖，發陽也。廣陵海陵東南有發繇亭。今立發地。立發口，在縣北三十里。漢爲輿。赤岸，在縣東北迤南，延亘六、七十里，脈接蜀岡。土高色赤。枚乘七發：凌赤岸。郭璞江賦李善注：赤岸，在廣陵輿縣。疑如皋即漢輿縣故地也。今有赤岸鄉。　舊志據左氏「賈大夫御婦如皋射雉」一語，引證邑名，亡論晉大夫無置邑東海事，詳叔向告鬷蔑云「御以如皋」。如，自訓往，非謂如皋即大夫邑也。後人承訛襲舛，附會成真，賈墓、賈祠紛然並出。嘉靖中，有陳公大壯來署邑篆，特毀其祠。

大海，東自泰州界，繞出如皋境，歷李家堡、豐利馬塘二場，入掘港，有守備營焉，蓋維揚之門户也。自此轉入通州界，過料角嘴，乃與江水合流。　大江，自西南出泰興界，入江寧鄉，即爲縣界境。東過天生港，入通州界。鹽盜出没，故於石莊置巡檢司。　天生港，在縣西。南通大江，東通白蒲汊，設石莊巡檢司。　掘港，在縣東一百三十里。西通運鹽河，東抵壩，此廣陵東南第一門户也，舊設遊兵防汛。嘉靖中，倭寇揚州，皆從此入，始設守備營寨，以示控扼焉。

鹽課司三：掘港，在縣東一百三十里。馬塘，在縣東一百里。豐利，在縣東北一百一十里。

丁堰鎮，在縣東四十里。　白蒲鎮，在縣東南七十里。　石莊鎮，在縣南六十里。　西場鎮，在縣北三十里。

宣德四年八月甲午，監察御史陳祚奏：揚州府邵伯牐壩，舊設官二員，民夫二百三十人，盤車輓過舟船。今高郵湖堤及儀、瓜洲壩岸高固〔一〕，河水積滿，舟經邵伯，皆是平流，閘壩官夫盡爲虚設，而白塔河上通邵伯，下注大江，凡直隸蘇、松、常州及浙江諸郡公私舟楫，以孟子河至瓜洲江濤險惡，多從白塔河往來。然河既淺狹，且有不平之處，若遇少水，未免艱阻。如以邵伯閘壩官及夫移於白塔河，稍加疏浚，又置閘積水，以通浙江、蘇松之舟，實爲利便。上命行在工部勘實，果利便則從之。十二月，設白塔河巡檢司。時兩淮運使何士英等言：軍民販賣私鹽，自通、泰、高郵，從瓜洲等港出江，皆經江都白塔河，其地宜設巡檢司，庶革其弊，故有此命。六年八月己未，浚白塔河及儀真壩河。七年四月，總兵官平江伯陳瑄等言〔二〕：新開白塔河工畢。其河南出大江口，北通揚州，去舊所設巡檢司頗遠，宜於江口添置巡檢司，以禦賊盜。從之。

如皐摩訶山。舊志云：去石莊舊址二十里。父老相傳：山昔迤岸，故家田契，猶有以山爲界，今山去岸逾四、五十里，田没入江，民輸坍租，苦之。嘉靖中，知縣黎堯勳奏准均派。江洲，嘉靖三十四年新漲，在摩訶山北四十里許，横石莊巡檢司前，去江岸不及十里。運河，西北從淮、揚來，繞縣城東北，至丁堰東四十里。分流入海；南折至白蒲鎮，東南七十里，半屬通州。入通州。石莊鎮，舊在縣南九十里，江齧遷進，今止六十里。

鹽課司三：掘港場，在縣東一百三十里。馬塘場，在縣東一百里。豐利場，在縣東一百一十里〔三〕。

【校勘記】

〔一〕儀瓜洲　川本同，滬本、盋本、京本「儀」下有「徵」字，蓋是。

〔二〕陳瑄　「瑄」，底本作「暄」，川本同，據滬本、盋本、京本及明史陳瑄傳改。

〔三〕鹽課司三至在縣東一百一十里　川本、滬本、盋本、京本同。按此與上文重出。

通州　捍海堰，在州東北四十里。唐大曆中，李承爲淮南節度使判官，以海漲，鹵潮病民田，奏請築堰以禦。自楚州鹽城直抵揚州海陵境，綿亘百里。後圮。宋史河渠志曰〔一〕：通州、楚州沿海，舊有捍海堰，袤一百四十二里，始自唐黜陟使李承實所建〔二〕，歲久頹圮。天聖初，范仲淹爲泰州西溪場鹽官，白發運使張綸請於朝，調四萬餘夫修築，三旬畢工，遂令沮洳舄鹵之地，化爲良田。越三年，堰成，長二萬五千六百九十六丈，一百四十二里，趾厚三丈，面三之一，崇半之。版築堅固，磚甃周密，潮不能害，海民至今賴之，名曰范公堤。 通濟閘，在塔山西，下通大江，乃故海運出舟之所。 布洲峽，在州南四十里。有東布洲、南布洲，皆没於江。 白蒲堰，在州北六十里，接如皋界。 賣魚灣，在石港場。 宋文丞相渡海處。

狼山把總一人，駐通州。 大河口把總一人，駐劄海門縣之吕四場。 正德中，海盗孔熾，州守夏公邦謨以江爲郡襟喉地，而戍狼山者去城遠，即有警，緩急不相聞，乃即州治南二里許，阻河作城，上起戍樓四楹，今五間。命曰望江樓。 跨河作浮梁，以利涉，遇警則撤梁集衆，憑戍樓守焉。 府志：城外有望江樓四：一南門望仙橋南〔三〕；一在鹽倉壩南；一在端平橋西；一在戰壩東。而在望仙橋南者，瀕江控海，尤爲要害。 萬曆丁酉，知州王之誠議築南城，以望江門爲樓，跨濠作二水門，北抵舊城，采軍山石爲城址，長七百六十餘丈，高厚與舊城等。 時以東倭戒嚴，故得請云。

海門島，在州東北海中。 宋初，凡犯死罪獲貸者，多配隸登州沙門島及通州海門島，皆有屯兵使者領護，而通州島中凡兩處，官令煮鹽〔四〕，豪强難制者隸崇明鎮〔五〕，懦弱者隸東洲市，今没於海。 任公堤，在州西五十里。 宋寶元中，通判任建中築，長二十里，以禦江濤。今没於江。　賣魚灣，在石港場。宋文天祥過此，有詩。

【校勘記】

〔一〕宋史河渠志　「志」，底本作「書」，川本、滬本、盋本、京本同，據宋史河渠志七改。

〔二〕李承實　底本、川本、滬本、盋本、京本作「李寶」，據宋史河渠志七改。

〔三〕一南門望仙橋南　川本同，滬本、盋本、京本「一」下有「在」字，蓋是。

〔四〕官令煮鹽　底本、川本脱「令」字，據滬本、盋本、京本及清統志卷一〇六補。

〔五〕豪强難制者　底本脱「難」字，川本同，據滬本、盋本、京本及紀要卷二三補。

海門　沈公堤，在縣東北。宋至和中，知縣沈〔旁注〕畿志：沈起。築。長七十里，西接范堤，以障鹵潮。

寶應　清水湖，在縣城南，西南連汜光湖，東會運河，西通城南閭丘溪。汜光湖，在縣西南十五里。東西長三十里，南北闊十里，東北連清水湖，南會津湖，西通瀝火湖。〔旁注〕元史石普傳：行次范水砦，日未夕，普令軍中具食，夜漏三刻，下令銜枚趨寶應。瀝火湖，在縣西南四十里。西通衡陽河〔一〕，南接安宜溪，東北入汜光湖。津湖，在縣南六十里，東通運河，西北會汜光湖，南接高郵界。白馬湖，在縣北十五里。東西長十五里，南北闊三里，西連三角村，東北會運河，北接黄浦溪。北二十里。廣洋湖，在縣東南五十里。東南通沈垛港，東南八十里。入博支湖，西南接漳河〔二〕，北連章思蕩，東北會三王溝。〔旁注〕東北入射陽湖。射陽湖，在縣東六十里。寰宇記云：闊三十丈，長三百里。漢書：廣陵王有過，其相勝之奏奪王射陂，即此湖也。今俗呼爲謝陽湖，縈迴可三百里，南北淺狹，自固晉至喻口北白沙入海。湖之東屬鹽城〔三〕，西至固晉屬山陽，固晉而上至射陽，屬寶應。博支湖，在縣東南九十里。西北過廣洋河，北接馬長汀。運河，即古之邗溝也。左傳哀公九年：吴城邗，溝通江、淮。杜預注云：吴於邗江築城穿溝，東北通射陽，西北至末口入淮。吴越春秋云：吴將伐齊，自廣陵掘江通淮，運糧之水路也。隋大業元年，煬帝幸江都，命尚書左丞皇甫議發淮南諸州丁夫十餘萬開通邗溝，自山陽至揚子入江，渠廣四十步，旁築御道，植以楊柳。蓋前此揚州西北自末口達六合入江，東北自射陽湖入淮。是時，始自揚子達六合，自山陽瀆入淮矣。邗溝，一名邗江，亦曰寒江。弘濟河，在氾光湖東。西爲舊堤，東爲新堤，延袤三十六里。萬曆十三年開築，次年工成，賜名弘濟。俗呼爲越河。濟河，在縣西南八十五里。北入衡陽河。成子河，在縣東南十八里。西北接萬直港，南入章思蕩。衡陽河，在縣西南六十里。西連衡陽鎮，東入灑火湖。涇河〔四〕，在縣東四十里。西接界陶溝，〔旁注〕東四十里。東入射陽湖，南通闞車蕩。蜆蟪河，在縣東北六十里。東西皆入射陽湖〔五〕。潼河，在縣東南六十里，西南接子嬰溝，東北入廣洋湖。白水塘，在縣西八十五里〔六〕。詳山陽。羡塘。唐地理志：在縣西南，與白水塘合。安宜溪，在縣西南六十里。東北入灑火湖，西南接高郵界。三王溝，在縣東六十里。西南通廣洋湖，中貫箕山，東北入射陽湖。子嬰溝，在縣南六十里子嬰鋪北。西通運河，北接潼河。馬長汀，在縣東九十里。東北通鹽城界，南接北支河，北會射陽湖，西連海陵溪。黄浦鎮，在縣北二十里，即吴王濞置黄浦至白浦之地。海陵溪，在縣東九十里。俗呼琵琶頭，西北通射陽湖，東接馬長汀。

【校勘記】

〔一〕西通衡陽河　底本、川本脱「河」字，據滬本、盋本、京本及紀要卷一二三補。

〔二〕西南接漳河　「漳河」，川本及紀要卷一二三、圖書集成職方典卷七五五同，滬本、盋本、京本及雍正揚州府志卷八、清統志卷九六並作「潼河」。按嘉靖寶應縣志卷二：「潼河，在縣東南六十里，接子嬰溝，東北入廣洋湖。」與本書下文潼河條記載同。廣洋湖西南接潼河，正與潼河東北入廣洋湖相合，則作「潼河」爲是。

〔三〕湖之東屬鹽城　「之」，底本作「湖」，川本同，據滬本、盋本、京本及圖書集成職方典卷七五四改。

〔四〕涇河　底本、川本、滬本、盋本、京本作「涇湖」，據紀要卷一二二、圖書集成職方典卷七五四改。

〔五〕東西皆入射陽湖　「入」，底本脱，川本、滬本、盋本、京本同，據圖書集成職方典卷七五四、雍正揚州府志卷八補。

〔六〕在縣西八十五里　底本脱「西」字，川本同，滬本、盋本、京本爲缺字，據嘉靖寶應縣志卷一補。

通鑑：齊顯祖之末，穀糴踊貴。濟南王即位，尚書左丞蘇珍芝建議修石鼈等屯，自是淮南軍防足食。

淮安志：禹貢「海、岱及淮惟徐州」，今淮北也。「淮、海惟揚州」，今淮南也。徐州，今泗州地。自泗而北，沿桃源、睢寧皆淮河之北，自盱眙、山陽皆淮之南；自清口交分，邳州、清河、宿遷、安東皆今黄河之北；古皆淮境。周淮北爲青州。職方曰：正東青州，其川淮、泗。泗，今黄流混迹，並淮皆非古道。　郡地無崇山峻嶺，惟是遥控長江，近跨淮、泗，扼要之勢，盡於此矣。東瀕大海，與夷共之，風帆出没，倉卒變生。三城環連，應援遼闊。及遇湖、淮暴漲，水高於城，堤薄如掌，夫荷鍤，便有産竈之憂。

北史：隋文帝開皇七年四月庚戌，於揚州開山陽瀆，以通漕運。

唐書：李承爲淮南西道黜陟使，奏於楚州置常豐堰，以禦海潮。屯田瘠鹵，歲收十倍。宋史喬維岳傳：維岳爲淮南轉運使。淮河西流三十里曰山陽灣，水勢湍悍，運舟多罹覆溺。維岳規度開故沙河，自末口至淮陰磨盤口，凡四十里。又建安北至淮澨，總五堰，運舟所至，十經上下，其重載者皆卸糧而過，舟時壞失糧，綱卒緣此爲姦，潛有侵盜。維岳始命創二斗門於西河第三堰〔一〕，二門相距逾五十步，覆以夏屋，設縣門積水，俟潮平乃泄之。建横橋岸上，築土累石，以牢其趾。自是病盡革，而運舟往來無滯。

洪武二十七年九月，浚淮安山陽縣支家河，水南入淮，北通安東〔二〕、海州。二十八年十月丙辰，置淮安府支家河至安東、海州、贛榆縣瀕河水驛五、遞運所三，罷山陽縣淮北下關至贛榆盧家莊陸路遞運所六。先是，山陽縣民夏圯言：本縣至贛榆瀕河水路四百餘里，已通舟楫，如罷車站，改造舟船，置遞運所，庶客使便於往來。於是遣使驗其道里遠近，置水驛五、遞運所三，仍以淮北下關六遞運所民夫充役。舊役夫一千五百六十人，至是五驛、三所減其夫之半，人稱便焉。

永樂二年十一月，鎮守淮安都指揮施文言：海安諸壩舟航往來，每遇天旱，壩下淤淺，重勞人力。近城舊有清江浦二閘，比年坍壞，乞命有司修砌，以便往來。從之。十三年五月乙丑，開清江浦河道，凡漕運北京，舟至淮安，過壩渡淮，以達清河口，挽運者不勝勞。平江伯陳瑄時總漕運，故老爲瑄言：淮安城西有管家湖，自湖至淮河鴨陳口僅二十里，與清河口相值，宜鑿河引湖水入淮以通漕舟。瑄以聞，遂發軍民開河，置四閘：曰移風，曰清江，曰福興，曰新莊，以時啓閉，人甚便之。十四年四月壬午，設淮安府山陽縣之清河、福興，清河縣之新莊，邳州之乾溝，徐州之沽頭上、沽頭下，沛縣之金溝，山東濟寧州之谷亭、孟陽泊、魯橋十閘，置閘官各一員。

陳瑄傳：〔旁注〕見宣德八年十月。建議於淮安城北開清江浦，由管家湖入鴨陳口，以達清河，免渡壩及風濤之患。又緣管家湖築堤十餘里，以蓄水益河，且便行者。於清江浦河上及徐州、臨清、通州皆置倉受糧，以次轉運。疏儀真、瓜洲壩下渠，鑿呂梁、徐州洪旁亂石，於刁陽湖、南旺湖皆築堤〔三〕，緣河多置閘，以時閉泄，利舟楫，凡所經營，具有條理。

正統五年二月初，淮安府知府彭遠言：永樂間，平江伯陳瑄總督漕運。於淮安西湖築堤十餘里，爲挽舟路，令淮安〔四〕、滿浦、南鎖三壩夫巡視之。又令漕卒順載小木暨土，積之堤上，遇堤壞即修。今壩夫止役，故堤弗完，請仍行瑄故事。事下巡按御史及總督漕運總兵官覈實。至是，御史李彬等奏：宜令淮安府邳州等州縣發舟夫，於旁近地采雜木，運之河壖，候漕舟還，令載以往，若土則令漕舟及商舟皆載以輸。從之。遠又言：滿浦、淮安二壩及窯溝一帶堤，舊用木石修築，輒爲水所敗。近者復欲如前修築，輒爲水所敗〔五〕，恐虚糜財力，乞更以貓竹編簍，盛石塊於中，爲數十磯嘴以支水勢，水不能撞激堤岸，則沙土壅積益堅久矣。上是之，令於秋後興役。七月甲辰，修金河壩，壩在淮安山陽縣，上接官河〔六〕，下接鹽城。永樂初，置絞關以通舟楫，後絞關壞，舟楫輒阻。又恐人竊毁壩以泄水，遂築寨河口，而往來舟楫皆迂繞不便。至是鹽城知縣乞修舊壩，置絞關以利往來。從之。七年七月癸未，修築淮安西湖中路十餘里，以便漕運。

【校勘記】

〔一〕維岳　底本、川本作「淮安」，據滬本、盇本、京本及宋史喬維岳傳改。

〔二〕北通安東　底本、川本「安」下衍「州」字，據滬本、盇本、京本及明太祖實録卷二三四删。

〔三〕南旺湖　底本、川本、滬本、盔本、京本作「南望湖」，據明史河渠志三、陳瑄傳改。

〔四〕淮安　底本脱「安」字，川本同，滬本、盔本、京本空缺，明英宗實録卷六四：「令淮安、滿浦、南鎖三壩夫巡視之。」據補。

〔五〕輒爲水所敗　川本、滬本、盔本、京本同，按此五字繫於此文意不通，且與前文重複，疑衍。

〔六〕上接官河　「上」，底本作「口」，川本同，據滬本、盔本、京本及明英宗實録卷六九改。

太平府

郡境之山，以丹陽湖爲主。自其南來之脈言之，起於南陵入繁昌境，爲隱靜山；支隴旁出襟絡而列於舊縣之南者，四面出者爲寶山〔一〕，舊縣據其麓而建者也。東北爲梅山，又北爲甸山；而入蕪湖之境，爲灰山、白馬山。縣河之南爲何墓山，東出而至石硊山，東以南爲郭家山，東以北爲磴根山；又北爲大小荆山，而底丹陽之濱矣。自其北來之脈言之，起自應天之句容，過上元，入當塗之境，拔起爲横山。支壠旁出，四折環於府城，黄山、鸚鵡、龍泉、馬鞍等山，乃城北之三列也〔二〕。府城東永保鄉〔三〕，府城西北慈湖港口〔四〕。石城、青山、采石、柳家等山，乃城南之三列也。在府東〔五〕。合三邑而言之，繁昌山皆自南而北，盡於丹陽之陰，當塗山皆自北而南，盡於丹陽之陽；惟蕪湖濱丹陽而縣，故縣南山接繁昌，而縣北山接當塗云。

丹陽之湖三源，徽州、應天、寧國、廣德諸溪所匯也。出徽之黟縣者，入宣州太平境，曰舒泉，東北行，至蕪湖；出廣德白石山者，曰桐水〔六〕，北行至蕪湖；出應天之東廬山者，曰吳漕水，西南行，至當塗，百川同匯，通爲三湖：一石臼，二固城，三丹陽，而丹陽最大，蓋總名也。遂釃屬蕪湖者爲南股，北行復匯爲路西湖，乃趨江之正派。縣河西行爲白岸湖，過荆山，〔旁注〕蕪湖縣東南。天城湖水入之，北行過大信，過天門山，入於江，此南股趨江之别派也。龍山港餘水，北過花山亭橋、牛濯橋渡，花山亭，府城南四里。牛濯橋渡，城南三里。趨姑溪河。丹陽一枝，自溧水、當塗境者爲北股〔七〕，西行陳進圩之北，黄野澗、横望港入之。又西過武山，武山港入之。又過青山之陰，煉堆港入之。又西過白紵、凌家山府東南石城鄉。之陽，合姑孰溪，過鼉浦，府城南。郡及當塗治其北，是爲南州津，臙脂、南津二港及長河汀入之；又北行，過江口渡，府西五里。襄城港入之；又北過黄山渡，府西七里。觀頭橋入之〔八〕；又北過牛渚，杜公港入之；過采石，入於江，此丹陽之北股也。

吴景帝陵，在府城東二十五里。齊和帝陵，在府城北黄山。世傳嶽廟行宫之基，即其陵也。

【校勘記】

〔一〕四面出者爲寶山　川本、滬本、盋本、京本同。道光繁昌縣志卷一：「寶山，在縣北四十里。」又本書此下文云：

「舊縣據其麓而建者也。」清統志卷一二〇繁昌故城：「舊城在今縣西北四十里，今爲舊縣鎮。」據此，寶山在繁昌縣西北，此「四面」乃「西北」之誤。

〔二〕乃城北之三列也　「北」，底本、川本脱，滬本、盋本、京本爲缺字。康熙太平府志卷三：太平當塗山，自江寧句容過上元入境，拔起爲横山，支隴西出爲牛渚山，稍西爲鸚鵡山，「此即郡北山之一列也」；龍山又東爲桑姑山，稍西爲翰壁山，又南稍東爲龍泉山，瀕江而南爲馬鞍山，「此郡北山之再列也」；龍泉又西爲靈墟山，北出爲武神山，西聳爲黄山，「此郡北山之再列也」。則諸脱缺者，乃「北」字，據補。

〔三〕府城東永保鄉　川本、滬本、盋本、京本同。圖書集成職方典卷八一一：「龍泉山，在府城東永保鄉。」則注文應記於上文龍泉下，此錯列。

〔四〕府城西北慈湖港口　川本、滬本、盋本、京本同。圖書集成職方典卷八一一：「馬鞍山，在郡治西北，近慈湖港口。」則注文應記於上文馬鞍下，此錯列。

〔五〕在府東　川本、滬本、盋本、京本同。圖書集成職方典卷八一一：「石城山，在府城東。」則注文應記於上文石城下，此錯列。

〔六〕桐水　底本作「吴洞水」，川本、滬本、盋本、京本同。紀要卷二〇：丹陽湖，「出廣德州白石山者，爲桐水」。圖書集成職方典卷八一一、康熙太平府志卷三並同。此「吴」字乃衍，「洞」爲「桐」字之誤，據以删改。

〔七〕自溧水當塗境者爲北股　川本、滬本、盋本、京本同。康熙太平府志卷三：「丹陽一支，自溧水入當塗境爲北股。」此「溧水」下蓋脱一「入」字。

〔八〕觀頭橋　川本、滬本、盋本、京本同，康熙太平府志卷三作「觀頭港」，當是。

當塗　白紵山，在縣東五里石城鄉，本名楚山。晉桓温攜妓遊山奏樂，好爲白紵歌，因名。桓公井，山椒之池也。山椒舊有四望、齊雲二亭。　黄山，在縣西北五里。世傳浮丘翁牧雞於此，亦名浮丘山。山上舊有宋離宫及凌歊臺〔一〕。臺在山頂，有石如案，高可五尺，頂平而圓，徑丈許。世傳劉裕避暑處。　青山，在縣東南三十里姑孰鄉。齊宣城太守謝朓嘗築室於山南〔二〕。又名謝公山。有謝公井、白雲泉。有謝公池，在山頂。甘泉，大旱不竭。　采石山，在縣西北二十五里化洽鄉。上有峨眉亭，下有磯，亦曰采石。又有牛渚磯，石出於江，曰采石磯。江自西南來，直走磯下〔三〕。姑孰溪則自東折西，而横入於江。蛾眉亭前有一臺，據牛渚磯陡絶之壁，北望天門，兩山夾江對立，遠望若蛾眉然。　天門山，一名博望山，又名東梁山，在城西南三十里。二山夾大江，東博望，西梁山，對峙如門，亦名東梁山。西梁山，又名峨眉山。北出江中者，爲梁山磯。因與西岸和州西梁山夾大江對峙，如門闕〔四〕，故謂之天門山。　牛渚山，在城西北二十五里。北下有磯，曰牛渚。去采石磯僅□□□〔五〕，爲險要備禦之地。　褐山，在城西，臨大江。五代史：楊行密攻趙鍠，戰於褐山，大敗之。九國志曰：頵與馮弘鐸帥舟師〔六〕，戰於褐山，皆此也。　横望山，在縣東北六十里永保鄉。其山四望皆横，故名。上有陶弘景隱居。左傳襄三年：楚子重伐吴，至于横山〔七〕。注：在烏程縣。恐非。

姑孰溪，在城南。合丹陽東南來之餘水及諸港來會，過寶積山在采石山北。入江。　丹陽湖，在縣東南七十里。跨多福、黄池、積善、湖陽等鄉，而徽、池、寧國、廣德諸州鄰於本府者，皆以湖心爲界，東西七十五里，南北九十里，太平之巨浸也。大信河，在縣西南二十五里延福鄉。河水南自蕪湖白岸湖分派北行〔八〕，過梅塘河〔九〕、墓山之間，西行過馬鞍山，又西過大信下鎮，會龍山港入江。黄池河，在縣南六十里姑孰鄉。以河心爲界，河北屬當塗，河南屬宣城。匾擔河，在縣西七里新城埠，即古檐河，大信河分派入江者。新河，在城北二十五里，即采石河，在采石鎮西、牛渚磯東。水經云：鎮市牛渚磯，屹然控江流之衝，水勢湍激，大爲舟楫害。宋慶曆間，開新河於磯後，南接夾河，西北達大江，舟行遂獲安濟。

慈姥山，在西北四十里。詳見應天。慈姥磯，在城西慈姥山石欹江中者。月盤山，在城東白紵山西。石城山，在城東，有石環繞如城。金山，在城北城山〔一〇〕，出銅與金類，古所謂丹陽銅是也。又繁昌縣西南有銅山，亦出銅。九井山，在城南十里延福鄉。山有九井，世傳晉桓温所鑿。元和志：殷仲文九月九日嘗從温登九井賦詩，即此。

【校勘記】

〔一〕凌歊臺　「歊」，底本、川本作「敲」，據滬本、盋本、京本及圖書集成職方典卷八一一改。

〔二〕謝朓　「朓」，底本作「眺」，川本、滬本、盋本、京本同，據南齊書謝朓傳改。

〔三〕直走磯下　川本同，滬本「直走」作「走向」，盋本、京本無「直」字。

〔四〕如門闕　「闕」，底本作「闞」，川本同，據滬本、盋本、京本及圖書集成職方典卷八一一改。

〔五〕去采石磯僅□□□　底本、川本無「□□□」三空缺，據滬本、盋本、京本補。

〔六〕頵與馮弘鐸帥舟師　「頵」，川本同，滬本、盋本、京本作「田頵」。

〔七〕横山　川本、滬本、盋本、京本同。按左傳襄公三年作「衡山」。楊伯峻春秋左傳注云：「衡山，亦吳地。高士奇地名考略則謂爲當塗縣東北六十里之横山。」

〔八〕白岸湖　「白」，底本作「北」，據川本、滬本、盋本、京本及紀要卷二七改。

〔九〕梅塘河　底本「梅塘」二字漫漶，據川本、滬本、盋本、京本及紀要卷二七補。底本、川本、滬本「河」作「何」，據盋本、京本及紀要卷二七改。

〔一〇〕城山　川本、滬本、京本同，盋本「城」下有「鄉」字，圖書集成職方典卷八一一作「石城鄉」，此脱「鄉」字。

蕪湖　赭山，在縣東北博望鄉〔一〕。〔旁注〕西北五里。江南地理志：漢丹陽郡北有赭山。丹赤〔二〕，故郡名丹陽。山巔有一覽亭。荆山，在縣東十六里，有大小二荆山。蟂磯，在縣西南七里大江中，高十丈，周九畝七分。上有靈澤夫人廟。弘光初，築城環之。白馬山，在縣西南三十里丹陽鄉。有白馬祠。有紫燕洞，土稱燕巢洞，又名燕雛，冬有燕數千來集，春則去，俗以牛餅祭洞神。劉宋七年〔三〕，敕禁之，燕遂絶；或曰唐廣明也。黄山，在縣西北二十五里。褐山，在縣北二十五里。石硊山，在縣南一十五里。驛磯，在縣西北八里，臨大江。南宋時，設館驛、列市肆於此。

長河，在縣南半里。源出廣德、宣州，過縣前西行，稍北五里注大江。青墩河〔四〕，在縣南。有洲曰青墩沙，周文育克徐嗣徽處〔五〕。櫓港河，在縣南一十五里。源出徽、宣，西注大江。魯明江，在縣南，與繁昌分界。昔魯明仲居此，至今稱魯港。鳩茲港，在縣東四十里。左傳：吴伐楚，克鳩茲。

【校勘記】

〔一〕在縣東北博望鄉　川本、滬本、盇本、京本同。康熙太平府志卷四：「博望鄉，在縣北二十里。」與此云「東北」異，疑「東」字衍。

〔二〕丹赤　川本同，滬本、盇本、京本「丹」上有「其山」二字，當是。

〔三〕劉宋七年　川本、滬本、盇本、京本同。圖書集成職方典卷八一一、康熙太平府志卷三並作「宋大明七年」，此蓋脱「大明」二字。

〔四〕青墩河　「河」，底本、川本、滬本、盇本、京本作「湖」，據紀要卷二七、圖書集成職方典卷八一一改。

〔五〕徐嗣徽　「徽」，底本、川本作「徵」，據滬本、盇本、京本及陳書周文育傳改。

繁昌　隱靜山，在縣東南三十里銅官鄉。有五峯，曰碧霄、桂月、鳴磬、紫氣、行道。相傳梁杯渡禪師隱處〔一〕。馬仁山，在縣南二十里。多異石，如馬，如人。鳳凰山，在縣西五十里春穀鄉。山盡於江，其下爲荻港。有硃金沙鎮。人煙湊集，百貨所聚，爲江防重地。設把總司、巡司守之。黄石磯，在縣西北四十里大江瀕，磯多黄土巨石，故名。正德十五年，宸濠東下，舟泊此，問何地，左右以王失機對。濠惡〔二〕，乃返，至南昌就擒。三山磯，在縣東北四十里金峩下鄉。縣治河，在舊縣西。新開河，在縣東三山磯下流。穴子港，在縣北三十里，跨河爲穴子橋。銅山，一在縣東三十里銅官鄉〔三〕，一在縣西七里。鵲起磯，在縣西四十里，俗呼板子磯，即大陽山脈盡於江中者。以江流其下，決而復旋，故名。萬曆中，知縣鄧一儒改今名。覆釜山，在縣北二十五里〔四〕。一名春穀嶺，一名寨山。山頂如掌面，形類覆釜。有井泉，冬夏不竭。世傳昔避亂者居於此。鋤者猶得折戟云〔五〕。

【校勘記】

〔一〕杯渡禪師　底本、川本脱「師」字，據滬本、盋本、京本及圖書集成職方典卷八一一補。

〔二〕濠惡　川本同，滬本、盋本、京本「惡」下有「之」字，是。

〔三〕一在縣東三十里銅官鄉　底本、川本脱「一」字，據滬本、盋本、京本及清統志卷一二〇補。

〔四〕二十五里　底本、川本脱「五」字，據滬本、盋本、京本及圖書集成職方典卷八一一補。

〔五〕鋤者猶得折戟云　川本同，滬本、盇本、京本「鋤」上有「今」字。

貴池　齊山，在東南三里。山有羣峯，勢皆齊等〔一〕。或云，唐刺史齊映嘗好此山，因名。巖洞三十有二，周迴二十里。黃龍山，在城北五里，瀕大江。鎮山，在城北五里，瀕池口江〔二〕。有昭明釣臺。

池口河，在城西，源出石埭之櫟山，爲營公明溪〔三〕，至府西南九里秀山〔四〕，有待月溪，又至狼山，本志作郎山，府西南七十里。有玉鏡潭，過白面渡，府西六十里。匯爲秋浦，又迤邐爲杜塢湖，過鎮山，爲池口，入大江。白沙河，去城十里。源出太樸山，通東塘湖，達清溪，入於江。五阜河，在城東五十五里。源出九華山，會於五溪，支流入於江。羅刹磯，在城西六十里，對長風夾，湍激險阨。侍中黃觀死節於此。秋浦，在城西南，長三十餘里。隋置縣，以此名。梁昭明太子墓，在府城西秀山上。

【校勘記】

〔一〕勢皆齊等　川本同，滬本、盇本、京本「等」下有「故曰齊山」四字。

〔二〕池口江　底本、川本作「池江口」，據滬本、盇本、京本、本書下文池口河及紀要卷二七乙正。

〔三〕營公明溪　川本同，滬本、盇本、京本「營」作「管」。

〔四〕至府西南九里秀山　川本同，滬本、盇本、京本「九」下有「十」字。

青陽　五溪河〔一〕，在縣西二十里。發源並自九華，一曰池溪，二曰龍溪，三曰漂溪，四曰雙溪，五曰瀾溪〔二〕，合流經五溪橋，達梅根入江。　雙河，其源有五，出橫溪，會於雙河口。　橫橋河，其源有二，經漪港〔三〕，合青山水，會於分橋。以上諸河，統會峽山，北流達大通入江。　管埠河，其源有九，經木竹潭，與東河諸水總達大通入江。　三溪口，在縣南六十五里。三溪合流爲河，兩山夾水峭立，路出山下，最爲險要。　博山琉璃嶺，在縣南七十里。時遇礦徒劈擾，力守此隘。　白茅塘，在縣東南三十里。山峽有路，僅容一騎。　黃蘗嶺，在縣東五十里。山高河深，路瞰懸崖〔四〕。　白沙嶺，在縣西七十里。山峻路窄，旁多深谷，可以設壘。　峽山口，在縣北十五里，通大江，兩山相對，中間如峽。

【校勘記】

〔一〕五溪河　「河」，底本、川本、滬本、盇本、京本作「湖」，據紀要卷二七、清統志卷一一八改。

〔二〕一曰池溪二曰龍溪三曰漂溪四曰雙溪五曰瀾溪　川本同，滬本、盇本、京本作「一曰縹溪，二曰澗溪，三曰雙溪，四曰曹溪，五曰澗溪」。「澗溪」重出。

〔三〕漪港　「漪」，底本作「渏」，川本、滬本、盇本、京本同，據圖書集成職方典卷八〇五改。

〔四〕路瞰懸崖　底本原缺「瞰」字，川本同，據滬本、盋本、京本補。

銅陵　銅官山，在縣南十里。舊名利國山。有泉，冬夏不竭，可以浸鐵烹銅，因改爲銅官山，於此置場。　城山，在縣東五里。四圍石壁峭拔，惟西南一徑可通，如城門然。山頂平坦，可數十畝，名曰賽城〔一〕。中一井，遇陰晦則雲氣湧出，鄉人嘗避兵於此。　羊山，在縣西南江濱，有磯有渡，即舊稱六百丈，江山最險處也。　鵲頭山，在縣北十里，高聳臨江，宛如鵲頭，與西岸廬江縣鵲尾渚相對。　六朝時，爲重鎮。　劉胡率輕舸，自鵲頭内路攻錢溪〔二〕，見宋書。　王僧辯發鵲頭〔三〕，中江風浪甚急，見梁書。　周文育平鵲頭，見陳書。　俗呼爲十里長山。

大通河，在大通鎮。源出九華、天門、梅冲三山，會車橋河，至大通鎮入江。　荻港河，在縣北八十里，界抵繁昌。有三源〔四〕：一出邵家澗龍洞泉，一出永城埭沸泉，一出寶山泉，會米村、即坑、石洞、南洪、鳳凰諸水，今至北下社入江〔五〕。

【校勘記】

〔一〕賽城　底本作「塞塘」，川本、滬本、盋本、京本同，川本「塘」字旁注「城」字，據嘉靖池州府志卷一、紀要卷二七改。嘉靖銅陵縣志卷一作「寨城」。

〔二〕自鵲頭内路攻錢溪　「攻」，底本作「改」，川本、滬本、盋本同，據京本及通鑑卷一三一改。「錢」，底本、川本作

「銕」，據滬本、盇本、京本及通鑑卷一三一改。

〔三〕王僧辯 「辯」，底本作「辨」，川本作「辮」，據滬本、盇本、京本及梁書王僧辯傳改。

〔四〕有三源 川本、滬本、京本同，盇本作「其源三」。

〔五〕會米村即坑石洞南洪鳳凰諸水今至北下社入江 川本、滬本、京本同，盇本作「會於三港口，西接鳳心閘，北接黃火河，匯蘇河以入於江」，寰宇通志卷一二、明統志卷一六作「源發朱村者郎坑邵家澗，會石洞、南洪、鳳凰、鍾鳴、貴上中下各者之水，合流至北下社，入於大江」。

石埭 歷山，即山〔一〕。在縣西一百二十里。高約四十餘里，界貴池、祁門、石棣三縣。芝嶺，在芝峯之坳，縣溪之南五里。南通徽、浙，東連寧、太，京師之通衢也。埭石，在縣西一百三十里。有三巨石：一曰頭埭，二曰中埭，三曰三埭。三石横亘溪中，鎖漣溪、鴻陵溪〔二〕、管溪三水，舟楫不通，故有埭上、埭下之名，縣之得名者以此。蓋山，在縣南三十里。相傳爲舒姑采藥得桃之所。文選注云，有舒姑泉，即今舒溪。劉孝標所謂蓋山之泉，聞弦歌而赴節者也。顧野王詩：寧知蓋山水，逐節赴尾弦〔三〕。

五溪，在縣西南上五都之境。黟縣、太平之東界。〔旁注〕五溪山，在縣西南一百二十里。其溪上之山，延袤可百里，五水合流而下，同佘溪歸於舒溪。前溪，南自太平界，經鳳凰山下，西南自五老峯縣前舒溪之南二里。發源，東南自古芒山發〔四〕，三溪合流，以趨縣治。後溪，東自九凰嶺，縣北二都，太平、青陽界。北自黃城峯，縣北二都。分派東北而來，繞縣治後，入於舒溪。嶽溪，在縣西二里金城山之上。自九華山、分流嶺諸山發源，經博山西北而來。博山鋪，北十五里，青陽界。已上諸溪，石埭外鄉之水也。俱合流縣前舒溪，東北自蕪湖入江。鴻陵溪，在縣西南一百二十里。其源從祁門縣界大洪嶺，縣西一百三十里。西北達雷湖、城安、琅田、鴻陵，至港口，合管溪，流出碌石，經貴池，達池口入江。管溪，在縣西一百七十里。其源出歷山下，東北流三里，至埭透坑八十里，并合貢溪，達貴池縣池口入江。璉溪，在縣西南一百里。源有二：一自大宇坑三十里至漣溪，一自石門坑十五里至璉溪，合二流達五里許，合管溪，流出埭石，經貴池，達池口入江。已上諸溪，石埭裏鄉之水也，俱合流，由貴池香口入江〔五〕。

石埭舊城，在縣西一百五十里。猷州城，在縣東二里，延袤數百丈。寰宇記：猷州，今涇縣。相傳猷州總管左難當嘗守其地。

【校勘記】

〔一〕即山　川本同，滬本、盋本、京本「即」下有「櫟」字，此當有脫誤。

〔二〕鴻陵溪　底本、川本脫「溪」字，據滬本、盋本、京本、本書下文鴻陵溪及清統志卷一一八補。

〔三〕尾弦　川本、滬本、盋本、京本同，文苑英華卷一九八、樂府詩集卷二一作「危弦」。

〔四〕自古芒山發　川本同，滬本、盋本、京本「發」下有「源」字，蓋是。

〔五〕香口　川本、滬本、盋本、京本同，據嘉靖池州府志貴池四境圖所載地望當作「池口」。

建德　茹蘭溪，在縣南五百步。源出迎春、朝霞二洞之側，合而西流，會堯城溪，達於東流入大江。堯城溪，在縣南三里。府志：二里。其源出於登源、桃源二洞，合大小水，達於東流入江。

東流　香山，在縣南四十里，爲香口鎮之主山。金紫山，在縣北三十五里。

歙　歙之爲邑，據浙江之上游，東有昱嶺之固，西有黄牢之塞，南有垓口之險，北有翁嶺之阸。歙、睦要津，遡流而上，懸灘狼石九十餘里。浦口嵌巖峭峙，兩港合流，僻處一隅，屹如保障。陸行則自睦至歙，皆鳥道縈紆，兩旁峭壁，僅通單車。方臘之亂，兩岸駐兵，下瞰平路，雖蚍蜉可數，賊亦不敢犯焉。即山爲城，因溪爲隍，三面距江，地勢斗絶。其人自昔多以材力保捍鄉土爲稱，其後寖有文士〔一〕。黄巢之亂，中原衣冠避地保於此〔二〕。後或去或留，俗益嚮文雅。宋紹興後，則名臣輩出。其山挺拔廣厲，水悍潔〔三〕。其人多爲御史諫官者。山限壤隔，民不染他俗，勤於山伐，能寒暑，惡衣食。淳熙志。地隘斗絶，厥土騂剛而不化，高水湍捍，少瀦蓄，地寡擇而易枯，十日不雨則仰天而呼；一驟雨過，山漲暴出，其糞壤之苗又蕩然空矣。大山之所落，多墾爲田，層累而上，指十餘級不盈一畝〔四〕。府志。女人尤號能儉，日挫鍼治縫，務爲貞潔，雖妾媵女僕之流，亦以流合爲恥，故李維楨曰：歙，女流之鄒、魯也。民性樸而好義，其弊也，性樸則近愚，好義則近爭，故訟起於杪忽，而至不可遏。究其極，又非有姦宄武斷，若昔人之云者，其爭不過産與墓繼之類耳。程篁墩送張公任徽州序。

箬嶺巡檢司，在縣北一百里。嶺界太平、旌德，爲歙要衝，財貨所經入。天啓中，屢有巨寇白晝剽劫，知縣戴東旻申請設立。

烏聊山，一名富山，在府城内東南。漢建安中，邑人毛甘以萬户屯山上。吴將賀齊破之，因置新都郡。隋末，汪華起兵，亦曾屯兵。義寧中，自萬安山遷治是山。問政山，在縣城東。唐有于方外者，自荆南掌書記，棄妻學道，其從弟德晦刺史歙州，來訪之，德晦爲築室山上，號問政山房。飛布山，在縣北二十里。周二十七里，爲北鎮山。蒻嶺，在縣北八十里。富資之水出焉。唐初，越國公汪華鑿二道，一通旌德，一通太平。靈山，在縣西北三十里。周七十七里。大小母堨之水出焉〔五〕。黄山，在縣西北一百二十八里。一名黟山，高一千一百八十仞。北倚九華，西拓彭蠡，南接廣信，左挾浙河，右起桐汭，以盡海壖，皆支壠所分。唐天寶中，敕改名爲黄山。其峯三十有六，源如之，溪二十四，洞十二，巖八。紫陽山，在府治南。朱文公父韋齋先生嘗讀書其上〔六〕。其南曰南山，一名城陽山，周四十里。唐許宣平隱處。將軍巖，在城陽西支盡處。其山峭峙水旁，歙、休兩港合流奔駛。隋將軍蘭亮嘗於此屯兵〔七〕。柳亭山，在縣南百里。一名昌山，周四十里，昌溪之水出焉。

漁梁，在府城南三里，舊有石梁。以豐樂、富資、布射、揚之水及黄山諸水〔八〕，凡四溪會流於城西，陡瀉而下，無復停蓄，故爲津梁，以緩水勢。宋嘉定中，郡守袁甫重砌。國朝弘治中，知府張楨、彭澤相繼修。

北野縣，在縣北三十五里。唐永徽五年置，大曆五年廢。歸德縣，在縣西南五十里。唐永泰元年，方清陷州，縣人割八鄉之地，保於此山，賊平，因請置縣。大曆五年廢。

萬曆七年，巡撫胡執禮以嘉靖末年礦賊屢犯婺〔九〕，奏請於婺源縣中平設把總一員，休寧縣五城設哨官一員。

中平鎮，居府城五嶺之外，在婺源縣之東。自東而十餘里大鏞嶺〔一〇〕，自南二十餘里長降嶺，通江西、浙江之德興、開化及雲霧山等處。凡寇入婺者，必由二嶺出没，其犯必先於中平一帶，而後及縣邑。五城，在休寧縣治之南。乃府城、中平適均處所，爲諸邑之大道，且地方亦曰白際〔一一〕、巍峯之險。

【校勘記】

〔一〕其後寖有文士　「士」，底本、川本、滬本、盋本、京本作「字」，據圖書集成職方典卷七九二引淳熙志改。

〔二〕中原衣冠避地保於此　川本、滬本、盋本、京本同，弘治徽州府志卷一無「保」字。

〔三〕水悍潔　「悍」，底本作「垾」，川本同，據滬本、盋本、京本改。

〔四〕指十餘級不盈一畝　川本同，滬本、盋本、京本「指」下有「至」字。

〔五〕大小母堨之水出焉　底本、川本脱「焉」，據滬本、盋本、京本及圖書集成職方典卷七八七補。

〔六〕朱文公　川本同，滬本、盋本、京本作「朱子」。

〔七〕藺亮　底本、川本作「簡党」，據弘治徽州府志卷一、紀要卷二八改。

〔八〕以豐樂富資布射揚之水及黄山諸水　底本、川本、滬本、盋本、京本脱「豐樂富資布射」六字，據圖書集成職方典卷七八九、清統志卷一一三補。

〔九〕礦賊屢犯婺　川本同，滬本、盋本、京本「婺」上有「休」字。

〔一〇〕自東而十餘里大鱅嶺　川本同，滬本、盋本、京本無「而」字，蓋衍。

〔一一〕且地方亦曰白際　川本同，滬本、盋本、京本「曰」作「有」，是也。

宣城　陵陽山，在城内。自敬亭坡陀而南，隱起爲三峯〔一〕：第一峯，府署據之；第二峯，在府治西南，南别爲鰲峯；第三峯，在府治北。宛溪〔二〕，在東溪下〔三〕。源出嶧山之陽，當兩山間。東北流三十里，爲九曲河，東由緑家潭分，上流爲斜陂灘水，亦合於此，西五里合板橋水，又十里合横澗橋水，北流爲上渡，又北五里受張家湖水，爲響潭。繞於城東〔四〕，爲宛溪，受城西南溪、城西北石子澗，至城西北入句溪合流。其東有泥河，亦入於宛。句溪，在城東三里。源出寧國南龍叢山及千里嶺諸水，北流至西塌入宣境。又北爲水東、水西，又十里爲後潭，又十里至下西，受華陽諸溪水，又西爲緑家潭，又北爲孫家埠，爲高溪，爲烏泥埠，西逕土山，距城十里，又五里爲東溪，距城東五里。又三里是爲句溪，又北二里至三汊河，與宛溪合。又八里至敬亭潭，北至油窖溝，又北至陳村灣，西爲野貓溝，東爲青草湖，水皆入焉。十里至石頭溝，東爲渾水港，南湖水於此出〔五〕，合流北逕塞口、稻堆在敬亭北四十里。兩山，沙石灣、慈溪合高淳水至此入河。泝流而進，東通五堰之東壩者由此。至水陽鎮爲龍溪。又西北至黄池；由塞口山北〔六〕，支流西北爲焦村灘、丁家灣，亦合於黄池。其水陽東流北出陳溝口者，又逕芮家嘴，與高淳水合，北達姑溪。南畿志小異，當並看。慈溪，出長山，在城東北六十里。東合高淳諸水，西至水陽入大河，東通五堰以達三吳，又北至江寧。溪流雖微，頗稱津要。

【校勘記】

〔一〕隱起爲三峯　「起」，底本作「處」，川本、滬本、盋本、京本同，據嘉靖寧國府志卷五、紀要卷二八改。

〔二〕宛溪　「溪」，底本作「城」，川本同，據滬本、盋本、京本及紀要卷二八、清統志卷一一五改。

〔三〕在東溪下　底本、川本、滬本、盋本、京本同，寰宇通志卷一一、明統志卷一五、圖書集成職方典卷七九五無此四字，疑衍。

〔四〕繞於城東　川本同，滬本、盋本、京本「繞」上有「響潭，在響山下」六字。

〔五〕南湖　「湖」，底本、川本作「河」，據滬本、盋本、京本及嘉靖寧國府志首卷宣城縣圖、紀要卷二八改。

〔六〕塞口山　底本作「塞山口」，川本同，據滬本、盋本、京本、本書上文及嘉靖寧國府志卷五乙正。

南陵　縣治舊濱大江，即今繁昌縣春穀鄉，去今縣九十里。唐舊史云：南陵舊治在赭圻，後移青陽城〔一〕。赭圻，在繁昌縣西十五里，俗稱縣故城。今考故城，又在赭圻西二十里，與赭圻俱爲春穀鄉。其青陽城，即今之縣治也。

敬亭山，在縣南三十里。與府北鎮山同名。李白有登敬亭南望陵陽山詩，疑或於此。

【校勘記】

〔一〕青陽城　「城」，底本作「域」，川本、滬本、盋本、京本同，據紀要卷二八、清統志卷一一六改。下同。

涇　黄峴山，在縣東南八十里。自黄、黟而來，高數百仞，羣巒列障，狀若蓮花。

藤溪，在縣東南八十里。出桐嶺之南，本旌德三溪之委流，西北流逕藺石，俞將軍縱死事處。

匯爲星潭，下三門灘〔一〕，受榔橋河，遂經官莊，繞縣南，北至巖潭，入於賞溪。賞溪，在縣西。一曰涇溪，西南接太平之麻川。其源有三：一出石埭舒姑泉〔二〕，下龍門，經考溪；一出太平黄山，下三門，至六刺灘合流；一出績溪，經旌德，至楓溪。三水會合，下澀灘，至九里潭，稍下爲還羅浮潭〔三〕、萬村潭，川隨山繞，旋折數重，其西爲太平境。北至落馬潭，又北至桃花潭、落星潭，受諸水，逕復山，至巖潭，與藤溪合〔四〕。至於縣西，又北逕柏山，又北爲赤灘鎮，又北逕馬頭山、蘆塘，下爲青弋江，宣城、南陵分境〔五〕。南畿志小異。

猷州城，在縣西三十里。唐初，以縣置南徐州，更名猷州。尋廢。俞將軍走馬城，在縣南四十里。俞縱屯兵所。

【校勘記】

〔一〕三門灘　「灘」，底本、川本作「潭」，據滬本、盋本、京本及圖書集成職方典卷七八六改。

〔二〕一出石埭舒姑泉　「出」，底本作「在」，滬本、盋本、京本同，據川本及圖書集成職方典卷七九六改。

〔三〕爲還羅浮潭　川本同，滬本、盋本、京本「爲」下無「還」字，疑底本衍「還」字。

〔四〕藤溪　「藤」，底本作「籐」，川本、滬本、盋本、京本同，據本書上文及紀要卷二八改。

〔五〕南陵分境　「境」，川本同，滬本、盋本、京本作「界」。

寧國　西溪，在縣西五里。源出籠叢山，北流合横溪，謂之徽水，西南諸水多入焉。北十里至霞鄉，受滑渡水，又五十里至東岸，受環川、葛村水，又四十里至羅陵灣，有狼石方丈，突起與水閧，舟行病之；至袁村、下湛受龍潭水，東北流五里，是爲西溪，又北十里至五河渡〔一〕，與東溪合〔二〕。　東溪，在縣東五里。源自天目，北流二十里至落花溪，又十五里至落馬橋，受孔闕水。又北至寶石橋，受千秋嶺水。水出於潛繚嶺。又二十餘里至冷渡，受湯公山水〔三〕。又十里至石牌，受陳村水。又十里至鳳凰橋，受博里、深坑水。又十里至石口，有石口市，嶽山巡檢司移至此〔四〕，水漸可航。　逕欄杆溪，又北逕汪村渡，與千頃山諸水合。〔旁注〕水出昌化界嶺。又十五里至長墩溪，受洋丁源水，水出昌化洋丁山麓，南流至石門，又折而東，并吞衆流，可航可筏。是名杭水。又北流五里至河瀝溪，是爲東溪，稍北受妙灘水、洪公潭〔五〕。又北至峴山下，受波羅溪水，又北十里至五湖渡，與西溪合。又五里爲馬家溪，受何徐村諸水。又北十五里曰相府潭，受胡村水。又北下衆潯潭，逕通靈峯，北過石馬潭，受澄清溪水，至港口受乾溪水。即宣城柏梘溪〔六〕。又五里至西塌，接宣城境，爲句溪上流。

古縣城，在縣南一十三里。　懷安故城，距縣四十里。　烏石舊城，距縣九十里，在盤山北。相傳南渡時建。

【校勘記】

〔一〕五河渡 「河」，川本及民國寧國縣志卷一同，滬本、盋本、京本作「湖」，嘉靖寧國府志卷五同。

〔二〕東溪 「溪」，底本作「津」，川本同，據滬本、盋本、京本及嘉靖寧國府志卷五、紀要卷二八改。

〔三〕湯公山 「湯」，底本作「陽」，川本、盋本同，據滬本、京本及嘉靖寧國府志卷五、圖書集成職方典卷七九六改。

〔四〕有石口市嶽山巡檢司移至此 底本、川本「石」下衍「司」字，「移」錯簡於「口」字上，並據滬本、盋本、京本及清統志卷一一六刪改。

〔五〕稍北受妙灘水洪公潭 「北」，底本脱，川本同，據滬本、盋本、京本及嘉靖寧國府志卷五補。

〔六〕柏梘溪 底本缺「梘」字，川本同，據滬本、盋本、京本及紀要卷二八補。

旌德 石壁山，在縣北二十五里。兩山對峙，一水中流，紆迴曲流〔一〕，長六、七里許。徽水，穿縣治中，流至縣北里許，與東溪合。霞溪，在縣東四里，源於績溪，至壇石，與東溪合。東溪，俗名楊下溪，在縣東。有兩源，一出績溪之朋坑山，一出七都之石嶺，合霞溪、龍頭二水，至城北里許，合於徽水。石柱山，在縣西六十里。雙石挺立，高數丈，有巨石承之，若二柱然。梁時，程靈洗將兵討侯景〔二〕，築壇誓衆於此。徽水，在縣北。出績溪徽嶺之陰，北流，受青潭水，至縣南印匣石，如印匣，峙徽水中。逕淳源橋，至縣東北與霞溪、東溪合〔三〕。霞溪，源自績溪，至縣東四里入東溪。源二，一出籠叢，一出七都之東，合流至此入。又北匯於鑰匙潭，逕柳山、藁口，趨於石壁山西十里，與抱麟溪、玉溪合，是爲三溪，豐溪水亦入焉。北至龍骨山入於涇。安吴城，在三溪鎮。晉縣，唐省。鎮在縣北三十五里。

【校勘記】

〔一〕紆迴曲流　「流」，川本同，滬本、京本、盋本作「折」。

〔二〕程靈洗　「靈」，底本作「雲」，川本同，據滬本、盋本、京本及陳書程靈洗傳、寰宇通志卷一一、紀要卷二八改。

〔三〕東溪合　「溪」，底本作「流」，川本同，據滬本、盋本、京本及紀要卷二八、清統志卷一一五改。

太平　三門嶺，在縣西北。三方阻絶，一徑中通，縣治據焉。密崖山，在三門西北。岡巒連亘二十里，兩崖對峙，下瞰深溪，徑道險絶。

三府會館〔一〕。鄒暘記：去太平縣治百里，地曰郭村，帶徽躡池，爲三郡襟喉。其南三十里至羊棧嶺，又四十里至徽之黟治，其西北十里至桃嶺，十五里至壓脚嶺，又四十五里至池之石埭，黟相去百五十里，視驛道之迂，省三之二。弘治癸丑，都憲浙東何公命於村之巖前創公館。

【校勘記】

〔一〕三府會館　底本、川本脱「府」字，據滬本、盋本、京本及嘉靖寧國府志卷首太平縣圖卷三補。

蕪湖　按圖經：太平府東南六十九里有湖，曰丹陽。丹陽既豬，西行出蕪湖，以趨於江。後人田於湖心，方圩以遏之，遂釃爲二股，屬蕪湖者爲南股，正西行，過圩南，青弋水入之，出石埭，合涇縣小溪。過黄池，五丈湖水入之，縣東南七十里。過跋聳，縣東四十里。黄池分派。句池〔一〕、荆招二港，北復匯爲路西湖〔二〕。以在圩路西，故名。路西湖又分二小股：其一，最南即蕪湖縣，乃南股趨江之正派。縣河，勾慈西行爲白岸湖，過荆山，天城湖水入之，北行爲匾擔河，達姑孰溪，入於江；又西過蕪湖縣治，寰宇記：有蕪湖洲，長七里。侯瑱敗王琳處〔三〕，即縣岸也。西湖池水入之，過鱉洲入江；江口稍南，爲雙港，鄭塘水入之，入於江；又南爲櫓港，石硊河入之，過青墪河，入於江；江口以北，過薙葉磯〔四〕，爲二小港；又北過磧磯，爲烏汊港，源出赤鑄山陰，入於江。大抵縣治以東之水，皆會於長河；縣治以西之水，則各自爲道，要之，總入於江，而後蕪湖諸水底定矣。中江。舊志：蕪湖縣河，即禹貢之中江。其説本孔安國書注與班固地理志。書注謂江自彭蠡分爲三，入震澤。地理志以南江從吳縣南，北江從毗陵北，中江從蕪湖西，至陽羨入海。水經亦云：在丹陽蕪湖縣東南，至會稽陽羨縣入海。今縣河東達黄池，入三湖，至銀林止，所謂東至陽羨，即此。而劉子澄圖經力辯其非，其説據蘇氏，以江、漢及豫章皆匯彭蠡而過秣陵，至江陰以入海者爲三江，正今貫蕪湖之右境，起九江至京口者即中江，謂此股在長江中分，而蕪湖縣適當其處，故有中江之名，非別有支流派瀆也。然未知孰是。但考今縣境諸水，並無中江故迹，則其謂長河即中江者，亦未可盡信也。　勾慈二港，在縣東四十里。左傳：楚伐吳，至鳩茲。杜預注則爲皋夷，輿地志則爲皋茲。按今縣有港曰句慈，距縣四十里，與預所指在縣東之地正合。地一而名四，音近而字殊，則世俗傳道之訛也。

蕪湖故城，在縣東三十里。輿地志云：吳黃武初，徙治今所。　于湖廢縣，按宋志〔五〕：晉太康中，分丹陽之南境置。考邑古碑志，去縣東四十里有圩曰咸保〔六〕，古丹陽于湖縣也。　春穀廢縣，在縣南七十里。

【校勘記】

〔一〕句池　川本、滬本、盋本、京本同，康熙太平府志卷三作「勾慈」。

〔二〕北復匯爲路西湖　川本、滬本、盋本、京本同。康熙太平府志卷三：「北行復匯路西湖。」此「北」下蓋脱「行」字。

〔三〕侯瑱　「瑱」，底本作「鎮」，川本同，據滬本、盋本、京本及陳書侯瑱傳改。

〔四〕薤葉磯　「磯」，底本脱，川本同，據滬本、盋本、京本及康熙太平府志卷三補。

〔五〕宋志　「宋」，底本作「國」，川本、滬本、盋本、京本同，據宋書州郡志改。

〔六〕縣東四十里有圩曰咸保　「曰」，底本作「田」，川本、滬本、盋本、京本同，據康熙太平府志卷二五改。

東流　士醇而近質，民野而近古，躬服儉約，敦尚本業，市價不飾，游食不齒。惟徽、歙之俠，徙占都聚，挾恃雄貲，蠶食種籍；安慶、南昌二衛屯田割據，雜處民間，頗肆漁獵。

烏石磯，在縣南三十五里。紫石磯，在縣南四十五里。黄石磯，在縣北六十里。正德中，宸濠舟師敗於此。陸貫磯，在縣北三里許。張公磯，在縣南三十五里。祝家磯，在縣北五里，横截大江，洄流觸激，舟過此甚險。稠林磯，在縣南十里。獅子磯，在縣南三十里。牛磯，在縣南三十五里。土磯，在縣南三十里。砲兒石磯，在縣南三十里。響水磯，在縣南五十里。蓮花洲，在縣西五里，出江上，形若蓮花，故名。閣簰洲、陳家洲、羅家洲，俱在縣北二十里。磨盤洲，在縣南五十里。白沙洲，在縣北六十里。落雁洲，在縣北九十里。菊所，在縣治西。晉彭澤令陶淵明嘗種菊於此。

婺源　婺在徽爲上游，控扼饒、浙，山勢蜿蜒，而縣治宅四鄉之中，大要祖鄣山，而來脈去脈左右環拱。大鄣之南，發五花尖，又南爲石城山、角子尖，東爲船槽峽〔二〕，又東爲天堂山、吳坑山，南十里爲錦屏山、軍營山，而縣治託焉，此鄣山赴邑之中脈也。由鄣山遡脈而上，爲大廣，爲平鼻，爲高湖，爲浙嶺；再上爲迴嶺，爲五龍，爲朗山，爲龍尾；又再上，爲對鏡，爲芙蓉，爲大鏞，爲石耳，此其來山之環繞於縣左者。由鄣山順脈而下，其旁爲鷩峯，爲九老芙蓉，爲桐油尖，又旁爲湖山，爲梅山，爲佛臺、柑子，又旁爲楓樹尖，爲澆嶺，爲㠣崌、濬源，此其枝山之盤踞於縣右者。水則出自大廣山，與鄣山連脈者，乃爲婺水，東南至清華〔二〕，至武口合東境水，下繞邑城爲繡水。由城而西至福陽，至太白，至漕村，乃赴饒之鄱陽湖，此婺水之正流也。其從北來，而與婺水合於清華者，爲沱水，爲浙源水。其從東北來，而與婺水合於武口者，爲朗山、五龍、迴嶺諸山水。其從東來，而與婺水合於武口者，爲石耳、芙蓉、鏞嶺諸山水，是武口以上，汪口、思口水，悉以婺爲環也。折而南，合小歙、銅川之水；折而西，桃溪及五老、桐油兩涯之水自福陽注之，又西，梅源及佛臺、柑子兩涯之水自太白注之，又西，環溪及壢崌、濬源兩涯之水自漕村注之，是小歙以下，福陽、太白、漕村三港口水，悉以婺爲綰也〔三〕。夫婺邑，隩區也。羣峯拱峙，無城郭，衆流曲折，不乏龍湫，而婺水領上下之洪流，鄣山統幅員之巨鎮，故就鄣山赴邑，並來脈旁枝，南北東西分列諸派，而水附焉。

【校勘記】

〔一〕船槽峽　「槽」，底本作「漕」，川本、滬本、盋本、京本同，據圖書集成職方典卷七八八、清統志卷一一二改。

〔二〕清華　底本作「華清」，川本同，據滬本、盋本、京本及弘治徽州府志卷一乙正。

〔三〕悉以婺爲綰也　「綰」，底本作「琯」，川本同，據滬本、盋本、京本改。

繁昌　鵲山，在縣北境，繞出蕪湖。蓋自銅陵雀頭山爲鵲頭，至三山爲鵲尾，故江曰鵲江，岸曰鵲岸，繁昌諸水皆注之。荻港，在縣西南四十里。其源出南陵之大湧澗，繞馬仁山之西，入繁昌縣境，北行爲赤家灘，會銅陵九龍廟山溪之水，又西爲清流潭，南二十五里。潭水清泚澈底。又西爲滸溪，過馬鞍山，至黄滸鎮，西三十里。會白馬山麓迤西官莊湖水，又西會銅陵鐘鳴者水，北折爲唐家渡，會銅陵順安河水，又北經馬居山，而石龍橋水會之。又至鳳凰山下，爲荻港，注於江。魯明江，在縣東北七十里，與蕪湖分界，即魯港。十二國紀年：孫儒云云〔一〕。源出宣城之吕山。合中西二港：西港出工山，在南陵。中港在宣城西北，南折而西，繞靜隱山陰入縣境，過銅山，與小淮水合，東五十里。過苧田港東五十里。白馬山以東，峨溪及蒼龍洞水會之，東五十里。經下峩橋市，東行過虎檻洲，東三十五里。折北沿蕪湖境，石峗河水會之，又折西，至魯港市爲魯明港，而注於江。此地扼南北舟車闤市之吭，榷木使者抽分在焉。

襄城郡，晉元帝時，流民南渡，即春穀地僑立襄城郡及繁昌以處之。春穀廢縣〔二〕，晉孝武時，改名陽穀。安帝時，并入蕪湖。

【校勘記】

〔一〕孫儒云云　「云云」，川本同，滬本、盇本、京本作「與楊行密爭宣州，行密將臺濛於魯江作五堰，以輕舟給行密軍食」。

〔二〕春穀廢縣　川本同，滬本、盇本、京本「縣」下有「在縣南七十里」六字。

廣德州

橫山，在州西北五里。州之鎮山，高出羣峯，四面皆橫，故名。靈山，在州南七十里。羣峯迴繞，其巔有解愠臺。山水夾流而下匯爲溪，循溪而下有珠簾泉、丁公潭，潭下爲雲錦泉。桐山，在州南八十里。左傳注：廣德縣西南有桐水，源出白石山，入丹陽湖。白茅山，在州西四十里。上通大驛、創公館。巖頭山，在州西北四十里。兩山屹立如闢，中夾一溪，州之水悉匯此入建平。九子川，在州北七十里，衆山盤折，一川經於其中。大源溪，在州西南。由寧國府大陶山流入南碕湖。苦嶺關〔一〕，在州東七十里。正德十二年，孝豐賊湯、許、馬亂，知州周時望率民兵守此以禦之。

馮夢禎星橋記曰：橋在州東五里。其水南合牛首山、分流嶺、乾溪諸源匯爲一，注南湖，入於江。

【校勘記】

〔一〕苦嶺關　「苦」，底本作「昔」，川本同，據滬本、盋本、京本及圖書集成職方典卷八四三改。

全椒　銅井山，在縣西北七十里。隋書地理志、梁載言十道志皆云縣有銅官山，疑即此也。相傳昔時采銅者，直窮其窟，遇銅不能出，挽以巨綆，銅起泉湧，人皆没焉，遂成井，延袤十餘丈。俗傳其底通海眼，又通滁柏子龍潭，取魚者掉舟其中輒欲沈，魚亦腥甚不可食。其巨魚長不可以尺計〔一〕，每出水上，則羣魚隨之，奮鬣鼓浪，人以爲神，不敢迫視。鄮湖，在縣西北三十里。源出三山尖，過破山口〔二〕，通蘆陂，至鄮湖，自寨子澗入滁河。湖通廬州孔道，今名赤脚湖者，春夏山水暴漲，深不可渡車輿，淺不能通舟楫，往來難涉。後魏志：臨滁郡治葛城，領縣曰鄮。今葛城舊隸本州，此水繞葛城不半里，過毛陽橋入六合，疑縣嘗置於此。三城湖，宋紹興中，金人犯六合縣，丙辰，掠全椒三城湖，遂陷滁州。今湖名湮没無考。石橋，在縣東百餘步，一名積玉橋。晉簡文帝咸安元年，大司馬桓温討袁瑾，瑾求救於苻秦，秦遣將軍王鑒、張蚝帥步騎二萬救之。温遣桓伊等擊鑒、蚝於石橋，大破之，遂拔壽春。即此地。又宋史載金人大戰積玉橋。陰陵，即楚迷溝。項羽至陰陵，迷失道。阜陵，在縣東十五里，地名長陵坡，有阜陵城基。三國吴主權遣中郎將孫布詐降於魏，以誘揚州刺史王淩，伏兵於阜陵以俟之。淩遣督將步騎七百人往迎，至阜陵，布乘夜襲擊，大敗之。梁天監中，遣馮道根戍阜陵，初到，修城隍，遠斥堠，如敵將至。城未畢，党法宗奄至〔三〕，道根命大開門，結服登城，遣精鋭出戰，破之。

涂唐城。胡三省曰：滁全椒，古堂邑地，三國時謂之涂中。涂，讀曰滁。吳主權遣軍於堂邑作涂塘，以侵北道，阻魏兵。　南譙城，在縣北二里伊村。舊志曰：城高一丈二尺，中闊三十餘步，有四門，澗水横前，中有高皇廟。南譙之名自晉始，宋志及南齊、後魏志皆有南譙郡，不載其所〔四〕。梁置南譙州，劉昫唐志及樂史太平寰宇記云，居桑根山，今縣西南八十里南譙州故城是也。今桑根山在縣西北四十五里，其所載不合，而此南譙去縣甚近，未詳建置之因，姑備以俟考。　北譙城，在縣西北二十五里。城周二里四十六步，高七尺。南譙置北譙郡〔五〕，其後廢置不一，今城基猶存。按晉孝武太元中，於淮南僑立南譙郡〔六〕。歷梁至陳，高宗太建五年，南譙太守徐槾克石梁，又克廬江郡。晉恭帝元熙元年，詔徵宋公入輔，進爵爲王，以十郡增宋國，内已有北譙之名。宋世，北譙薄邊，數被寇掠。元嘉中，申恬爲太守，密知賊來，仍伏兵要害遮擊，悉皆擒殄。其後南齊特因而復置之耳。此時南北兩郡在縣境上，爲藩屏巨鎮。而舊志紀城若是之狹，豈南北分爭，旋置旋毁，而所遺者或其村落之頽垣，後人遂附會之耶，然皆不可考矣。　嘉平縣，在縣西南一十五里。按南齊書志南譙郡領縣嘉平，今地名東嘉平、中嘉平、西嘉平相去不遠，宋時置寨屯兵於此。

【校勘記】

〔一〕其巨魚長不可以尺計　底本脱「魚」字，川本同，據滬本、盋本、京本、本書上下文意補。

〔二〕破山口　底本「山口」作「口山」，川本同，據滬本、盋本、京本及圖書集成職方典卷八四一乙正。

〔三〕党法宗　「宗」，底本作「奇」，川本同，據滬本、盋本、京本及通鑑卷一四五改。

〔四〕不載其所　川本同，滬本、盋本、京本「所」下有「治」字。

〔五〕南譙置北譙郡　川本同，滬本、盋本、京本「置」上有「析」字。按寰宇記卷一二八作「晉改爲南譙郡，梁爲北譙郡」。此句當有脱文。

〔六〕於淮南僑立南譙郡　上「南」字，底本、川本脱，滬本、盋本、京本有。宋書州郡志云：「南譙太守，晉孝武太元中，於淮南僑立郡縣，後割地成實土。」據補。

來安　五湖山，在縣東北十八里泗洲官路行山脊上，在縣境最爲險要，控扼南北。按隋書志有白禪山〔一〕，疑即此山。蓋山北有白禪村，源出山南。來安水，在縣東三里。源出盱眙縣界盧山前，流二十里入本縣城東南，又三十四里入水口河，方通舟楫；由南河會於三汊河，入清流河。高塘，在縣六十里〔二〕。按後魏書地形志有高塘郡，隸譙州。隋志云：廢高塘入頓丘。疑即此。其塘埂南接王母山，狀若城。

【校勘記】

〔一〕白禪山　底本「禪」下有「村」字，川本、滬本、盋本、京本同，據隋書地理志删。

〔二〕在縣六十里　川本同，滬本、盇本、京本「縣」下「六」上爲一缺字。清統志卷一三〇云：「高塘廢郡，在來安縣北。」疑本書「縣」下脱「北」字。

含山　東關，曹操進軍濡須口，號四十萬。孫權率衆七萬禦之，相守月餘，操撤軍去。曹仁以步騎數萬向濡須，吳朱桓拒之，斬魏大將。吳大帝築東興堤，在東關口。齊以兵納蕭淵明，克梁東關，梁裴之横禦之。宋置東關砦。兀朮陷廬州，劉錡與關師古據東關之險，以遏敵衝，兩戰皆捷，遂復廬州。昭關，王德復和州，兀朮退師昭關，德又敗之，又敗韓常於含山縣東，遂復含山及昭關。

按寇逾淮來〔二〕，從廬、巢者，正道也；從石梁者，間道也。正道則廬爲外蔽，非其利焉。或取間道，出吾不意。昭關當守，然欲守者〔三〕，凡魚峴、大峴等處口〔三〕，亦不容忽，蓋慮間出我背以夾攻我云。

石門山，在縣南二十里。二山並峙，石壁峭立如門。有谷道數里許，當梁山、裕溪、東關、運漕往來之衝。天下有事，梁山、裕溪、無爲之寇或來取間道者，則石門之險亦當守云。魚峴口，在縣西二十里。路自石梁通石門、梁山、裕溪。大峴山，在縣東北十三里。上有大峴亭，齊裴叔業據壽陽叛，蕭懿據大峴拒之。綱目作小峴。運漕鎮，在縣南九十里。地臨大河，上通巢河，下接大江，居民稠密，商賈輻集。濡須山，在縣西七十里，乃東關河南之山。今山屬無、巢，天河出其間。晏公類要云：吴、魏相持於此，南岸吴築城，北岸魏築栅。今濡須正在南岸，東關正在北岸。舊志謂東關爲魏關，是已。魏都在西，其置栅處爲之東關，吴都在東，自其築城處謂之西關，各因其疆名之。一統志云吴據其北，魏據其南，似誤。⿰氵麻湖，在縣相參之地。舊爲郡巨浸，東西闊二十里，南北一十五里。淮南子云：歷陽之郡，一夕爲湖。其説誕妄不取。晉地理志淮南阜陵縣下注云：漢明帝時淪爲⿰氵麻湖。元和志云，名⿰氵麻湖。古歷字作⿰氵麻，今謂之「⿰氵麻湖」，謬也。劉禹錫詩云：「一夕爲湖地，千年列郡名。」則禹錫時尚爲歷湖。

吴大帝築東興堤，在東關口，以遏巢湖。後攻魏淮南，毁以納船，遂廢不治。後諸葛恪更作大堤，左右結山，夾築兩城，各留兵千餘名，使全端、留略守之。魏作浮橋以渡，陣於堤上，分兵攻兩城，城高峻不可拔。

黄墩，在縣南九十里。天河至此，由東折而南，復折而北，然後東南行，入大江。黄墩居二折間，居人遂以折在南者爲前河，折在北者爲後河。元末，趙普勝屯兵於此，與廬州左君弼聲勢相倚。太祖收巢湖諸將，蠻子海牙集樓船塞馬腸河口，受阻屯黄墩，趙因有異志。俞、廖等密露趙機，太祖脱歸和陽，益兵復至黄墩，與海牙戰裕溪，大敗之。即此。

【校勘記】

〔一〕按寇逾淮來　「按」，川本同，滬本、盋本、京本作「論曰」。

〔二〕然欲守者　「者」，底本漫漶，川本作「此」，據滬本、盋本、京本補。

〔三〕大峴等處口　川本同，滬本、盋本、京本無「處」字。

滁州志：自高廟及文皇若嗣皇，往來中都、京師也，率道滁，然不入城。有廡殿，在城南五里，今俗稱皇殿岡焉。裁及百年，僅遺礎石，將開創貽謀之主，明習艱隱，僅取自蔽，不以狀麗勤民者耶〔一〕？蓋孔子曰：禹，吾無間然矣。

滁河，在州東南六十里。源出廬州府舊梁縣〔二〕，入全椒界，至石潭，與全椒縣襄水合，流入本縣疑是州字。界，東北流五十餘里，至三汊河與清流河合，又東出瓦梁，由瓜埠入於江。水經云：滁水出逡遒縣。唐六典：淮南道，其大川有滁、肥。注云：滁水出廬州之梁縣。清流河，一名北角河，在州東二里。源出清流沛上，州西。有梁村澗水，下與白茆、瓦店河合，北流通常山，與嘉山、白道河及沙子澗水合，流至東關門，會於東河，入清潭，下至烏衣東五里，〔旁注〕烏衣集，州東南三十里。又與來安縣河合，謂之三汊河。自此入滁河，過瓦梁，出瓜埠，入於江。沙河，在州西一里。源出側菱山，花山南二里。北過福山，至赤湖，州西十里。東注於石瀨，赤湖北。又東注於西澗，經上水關，穿城中，逕石欄橋南〔三〕，會洪溝橋水，南門內。過通濟橋，出下水關，入清流河。瓦店河，在州西三十五里。源出定遠縣界，有曲亭山澗水州西六十里。及白花衝水州西五十五里。自西南來合，流至張家團，白茅河合，北過常山，入清流河。白茅河〔四〕，在州西北四十里。源出清流沛下，與瓦店河合，至蒲衝村，與盈福河及來安縣嘉山河合，入清流河。盈福河，在州西北六十里。源出鳳陽府界石版灘，至蒲衝村，與嘉山、白道河、瓦店河合，謂之三汊河。西澗，在州西北五里。總之，合州之水凡二十有四，西北自清流沛下，東北流逕城北，合來安、嘉山諸水，達清流河；東南自琅邪溪下在琅邪山中。東南流，會菱溪，州東十里。諸沛水，出烏衣鎮匯三汊河，合南湖、州東南三十五里。白禪四十里。二河〔五〕、來安水口河，東出瓦梁，過六合，自瓜埠入於江。

【校勘記】

〔一〕不以狀麗勤民者耶　「狀」，底本作「北」，川本同，據滬本、盋本、京本改。

〔二〕廬州府　「廬」，底本作「滁」，川本同，據滬本、盋本、京本、本書下文全椒縣及紀要卷二九、圖書集成職方典卷八四一改。

〔三〕石欄橋　「石」，底本漫漶，川本作「石」，滬本、盋本、京本作「赤」，據川本補。

〔四〕白茅河　「河」，底本作「湖」，川本、滬本、盋本同，據紀要卷二九、圖書集成職方典卷八四一改。

〔五〕白禪　「禪」，底本作「樿」，川本、滬本、盋本、京本同，據紀要二九、清統志卷一三〇改。

全椒　滁河，在縣南二十里。出廬州府舊梁縣界，至石梁頭入本縣界，由清江、金蜥潭、縣西九十里。趙家埠縣西七十里。向南迴轉，至赤石埠向東一直過楚迷溝，縣南三十里。至石潭口，過陳家口縣西南五十里。下合襄水。　襄河，源出石臼山之北，由石梁潭縣西北三十里。至襄城入袁村河，過寶林橋縣西南半里。下轉東南，過縣治後，俗名縣河。自縣曲轉向南循東下，至雷家渡，縣南三十里。由赭澗市入石潭，與滁河合，至三汊河，又與清流河合，迤邐至瓜埠入於江。總之，全椒經流有二，一爲襄水，一爲滁水，合縣溪澗諸水三十有二，半入襄，半入滁，而襄水逾縣東南石潭口，與滁水合，經瓦梁，出瓜埠，入於江。

來安　來安經流亦有二：龍尾橋水、來安水、吳沛水、水口水、大石塘水、雙源沛水〔一〕、獨山水、秋沛水，凡八水，皆在縣五湖山之南，下流幷入滁河，經瓦梁、六合，出瓜步，入大江。常店水、即天長石梁河。打沙澗水、范莊水、彭家灣水、白塔水〔二〕、常溝水、馬嶺水，凡七水，皆在天長縣界，至吉家步河入石梁，南通天長河、高郵界，入運河。

元祐七年，知州事沈希顏以清流、全椒地瀕下時，可引以溉，來安陁隘，山土薄瘠多燥，乃陂澤地五十八所，溉田二百二十餘頃。其後元符圖經載通邑塘沛一百五十九所，今並湮廢。

胡莊肅論曰：滁全椒、來安東南地汙下，民耕田其中，輒起堤障水，號圩田。雜京衛諸屯，即時有增倍，心不并，勢又弗率，率苟取完。每夏秋霖雨暴漲，通江水，江又多潮，潮水湍悍急，常見決敗，卒罔功。諸旁近霽江〔三〕，遇涸，暴水退急，即晚禾可冀，不即終歲不穫。第茭、漁其中，租稾又不以時免，甚可矜。蓋人參錯，勢非上人法驅之，大用修治，不能使高堅難敗也。通鑑梁紀〔四〕：侯景揚聲趨合肥〔五〕，而實襲譙州。注：魏收志：梁置譙州於新昌城，領高唐、臨徐、南梁、新昌郡，其地當在唐廬、和二州之間。宋白曰：梁大同三年，割北徐州之新昌、南譙（誤）。州之北譙立爲南譙州，居桑根山西。今滁州城是也。安樂侯乂理出奔長蘆〔六〕。注：真州六合縣有長蘆鎮及長蘆寺。淳熙十二年，徙寺於滁口山之東。張舜民曰：長蘆鎮，在滁河西南。陳宣帝太建五年〔七〕，齊人於秦郡置秦州，州前江浦通涂水。齊人以大木爲栅於水中。吳明徹遣豫章內史程文季將驍勇拔其栅，克之。注〔八〕：今真州閘即其地。南史程文季傳：秦郡前江浦通涂水。齊人並下大柱，爲杙栅水中。文季乃前領驍勇〔九〕，拔開其栅，明徹率大軍自後而至，攻克秦郡。

【校勘記】

〔一〕雙源沛水　底本、川本「水」下有「沛水」二字，據滬本、盋本、京本及圖書集成職方典卷八四一刪。

〔二〕白塔水　「水」，底本作「河」，川本同，據滬本、盋本、京本及圖書集成職方典卷八四一改。

〔三〕諸旁近霽江　川本同，滬本、盇本、京本「近」下無「霽」字，蓋是。

〔四〕梁紀　川本同，滬本、盇本、京本作「梁武帝太清二年」。

〔五〕侯景揚聲趨合肥　「揚」，底本作「福」，川本同，據滬本、盇本、京本及通鑑卷一六一改。

〔六〕安樂侯乂理出奔長蘆　川本同，滬本、盇本、京本「安」上有「通鑑梁元帝大寶元年」九字。

〔七〕陳宣帝太建五年　川本同，滬本、盇本、京本「陳」上有「通鑑」二字。

〔八〕注　底本脱，川本同，據滬本、盇本、京本及通鑑卷一七一胡三省注補。

〔九〕文季乃前領驍勇　「勇」，底本作「將」，川本同，據滬本、盇本、京本及陳書、南史劉文季傳改。

豐　中陽里。史記：高祖生於豐之中陽里。午溝集，在縣南五十里。胡致堂大事記曰：朱温生於午溝集。蓋温雖碭人，而午溝實爲朱梁之家，且朱五經嘗設教於此。今集西即屬碭山。

金石録：漢張侯碑，在今彭城古留城子房廟中，驗其字畫，蓋東漢時所立。樂史寰宇記：陳留縣有張良墓。引城冢記云：張良封陳留侯，食邑小黄一萬户，漢爲良築城，因名張良城。余按漢書地理志注：留屬陳，故稱陳留。宋亦有留，彭城留是也〔一〕。子房傳曰：始臣起下邳，與上會留〔二〕，臣願封留足矣。下邳與彭城相近，而此碑漢人所立，乃在漢城〔三〕，然則子房所封，非陳留明矣。　魏書李孝伯傳：世祖至彭城，登亞父冢，以望城内。　宋史王鞏傳：蘇軾守徐州，鞏往訪之，與客遊泗水，登魋山，吹笛飲酒，乘月而歸。軾待之於黄樓上，謂鞏曰：李太白死，世無此樂三百年矣。通鑑：唐景福二年，時溥舉族登燕子樓自焚死。注：張建封之鎮徐也，有愛妓曰盼盼。建封既没，張氏舊第有小樓，名燕子。盼盼念舊愛而不嫁，居是樓十餘年〔四〕，幽獨悵然。出白樂天集。

【校勘記】

〔一〕彭城留是也　底本、川本脱「彭城留」三字，據滬本、盋本、京本及漢書地理志顔師古注補。

〔二〕與上會留　「上」，底本漫漶，據川本、滬本、盋本、京本及漢書張良傳補。

〔三〕乃在漢城　「漢」，川本同，滬本、盋本、京本作「彭」。

〔四〕居是樓十餘年　底本、川本脱，據滬本、盋本、京本及通鑑卷二五九補。

寧國府

山之脈有三：南曰黄山，東南從天目，西南自九華。由黄山者，歷太平、旌德、涇之東境及寧國之文脊、宣城之華陽，抵敬亭而上，爲郡城之陵陽山，敬亭而北諸山，皆其餘脈矣。由天目者二：一歷廣德西南境及宣之東境，爲麻姑山；一從溧水南境、建平西境，繞南湖之北，爲崑山。自九華者，歷涇之西境而北，爲南陵諸山，此山之大較也。爲水之源亦三：東由績溪叢山及天目北麓，歷寧國入宣城東，爲句溪，至城北隅與宛溪合，西由太平涇川入宣城，爲青弋江，又東由建平匯於南湖，西出於河，總合於黄池而達於江，此水之大較也。

徐州

馮世雍呂梁洪志曰：呂梁東連齊、魯，北屬魏、趙，南通江、淮，西接梁、楚，乃敵國必爭之地，師行必據之險也。王玄謨曰[一]：彭城南届大淮，捍接邊境，則呂梁以北制南之要地也。尉元曰：彭城，宋之要藩，南郡來侵，莫不因此以陵諸夏，則呂梁以南入北之要地也。自漢以來，未經疏鑿，而其洶湧之流可以限敵，高平之野可以屯兵，山林之藪可以伏甲，故韓、彭、呂布之徒，皆竊據於此，以固其勢，而謝玄堰呂梁之水，以利師行之漕。下至宋宣、周武，皆據有此險，以取萬全之勝，然猶未可以方舟濟也。迨唐尉遲恭爇火攻石，修浚以殺之，而流稍緩矣，然猶未可以漕舟運也。至宋元祐，乃修月河堤，置上下閘，而漕始利矣。我國家定鼎北都，東南貢賦悉由此道百五十年，王人拱極，方貢流通，漕舟客艘，舳艫不絶，誠要路之形勝，漕渠之會通也。夫在古則爲必爭之阻，在今則爲裕國之渠，所謂伏至險於大順，藏不測於至靜之中者，經國者可不加之意哉。

沭陽第二段。沭河，源自青州琅邪郡東莞，由馬脊崓諸山會流而下〔二〕，經縣入太湖。周禮職方：其浸沂、沭。是也。縣治在水之北，故名。後河，即漢坊河。沭自郯而下，至張家溝分流入海，爲縣主河。長河，即俗傳馬坊河。自張家溝分流〔三〕，經治南城下，東南入老鸛亭。冬夏之交則涸，每於張家溝築堰，障流入前河，以濟舟楫。以上係沭水正流也。

知縣徐可達申文：沭陽地勢四高中卑，形如仰掌，北接馬、蒙二山。有總河一道，迤西曲折而下，計一百二十里，至地名張家溝，離縣治五里許，河分二派：一繞治前爲前河，水由老鸛亭下而注之淮；一繞治後爲後河，水由濫泥洪出而注之海。兩河盤旋，邑居其中。先年，春夏雨集，馬、蒙山水下衝，黄、淮河水上泛，在沭治外有捍水堅堤，内有泄水支河，得以無患。歲久法弛，官民兩懈，一經山、淮二水交漲，四圍繞堤，東潰西決，灌水入内，淤河不通，漫成巨浸，即外水易退，内水難消，必俟其自涸，有如引寇入室，無門而出，傷民禾黍，妨民耕播，以至流徙日甚，逋負日多。今勘得縣治西北二隅，其間荻邱山、西八十里。張倉、朱集各等處地方，内有支河十道，均爲泄水故道，邇皆泥沙淤塞，稍存形迹，亟宜開浚。又勘得四圍堤堰，衝決坍塌，尤當補築，拯沭民之溺者，無逾於此。

碩項湖，即太湖，去治東九十里。與桑墟湖通，有小河達於淮。袤四十里，廣八十里，沭陽、海州、安東各隸三分之一。桑墟湖，去治北四十里〔四〕。夏則豬水，冬則陸地。

新興營城，在西北三十里。元至正二十五年，王信所築。黑軍營，在西十五里；東營，在南十里，二營俱元至正十五年院判董搏霄所築。黄軍營城，在西南五里；南營，在東南一十五里；浮營，在東二十五里，三營俱元至正十五年達谷真所築〔五〕。西北營二城，在西北十里。元至正十五年，王信所築。今俱廢。

官莊之始，因於窮民棄田而逃，以致荒蕪，寢損國賦，於是有司乃籍其田地，召民耕佃，或三、五人，或羣三、五十人，比廬族居，協力農事，以供正賦，共成一莊，而官莊之名號倡矣。但土著之民，與官莊恒相背戾，何也？惡其無牧場也，惡其無草薪也，惡其流來之人而逼處此也，藉口侵田，藉口縱畜，甚者倚稱業主，倚稱軍莊，希圖奪復，或揑加條糧，科派差徭，而里遞鄰田，不勝其殘椓矣。主官莊者務察之寬之，無惑於里遞鄰田之人所云，止莊頭徵税糧，地畝交納，里遞不得催徵，而官莊庶乎可永保矣。以上各莊開墾，遵照田地明例，限滿查明載册，與民田一例起科，辨納税糧，地畝並無條鞭及額外派徵，亦不許里遞科擾雜泛等差。

洪武二十九年，撥大河衛百户守備沭陽地方。

【校勘記】

〔一〕王玄謨 「玄」，底本作「立」，川本、滬本、盍本、京本同。宋書王玄謨傳，玄謨曾爲徐州刺史。紀要卷二九：「宋王玄謨曰：彭城要兼水陸，其地南届大淮，左右清、汴，表裏京甸，捍接邊境。」即本書引述，則「立」爲「玄」字之誤，據改。

〔二〕由馬脊崓諸山會流而下 底本「崓」作「峒」，川本同，滬本、盍本、京本「崓」作「崆峒」二字，據嘉慶海州志卷一二改。

〔三〕自張家溝分流 底本脱「溝」字，川本同，據滬本、盍本、京本及嘉慶海州志卷一二補。

〔四〕去治北四十里 底本脱「北」字，川本同，據滬本、盍本、京本及清統志卷一〇五補。

〔五〕元至正十五年達谷真所築 底本脱「至」字，川本同，據滬本、盍本、京本及紀要卷二二補。

海州 新壩鎮，在南四十五里。 大伊鎮，在東南九十里。 板浦鎮，在南四十里。 湖東口鎮。 博望鎮，在西九十里。 石湫鎮，在南二十里。 高橋鎮，在西三十里。 徐瀆浦鎮，在東八十里。 龍苴鎮，在東六十里。 張家店鎮，在東南一百二十里。 莞瀆浦鎮，在東南一百五十里。 青伊鎮，在西南九十里。 興國莊〔二〕，在西南九十里。 獨樹浦鎮，在北八里。 房山鎮，在西南六十里。 臨洪鎮，在北二十里。 墟溝城營寨。 宿城營寨。 每年東海守禦千户所輪委千户一員，守禦於此。 大營，在西五里。 元阿魯尚書攻圍海州時築。

【校勘記】

〔一〕興國莊　川本同，滬本、盋本、京本「莊」下有「鎮」字。

贛榆　小沙河鎮，在南十里。大沙河鎮，在南五十里。枕岡帶河，千家團聚。臨洪鎮，南接州境。上莊鎮，南接州境。青口鎮，在小沙河東，水陸市廛。蠻子灣鎮，在大沙河南十五里。商賈所集，通舟行。金墩鎮，在西南，郯城接境。黑林鎮，在西北莒州界。南齊書：明僧紹弟慶符爲青州。僧紹乏糧食，隨慶符之鬱洲，住弇榆山棲雲精舍，欣玩水石，竟不一入州城。

宿遷　運河，在治西二十步。濟、汶、沂、泗諸水合流，自直河入境，經流小河，以會黃河，自古城入桃源縣界。白洋河，在縣南四十里。西南一百二十里，通虹縣汴河，巨津瀦漫，望之如洋，故名。今涸，故道猶存。侍丘湖〔一〕，在縣東十里。周迴三十餘里，水由舊縣南三里草狼溝入河。多産魚蝦，爲淮北最。上泊水湖，在縣東三十里。由武家溝入河。白鹿湖，在縣西南五十里。由小河入運河。落馬湖，在縣西北十里。由董家溝西二里陳瑤溝以入運河。潼溝湖，在縣西北一百里。雷家湖，在縣西北六十里。巴頭湖，在縣西北八十里。

白湖，在縣西北九十里。張皮湖，在縣西北七十里。丁家湖，在縣西北五十里。黃龍湖，在縣西五十里。朱衣湖，在縣西四十里。滹沱湖〔二〕，在縣北二里馬陵山西。茅慈湖，在縣東南二十里。受侍丘湖水，由響水溝流入運河。埠子湖，在縣西四十里。多出魚蝦，爲商賈市利之所。倉基湖，在縣東南三十里。周迴四十五里。相傳晉石崇建倉貯糧之所。諸葛湖，在縣西八十里。蓮子湖，在縣西三十里〔三〕，在運河之西。管坊湖，在縣北四十里。周迴三十里。歲旱即通車馬，實爲青、齊要路，夏秋之間，泥淖難行。萬曆丙申，知縣何東鳳修路建橋，鋪石其上。圍田湖，在縣北八十里。

白洋河鎮，在縣西南四十里孝義鄉。萬曆二十五年，以黃河南徙，商船由白洋河出入者多，題請於白洋河鎮新設鈔稅。

【校勘記】

〔一〕侍丘湖　「侍」、「湖」，底本作「土」、「河」，川本、滬本、盋本、京本同，據本書下文茅慈湖及圖書集成職方典卷七四三、同治宿遷縣志卷八改。

〔二〕滹沱湖　「湖」，底本作「河」，川本、滬本、盋本、京本同，據圖書集成職方典卷七四二、同治宿遷縣志卷八改。

〔三〕在縣西三十里　「西」，底本脫，川本同，滬本、盋本、京本作缺字，據同治宿遷縣志卷八、民國宿遷縣志卷三補。

沭陽　新唐書李聽傳：聽爲楚州刺史，奉詔討李師道，趨漣水，破沭陽，絶龍沮堰，遂取海州，攻朐山，降之。懷仁、東海兩城望風送款。　宋史王宗望傳：爲江淮發運使。楚州沿淮至漣州，風濤險，舟多溺。議者謂：開支氏渠，引水入運河〔一〕。歲久不決，宗望始成之，爲公私利。　沈括傳：爲沭陽主簿。縣依沭水，故迹漫爲汙澤〔二〕。括新其二坊，疏水爲百渠九堰，以播節原委，得上田七千頃。　金史侯摯傳：請擇沭陽之地可以爲營屯者，分兵護邏。

【校勘記】

〔一〕引水入運河　底本、川本「河」下有「水」字，據滬本、盋本、京本及宋史王宗望傳删。

〔二〕故迹漫爲汙澤　底本、川本、滬本、盋本、京本「汙澤」作「圩潭」，據宋史沈括傳改。

山陽　宋史馬仲甫傳：爲發運使。自淮陰經泗上，浮長淮，風波覆舟，歲罹其患。仲甫建議鑿洪澤渠六十里〔一〕，漕者便之。　金史徒單克寧傳：克寧出軍楚、泗之間，與宋將魏勝相拒於楚州之十八里口。魏勝取弊舟〔二〕，鑿其底，貫以大木，列植水中，別以船載巨石〔三〕，貫以鐵鏁，沉之水底，以塞十八里口及淮渡舟路，以步兵四萬人屯於淮渡南岸、運河之間。克寧使斜卯和尚選善游者没水，繫大繩植木上，數百人於岸上引繩〔四〕，曳一植木，皆拔出之〔五〕，徹去沉船〔六〕，進至淮口。宋兵來拒，隔水矢石俱發。斜卯和尚以竹編籬捍矢石，復拔去植木、沉船，師遂入淮，與宋兵奪渡口，合戰數四。猛安長壽先行薄岸，水淺，先率勁卒數人涉水登岸，敗其津口兵五百人，餘衆皆濟。宋兵四百餘自清河口來，克寧擊敗之。宋兵整陣來拒。克寧麾兵前戰。自旦至午，宋兵敗，逾運河爲陣，餘衆數千皆走入營中。克寧使以火箭射其營舍，盡焚，逾河撤橋〔七〕，與其大軍相會，隔水射之〔八〕，宋兵大敗，追至楚州，射殺魏勝，遂取楚州及淮陰縣〔九〕。

【校勘記】

〔一〕洪澤渠　底本、川本、滬本、盇本、京本「澤」下有「湖」字，據宋史馬仲甫傳删。

〔二〕魏勝取弊舟　「弊」，底本作「敝」，川本、滬本、盇本、京本同，據金史徒單克寧傳改。

〔三〕別以船載巨石　底本脱「別」字，據川本、滬本、盇本、京本及金史徒單克寧傳補。

〔四〕數百人於岸上引繩　底本、川本「數」上有「數百人於岸上引繩」八字，與此句重複，據滬本、盇本、京本及金史徒單克寧傳删。

〔五〕皆拔出之　底本、川本、滬本、盇本、京本脱「出」字，據金史徒單克寧傳補。

〔六〕徹去沉船　底本、川本、滬本、盇本、京本脱「去」字，據金史徒單克寧傳補。

〔七〕逾河撤橋　「撤」，底本作「墩」，川本、滬本、盇本、京本同，據金史徒單克寧傳改。

〔八〕隔水射之　「隔」，底本作「隨」，川本、滬本、盋本、京本同，據金史徒單克寧傳改。

〔九〕遂取楚州及淮陰縣　「遂」，底本作「道」，川本、滬本、盋本、京本同，據金史徒單克寧傳改。

安東　元史：至元九年，遣步騎趨漣州，攻破射龍溝、五港口、鹽場、白頭河四處城堡。

山陽　元史褚不華傳：判官劉甲守韓信城，號曰劉鐵頭。城東西南三面皆賊，惟北門通沭陽，阻赤鯉湖。賊進柵南瑣橋〔一〕，不華與元帥張存義出大西門，突賊柵，殊死戰。

南征紀略：大河自宿遷東南流，過桃源縣城北，又過清河縣南。縣無城郭，阻水而居，闤如村落。自縣渡河五里許，得淮河口。其水上承洪澤湖〔二〕，湖水分注兩派入河：一在清河南岸，一在甘羅城西。河水受此，又東北過安東縣城南，又東入於海。按國家漕渠，多出枝津，獨甘羅城至宿遷二百餘里行大河中。吳、楚大江自京口來注，勢不得與河通，乃於甘羅城鑿渠導水，西接湖陂，南通江滸。其鑿渠勢下，受河不得過多，又於甘羅城北置天妃閘，以蓄湖水。湖水過閘，懸溜而下，驚湍頹浪，聲若雷霆，南來漕艘至此，必懸絙而上，千人贔屭，乃能勝之。又繞過其城南及西，而入於河口。河自歷代以來，爲患非一，而崇禎之季，賊窺汴城，駐幕河堤之上，歷時未退。城中諸大吏獻策周王決河引水〔三〕，欲廣隍池以自固，且潰堤灌賊，冀其宵遁。其後，河水泛溢四出，遂灌汴城，王及諸僚指掬舟中，僅而獲免，其餘萬無一存，遂使有宋以來，數百年京華舊國一旦淪亡，人謀不臧，惜哉！至昨庚寅之歲，賊嘯榆園，使者又決河灌之，浸淫北溢，濟瀆爲黄，歷兹未復。故今淮、邳之間，弱河安流，恬波如鏡，此雖舟楫之利，而洪川改度，貽患齊、魯間，漂溺名城蓋以十數，爲壑亦已多矣。

金史紇石烈執中傳：執中率兵二萬出清口。宋史陳敏傳：楚州運河〔四〕。

【校勘記】

〔一〕南瑣橋 「瑣」，底本作「鎖」，川本、滬本、盋本、京本同，據元史褚不華傳改。

〔二〕其水上承洪澤湖 「澤」，底本漫漶，據川本、滬本、盋本、京本補。

〔三〕獻策周王決河引水 「河」，底本作「水」，川本、滬本、盋本、京本同，按明通鑑卷八八云：「賊圍開封者三，會有獻計請決河以灌賊者」，據改。

〔四〕楚州運河 底本「河」下脱文，川本、滬本、盋本、京本同。宋史陳敏傳云：「言事者議欲戍守清河口，敏言：『金兵每出清河，必遣人馬先自上流潛渡，今欲必守其地，宜先修楚州城池，蓋楚州爲南北襟喉，彼此必争之地。長淮二千餘里，河道通北方者五，清、汴、渦、潁、蔡是也；通南方以入江者，惟楚州運河耳。北人舟艦自五河而下，將謀渡江，非得楚州運河，無緣自達。昔周世宗自楚州北神堰鑿老鸛河，通戰艦以入大江，南唐遂失兩淮之地。由此言之，楚州實爲南朝司命，願朝廷留意。』」

邳州　後漢書呂布傳：布與麾下登白門樓。水經注：下邳城南門，名白門。宋武北征記曰：下邳城有三重。大城周四里，呂布所守也，魏武擒布於白門，大城之門也。宋白曰：下邳中城南臨白門樓。　金史完顏仲德傳：授邳州刺史，增築城壁，雁水環之，州由是可守。

徐州

後漢書桓帝紀：永興二年，彭城泗水增長逆流。　金史完顏仲德傳：徐州城東西北三面皆黄河，而南獨平陸。仲德疊石爲基，增城之半，復浚隍引水爲固，民賴以安。

海州　金史宣宗紀：興定元年，海州經略司表官軍與宋人戰石湫南，戰漣水縣，戰中土橋，宋兵敗績。

桃源　金史哀宗紀：正大八年，李全妻楊妙真以全陷於宋，構浮梁楚州北，欲復宋讎。遣合達、蒲阿屯桃源界激河口〔一〕，以備侵軼。宋八里莊人拒其主將，納合達、蒲阿。詔改八里莊爲鎮淮府。　白華傳：華自蒲阿軍中登舟，順流而下，及淮與河合流處，纔及八里莊城門相直〔二〕。城守者以白鷂大船五十泝流而上，占其上流，以截華歸路。華幾不得還。是夜，八里莊次將遣人送款。

【校勘記】

〔一〕潡河　底本、川本、滬本、盋本、京本作「湫河」，據金史哀宗紀改。

〔二〕纔及八里莊城門相直　「及」，底本、川本、滬本、盋本、京本脱，據金史白華傳補。

海州　金史完顏霆傳：權海州經略副使。宋高太尉兵三萬駐朐山〔一〕。霆軍乏糧，采野菜、麥苗雜食之。宋兵栅朐山，下隔湖港。霆作港中暗橋，遣萬户胡仲珪、副統胡賛率死士，由暗橋登山。霆率兵四千人趨山下，約以昏時舉火爲期，上下夾擊，宋兵大敗，斬高太尉、彭元帥於陣。侯摯傳：海州連山阻海，與沂、莒〔二〕、邳、密皆邊隅衝要之地。

【校勘記】

〔一〕駐朐山　底本、川本脱「駐」字，據滬本、盋本、京本及金史完顏霆傳補。「朐山」，底本、川本作「駒山」，據滬本、盋本、京本及金史完顏霆傳改。

〔二〕莒　底本作「嘗」，川本、滬本、盋本、京本同，據金史侯摯傳改。

碭山　金史蒙古綱傳：碭山賊作亂，引水環城以自固。構浮橋於河上〔一〕，結紅襖爲援〔二〕。綱言：碭山北近大河，南近汴堤，東西二百里，大河分派其間，乾灘泥淖，步、騎、車俱不可行〔三〕，惟宜輕舟往來。可選鋭卒數千與水軍埽兵，以舟二百艘，由便道斷浮梁，絶紅襖之援。無何，碭山賊夜襲永城縣，行軍副總領高琬、萬户麻吉擊走之。

【校勘記】

〔一〕構浮橋於河上　「河」，底本、川本、滬本、盋本、京本作「湖」，據金史蒙古綱傳改。

〔二〕結紅襖爲援　底本、川本、滬本、盋本、京本脱「援」字，據金史蒙古綱傳補。

〔三〕俱不可行　底本、川本、滬本、盋本、京本脱「俱」字，據金史蒙古綱傳補。

睢寧　睢寧水有二：一在宿州之東，一在睢寧之西，即楚、漢交戰之地。睢水，自靈璧界歷孟山〔一〕、潼郡、子仙鎮、西南三十里。余家渡、畢家口、堽頭、高作集、耿車，至小河口入黄河。内畢家口至縣治淤塞十八里，自縣治以東至高作里淤塞十八里〔二〕。萬曆十四年開浚。合湖，在縣西北七十里。合沂水河，南入黄河，故名。近葛嶧山，又曰葛湖。泗河，在縣西北七十里。潼河湖，在縣東南四十里，由找溝入小河〔三〕。潼郡城，在縣西新城，在泗河南岸，去縣治五十里。韓平章守禦邳州而建。今有遺址。

南四十里，有遺址。潼郡集，半屬靈璧，半屬睢寧。

元史董摶霄傳：升樞密院判官。從丞相脱脱征高郵，分戍鹽城、興化。賊巢在大縱、德勝兩湖間〔四〕，凡十有二，悉剿平之，即其地築芙蓉砦。賊入，輒迷故道，盡殺之，自是不復敢犯。賊恃習水，渡淮北，據安東州。摶霄招善水戰者五百人，與賊戰安東之大湖，大敗之，遂復安東。十六年，剿平北沙、廟灣、沙浦等砦。

【校勘記】

〔一〕孟山　「孟」，底本作「盂」，川本、滬本、盋本、京本同，據圖書集成職方典卷七四三、康熙睢寧縣志卷一改。

〔二〕淤塞十八里　「八」，川本同，滬本、盋本、京本作「五」。

〔三〕找溝入小河　「找」、「河」，底本作「我」、「湖」，川本、滬本、盋本、京本同，並據圖書集成職方典卷七四三、康熙睢寧縣志卷一改。

〔四〕賊巢在大縱德勝兩湖間　「縱」，底本、川本、滬本、盋本、京本作「總」；「兩」，底本、川本、滬本、盋本、京本作「西」，並據元史董摶霄傳改。

徐州

宛委餘編：今州下百二十里爲呂梁洪，水勢險急，漕河之咽喉也。莊子所稱呂梁，在呂梁縣南，泗水之上有石梁焉，故曰呂梁也。懸水三十仞，流沫九十里〔一〕，後漸平細。又水經注：湳水，出善無縣故城西南八十里。其水西流，歷於呂梁之山，而爲呂梁洪。其巖層岫迂，澗曲崖深，巨石崇竦，壁立千仞，河流激盪，飈湧雲馳，雷奔電泄，震天動地。司馬彪曰：呂梁在離石縣西。今人知徐州之呂梁洪，而不知呂縣離石之呂梁洪也。

筆塵：宋吳居厚爲京東轉運，開萊蕪、利國二監鐵冶，民不聊生，至相聚遮擊，欲投之冶鑪，居厚遁而得免。利國監者，即今之利國驛，在徐、滕之間，有運鐵舊河，引沂、泇二水，通於汶、泗，遺迹尚存。近日欲開泇河，即其地也。

【校勘記】

〔一〕流沫九十里　「沫」，底本、川本脱，滬本、盋本、京本有。列子黄帝：「懸水三十仞，流沫三十里。」據補。此「九十」，當有誤。

廬州府

通鑑：呂蒙說孫權夾壖須水口立塢。賢曰：壖須，水名，在今之和州歷陽縣西南。孫權夾水立塢，狀如偃月。杜佑曰：壖須水，在今歷陽西南一百八十里。余據壖須水出巢湖〔一〕，在今無爲軍北二十五里。壖須塢〔二〕，在今巢縣東南四十里。梁敬帝太平元年，齊人與任約、徐嗣徽合兵十萬入寇〔三〕，出柵口，向梁山。注：柵口，柵江口也。在今和州歷陽縣西南百五十里，與無爲軍分界，即古之壖須口。宋白曰：廬州東南至柵口，今謂之新婦口，三百八十里〔四〕，對岸即舊南陵縣地，對岸爲繁昌縣。陳文帝天嘉元年，王琳至柵口。注：柵口在壖須口之東，水導巢湖，今謂之柵江口。

南嶽衡山有二處。爾雅釋山曰：河南華、河西嶽、河東岱、河北恒〔五〕、江南衡。注云衡山，此則今湖廣衡州府衡是也。又曰：泰山爲東嶽，華山爲西嶽，霍山爲南嶽，恒山爲北嶽，嵩高爲中嶽。注云：霍山即天柱山，潛水所出也。此則今直隸廬州府天柱山是也。疏云：衡之與霍，泰之與岱，皆一山而有二名。若此上云江南衡，地理志云，衡山在長沙湘南縣南。張揖廣雅云，天柱謂之霍山。地理志云，天柱在廬江潛縣，則在江北矣。而云衡、霍一山二名者，本衡山，一名霍山。漢武帝移嶽神於天柱，又名天柱，亦名霍，故漢以來，衡、霍別矣。郭云，霍山在廬江潛縣西南，別名天柱山。漢武帝以衡山遼曠，移其神於此，今其土人皆呼之爲南嶽。本自以兩山爲名，非從近也，而學者多以霍山不得爲南嶽，又言從漢武帝始名之，如此則武帝在爾雅前乎？斯不然矣。竊以璞言爲然，何則？孫炎云：以霍山爲誤，當作衡山。按書傳虞夏傳及白虎通、風俗通、廣雅並云霍山爲南嶽，豈諸文皆誤，明是衡山一名霍也。注：即天柱山，潛水所出。此據作注時，霍山爲言也。此山本名天柱。漢武帝移江南霍山之祀於此，故又名霍山。其注之霍山〔六〕，即江南衡是也。故上注云：衡山，南嶽也。史記秦始皇本紀：二十八年，始皇還，過彭城，乃西南渡淮水，之衡山、南郡，浮江至湘山祠，逢大風，幾不得渡。正義曰：衡山在衡州湘潭縣西四十一里〔七〕。南郡，今荆州。湘山祠在岳州湘陰縣北五十七里。按此文言衡山在渡淮水之下，在浮江之上，疑是潛之天柱山也。蓋既渡淮向廬州，西至荆州，折而南至岳州，於路爲順。若以爲衡州之衡山，則紆迴反復，恐未必然。水經：霍山爲南嶽。在廬江灊縣西南。白虎通曰：南方爲霍山者何？太陽用事，護養萬物，故爲霍山。爾雅：大山宫小山，霍。注：宫，謂圍繞也。禮記曰：君爲廬，宫之〔八〕。是也。漢書曰：武帝以衡山最遠。讖記皆以霍山爲南嶽，故祭其神於此。

【校勘記】

〔一〕余據壖須水出巢湖　「據」，底本作「按」，川本同，據滬本、盇本、京本及通鑑卷六六改。

〔二〕壖須塢　底本脱「塢」字，川本同，據滬本、盇本、京本及通鑑卷六六補。

〔三〕徐嗣徽合兵十萬入寇　「寇」，底本作「口」，川本同，據滬本、盇本、京本及通鑑卷一六六改。

〔四〕今謂之新婦口三百八十里　底本作「三百八十里，今謂之新婦口」，川本同，據滬本、盇本、京本及通鑑卷一六六乙正。

〔五〕河北恒　「恒」，底本作「衡」，川本、滬本、盋本、京本同，據爾雅釋山改。

〔六〕其注之霍山　「注」，川本、滬本、盋本、京本同，爾雅釋山邢昺疏作「經」。

〔七〕四十一里　底本脱「一」字，川本、滬本、盋本、京本同，據史記秦始皇本紀正義改。

〔八〕君爲廬宫之　「之」，底本脱，川本、滬本、盋本、京本同，據禮記喪大記補。

懷寧　夫呂蒙之圖皖，宵至而辰下者，灊山之皖也。余忠宣之守皖，七年而不可下者，懷寧之皖也。豈非魏之以遠江者懈，元之以近江者警耶！即此可以悟用江之道。

城西曰長河，其河北自皖山，經烏石，合吳塘堰，奔瀉二百餘里，西自司空山經太湖〔一〕，亦奔蕩二百餘里，至石牌二水合。復七十五里至皖口，下十五里入於江。

宋孝武帝大明七年二月丙辰，詔曰：江漢楚望，咸秩周禋。禮九疑於盛唐，祀蓬萊於渤海，皆前載流訓，列聖遺式。霍山是曰南嶽，實維國鎮〔二〕。韞靈呈瑞，肇光宋道。朕駐驆於野，有事岐陽。瞻睇風雲，徘徊以想。可遣使奠祭。

【校勘記】

〔一〕西自司空山經太湖　底本、川本此句前有「石牌」二字，滬本、盋本、京本爲二空缺；「西」，底本作「而」，川本、滬本、盍本同。圖書集成職方典卷七七三：長河，其源有二，北自皖山，經烏石，西自司空山，經太湖。則此「石牌」乃衍文，「而」乃「西」字之誤，據以删改。

〔二〕實維國鎮　「維」，底本、川本、滬本作「爲」，據盍本、京本及宋書孝武帝紀改。

沛　微山，在縣東南三里。隋書地理志：沛有微山。　黄山，在縣東南三里。隋書地理志云：沛有黄山。　泗水，源出山東泗水縣陪尾山，經濟寧至沛城，東南與泡水合，運道因之。嘉靖乙丑，河溢，塞運。尚書朱公衡開新河〔一〕，自是而泗水亦隨東矣〔二〕。　相水。後漢郡國志：彭城偪陽縣有相水。今疑在邑東北境。　漷水。見上。　薛水，齊乘云：即古漷水，出滕、薛界，西流會昭陽湖水，自金溝口達於舊泗。嘉靖乙丑〔三〕，開新河。築石壩，横截其流，南注微山、呂孟四湖。　鴻溝河，發源滕縣，流出薛河。　沙河，發源滕縣連青山。齊乘志云：出鄒澤山，至三河口，會薛水、趕牛溝水，流至鴻溝，出金溝，入舊泗。乙丑，開新河，是河流沙梗漕，乃築三壩遏之，西注尹、滿二湖。　新河，在縣東北四十里。先是嘉靖三年，河溢，運道塞。七年，都御史盛公應期開新河，自南陽經三河口，過夏村，抵留城百四十里，功垂成，被劾去。四十四年，河復溢，運道又塞，工部尚書朱公衡因盛公之舊，而浚是河。　支河，朱公衡以昭陽湖受黄河水，趕牛溝會鲇魚泉水、南陽城水閘南出者，胥注於河，溢則壞民田，乃自湖東南開此河，經回回墓，至留城入運。　趕牛溝，發源滕縣五花泉〔四〕，至沛三河口，與沙、薛二水合。乙丑，開新河，遏之而下，合鮎魚泉入新河。　泥溝河，在縣西北。自魚臺縣界，經沙河鎮西南入漕。舊志云入泡河者，誤。　泡河，即豐水。發源山東單縣，經豐縣，循沛城東南會於泗。嘉靖乙丑，河溢塞泗。隆慶六年，知縣倪民望倡士民自泡、泗交會處，浚新渠十里，抵鴻溝河，東北入支河，由留陳入運。萬曆四年，築護城堤，截泡河舊道，由是泡水徙堤外。　七山黄河〔五〕，嘉靖四十四年，黄河由蕭縣趙家圈泛溢沛境，平地河高七尺〔六〕，遂由豐縣華山經沛七山南二里，東南出秦溝，入泗河，闊二里許。萬曆五年，徙蕭縣、徐州境。　昭陽湖。齊乘曰：山陽湖俗曰刁陽，在縣東八里，河約十餘里〔七〕，山東滕、鄒二縣水咸匯於此，下與薛水合，自金溝口達於泗河。東長十里，南闊一里，西十一里，北四里，周二十九里有奇。　鮎魚泉，在縣東北三十里，曲防北新河北岸入漕。

沽頭城，在縣東南二十里泗河東岸。嘉靖二十二年建〔八〕，四十四年圮於水。　夏鎮城，在縣東北四十里新河西岸，萬曆十六年築。　偪陽。左傳襄公十年：夏五月甲午，遂滅偪陽。注：偪陽即傅陽。在今沛縣。　許城。後漢書郡國志注引地道記曰：沛有許城。定公六年：鄭滅許。即此。　泗水亭，在縣東一里，即高帝爲亭長處。亭有高帝碑，班固爲文。　沛宫。玉海引括地志云：在縣東南二十里〔九〕。即高帝宴父老處。

胡陵城閘，在縣北五十里；廟道口閘，在縣北三十里，並隸沛縣。沽頭上閘，在縣東南十五里；沽頭中閘，在上閘南七里；沽頭下閘，在中閘南八里，並隸徐州。謝溝閘，在縣南四十里，隸沛縣。積水閘四座：留陳閘，隸徐州；金溝口閘，在縣南八里，薛河並昭陽湖水入漕之處；昭陽湖閘，在縣東北八里；鷄鳴臺閘，在縣東北五十五里，以上六閘並積水四閘，今並廢。珠梅閘，在縣北四十一里。楊莊閘，在縣東北四十三里。夏鎮閘，在縣東北四十里；滿家橋閘，在縣東四十里，並隸沛縣。西柳莊閘，在縣東四十里，隸滕縣。馬家橋閘，在縣東南四十里；留城閘，在縣南四十里，並隸徐州。以上七閘，俱嘉靖四十四年工部尚書朱衡議設。黃家閘，在徐州北六十里，隸本州。梁境閘，在徐州北四十里，隸本州。內華閘，在徐州北三十里，隸本州。古洪閘，在徐州二十五里〔一〇〕，隸本州。鎮口閘，在徐州北二十里，隸本州。東鎮口閘，在徐州北二十里，隸本州。以上五閘當云六閘〔一一〕。俱萬曆十年總漕都御史淩雲翼議設。運河長堤，在縣治東。自本縣起，至南旺湖止。黃河長堤，在縣西。自本縣起至陽進口止。昭陽湖堤，在縣東八里。

合鄉，漢、晉時，皆爲東海郡屬縣。後漢書郡國志合城下注之漷水自此南至湖陸〔一二〕。杜預注左傳云：漷水出東海合鄉縣西南〔一三〕，經魯國，至高平湖陸縣入泗。按此則合鄉故城不越今沛、滕、魚臺、嶧縣。一統志以合鄉即古互鄉，孔子難與言者。又直屬之沛，毋亦惑於李太自任城縣壁南馳互鄉之語與！徐階漕運新渠記。

【校勘記】

〔一〕尚書朱公衡開新河　底本「朱」作「宋」，「衡」作「衛」，川本、滬本、盇本、京本同，據明世宗實録卷五六二、明史河渠志改。

〔二〕自是而泗水亦隨東矣　「而」，川本同，滬本、盇本、京本無。

〔三〕嘉靖乙丑　底本脱「嘉靖」二字，川本同，滬本、盇本、京本有。明史河渠志云：嘉靖四十四年開新河。按嘉靖四十四年爲乙丑年，據補。

〔四〕五花泉　「五」，底本作「至」，川本同，據滬本、盇本、京本及紀要卷二九、同治徐州府志卷一一改。清統志卷一〇〇、民國沛縣志卷四並作「玉」。

〔五〕七山黄河　「黄」，底本作「萬」，川本同，據滬本、盇本、京本及民國沛縣志卷四改。

〔六〕平地河高七尺　「河」，底本作「沙」，川本同，據滬本、盇本、京本及紀要卷二九改。

〔七〕河約十餘里　川本、滬本、盇本、京本同。嘉靖徐州志卷四：昭陽湖，「湖亘十餘里」。此「河」字當誤。

〔八〕嘉靖二十二年建　底本「二年」漫漶，川本同，滬本、盇本、京本作「三年」，民國沛縣志卷六作「二年」，據縣志補。

〔九〕縣東南二十里　川本、滬本、盇本、京本同。元和志卷九沛縣：「故沛宮，在縣東南一里。」此「十」字衍，「二」當作「一」。

〔一〇〕在徐州二十五里　川本、滬本、盇本、京本同，按「州」下當有脱字。

〔一一〕當云六閘　「云」，底本作「三」，川本同，據滬本、盋本、京本、本書上下文意改。

〔一二〕漷水自此南至湖陸　「此」，底本作「北」，川本、滬本、盋本、京本同，據續漢書郡國志劉昭注改。

〔一三〕合鄉縣　底本、川本作「合縣鄉」，據滬本、盋本、京本及左傳襄公十九年杜預注乙正。

望江　大茗山，在縣西北七十里。其旁出者曰小茗，兩山東西相向。有洞，可容數百人。

武昌湖，在縣東北三十里。其水受茗山、鳳棲、烏龍，匯馬頭、蘆薪，連青草，以達於江。

青草湖，在縣東。其水受武昌，納司馬、武洲，趨漳湖，以達於江。　大雷池，在縣東南。〔旁注〕東三十里〔一〕。其源西自宿松縣界，流經縣南，積而爲池。又十五里入大江，名雷港。宋書志、郡國志：西岸有雷港〔二〕。　漳湖，在縣東北六十里。其水納白土，受武昌、青草，仰張山、焦城、車門，趨埭溝，達於山口，入於江。　泊湖，在縣西四十里。其水受香山、月山，連龍南、北滂，仰瀧西〔三〕、金口山，連於吉水慎河〔四〕，入於江。　白土湖，在青草湖之東。

【校勘記】

〔一〕東三十里　川本同，滬本、盋本、京本「東」上有「一作」二字。

〔二〕宋書志郡國志西岸有雷港　川本、滬本、盋本、京本同。明萬曆望江縣志卷一、清乾隆望江縣志卷二引同。按宋書州郡志、續漢書郡國志均不載此文，寰宇記卷一二五望江縣大雷池云：「宋鮑明遠有登大雷岸與妹書。」

此處疑有誤。

〔三〕瀧西 「瀧」，底本作「龐」，川本、滬本、盋本、京本同，據圖書集成職方典卷七七四、康熙安慶府志卷二改。

〔四〕吉水慎河 川本、滬本、盋本、京本同，圖書集成職方典卷七七四、康熙安慶府志卷二作「急水鎮河」。

潁州

郪丘城。潁州志云：州東五里有土阜，屹然高大，疑古郪丘也。新志云：去州治八里。漢志：新郪縣屬汝南郡。應劭曰：秦伐魏，取郪丘。即此。莽曰新延。光武封殷後於宋，章帝建初四年，徙宋公於此。漢書臣瓚、師古注並誤〔一〕。俗呼潁陽城。今按郪丘去汝陰五里，置縣不應如此之近，且非魏地也。通鑑綱目：秦拔魏邢丘。地志：在懷州武陟東南。

廢沈丘縣，在州西一百二十里。古沈子國，西漢置平輿縣。應劭曰：故沈子國，今沈亭是也。東漢志：平輿有沈亭，故國，姬姓。晉亦爲平輿縣。並屬汝南郡。晉渡江後，縣廢。隋改新蔡置平輿〔二〕，以沈丘置邥州，領沈丘、宛丘二縣。唐初州廢，以宛丘隸陳州，沈丘屬潁州。後省沈丘入汝陰，神龍二年復置。宋因之，元末兵廢〔三〕。

廢平輿縣，在州南一百里。隋大業初，改新蔡置。王世充置輿州。唐武德七年州廢。貞觀元年，省平輿入新蔡，天授二年復置，屬蔡州。宋因之，元末兵廢。今土城尚完，周圍五六里，北枕谷河。城地屬潁州，界於新蔡。

廢鮦陽縣〔四〕，在州西二百一十里。漢縣，屬汝南郡。光武封陰慶爲鮦陽侯國於此〔五〕。晉爲縣，屬汝陰郡。北齊廢。隋開皇十一年復置，屬汝南郡。唐初廢。今地屬潁州。廢永安縣，在州南一百四十里汝水北岸。唐志：會昌中置縣，六年省。任城，在州城北。陳將任蠻奴於潁水北岸三里築此城，以圍汝陰。今爲河水蕩夷，俗猶呼蠻寨〔六〕。細陽城，在州西北四十里。〔旁注〕西二十〔七〕。漢縣，屬汝南郡。光武封岑彭子遵爲細陽侯。故城在茨河鋪西三里，城甚狹小，疑當時縣治子城也。清丘城，在州東五十六里潁河北岸。梁曰許昌，及置潁川郡。隋開皇初郡廢，十八年改縣名，屬汝陰郡。唐貞觀元年，省入汝陰。即今北照寺基地，名清丘村。闞王城，在州東二百里淮水西正陽，即壽州下二城。

【校勘記】

〔一〕漢書臣瓚師古注並誤　川本、滬本、盋本、京本同。按漢書地理志顏師古注：「應劭曰：『漢興爲新郪。章帝封殷後，更名宋。』臣瓚曰：『光武既封殷後於宋，又封新郪。』師古曰：『封於新郪，號爲宋國耳。瓚説非。』」續漢書郡國志：「宋公國，漢改爲新郪，「章帝建初四年徙宋公於此。」據此，應劭説是，而臣瓚説非，師古所云是也。此云師古注誤，不確。

〔二〕隋改新蔡置平輿　「置」，底本作「志」，川本同，滬本、盋本、京本並缺。按本書下文廢平輿縣：「隋大業初，改新蔡置。」隋書地理志：「平輿，舊廢，大業初改新蔡置。」此「志」乃「置」字之誤，據改。

〔三〕元末兵廢　「兵」，底本作「丘」，川本同，據滬本、盋本、京本及圖書集成職方典卷八三六改。

〔四〕廢鮦陽縣　「鮦」，底本作「銅」，川本同，據滬本、盋本、京本及漢書地理志改。

〔五〕陰慶　「慶」，底本作「廢」，川本同，據滬本、盋本、京本及後漢書陰識傳改。

〔六〕蠻寨　「寨」，底本作「塞」，川本同，滬本、盋本、京本作「寨」。正德潁州志卷一作「蠻樓寨」，此「塞」爲「寨」字之誤，據改。

〔七〕西二十　川本同，滬本、盋本、京本「西」上有「一作」二字。

亳州　譙國，周武王封神農之後於焦，即此。魏文帝以譙爲先人本國，立爲譙郡。魏略云：魏以長安、譙、許昌、鄴、洛陽爲五都。洛陽，其京室也。通鑑：周顯王四十年，秦伐魏，拔焦。注：括地志云：古焦國，在陝縣東北百步古虢城中東北隅，因焦水爲名。武王克商，封神農之後於焦。文獻通考云：焦，姬姓國，在弘農陝縣。今陝州有焦城。按史記：神農，姜姓。弘農之焦，乃姬姓國，非神農之後所封也。當以亳州之焦爲是。

鳳陽　淮水，在縣北十里。禹貢蔡傳云：淮水出南陽平氏縣胎簪山〔一〕，北過桐柏山，東流入海。正義亦云：淮出胎簪，而後至桐柏。案唐縣志云：淮水，在縣東南一百八十里。禹貢「導淮自桐柏」者，此也。今胎簪山絶無泉，其源實桐柏山北支岡，有泉潛流三十里，出大復山南至陽口入河。大復山，今屬泌陽，俗稱銅山。其地有分水處〔二〕，東流爲淮，西流爲泌。漢王延壽桐柏廟碑亦云：淮水出平氏縣，始於大復，潛行地中，見於陽口。通志略云：淮水出唐州桐柏縣大復山，東過信陽，又東過褒信，汝水自西北來入焉。又東過安豐，決水自南來入焉。又東北有窮水，〔旁注〕今名豐水。從北來入焉。又東過下蔡，潁水從西北來入焉〔三〕。又東過壽春，淝水從東南來入焉。又東北過荆山〔四〕，渦水從西北來入焉。通志略不載，闕文也。又東過鍾離，濠水入焉。又東過盱眙，汴水從北來入焉。又東至山陽，通邗溝。又東，泗水從西北來入焉〔五〕。又東至海州入海。

【校勘記】

〔一〕淮水出南陽平氏縣胎簪山　「南」，底本脱，川本同，據滬本、盋本、京本及水經淮水、蔡沈書集傳卷二補。

〔二〕其地有分水處　「水」，底本缺，據川本、滬本、盋本、京本及圖書集成職方典卷八二八補。

〔三〕潁水從西北來入焉　底本、川本脱「北」字，據滬本、盋本、京本及水經淮水注、通志卷四〇補。

〔四〕荆山　「山」，底本、川本、滬本、盋本、京本作「州」。水經淮水注：「淮水於荆山北，過水東南注之。」又本書下文懷遠：「淮水從荆山西麓紆迴，以入於渦。」圖書集成職方典卷八二八同。則此「州」乃「山」字之誤，據改。

〔五〕泗水從西北來入焉　「西」，川本及圖書集成職方典卷八二八同，滬本、京本及通志卷四〇作「東」。

懷遠　塗山，在縣東南八里。水經云：淮水出荆山之左、塗山之右，二山對峙，相爲一脈。

自神禹以桐柏之水泛溢爲害，鑿山爲二以通之。今兩崖間，鑿痕猶存。左傳：禹合諸侯於塗山〔一〕，執玉帛者萬國。杜注云：在壽春東北。又云：周穆有塗山之會。史記諸書以爲禹會諸侯在會稽。宋濂云：當以左氏爲正。古史以爲禹會諸侯於塗山，其後南巡狩，復會諸侯於會稽。蓋近之也。淮河，在縣東南一里。歷荆塗二山峽間〔二〕，乃神禹所鑿之地。今名洪頭，有巨石横梗若門限，每冬水淺則見。蓋未鑿之前，淮水從荆山西麓紆迴，以入於渦，麓高水匯爲患，故禹疏而導之〔三〕，使出二山間，水乃安流。梁武帝嘗於此堰之，以灌壽陽。

【校勘記】

〔一〕禹合諸侯於塗山 「合」，底本作「會」，川本、滬本、盋本、京本同，據左傳哀公七年改。

〔二〕歷荆塗二山峽間 「荆」，底本脱，川本同，據滬本、盋本、京本及明史地理志、圖書集成職方典卷八一八補。

〔三〕故禹疏而導之 「疏」，底本作「路」，川本、滬本、盋本、京本同，據圖書集成職方典卷八一八改。

定遠　廢東城，在縣東南五十里，漢縣。後漢滕撫傳：陰陵人徐鳳反攻燒東城。是也。元和郡縣志以爲項羽敗走東城，即此。隋書志曰：梁置安州，侯景亂廢。故老傳云：安州城即廢東城也。定遠志云：或曰東城在和州境，晉置烏江縣，非此地也。按史記項羽本紀云：至陰陵，迷失道，復引而東，至東城。今陰陵在定遠西北六十里，東城在定遠東南五十里，云「東至東城」，是定遠之東城無疑〔一〕。馬丘城，一名藍柵城，在縣西南二十五里，地名孫家灣。漢書云，當塗有馬丘聚，徐鳳反於此〔二〕。即此地也。

【校勘記】

〔一〕云東至東城是定遠之東城無疑　「云」、「定遠」三字底本、川本並缺，滬本、盇本、京本並有。按通典卷一八一定遠縣：「秦、漢東城縣在今縣東南，逐項梁之處。」明統志卷七、紀要卷二一並載定遠縣之東城。則滬諸本是，據補。

〔二〕漢書云當塗有馬丘聚徐鳳反於此　川本、滬本、盇本、京本同。按此見於續漢書郡國志，非「漢書云」。

虹　唐懿宗咸通九年〔一〕，崔彦曾討龐勛，命宿州出兵符離，泗州出兵於虹以邀之。注：虹，漢縣。宋、魏廢省，古城在夏丘縣界。武德置虹縣於古虹城，貞觀八年，移治夏丘故城，時屬宿州。九域志：在州東一百八十里。顔師古曰：虹，音貢，今音絳。唐武德四年，以夏丘、穀陽置仁州，又析夏丘置虹。六年，省夏丘入虹。汴河，由宿州東來，經縣治前，至泗州入淮。漢紀：明帝永平十二年，遣將作謁者王吳修汴渠。注云：汴渠，即莨蕩渠，首受河水。水經注云：渠流東注浚儀，又曰浚儀渠。輿地廣記云：汴渠，在河陰縣南二百五十步。河陰，漢之滎陽縣。河渠書云〔二〕：禹於滎陽下引河，東南爲鴻溝。索隱云：爲二流：一南經陽武，爲官渡水；一東經大梁，今之汴渠是也。韓昌黎贈張僕射詩云：汴、泗交流郡城角。注：汴水在徐之西，泗水在徐之南。蘇氏書傳云：自唐以前，汴、泗會於彭城之北，然後東南入淮。近汴水直達於淮，不復入泗矣。坤元録曰：汴渠，亦名莨蕩渠。隋大業元年開導，名通濟渠，首受黄河，至泗州入淮。是則導汴入淮，自隋始也。唐、宋之世，皆爲漕渠，宋漕運尤以汴河爲急，歲運六百萬石。今河淤塞，有故堤存焉。以今考之，汴水之源，實出滎澤縣廣武山。正統十三年導之，至中牟縣入於黄河。按會於彭城者非汴水，乃沁水，源出山西黑羊山，黄河嘗決而入焉，故謂之小黄河。二水之源，余聞之河南故老云。南潼河，源出羊城湖，環虹西門，南經泗州界入淮。北潼河，出本縣西，東北流至白鹿湖[三]，經睢寧縣小河[四]，入於淮。南沱河，出宿州紫廬湖，東南流至本縣九都入北沱河，經流至五河縣張家湖入淮。北沱河，源同上，至本縣西九都，會南沱河，今之兩河口是也。入淮。舊唐書齊澣傳：爲汴州刺史。淮、汴水運路，自虹縣至臨淮一百五十里，水流迅急，舊用牛曳竹索上下，流急難制。澣乃奏自虹縣下開河三十餘里，入於清河，百餘里出清水，又開河至淮陰縣北岸入淮，免淮流湍險之害。久之，新河水復迅急，又多僵石，漕運難澀，行旅弊之。

【校勘記】

〔一〕唐懿宗 川本同，滬本、盋本、京本「唐」上有「通鑑」二字，與通鑑卷二五一所載合。

〔二〕河渠書云　「書」，底本、川本無，滬本、盇本、京本作「志」，據史記河渠書、圖書集成職方典卷八二八補。

〔三〕白鹿湖　「鹿」，底本作「麓」，川本同，據滬本、盇本、京本及紀要卷二一、圖書集成職方典卷八二八改。

〔四〕小河　「小」，底本作「水」，據川本、滬本、盇本、京本及紀要卷二一、圖書集成職方典卷八二八改。

泗州　淮河，自五河東來，經州城南，東至清河口，會泗水，東入海。　古汴河，在州東北二里。自大梁通淮，達邗溝，至揚州，隋時所開。今上流湮塞，夏月水漲，舟楫可通虹縣，冬月水涸不通。汴口南對盱眙山。　潼河，在州西一百二十里，源自出虹縣羊城湖〔一〕，流至州境入淮。夏月水漲，可通虹縣。　角城〔二〕，晉義熙中置。城臨泗水，南近淮水。自後嘗爲重鎮。輿地廣記云：泗州盱眙縣，晉安帝時置角城鎮，在淮、泗之會。通鑑：齊高帝建元三年，魏人寇淮陽，圍軍主成買於角城〔三〕。在下邳睢陵縣，南臨淮水。其地據濟水入淮之口。梁武帝置淮陽郡，角城爲縣，屬焉〔四〕。魏高閭云：角城蕞爾在淮北，去淮陽十八里。五固之役，攻圍歷時，卒不能克。金史白華傳：泗州完顏矢哥反。防禦使徒單塔剌聞變，扼罘山亭甬路，好謂之曰：「容我拜辭朝廷，然後死。」遂取朝服，望闕拜慟〔五〕，投亭下水死。

【校勘記】

〔一〕羊城湖　「羊」，底本作「半」，川本、滬本、盇本、京本同，據本書上文虹縣南潼河及紀要卷二一改。

〔二〕角城　川本同，滬本、盋本、京本作「甬城」。

〔三〕圍軍主成買於角城　川本同，滬本、盋本、京本「角城」作「甬城」，以下並有「注：甬城，當作角城。」與通鑑卷一三五載同。

〔四〕屬焉　「焉」，底本作「縣」，川本同，據滬本、盋本、京本及通鑑卷一三五胡三省注改。

〔五〕扼罘山亭甬路至望闕拜慟　「罘」、「甬」、「闕」，底本、川本、滬本、盋本、京本並作「界」、「角」、「關」，據金史白華傳改。

盱眙　破釜塘，縣北三十里洪澤浦，舊名破釜澗。六典：在盱眙。鄧艾立白水塘，與破釜相連，開八水門。大業末塘壞，水流入淮。　曲溪，在縣西十里。周顯德三年〔一〕，張永德敗泗州兵於曲溪堰。即此。　濟陰城，在縣西五十里。宋泰始初築，置淮陰郡，後廢。唐初置濟陰縣，尋省。　淮陵城，在舊招信縣西北二十五里。漢縣，後廢。晉元康七年，分臨淮置淮陵郡，今淮陵鄉是。　東陽城，在縣東北八十里。秦縣。陳嬰爲東陽令史。即此。　睢陵城，在縣西南。漢縣。隋志曰：化明，故睢陵。後齊改曰池南，陳復曰睢陵，後周改招義。大業初改化明，屬鍾離郡。唐武德二年，又析化明置睢陵，三年更化明曰招義，四年省睢陵。此城即唐析置之縣也。　廢招信縣，在縣西六十里。本唐招義縣，宋太平興國初改招信，元廢。今設舊縣巡檢司。　令狐綯遣李湘合兵數千救泗州，與郭厚本、袁公弁合兵屯都梁城〔二〕。注：都梁城，在泗州盱貽縣北都梁山頂。賊陷都梁城，據淮口，注：泗水入淮之口。漕驛路絶。隋書王充傳：保都梁山爲五栅。金史哀宗紀：正大四年，遣總帥完顔訛可、元帥慶山奴守盱眙，與李全戰於龜山，敗績。完顔仲元傳：敗宋人二千於龜山。

【校勘記】

〔一〕顯德三年　「三」，底本作「五」，川本同，滬本、盋本、京本作「二」，據通鑑卷二九三、宋史張永德傳改。

〔二〕令狐綯至都梁城　川本同，滬本、盋本、京本「令狐綯」之前有「通鑑咸通九年」六字，與通鑑卷二五一記載同。又「袁公弁」，底本作「袁公并」，川本同，據滬本、盋本、京本及通鑑改。

宿州　唐書〔一〕：大和七年，於埇橋置宿州，割徐州符離縣、蘄縣、泗州虹縣隸之。文德元年，汴將朱珍敗時溥之師於埇橋，遂縣宿州〔二〕。宋史武行德傳：先是，唐末楊氏據淮甸，自埇橋東南決汴，匯爲汙澤。世宗顯德二年，將南征，遣德率所部丁壯，於古堤疏導之，東達於泗上。陳希亮傳：爲宿州。州跨汴爲橋〔三〕，水與橋爭，常壞舟。希亮始作飛橋，無柱，以便往來。詔下其法，自畿邑至於泗州，皆爲飛橋。睢水。漢地理志：睢水首受浪蕩水，東至取慮入泗。俗呼爲符離河，有石橋跨河南北。國朝弘治初，河水四決，命户部左侍郎白昂治之，乃爲月河於符離橋之南，以殺水勢。李東陽記，在州志。澮河，在州南三十五里。源出河南永城縣馬長河，經本州東流，至五河縣入淮。蘄水，出蘄縣鄉，東合睢水入淮〔四〕。咸通九年〔五〕，賊將姚周屯柳子。注：九域志：宿州臨渙縣有柳子鎮。今在宿州北九十里。范成大北使録曰：自臨渙縣北行四十五里，至柳子鎮。張舜民郴行録曰〔六〕：柳子鎮在永城縣南。九域志：永城屬亳州，在州東北一百一十五里。

【校勘記】

〔一〕唐書 川本同，滬本、盇本、京本作「舊唐書文宗紀」。

〔二〕汴將朱珍敗時溥之師於埇橋遂縣宿州 川本、滬本、盇本、京本同。通鑑卷二五七文德元年：「時溥自將步騎七萬屯吳康鎮，朱珍與戰，大破之。朱全忠又遣别將攻宿州，刺史張友降之。」此處有脱誤，「縣」蓋爲「取」字之誤。

〔三〕州跨汴爲橋 「州」，底本作「之」，川本同，據滬本、盇本、京本及宋史陳希亮傳改。

〔四〕東合睢水入淮 「睢」，底本作「淮」，川本同，滬本、盇本、京本缺，據嘉靖宿州志卷一改。

〔五〕咸通九年 川本同，滬本、盇本、京本此句上有「通鑑」二字。

〔六〕郴行録 「郴」，底本作「柳」，川本同，據滬本、盇本、京本及張舜民畫墁集卷七郴行録改。

泗州。靈璧 磬石山，在縣北七十里。山出磬石，故名。書曰：泗濱浮磬。文獻通考：磬石山在泗州。玉海注云：下邳有石磬山，古取磬之地。按靈璧，春秋屬徐子國，東漢下邳郡地，唐、宋以來泗州地，元祐七年始置縣。磬石山北距泗水五、六十里許，禹時洪水横流，泗水未必不經此山之下。故書謂之泗濱，通考謂在泗州，玉海謂在下邳也。然考之古者，磬之所產，非止一地。禹貢：徐州浮磬，梁州貢璆、磬。山海經〔一〕：共水多鳴石。晉范寧守豫章，遣人往交州采石磬，以供學用。晉書〔二〕：謝尚鎮壽陽，采拾樂人，以備太樂，並制石磬〔三〕。唐天寶中，廢泗濱石磬，用華原石代之。唐地理志〔四〕：愛州九真有石磬。宋乾德四年，和峴議令采泗濱石爲編磬。景祐中，采泗濱浮石千餘，以爲垂磬。皇祐三年，詔徐、宿、泗、耀、江、鄭、淮陽七州軍采磬石。今但取於靈璧耳。新志云：民間私取，無復磬聲。未必然。汴河，在縣治南二十步。舊通大梁，入於淮。今淤塞。小河，在縣北七十里，即睢水。源出夏邑縣白河，經本縣東流，至清河縣，合泗水入淮。漢書：項羽追擊漢軍，大戰靈壁東睢水上。即此。澮河，在縣南七十里。源出永城縣馬長河，經本州至固鎮，東南流至五河縣入淮。沱河，在縣西南四十里。源出宿州紫蘆湖，經本縣東南至五河入淮。金史哀宗紀：天興二年，王義深據靈璧望口寨以叛，遣近侍直長女奚烈完出將徐、宿兵討之，義深敗走漣水，入宋。紇石烈志寧傳：志寧移軍臨渙，遂渡淮。洨水，在縣東南。故漢洨縣。漢書云：洨水所出，南入淮。

【校勘記】

〔一〕山海經　底本脱「山」字，川本同，據滬本、盋本、京本及山海經中山經補。

〔二〕晉書 川本同，滬本、盋本、京本作「晉書樂志」。
〔三〕以備太樂並制石磬 底本作「並制石磬，以備太樂」，川本同，據滬本、盋本、京本及晉書樂志乙正。
〔四〕唐地理志 川本同，滬本、盋本、京本作「新唐書地理志」。

壽州 硤石山，在州北二十五里。郡縣志云：在下蔡西南。寰宇記云：兩岸相對，淮水經其中。對岸山上築一城，以防津要。淮水以中流分界，在西岸者屬下蔡，在東岸者屬壽陽。魏諸葛誕舉兵，王昶據硤石以逼誕，即此城。晉胡彬援壽春，既陷，退保硤石，亦此處也。兩岸石上，大禹所鑿舊迹猶存。懷遠志載之，誤也。〔旁注〕唐書吳少陽傳：時奪掠壽州茶山之利。淮水，發源唐縣，歷正陽合沙河，經本州西北至懷遠縣合渦水，東流逕臨淮城北，過五河鐵橋浦，東流入海。

東淝河，源出盧江李陵山之北麓，至合肥界，其流始大。河之東，沿河之水入焉〔一〕，自洗馬灣、黃連門來，二河異流，而下流相合，經本州東北，又西流十里入淮。通志略云：出合肥縣雞鳴山，北流二十里許，分爲二：其一東經合肥縣南，又東南入巢湖；其一西北流二百里，出壽春西入於淮。通鑑地理通釋云：自安豐縣流入，經壽春縣北，又西入淮。通鑑：晉太元八年，秦苻堅大舉入寇，戎卒六十餘萬，騎二十七萬，進屯壽陽。詔謝石、謝玄率衆八萬拒之。秦軍逼淝水而陣，晉兵不得度。謝玄遣使語陽平公融，秦人乃卻兵。晉軍度淝水，遂破秦軍。即此。西淝河，在下蔡縣城西南十里入淮。芍陂，在今州南六十里。六典：在安豐，即楚相孫叔敖所作期思陂。漢王景、魏劉馥、鄧艾、晉劉頌、宋劉義欣、齊垣崇祖、隋趙軌皆嘗修治。首受灊之渒水，西自六安北界騶虞石，東自濠州之南横石，水皆入焉。伏滔正淮論云：壽州龍泉之陂，良疇萬頃。水經注：東北逕白芍亭東集而爲湖〔二〕，故謂之芍陂，周一百二十里許，在壽春南八十里。魏王淩與張休文戰於芍陂〔三〕，即此處。元大德元年，復立芍陂等屯田。國朝永樂中修治，開三十六門並四閘。成化中復修。後漢書王景傳：遷廬江太守。先是百姓不知牛耕，致地力有餘而食常不足〔四〕。郡界有楚相孫叔敖所起芍陂稻田。注：陂在今壽州安豐縣。景乃驅率吏民，修起蕪廢，教用犂耕，由是墾闢倍多，境内豐給。遂銘石刻誓〔五〕，令民知常禁〔六〕。晉書宣帝紀：魏正始二年，吴將全琮寇芍陂。宋史張旨傳〔七〕：明道中，知安豐縣。浚渒河三十里，疏泄支流注芍陂，爲斗門，溉田數萬頃，外築堤以備水患。元史昂吉兒傳：請立屯田，以給軍餉。帝遣數千人，即芍陂、洪澤試之，果如所言，乃以二萬兵屯之，歲得米數十萬斛。世祖紀〔八〕：至元十三年，立洪澤、芍陂兩處屯田。成宗紀：大德元年十二月，復立芍陂、洪澤屯田。九年五月，復立洪澤、芍陂屯田。十月戊戌，詔芍陂、洪澤等屯田爲豪右占據者，悉令輸租〔九〕。仁宗紀：延祐元年六月〔一〇〕，增墾河南芍陂等處屯田。淝水堰。南史〔一一〕：齊建元二年，魏遣梁郡王嘉與劉昶攻壽陽〔一二〕。刺史垣崇祖欲治外城，堰淝水以自固。皆曰：自有淝水，未嘗堰也。崇祖曰：守郭築堰，是我不諫之策。乃於城西北堰淝水，堰北築小城，周爲深塹，使數千人守之。魏人蟻附攻小城，崇祖令決堰下水，魏攻城之衆漂墜塹中。魏師退走。陳書〔一三〕：吳明徹攻壽陽，堰淝水以灌，城之中多腫泄，死者什六七。下蔡城，在州北三十里。古州來也。左傳魯昭公四年，楚然丹城州來；十九年，楚人城州來。梁置汴郡，後齊廢郡。大業初改縣名。唐武德四年置渦州，八年廢。周顯德三年，發丁夫數萬，城下蔡；四年，徙壽州治焉。今廢。二城，在西正陽，與潁州接界。元史：至元九年，董文炳築兩城於正陽，以遏宋兵。今俗訛爲劉備關羽二城。魏昌城，在八公山東南。梁武帝堰淮水以灌壽陽，水勢日增。魏揚州刺史李崇，於八公山之東南，更起一城以備大水，號曰魏昌城。硤石城。通典云：梁大同中，於硤石山築城拒東魏〔一四〕。即潁州下蔡城。按北史：魏孝明時，梁遣游擊將軍趙祖悦襲據西硤石，更築外城，逼徙緣淮之人於城內。唐紀：武德七年，討僞宋輔公祏，李世勣步卒渡淮，拔壽陽，次硤石。即此。

【校勘記】

〔一〕沿河之水入焉　「入」，底本、川本、滬本、盇本、京本作「出」。紀要卷二六合肥縣肥水：「經合肥城下，其東有沿河之水入焉。」清統志卷一二五肥水下引壽州志：「又有沿河，在州東南五十里，西入肥河。」則此「出」乃「入」字之誤，據改。

〔二〕東北逕白芍亭東集而爲湖　底本「亭」下有「下」字，川本、滬本、盋本、京本同。按水經肥水注：「東北逕白芍亭東，積而爲湖。」此「下」字衍，據删。「集」應作「積」。

〔三〕魏王淩與張休文戰於芍陂　川本、滬本、盋本、京本及朱謀㙔水經注箋肥水同。按三國志吳書顧譚傳：「譚弟承與張休俱北征壽春，全琮時爲大都督，與魏將王淩戰於芍陂，軍不利，魏兵乘勝陷没五營將秦晃軍，休、承奮擊之，遂駐魏師。」初學記卷七芍陂引劉澄之豫州記曰：「魏將王陵（淩字之誤）與吳將張休交戰處。」此「張休」下「文」字衍。

〔四〕致地力有餘而食常不足　「力」，底本作「方」，據川本、滬本、盋本、京本及後漢書王景傳改。

〔五〕遂銘石刻誓　「銘」，底本、川本、滬本、盋本、京本脱，據後漢書王景傳補。

〔六〕令民知常禁　「令」，底本作「今」，川本、滬本、盋本、京本同，據後漢書王景傳改。

〔七〕宋史張旨傳　「旨」，底本、川本、滬本、盋本、京本作「子」。按本書所載浚淠河云云，見於宋史張旨傳，此「子」乃「旨」字之誤，據改。

〔八〕世祖紀　川本同，滬本、盋本、京本冠以「元史」二字。下文成宗紀、仁宗紀同。

〔九〕爲豪右占據者悉令輸租　「豪」、「租」，底本作「濠」、「祖」，川本同，據滬本、盋本、京本及元史成宗紀改。

〔一〇〕延祐　「祐」，底本作「裕」，川本、滬本、盋本、京本同，據元史仁宗紀改。

〔一一〕南史　川本同，滬本、盋本、京本作「通鑑」。

〔一二〕魏遣梁郡王嘉與劉昶攻壽陽　「遣」，川本同，滬本、盋本、京本作「使」；「梁郡王嘉與」，底本作「大將宋王」，川本同，據滬本、盋本、京本及通鑑卷一三五改。

〔一三〕陳書　川本同，滬本、盋本、京本下有「吳明徹傳」四字。

〔一四〕於硤石山築城拒東魏　「拒」，底本作「渠」，川本同，據滬本、盋本、京本及通典卷一七七改。

蒙城　渦河，在縣北二十里〔一〕。耆舊云：元時上源受黃河，後河決不通。有泉，自亳經流本縣，又二百里至懷遠縣荆山口入淮。至正統間，黃河復通於渦河。今又不通矣。淝河，在縣北三十五里，東流至荆山口入淮。縣志。

【校勘記】

〔一〕在縣北二十里　川本、滬本、盋本、京本同。紀要卷二一蒙城縣渦水：「在縣北二里。」清統志卷一二八渦水下引蒙城縣志載同。此「十」蓋爲衍字。

潁州　淮河，在西南一百二十里〔一〕。與汝水合，至正陽，下流與潁水合。汝河，在州南一百里。自汝寧東北流，至桃花店入州界，又東過永安廢縣，環地理城〔二〕，州南一百一十里汝水之陽。至朱皐鎮入淮。按淮南子地形訓：汝出猛山。博物志云：出燕泉山。水經注：出魯陽縣大盂山。地理志：出定陵縣高陵山。魯陽，今魯山；定陵，今舞陽。通志略云：汝水出汝州魯山縣大盂山，其地與弘農盧氏接界，故許慎誤謂出盧氏也〔三〕。其水東南過舞陽，灈水、昆水入焉，又有泜水、湛水入焉，南過上蔡，至褒信縣汝口，南入於淮〔四〕。按汝州志：汝河在城南十里，源出嵩縣分水嶺，經郏縣，東注於淮。詩傳謂出汝州天息山，誤也。西淝河，在州北一百一十里。自太和北〔五〕，東南流經州境，入壽州境，至硤石山入淮。州志。柳河，在州西鄉。源自州西一百二十里白楊湖〔六〕，黄河支流會諸水積流，經廢柳河驛，至石羊鋪入舊黄河。西茨河，在州西鄉。舊因黄河衝決成河，合太和新集以南五道溝諸水，流入廢柳河驛，東入柳河。北茨河，在州北鄉。自金溝水南流漸大，趨龍窩寺旁，西南至石羊鋪北，入舊黄河。

【校勘記】

〔一〕在西南一百二十里　川本同，滬本、盋本、京本「在」下有「州」字。

〔二〕又東過永安廢縣環地理城　「永安」，底本作「永康」，川本同，據滬本、盋本、京本及正德潁州志卷一改。又「地」，底本作「城」，據川本、滬本、盋本、京本及正德潁州志卷一改。

〔三〕故許慎誤謂出盧氏也　「誤」，底本脱，川本同，據滬本、盋本、京本及通志卷四〇補。

〔四〕南過上蔡至褒信縣汝口南入於淮　「南過」，川本同，滬本、盋本、京本作「又東南過」，與通志卷四〇同。又「南入」，底本作「乃入」，川本同，據滬本、盋本、京本及通志卷四〇改。

〔五〕太和 「和」，底本作「河」，川本同，據滬本、盋本、京本及正德潁州志卷一改。

〔六〕白楊湖 「楊湖」，底本作「陽河」，川本、滬本、盋本、京本同，據正德潁州志卷一、紀要卷二一、圖書集成職方典卷八二八改。

潁上 沙河，在縣東門外〔一〕。東南流入淮，即潁水也。按唐會要云：元和十一年，始置淮潁水運〔二〕，揚子等諸院米自淮陰泝流至壽州西四十里入潁口，又泝流至潁州沈丘界，五百里至項城，又泝流五百里入溵河，又三百里輸於郾城，得米五十萬石。洪武二十五年，黄河決，改流經此河入於淮，遂通汴梁。正統三年，復徙於鹿邑舊河達淮。考之臨潁志云：褚河〔三〕，在縣西十五里，即潁水也。源出登封縣潁谷，經流本縣東南，至清水鎮入沙河，達於淮。郾城志云：溵江渡，在縣西一里一百步，即沙河也。是則沙河即潁水明矣。山海經云：潁水出少室山。黄氏云：出河南登封縣陽乾山，南流至潁州潁上縣入淮。翰墨全書云：淮水東流，潁水西北來注之，謂之潁口。下蔡，淮、潁之會也。詩地理考云〔四〕：潁水出河南府陽城縣陽乾山，自汝州襄城縣流入潁昌府長社縣，自長社流入臨潁縣，自順昌府汝陰縣流入潁上縣，至壽春府下蔡縣入淮。通志略云：潁水出潁川陽城縣少室山。今陽城省入登封矣。東南至陳州，洧水入焉，又東南過南頓，㶏水入焉，又東南至下蔡入淮。河南志云：潁水，在登封縣西四十里，水自石道保神水里入於瀦水。按郡圖〔五〕：水出登封西南百砨山，有故潁陽縣遺址。按河南志：有少陽河、李莊河，俱出少室山，入潁。故山海經、通志略謂出少室也。新志謂潁水上通古汴，相去遠矣。蓋黄河決而入潁，非汴水也。

【校勘記】

〔一〕在縣東門外　「縣」，底本、川本、滬本、盔本、京本作「州」，據圖書集成職方典卷八二八改。

〔二〕始置淮潁水運　「始」，底本脱，川本同，據滬本、盔本、京本及唐會要卷八七補。

〔三〕褚河　「褚」，底本、川本、滬本、盔本、京本作「楮」，據吳任臣山海經廣注引臨潁志、圖書集成職方典卷三七一改。又，明統志卷二六、紀要卷四六並作「渚」。

〔四〕詩地理考　「詩」，底本缺，川本同。按本書下文所記，見於詩地理考卷六，滬本、盔本、京本作「詩地理考」，是，據補「詩」字。

〔五〕郡圖　「圖」，底本作「國」，據川本、滬本、盔本、京本改。

太和　沙河，在縣南二里。上通項城縣，下達潁上縣，至正陽鎮入淮，即潁水。

亳州　渦河，發源自葛河口，由鹿邑西來，至北城外，與馬尚河合，東流逕蒙城，至懷遠縣東北入淮。漢地理志云：渦首受莨蕩渠，東至向入淮。唐書齊澣傳：爲汴州刺史。淮、汴水運路，自虹縣至臨淮一百五十里，水流迅急，舊用牛曳竹索上下，流急難制。澣乃奏自虹縣下開河三十餘里，入於清河，百餘里出清水，又開河至淮陰縣北岸入淮，免淮流湍險之害。久之，新河水復迅急，又多僵石，漕運艱澀，行旅弊之〔一〕。通鑑：梁天監二年，魏任城王澄遣統軍党法宗等分兵寇東關、大峴、淮陵、九山。注：魏收志，陳留、鍾離二郡有朝歌縣，縣有九山城、黄溪水。按水經注，黄水出黄武山，東北流，逕南光城、弋陽等郡。今按今招信軍盱眙縣西南一十五里有三城，又西十五里至淮陵，城臨池河，池河過淮陵城西而北，入於淮，謂之池河口。九山店在淮北，南直淮陵。九山店之東則陷堈湖，南則馬城。淮流至此，謂之九山灣。其東則鳳凰州，在淮水中，約長十里。今土人亦呼九山灣爲獅子渡〔二〕，北兵渡淮之津要也。唐元和十一年〔三〕，初置淮、潁水運使。揚子院米自淮陰泝淮入潁，至項城入溵〔四〕。注：舊史，時運米泝淮至壽州四十里入潁口〔五〕，又泝流至潁州沈丘界，五百里至於項城，又泝流五百里入溵河，又三百里輸於郾城，得米五十萬石，茭五百萬束〔六〕，省汴運之費七萬六千緡。晋書宣帝紀：帝以滅賊之要在於積穀〔七〕，乃大興屯田，廣開淮陽、百尺二渠，又修諸陂於潁之南北萬餘頃〔八〕。自是淮北倉庾相望，壽陽至於京師，農官屯兵連屬焉。後漢書桓帝紀：延熹八年春正月，遣中常侍左悺之苦縣，祠老子。冬十一月〔九〕，遣中常侍管霸之苦縣，祠老子。金史术甲臣嘉傳：臣嘉駐霍丘楂岡村，縱輕騎鈔掠，焚毀積聚。宋兵二千屯高柳橋，其寨兩城，環之以水。臣嘉令水軍徑渡攻之，夷其寨而還。遇宋兵數千於梅景村〔一〇〕。伏兵林間，擊敗之。隋書趙軌傳：轉壽州總管長史。芍陂舊有五門堰，蕪穢不修。軌於是勸課人吏，更開三十六門，灌田五千餘頃，人賴其利。

【校勘記】

〔一〕唐書齊澣傳至行旅弊之　按文已記於本書上文虹縣下，此係重出，故川本、滬本、盋本、京本此亳州下並不録。

〔二〕獅子渡　底本、川本脱「子」字，據滬本、盋本、京本及通鑑卷一四五胡三省注補。

〔三〕唐元和十一年　川本同，滬本、盋本、京本此句上有「通鑑」二字，與通鑑卷二三九記載合。

〔四〕至項城入溵　「溵」，底本作「淮」，川本同，據滬本、盋本、京本、本書下文及通鑑卷二三九改。

〔五〕四十里　川本、滬本、盋本、京本同，通鑑卷二三九胡三省注作「四百里」，此「十」蓋爲「百」字之誤。

〔六〕茭五百萬束　「萬」，底本作「里」，據川本、滬本、盋本、京本及通鑑卷二三九胡三省注改。

〔七〕帝以滅賊之要在於積穀　川本同，滬本、盋本、京本此句前有「正始三年」四字。

〔八〕萬餘頃　「餘」，底本作「千」，川本同，據滬本、盋本、京本及晉書宣帝紀改。

〔九〕冬十一月　「一」，底本作「二」，川本同，據滬本、盋本、京本及後漢書桓帝紀改。

〔一〇〕遇宋兵數千於梅景村　「數」、「村」，底本作「宋」、「春」，川本、滬本、盋本、京本同，據金史朮甲臣嘉傳改。

天長冶山，在縣南四十五里。綿亘天長、六合間，產紅石〔一〕，亦間出石青。山高峻，登之可見江南諸峯。舊志云：吳王即山鑄兵，故名。　橫山，在縣東南五十里。其南爲踟躕山，東南六十里。陳荀朗破郭元建於此。　縣之水，其匯莫大於丁溪諸湖，其源出自各河。　縣西四十五里曰汊澗河，汊澗鎮在縣西四十五里。受覆釜覆釜山在西五十里。與西南諸水，三汊合流。　東北三十里爲石梁河，南有石梁堰，見通典。今廢。　又東北三里爲得勝河〔二〕，一曰破城河，乃匯衆水入於丁溪湖，達於高郵之甓社湖，入於運河。按唐通典載：石梁河，源出滁州。今河至汊澗而止，舊迹淤塞，不可考矣。　西北四十里曰銅城河，銅城鎮在縣北四十五里。受銅城諸水，入於丁溪湖，通於平阿河〔三〕。　西五里曰萬歲湖，東五里曰感唐湖，東北二十五里曰泥湖，又有上白湖。四湖俱入河，會流達於丁溪湖。　東三十里曰洋湖，又十五里爲丁溪湖，又爲五湖，又入高郵界爲毘沙湖〔四〕，爲甓社湖，爲樊良湖，爲新開湖，通於官河。　北十八里曰鵶口，今呼丫溝〔五〕，舊有橋，即韓世忠遺董旼敗金人之處。〔旁注〕宋史韓世忠傳：遣董旼擊金人於天長縣之鵶口。　東三十五里曰白馬塘。按蔣子文乘白馬過揚州，有白馬神廟。此曰白馬塘，亦建祠焉。　去東北二十里，入高郵界，又有白馬湖。晉謝玄敗秦人於白馬塘，或即此地，抑亦白馬湖歟？今塘湮塞。　金溝，在縣東北，乃汴河經金溝集以達於邗溝。隋煬帝所鑿也。　三阿，在縣東北高郵界。按宋書〔六〕：謝玄破秦句難、彭超於三阿。王幼學集覽謂：三阿，今高郵北阿鎮是。在晉爲三阿，唐爲下阿。徐敬業屯兵下阿，即此地。今五湖之下又有平阿湖。然則三阿爲天長、高郵之界。而謝玄自廣陵破秦，乃廣陵郡，非廣陵縣也。俗以三阿爲邑名，固失之。而舊志謂玄由廣陵即本縣，亦非是。東北三十里有土城，四十五里有城門。俗名小關。舊志謂：漢高帝於高郵三阿東立城郭，置廣陵縣，即此。今設巡檢司。廢横山縣，在南三十里。東北鄉多圩田，西南鄉多岡阜。本縣游手者衆，鎮市僅四處，而所謂經紀者乃千餘人，皆不力稼穡，衣食於市，物價之低昂，惟在其口。而民間之貿易，必與之金，甚至一肩之草、一籃之魚，必分其值而後售。此天下之所未聞也。三十六陂，今湮廢。東都事略：蔣之奇爲淮南路轉運副使。歲饑，募民興水利，以食流冗，溉田九千餘頃〔七〕，如揚之天長三十六陂，與宿臨涣横斜三溝，其大者也。羅萬象志序：天長幅員不百里，腴者皆爲屯田。其民田，盡磽岡與濱湖而圩者耳。岡則必苦旱，圩則必苦澇。又此中之農最惰，一切地利高下之宜，人事滋培之力，俱不問，第一耕一插，而農之能事畢矣，束手而聽命於天矣。夫岡莫若池，圩莫若堤，天長之民從未之講。天長之田，蓋與訟相終始者也。以畫字則訟，以倒根則訟，以虧折則訟，以稱貸則訟，以盡殘則訟，以另售則又訟。巧立題目，展轉蔓延，是故有寧願以其田減價退贖者矣，有寧願以其田施佛、輸公者矣，又寧願以其田投諸彊有力，並原值不問者矣。鄉民不習輸納，第聽猾里因緣爲姦。每糧一石，科至二十四、五金，少亦不下二十金，名曰「一把緢」。余下車之冬〔八〕，即爲刊刻「易知單」，遍給糧户，一目瞭然，自封自兑，小民頗爲稱便。行之二年，毫無逋欠。又往例：衙署供億，一切倚辦里中。倘得下不時之令，需難得之貨，則里大喜。官派之里，里派之甲，甲費十而官不得一。余請著爲令，永遠禁止。

金史僕散揆傳〔九〕：揆總大軍南伐，以行省兵三萬出潁、壽，至淮，宋人旅拒於水南。揆密遣人測淮水，惟八疊灘可涉，即遣奥屯驤揚兵下蔡，聲言欲渡。宋帥何汝礪、姚公佐悉鋭師，屯花靨以備。揆乃遣右翼都統完顔賽不、先鋒都統納蘭邦烈潛渡八疊〔一〇〕，駐南岸。揆麾大軍，直壓其陣。敵不虞我卒至，皆潰走。進奪潁口，下安豐軍，遂攻合肥，取滁州，盡獲其軍實。毛碩傳：權知拱州。柘城酒監房人傑叛，碩發兵討之。至柘城，躬扣城門，呼耆老諭意。縣人縛人傑以降。元史憲宗紀：四年，張柔移鎮亳州。柔以連歲勤兵，兩淮艱於糧運〔一一〕，奏據亳之利。詔柔率山前八軍，城而戍之。柔又以渦水北隘淺不可舟，軍既病涉，曹、濮、魏、博粟皆不至，乃築甬路自亳抵汴。堤百二十里，流深而不能築，復爲橋十五，或廣八十尺，横以二堡戍之。五年秋九月，張柔會大帥於符離。以百丈口爲宋往來之道，可容萬艘，遂築甬路，自亳而南六十餘里，中爲横江堡。又以路東六十里皆水，可致宋舟，乃立柵水中，惟密置偵邏於所達之路。由是鹿邑、寧陵、考、柘、楚丘、南頓無宋患，陳、蔡、潁、息皆通矣。宋書臧質傳：虜攻盱眙，築長圍，一夜便合，開攻道，趣城東北，運東山土石填之。虜又恐城内水路遁走，乃引大船，欲於軍山作浮橋，以絶淮道。城内乘船逆戰〔一二〕，大破之。明旦，賊更方船爲桁〔一三〕，桁上各嚴兵自衛。城內更擊不能禁，遂於軍山立桁，水陸路並斷。

【校勘記】

〔一〕產紅石　「紅」，底本作「江」，川本、滬本、京本同，據盋本及嘉靖天長縣志卷一改。

〔二〕又東北三里爲得勝河　底本「三」下有「十」字，川本、滬本、盋本、京本同，據嘉靖天長縣志卷一刪。

〔三〕平阿河　「河」，川本、滬本、盋本、京本同，嘉靖天長縣志卷一作「湖」。

〔四〕毘沙湖　底本、川本作「毘沙河湖」，據嘉靖天長縣志卷一、圖書集成職方典卷八二八刪「河」字。滬本、盋本、京本作「昆河河湖」，誤。

〔五〕丫溝　「丫」，底本作「了」，川本、滬本、盋本、京本同，據嘉靖天長縣志卷一改。

〔六〕宋書　川本、滬本、盋本、京本同。據晉書謝玄傳：苻堅將彭超南侵，句難來會，「超圍幽州刺史田洛於三阿，……玄於是自廣陵西討難等」。同書苻堅載記：彭超攻晉幽州刺史田洛於三阿，謝玄自廣陵救三阿，「玄進兵至三阿，與難、超戰，超等又敗」。此「宋書」當是「晉書」之訛。

〔七〕漑田九千餘頃　「田」，底本脱，據川本、滬本、盋本、京本及東都事略蔣之奇傳補。

〔八〕余下車之冬　「冬」，川本同，滬本、盋本、京本作「始」，蓋是。

〔九〕金史僕散揆傳　「僕」，底本作「樸」，川本同，據滬本、盋本、京本及金史僕散揆傳改。

〔一〇〕先鋒都統納蘭邦烈潛渡八疊　「統」，底本作「繞」，川本同，滬本、盋本、京本作「澆」，據金史僕散揆傳改。

〔一一〕兩淮艱於糧運　「艱」，底本作「難」，據川本、滬本、盋本、京本及元史憲宗紀改。

〔一二〕城内乘船逆戰　「船」，川本同，滬本、盋本、京本作「艦」，與宋書臧質傳同。

〔一三〕賊更方船爲桁　「船」，川本同，滬本、盋本、京本作「舫」，與宋書臧質傳同。

泗州　熙祖陵，在蠙城之北。洪武初，號曰祖陵，即祖陵望祭德祖、懿祖二陵，設泗州祠祭署。嘉靖中，封其山曰基運山。

鳳陽府

仁祖陵，在太平鄉。洪武初，號曰英陵，尋改皇陵，設皇陵衛並祠祭署。嘉靖中，封其山曰翊聖山〔一〕。皇陵，在府治西南太平。丙午年春，命故臣汪文、劉英隨大軍回濠州，修飭金井園陵，招集親鄰趙文等二十家看守。洪武元年戊申正月乙亥，太祖高皇帝即位，追尊皇妣爲淳皇后。洪武二年，爲薦陵，號皇陵〔二〕，設祠祭署，供祭祀。舊世襲陵户三千三百四十二户，分爲六十四社。社各有長，俱土民，全免糧差，供祭、直宿、灑掃。冠帶禮生二十四名，於陵户内選用，遇祭執事。正旦、冬至、清明、中元、孟冬祭祀，俱祠祭官行禮。每月朔望祭祀，中都留守司官行禮。弘治元年，欽差神宫監右少監黄觀奉侍守護。　内皇城一座，周七十五丈五尺。正殿九間，金門五間，東、西廡各十一間，左、右角門二座，後紅門三座，左、右角門二座，燎爐一座，碑亭二座，御橋正三座，左、右橋二座，金水河一道。　磚城一座，周圍六里一百一十八步。四門樓四座，各五間，紅門東、西角門二座，具服殿六間，膳房二間，官廠六間，東、西直房各二間，東、西、南三間，外直房各十間〔三〕，靈星門三座，東、西角門二座，角門外東、西直房各十間，紅橋五座，古渠一道，神廚五間，房各五間，酒房六間，神廚門三間，寢殿五間，膳廚五間，左、右廡各十間，紅門三間，中門五間，西廂房十間，混堂五間，水池二區，門房一間。　外土城一座，周二十八里。　正紅門三座，東、西角門二座，各三間，官廳二所，各三間，南、西、東門三座，各三間，東、西直房三所，各三間，四門下馬牌各二座，周圍巡鋪十三所。　祠祭署奉祀二員：劉雄、汪琨。祀丞二員：汪璘、趙瓊。　冠帶禮生二十四名：石巖〔四〕、姜玉、劉釗、張珣、吳綱、鄭容、李宗、王欽、李寧、周旻、徐浩、沈淳、殷通、慶亮、張榮、劉鑑、蕭珍、史勝、任景、居志、武弼、趙秀、吳琳、劉和。

祖陵，在泗州城東北十三里。洪武元年，太祖高皇帝即位，追尊皇祖考爲熙祖裕皇帝，皇祖妣爲裕皇后，陵號祖陵。　十九年修建，設祠祭署官，奉祭祀，並望祭德祖、懿祖二陵。　灑掃人户二百九十三户。

白塔，在府西北二十五里，十王四妃墳在焉。　祠祭署奉祭祀，陵户供祭、守直、灑掃。　下蔡王，壽春王、壽春王妃劉氏，霍丘王、霍丘王妃翟氏，安豐王、安豐王妃趙氏，蒙城王、蒙城王妃田氏〔五〕，六安王，寶應王，來安王，都梁王，英山王。磚牆周二百二丈四尺。正殿五間，東、西廡各五間，靈星門三座，紅門三座，神廚三間，庫房三間，燎爐一座，宰牲廚三間，後紅門三座，官廳六間，東直房三間，廚房四間，巡鋪二所。自天順四年以後，連年河水泛溢，墳冢、殿宇俱被渰沒。弘治元年，欽差内官監太監鄭强、南京兵部左侍郎白昂等督工建造，焕然一新。

楊王墳，在盱眙西南八十里太平鄉津里鎮牧羊山西北。王姓陳氏，淳皇后之父。洪武元年追封楊王，妃爲楊王夫人，設祠祭署，以王親陳氏爲奉祀。設墳户二百一十户，供祭、灑掃。

徐王墳，在宿州城北七十里閔子鄉，龜山之左、豐山之右。王姓馬氏，閔子鄉新豐里人，孝慈高皇后之父。國初追封徐王，配鄭氏封徐王夫人。洪武四年，立廟於塋城之南，設禮祭所；二十五年，改祠祭署，除王親武氏爲奉祀，祀丞二員。宿州奉春、秋祭祀，餘節序之祭，徐州供備。設墳户九十三户，供灑掃。

淮水。初學記：周官，青州，其川淮、泗。案水經注及山海經云：淮水出南陽平氏縣桐柏山，其源初則湧出，復潛流三十里，然後長騖，東北經大復山，從義陽郡北，東過江夏平春縣北，又東過新息縣南、期思縣北，至厚鹿縣南〔六〕，與汝水合。又東過廬江安豐縣，與決水合。東北至九江壽春縣東，與潁水合，壽春縣北與淝水合。又東至當塗縣北，與渦水合。東北至下邳淮陰縣，與泗水合。東至廣陵淮浦縣入海。

洪武二年九月，詔以臨濠爲中都，命有司建置城池、宫闕，如京師之制。四年正月庚寅，建圜丘、方丘、日月、社稷、山川壇及太廟於臨濠。禮部奏：臨濠宗廟，宜如唐、宋同堂異室之制，作前殿及寢殿俱一十五間，殿之前俱爲側堦，東、西旁各二間，爲夾室，如漢儒王肅所議。中三間通爲一室，奉德祖皇帝神主，以備祫祭。東一間爲一室，奉懿祖皇帝神主。西一間爲一室，奉熙祖皇帝神主。從之。五年正月，定中都城基址，周圍四十五里。街二：南曰順城，北曰子民。坊十六：在南街者八，東曰德輔、善慶、崇德、中和，西曰順成、新成、里仁、太和；在北街者亦八，東曰欽崇、德厚、恭讓、淮陽，西曰崇善、慎遠、脩齊、允中。六年三月壬戌，甃臨濠皇城。五月癸卯，命濠梁行大都督府造渡淮浮橋，定其制爲方舟七十二，聯絡横水，水漲舟稀則續以木板。既而臨濠行大都督府奏：淮河浮橋，始議用方舟，舟短而闊，遇河流泛漲，恐爲所衝。若改其式，俾中寬而長，首尾鋭尖，以拒風濤之衝激，其舟止用十有五〔七〕。詔從之。六月辛巳，中都皇城成，高三丈九尺五寸，女牆五尺九寸五分，共高四丈五尺四寸五分。午門、東華門、西華門城樓臺基俱高五尺九分，午門東南、西南角樓臺基與城樓臺基同。玄武門城樓臺基高五尺九寸五分〔八〕，其東北、西北角樓臺基亦與城樓臺基同。御道踏級文，用九龍、四鳳、雲朵。丹陛前御道文，用龍鳳、海馬、海水、雲朵。城河壩磚脚五尺，以生鐵鎔灌之。九月改臨濠府爲中立府，臨濠大都督府爲中立行大都督府。七年八月甲午，改中立府爲鳳陽府，析臨淮縣之太平、清洛〔九〕、廣德、永豐四鄉置鳳陽縣。九月，改中立大都督府爲鳳陽行都督府。八年十月乙未，築鳳陽皇陵城〔一〇〕。丙申遷鳳陽府治於臨濠新城。十二年九月己酉，改鳳陽行都督府留守司爲留守中衛指揮使司，置鳳陽留守左衛指揮使司。十四年九月，置中都留守司，統鳳陽、長淮等八衛。二十五年三月庚寅，罷築鳳陽城。先是，命築鳳陽城，軍士就役者凡三萬餘人。鳳陽府土城一座，周五十三里。上以工力浩繁，命罷之，土築，惟東北磚壘約四里餘。東南朝陽門外浚隍一段，舊有十二門，後革長秋、父道、子順三門。今現有九門，俱無子城。洪武門，在正南居中。北左甲第門，在北偏東。朝陽門，在東南。塗山門，在正西。南左甲第門，在洪武門東。獨山門，在朝陽門北。長春門，在獨山門北。前右甲第門，在洪武門西。後右甲第門，在北偏西。皇城一座，在外土城之正中。洪武五年築，磚石修壘，高二丈，周九里三十步，開四門，磚券。承天門，正南。東安門，正東。西安門，正西。北安門，正北。裏城一座，周六里，高二丈五尺。上有女牆，開四門，有子城，無樓。午門，正南。左、右闕門，午門東、西。東華門，正東。西華門，正西。玄武門，正北。端門，午門之南。大明門，承天門南。左右長安門，承天門之東、西。左、右千步廊，大明門南東、西。御橋五座，在午門南〔一一〕。金水河一道，在都城內。其水自禁垣東南流出〔一二〕，兩岸甃以磚石，合洪武門澗水東入淮。興福宮，在大內之正中。其餘殿宇，惟基址尚存，其宮材、木植、陶冶，洪武十六年撤出，修建龍興寺。正統間，又撤中書省等房屋五百餘間，亦修龍興寺。　圜丘，在洪武門之東。爲祀天之所。殿垣久廢，基址存，松柏森立。留守中衛官軍巡守。　方丘，在後右甲第門外東〔一三〕。爲祀地之所。殿宇、樹木，因近淮水滸没。留守左衛官軍巡守，虛名而已。　大社壇，在闕門之右。　大稷壇，在大社壇之右。〔旁注〕太廟在皇城内。　中都譙樓，即鼓樓，在雲濟街之東。洪武五年肇建中都，八年建是樓，築臺，下開三券，上有樓九間，層簷三覆，棟宇百尺，上置銅壺滴漏、銅點更鼓，以警朝夕。鳳陽中等衛所撥軍餘一百六十四名守樓，並習鼓吹。　鐘樓，在雲濟街西。與鼓樓對峙，相距五里。洪武八年建，下有臺，開三券，上有樓，重簷三覆，中懸銅鐘，以警朝夕。　觀象臺，在獨山上。洪武初，設欽天監於此〔一四〕，後廢。今惟璿璣玉衡、銅盤柗址尚存〔一五〕。　御書亭，在龍興寺内。洪武十六年建，内有聖祖御書「第一山」三大字，勒石樹立〔一六〕，制甚弘麗。　苑囿，在皇城内萬歲山前。四園松、檜、竹樹茂盛，春則花開如繡，果品庶類繁夥，歲以鮮果桃、李、梅、杏，則薦於皇陵並南京太廟孝陵，以乾果核桃、白果、棗、栗，則貢於京師。　中書省，在午門左；大都督府，在午門右；御史臺，在大都督府西。俱洪武三年建。　中都留守司，在縣西南。元係大都督府，洪武十四年開設。　皇陵衛，在縣西南十里。　留守左衛，在前右甲第門内。　留守中衛，在南左甲第門内。　鳳陽中衛，在南左甲第門内。　鳳陽右衛，在洪武門内。　懷遠衛，在府治北。　鳳陽衛，在臨淮故中立府治。初設濠梁衛，洪武十年改鳳陽衛，縣東南十里。　長淮衛，在縣北粉團州。洪武六年創建。洪塘湖屯田千户所，在縣東北三十餘里。洪武四年創建。皇陵祠祭署守備太監，宣德年設。東高牆内九宅，中高牆内十三宅，西高牆内十九宅，四高牆内七宅〔一七〕，五高牆内十宅。五高牆俱在縣東南，牆内各宅多寡不同〔一八〕。考洪武十年，安置靖江王守謙於鳳陽，其時尚未有高牆。永樂初，幽建庶人於鳳陽廣安宫，則猶在皇城内宫。

大龍興寺，在縣東南二里許。洪武初敕建，有高皇帝御製龍興寺碑，碑陰有御製敕僧文，有御書第一山碑。御製碑文曰：寺昔於皇，去此新建十有五里，奠方坤地，乃於皇舊寺也。元至正十二年，寺爲亂兵所焚。洪武十六年，敕建於此。又曰：洪武初，欲以山前爲京師，定鼎是方，令天下名材至斯。後罷建宫室，名材爲積木，因而建焉〔一九〕。皇覺寺，在縣東南二十里，又名於皇寺。

【校勘記】

〔一〕翔聖山　川本、滬本、盋本、京本同，明史禮志一、一四及明會要卷一七作「翊聖山」。

〔二〕洪武元年至爲薦陵號皇陵　底本作「洪武元年戊申正月乙亥柘楚丘皇妣爲淳皇后洪武二年乙亥太祖高皇帝即位追尊爲薦陵號皇陵」，川本同，據滬本、盋本、京本改正。

〔三〕外直房各十間　「房」，底本脱，據川本、滬本、盋本、京本補。

〔四〕石巖　川本同，滬本、盋本、京本作「石崖」。

〔五〕田氏　「田」，底本缺，川本同，據滬本、盋本、京本及明史諸王傳一補。

〔六〕厚鹿縣　川本、滬本、盋本、京本及初學記卷六引文同。按水經淮水注作「原鹿縣」，此「厚」當爲「原」字之誤。

〔七〕首尾鋭尖以拒風濤之衝激其舟止用十有五　「尖」，底本作「足」，川本同，據滬本、盋本、京本改。「十有五」，川本、滬本、盋本、京本作「四十有五」。

〔八〕玄武門　「玄」，底本、川本作「立」，據滬本、盋本、京本改。

〔九〕清洛　「洛」，底本、川本、滬本、盋本、京本作「樂」，據本書後文及寰宇通志卷九、明統志卷七改。

〔一〇〕鳳陽皇陵城　「鳳」，底本、川本脱，據滬本、盋本、京本補。

〔一一〕在午門南　底本作「右午南門」，川本作「右午門南」，滬本、盋本、京本作「在右午門南」，據光緒鳳陽縣志卷三引鳳陽新書改。

〔一二〕其水自禁垣東南流出　「出」，底本缺，據川本、滬本、盋本、京本及光緒鳳陽縣志卷三引鳳陽新書補。又「南」，諸本同，上引縣志作「西」。

〔一三〕後右甲第門外東　底本「後」下「右」上衍「北左」二字，川本、滬本、盋本、京本同，據光緒鳳陽府志卷一五、光緒鳳陽縣志卷四引鳳陽新書删。

〔一四〕設欽天監於此　「於」，底本作「宇」，川本同，據滬本、盋本、京本及光緒鳳陽縣志卷四引鳳陽新書改。

〔一五〕銅盤柗址尚存　「柗」，川本同，滬本、盋本、京本無，蓋是，或「柗」字誤。

〔一六〕勒石樹立　底本、川本作「勒石立樹」，據滬本、盋本、京本及光緒鳳陽縣志卷四引鳳陽新書乙正。

〔一七〕四高牆内七宅　「七」，川本、滬本、盇本、京本同，光緒鳳陽縣志卷四引鳳陽新書作「九」。

〔一八〕牆内各宅多寡不同　「牆内各宅」，底本、川本作「牆各□宅」，據滬本、盇本、京本改補。

〔一九〕御製碑文曰至因而建焉　底本、川本列於上文「幽建庶人於鳳陽廣安宫」之後，滬本、盇本、京本改叙於下文「皇覺寺，在縣東南二十里，又名於皇寺」之後。按光緒鳳陽府志卷一五載：龍興寺，明洪武初敕建，有明太祖御製龍興寺碑。碑文云：寺昔於皇，元至正十二年，爲亂兵焚。洪武十六年，「朕與議舊寺之基，去皇陵甚近，焚修不便，於是擇地是方。寺成，大臣入奏，更寺名龍興」。則此文應屬大龍興寺，據改。又「地」，諸本同，明太祖龍興寺碑作「位」。

鳳陽〔一〕　古塗山氏之國。春秋爲鍾離子國〔二〕。漢爲九江郡鍾離縣，晉屬淮南。隋開皇二年，改豪州，後爲郡。唐元和二年，加「水」爲濠〔三〕。南唐置定遠軍。元至元十五年，爲臨濠府。本朝洪武三年〔四〕，改中立府，定中都，立宗社，建宫室。始置臨淮縣爲倚郭，然在舊城。七年遷府治於新城，改名鳳陽，析臨淮縣，以太平、清洛、廣德、永豐四鄉置鳳陽縣。十一年，又割虹縣南八都益之。至萬曆初年，臨淮讓屬於東隅，遂以鳳陽爲倚郭縣。

鳳凰山，其中峯曰萬歲山，皇城宫垣枕焉。其東曰日精，舊名盛家山。其西曰月華。舊名馬鞍山。三山相聯，如鳳翥〔五〕，山之陽，謂之「鳳陽」。其前府治，其後縣治。山以東曰獨山，上有觀象臺。又東十里曰五頭山，成祖駐蹕蓆殿，遺址存焉。又東十里曰蔣山。又東南十里曰昇高山，濠水之所會也，其塘曰千金塘。又東二十里曰瞿相山。瞿相山之南，曰鐘乳山，東濠水出焉，西北流注，合於西濠。又東南四十里曰青山，澗水出焉〔六〕，流而注爲東濠。又東南三十里平路山，其高五里。其西善山，入南山之要嶺也。山之南三十里南山曰雲母山，雲母石出焉，周迴三百里，重巒疊嶂，林木蓊鬱，深淵陡澗，實爲皇陵之負扆。其南盆兒口，東南曰碓橰山，西南曰靈山、曰石膏山，其内長安山，東曰杏山。董奉於此種杏。其西，射子口之西曰離山，雲母之首。獨、離諸山，西濠水出焉，白雲封其頂焉，即雨也。磨山在其右，陡山在其左〔七〕，澗水出焉。雙山、中山、鳥山、毒蛇在其南，鏌鋣山在其北。六山之水，會於射子口爲西濠水，而東流注，至於昇高橋，合於東濠，是爲皇陵之右源。其皇陵左源曰北濠，自鏌鋣山西北，達於天河，而東流注，會於馬家澗，至於大通橋，合於東西濠，北流抵石梁，隃廣運橋，達於淮。鏌鋣山又一源，黄龍出焉，北流注，至於徐家橋，復北匯爲湖，入於長淮關，達於淮。大水來則江、淮會，小水來則三濠合。故鳳陽道里，長淮引桐柏之源横其北，雲母領衆山之秀阻其南，東帶濠水，西距虎山，〔旁注〕西四十五里。實都會形勝之區也。蓆殿岡，在都城東五里。太祖嘗駐蹕於此〔八〕，有蓆殿遺址存，王莊驛亦有遺址存。化陂湖〔九〕，在都城西五十里。平坦無水，中與懷遠縣分界。宋嘉定十二年，觀察使李全敗金人於化陂湖。陡澗，在都城西三十里。宋隆興元年〔一〇〕，李顯忠戰敗金人蕭琦拐子馬於陡溝，即此。粉團洲，在都城西北，淮水之南。洲上多白沙，故名。洪武初，於此築城，立長淮衛。　碁盤石，在縣東二十里會真觀前。有石臨水，刻成碁局，又有「爛柯」三字，旁刻唐人詩。

府城，年久坍塌，止存土埂一道。累朝議立磚城，以功費浩大，未果。嘉靖十一年，巡撫、右副都御史劉節疏請建築。命南京禮部右侍郎黄綰、南京工部右侍郎張羽等勘視，綰言風水有礙，遂寢。

【校勘記】

〔一〕鳳陽　川本同，滬本、盋本、京本作「鳳陽府」。

〔二〕鍾離子國　「國」，底本脱，川本同，據滬本、盋本、京本及紀要卷二一、圖書集成職方典卷八二七補。

〔三〕唐元和二年加水爲濠　「二」，川本、滬本、盋本、京本同。新唐書地理志：濠州，「『濠』字初作『豪』，元和三年改從『濠』」。此「二」爲「三」字之誤。

〔四〕洪武三年　「三年」，川本及明統志卷七同，滬本、盋本、京本及紀要卷二一作「五年」。按明實録卷八五、明史地理志均記「六年」。

〔五〕如鳳翥　川本同，滬本、盋本、京本「如」上有「形」字。

〔六〕澗水出焉　「出」，底本作「注」，川本、滬本、盋本、京本同，據光緒鳳陽縣志卷一六引鳳陽新書、光緒鳳陽府志卷九改。

〔七〕陡山在其左　「山」，底本作「出」，據川本、滬本、盋本、京本及圖書集成職方典卷八二八改。又「其左」，底本、川本脱，據滬本、盋本、京本補。

〔八〕太祖嘗駐蹕於此　川本、滬本、盋本、京本同。按本書上文五頭山下載：「成祖駐蹕廌殿。」圖書集成職方典卷八二八五頭山：「永樂駐蹕廌殿。」光緒鳳陽府志卷九引鳳陽新書云：「成祖於此駐蹕。」則應是成祖，非太祖。

〔九〕化陂湖　底本作「化湖陂」，川本、滬本、盋本、京本同，據光緒鳳陽府志卷一七、光緒鳳陽縣志卷二乙正。下同。

〔一〇〕隆興元年　「隆」，底本作「龍」，川本、滬本、盋本、京本同。宋史李顯忠傳：隆興元年，「自濠梁渡淮，至陡溝，琦（蕭琦）背約，用拐子馬來拒，與戰，敗之」。此「龍」乃「隆」字之誤，據改。

壽州　廢壽春城，在州西四十里。晉爲淮南郡。内有楚王祭淮壇。　安城，在州南安豐塘。梁裴邃攻壽陽，至安城，克之。　劉備城，在正陽鎮淮水東。　關羽城，在正陽鎮淮水西，與潁上接境。潁志曰：漢末，先主依袁術於壽春〔一〕，故與關羽、張飛皆築城正陽東南，屯軍以拒操。今存。　張飛城，在正陽東南四里。　相國城。　南史〔二〕：陳太建五年，吳明徹攻壽陽，齊遣王琳拒守，明徹乘夜攻之，中宵而潰。齊軍退據相國城及金城。

壽春舊渠。晉食貨志：按運道東至壽春，有舊渠，可不由淝〔三〕。　永樂渠。　唐地理志：壽州安豐東北十里有永樂渠，溉高原田。廣德二年，宰相元載置，大曆十三年廢。　大崇陂。玉海曰：潁州下蔡西北百二十里有大崇陂，八十里有雞陂，六十里有黄陂，東北八十里有眉陂，皆廢於隋末，至唐復之，溉田數百頃。下蔡，今屬壽州。　芍陂，舊名期思陂，與楊泉陂、大業陂並楚相孫叔敖所作。首受陂水〔四〕，西自六安龍穴山，東自濠州横石，東南自龍池山，其水胥注於陂。陂原設五門，後更開三十六門，今又作減水牐四座，水漲則開以疏之，水消則閉門以蓄之。輪廣則三百餘里，支流分注，溉田四百餘頃，民用富饒。前代或修或廢。隋書〔五〕：趙軌爲壽州總管長史。芍陂舊有五門堰，蕪穢不修，軌於是勸課人吏，更開三十六門，灌田五千餘頃，人賴其利。永樂中，遣户部尚書鄺埜修浚，後爲六安姦民占壩。成化癸卯，巡按御史魏璋，弘治己酉，同知董豫，嘉靖丁未，知州栗永禄相繼修復。陂周圍數百里，受洙、淠、沘三水支流而下，蓄泄以時，溉田可至萬頃。

【校勘記】

〔一〕先主依袁術於壽春　「主」，底本作「生」，川本同，據滬本、盋本、京本及嘉靖壽州志卷二改。

〔二〕南史　川本同，滬本、盋本、京本此下有「吴明徹傳」四字。

〔三〕按運道東至壽春有舊渠可不由淝　「淝」，川本與圖書集成卷八二九同，嘉靖壽州志卷二作「泗」。滬本、盋本、京本從晉書食貨志改爲「運道東詣壽春，有舊渠，可不由泗陂」。

〔四〕首受陂水　「陂」，川本、滬本、盋本、京本同。本書上文壽州芍陂載：「首受灊之淠水。」又，紀要卷二一：「芍陂，首受淠水。」疑此「陂」爲「淠」字之誤。

〔五〕隋書　川本同，滬本、盋本、京本此下有「趙軌傳」三字。

宿州　永濟橋，即符離橋别名，在州北二十里，亦名埇橋。唐李正己屯兵埇橋，即此。符離城，在州北二十里。括地志云：符離〔一〕，故漢竹邑城也。今舊宿州。漢元狩中，封路博德爲符離侯。宋隆興元年，李顯忠、邵宏淵之師潰於符離。蘄縣城，在州南四十里。秦置縣。漢屬沛郡。莽曰蘄城。晉屬譙郡。隋大業間屬彭城郡。唐屬宿州，顯慶元年，省穀陽入縣。今爲蘄縣鄉。臨涣城，在州西南九十里。本漢銍縣，屬沛郡。晉屬譙郡〔二〕。梁改臨涣。隋因之。今爲涣陽鄉。　菑城，在州東北六十里。　竹邑縣。隋志曰：符離，後齊置睢南郡，開皇初郡廢，有竹邑縣，梁置睢州，開皇三年州廢，又廢竹邑入焉。按漢志沛郡有竹邑，莽曰篤亭，後漢竹邑侯國。又有符離，莽曰符合。晉竹邑、符離並屬沛國，本二縣，隋省竹邑入符離也。　臨涣縣，梁置。隋因之，省丹城、白襌二縣入焉。唐武德四年，以臨涣、永城、山桑、蘄置北譙州，貞觀十七年州廢，以臨涣隸亳州，元和後改屬宿。宋隸徐，南渡後縣廢。　隋堤，在州城東西〔三〕。隋煬帝欲觀揚州瓊花，自汴開河〔四〕，經宿與靈璧至泗，長一千三百里〔五〕，以便舟楫。兩岸築堤種柳，工未竟而亂起。　李東陽記：符離橋月河，户部左侍郎白公昂所開也。自弘治二年秋，河決原武，支流爲三：其一決封丘金龍，漫於祥符、長垣，下曹、濮，衝張秋長堤；其一出中牟，下尉氏；其一泛濫於蘭陽、儀封、考城、歸德〔六〕，以至宿，瀰行四出，不由故道。公自南京兵部改命兹職，遍視原隰，得廢渠於小河口，東與泗接，詢諸耆民，咸曰：引汴而通之，則河勢可殺〔七〕。退而稽諸典籍得之。書曰：灉、沮會同。傳曰：灉即汴〔八〕，沮即睢。今睢尚名州，而宿有睢陽驛〔九〕，淮亦有睢寧縣，則知小河之爲睢也。遂浚而西抵歸德飲馬池諸口，以受汴，中經符離橋，見其庳不能檣舟〔一〇〕，且水爲所泥，故橫不可制。乃爲月河於橋南禹廟之下，長五百丈，廣十丈，深二丈五尺。既又以河勢多曲，徑其折而疏之〔一一〕，爲月河者十有五，爲丈殆萬餘。又緣河爲堤七百里，塞決口三十六。由是汴入睢〔一二〕，睢入泗，泗入淮，以達於海，復古故道。

【校勘記】

〔一〕符離　川本同，滬本、盋本、京本作「徐州符離縣城」，同括地志卷三。

〔二〕晉屬譙郡　「屬」，底本脱，川本、滬本、盋本、京本同，據明統志卷七、嘉靖宿州志卷七補。

〔三〕在州城東西　「東西」，川本、滬本、盋本、京本及光緒鳳陽府志卷一五同。嘉靖宿州志卷七作「南」，紀要卷二一、圖書集成職方典卷八三六作「東南」。此「西」當爲「南」字之誤。

〔四〕自汴開河　「汴」，底本作「沛」，據川本、滬本、盋本、京本及嘉靖宿州志卷七改。

〔五〕長一千三百里　「千」、「百」，底本作「百」、「十」，據川本、滬本、盋本、京本及嘉靖宿州志卷一改。

〔六〕其一泛濫於蘭陽儀封考城歸德　「一」，底本脱，川本、滬本、盋本、京本同，據嘉靖宿州志卷一補。

〔七〕則河勢可殺　「河」，底本作「何」，川本同，據滬本、盋本、京本及嘉靖宿州志卷一改。

〔八〕灘即汴　「汴」，底本作「沛」，川本、滬本、盋本、京本同，據嘉靖宿州志卷一改。下「沛」字改同。

〔九〕睢陽驛　「陽」，底本脱，川本、滬本、盋本、京本同，據嘉靖宿州志卷一補。

〔一〇〕見其庳不能檣舟　「庳」，底本作「庫」，川本同，據滬本、盋本、京本及嘉靖宿州志卷一改。

〔一一〕徑其折而疏之　「徑」，底本作「經」，川本同，據滬本、盋本、京本及嘉靖宿州志卷一改。

〔一二〕由是汴入睢　「是」，底本作「使」，川本同，滬本、盋本、京本作「使」，無「由」字，據嘉靖宿州志卷一改。

潁上　淮河，在縣南二十五里。出桐柏山，東流入潁，過安豐，歷正陽，接潁口，合沙河，經壽州，合淝水，出硤石山，合渦水，經府舊城達五河，會泗水，東注於海。淝河，在縣東北六十里。自太和縣經潁州，達本縣境，合金溝，南流至壽州，出硤石山入海〔一〕。夷陵，在縣西六十里。春秋辰陵。穀梁傳注：夷陵。今其地多丘壟，相傳以爲古國君所葬。

【校勘記】

〔一〕出硤石山入海　「海」，川本、滬本、盋本、京本同。按本書下文太和縣淝河：「入壽州境，至硤石口而注於淮。」正德潁州志卷一淝河：「入壽州境，至硤石山入淮。」此「海」當爲「淮」字之誤。

太和　沙河，黄河之支流也。黄河本經開封府城北，東由濟寧而行。洪武二十四年，河決原武縣，東南而至項城，故道遂淤。正統十三年，又決滎陽縣，而東抵項城，新道又淤。由項城而達於太和縣境，經界溝、〔旁注〕縣西北六十。稅子〔旁注〕西北三十。等集地方，東至界牌。□其地而□之湍激爲溜，澎湃之聲，聞於數里。自此安流迴南至於潁州〔一〕，東抵壽州正陽鎮，注於淮水。俗呼爲惠民河，蓋宋時之漕河也，所謂上通古汴，下達泗者，是也。茨河，在縣北。會清泥淺縣西九十里。諸地之水積而成河，東經張册、縣西七十。倪丘、北六十。斤溝西北六十里。等集，其流漸大，由元牆元牆集〔二〕，在縣東北四十里。南折，而依三塔，東北三十里。西過柘店，縣東。出黑風溝口，趨龍窩寺傍，下流石羊鋪北，入於舊黃河，由潁而達於淮者。此河自卧龍岡縣西北六十里。分一支爲谷河〔三〕，至七里澗湖，縣東八里，東泄於茨河。復入於茨河。又自卧龍岡分一支爲宋塘河，南至第岡湖，由雙泉溝而入於谷河。柳河，在縣南三十里。源出白洋湖，會絲稅水以南諸水，積流至於許家窩，乃成大河。東流十餘里，折而南行，過漁營，漁營湖，在縣西南二十里。南通於柳河。而出大臺，下流石羊鋪入於沙河。淝河，在縣北九十里〔四〕。自亳州界流入縣境，東經宋塘河，縣北六十里，北流淝河。過板橋、斤溝，南抱岳廟，環繞張村鋪，東經靳家渡，折而南，瀠迴董家集，又南經馬家淺，入壽州境，至硤石口而注於淮〔五〕。

潁陽城，在縣東北三里。隋縣治故址，開皇十八年，改潁陽縣。唐貞觀元年，省入汝陰。萬壽城，在縣北四十里茨河之東，即今元牆集也。宋縣治故址，熙寧元年〔六〕，置萬壽縣，宣和中，改遷爲太和縣。元初，省入潁州，大德八年，復置太和縣。細陽城，在茨河之西。漢縣治故址。舊縣，在縣西北八里。今名舊縣集。宋時爲太和縣治故址。元至元間，爲河水所衝。漢分潁川爲三縣：曰慎，即今潁上；曰汝陰，即今潁州；曰細陽，今太和。俱屬汝南郡。

【校勘記】

〔一〕潁州　「州」，底本作「川」，川本同，滬本、盋本、京本作「州」。明史河渠志：洪武二十四年，河決原武，「東經開封城北五里，又東南由陳州、項城、太和、潁州、潁上，東至壽州正陽鎮，全入於淮」。紀要卷二一潁州：「舊黄河，在州西北。志云：明初自太和縣流入潁，經州北門外，東流至正陽鎮入淮。」則此應作「州」，據改。

〔二〕元牆元牆集　二「元」字，底本作「立」，川本同，滬本、盋本、京本作「元」。清統志卷一二八萬壽城：在太和縣北，「縣志：故城在縣東北四十里，今爲元牆集」。此「立」爲「元」字之誤，據改。下文萬壽城之「立牆集」，改同。

〔三〕卧龍岡　「卧」，底本作「外」，據川本、滬本、盋本、京本、本書此條下文改。

〔四〕在縣北九十里　「十」，底本脱，川本同，據滬本、盋本、京本及圖書集成職方典卷八二八補。

〔五〕硤石口　「口」，川本同，滬本、盋本、京本無。

〔六〕熙寧元年　川本、滬本、盋本、京本同。宋會要方域五之二四：萬壽縣，開寶六年，「以汝陰百尺鎮爲縣」。九域志卷一同。此紀年有誤。

潁州西湖，在州西北三里。袤十餘里，廣二里。不知創自何代。唐許渾從事潁州，已有「西湖清晏」之句。宋晏殊、歐陽修、蘇軾相繼爲守，皆嘗晏賞於此。地里城，在州南一百一十里汝水北。元至順壬辰，同知歸暘請添置縣，今寺基故城隍廟也。至正辛卯，劉福通作亂，流劫鄉村，破燒縣治，遂廢。廢陳留郡，在州東南二百里。梁置郡及縣。隋廢郡，改縣曰潁陽。唐隸入汝陰〔一〕。今其地改屬壽州。慎縣廢城，在州東南七十里。漢初置縣，屬汝南郡。晉屬汝陰郡。後不詳何代廢。今潤河板橋東南岸，土城基址尚存。

【校勘記】

〔一〕唐隸入汝陰　川本、滬本、盋本、京本同。新唐書地理志潁州汝陰：「貞觀元年，省清丘、潁陽，皆入汝陰。」正德潁州志卷一廢陳留郡：「唐省入汝陰。」此「隸」爲「省」字之誤。

泗州祖陵，在州城北十三里。皇祖考熙祖裕皇帝、皇祖妣裕皇后合葬陵也。洪武元年，追上尊號。後因制祀典，號稱祖陵，而未知所在。有言在句容朱家巷者，命築土爲萬歲山，有司修砌路。太祖躬臨拜祭，土遂崩，至今分爲深澗。太祖怒，重罰言者。猶記皇姑孝親公主曾言：熙祖的在泗州。相傳皇姑指記裙邊之處，即舊陵嘴也。上始歲遣官泗城西潮河壩望祭。

洪武十七年，因署令朱貴獻圖。是時貴尚未官。十八年〔一〕，遂命懿文皇太子率領文武羣臣、諸色人匠詣陵修建，創築外羅土城九里三十步，内城四里十步，皇城周□□丈。栽松柏樹七萬餘株。三十年，於東門外裁革河泊所地，置立窑廠，燒磚建修，有監造官廳。嘉靖十一年，封其山爲基運山，新建碑亭二座。十二年，更换黄瓦。二十一年，以黄河連歲衝溢，知州王宗尹議築御水堤閘，奏遣欽天監官相度，乃於陵東創建石閘一座，石堤一道，長八十三丈，闊五丈六尺。萬曆五年，以淮水泛漲，增築石堤於東南，長一百七十八丈。二十四年，因前南京禮部侍郎曾朝節曾以祭告詣陵，見外金水河堤岸直射不便，兩岸内窪處停水若堤然〔二〕，議改九曲。入疏題准。差欽天監監副楊汝常相度監修，議將外金水溝准内溝廣狹並洿下起伏處，一概填平。知州王陞力爭不可。適本監博士汪一元亦奏稱不妥，始行部院褚鈇等議，止將舊陵嘴並兩岸内停水處稍爲培土，以便出水，其金水河堤改爲之立狀，餘不敢動。又議修子堤，長二百七十丈五尺。

皇城正殿五間，東、西兩廡六間，金門三間，左、右角門二座，後紅門一座，燎爐一座。磚城一座，内四門四座，各三間，紅門東、西角門二座，門外有先年東宫具服殿六間，直房十間，東、西、北三門直房十八間，靈星門三座〔三〕，東、西角門二座，内御橋一座，金水河一道，石儀從、侍衛俱全，天池一口，井亭一座，神廚三間，神庫三間，酒房三間，宰牲堂一所，齋房三間。外羅城内磨房一所，角鋪四座，窩四座，周圍内外栽柏樹若干株。磚城一座，城外下馬牌一座，東南面御水堤一道，自下馬橋起至施家園止，共長六百七十五丈五尺。外金水河堤添閘一座。城内東，祠祭署一所，堂、廳、門、廊、齋房悉備，又署官私宅一區。

基運山，舊日止有墩阜，後復加土封之。自來惟呼萬歲山。嘉靖十年，世宗薦山號以配方澤，遣官祭告。次年，立山名，復遣官祭告。

基運山之周圍，旋繞皆山也，龍脈凡幾千里，跌落平陽，近穴貼身，若無山者然。前迎盱眙諸山，後拱沱溝諸岡，蜿蜒磅礴，岡阜崒嵂，而下關衆□翻身逆水，羣山前朝〔四〕，如伏如拜，障空補缺，屏几滿前。水口之山，層疊羅列，術家所云〔五〕：「上地之山，若伏若連，其來自天者」，殊不足以盡狀其妙。瞻拜四顧，凡有目者，莫不云「惟帝王億萬年之闕宫，乃可當之」，猗歟休哉！基運山之水，在穴前兩畔乾流者，一合於金水河，再合於羅城外之下馬橋，三合於山左後之大小沱溝湖。山前爲小沱溝，山後爲大沱溝。來自西北，夾送龍脈至穴，而山勢横落，後枕大沱溝，前迎小沱溝，二水交會，各匯爲湖。外明堂又凝聚沙湖，並受淮水，縈帶澄清，一碧萬頃。龍脈左右停蓄諸湖，共計五十有奇。湖之大而長者，或五十里，或三二十里，小亦不下數里，真術家「天池養蔭」之説，臣庶宅兆，求一二而不可得者也。其外，右則淮、汝、渦、淝諸水，來自嵩高、桐柏諸山，左則汶、泗、沂、濟諸水，來自泰岱、蒙、羽諸山，而大會於清口。宋神宗時，黄河南徙，合於汴、泗，亦與淮會於清口。濟水既久入河，而大江亦在清口下流通清江浦，潛與河、淮相會。是天地四瀆之氣皆融結於茲山也。又山迤東北之水，舊自十三里、十八里汴口入淮。嘉靖中葉以來，河益南徙，沙淤前口，乃於二陳、黃岡等溝衝決諸口，以致淮水一支北經沙湖、沱溝，復折而東北，横穿湖、汴諸水，纏繞山後，皆自孫家淺、高家溝等處入淮。所謂「朝水諸口，不開而自開；去水諸口，不塞而自塞」，此非人之所能爲也。

王文禄龍興寺記云〔六〕：泗州有楊家墩，墩有窩，熙祖常卧其中。有二道士過，指其處曰：若葬此，出天子。熙祖以語仁祖，後果得葬之。後其土自壅爲墳。半歲，陳太后孕太祖。按楊家墩，即形勝賦所謂鳳凰嘴，父老子相傳舊陵嘴也〔七〕。熙祖真體實於此安厝。野史之指述，諸書之紀載，不啻指掌，且往來堪輿有謁陵寢而譚風氣者，靡不謂千里來龍，至是結穴。時懿文太子與劉青田秘之，有深意存焉。若今之萬歲山，乃人力所培而成者。洪武十九年，始製帝后衮冕，開此三壙葬之，其不動舊陵嘴者，恐泄王氣。且德、懿二祖原當招附故也，邇來諱言水患者，指爲泗人口實。夫使是地而非真穴也，則可。若聖體真在於是，則萬年發祥之所，不漸汩没於蓬蒿中耶！至坐視内水久浸，又非臣子所忍言矣。

祀典。正殿設祭三壇，玄皇帝、玄皇后居中，南向；恒皇帝、恒皇后居東，西向〔八〕；裕皇帝、裕皇后居西，東向。祠祭署，奉祀一人，從七品，設立自洪武十七年始也。初曰署令，後更爲奉祀。初隸太常寺，後隸南京太常寺。洪武初年，不知祖陵所在，歲時惟遣官望祭於城西之潮河壩。十七年，本州龍驤衛總旗朱貴請假回家祭祖〔九〕，歸獻陵圖，高廟命爲署令。十九年，陵制興建告成，改爲奉祀，令世其官。署户，洪武十九年，額設署户二十户。二十一年，添設五十户。二十六年，添設三十户。二十八年，添設二百户。二十九年，添設十四户。廚屠酒户皆在焉，通計三百一十四户，窑匠户共十八。分爲二十二社，供辦祭祀。兵衛，祖陵初無兵衛。正德六年，流賊之警，巡撫都御史調遣中都留守司李留守領兵防護，事寧撤備。嘉靖三十二年師尚詔之警，及三十六年倭奴之變前後，巡按御史皆暫遣泗州衛官軍防護，止以城内居民守城。倭退，巡按御史馬斯臧乃奏請京操官軍免其入衛，特設守備官一人，管領操練，在陵防守衛、所，皆受節制。如議行。於是始有兵衛焉〔一〇〕。將領則守備泗州地方，以都指揮體統行事一人，領班、指揮，皆聽率領操練，軍額則泗州衛、京操官軍二百名。禁例，洪武三十五年，奉祀朱紱乞葬所，節奉成祖聖旨，着葬於陵外柏林内東南舊屋基上，陵内不許動一鍬土。欽此。成化十五年，節欽奉憲宗聖旨，鳳陽皇陵、皇城並泗州祖陵所在，應禁山場地土，巡山官軍務要常川用心巡視，不許諸色人等砍伐樹株、取土取石、開窑燒造、放火燒山，及於皇城内外耕牧作踐。如有此等，或被人告發，或體訪得出，正犯處死，家口俱發邊遠充軍。巡山官軍敢有科斂銀兩饋送，不行用心巡視，及守備、留守等官貪圖賄賂，不行嚴加約束，以致下人恣肆作弊，不能禁治，都一體重治不饒。欽此。

楊王墳，洪武元年太祖既追崇祖宗四代尊號，建立太廟，復念皇妣之所自出，追封皇外祖爲楊王，外祖妣爲楊王夫人；又推恩，追封皇外高祖爲泰王，外高祖妣爲泰王夫人；皇外曾祖爲高王，外曾祖妣爲高王夫人，建祠於太廟東，歲時致祭。時有自淮陰來者，言王墓在盱眙。上聞之，即召内臣及禮官往祭。至洪武三年，允中都守臣奏，乃命工修建津里墳塋、殿廡、金門、玉橋、廚庫、井亭、犧牲宰牲所，並齋宿直房、蕭牆、鋪舍、碑亭、儀從等項，栽植柏樹數萬株。内正殿五間，兩廡各五間，御橋一座，金門一座，門樓一座，燎爐一座，神廚三間，神庫三間，碑亭一座，石人三對，石馬、石虎、石羊一對，石望柱一對，宰牲房三間，四門四座，周圍蕭牆五百二十七丈，陪祭官廳三間，兩廂齋宿房六間，養牲房三間，門房三間，祠祭署一所，署官私宅一區。祠祭署奉祀一人，洪武三年設，其更名改隸與州署同。初，楊王墳既建，高皇帝以王無嗣，召外孫季福興，賜姓陳氏，授署令，又賜金帶，令守墳承祭，世襲。署户，洪武三年，撥太平鄉二里土著舊民二百户，並廚屠十二户〔一一〕。十九年，奉例優免差役，惟令守塋、供祭〔一二〕。

泗州汴泗河，汴水自汴梁來，泗水自山東來，經過城内，由此入淮。相傳爲宋運道。二條皆汴河古迹。又曰汴泗河。一由十八里口入淮，隋煬帝所開，達江都水道；一由十三里口至今閘口入淮，又自閘口西過南門外清淮橋下，自香花門水關入城，唐、宋所開漕渠，運江、淮、荆湖漕糧入轉搬倉，宋時漕運，自城至常豐倉轉搬入汴，船達汴京故道也。自金、元來，汴水不復入城，只以蓄泄城内之水而已。汴口，一即十八里口，唐人所云是也；一即閘口，宋人所云是也。或云即一字河。一字河，在州東里許，隋時所開，通直河口入淮者。見有河身一段，即汴河之别派也。攔馬河〔一三〕，在州東北十八里。一名十八里口，夏月通汴入淮，蓋引汴入城，經城轉搬漕運之河也〔一四〕，州人自昔呼爲十八里口，今堙。直河，在州東北二十里。宋崇寧三年所開由汴達淮者也，開未久即汙〔一五〕。又北二十五里曰決河，水通龜山湖，傳記不見此河，蓋即直河也。枯河，在州東北九十里，在半城東北七十八里〔一六〕。唐名徐城河，長七、八十里〔一七〕，通安河、汴河。遇明河，宋崇寧元年，詔淮南開修遇明河，自真州宣化鎮江口至泗州淮河口〔一八〕，五年工畢。即盱眙枯河。永濟渠，在州北一百里，唐轉運使齊澣所開，以避徐城風濤之險者。今名枯河。二條皆枯河古迹〔一九〕。淮口，即今直南門外與盱眙對岸渡口，唐、宋人所云淮口是也。沙湖，在州北五里，皆春夏淮、湖諸水所灌也，冬有涸時。長三十里，闊八里，東北連安湖，西連陡湖〔二〇〕，西北連影塔湖及溧河〔二一〕，南連二陳、黄岡等溝，今因下流汙塞〔二二〕，冬月亦不涸矣。

徐都，在州北八十里。唐臨淮縣，在今城内汴泗橋西。宋景德三年移治州北六十里徐城驛，金縣治同，即今臨淮。漢下相縣故城，史注：在泗州臨淮縣西北。又云：淮陽軍之宿遷，秦下相縣地。今宿遷在州直北，非漢縣也。徐城，在州北五十里徐城鎮，唐縣治也。宋廢爲鎮。今稱徐城廟，前志以爲徐都，誤也。大徐城，南北朝戍名，又名故故城〔二三〕。郡縣志謂在徐城縣北三十里，古徐子國。是也。　義城，在州西北四十里。晉置縣。或云即今管公店地。　磯石城，在州西北一百二十里。梁天監時築，址存。　隋離宮，在青陽鎮鎮在州北一百三十里，汴河東岸。西三十里〔二四〕。俗名花園。相傳煬帝所建，遺址尚存，特失其名耳。或疑不在水涯，然盱眙蓮塘之都梁宮，亦不在水涯也。

斗門，去州九十里，安湖、影塔兩湖之間〔二五〕，水之蓄泄總名也。蓋前代興水利以灌田所築，或唐、宋引湖水以濟漕渠故道，如今之朝陽、南旺等湖也。　廣濟新埭，開元二十七年，採訪使者令開，自虹縣至淮陰北十八里入淮，以便漕運。既成，促急不可行，遂廢。舊唐書玄宗紀：汴州刺史齊澣請開汴河下流，自虹縣至淮陰北合於淮〔二六〕，逾時而工畢。因棄沙壅舊路，行者弊之，尋而新河之水勢淙急，遂填塞矣。

泗州大聖寺靈瑞塔，唐景龍四年，中宗爲僧伽遷化，建塔藏之，此塔之始也。德宗貞元中，塔災，僧澄觀重建。韓退之謂高三百尺。穆宗長慶二年，塔頂水晶珠映日出火，殿塔又災。至宋太宗太平興國七年，又敕重建寺塔，成十三級，改名雍熙。至宋高宗建炎三年，金粘没喝攻拔泗州，塔毁於兵。元至元十八年，僧懷融詣闕請建，許之。會融没，不果。至延祐二年，准照西番樣改建磚塔，至延祐五年竣工〔二七〕，高一百五十尺，塔基周圍二十一丈。

【校勘記】

〔一〕十八年　川本、滬本、盇本、京本同。本書南直隸泗州祖陵：洪武十九年修建。上文鳳陽載同。明史禮志一二：「十九年，命皇太子往泗州修繕祖陵。」則此「八」應作「九」。

〔二〕兩岸内窪處停水若堤然　「堤」，川本同，滬本、盇本、京本作「塘」，蓋是。

〔三〕靈星門三座　「靈」，底本脱，川本、盇本、京本同，滬本眉批：「星上疑奪靈字。」按本書上文鳳陽載磚城「靈星門三座」，此脱「靈」字，據補。

〔四〕羣山前朝　「朝」，底本作「潮」，據川本、滬本、盇本、京本改。

〔五〕術家所云　「家」，底本作「中」，川本同，據滬本、盇本、京本、本書下文基運山之水所載改。

〔六〕龍興寺記　川本、滬本、盇本、京本同。按王文禄撰龍興慈記，即本書所引，作「慈」，不作「寺」。

〔七〕父老子相傳舊陵嘴也　「子」，川本同，滬本、盇本、京本無，蓋是。

〔八〕恒皇帝恒皇后居東西向　「東」，底本作「南」，川本、滬本、盇本、京本同。春明夢餘録卷七〇引蔣德璟鳳泗皇陵記：「懿祖恒皇帝后居東，西向。」此「南」乃「東」字之誤，據改。

〔九〕龍驤衛總旗朱貴　「總」，底本作「小」，川本、滬本、盇本同，據春明夢餘録卷七〇引蔣德璟鳳泗皇陵記改。

〔一〇〕於是始有兵衛焉　「有」，川本同，滬本、盇本、京本作「設」。

〔一一〕並廚屠十二户　「屠」，底本缺，川本同，據滬本、盇本、京本補。

〔一二〕楊王墳至惟令守塋供祭　川本同。按光緒盱眙縣志稿卷一一列載楊王墓，即此，滬本、盇本、京本改列於盱眙縣，是。

〔一三〕攔馬河　「攔」，川本、滬本、盋本、京本及紀要卷二一同，圖書集成職方典卷八二八作「欄」。

〔一四〕經城轉搬漕運之河也　「經」，底本作「淮」，川本同，據滬本、盋本、京本改。

〔一五〕開未久即汙　「汙」，川本同，滬本、盋本、京本作「淤」。

〔一六〕在半城東北七十八里　川本、滬本、盋本、京本同。康熙泗州志卷四：「枯河，在半城東北七、八里。」無「十」字。

〔一七〕長七八十里　「七八十」，滬本、盋本、京本作「六七十」，川本同，旁注「七八十」。

〔一八〕詔淮南開修遇明河自真州宣化鎮江口至泗州淮河口　「淮南」，底本作「江南」；「淮河口」，底本作「河口」，川本、滬本、盋本、京本同，據宋史河渠志改補。

〔一九〕二條皆枯河古迹　川本同，滬本、盋本、京本改注於上文枯河條「通安河、汴河」下。

〔二〇〕陡湖　「陡」，底本作「徙」，據盋本、京本及圖書集成職方典卷八二八改。川本、滬本作「陡」，與紀要卷二一同。

〔二一〕溧河　「溧」，底本作「漂」，川本同，據滬本、盋本、京本及光緒泗虹合志卷一改。

〔二二〕今因下流汙塞　「汙」，川本同，滬本、盋本、京本作「淤」。

〔二三〕南北朝戍名又名故故城　「南北朝戍名」，川本、滬本、盋本、京本同。康熙泗州志卷一三：「大徐城，南北朝城於此。」與此異。「又名故故城」，底本作「改故城」，川本同，滬本、盋本、京本「改」字缺。清統志卷一三四徐縣故城下引寰宇記：大徐城，周一十二里，「一名薄薄城，又名故故城」。光緒泗虹合志卷二同，則此「改」乃「故」字之誤，又脱「又名」二字，據改補。

〔二四〕在青陽鎮西三十里　川本、滬本、盋本、京本同。康熙泗州志卷一三：「隋離宫，在青陽鎮西二十里。」乾隆泗州志卷二同。此「三十」蓋爲「二十」之誤。

〔二五〕去州九十里安湖影塔兩湖之間　「去州九十里」，川本、滬本、盋本、京本同。康熙泗州志卷一三：「斗門，州北九十里。」圖書集成職方典卷八三六同，此當脱「北」字。「兩湖」，底本作「兩河」，川本、滬本、盋本、京本同，據上引康熙泗州志、圖書集成改。

〔二六〕自虹縣至淮陰北合於淮　底本虹縣下有「隋請」二字，川本、滬本、盋本、京本同，據舊唐書玄宗紀、册府元龜卷四九七、新唐書地理志删。

〔二七〕至延祐五年竣工　「至」，底本作「歷」，川本同，據滬本、盋本、京本及圖書集成職方典卷八三四改。

盱眙　陡山，在縣東北五里〔一〕。一統志作西南，誤。以下瞰淮水，故名。宋高宗南奔渡此，有字刻石。元將保童磨去之，改刻云：領兵十萬過此。革除間，建鎮淮衛於其上，後廢。　寶積山，在縣西南三里。爲州朝山。方輿勝覽云：與都梁山相接。非也。山足石刻金兀术「道德」二大字。　清平山，在縣西南八十五里。宋紹興間劉澤保聚於此，虜不能近。嘉定末，武統制亦敗虜於此山。　池河，在縣西南九十里。源自合肥東北，過定遠至靈積鄉，往查家渡，由金鏡口入淮〔二〕。　直河，唐太極間，敕使魏景倩引淮水直黄土岡〔三〕，以通揚州。　新河，在龜山。宋熙寧中，發運使皮公弼建議請開〔四〕，自龜山蛇浦，下屬洪澤，一百五十七里〔五〕，廣十五丈，深一丈五尺。元豐中，發運副使蔣之奇復請疏治奏功。今名枯河，蓋與馬仲甫、彭思永所鑿之洪澤渠爲一。盱眙河，宋時議者謂楚水多風波，請開此河，自淮趨高郵。江、浙、荆、淮發運使揚州孫長卿言：地阻山迴，役大難就。事下都水司，調工數百萬，卒以不可成，罷之。盱眙自淮口至雲山有河迹，名枯河，即此河也。洪澤渠，宋發運使馬仲甫建議鑿渠六十里，熙寧中彭思永又嘗鑿之。龜山城，在縣北三十里下龜山。劉宋遣將拒魏太武時築。都梁宮，在縣東南五十里蓮塘。煬帝幸江都，自長安至江都，置離宮四十餘所，此其一也。隋書：孟讓自長白山寇掠諸郡，至盱眙，據都梁宮，阻淮爲固。則後古離宮即此宮也。前志載諸蓮塘，必有所據，豈有兩宮歟？抑杜家山側磬石泉東北，疑即隋煬帝所建。中都志所謂都梁亭，一統志所謂都梁臺，在縣西南三里，是也。然址實在縣之東南，恐「西」字誤。白水塘，魏將軍鄧艾築，以灌溉屯田，與盧蒲山破釜塘相通。今按盱眙諸山，無名盧蒲者，必古昔近塘之山名也。宋元嘉中，決白水塘以灌魏軍。隋大業末，破釜塘壞，水北入淮，此塘亦涸。南宋嘉定間復修之。其地北涉山陽，東接寶應，周圍百二十里，有閘七十二座，灌田萬二千頃〔六〕。内有三堰：曰潭頭下堰，曰河喜中堰〔七〕，曰劉家上堰，所以障白塘山澗之水不得入富陵湖，然後匯爲塘，與寶應諸湖相接。又有八斗門，下水溉田。今堰與塘俱廢。白水、破釜二塘興復不易，民久耕種其中矣。軍山堰，在縣東六里。亦鄧艾屯軍所築，今廢。浮山堰，在縣西淮陵鄉。即梁武帝所築以灌壽陽者。

【校勘記】

〔一〕陡山在縣東北五里 「陡」，川本、滬本與紀要卷二一同，盋本、京本作「陡」，同圖書集成職方典卷八二八、光緒盱眙縣志稿卷二。底本「五」下原有「十」字，川本、滬本、盋本、京本同，據上引紀要、圖書集成、盱眙縣志稿删。

〔二〕由金鏡口入淮 「鏡」，底本作「陵」，川本、滬本、盋本、京本同，據光緒盱眙縣志稿卷二改。

〔三〕魏景倩 「倩」，川本、滬本、盋本、京本與寰宇記卷一六同，新唐書地理志作「清」。

〔四〕發運使皮公弼 底本脱「運」字，川本同，據滬本、盋本、京本及續資治通鑑長編卷二二九、宋史河渠志補。又「皮」，底本作「史」，川本、滬本、盋本、京本同，據續資治通鑑長編卷二二九、宋史河渠志改。

〔五〕自龜山蛇浦下屬洪澤一百五十七里 「浦」，底本作「溝」，川本、滬本、盋本、京本同，據宋史河渠志改。又「一百五十七」，宋史河渠志無「一百」二字，此蓋衍。

〔六〕灌田萬二千頃 底本「萬」上有「十」字，川本、滬本、盋本、京本同，據紀要卷二三、光緒盱眙縣志稿卷二删。

〔七〕河喜中堰 「喜」，底本作「嘉」，川本、滬本、盋本、京本同，據利病書淮安、紀要卷二三改。

天長 東陽古城，在縣西北四十里，即古東陽縣城。後周幷入石梁郡。金溝，在縣東北十里。天長志曰：汴河經金溝集以達於邗溝，隋煬帝所鑿也。豈即直河及遇明河之故道乎？不然，汴河何由經此。又盱眙之雲山，天長之樂樂堤，在縣北十里，煬帝遊幸之所。傳有煬帝遺迹，豈盱眙雲山之枯河〔一〕，亦其所開歟？殆不可曉。 海涵萬象録曰：南京浦子口入六合、天長，有河出高郵，與湖水勢平，只移邵伯閘入河口，則漕船免儀真過壩。前陳御史具奏二次，俱被儀真人囑部不行。邑人鍾昕曰：按自六合八埠橋入天長冶山，至縣西皆有古河迹，可達於泗。三十六陂，宋發運使蔣之奇所築者，今皆湮没無迹〔二〕。石梁堰，在今石梁河南，久廢。

【校勘記】

〔一〕豈盱眙雲山之枯河　「盱眙雲山」，底本作「盱眙之靈山」，川本同，滬本、盋本、京本無「之」字，「靈」作「雲」。按本書上文盱眙縣盱眙河載：「盱眙自淮口至雲山有河迹，名枯河。」光緒盱眙縣志稿卷二盱眙河下引乾隆志載同。滬諸本是，據改。

〔二〕宋發運使蔣之奇所築者今皆湮没無迹　川本同。滬本、盋本、京本無「宋發運使蔣之奇所築者」，「今皆湮没無迹」作「今湮廢無迹」，此文下别載：「東都事略：蔣之奇爲淮南路轉運副使，歲饑，募民興水利，以食流冗，溉田九千餘頃，如揚之天長三十六陂，與宿臨涣横斜三溝，其大者也。」

泗州北枕清口，南帶濠、梁，東連維揚，西通宿、壽，江、淮險阨，徐、邳要衝，東南之户樞，中原之走集也。天下無事，則爲南北行商之所必歷；天下有事，則爲南北兵家之所必爭。春秋、戰國、兩漢、三國、六朝、五代、宋、金、元末皆爲戰場。伏滔北征記云：泗州，水陸都會之地。南渡後，宋人言：淮東州縣相連，楚、泗兩州城壁堅牢，大軍分屯，烽堠相望，其勢不易犯也。

盱眙因山建城，俯視原隰，南通江表，北擁淮流，左顧維揚，右瞻濠、壽，其爲兵衝與泗同，而險阨則易守。自古不得盱眙，未有能東下江左、西上中原者也。昔魏太武親帥步騎數十萬，南臨瓜步，諸郡盡降，而攻圍盱眙，彌月不克，仍遂班師，險可知已。惟元之取宋，不由盱眙，則自荆、襄順流而下，迂道數千里也。宋圖經云：阻山帶河，自昔雄壯，爲形勝之區。元魏孝文帝伐齊旋師，欲置城戍於淮南，以璽書問相州刺史高閭，閭上表對曰〔一〕：昔世祖以回山倒海之威，步騎數十萬，南臨瓜步，諸郡盡降，而盱眙小城，攻之不克。班師之日，兵不戍一城，土不闢一廛，夫豈無人？以爲大鎮未平，不可守小故也。夫壅水者先塞其源，伐木者先斷其本。壽陽、盱眙、淮陰，淮南之本源也，三鎮未克其一，而留守孤城，少置兵則不足以自固，多置兵則糧運難通。

【校勘記】

〔一〕閭上表對曰　底本作「之表對曰」，川本、滬本、盋本、京本同。魏書高閭傳：「賜閭璽書，具論其狀。閭表曰：……」通鑑卷一四〇：「賜相州刺史高閭璽書，具論其狀。閭上表，……」則此當脱「閭」字，「之」爲「上」字之誤，據以補改。

天長北阻高郵，南連儀真、六合，東接江都，西抵盱眙。雖在平原，而實爲險要。江都、盱眙，往來之所必經，亦由瓜步、浦口渡江之捷徑〔一〕。革除年靖難之師，實自盱眙道此南渡，蓋奇兵也。或謂緣鳳陽、淮安皆宿重兵，故間道自泗渡淮，經天長抵儀真，至江上。不知是時泗、盱未嘗無重兵，由泗非奇，由天長者奇也。論曰：泗、盱、天長皆兵衛也，泗爲上，盱眙次之，天長又次之。自古守江者必守盱眙，無盱眙則江不可守，雖有壽春、山陽，而不若此路之捷也。守淮者必守泗，無泗則淮不可守，雖有荆山、清口，而不若此城之衝也。天長之路捷，兵衛次於泗、盱，然其城亦不易守也。此皆經略之所當知者，淮南形勢論概具之矣。惟六朝南北互攻之路，間亦由下邳、清口、山陽、壽春，蓋江、淮止此諸路。彼時盱眙城堅，而淮北又未建城，無可屯兵因糧者，故其道路稍異焉。

春秋僖公十五年：楚人敗徐于婁林。注：僮縣東有婁亭〔二〕。昭公三十年〔三〕：冬十二月，吴子伐徐，防山以水之。己卯，滅之。漢高帝三年，灌嬰擊楚至下相以東南僮、取慮〔四〕、徐，渡淮，盡降其城邑。十一年，淮南王英布反，東擊荆，荆王賈走死富陵。在盱眙東北六十里，今爲湖。屬清河縣，與盱眙縣接境。盡劫其兵，渡淮擊楚，楚兵與戰徐、僮間，爲三軍。布破其一軍，二軍敗走。獻帝建安元年，袁術攻劉備，備拒之盱眙，相持經月，互有勝負。晉惠帝太安二年〔五〕，張昌別將石冰據臨淮，議郎周玘等起兵攻之，冰自臨淮退居壽春。明帝太寧元年，後趙寇下邳，徐州刺史卞敦退保盱眙。康帝建元元年〔六〕，庾翼表請北伐，使桓温爲前鋒小督，帥衆入臨淮。穆帝永和九年十二月，姚襄濟淮，徙屯盱眙，招撫流民，衆至七萬。孝武帝太元三年，秦寇盱眙。四年三月，秦將彭超、句難攻盱眙，五月拔之，執内史毛璪之〔七〕。六月，謝玄攻之，遣何謙帥舟師乘潮而上，夜焚淮橋。超、難棄盱眙，退屯淮北。安帝義熙十二年北伐，遣寧朔將軍朱超石〔八〕、胡藩向半城〔九〕；在州北九十里。又遣寧朔將軍劉遵考〔一〇〕、建武將軍沈林子出石門。山名，在盱眙西南一百二十里。宋文帝元嘉二十七年，大舉伐魏，發緣淮三郡兵集盱眙。十二月，魏主引兵南下攻宋盱眙，不克。二十八年正月丁酉，魏主圍盱眙，宋將軍臧質拒之。二月丙辰，盱眙圍解〔一一〕。江夏王義恭領南兗州刺史，增督十三州，移鎮盱眙，修治館宇，擬制東城。齊高帝建元四年，北兗州移鎮盱眙。宋明帝泰始二年〔一二〕，徐州刺史薛安都反彭城，從子索兒自睢陵渡淮〔一三〕，馬步萬餘，擊殺臺軍主孫耿。遣蕭道成往救之，屯破釜，寧朔將軍王寬據盱眙，遏其歸路。索兒擊破臺軍主高道慶，走之石鼈，將西歸，王寬與軍主任農夫先據白鵠澗。經數日，索兒引兵頓石梁。梁武帝天監二年，魏任城王澄拔梁焦城，破淮陵。魏吕羅漢破梁兵於盱眙。十三年，築淮堰以灌壽春。初魏降人王足請堰淮水以灌壽陽，梁主然之〔一四〕。使水工陳承伯、將軍祖暅視地形，咸謂沙土漂輕〔一五〕，功不可就。弗聽，發徐、揚民，率二十户取五丁以築之〔一六〕。假康絢節、都督淮上諸軍事〔一七〕，並護堰作，役人及戰士合二十萬〔一八〕。南起浮山，北抵巉石，依岸築土，合脊於中流。十四年春，魏遣蕭寶寅決淮堰，梁使將軍昌義之救之，至浮山，康絢擊却魏兵。梁淮堰潰，復築之。十五年夏，淮堰成，長九里，下廣百四十丈，上廣四十五丈，高二十丈，深十九丈五尺〔一九〕，植以楊柳，軍壘列居其上。九月淮堰壞，淮水暴漲，其聲如雷，聞三百里，沿淮城戍村落十餘萬口皆漂入海。北齊遣潘樂討侯景，克涇州，又克安州。樂爲南道大都督，發石鼈，南渡百餘里，至涇州。涇治舊在石梁，侯景改爲淮州，樂獲其地，仍立涇州〔二〇〕。又克安州。今按淮一作懷，安州即泗，是改東徐爲安州者，不始於陳也。顯祖天保五年二月，都督段韶大破梁兵於盱眙。梁將嚴超達等軍逼涇州〔二一〕，有尹思令帥衆萬卒至盱眙〔二二〕，詔步騎數千人倍道赴涇州，塗出盱眙，望旗奔北，進與超達合戰，大破之〔二三〕，獲其舟艦器械。張纂攻圍東楚州〔二四〕，遂拔涇州。陳宣帝太建五年，豫章内史程文季克涇州〔二五〕，屠之。八月文季進拔盱眙城。七年三月，改梁東徐州爲安州。按北齊已有安州入陳，此又云改，殆不可曉，豈梁復取諸北齊，而仍稱東徐，至是乃改之焉。冬，十一月，周取陳江北地，南兖、盱眙等州郡民並自拔還江南。周以楊素治東楚州事，徇淮南，下盱眙。

隋煬帝大業十年，孟讓自長白山寇掠至盱眙〔二六〕，衆十餘萬，據都梁宫，阻淮爲固。江都丞王世充保都梁山爲五栅，相持不戰，栅塞險要，羸形示弱，民間亦結堡自固，野無所掠，賊衆漸餒，乃留兵圍栅，分人於南方抄掠。世充伺其懈，縱兵出擊，大破之，斬首萬餘，盡獲軍資、六畜，讓以數十騎遁去。唐中宗嗣聖元年，李敬業拒李孝逸〔二七〕，屯軍下阿溪〔二八〕，使弟敬猷逼淮陰，韋超屯都梁山〔二九〕，孝逸軍至臨淮，戰不利。肅宗上元二年〔三〇〕，江淮都統劉展反。淮東節度使鄧景山將萬人屯徐城。展使將孫待封拒之〔三一〕，景山衆潰。懿宗咸通九年十月，徐、泗戍桂州糧料判官龐勛帥戍卒行至徐城作亂，觀察使崔彦曾命都虞候元密等將三千人討勛，仍令泗、宿出兵邀之，官軍戰敗，徐、宿皆陷。賊將李圓屯泗州，泗州刺史杜慆完守備以待〔三二〕，賊不能克。十二月，賊將劉行及〔三三〕、王弘立與勛合敗淮南將李湘，陷都梁城，劫盱眙，據淮口，漕運路絶，遂陷滁、和州。行營招討戴可師將兵三萬奪淮口，轉戰而前，圍勛都梁山，恃勝不設備。弘立引兵數萬奄至，縱擊官軍，可師及監軍皆死。十年四月，馬舉將精兵三萬救泗州，分三道渡淮，至中流，大譟，聲聞數里。賊大驚，斂兵屯城西寨。舉圍之，縱火燒柵，賊大敗，王弘立死，吴迥退保徐城，泗圍始解。周世宗顯德三年，周泗州防禦使張永德敗唐軍於曲溪堰。四年十一月，周主自濠州鼓行而東，所至皆下。至泗州，使趙匡胤先攻其南，因焚城門，破水寨。周主居月城樓，督將士攻城。

宋高宗建炎四年十月，韓世忠敗金人於天長之鵶口橋。紹興六年十月，楊沂忠及張宗顔自泗率兵敗劉猊於藕塘〔三四〕。孝宗隆興元年，張浚遣邵宏淵出師泗州以圖虹。乾道二年，金徒單克寧敗宋兵於十八里口。寧宗嘉定十年，完顔仲元敗宋人於龜山，復敗之於盱眙。十一年正月，攻金泗州。冬，李全屯龜山。十二年二月，李全敗金人於嘉山。三月，帥司調季先軍駐天長〔三五〕，李全軍駐盱眙。金人犯盱眙、天長。十一月大雨雪，淮冰合〔三六〕，李全請復泗州，不克。十三年，山東紅襖賊時青來歸，處之龜山。十四年正月，李全使時青入泗州西城。金人來戰，青敗，乃還。　理宗寶慶三年，詔知盱眙軍彭忔及時青經理淮東。八月，忔將張惠等叛，執忔以盱眙降金，金完顏訛可戍之。李全敗金訛可於龜山。調京湖兵馬萬餘人屯青平山以備李全〔三七〕。　四年五月〔三八〕，宋將劉虎、湯孝信以船三十艘燒浮梁，因遣將夏友諒攻盱眙。金泗州總領完顏矢哥以州歸楊妙真〔三九〕，總帥納合買住亦以盱眙降宋。　元至正十四年〔四〇〕，董摶霄進兵泗州，不利。賊乘勝東下，斷我軍糧道，乃回軍與賊死戰，凡七晝夜。賊敗走，奪船七十餘隻，乃得渡淮，保泗州。時方暑雨，湖水溢，諸營皆避去，摶霄獨守孤城，賊環數十里攻之。摶霄坐城上，遣偏將以騎士由西門突出賊後，步卒自城中出〔四一〕，夾攻之，賊遂大敗。

隋煬帝大業元年，開通濟渠，引汴水入泗以達淮。史注：渠即汴河故道，源自滎陽縣東，經開封城，又東合蔡河，名蒗蕩渠，東注泗，下與淮合。因河決，蔡河湮没無迹，而汴水亦自中牟入河矣〔四二〕。　三月，發諸郡男女百餘萬開永濟渠〔四三〕，又自板渚引河達淮，謂之御河，河畔築御道，植以柳。此汴河也。按上二段皆隋史，若然則汴河有二也，未詳。　周世宗顯德五年，浚汴口爲渠，導河流達於淮，於是江、淮舟楫始通。南唐楚州刺史田敬洙請修白水塘溉田以實邊〔四四〕，馮延已稱便。李德明因請大闢壙土爲屯田，修復所在渠塘堙廢者〔四五〕。吏因大興力役，奪民田甚衆。徐鉉以白唐主〔四六〕，唐主命鉉按視之，鉉籍民田，悉歸其主。或譖鉉擅作威福，唐主怒，流鉉舒州。白水塘竟不成。

宋制：東南水運於真、揚、楚、泗州置四倉以受其輸，而分調舟船泝汴入京，又始置發運司領之，謂之轉搬倉，而汴舟詣轉搬倉漕米達京師。後廢〔四七〕。譚積議復行於泗〔四八〕。熙寧中，令真、揚、楚、泗各造淺底船百艘，分爲十綱入汴。元豐六年正月戊辰，開龜山運河，二月乙未〔四九〕，告成。九年〔五〇〕，相度淮南水利，劉瑾言：天長白馬塘、沛塘可興置。從之。徽宗崇寧中，開泗州直河。宣和二年，以淮南漕運不通，詔中使按視，浚河與江、淮平。譚積爲制置使，欲開一河，自盱眙出宣化。朝廷下發運使相度，陳亨伯遣向子湮視之。子湮曰：運河高江、淮數丈，自江至淮數百里，人力難浚。大觀中，胡師文爲發運使，創開泗州直河〔五一〕，及築簽堤阻遏汴水，尋復汙澱〔五二〕，遂行廢拆。前後幷役數郡兵夫，其間疾苦竄疫〔五三〕，無慮數千，費錢帛累百萬計。官員冒賞至四十五人。師文以是論黜。

【校勘記】

〔一〕亦由瓜步浦口渡江之捷徑　「亦由」，川本同，滬本、盋本、京本作「六合」，蓋是。

〔二〕僮縣東有妻亭　「東」，川本、滬本、盋本、京本同，按春秋杜預注作「東南」。

〔三〕昭公三十年　「昭」，底本作「襄」，川本、滬本、盋本、京本同，據左傳昭公三十年改。

〔四〕取慮　「慮」，底本作「盧」，川本、滬本、盋本、京本同，據漢書灌嬰傳改。

〔五〕太安二年　「太」，底本作「永」，川本、滬本、盋本、京本同，據晉書張昌傳、通鑑卷八五改。

〔六〕建元元年　底本缺「建元元」三字，川本同，據滬本、盋本、京本及晉書康帝紀、通鑑卷九七補。

〔七〕毛璩之　「璩」，底本作「操」，川本、滬本、盋本、京本同，據晉書孝武帝紀、苻堅載記改。

〔八〕朱超石　「超」，底本作「朝」，川本同，據滬本、盋本、京本及宋書朱超石傳改。

〔九〕胡藩　「胡」，底本作「湖」，川本同，據滬本、盋本、京本及宋書胡藩傳改。

〔一〇〕劉遵考　「劉」，底本作「胡」，川本同，據滬本、盋本、京本及宋書劉遵考傳改。

〔一一〕盱眙圍解　川本同，滬本、盋本、京本此句下別載：「宋書臧質傳：虜攻盱眙，築長圍，一夜便合，開攻道，趣城東北，運東山土石填之。虜又恐城内水路遁走，乃引大船，欲於軍山作浮橋，以絶淮道。城内乘艦逆戰，大破之。明旦，賊更方舫爲桁，桁上各嚴兵自衛。城内更擊不能禁，遂於軍山立桁，水陸路並斷。」

〔一二〕宋明帝泰始二年　底本作「武帝永明七年」，川本同，滬本、盋本、京本作「宋武帝泰始二年」。按宋書明帝紀：泰始二年，「平北將軍、徐州刺史薛安都進號安北將軍，安都亦不受命」。同書薛安都傳：「太宗即位，進號安北將軍，給鼓吹一部。安都不受命，舉兵同晉安王子勛。」通鑑卷一三一：明帝泰始二年，「徐州刺史薛安都、冀州刺史清河崔道固皆舉兵應尋陽」。則底本、川本誤，滬本、盋本、京本作「泰始二年」，是，作「武帝」誤，並據改補。

〔一三〕睢陵　「陵」，底本作「寧」，川本同，據滬本、盋本、京本及宋書薛安都傳、南齊書高帝紀改。

〔一四〕梁主然之　「主」，底本脱。梁書康絢傳：「高祖以爲然。」通鑑卷一四七：「上以爲然。」川本、滬本、盋本、京本作「梁主」，是，據補「主」字。

〔一五〕咸謂沙土漂輕　「漂」，底本作「剽」，川本、滬本、盋本、京本同，據梁書康絢傳、通鑑卷一四七改。

〔一六〕率二十户取五丁以築之　「丁」，底本作「十」，川本、滬本、盋本、京本同，據梁書康絢傳、通鑑卷一四七改。

〔一七〕都督淮上諸軍事　「淮上」、「事」，底本脱，川本、滬本、盋本、京本同，據梁書康絢傳、通鑑卷一四七補。

〔一八〕役人及戰士合二十萬　「役」，底本脱，川本、滬本、盋本、京本同，據梁書康絢傳、通鑑卷一四七補。

〔一九〕深十九丈五尺　「十」，底本脱，川本、滬本、盋本、京本同，據梁書康絢傳補。

〔二〇〕涇州　「涇」，底本作「淮」，川本同，據滬本、盋本、京本及北齊書潘樂傳改。

〔二一〕嚴超達　「達」，底本作「逵」，川本、滬本、盋本、京本同，據北齊書段韶傳改。下同。

〔二二〕有尹思令帥衆萬卒至盱眙　「令」，底本作「全」，川本、滬本、盋本、京本同，據北齊書段韶傳改。通鑑卷一六五作「尹令思」。又，底本「卒」上有「軍」字，川本同，據滬本、盋本、京本及北齊書段韶傳删。

〔二三〕大破之　「之」，底本作「次」，川本同，據滬本、盋本、京本及北齊書段韶傳改。

〔二四〕張纂　「纂」，底本作「纂」，川本、滬本、盋本、京本同。北齊書張纂傳：「後與平原王段孝先、行臺尚書辛術等攻圍東楚，仍拔廣陵、涇州數城。」此「纂」乃「纂」字之誤，據改。

〔二五〕涇州　「涇」，底本作「淮」，川本、滬本、盋本、京本同。陳書宣帝紀：「程文季克涇州。」同書程文季傳：「文季圍涇州，屠其城。」此「淮」乃「涇」字之誤，據改。

〔二六〕長白山　底本脱「白」字，川本同，據滬本、盋本、京本及隋書王充傳補。

〔二七〕李孝逸　底本脱「孝」字，川本同，據滬本、盋本、京本、本書下文及舊唐書李孝逸傳補。

〔二八〕下阿溪　「阿」，底本作「河」，據川本、滬本、盋本、京本及舊唐書李孝逸傳改。

〔二九〕韋超 「韋」，底本缺，川本同，據滬本、盋本、京本及舊唐書李孝逸傳補。

〔三〇〕上元二年 「二」，川本、滬本、盋本、京本同。據新唐書肅宗紀、通鑑卷二二一載，劉展反事在上元元年，此「二」當作「元」。

〔三一〕孫待封 「封」，底本缺，川本同，據通鑑卷二二一補。滬本、盋本、京本作「孫傳書」。

〔三二〕杜慆 「慆」，底本作「熖」，川本、滬本、盋本、京本同，據新唐書杜慆傳、通鑑卷二五一改。

〔三三〕劉行及 「及」，底本作「立」，川本、滬本、盋本、京本同，據通鑑卷二五一改。

〔三四〕劉猊 「猊」，底本作「掜」，川本同，據滬本、盋本、京本及建炎以來繫年要録卷一〇六、宋史劉豫傳改。

〔三五〕季先 「季」，底本作「李」，川本、滬本、盋本、京本同，據宋史李全傳、續通鑑卷一六一改。

〔三六〕淮冰合 「冰」，底本作「水」，川本、滬本、盋本、京本同，據宋史李全傳、宋史紀事本末卷八七改。

〔三七〕調京湖兵馬萬餘人屯青平山以備李全 「萬」，底本脱，據川本、滬本、盋本、京本及宋史李全傳補。

〔三八〕四年 底本、川本、滬本、盋本、京本同。按宋劉虎遣將攻盱眙，金總帥納合買住以盱眙降宋，見於宋史理宗紀、續通鑑卷一六六，事在紹定五年，此「四年」乃「五年」之誤，其上當脱「紹定」二字。

〔三九〕完顏矢哥 「矢」，底本作「天」，川本、滬本、盋本、京本同，據金史白華傳改。

〔四〇〕至正十四年 川本、滬本、盋本、京本同。按元史董摶霄傳、續通鑑卷二一三載，董摶霄守泗州，事在至正十六年，此當誤。

〔四一〕步卒自城中出 「城」，底本作「賊」，川本、滬本、盋本、京本同，據元史董摶霄傳、續通鑑卷二一三改。

〔四二〕中牟 「牟」，底本作「年」，川本同，滬本、盋本、京本作「牟」。明統志卷二六汴河故道：「累因河決，其蔡河湮没無迹，而汴河自府城、中牟縣入黄河矣。」則「年」乃「牟」字之誤，據改。

〔四三〕永濟渠　川本、滬本、盋本、京本同。隋書煬帝紀：大業元年開通濟渠，「自西苑引穀、洛水達于河，自板渚引河通于淮」。大業四年開永濟渠，「引沁水南達于河，北通涿郡」。通鑑卷一八〇、一八一載同。本書云開渠年份與河渠流逕，實指通濟渠，此「永」當爲「通」字之誤。

〔四四〕南唐　底本脱「南」字，川本、滬本、盋本、京本同，據通鑑卷二九一、利病書淮安補。

〔四五〕修復所在渠塘堙廢者　「在」，底本脱，川本同，滬本缺，盋本、京本同，據通鑑卷二九一補。

〔四六〕徐鉉　「鉉」，底本作「鉝」，川本同，據滬本、盋本、京本及通鑑卷二九一改。下同。

〔四七〕後廢　底本「廢」上有「注」字，川本同，據滬本、盋本、京本及宋史食貨志删。

〔四八〕譚積　「譚」，底本作「潭」，川本、滬本、盋本、京本同，據宋史食貨志改。

〔四九〕元豐六年正月戊辰開龜山運河二月乙未　「元豐六年」，底本作「熙寧元年」，川本、滬本、盋本、京本同，據宋史河渠志改。「二月」，底本作「三月」，據川本、滬本、盋本、京本及宋史河渠志改。

〔五〇〕九年　川本、滬本、盋本、京本同。按宋史河渠志載，劉瑾言云云，事在熙寧九年，則此「九年」前脱「熙寧」二字。

〔五一〕創開泗州直河　「直」，底本作「置」，據川本、滬本、盋本、京本及宋史河渠志改。

〔五二〕尋復汙澱　「汙」，川本同，滬本、盋本、京本作「淤」，同宋史河渠志。

〔五三〕其間疾苦癘疫　「癘」，底本脱，川本、滬本、盋本、京本同，據宋史河渠志補；「疫」，宋史河渠志作「殁」。

盱眙城在縣境極北盱山之麓，淮水之陰，半枕山上，半臨水濱。舊有六門：東曰陳門；西曰玻瓈；南曰南門，又謂大南門，在蛤蜊壩，今時爲十字街者，謂之小南門；北曰水門，又名淮汴門；東北曰慈氏，又名慶先門，今俗又稱山口門〔一〕；西南曰寶積〔二〕。此皆宋名也，今俱廢，惟遺址存，淮汴門券尚在。蓋築自秦時，六朝稱城小而堅，宋爲邊方雄鎮，常宿重兵。嘉定十一年修盱眙軍城。本朝洪武初常修，置鎮淮衛，至永樂間廢之。

泗之民性舒緩樸野，徑直偷惰，城市之民不爲商，鄉落之民鮮識字，賈富工貴，農賤吏尊，其蚩蠢者，罔知勤生，不免饑寒。然鄉民愚善而爭訟稀少，亦庶幾太古之遺風。但有等陰險之徒，專習窩訪，傾陷良善。又如條陳地方利病，仗義秉公者固多，其中假公濟私，藉此挾制吏書，索賄修怨者，亦往往有之。又如市井惡少，動輒呼羣引類，欺侮善良，俗名「小好漢」，皆州里之患也。

盱眙民性較之泗民爲慧，故其鄰里鄉黨之間，頗有親睦之誼。然谷廣山多，鄉民性氣不一，又與衛軍雜處，遠商流民相聚，故其俗稍有弗馴，强淩弱，衆暴寡，而舊縣之「小好漢」，其風尤甚〔三〕。

天長民性漸近揚州〔四〕，較之盱眙尤爲易使，然質愿漸入虚浮，力本日趨末藝。近復有江西、福建、蘇、歙流姦，往往避罪逃匿本縣銅城、汊澗、揚州村等鎮，結黨煽禍，起滅教唆，而爭訟漸煩。

按書序：成王伐淮夷，遂踐奄〔五〕。杜注以爲徐即淮夷〔六〕。又按費誓：淮夷、徐戎並興。注曰：淮浦之夷，徐州之戎。詩：伯禽就封於魯，淮夷同徐戎叛〔七〕。春秋魯昭公四年〔八〕，徐子同諸侯及淮夷會于申。則謂徐即淮夷者，非也〔九〕。

州之名泗，以當時泗水在州境内，而州治不在今城，故可以泗名州。黄河南徙之後，泗爲河吞久矣。況今清河不屬州，則州之境土與泗水無干。又凡泗水上流之處，皆可言泗上，史記謂泗上十二諸侯，是也。

仁祖年五十，始及淳皇后遷居盱眙之太平鄉，以元天曆元年九月十八日未時，篤生我太祖於所居之二郎廟旁。其夜鄰里遠望，火光燭天。至曉視之，而廟徙東北百餘步。初生，取水洗浴於廟西之池河，忽紅羅浮水上，遂取衣之。因是鄉人名其地爲紅羅障。自是室中常有神光，每向晦入夜，忽灼爍如焚，家人慮失火，亟起視之，惟堂前供佛燈耳。生處方圓丈許，至今不生青草。前有明光山，後有紅廟，旁有香花澗、香花寺，相傳以爲生後常有五色旺氣，光明炤耀，故以名山名廟。浴後水香，故以名澗名寺。　明光山，在縣西南一百里。又有明光集，在縣西南一百二十里。紅廟見在紅廟集西北，紅羅障、香花澗、香花寺皆在紅廟旁。

【校勘記】

〔一〕山口門　「山」，底本作「小」，據川本、滬本、盋本、京本及光緒盱眙縣志卷三引萬曆志改。

〔二〕西南曰寶積　「南」，川本、滬本、盋本、京本及圖書集成職方典卷八三〇同，光緒盱眙縣志卷三載乾隆志引中都志作「北」。

〔三〕而舊縣之小好漢其風尤甚　底本缺「好漢其風尤」五字，據川本、滬本、盋本、京本補。

〔四〕天長民性漸近揚州　底本缺「天長民」三字，川本、滬本、盋本、京本有。嘉靖天長縣志卷三：「今則質愿漸入虛華，力本趨於末藝。」正與本書所載相合，川諸本是，據補。

〔五〕遂踐奄　「踐」，底本作「殘」，川本、盋本、京本同，據尚書蔡仲之命附書序改。

〔六〕杜注以爲徐即淮夷　川本、滬本同。按左傳昭公元年：「周有徐奄。」杜預注：「徐即淮夷。」

〔七〕詩伯禽就封於魯淮夷同徐戎叛　川本、滬本同。按今本詩經無此文，疑誤。

〔八〕魯昭公四年　「四」，底本作「三」，川本、盋本、京本同，據春秋左傳載，徐子同諸侯及淮夷會于申，在昭公四年。此「三」乃「四」字之誤，據改。

〔九〕非也　「非」，底本缺，據川本、盋本、京本補。

鳳陽府原無城垣，累議建城，拘於方向有礙，年歲荒歉，既舉復輟。嘉靖十二年，巡撫鳳陽副都御史劉節復疏請築城，事下部議行，令南京禮部侍郎黄綰及委欽天監冬官正許濟等親詣相度。濟言：鳳陽無城，止存土埂五十餘里，中有皇城一座，内包萬歲山，東西山勢相連，拱對皇